Biotoptypen

Biotoptypen

Schützenswerte Lebensräume Deutschlands
und angrenzender Regionen

Von Richard Pott

872 Farbfotos
12 Tabellen
14 Karten und Grafiken

VERLAG
EUGEN
ULMER

Professor Dr. Richard Pott ist Direktor des Instituts für Geobotanik und 1. Vizepräsident der Universität Hannover. Studium der Biologie und Geographie an der Westfälischen Wilhelms-Universität in Münster. 1979 Promotion, 1985 Habilitation und Privatdozent für Landschaftsökologie und Vegetationsgeographie. 1986 Rufe an die Universitäten München und Hannover. Seit 1987 Universitätsprofessor in Hannover. Seit 1987 auch 1. Vorsitzender der Reinhold-Tüxen-Gesellschaft (Deutschsprachige Vereinigung für Vegetationskunde) und Vorsitzender des Kuratoriums der Tüxen-Stiftung. Seit 1994 Vizepräsident der Federation Internationale de Phytosociologie (FIP).

Seine Forschungsgebiete sind alle Bereiche der historischen, soziologischen und angewandten Geobotanik, besonders Gewässerökologie, Vegetationsgeschichte, Pflanzensoziologie sowie Entstehung der Kulturlandschaft unter dem Einfluß des Menschen.

Professor Dr. Richard Pott
Institut für Geobotanik
Nienburger Straße 17
30167 Hannover

Umschlagfotos:
Links oben: Eutrophes Gewässer mit Schwimmblatt-, Röhricht- und Bruchwaldzone
(Foto R. POTT).
Rechts oben: Kulturlandschaft im Weinviertel (Foto R. POTT).
Links unten: Adonisröschen (Foto R. POTT).
Rechts unten: Am Königsstuhl auf der Insel Rügen (Foto R. POTT).

Alle Fotos stammen, sofern nicht in der Bildunterschrift anders vermerkt, vom Verfasser. Die Karten und Grafiken fertigte Helmuth Flubacher, Waiblingen, nach Vorlagen des Verfassers.

Die Deutsche Bibliothek – CIP-Einheitsaufnahme

Pott, Richard:
Biotoptypen : schützenswerte Lebensräume Deutschlands und
angrenzender Regionen ; 12 Tabellen / von Richard Pott. –
Stuttgart (Hohenheim) : Ulmer, 1996
  ISBN 3-8001-3484-5
NE: HST

© 1996 Eugen Ulmer GmbH & Co.
Wollgrasweg 41, 70599 Stuttgart (Hohenheim)
Printed in Italy
Lektorat: Dr. Nadja Kneissler
Herstellung: Thomas Eisele
Einbandgestaltung: Alfred Krugmann, Freiberg am Neckar
Satz: Typomedia Satztechnik GmbH, Ostfildern
Druck und Bindung: G. Canale & C., Turin

Vorwort und Einleitung

„Ein Volk, das nicht mehr in der Lage ist
Wasser und Luft rein zu halten,
verdient es nicht, länger als Kulturvolk bezeichnet zu werden."

Heinrich Lübke (1960)

Biodiversität ist heute, einige Jahre nach der Umweltkonferenz von Rio de Janeiro im Jahre 1992, zum modernen Schlagwort in der Diskussion um den Zustand und die Behandlung unserer Landschaft geworden. **Urlandschaft, Naturlandschaft, Kulturlandschaft** und **Industrieland-schaft** sind Begriffe, die aus der jeweils unterschiedlichen aktuellen Nutzung spezieller Landschaftsausschnitte abgeleitet werden. Dabei wird oft vergessen, daß auch die vermeintlich natürlichen Landschaften mit ihrer charakteristischen Naturausstattung seit vielen Jahrtausenden einem beständigen Wandel unterworfen sind. Wattenmeer und Inseln, Seen, Bäche, Moore und Heiden und Wälder sowie die moderat genutzten Wiesen und Weiden mit ihren Hecken und Gebüschen sind für viele der Inbegriff intakter Landschaften, da hier oftmals eine hohe Biotopvielfalt auf engstem Raum vorzufinden ist. Abwechslungsreiche und differenzierte Landschaftsausschnitte sind in der Regel auch wertvolle, artenreiche Lebensräume mit hoher **Biodiversität**. Mit dieser Vielfalt will das Buch vertraut machen, denn zahlreiche Lebensräume wildlebender Pflanzen und Tiere sind heute stark bedroht. Es werden die derzeit seltenen und gefährdeten Biotoptypen vorgestellt, die es vordringlich zu schützen und zu bewahren gilt.

Der ursprüngliche Lebensraum ist heute vielfach zum Konsumgut des Menschen geworden, und diese Tatsache prägt über weite Strecken unser heutiges Landschaftsbild. Aus der historischen Entwicklung der Kulturlandschaft geht aber auch hervor, daß der anthropogene Einfluß auf die Vegetation nicht allein aus der Perspektive des modernen Menschen betrachtet werden darf. Der Mensch hat nicht nur zerstörend, sondern auch ungemein bereichernd und differenzierend auf Vegetation und Landschaft eingewirkt. Be-

züglich der Einflußnahme des Menschen auf die Natur müssen wir zwei zeitlich sich ablösende Prozesse unterscheiden: die Periode der Vegetationsbereicherung und die Periode der Vegetationsverarmung. Darauf wird in der einschlägigen Literatur immer hingewiesen, besonders ELLENBERG (1963, 1986), BURRICHTER (1977), ZOLLER (1987), POTT (1988) und KNAUER (1993) haben mehrfach auf diesen Umstand aufmerksam gemacht.

Der Prozeß der **Vegetationsbereiche-rung** beginnt mit den ersten Eingriffen des neolithischen Bauern in die ursprüngliche Waldlandschaft und deckt sich zeitlich im wesentlichen mit der langen Periode der bäuerlichen Allmendwirtschaft. Die Zahl der Pflanzengesellschaften und die Mannigfaltigkeit von Flora und Vegetation steigen gegenüber der wenig differenzierten **Naturlandschaft** um ein Vielfaches an. Dabei schuf der Mensch aus der ehemaligen nahezu geschlossenen Laubwaldlandschaft die heutige **Kulturland-schaft** als meist offene und intensiv genutzte Wirtschaftslandschaft, die derzeit weitgehend von anthropogenen Waldbeständen und Pflanzengesellschaften beherrscht wird. Diese Entwicklung ist in groben Zügen im Farbatlas der Waldlandschaften bei POTT (1993)und dort in den Kapiteln über die Geschichte der Landschaft in Mitteleuropa skizziert und wird aus Platzgründen hier nicht weiter behandelt.

Als **Ursachen** für die anthropogenen Vegetations- und Landschaftsveränderungen werden im allgemeinen angegeben:
- die zahlreichen, heute vielfach überholten bäuerlichen Wirtschaftsformen im Feld und im Wald. Sie hatten als unterschiedliche Standortfaktoren jeweils spezifische Ausbildungen der Vegetation zur Folge (z.B. Niederwald-, Mittelwaldbetrieb, Waldhude, Laubstreugewinnung, Brandwirtschaft, etc.);

- die ackerbaulichen Wirtschaftsformen, z.B. Feldgraswirtschaft, d.h. Wechsellandsysteme mit unterschiedlichen Rotationszeiten, Rottwirtschaft in Westdeutschland, Schiffelwirtschaft im linksrheinischen Raum des Schiefergebirges, Reutfelder in den süddeutschen Mittelgebirgen, Dreifelderwirtschaft des Mittelalters mit Winter-, Sommergetreide, Brache in den Mittelgebirgen, Plaggendüngung und ewigem Roggenanbau ohne Brache mit Eschböden auf der norddeutschen Geest, die seit etwa 700 n.Chr. bis zu 1,20 m Mächtigkeit aus gedüngten Heideplaggen oder gesammelter, kompostierter Streu aufgehäuft wurden.
- Grünlandnutzungen (z.B. Weide- und Wiesenwirtschaft, Triftweiden, Heideflächen, Halbtrockenrasen, Sandtrockenrasen), Standweiden (heute Umtriebsweiden), Streuwiesen, Riednutzungen etc. auf Feuchtbiotopen.

Durch diese alten, oft ungeregelten, exploitierenden Wirtschaftsformen entstanden vor allem die halbnatürlichen Biotoptypen mit ihren jeweiligen Vegetationsformationen, und solange diese Wirtschaftsweisen beibehalten wurden, waren diese Wirtschaftslandschaften mit ihren speziellen Vegetationseinheiten niemals gefährdet, weil sie ja für ihre Existenz gerade diese Einflußnahme des Menschen (bzw. der Tiere) als spezifischen Standortfaktor voraussetzten.

In der Naturlandschaft werden die feineren Standortunterschiede im natürlichen Standortmosaik unter einer geschlossenen Walddecke ausgeglichen und kommen so nicht zur Geltung. Das gilt sowohl für das Standortklima des Waldes, das sich nivellierend auswirkt, als auch für die feineren Unterschiede im Bodenmosaik. Diese Unterschiede kommen aber nach der Entwaldung in gehölzarmen oder gehölzfreien halbnatürlichen Ersatzbiotopen voll und ganz zum Tragen. Das trifft sowohl für das von kleinräumigen Gegensätzen geprägte Freilandklima als auch für das Feinmosaik des Bodens zu. Aus einer Waldgesellschaft können dementsprechend auch bei gleicher Nutzungsart unter Umständen mehrere anthropogene Ersatzgesellschaften entstehen und aus den verschiedenen ursprünglichen Waldlandschaften haben sich spezifische, teilweise sogar charakteristische Kulturlandschaften mit entsprechendem Vegetationsinventar entwickelt (BURRICHTER 1977).

Auf diesen Prozeß der **Diversifizierung** der Landschaften mit allen Folgen der **Vegetationsbereicherung** und **-differenzierung** folgt die Periode der **Vegetationsverarmung** und **Entdifferenzierung**, d.h. es tritt eine rückläufige Entwicklung ein. Hervorgerufen wird diese Entwicklung durch die Intensivierung der Landwirtschaft und des technisch-zivilisatorischen Fortschrittes. Zeitlich deckt sich dieser Prozeß mit der Periode der landwirtschaftlichen Intensivwirtschaft. Er beginnt in der Neuzeit, vor allem seit Anfang des 19. Jahrhunderts, mit der Aufteilung der Marken und der Einführung des Mineraldüngers und verstärkt sich besonders gravierend in den letzten Jahrzehnten als Folge des ungehemmten technisch-zivilisatorischen Fortschrittes.

So ist es mittlerweile nicht verwunderlich, daß mehr als 50% der Wirbeltiere und mehr als ein Drittel der Farn- und Blütenpflanzen Deutschlands als gefährdet gelten und auf der „Roten Liste" der gefährdeten Arten aufgeführt sind. Hier spiegelt sich die fortschreitende Gefährdung der Naturräume in eklatanter Weise wider: eine Gefährdung, welche die charakteristischen Biotope, Lebensgemeinschaften und Pflanzengesellschaften gleichermaßen umfaßt. Auch die ersten „Roten Listen" der Pflanzengesellschaften, wie sie länderbezogen u.a. von DIERSSEN (1983), PREISING (1990ff.), WALENTOWSKI et al. (1990ff), WESTHOFF et al. (1993), WESTHUS et al. (1993) sowie VERBÜCHELN et al. (1995) vorgelegt werden, weisen auf die fortschreitende Gefährdung zahlreicher Habitate von Pflanzen und Tieren hin.

Dieses wird auch deutlich im neugefaßten § 20c des Bundesnaturschutzgesetzes in der novellierten Fassung vom 10. 12. 1986, gültig ab dem 1. 1. 1987. Der beständig gewachsenen Bedrohung und Beeinträchtigung tritt nun der Gesetzgeber mit folgender Formulierung entgegen:

„Maßnahmen, die zu einer Zerstörung oder sonstigen erheblichen oder nachhaltigen Beeinträchtigung folgender Biotope führen können, sind unzulässig:
- Moore, Sümpfe, Röhrichte, seggen- und binsenreiche Naßwiesen, Quellbereiche, naturnahe und unverbaute Bach- und Flußabschnitte, Verlandungsbereiche stehender Gewässer,
- offene Binnendünen, offene natürliche Block- und Geröllhalden, Zwergstrauch- und Wacholderheiden, Borstgrasrasen, Trockenrasen, Wälder und Gebüsche trockenwarmer Standorte,
- Bruch-, Sumpf- und Auenwälder,
- Fels- und Steilküsten, Strandwälle sowie Dünen, Salzwiesen und Wattflächen im Küstenbereich,
- offene Felsbildungen, alpine Rasen sowie Schneetälchen und Krummholzgebüsche im alpinen Bereich."

Entsprechende Richtlinien zum umfassenden Schutz gefährdeter Arten und der natürlichen Lebensräume in den Mitgliedstaaten der Europäischen Gemeinschaft (EU) zielen in die gleiche Richtung: dabei sollen nach einer **Fauna-Flora-Habitatrichtlinie** (**FFH-Richtlinie** vom 21. 5. 1992) europaweite Schutzgebiete geschaffen werden, die später nach Aufbau einer gemeinschaftsweiten Datenbank (**CORINE-Programm**, s. Kapitel 1.4) überwacht und kontrolliert werden können. Die **Diversität von Ökosystemen** sowie die **Diversität von Biotoptypen** bzw. die **Artendiversität** werden künftig essentielle Inhalte im Natur- und Landschaftsschutz sein!

Aus dieser Verantwortung heraus haben auch wir in jüngster Zeit vermehrt Lehrveranstaltungen als Exkursionen und Geländepraktika für Studierende abgehalten, mit denen die Grundlagen zum sachkundigen Einsatz im erhaltenden und gestaltenden Naturschutz geschaffen werden sollten; es wurden eigens Praktika zur Identifikation und Erfassung von § 20c-Biotopen in der heutigen Kulturlandschaft konzipiert, die auf den bereits existierenden Biotop-Listen der Bundesländer Niedersachsen (s.v. DRACHENFELS et al. 1984, v. DRACHENFELS 1992) und Nordrhein-Westfalen (s. SCHULTE & WOLFF-STRAUB 1986) sowie der Biotopliste für Tierarten von BLAB (1993) basieren. Dabei stellte sich immer als Grundproblem die Frage der Studierenden: wie erkenne ich denn eine seggenreiche Naßwiese oder den Verlandungskomplex eines dys-mesotrophen Gewässers o.ä.? Diesem Phänomen soll dieser Farbband entgegenwirken oder zumindest dazu anregen, sich mit der Vielfalt und Vielgestaltigkeit der Lebensräume auseinanderzusetzen.

Gerade auf dem oben genannten Sektor besitzt die ökologisch ausgerichtete Pflanzensoziologie eine weit über das eigentliche Fachinteresse des Botanikers, des Naturschützers und des Landschaftsökologen hinausgreifende Bedeutung, denn die Pflanzengesellschaften sind der am leichtesten zu erfassende und zu erkennende Anteil von Biozönosen. Die Pflanzengesellschaften und die daraus aufgebauten Vegetationskomplexe kennzeichnen dabei die verschiedenen Habitate oder Biotope überaus markant und lassen sie unterscheidbar werden. Solche Lebensräume mit gleichen oder ähnlichen Biotoptypen besitzen ähnliche Vegetationstypen mit gleichgearteter Pflanzenzusammensetzung; sie können als Ergebnis ähnlicher Lebensbedingungen und verwandter Vegetationsgeschichte verstanden werden. Das begründet auch die vordergründig auffallende starke Repräsentanz der vegetationskundlichen Disziplinen bei der Erfassung und Klassifikation von Biotopen und Biotoptypen sowie letztendlich auch von Lebensräumen; die zoologischen, mikrobiologischen oder bodenkundlichen Disziplinen treten dabei zunächst in den Hintergrund – sie sind aber für die biozönologischen Aspekte des modernen Natur- und Umweltschutzes und zur vollständigen Erfassung oder Kennzeichnung der jeweiligen Lebensräume unerläßlich.

Es ist also an der Zeit, in der heutigen Kulturlandschaft durch geeigneten Landschafts- und Biotopschutz die noch vorhandene Vielfalt an Ökosystemen zu erhalten, um charakteristische Biotopkomplexe und Biotoptypen mit ihren spezifischen Faunen- und Florenelemente zu bewahren. Eine Landschaftsplanung auf ökologischer Grundlage sollte dem Schutz der Tier- und Pflanzenwelt ebenso dienen, wie der Erhaltung naturnaher und besonders bedrohter Lebensräume. Viele bedeutsame Ökosysteme sind dabei unter extensiver land- und waldwirtschaftlicher Nutzung entstanden und in ihrem Fortbestand von ihr abhängig. Hier gilt es abzuwägen und auf lokalem oder regionalem Niveau entsprechendes zum Schutz solcher halbnatürlichen Biotopkomplexe zu veranlassen. Eine partnerschaftliche Zusammenarbeit und eine Integration landwirtschaftlicher, forstwirtschaftlicher und biologisch-ökologischer Interessen sind dabei sicherlich die besten Instrumentarien zum Erhalt und gegebenenfalls auch zur Neuentwicklung der bedrohten Lebensräume in unserer heutigen Kulturlandschaft. Den verbleibenden natürlichen Lebensräumen gebührt aber unser höchster Schutz!

Dieses Buch soll dazu beitragen, das Wissen um die seltenen und schützenswerten Naturräume in Deutschland der interessierten Öffentlichkeit und auch der Fachwelt näher zu bringen. Die Darstellung mit ausgesuchten farbigen Einzelbildern und bewußt kurz gehaltenen Textpassagen soll – neben der Funktion als Informationsgrundlage – auch dazu beitragen, das Wissen um unsere gefährdeten Biotoptypen zu vermehren, ihre Verbreitung und ihre Vegetationszusammensetzung zu erfahren, um schließlich daraus entsprechende Schlüsse ziehen zu können.

An dieser Stelle danke ich Herrn Roland Ulmer sowie den Damen und Herren des Verlages Eugen Ulmer für die Aufnahme des Manuskriptes in die Publikationsreihen sowie für die bewährte gute Ausstattung des Buches. Herrn Dr. Thorsten Aßmann (Osnabrück) und Herrn Prof. Dr. Ernst Burrichter (Münster) danke ich für die Bereitstellung einiger Abbildungen, ebenso Herrn Oberkreisdirektor a.D. Werner Franke (Lingen), Herrn Prof. Dr. Georg Grabherr (Wien), Herrn Dr. Carsten Hobohm (Lüneburg), Herrn Hans Kolde (Juist), Herrn Prof. Dr. Anselm Kratochwil (Osnabrück), Herrn Privatdozent Dr. Hansjörg Küster (München), Herrn Dr. Thomas Ludemann (Freiburg), Herrn Dipl.-Biol. Jörg Petersen (Hannover), Herrn Dr. Jürgen Pust (Hannover), Herrn Heinz-Otto Rehage (Biol. Station Hl. Meer), der Firma Rhein-Braun (Köln), Frau Prof. Dr. Angelika Schwabe-Kratochwil (Darmstadt), Herrn Dr. Georg Verbücheln (Recklinghausen), Herrn Prof. Dr. Wulfhard Winterhoff (Sandhausen) und Herrn Dr. Michael Witschel (Freiburg).

Herr Kollege Prof. Dr. H. Haeupler hat den Bestimmungsschlüssel für die Biotoptypen Deutschlands für den Druck zur Verfügung gestellt. Für diese freundschaftliche Unterstützung danke ich ihm ganz verbindlich. Frau Melanie Kreißl war mir bei der Erstellung der Graphiken und bei der Textverarbeitung behilflich, auch ihr sei ganz herzlich gedankt!

Hannover, im August 1995
Richard Pott

Inhaltsverzeichnis

1
Die naturräumliche Gliederung Deutschlands

Ohne die umgestaltenden Eingriffe des Menschen und seiner Haustiere wären viele Landschaften Mitteleuropas – mit Ausnahme der Gewässerbiotope und der geringräumigen noch lebenden Hochmoorreste, der Küstenregionen sowie der alpinen Biotope oberhalb der Baumgrenzen – auch heute noch von mehr oder weniger geschlossenen Laubwäldern bedeckt. Unsere offene und intensiv genutzte Wirtschaftslandschaft wird dagegen weitgehend von anthropogenen Vegetationsformationen beherrscht. Das gilt nicht nur für die mehr oder weniger waldarmen Gebiete der glazial geprägten Norddeutschen Tiefebene, sondern auch für große Teile der als „Waldgebirge" bekannten Mittelgebirgslandschaften, des Alpenvorlandes sowie des Alpenraumes selbst. Von der bodenständigen Waldvegetation sind in den genannten Landschaften im wesentlichen nur noch wirtschaftlich überformte Restbestände vorhanden.

Der prähistorische und historische Mensch hat jedoch nicht nur direkt durch Rodungen, Landnahme und spezielle Wirtschaftsweisen die **Urlandschaft** in eine **Kulturlandschaft** überführt; er hat auch indirekt in die standortdifferenzierenden und vegetationsdynamischen Prozesse eingegriffen, indem er mancherorts die natürlichen Umweltbedingungen, vor allem den Boden, mehr oder weniger nachhaltig beeinflußte. Das heutige Verbreitungsmuster der Standortbedingungen dürfte in großen Zügen aber noch mit dem früherer Zeiten übereinstimmen, es können sich jedoch im einzelnen beachtliche anthropogene Abweichungen ergeben, so daß die ehemalige und die heutige potentielle natürliche Vegetation auf gleichen Wuchsorten aus diesen Gründen nicht mehr in jedem Fall vergleichbar sind. Bei dieser Fragestellung spielt der jeweilige Reversibilitätsgrad der anthropogenen Standortveränderungen eine entscheidende Rolle,

der von der Gesamtheit des menschlichen Einflusses mit seinen aktuellen und vergangenen Nutzungen sowie vom standortspezifischen Regenerationsvermögen abhängt (vgl. auch NEUHÄUSL 1963, TRAUTMANN 1966, BURRICHTER 1973, KOWARIK 1987, BURRICHTER, POTT & FURCH 1988).

Die **reversiblen Änderungen** fallen dabei weniger ins Gewicht. Sie vermögen sich in kurzer Zeit oder zumindest überwiegend im Laufe eines Vegetationszyklus auszugleichen. Dagegen lassen sich **irreversible Standortsänderungen** nicht mehr unter natürlichen Bedingungen auf die Ausgangssituation zurückführen. Sie ergeben zwangsläufig neue ökologische Rahmenbedingungen und damit auch abweichende oder sogar völlig andersartige Vegetationseinheiten. Beispiele solcher irreversiblen Standortsänderungen sind nach BURRICHTER, POTT & FURCH (1988):

- Hochmoorkultivierungen (Abb. 1, 2),
- anthropogen initiierte Flugsandverlagerungen und Dünenbildungen (Abb. 3),
- durch menschliche Wirtschaft hervorgerufene Bildung von Auelehmdecken und Schwemmlößablagerungen,
- künstliche Bodenplanierungen mit Verlagerungen, Abtragungen und Aufschüttungen (Braunkohle-Tagebau, Kiesgruben, Steinbrüche, Abraumhalden, Ruderalböden, Nivellierungen durch agrartechnische Maßnahmen etc., s. Abb. 4 bis 11),
- Anlage von Siedlungsflächen, Industrieflächen und Verkehrswegen (Abb. 12 bis 14),
- Eindeichungen und Neulandgewinnungen (Polder- und Grodenlandschaften, Abb. 15 bis 17),
- ehemalige Plaggenwirtschaft mit Plaggenabtrag einerseits und Plaggen-

auflage andererseits (Abb. 18) bei der Anlage von Plaggeneschen,
- Gewässerausbauten und Flußbegradigungen (Abb. 19 bis 21),
- Waldverlichtungen (Abb. 22).

Unter Ausschluß menschlicher Aktivitäten und bei natürlicher Waldbestockung dürften dagegen folgende Standortüberformungen als **kurzzeitig reversibel** einzustufen sein:

- die Auswirkungen üblicher land- und forstwirtschaftlicher Nutzungen (Abb. 23),
- schwache Strukturschäden und Verarmungen von Böden im Zuge extensiver Wirtschaftsformen (selbstverständlich keine Bodenerosionen, Sekundärpodsolierungen mit Ortsteinhorizonten, etc.),
- normale Auswirkungen der wirtschafts- und siedlungsbedingten Bodeneutrophierung (Abb. 24).

Die kulturlandschaftsgestaltenden Prozesse haben sich in verschiedenen Naturräumen räumlich unterschiedlich und mit einer im Laufe der letzten 100 Jahre zunehmenden Dynamik auf die Landschaft ausgewirkt. Heute lassen sich drei wesentliche Abschnitte der modernen Kulturlandschaftsentwicklung differenzieren, die für das Verständnis der Gefährdung von Biotopen, Pflanzengesellschaften, Tieren und Pflanzen grundlegend sind:

Um 1820 waren die Landschaften infolge der herrschenden Allmendnutzung durch Überweidung und Devastierung waldarm. Die noch vorhandenen Wälder waren meist stark degradiert. In den großen Sandgebieten, aber auch in den Mittelgebirgslagen waren ausgedehnte Flächen verheidet. Als Reste der ehemaligen Naturlandschaft gab es noch großflächige Nieder- und Hochmoore.

Abb. 1: Torfabbau im Bourtanger Moor nach dem Tiefpflug-Sandmischkultur-Verfahren (1988). Man erkennt noch die endlose Weite des ehemaligen Hochmoores. Die Moore sind heute in Deutschland bis auf wenige Restflächen in den Naturschutzgebieten fast völlig abgegraben und zerstört. Damit ist ein spezieller und für die Pleistozänlandschaften charakteristischer Lebensraum akut von der völligen Vernichtung bedroht. Die Vernichtung der Moore wiegt, abgesehen von ihrer Funktion als Wasserspeicher, umso schwerer, als sie noch vor wenigen Jahren als Hochmoore oder Niedermoore das Gesicht vieler Landschaften prägten.

Abb. 2: Das nach der deutschen Hochmoorkultur vormals entwässerte, gedüngte und als Dauergrünland genutzte ehemalige „Große Moor" am Dümmer wird jetzt maschinell endgültig abgegraben (1991). Dieser Eingriff ist irreversibel und eventuell verbleibende Moorreste werden dadurch dauerhaft in Mitleidenschaft gezogen, entwässert und zerstört. Die Moore haben unter allen natürlichen Vegetationsformationen bis heute den größten Flächenverlust hinnehmen müssen.

Abb. 3: Die binnenländische Dünenlandschaft von Kootwijk in Gelderland/Niederlande zeigt noch heute riesige Wanderdünen aus der Zeit der spätmittelalterlichen und frühneuzeitlichen Waldverwüstungsphasen (1994). Hier sind großflächige Geestbereiche von mächtigen Flugsanddecken überkleidet worden. Heute sind es wertvolle Mager-Biotoptypen in der intensiv genutzten Kulturlandschaft. Dieser Bedeutungswandel vom Ödland zum Naturschutzgebiet ist typisch für viele Landschaften Europas.

4

5

Abb. 4: Der Braunkohlentagebau an der Ville im rheinischen Braunkohlenrevier verändert grundlegend die ehemalige Landschaft (Foto: Rheinbraun). Es entstehen aber nach geeigneten Rekultivierungen neue Lebensräume für Pflanzen und Tiere, die nach Jahren sogar schutzwürdig sein können.

Abb. 5: Durch Rekultivierungsmaßnahmen nach erfolgtem Braunkohleabbau im Rheinischen Revier sind auf großer Fläche neue Waldbestände und große Seen geschaffen worden. Das Wald-Seen-Gebiet der Ville bietet heute wertvolle Biotope aus zweiter Hand (Foto: Rheinbraun).

Abb. 6: Kalksteinabgrabung im Teutoburger Wald. Die treppenartig angeordneten Abgrabungs-ebenen ermöglichen auf den jeweiligen konsolartigen Plateaus geeignete Ansiedlungsmöglich-keiten für Elemente von Trockenbiotopen aus zweiter Hand (Brochterbeck, 1994). Vielfach sind solche alten Steinbrüche später sogar mit seltenen Trockenrasenelementen, mit Orchideen oder mit Kalkflachmooren angereichert und sie werden dann meistens unter Naturschutz gestellt (vgl. auch BECKER-PLATEN 1995).

Abb. 7: Kalkoligotrophes Tagebaugewässer in einem Kalksteinbruch als sekundärer Le-bensraum für Hartwasser-Armleuchteralgen-Gesellschaften des *Charion asperae* (Lenge-rich, Teutoburger Wald, 1980).

Abb. 8: Sandabgrabungen in der nordwestdeutschen Pleistozänlandschaft schaffen sekundäre Lebensräume mit zahlreichen neuen Biotopen (Sennelager, Teutoburger Wald, 1994). Auch hier entsteht oftmals ein schutzwürdiger Sekundärbiotop.

Abb. 9: Die Ufer- und Wasserflächen im Se-kundärbiotop einer Naßabgrabung bilden zu-nächst wertvolle, meist seltene, oligotrophe Standorte und sind neue Lebensräume für stenöke Pionierarten (Augustdorf, Senne, 1994).

10

11

◁ Abb. 10: Steinbruch mit großflächigen Abtragungen und Aufschüttungsflächen für Abraum (Uffelner Berg b. Ibbenbüren, 1980).

◁ Abb. 11: Der gleiche Steinbruch wie oben nach erfolgten Rekultivierungsmaßnahmen im Jahre 1994. Es haben sich neue Sekundärbiotope gebildet. Diese sind nicht nur wertvolle Lebensräume für bedrohte Pflanzen und Tiere; vielfach werden nach geeigneten Rekultivierungen sogar neue Biotoptypen (z.B. Gewässer, Flachwasserzonen, Fels- und Steinwände) oder neue Habitatstrukturen geschaffen, die es vorher nicht gab. Ein Beispiel für anthropogene Diversität. Sachgemäße Rekultivierungen genutzter Flächen ermöglichen also eine Vielzahl sogenannter Sekundär-Habitate.

12

Abb. 12: Künstlich angelegte Klär- und Setzteiche auf dem Gelände einer Zuckerfabrik. Hier bilden die Dammböschungen an den Gewässern neue Lebensräume für Ruderalpflanzen (Zuckerfabrik Lage, 1992). Die Planung und halbwegs naturnahe Gestaltung solcher Siedlungs-, Industrie- und Verkehrsflächen sind notwendige Instrumentarien für eine nachhaltige, ökologisch vertretbare Nutzung.

Abb. 14: Die Böden unter Rohrleitungen werden von höher entwickelter Vegetation durch regelmäßige Herbizidanwendungen freigehalten. Hier entwickeln sich therophytische Annuellen-Gesellschaften; dabei dominiert der sehr seltene Dreifingersteinbrech (*Saxifraga tridactylites;* dto. 1992).

Abb. 13: Je nach Intensität der Wasserbeschickung in den Klärteichen entwickelt sich eine Zonation von ein- oder mehrjährigen Ruderalgesellschaften (*Tanaceto-Artemisietum* an der oberen Böschung, *Sisymbrietum altissimi* am Böschungsfuß, dto. 1992). Diese Beispiele zeigen, daß auch die technisch erzeugten Lebensräume in den Industrielandschaften als geeignete Sekundärbiotope fungieren können. Ein entsprechendes Anlagekonzept ist dafür aber unbedingt notwendig.

14

13

Abb. 15: Eingedeichtes und vielfach künstlich entwässertes Marschenland, das man intensiv landwirtschaftlich nutzt, wird an der Nordseeküste als Polder, Groden oder Koog bezeichnet (Marienkoog südl. Niebüll, Nordfriesland, 1994).

Abb. 16: Hauke-Hayen-Koog mit großen Wasserflächen und Röhrichten als neu geschaffenes Feuchtgebiet (1994). Auch hier zeigt sich die Möglichkeit, durch geeignete Anlage- und Planungskonzepte die sogenannte „Natur aus zweiter Hand" zu schaffen. Eine große Vielfalt an gestalteten Biotoptypen und an entsprechenden Habitatstrukturen ist dafür eine Grundvoraussetzung.

Abb. 17: Südstrandpolder von Norderney (Foto H. KOLDE, 1994). Dieser Polder wurde in den Jahren 1940/41 ursprünglich für einen Militärflughafen geschaffen. Nach dem 2. Weltkrieg und nach Deichbauten in den 70er Jahren wurden hier die Salzwiesen durch Ausspülungen, Bodenentnahmen etc. großflächig durch offene Wasserflächen, durch Röhrichte und Weidengebüsche ersetzt. Auf dem 140 Hektar großen Südstrandpolder konnten sich danach nahezu unbeeinflußt durch menschliche Nutzung wertvolle Lebensräume für Pflanzen und Tiere entwickeln. Dieses ist ein anschauliches positives Beispiel dafür, wie eine vom Menschen gestaltete Landschaft nach und nach von Pflanzen unterschiedlichster Nährstoffansprüche besiedelt wurde und wie dadurch verschiedene Biotope geschaffen wurden. So hat sich hier der größte Schilfgürtel aller Ostfriesischen Inseln entwickelt.

Abb. 18: Plaggenesch bei Voltlage (Landkreis Osnabrück). Die uhrglasförmige Aufwölbung dieser vor Ort seit dem 13. Jahrhundert aus Plaggensoden aufgehäuften Feldstruktur ist im Vergleich zum Hintergrund deutlich zu erkennen (1991). Hier haben spezielle Ackerunkrautgesellschaften der Sand- und Lehmböden sekundäre Standorte besiedeln können. Ein Beispiel für anthropogene Vegetationsgliederung und Standortdiversifizierung nach irreversibler Standortveränderung.

18

Abb. 19: Im Ausbau befindliche Ems bei Greven/Gimbte, 1983. Der Flußlauf bekommt einen trapezförmigen Querschnitt mit recht steil angelegten Böschungen. Die Böschungssohle wird mit Gesteinspackungen versehen, die Kanten und Hänge der Böschungen werden mit Rasensoden befestigt. An diesem Beispiel sieht man die langfristige irreversible Standortsveränderung. Die ehemaligen Weichholzgebüsche sind für lange Zeit durch diese technischen Eingriffe aus dem Uferbereich verdrängt.

19

Abb. 20: Kanalisierte und ausgebaute Ems bei Papenburg/ Emsland, 1994. Die Schüttsteine bleiben im wesentlichen vegetationsfrei, oberhalb der Mittelwasserlinie des tidebeeinflussten Unterlaufabschnittes der Ems siedelt ein Fließwasserröhricht vom Typ des *Phalaridetum arundinaceae*. Die angrenzenden Auenabschnitte sind als Kulturflächen landwirtschaftlich genutzt. Auch hier wird deutlich, daß die ehemaligen Tideröhrichte und Weidengebüsche dauerhaft aus der amphibischen Flußuferzone gedrängt worden sind.

20

21

Abb. 21: Elbaue bei Dömitz mit ausgeräumter, landwirtschaftlich genutzter Talaue beidseitig des mit Buhnen kanalisierten Elbstromes (1987). Flußausbauten und Flußbegradigungen haben die ehemals gehölzbestandenen Auenlandschaften grundlegend und irreversibel verändert. Renaturierungen oder Revitalisierungen ursprünglicher Weichholz- oder Hartholz-Auenwald-Biotope sind nur lokal oder regional möglich. Die Wiederherstellung ganzer Flußauen wird in der heutigen Kulturlandschaft nicht mehr durchführbar sein, denn die Gewässerausbauten und die Inkulturnahmen der Auenbereiche haben in den vergangenen Zeiten die adaptationsfähigen Retentionsräume der Auen im Verhältnis zur anfallenden Wassermenge (besonders bei Hochwassern) verändert.

22

Abb. 22: Völlig ausgeräumte Kulturlandschaft auf dem Schöppinger Berg bei Horstmar in Westfalen (1980). Auch hier sind ehemalige geschlossene Buchenwälder völlig vernichtet und durch Bodenveränderungen für viele Jahrzehnte oder Jahrhunderte aus dem Biotopinventar ausgeschlossen worden.

23

24

Abb. 23: Ackerbaulich genutzte Terrasse der jungen Donau bei Fridingen auf der Schwäbischen Alb (1994). Hier ist durch verschiedene land- und forstwirtschaftliche Nutzungen eine reich gekammerte Kulturlandschaft mit Trockenrasen (im Vordergrund), Ackerfluren, Wiesen und Weiden sowie Hecken und Waldresten entstanden. Auch die flußbegleitenden Gehölze sind stellenweise erhalten geblieben; eine Intarsienlandschaft mit hoher Biodiversität!

Abb. 24: Stickstoffliebende Hochstauden säumen die Ackerfluren in weiten Teilen der norddeutschen Tieflandsregionen (Osnabrükker Hügelland, 1994). Diese punktuelle Akkumulation von Nährstoffen nach Düngereinträgen ist durch geeignete Deintensivierungsmaßnahmen rückgängig zu machen.

Bis 1950 sind die ehemaligen Heideflächen überwiegend in Grünland umgewandelt oder aufgeforstet worden. Aufgrund der vorherrschenden, sich zumeist noch an den naturräumlichen Gegebenheiten orientierenden Landnutzungsformen waren die Landschaften jedoch noch reich strukturiert. Die Ballungsräume an Rhein und Ruhr, in Süd- und Mitteldeutschland hatten schon weitgehend ihre heutigen Konturen angenommen.

Die Periode nach 1950 ist gekennzeichnet durch weitreichende Entwicklungen in den wirtschaftlichen, sozialen, kulturellen und gesellschaftlichen Bereichen. Besonders im ländlichen Raum kam es mit Intensivierung der Landnutzung und durch die Flurbereinigung zu tiefgreifenden Veränderungen und Umstrukturierungen (Grundwasserabsenkung, Gewässerbegradigung, Nährstoffanreicherung, Flächenversiegelung und Zerschneidung, Vernichtung von Kleinstrukturen, s. auch VERBÜCHELN et al. 1995).

Neben diesen kurzfristig reversiblen Veränderungen, deren rückläufige Prozesse vermutlich innerhalb eines Vegetationszyklus oder zumindest in wenigen Vegetationszyklen ablaufen können, gibt es aber auch **großräumige Standortveränderungen** von größerer Nachhaltigkeit. Sie sind zwar reversibel, erfordern aber in jedem Falle eine langfristige, oft nicht absehbare Regenerationsdauer. Ein Beispiel dafür sind die umfangreichen **Grundwasserabsenkungen** durch fortwährend unterhaltene Entwässerungsmaßnahmen. Beim allmählichen Zuwachsen und Zerfall der Entwässerungseinrichtungen kann sich nach längerer Zeit (evtl. nach Jahrhunderten) der ursprüngliche Zustand wieder einpendeln.

Zwischen kurz- und langfristig reversiblen oder irreversiblen Standortveränderungen dürften in Einzelfällen fließende Übergänge bestehen. Daher kann gegebenenfalls keine eindeutige Trennung vorgenommen werden.

In diesem Zusammenhang muß auch die moderne **Immissionsproblematik** gesehen werden. Der bisherige wissenschaftliche Kenntnisstand erlaubt zwar ein mehr oder weniger detailliertes Bild über das Ausmaß der Standortschädigungen durch Luft- und Gewässerverunreinigung, aber noch nicht über Grad und Dauer ihrer Reversibilität. Die regional überaus intensive Deposition von Stickstoff und Phosphaten muß diesbezüglich wohl den irreversiblen Standortveränderungen gleichgestellt werden.

So erfaßt nach BURRICHTER et al. (1988) die heutige potentielle natürliche Vegetation nicht nur die ursprünglich waldfähigen Flächen, sondern darüber hinaus auch jene Bereiche, die von Natur aus keine Waldstandorte waren und erst durch den Wirtschaftseinfluß des Menschen zu solchen gemacht worden sind. Dazu gehören insbesondere die ehemals umfangreichen Flächen der **Hochmoorgebiete** (Abb. 25 bis 27). Als baumfreie Lebensräume der vergangenen Jahrtausende haben sie zwar vor der Zeit der Moorbildung boreale Birken-Kiefern-Wälder, aber mit Ausnahmen von örtlichen Bruchwäldern keine reinen Laubwaldbestände getragen. Heute dagegen haben die den Mooren abgerungenen Kulturflächen eine Anzahl von entscheidenen Gemeinsamkeiten für die Vegetation:

– die Umwandlung von Moorstandorten zu potentiellen Waldstandorten,
– die natürliche Basenarmut und die hohe Azidität der Böden,
– eine unterschiedliche Bodenfeuchtigkeit, die aber mit örtlichen Ausnahmen nicht über die Möglichkeitsgrenzen des Ackerbaues hinausgeht,
– eiszeitliche Materialien (vor allem Sande) im Untergrund und mehr oder weniger hohe Sandanteile im Kulturbodenhorizont.

Im Falle der großen Hochmoore Nordwestdeutschlands hat dies zu einer sekundären Ausbreitung potentieller bodensaurer Eichenmischwälder auf den Kulturböden geführt. Die Grenze zwischen den ursprünglichen waldfähigen und waldfreien Standorten ist heute verwischt; die Waldvegetation nimmt danach ein ungleich größeres Areal ein, als der nacheiszeitliche Laubwald von Natur aus gehabt hat.

Neben diesen räumlichen Veränderungen dürfen sich signifikante Unterschiede im **Bestandesaufbau** der Wälder ergeben. Alle naturnahen Laubwaldgesellschaften, aus denen wir heute die potentielle natürliche Vegetation herzuleiten versuchen, sind Wirtschaftswälder, deren Physiognomie und Struktur durch moderne Nutzungsverfahren geprägt wurde. Sie werden durch die Gleichaltrigkeit und Gleichförmigkeit im Bestandesaufbau gekennzeichnet (Abb. 28). Der natürliche ungenutzte Wald zeichnet sich dagegen durch einen Baumbestand unterschiedlichen Alters und durch Vielgestaltigkeit aus. Lichtungen, die durch das Umstürzen überalterter Bäume gerissen wurden, wechseln mit schattigen Partien ab. Daher herrscht in natürlichen Wäldern ein räumliches Mosaik von Lichtungs-, Pionier-, Optimal- und Altersphasen vor, die neben den bekannten schattenliebenden Arten unserer Wirtschaftswälder vorübergehend lichtliebenden Pflanzen Wachstumsmöglichkeiten bieten. Der natürliche Wald ist im Gegensatz zu unseren forstwirtschaftlich geprägten Wäldern mit einheitlicher Physiognomie ein mehr oder weniger komplexes Gebilde (Abb. 29).

Ein drittes, sehr auffälliges Phänomen ist die stark abgewandelte Holzartenkombination vieler unserer heutigen **Wirtschaftswälder** (Forsten). Sie entspricht nicht mehr den natürlichen Gegebenheiten, sondern ist nach rein forstökonomischen Motiven ausgerichtet. Dabei fällt vor allem der Nadelholzanbau der letzten Jahrhunderte ins Gewicht. Im Bergland bestehen die Waldbestände zu mehr als zwei Dritteln, gebietsweise sogar ausschließlich aus standortfremden **Fichtenforsten** (Abb. 30). Sie sind vorwiegend an die Stelle ehemaliger Silikatbuchenwälder getreten. Ihre frühesten Anbauten lassen sich bis in die erste Hälfte des 18. Jahrhunderts zurückverfolgen.

Demgegenüber wurden die ausgedehnten **Kiefernforsten** in erster Linie auf ehemals durch Plaggenstich und Schafhude verheideten und übersandeten Standorten bodensaurer Eichenmischwälder angelegt. Der Kiefernanbau größeren Umfangs setzte im 18. Jahrhundert ein, wenn auch erste Nachrichten von vereinzelten Aufforstungen in Süddeutschland ab dem 14. Jahrhundert und in Nordwestdeutschland bis in die Mitte des 17. Jahrhunderts zurückreichen (HESMER & SCHROEDER 1963). Nach erster Kiefernaufforstung in Nürnberg 1368 kommt die früheste Anordnung für Westfalen beispielsweise aus dem ehemaligen Fürstbistum Paderborn im Jahre 1669. Allerdings gehört die Kiefer zu den heimischen Nadel-

25

27

26

◁ Abb. 25: Die Esterweger Dose im Leda-Jümme-Gebiet war noch vor 30 Jahren das größte lebende Hochmoor Mitteleuropas. Im Jahre 1959 wurde aber trotz nationaler und internationaler Petitionen die Abbaulizenz für dieses Hochmoor erteilt. Um die gleiche Zeit, als die Esterwege Dose zur Abtorfung freigegeben wurde, setzten die ersten Bemühungen ein, entwässerte Hochmoorgebiete, deren Torfkörper noch vollständig oder teilweise erhalten waren, durch geeignete Maßnahmen zu renaturieren. Diese Widersprüchlichkeit, Abbau eines großen, lebenden Hochmoores von internationaler Bedeutung auf der einen und Renaturierungsmaßnahmen an abgestorbenen Hochmooren auf der anderen Seite, ist ein Musterbeispiel für die ohnmächtige Situation des damaligen Naturschutzes gegenüber wirtschaftlichen Interessen (Foto Archivbild E. BURRICHTER, 1958).

◁ Abb. 26: Torfabbau im Dalumer Moor. Die heutige Kulturlandschaft ist schachbrettartig geplant. (Foto W. FRANKE, 1978).

◁ Abb. 27: Torfabbau im Großen Moor bei Diepholz (1992) und Umwandlung zu Dauergrünland.

28

Abb. 28: Etwa gleichalte und gleichhohe Buchenbestände in einem forstlich genutzten *Luzulo-Fagetum*-Buchenwald (Wesergebirge, 1990). Solche Wirtschaftswälder sind physiognomisch durch die jeweiligen Nutzungsverfahren in ihrem Erscheinungsbild geprägt.

Abb. 29: Der Bentheimer Wald im Jahre 1981. Dieser seit dem 15. Jahrhundert nachweislich als Bannwald erhaltene, ehemalige Hude- und Schneitelwald zeigt in seiner heutigen Bestandsstruktur noch vielfach Spuren der alten moderaten Nutzung, bietet heute aber mit seiner plenterartigen Struktur das Bild einer natürlichen Sukzessionsabfolge.

Abb. 30: Großflächige Fichtenforste nehmen heute weite Teile der Mittelgebirge ein (Sauerland, 1990). Es sind oftmals monotone Waldbestände mit veränderter Bodenstruktur und stark verarmtem Artenspektrum aus botanischer Sicht. Der natürliche Laubwald wächst bereits in der Strauchschicht der Fichtenbestände heran.

29

30

21

bäumen. Sie konnte sich mit vereinzelten Reliktvorkommen auf Moorrand-Standorten und an Trockenstandorten seit dem Boreal halten (s. Hesmer & Schroeder 1963, Burrichter 1982, Pott 1982, 1984, Hüppe et al. 1989). Die ausgedehnten Reinbestände auf unseren Geestflächen wie auch in den Sandgebieten Mittel- und Südwestdeutschlands sind dagegen forstwirtschaftlichen Ursprungs.

Gegenüber Fichte und Kiefer haben als neuzeitlich eingebrachte Nadelholzarten u.a. die Europäische und Japanische Lärche (*Larix decidua, L. leptolepis*) sowie die nordamerikanischen Nadelbäume Douglasie (*Pseudotsuga menziesii*), Sitka-Fichte (*Picea sitchensis*), Hemlock-Tanne (*Tsuga canadensis*) und Weymouth-Kiefer (*Pinus strobus*) nur eine untergeordnete oder lokale Bedeutung. Auf trockenen Standorten, so auf skelettreichen Kalkböden und im Graudünenbereich einiger Nordseeinseln, findet man gelegentlich die aus Südosteuropa stammende Schwarzkiefer (*Pinus nigra*).

Als nicht bodenständige Laubbäume sind vor allem verschiedene Pappeln- und Weiden-Arten mit ihren Hybriden sowie Roteiche (*Quercus rubra*) und Robinie (*Robinia pseudoacacia*) zu nennen (Abb. 31). Sie sind entweder als eigene Bestände aufgeforstet worden oder dienen als Mischholzarten, wobei die konkurrenzkräftigen Roteichen und Robinien zur Verwilderung neigen und daher nicht selten in andere Laubholzbestände eindringen. Ähnlich verhält es sich mit der Edelkastanie (*Castanea sativa*). Als ehemaliger Kulturbaum aus der Römerzeit häufen sich ihre Wildwüchse in bodensauren Eichenmischwaldgebieten der planaren und collinen Stufen bis zu über 400 m NN im Westen und Südwesten Deutschlands. Auch die Wildvorkommen der Mispel (*Mespilus germanica*), eines früher sehr beliebten kleinen Obstbaumes, konzentrieren sich in den Wäldern der westlichen Landesteile. Sie tritt aber meist nur vereinzelt in Erscheinung, während die beiden nordamerikanischen Straucharten Kupfer-Felsenbirne (*Amelanchier larmarckii*, vgl. Schroeder 1970) und Späte Traubenkirsche (*Prunus serotina*, vgl. Wittig 1979) im Bereich bodensaurer Eichenmischwälder stellenweise in Massen und mit zunehmender Ausbreitungstendenz anzutreffen sind. Man darf

vermuten, daß diese eingebrachten Laubbaum- und Straucharten, die in unseren heutigen Waldbeständen verwildern und sich im Konkurrenzgeschehen behaupten können, auch in den potentiellen natürlichen Waldgesellschaften als fremdbürtige Arten mit unterschiedlichen Bestockungsanteilen vertreten sein würden.

Neben dem forstökonomisch beabsichtigten Holzartenwandel gibt es aber auch **Artenumschichtungen,** die sich im Laufe der Zeit meist unbeabsichtigt als Folge der historischen Waldwirtschaftsweisen einstellten. Der Wald war für den Menschen früherer Zeiten etwas ganz anderes als heute. Neben seiner Funktion als Holzlieferant für vielfältige Zwecke bildete er die Haupternährungsgrundlage für das Vieh. Er diente als Viehweide (Waldhude) und Laubheuspender (Schneitelwirtschaft), als Streu- und Düngerlieferant zur Plaggendüngung der Äcker und in den Reut- bzw. Haubergsgebieten sogar als rotationsmäßiger Acker. In vielen Gebieten war die **Waldhude** mit Einschluß der Mastnutzung für die Schweinehaltung die Hauptnutzungsart des Waldes. Die Auswirkungen der ehemaligen Hudewirtschaft sind in manchen Wäldern noch heute zu sehen (Abb. 32).

So zeigen sich neben den bekannten Baumdeformationen ja die typischen und für jede Waldgesellschaft spezifischen Artenumschichtungen als Folge der Weideselektion. Entscheidend wirken sich dabei die Widerstandsfähigkeit der einzelnen Holzarten gegen Verbiß und das arteigene Regenerationsvermögen aus, also die Ausschlagfähigkeit nach Schädigung. Je regenerationskräftiger eine Art ist, umso besser kann sie Verbißschäden überleben. Das betrifft in erster Linie den Jungwuchs der Bäume, der in Reichweite des Weideviehs am meisten gefährdet ist und der den natürlichen Wald immer wieder erneuern muß. Regenerationskräftigere Arten nehmen zwangsläufig auf Kosten von regenerationsärmeren zu.

Die Weideselektion wirkt sich auch positiv auf alle Arten aus, die in irgendeiner Weise gegen Viehverbiß geschützt sind. Zu den ersteren zählen alle Holzarten mit Dornen und Stacheln, wie Schlehe, Weißdorn, Kreuzdorn und Wildrosen. Auch Hülse und Wacholder werden aufgrund ihrer stechenden Blätter weitgehend vom

Vieh vermieden. Den Dornsträuchern kommt für die vegetationsdynamischen Abläufe in den Hudewaldgebieten stets eine aufbauende Bedeutung zu. Infolge ihrer Schutzwirkung für den natürlichen Baumjungwuchs sind sie Pioniere der Waldregeneration. Unsere alten Hudewälder (Bentheimer Wald, Neuenburger Urwald, Hasbruch, Baumweg in Norddeutschland), die volkstümlich meist als „Urwälder" angesprochen werden, zeichnen sich daher neben uralten Mastbäumen sowie den Verbiß-, Kappungs- und Schneiteldeformationen durch Anreicherungen von bewehrten Sträuchern aus, wobei die atlantisch ausgerichtete Hülse im Westen Deutschlands deutliche Massierungen aufweist (vgl. auch Abb. 29, Kap. 11.7 sowie Pott & Hüppe 1991).

Eine Wirtschaftsform, die sich stellenweise noch nachhaltiger auf die soziologische Artenumschichtung in unseren Wäldern ausgewirkt hat als die Waldhude, ist die **Niederwaldwirtschaft.** Sie umfaßt im forstterminologischen Sinne nach Dengler (1944) die drei Erntehiebformen des Wurzelstock-, Kopfholz- und Astholzbetriebes.

Als einzige dieser drei Hiebformen hat sich der Stockholzbetrieb mit verschiedenen Modifikationen stellenweise bis zur Gegenwart halten können, und er wird heute mit dem ehemals umfassenden Begriff der Niederwaldwirtschaft identifiziert. Bei der herkömmlichen Stockholzhiebform werden Stockausschläge je nach Verwendungszweck bei Umtriebszeiten von etwa zehn Jahren oder mehr unmittelbar über dem Wurzelstock abgetrieben, und die Verjüngung des Waldes erfolgt stets auf vegetativem Wege aus dem Stock heraus. Es ist verständlich, daß sich bei dieser extremen und nachhaltigen Form der Waldnutzung über längere Zeiträume hinaus nur noch Holzarten mit äußerst gutem Regenerationsvermögen halten können.

Abb. 32: Hudebedingte Parklandschaft mit typischer Vegetationszonierung aus Triftrasen, Gebüschmänteln mit blühender Schlehe (*Prunus spinosa*) sowie angrenzenden Waldresten. Diese kulissenartig angeordneten Vegetationsstrukturen sind Vorbilder für die Anlagen englischer Gärten und Parks (Borkener Paradies, 1979).

Abb. 31: Die stickstoffautotrophe *Robinia pseudoacacia* (seit 1630 nach Frankreich eingeführt, erstmalig in Deutschland um 1670 in Berlin) wurde vor allem in Brandenburg seit etwa 1750 im großen Stil zur Ödlandaufforstung – und seitdem auch in Süddeutschlands Weinbaulandschaften als Rebsteckenlieferant – vielfach gepflanzt. Sie breitet sich seitdem vor allem in Süd- und Mitteldeutschland stark aus. Sie ist im westlichen Norddeutschland bereits an der Südseite des Wesergebirges (Porta Westfalica) angelangt und dehnt sich zur Zeit überall auf der Geest im Buchen-Eichen-Waldgebiet aus (1994). Die Robinienwälder sind neuartige Waldtypen besonders auf urban-industriellen Standorten. Sie breiten sich nach Initialzündungen durch Anpflanzungen mit Robinien noch immer aus.

31

32

33

34

Abb. 33: Handtuchstreifenartige Parzellierung von Eichen-Birken-Niederwäldern anstelle potentieller natürlicher Silikat-Buchenwälder im Siegerländer Haubergsgebiet (1985). Es sind also Sekundärbiotope, die auf eine ständige anthropogene Nutzung für ihren dauerhaften Erhalt angewiesen sind. Diese Niederwälder sind im allgemeinen wertvolle Biotoptypen für viele spezifische Tierarten (s. Kap. 11.3). Traditionelle Holznutzungen können den Fortbestand solcher Biotoptypen sichern.

Abb. 34: Niederwald mit Stockausschlägen von Buche (*Fagus sylvatica*) und Hainbuche (*Carpinus betulus*) anstelle potentieller natürlicher Kalk-Buchenwälder im Teutoburger Wald (1980). Auch hier zeigt sich eine starke Diversifizierung von Flora und Fauna gegenüber natürlichen Buchenwäldern. Niederwaldschlag führt zur Lichtstellung der Bestände, zur Bodenveränderung und somit zur Verschiebung der Artenspektren.

Bedingt durch die nutzungsspezifischen Standortveränderungen mit ihren häufigen Lichtschlägen stellen sich zusätzlich licht- und wärmeliebende Arten ein. Die Auswirkungen des Niederholzbetriebes können bei bestimmten Waldgesellschaften mit der Zeit so weit gehen, daß sämtliche Holzarten und viele Arten der Krautvegetation durch andere ersetzt werden (vgl. Kap. 11.3 sowie Abb. 33 und 34). Nach SEIBERT (1955, 1966) POTT (1981, 1985)und MANZ (1993) sind zahlreiche Kalkbuchenwälder auf frischen mittelgründigen Böden in Niederholzbestände umgewandelt worden, die pflanzensoziologisch unseren Eichen-Hainbuchen-Wäldern (*Stellario-Carpinetum*) nahestehen[1]. Auf trockenen und flachgründigen Kalkböden tendieren sie hingegen zu Waldtypen, deren Artenkombinationen den subkontinentalen Hainbuchenwäldern (*Galio-Carpinetum*) oder sogar den thermophilen Eichenwäldern (*Lithospermo-Quercetum*) ähneln. In allen diesen Wäldern wird die Rolle der Buche weitgehend von der Hainbuche übernommen („Hainbucheneffekt") und an zweiter Stelle steht meist die Eiche.

Ein völlig andersartiger Holzartenwandel vollzieht sich im Bereich der Silikat-Buchenwälder. Wie u.a. POTT (1985) am Beispiel der Siegerländer Hauberge mit ihrer modifizierten Niederwaldwirtschaft zeigen konnte, wird hier die Buche ausnahmslos verdrängt und durch Eiche und Birke ersetzt (s. Abb. 33). Auch die Eichen-Birken-Wälder und Buchenmischwälder der Geest sind vielfach aus alten Niederwäldern hervorgegangen, wobei hier vielfach die Stieleiche (*Quercus robur*) auf Kosten der Traubeneiche (*Quercus petraea*) gefördert worden ist. Alle diese Auswirkungen extensiver Holz- und Landnutzungen von prähistorischer Zeit bis in die Neuzeit und ihre großräumigen Landschaftsveränderungen sind ausführlich im Farbatlas der Waldlandschaften bei POTT (1993) dokumentiert.

Diese Fakten sollten bei der Betrachtung der **Natürlichkeitsgrade der Vegetation** und der naturräumlichen Gliederung berücksichtigt werden. Wie gesagt,

erzeugt das biotische Leistungsvermögen der verschiedenen Standorte für das Bundesgebiet eine mehr oder weniger geschlossene Waldlandschaft mit sommergrünen Laub- und Mischwäldern. Nur wenige Standorte, wie die Küstendünen, die Salzmarschen, die Hochmoore und Niedermoore des Norddeutschen Tieflandes und des Alpenvorlandes, die Schuttfluren im Mittel- und Hochgebirge und die alpinen Matten oberhalb der Waldgrenze wären natürlicherweise waldfrei.

Insgesamt sind etwa 35 Baumarten in Deutschland heimisch; die Flora der Bundesrepublik Deutschland wird derzeit von OBERDORFER (1994) mit 3320 Sippen angegeben. Diese Elemente bilden die Ausgangs- oder Bezugsbasis für vegetationsräumliche Gliederungen, wobei die natürliche bzw. naturnahe Waldvegetation heute als integraler Zeiger vielfältiger Standortbedingungen an einem Ort angesehen werden kann.

Die naturräumlich differenzierte Waldvegetation erlaubt genaue Abgrenzungsmöglichkeiten verschiedener Landschafts- und Gebietsteile mit ihren entsprechenden Vegetationseinheiten und dient deshalb als wichtige Bezugsbasis hinsichtlich der Beurteilung von Intensität und Nachhaltigkeit anthropo-zoogener Eingriffe in Vergangenheit und Gegenwart. Unter dem nivellierenden Einfluß der Waldvegetation waren in den natürlichen Waldlandschaften feinere Unterschiede des Standortmosaiks mehr oder weniger überlagert. Im Laufe von Jahrtausenden führten die erwähnten waldwirtschaftlichen, ackerbaulichen und grünlandwirtschaftlichen Eingriffe des Menschen mit Nieder- und Mittelwaldbetrieb, Schneitelwirtschaft, Waldhude, Streunutzung, Plaggen- und Brandwirtschaft zu irreversiblen Standortveränderungen oder sogar zur Bildung neuer Standorte. So haben ferner die genannten Moorkultivierungen mit Abtorfungen, Flugsandverlagerungen, Landgewinnung an den Küsten, landwirtschaftliche Kultivierungen mit Bodenabtrag, Bodenverarmung und Eutrophierung, Grundwasserabsenkungen und Aufforstungen mit standortfremden Gehölzen nachhaltige Veränderungen im Biotopgefüge nach sich gezogen, die bei einer Beurteilung der gefährdeten Lebensräume und Biotope berücksichtigt werden müssen.

Schutzgegenstand werden neben den verbliebenen **Naturlandschaften** an den Küsten, an einigen Fließ- und Stillgewässern sowie den Restbeständen natürlicher Moore, Wälder, Heiden, Trockenrasen und Felsformationen heute zunehmend auch unsere in Resten erhaltenen **Kulturlandschaften.**

1.1 Die Naturräume

Die großräumige Gliederung der Vegetation in Deutschland ist vorwiegend durch das Klima bedingt; die zonalen Vegetationstypen zeigen in der Regel einen Gradienten zwischen dem ozeanisch beeinflußten Nordwestdeutschland und den subkontinental geprägten Gebieten Ost- und Südostdeutschlands. Gleichzeitig macht sich ein Nord-Süd-Gefälle hinsichtlich der Zu- bzw. Abnahme borealer und submediterraner Geoelemente bemerkbar. Eine zusätzliche Differenzierung ergibt sich durch planare, colline, submontane, montane, hochmontane, subalpine, alpine und nivale Höhenstufen.

Diese Höhenstufen bezeichnen nicht nur die absolute Höhenverbreitung, sondern sind auch vom jeweiligen Regionalklima (z.B. Luv- und Leeseiten höher aufragender Gebirge), von der geographischen Lage, von der ozeanisch-kontinentalen Diametralen sowie von anderen ökologisch bedeutsamen Faktorengruppen (geologischer Situation, pflanzengeographischer Situation etc.) abhängig. Daraus läßt sich eine naturräumliche Großgliederung ableiten, die in Abb. 35 dargelegt ist.

Die Vegetationslandschaften geben den groben Rahmen für eine naturräumliche Gliederung Deutschlands; sie als Ergebnis klimatischer, geologischer und pedologischer Grundstrukturen zu verstehen. Einzelne Vegetationsgebiete mit ihren jeweiligen, mehr oder weniger typischen Pflanzengesellschaften und deren Arteninventar sind also als Basiseinheiten zu betrachten (vgl. Abb. 36). Die Biotoptypen bzw. Biotoptypen-Komplexe dieser Vegetationsgebiete sind demnach unter Berücksichtigung der jeweiligen Lebensraumansprüche von Pflanzenarten, Pflanzengesellschaften und Tierarten zu erfassen. So kommt die ganzheitliche Bewertung ganzer Lebensgemeinschaften und ihres Lebensraumes besser zur Geltung.

---

1 Pflanzensoziologische Termini nach POTT (1992, 1995a)

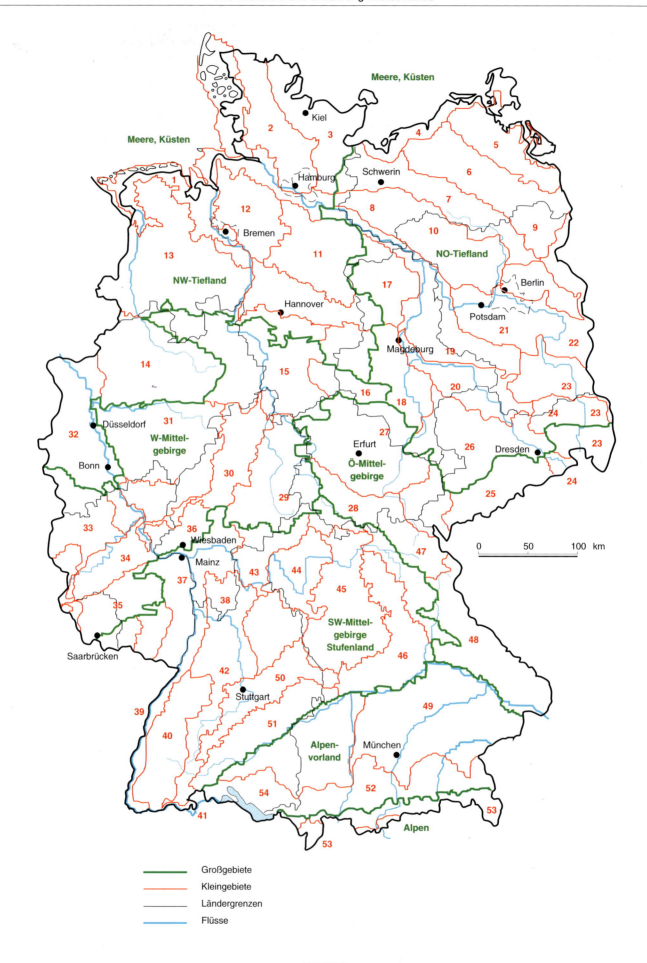

Meere, Küsten

Meere, Küsten

Kiel

Hamburg

Schwerin

Bremen

NW-Tiefland

Hannover

Berlin

Potsdam

Magdeburg

NO-Tiefland

Düsseldorf

W-Mittel-
gebirge

Bonn

Erfurt

Ö-Mittel-
gebirge

Dresden

Wiesbaden

Mainz

Saarbrücken

Stuttgart

SW-Mittel-
gebirge
Stufenland

München

Alpen-
vorland

Alpen

0   50   100 km

——— Großgebiete
——— Kleingebiete
——— Ländergrenzen
——— Flüsse

26

Abb. 35: Die naturräumliche Großgliederung Deutschlands ergibt von Norden nach Süden fünf Landschaftsregionen: Die Meeres- und Küstenregion von Nord- und Ostsee, das Norddeutsche Tiefland, die Mittelgebirge, das Alpenvorland und die nördlichen Alpen. Innerhalb dieser Großgebiete lassen sich 54 Kleingebiete differenzieren. Das sind:

1 Nord- und Ostfriesische Küstenregion
2 Schleswig-Holsteinische Geest
3 Jungmoränenlandschaften Schleswig-Holsteins
4 Mecklenburgisch-Vorpommersche Ostseeküste mit den Boddenlandschaften Rügens und Usedoms
5 Vorpommersche Grundmoränenlandschaft
6 Mecklenburgische Seenplatte und Jungmoränenlandschaft
7 Prignitz
8 Altmark mit Elbtal und Hannoverschem Wendland
9 Uckermark
10 Brandenburg
11 Lüneburger Heide
12 Elbe-Weser-Dreieck nördlich Bremen (bis Bremerhaven, Land Wursten, Cuxhaven und Stader Geest)
13 Niedersächsisches Tiefland (Wildeshausener Geest, Oldenburger Geest, Emsland und Ostfriesland)
14 Westfälische Bucht
15 Weserbergland mit Eggegebirge, Wiehengebirge, Solling und Teutoburger Wald
16 Harz
17 Magdeburger Börde und nördliche Harzrandmulde
18 Sächsisches Trockengebiet im Regenschatten des Harzes und Sächsische Tieflandsbucht
19 Elbe-Havel-Urstromtal
20 Leipziger Bucht
21 Fläming
22 Odertal
23 Nieder- und Oberlausitz
24 Elbsandsteingebirge
25 Erzgebirge und Vogtland
26 Sächsisches Hügelland und Obersächsische Börde

27 Thüringer Becken und Hügelland
28 Thüringer Wald und Vorland
29 Rhön
30 Hessisches Bergland
31 Sauerland, Siegerland und Bergisches Land
32 Niederrheinische Bucht
33 Eifel
34 Hunsrück
35 Pfälzer Wald mit Zweibrücker Gebiet und Saar-Nahe-Bergland
36 Taunus
37 Nördliches oberrheinisches Löß- und Kalkhügelland
38 Odenwald
39 Oberrheinebene mit südlichem oberrheinischem Löß- und Hügelland sowie Kaiserstuhl
40 Schwarzwald
41 Hochrheingebiet mit Dinkelberg
42 Neckargebiet und Baar (Ostschwarzwald)
43 Spessart
44 Mainfranken mit Steigerwald
45 Fränkisches Keuper- und Liasland mit Steigerwald, Haßberg und Frankenalb
46 Fränkischer Jura (Fränkische Alb)
47 Frankenwald und Fichtelgebirge
48 Bayerischer Wald, Böhmerwald und Oberpfälzer Wald
49 Schwäbisch-bayerisches Alpenvorland (Iller-, Lech- und Inn-Platten mit unterbayerischem Hügelland)
50 Fränkischer Wald
51 Schwäbische Alb (Jura-Zug, Dogger-Malm)
52 Südliches Alpenvorland, voralpines Hügel- und Moorland
53 Alpen (deutscher Anteil)
54 Bodenseegebiet (mit Bodenseebecken) und Hegau.

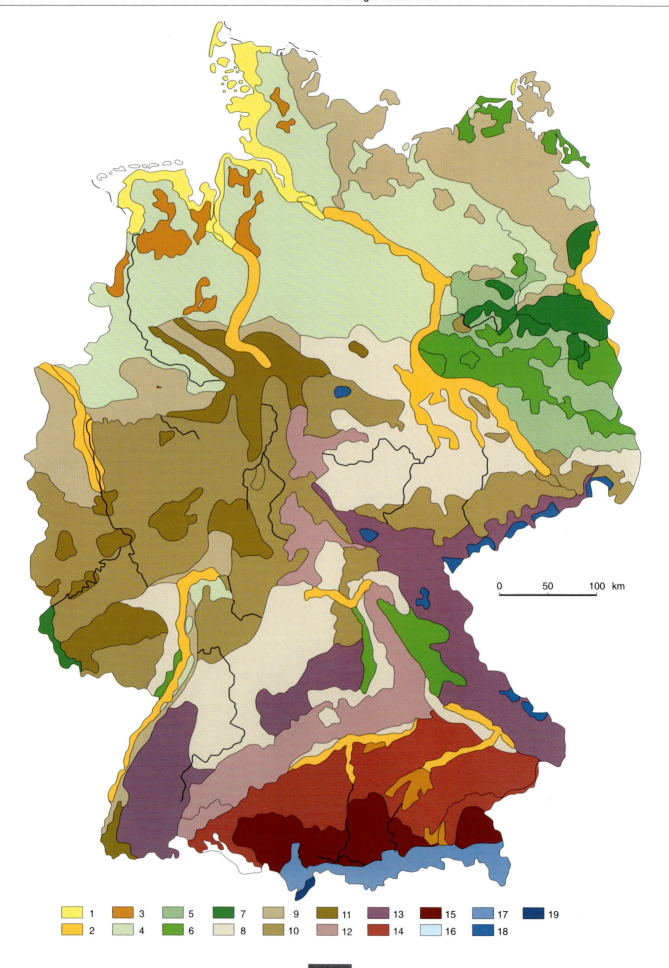

0   50   100 km

1	3	5	7	9	11	13	15	17	19
2	4	6	8	10	12	14	16	18	

28

Zahlreiche Vegetationsgebiete sind nach KLINK & SLOBODDA (1994) für Deutschland naturräumlich differenziert; sie entsprechen den Kartierungseinheiten der Abb. 36. Es sind Vegetationskomplexe miteinander verwandter und einander nahestehender Pflanzengesellschaften. In landschaftsökologischer Sicht sind es natürliche Großräume, also kartierfähige, klimatische und chorologisch begründbare Raumeinheiten, die man auch als **Makrogeosigmetum-Komplexe** bezeichnen kann.

1 Küstenvegetationsgebiete mit den Salzwiesen des Außendeichlandes, Dünen und Inselsalzwiesen (Vegetationskomplexe der Xero- und Haloserie, s. POTT 1995b), natürliche Zwergstrauchheiden, Gebüsche und Wälder der Küsten. Vegetationskomplexe der Dünentäler (Hydro- und Hygroserie, s. POTT 1995b); Vegetation der Küstenmarsch, der Flußmarsch und der Moormarsch (Abb. 37 und 38).

2 Auenvegetationskomplexe der großen Stromtäler und der feuchten Niederungen; Weichholzauen und Hartholzauen mit Silberweiden-Wald (*Salicetum albae, Salicetum fragilis*) und Eichen-Ulmen-Wald (*Querco-Ulmetum*, s. Abb. 39).

3 Vegetationsgebiete der Moore und Bruchwälder: Flachmoore, baumfreie Regenmoore (Hochmoore, Abb. 40), Birkenbruch (*Betuletum pubescentis*), Erlenbruch (*Carici elongatae-Alnetum, Carici laevigatae-Alnetum*) und Erlen-Eschen-Wald (*Carici remotae-Fraxinetum*), z.T. mit feuchtem Stieleichen-Hainbuchen-Wald, im Alpenvorland Kalkflachmoore (Abb. 41), Bergkiefermoore (*Pinus rotundata*-Moore, Abb. 42), edellaubbaumreiche Auenwälder (Eschen-Ulmen-, Eichen-Ulmen- und Erlen-Eschen-Wald, Abb. 43) mit Grauerlen-Auen (z.B. *Alnetum incanae*, Abb. 44).

4 Vegetationsgebiet subatlantischer Eichen-Buchen-Wälder, Eichenmischwälder und Birken-Eichen-Wälder (*Quer-*

◁ Abb. 36: Vegetationsgebiete Deutschlands nach der potentiellen natürlichen Vegetation (aus KLINK & SLOBODDA 1994). Die Kartierungseinheiten sind im Text erläutert.

cetea robori-petraeae): subatlantischer Traubeneichen- und Stieleichen-Buchen-Wald im Westteil mit Stechpalme (Abb. 45 u. 46), Drahtschmielen-Buchen-Wald (*Deschampsio-Fagetum*), Geißblatt-Eichen-Buchen-Wald (*Lonicero-Fagetum*), im Osten Eichenmischwald mit Kiefer, auf armen Sandböden trockener und feuchter Birken-Eichen-Wald, in Niederungen Erlenbruch, Erlen-Eschen-Wald, z.T. im Komplex mit feuchtem Stieleichen-Hainbuchen-Wald, armes Niedermoor, im Westen auch Regenmoor.

5 Vegetationsgebiet subkontinentaler Birken-Stieleichen-Wälder mit Kiefer (*Calamagrostio-Pinetum*, Abb. 47) im Wechsel mit Erlenbruch, Erlen-Eschen-Wald und feuchtem Stieleichen-Hainbuchen-Wald, Niedermoor.

6 Vegetationsgebiet subkontinentaler Kiefern-Eichen- und Kiefernwälder (*Dicrano-Pinion*): Reitgras-Kiefern-Wald, Heidelbeer-, Moos-, Krähenbeer- und Wintergrün-Kiefern-Wald (u.a. *Pyrolo-Pinetum*, Abb. 48).

7 Vegetationsgebiet subkontinentaler Eichen-Hainbuchen-Wälder (z.B. *Tilio-Carpinetum*) mit Winterlinde der planaren Stufe und subkontinentalem Kiefern-Eichen-Wald (s. Abb. 49).

8 Vegetationsgebiet vorwiegend subkontinentaler Eichen-Hainbuchen-Wälder der kollinen Stufe: in Mitteldeutschland *Galio-Carpinetum* = Labkraut-Traubeneichen-Hainbuchen-Wald mit Winterlinde, Stieleichen-Hainbuchen-Wald mit Zittergras-Segge (*Carex brizoides*), z.T. mit Winterlinde, zwischen den Flüssen Mulde und Elbe auch mit Kiefer, Eichen-Hainbuchen-Wälder mit Rotbuche im feuchteren Übergangsbereich zu den thüringisch-sächsischen Mittelgebirgen; in Süddeutschland hauptsächlich Labkraut-Traubeneichen-Hainbuchen-Wald (*Galio-Carpinetum* in verschiedenen Ausprägungen, Abb. 49 bis 51).

9 Vegetationsgebiet der Tieflandbuchenwälder (Abb. 52 und 53) und Sternmieren-Eichen-Hainbuchen-Wälder (Abb. 54 und 55): Flattergras-Buchen-Wald, Perlgras-Buchen-Wald, auf ausgehagerten Standorten auch Drahtschmielen-Buchen-Wald, Sternmieren-Eichen-Hainbuchen-Wald, z.T. mit Buche, Er-

lenbruch, Erlen-Eschen-Wald und Seggenmoor.

10 Vegetationsgebiet der Hainsimsen-Buchen-Wälder (*Luzulo-Fagetum*) und Hainsimsen-Buchenmischwald (Abb. 56): Hainsimsen-Buchen-Wald (in der montanen Stufe des Harzes mit Fichte), Hainsimsen-Eichen-Buchen-Wald, in Ostthüringen im Komplex mit Birken-Eichen-Wald mit Kiefer.

11 Vegetationsgebiet kolliner bis montaner reicher Buchenwälder im subatlantischen Klimagebiet: Seggen-Buchen-Wald (*Carici-Fagetum*), Perlgras-Buchen-Wald (*Hordelymo-Fagetum*), montaner Waldgersten-Zahnwurz-Buchen-Wald (*Dentario-Fagetum*, Abb. 57 u. 58).

12 Vegetationsgebiet kolliner bis montaner reicher Buchenwälder Ost-, Mittel- und Süddeutschlands (*Lonicero alpigeni-Fagenion*): Platterbsen-Buchen-Wald, Waldmeister-Buchen-Wald, trockener Seggen-Buchen-Wald (Abb. 59), kleinräumig Steinsamen-Eichenmischwald mit Flaumeiche (*Lithospermo-Quercetum*).

13 Vegetationsgebiet der Tannen-Buchen-Wälder und Tannenwälder süd- und südostdeutscher Mittelgebirge (Abb. 60, 61): Hainsimsen-Tannen-Wald (*Luzulo-Abietetum*), Hainsimsen-Tannen-(Fichten-)Wald, Zahnwurz-Tannen-Buchen-Wald (*Lonicero alpigeni-Fagetum*), Waldmeister-Tannen-Buchen-Wald (*Galio odorati-Fagetum*, *Abies alba*-Ausbildung), Labkraut-Tannen-Wald (*Galio-Abietetum*), Beerstrauch-Kiefern-(Fichten-)Tannen-Wald und Tannenmischwald (*Luzulo-Abietum*), im Ostschwarzwald auch Wintergrün-Fichten-Tannen-Wald (z.B. *Vaccinio-Abietetum*), außerdem im Vogtland Birken-Eichen-Wald mit Kiefer und Fichte.

14 Vegetationsgebiet der Buchenwälder der älteren Moränen, Schotterplatten und Tertiärhügel des Alpenvorlandes: Hainsimsen-Buchen-Wald und reicher Hainsimsen-Buchen-Wald, auf älteren Moränen und Schotterplatten oft mit Zittergras-Segge (*Carex brizoides*), Waldmeister-Tannen-Buchen-Wald, in tieferen Lagen Hainsimsen-Labkraut- und reicher Labkraut-Eichen-Hainbuchen-Wald (s. Abb. 50), in Talauen Er-

len-Eschen-Wald, Erlenbruch und hauptsächlich Kalkflachmoor.

15 Vegetationsgebiet der Waldmeister-Tannen-Buchen-Wälder (*Galio-Abietetum*) des Jungmoränen-Alpenvorlandes (Abb. 62 u. 63): Waldmeister-Tannen-Buchen-Wald, edellaubbaumreiche Auenwälder, lokal auch Trockenauen-Kiefernwald (z.B. *Erico-Pinetum*), Kalkflachmoor, Bergkiefernmoor (Hochmoor).

16 Vegetationsgebiet des Labkraut-Tannen-Waldes der Flysch-Voralpen (*Galio-Abietetum*, Abb. 64, 65): Labkraut-Tannen-Wald mit Fichte und Buche, Peitschenmoos-Fichten-Wald (*Bazzanio-Piceetum*).

17 Vegetationsgebiet der Hainlattich-Tannen-Buchen-Wälder (*Aposerido-Fagetum*) und Fichtenwälder der Kalkalpen (Abb. 66): Hainlattich-Tannen-Buchen-Wald, Hochstauden-Ahorn-Buchen-Wald (*Aceri-Fagetum*), subalpiner Fichtenwald (*Vaccinio-Picceion*, Abb. 67), in Leelagen nordalpiner Schnee-heide-Kiefern-Wald (*Erico-Pinetum*), in den Berchtesgadener Alpen lokal subalpiner Lärchen-Zirben-Wald (*Larici-Pinetum cembrae*).

18 Vegetationsgebiete hochmontaner Fichtenwälder auf Silikatgestein (Abb. 67); Reitgras-Fichten-Wald (*Calamagrostio-Piceetum*), Peitschenmoos-Fichten-Wald (*Bazzanio-Piceetum*), sonstige Fichtenwälder.

19 Gebiete subalpiner und alpiner Vegetation: Hochstaudenfluren, Alpenrosen-Latschenbusch, Grünerlenbusch (*Alnetum viridis*) auf schweren, wasserzügigen Böden, alpine Grasfluren, Fels- und Schuttfluren (Abb. 68 u. 69).

37

Abb. 37: Landschafts- und Vegetationsraum der Nordseeküste. Wattenmeer mit wandernden Riffen und der Insel Juist. Im Bereich der Osterems zwischen Borkum und Juist liegen zahlreiche Sandplaten und Riffe sowie die Vogelinsel Memmert, deren bewachsene Dünen (sog. Billdünen) rechts im Bild erkennbar sind. Juist ist neben Langeoog eine Insel, die am Westkopf nicht abbricht, sondern dort anlandet (Foto: H. KOLDE, 1989). In diesem Lebensraum gibt es aber auch spezielle Biotoptypen, die in den Tief- und Flachwasserzonen der Nordsee vorkommen, wie Sandkorallenriffs, Austern- und Miesmuschelbänke.

38

◁ Abb. 38: Küstenmarsch an der Nordsee. Die Entwässerungsgräben der Marschen werden in sogenannten Sielen (= Sieltiefs) zusammengeführt. Siele öffnen sich als Durchlässe im Deich, um das im Binnenland gesammelte Wasser ins Meer abzuführen. Der Sielbau ist so alt wie der Bau von Seedeichen; die Siele sind mit Verschlußvorrichtungen ausgerüstet, die sich bei hohem Binnenwasserstand selbsttätig öffnen und bei Flut durch den Gegendruck wieder schließen (Petersgroden an der Jadebucht; Foto H. KOLDE, 1989).

Abb. 39: Auenvegetationskomplex. Oberrhein-Landschaft oberhalb Sasbach mit ausgedehnten Wäldern im Talauenbereich des heute kanalisierten Rheinstromes (1989).

Abb. 40: Hochmoorlandschaft. Terrainbedekkendes Moor mit fleckenhaft aufwachsenden Birken-Bruchwäldern oder mit Einzelbirken (*Betula carpatica*) im Hohen Venn (1986). Die Moore der Mittelgebirgsregionen sind noch recht gut erhalten. Sie zeigen je nach Höhenlage, je nach klimatischer Situation (vor allem Niederschlagsmengen) und je nach Trophie eine große Diversität. Es gibt baumfreie Moorflächen, baumbestandene Moore oder bruchwaldähnliche Biotoptypen an Standorten mit semiterrestrischen oder terrestrischen Naßböden. Einige Beispiele seien hier angeführt.

Abb. 41: Kleines Flachmoor im bayerischen Alpenvorland. Hier gibt es als typische Bruchwaldtypen die fichtenreichen Wälder. Sie sind beschränkt auf die Hochlagenmoore im Alpenraum, in den hohen Mittelgebirgen (vor allem Bayerischer Wald, Erzgebirge, Fichtelgebirge) bis nach Norden in die Hochlagen des Harzes.

Abb. 42: Spirkenmoor mit *Pinus mugo* ssp. *rotundata* auf dem Hinterzartener Moor im Schwarzwald (1992). Solche baumbestandenen Moore sind im Alpenvorland, im Schwarzwald und nordwärts bis nach Thüringen verbreitet. Dieser Waldtyp kommt nur auf Moorstandorten vor.

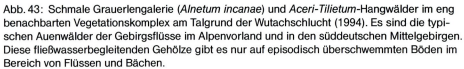

Abb. 43: Schmale Grauerlengalerie (*Alnetum incanae*) und *Aceri-Tilietum*-Hangwälder im eng benachbarten Vegetationskomplex am Talgrund der Wutachschlucht (1994). Es sind die typischen Auenwälder der Gebirgsflüsse im Alpenvorland und in den süddeutschen Mittelgebirgen. Diese fließwasserbegleitenden Gehölze gibt es nur auf episodisch überschwemmten Böden im Bereich von Flüssen und Bächen.

Abb. 44: Auf Auerohböden oder Schottern an Wildflüssen der montanen Stufe der Alpen und des Alpenvorlandes gedeiht optimal der Grauerlen-Auenwald vom Typ des *Alnetum incanae*. Dieser Waldtyp ist optimal im Nadelholzgürtel der Gebirge verbreitet; die vergleichsweise frostharte Grauerle baut als lichtbedürftiges Gehölz wasserzugewandte Galerien auf.

Abb. 45: Eichen-Birken-Waldlandschaft der pleistozänen Geest Nordwestdeutschlands. In rezenten Hudegebieten bilden sich durch intensiven Verbiß und Tritt des Weideviehs lokale Windanrisse, die mehr oder weniger umfangreiche Flugsandverlagerungen nach sich ziehen können (Borkener Paradies, 1984). Eichen-Birken-Wälder sind artenarme, acidophytische Wälder von subatlantisch-atlantischer bis subkontinentaler Verbreitung, meist auf nährstoffarmen Sand- und Sandmischböden. Hier fällt die Wuchsleistung der Buche ab.

Abb. 46: *Ilex*-reicher Buchen-Eichen-Wald, wie er für die wintermilden Regionen Nordwestdeutschlands typisch ist (Hudewald Brögbern, 1993). Auf den pleistozänen anlehmigen Sandböden kann die Buche zwar noch wachsen, jedoch ist im Vergleich zu reinen Buchenwäldern ihre Alleinherrschaft gebrochen und es kommt zur Ausbildung eichenreicher Buchenwälder.

Abb. 47: Wacholderheide im Eichen-Birken-Waldgebiet der Geest mit Kiefern (*Pinus sylvestris*) durchsetzt über Binnensand-Dünen in der Haselünner Kuhweide (1989). Die Kiefernwälder nährstoffarmer, trockener Sande sind vor allem im östlichen Norddeutschland auf Binnendünen verbreitet; dort sind sie natürliche, kleinflächige Nadelholzwälder. Es sind oftmals sogar lokale Reliktwälder aus dem frühen Holozän (Präboreal/Boreal), wie es bei Pott (1993) beschrieben ist.

Abb. 48: Von großen Wanderdünen bedrängte Kiefernwälder an der polnischen Ostseeküste (Leba-Mündung, 1992). Hier im Wuchsgebiet potentiell natürlicher Eichen-Kiefern-Wälder oder reiner Kiefernwälder im polnischen Nationalpark Narodowy gibt es in direkter Nähe zur offenen See endlose Sanddünen, die größten Wanderdünenflächen Europas. Wälder werden noch heute übersandet und wieder freigelegt. Deflationen und Sukzessionen laufen nebeneinander ab. Es ist ein einzigartiges, lebendes Naturmuseum.

In allen Pleistozänlandschaften Mitteleuropas gab es noch bis in das letzte Jahrhundert hinein große Wehsand- und Dünenbildungen. Diese wurden bis auf wenige Gebiete seither aufgeforstet. Heute bilden solche Binnendünenstandorte wertvolle Geotop- und Biotoptypen.

48

Abb. 49: Vegetations- und Landschaftskomplex aus wärmeliebenden Eichen-Hainbuchen-Wäldern und Buchenwäldern auf der Schwäbischen Alb (1994). Diese subkontinentalen Eichen-Hainbuchen-Wälder haben ihr Hauptverbreitungsgebiet auf dem Balkan, von dort reichen die Wälder im Nordwesten Deutschlands bis an den Nordrand der Mittelgebirge. Nur auf trockenen Standorten gedeiht dieser extrazonal verbreitete Waldtyp bei uns optimal. Er besitzt eine hohe Anzahl thermophiler Geoelemente und zeigt eine große Diversität.

49

Abb. 50: Subkontinental geprägter Eichen-Hainbuchen-Wald vom Typ des *Tilio-Carpinetum* mit *Allium ursinum*-Massenaspekt im Frühling (1994).

Abb. 51: Subkontinentaler wärmeliebender Labkraut-Eichen-Hainbuchen-Wald vom Typ des *Galio-Carpinetum* in der Echinger Lohe bei München (1994).

Abb. 53: Durch Waldsegge (*Carex sylvatica*), Flattergras (*Milium effusum*) und andere mesotraphente Arten ausgezeichneter Buchenwaldbestand (Flattergras-Buchen-Wald) im Kontakt zum *Luzulo-Fagetum* am Nordrand des Teutoburger Waldes bei Bielefeld auf kolluviertem Löß am Hangfuß (1986). Dieser Buchenwaldtyp vermittelt zwischen dem Silikat-Buchenwald und dem Kalk-Buchenwald.

Abb. 52: Tieflagen-Silikat-Buchenwald vom Typ des *Deschampsio-Fagetum* im Gehn bei Osnabrück (1992). Solche planare Buchenwälder gibt es vor allem auf oberflächlich ausgehagerten Böden der Alt- und Jungmoränenlandschaften Norddeutschlands. Es sind krautarme Buchenwälder mit nur geringer Diversität. Außerdem gibt es nur noch wenige größere zusammenhängende Waldbestände ohne Fremdholzanteile. Jahrhundertelange Niederwald- oder Hudewirtschaft haben ebenfalls ihre Spuren hinterlassen. Eichen wurden dabei direkt oder indirekt gefördert; spätere Aufforstungen mit Kiefern und Fichten oder Douglasien kommen dazu. Heute werden diese Wälder zusätzlich gekalkt oder gedüngt, was vielfach zumindest für einige Zeit zur Ausbreitung nitrophytischer Elemente führt. Insgesamt sind die bodensauren Wälder daher gefährdet.

Abb. 54: Landschaft des potentiellen natürlichen Eichen-Hainbuchen-Waldes im Münsterland/Westfalen (1985). Hier erzeugen stau- und grundwasserfeuchte Lehmböden eine standörtliche Situation, in der wegen der stagnierenden Feuchtigkeit die Buche nicht mehr oder nur noch in untergeordneter Position gedeihen kann. Diese Landschaft ist heute nur vergleichsweise schwach landwirtschaftlich genutzt; sie ist mit Wallhecken reich gekammert und mit gut gedüngten Dauergrünlandparzellen sowie mit Waldresten durchsetzt. Es herrscht eine große Vegetationsvielfalt mit zahlreichen Vegetationsstrukturen und mit vielen Habitaten.

Abb. 55: Typischer naturnaher Eichen-Hainbuchen-Wald (*Stellario Carpinetum*) in der Eilenriede (Stadtwald von Hannover, 1994). Dieser Waldtyp zeigt eine große Strukturvielfalt.

Abb. 56: Naturnaher Hainsimsen-Buchen-Wald (*Luzulo-Fagetum*) der Montanstufe der Silikat-Mittelgebirge (Wesergebirge, 1993). Hier herrscht die Buche in allen Strukturkomponenten; es ist ein vergleichsweise artenarmer Biotoptyp.

57

58

Abb. 57: Das lößausgekleidete Leinetal bei Alfeld (1993). Die Lößböden sind intensiv landwirtschaftlich genutzt und durchsiedelt; die Randhöhen der angrenzenden Mittelgebirgszüge sind mit anspruchsvollen Buchenwäldern bewachsen. Einige weit verbreitete Buchenwaldtypen sind in den folgenden Abbildungen dargestellt.

Abb. 58: Naturnaher Waldmeister-Buchen-Wald (*Galio odorati-Fagetum*) über Rendzina-Humuskarbonatböden in Kalkgebieten (Wiehengebirge, 1984).

59

Abb. 59: Montane Buchenwälder bekleiden die Berghänge auf der Schwäbischen Alb (Burg Hohenzollern, 1987). Diese Buchenwälder sind heute durch Emissionen in vielen Mittelgebirgen bedroht. Anstelle naturnaher Wälder sind viele Flächen auch mit Standortfremden Baumarten, vor allem mit Nadelgehölzen aufgeforstet. Wenn möglich, sollten künftig repräsentative Bestände aller naturnahen Waldgesellschaften ohne Verwendung standortsfremder Baumarten naturnah bewirtschaftet werden!

Abb. 60: Blick vom Schauinsland zum Feldberg im Schwarzwald mit Tannenmischwäldern vom Typ des *Luzulo-Abietetum* (1992). Auch diese Mischwälder sind durch Emissionen vielerorts gefährdet.

Abb. 61: Buchenmischwälder an der Westabdachung des Schwarzwaldes (1992). Diese ausgedehnten Buchenwälder sind charakteristisch; auf nährstoffarmen Böden ist es das *Luzulo-Fagetum*, auf nährstoffreichen das *Galio odorati-Fagetum*, beide in der submontanen Form. Zur Höhe hin schließen sich gleiche Buchenwaldtypen in montaner Ausprägung mit beigemischter Tanne an. Zum Ostschwarzwald hin nehmen dann Fichte und Tanne im Waldbild zu (*Vaccinio-Abietetum*).

Abb. 62: Naturnahe Buchen-Tannen-Wälder an ihrer Höhengrenze im Übergang zu natürlichen Fichtenwäldern an den Berghängen der nördlichen Kalkalpen (bei Wössen, 1994).

Abb. 63: Naturnahe Fichtenwaldlandschaft im Bereich der nördlichen Kalkalpen bei Füssen (1988). Die Buckelwiesen im Vordergrund gehören zum Formenkreis des sogenannten bedeckten Karstes, wobei das lösungsfähige Kalkgestein von geringmächtigem Verwitterungsmaterial überdeckt ist. Es handelt sich um kuppige Kleinformen in einem früher bewaldeten Gebiet. Diese Buckel hatten sich unter Fichten gebildet, wo das Kalkgestein vor Lösung relativ geschützt war. Die Erhebungen sind also alte Fichtenwuchsplätze.

63

Abb. 64: Naturnahe Fichtenwaldlandschaft in der Flyschzone der nördlichen Kalkalpen (bei Benediktbeuren, 1988). Die mergelig-sandigen Flyschsedimente sind in der Regel wenig verfestigt und neigen zu natürlichen Rutschungen.

64

Abb. 65: Rutschungsflächen (= Reissenflächen) im Flysch bilden natürliche Extremstandorte für Pionierpflanzen mit entsprechenden Sukzessionsfolgen (Detail aus Abb. 64).

65

Abb. 66: Gebirgswälder (Buchen-Tannen-Wälder, Fichtenwälder) am Königssee in Berchtesgaden (1988).

Abb. 67: Subalpiner Fichtenwald vom Typ des *Homogyno-Piceetum* im Kleinen Walsertal (1988).

Abb. 68: Vegetationsstufung im Watzmann-Massiv am Königssee in Berchtesgaden (1988). Die Gebirgswälder werden nach oben hin von einer Krummholzstufe aus Latsche (*Pinus mugo*) und von alpinen Matten abgelöst. Die höchsten Gipfel erreichen hier eine Höhe von etwa 2700 m.

Abb. 69: Naturnahe subalpine Krummhölzer (*Rhododendro-Vaccinietum*) und subalpin-alpine buntblumige Hochstaudenfluren (*Adenostylo-Cicerbitetum*) prägen die Hochgebirgslandschaft der Silvretta (Silvrettastausee, 1994).

1.2 Die einzelnen Biotopkomplexe, Biotoptypen und Biotopstrukturen

Je nach Zielsetzung und fachlichem Schwerpunkt können Biotope auf sehr unterschiedliche Art und Weise gegliedert und typisiert werden. Dabei erschweren unterschiedliche Definitionen, verschiedene methodische Ansätze oder sogar inhaltliche Überschneidungen und räumliche Überlagerungen den einheitlichen Ansatz bzw. lassen unterschiedliche Anforderungen an eine Biotoptypenklassifikation deutlich werden (s. auch v. DRACHENFELS 1992 sowie Schlüssel der Biotoptypen auf Seite 414).

Die oben ausgeführten anthropo-zoogenen Veränderungen der Urlandschaft, respektive Naturlandschaft, zur Kulturlandschaft spielen in diesem Zusammenhang eine wesentliche Rolle. Zur Erfassung und Kennzeichnung besonders schutzwürdiger Biotope gibt es neben den oben genannten Arbeiten eine Vielfalt von Kriterien und Definitionen (z.B. ELLENBERG 1973; HEYDEMANN & MÜLLER-KARCH 1980; v. DRACHENFELS 1986; KAULE 1986; KRATOCHWIL 1989; HOLZNER et al. 1989; RIECKEN & BLAB 1989; JEDICKE 1990,1994; BROGGI & GRABHERR 1991; HABER & SALZWEDEL 1992; JEDICKE & JEDICKE 1992; BLAB 1993; HEGG, BEGUIN & ZOLLER 1993; BLAB & RIECKEN 1993). Alle diese Werke sind darüber einig, daß in den Inventaren unter dem Begriff **Biotop** der Lebensraum einer in sich mehr oder weniger geschlossenen Lebensgemeinschaft (**Biozönose**) aus Pflanzen und Tieren verstanden wird. Dabei wird gelegentlich zwischen **Biotopkomplexen**, **Biotoptypen** und **Biotopstrukturen** unterschieden. Folgende Begriffsdefinitionen werden deshalb nach SSYMANK et al. (1993) zugrunde gelegt:

- **Biotop:** Lebensraum einer Lebensgemeinschaft (Biozönose im Sinne einer regelmäßig wiederkehrenden Lebensgemeinschaft) von bestimmter Mindestgröße und einheitlicher, gegen die Umgebung abgrenzbarer Beschaffenheit.
- **Biotoptyp:** ein abstrahierter Typus

aus der Gesamtheit gleichartiger Biotope mit weitgehend einheitlichen Voraussetzungen für die Lebensgemeinschaften. Es sind Lebensräume, die durch bestimmte Pflanzengesellschaften gekennzeichnet sind (z.B. Primärdünenkomplexe des *Agropyretum juncei*, annuelle Sandtrockenrasen des *Corynephorion*-Verbandes, Blockschuttwälder mit *Tilio-Acerion*-Gesellschaften).

- **Biotopkomplexe:** charakteristische, oft wiederkehrende Kombinationen von Biotopen entlang eines bestimmten ökologischen Faktorengradienten (natürlich oder anthropo-zoogen) ebenso wie die Mosaike von Biotopen (z.B. Bult-Schlenken-Vegetationskomplexe der Hochmoore, Trockenrasen-Vegetationskomplexe, Hudewald-Vegetationskomplexe sowie Zonationskomplexe von Verlandungssukzessionen der Gewässer). Auch als **Mikro-Geosigmetum** bezeichnete Vegetationskomplexe.
- **Biotopstrukturen:** Biotopelemente, die typische Biotopqualitäten darstellen und ggf. in mehreren Biotopen enthalten sein können (z.B. Schichtung in Wäldern: Baum-, Strauch-, Streuschicht, Totholz, markante Einzelbäume).
- **Habitat:** im engeren Sinn Wohnort einer Einzelart. Ursprünglich autökologischer Terminus, von PLACHTER (1991) im Sinne von Lebensraumanteil benutzter Begriff. Da kein Biotop in sich homogen ist, sondern sich aus verschiedenen Teillebensräumen zusammensetzt, können einzelne Pflanzen oder Tieren bestimmte geeignete Lebensraumanteile (= Habitate) benutzen.

Die Klassifikation der Biotoptypen beruht in erster Linie auf standort- und vegetationskundlichen Kriterien, wobei eine starke Ausrichtung auf die Pflanzengesellschaften **gezielt** verfolgt wird. Bei der Gliederung vegetationsarmer Biotope (z.B. Fledermaushöhlen, Austernbänke) muß dagegen vermehrt auf abiotische Standortfaktoren zurückgegriffen werden.

Akut gefährdet sind heute folgende Lebensräume:

- die **primären** und **naturnahen Wälder** (Pflanzengesellschaften aus Vegetationsklassen der *Alnetea glutinosae*, der *Querco-Fagetea*, der *Quercetea roboripetraeae*, der *Vaccinio-Piceetea* sowie der *Pulsatillo-Pinetea* und *Erico-Pinetea*),
- die **Gewässer** und **Feuchtgebiete**, welche noch nicht zu stark eutrophiert bzw. verschmutzt sind (Pflanzengesellschaften aus Vegetationsklassen der *Lemnetea* p. pte., der *Charetea fragilis*, der *Potamogetonetea* p. pte., der *Littorelletea uniflorae*, der *Montio-Cardaminetea* und der *Phragmitetea* p. pte.),
- die **Küstenlandschaften** (Pflanzengesellschaften aus Vegetationsklassen der *Zosteretea marinae*, der *Ruppietea*, der *Thero-Salicornietea*, der *Asteretea tripolii* u.v.a.),
- die **ungestörten oligotrophen Moore** (Pflanzengesellschaften aus Vegetationsklassen der *Oxycocco-Sphagnetea*, *Scheuchzerio-Caricetea fuscae*), einschließlich der Moorgewässer (Pflanzengesellschaften aus der Vegetationsklasse *Utricularietea intermedio-minoris*),
- die **Felsgrusgesellschaften** und **Trockenrasen** (Pflanzengesellschaften aus Vegetationsklassen der *Sedo-Scleranthetea*, der *Festuco-Brometea* p. pte.),
- die **extensiv bewirtschafteten Rasengesellschaften** und **Heiden** (Pflanzengesellschaften aus Vegetationsklassen der *Festuco-Brometea* p. pte., *Molinio-Arrhenatheretea* p. pte, *Nardo-Callunetea*).

Eine Auflistung besonders bedrohter und schutzbedürftiger Biotopkomplexe zeigt die Tabelle 1.

Die diesem Buch zugrunde gelegte Einteilung und Aufgliederung der Biotopkomplexe und deren Darstellung in Farbbildern muß natürlich aus Platzgründen in einer Auswahl erfolgen. Für bestimmte Lebensräume sind ganz charakteristische Pflanzen und Tiere besonders typisch, und diese bilden eben nur unter ganz bestimmten Standortbedingungen spezielle Lebensgemeinschaften aus.

Welche Typen von Lebensgemeinschaften nun für Deutschland in gefährdeten Lebensräumen vorkommen, wird im folgenden Bildteil dargestellt. Die Bilder sind dabei nach Lebensräumen unterschiedlicher Ordnung gegliedert: Übersichtsfotos kennzeichnen den Lebensraum, und De-

Tab. 1. Liste besonders bedrohter und schutzbedürftiger Biotoptypenkomplexe in Deutschland

1. Komplexe naturnaher Küstenbiotope
- Wattflächen einschließlich Flußwatt (Schlick-, Sand-, Misch- und Felswatt; Seegraswiesen)
- Quellerfluren und Salzwiesen (einschließlich Brackwasserröhrichte und brackige Hochstauden-Gesellschaften)
- Spülsäume
- Küstendünen und Strandwälle
- Nasse und feuchte Dünentäler
- Fels- und Steilküsten (einschließlich Hangfuß- und Böschungsoberkante)

2. Komplexe naturnaher Binnengewässerbiotope
- Naturnahe bzw. nicht gefaßte Quellbereiche (z.B. Quelltöpfe, Quellfluren, Quellsümpfe, Quellmoore einschließlich der quellwasserbeeinflußten Randzone)
- Naturnahe Bach- und Flußabschnitte, in der Regel mit Steil- und Flachufern, Schlick-, Sand-, Kies- und Felsbänken, einschließlich Altarme und Altwässer mit naturnaher Wasser- und Ufervegetation
- Naturnahe Stillgewässer (Schlatts, Tümpel, Weiher, Teiche, Seen), insbesondere deren Verlandungsbereiche mit naturnaher Wasser- und Sumpfvegetation

3. Natürliche Salzstellen des Binnenlandes
(einschl. Salzvegetation)

4. Naturnahe Hoch- und Übergangsmoore
(einschl. Moorkolke, Schlenken, Schwingrasen, Moorwälder, Heidemoore, regenerierende Torfstiche sowie Zwergstrauch-, Pfeifengras-, Gebüsch- und Birken-reiche Hochmoorstadien)

5. Waldfreie Niedermoore, Seggenriede und Hochstaudenfluren
- Kleinseggensümpfe saurer bis kalkreicher, mineralischer bis torfiger Standorte, Kopfbinsen-Gesellschaften
- Großseggen- und Schneideriede
- Schachtelhalm-, Waldsimsen- und Staudensümpfe

6. Röhrichte des Süß- und Brackwassers
- Groß- und Kleinröhrichte überwiegend stehender Gewässer
- Bachröhrichte

7. Feucht- und Naßgrünland
(Wiesen und Weiden, einschließlich feuchter bis nasser Hochstaudenfluren, Pfeifengras-Streuwiesen, Flutrasen)

8. Zwergstrauch- und Ginsterheiden
z.T. mit eingestreuten Wacholdergebüschen

9. Magerrasen
auf Kalk-, Silikat-, Sand- und Schwermetallböden, z.T. mit eingestreuten (Wacholder-)Büschen und Bäumen:
- Trocken- und Steppenrasen sowie trockene Staudenfluren auf Fels-, Kies-, Löß- und Sandböden (einschließlich Blaugrashalden)
- Halbtrockenrasen auf Kalk-, Silikat- und Sandböden
- Borstgras-, Straußgras- und Drahtschmielenrasen
- Schwermetallrasen

10. Offene und bewaldete Binnendünen

11. Natürliche Felsen, Block-, Geröll- und Feinschutthalden
außerhalb der Alpen einschließlich ihrer natürlichen Vegetation

12. Natürliche und naturnahe subalpine und alpine Biotope
- Schneeböden
- Alpine Rasen, Urwiesen
- Subalpine Gebüsche, Hochstauden- und Hochgrasfluren
- Naturnahe Bergwälder

13. Naturnahe Wälder und Gebüsche
- Bruch- und Sumpfwälder
- Auenwälder und -gebüsche von Bächen und Flüssen mit regelmäßiger Überflutung (Weich- und Hartholzaue, auch wenn nur als gewässerbegleitender Gehölzstreifen vorhanden)
- Feuchtwälder außerhalb von Brüchen, Sümpfen und Auen
- Trockenwälder und -gebüsche einschließlich thermophiler Staudensäume
- Block- und Hangschuttwälder sowie -gebüsche einschließlich Schlucht- und Kleebwälder
- Bodensaure Laub- und Nadelwälder (insbesondere Altbestände)
- Mesophile Laub- und Nadelwälder (insbesondere Altbestände)

14. Mittel-, Nieder- und Hudewälder
(in repräsentativen Beständen)

15. Naturnahe und halbnatürliche Waldmäntel einschließlich Staudensäume
aller Standortbereiche

16. Strukturelemente in der freien Landschaft
- Alte Knicks, (Baum-)Hecken, Wallhecken, Gebüsche und Feldgehölze einschließlich halbnatürlicher Staudensäume und angrenzender Magerrasen
- Hohlwege, freistehende Erdwände mit bodenständiger Vegetation
- Lesesteinriegel und -wälle, meist mit Gebüsch und Bäumen
- Ältere Streuobst- und Kopfweidenbestände
- Alte Einzelbäume, Baumgruppen, Alleen, bodenständige Ufergehölze (Auenwaldreste)
- Ältere Weinberg- und Ackerbrachen (als Sukzessionsflächen)
- Naturstein-Trockenmauern
- Ältere aufgelassene Steinbrücke, Kies- und Sand-, Mergel- und Tongruben

17. Biotope im Siedlungsbereich
- Alte Waldbestände
- Alte Parks
- Alte Park- und Waldfriedhöfe
- Stadt- und Gartenbrachen (als Sukzessionsflächen)
- Hecken und Gebüsche einschließlich Staudensäume
- Ruderalfluren (insbesondere dörfliche) und nitrophile Säume (an Wegrändern, Böschungen, Mauerfüßen etc.)
- Alte Einzelbäume, Baumgruppen, Alleen
- Alte Naturstein- und Ziegelmauern mit Kletter- und Fugenvegetation

18. Von besonderem Seltenheitswert sind **intakte, landschaftstypische Komplexe, Zonierungen und Sukzessionsserien sowie großflächige oder gehäufte Vorkommen der genannten Biotoptypen,** die auch andere, weniger oder nicht gefährdete Biotope enthalten können, u.a. als Lebensraum für besonders gefährdete Tierarten

19. Lebensräume für besonders gefährdete Tierarten
mit speziellen Raum- und Biotopansprüchen (z.T. in Nr. 18 enthalten), z.B. für Seehunde, Biber, Gänse, Wiesenbrüter (Brachvogel, Uferschnepfe, Rotschenkel, Wiesenweihe), Rauhfußhühner (Birkhuhn, Auerhuhn, Haselhuhn), Kranich, Schwarzstorch und Weißstorch

tails typischer Pflanzenkombinationen oder einzelner charakteristischer Pflanzenarten sollen die Vorstellung vervollständigen – in ähnlicher Weise, wie es beispielhaft von GRABHERR & POLATSCHEK (1986) sowie BROGGI & GRABHERR (1991) für die Biotoptypen von Vorarlberg geschehen ist.

Anstelle des Wortes **Lebensraum** wird öfter der Fachbegriff **Biotop** verwendet, der ja heute schon zum Allgemeinwissen gehört. Etwas präziser müßte man **Biotoptyp** sagen, da sich die Benennung nicht auf bestimmte Örtlichkeiten mit dieser Lebensgemeinschaft bezieht, sondern auf den Typ.

1.3 Natürlichkeits- und Gefährdungsgrade der Vegetationsformationen

Wir haben gesehen, daß Intensität und Ausmaß menschlicher Einflüsse auf die Vegetation und Landschaft nur schwer abschätzbar sind. Ebenso wissen wir heute nur zu gut, daß unsere heutige Kulturlandschaft mit ihrem Vegetationsinventar und ihrer Tierwelt das Produkt einer langen Folge von natürlichen Prozessen und menschlichen Einwirkungen darstellt. Auch die einzelnen oben skizzierten Landschaften Deutschlands (s. Abb. 35, 36) haben sich – wenn man von den baumfreien Hochmooren, den Düneninseln, den perimarinen Watten und Salzwiesen, den Gewässern und den subalpin-alpinen Regionen oberhalb der natürlichen Baumgrenzen absieht – aus ursprünglichen Laub- und Nadelwaldlandschaften entwickelt, wobei der Wald mit zunehmender Siedlungs- und Anbautätigkeit des Menschen immer mehr an Fläche einbüßte. Dies ist besonders wichtig bei der Beurteilung von Fragen der Natürlichkeit und Gefährdung von Vegetationsformationen.

Wir haben bei den Fragen von Reversibilität bzw. Irreversibilität anthropo-zoogener Eingriffe in Natur und Landschaft auch bereits gesehen, daß gerade vergangene und gegenwärtige Auswirkungen menschlicher Einflüsse auf Vegetation, Klima und Boden eine wesentliche Rolle für die Beurteilung der Nachhaltigkeit, des

Beeinflussungsgrades und des Natürlichkeitsgrades der Vegetation spielen. Nach Ausschluß der menschlichen Wirtschaftsmaßnahmen und nach Ablauf bestimmter Sukzessionen mit bestimmten Vegetationsentwicklungsstadien kann sich ein neuer Zustand einstellen, der landschaftsspezifisch von der Gesamtheit des menschlichen Einflusses mit seinen aktuellen und vergangenen Nutzungen sowie vom standortmäßigen Regenerationsvermögen der ehemaligen oder der neuen Waldvegetation abhängt. Diese Dynamik muß man bei der Beurteilung des jeweiligen Status gerade von sogenannten **„Halbkulturformationen"** berücksichtigen, z.B. bei Heiden, Hochstaudenfluren und genutztem Grünland, die sich ja alle nach Nutzungsaufgabe über Gebüschstadien zum Wald zurückentwickeln.

Die Frage des Natürlichkeitsgrades bzw. des Beeinflussungsgrades (**Hemerobie-Stufen**) spielt also eine große Rolle für die Bewertung der Gefährdung von Naturräumen und Landschaftsbereichen. Entsprechende Hemerobie-Systeme und Bewertungsfragen wurden schon früh u.a. von JALAS (1955), ELLENBERG (1963), SUKOPP (1972), DIERSCHKE (1984), KOWARIK (1988, 1995) und KAULE (1991) vorgestellt. Darauf und auf der Hemerobie-Einteilung von DIERSCHKE (1984) sowie von LANG (1994) basiert auch die Tabelle 2. Dabei sind die Hemerobie-Stufen folgendermaßen klassifiziert und interpretiert:

– **Hemerobie-Stufe H1:** Natürliche und naturnahe Vegetationstypen. Menschlicher Einfluß fehlt oder ist nur schwach ausgeprägt. Diese Vegetationsformationen sind meist aus einheimischen Geoelementen aufgebaut. Hierzu gehören die Gewässervegetation, die eutraphenten Röhrichte und Großseggenriede, die Quell-, Niedermoor- und Hochmoorvegetation, die halophytische Meerstrand-, Spülsaum-, Dünen- und Salzwiesenvegetation. Dazu kommen die alpinen Gesellschaften, vor allem die Schutt- und Felsspaltenvegetation. Einige Magerrasen und Hochgebirgsrasen gehören ebenfalls hierher (davon vor allem einige Sandtrockenrasen, Blaugrasrasen, Nacktried- und Krummseggenrasen und große Teile der europäisch-westsibirischen Schwermetallvegetation, s. Tab. 2). Ähnliches gilt für eine Reihe von

Zwergstrauch- und Hochstaudengesellschaften (z.B. Vegetationsklassen der *Betulo-Adenostyletea*, *Salicetea herbaceae* und *Cetrario-Loiseleurietea*). Auch einige Gebüsch- und Waldformationen können in der heutigen Kulturlandschaft noch schwerpunktmäßig dieser Hemerobie-Stufe zugerechnet werden (vor allem die Weichholzauen mit ihren Uferweidengebüschen und Weidenwäldern). Alle in der Tab. 2 aufgeführten Waldtypen Deutschlands besitzen noch naturnahe Vorkommen. Völlig natürliche Wälder (**Urwälder**) gibt es aber wegen forstwirtschaftlicher Eingriffe kaum, vielmehr sind es zumeist naturnahe Bestände, die vereinzelt aber auch als halbnatürlich (Hemerobie-Stufe H2) anzusprechen sind (s. Tab. 2 sowie auch Kap. 11.7).

– **Hemerobie-Stufe H2:** Halbnatürliche Vegetationsformationen. Sie sind vorwiegend anthropo zoogenen Eingriffen durch Mahd, Beweidung, Schlag u.a. ausgesetzt und unter den konstituierenden Arten sind neben den einheimischen Arten auch viele eingebürgerte oder neophytische Elemente beteiligt. Hierher gehören neben einigen Vegetationsformationen der Gewässer (z.B. genutzte Laichkraut-, Schwimmblatt- und Röhrichtvegetation) vor allem die Mauerfugenvegetation und Steinschuttgesellschaften in Abgrabungsgebieten sowie die therophytenreiche Pionier- und Schlammvegetation. Dazu kommen Schlagfluren, nitrophile Säume, Uferstauden, zahlreiche Gebüschformationen der Hecken und Vorwälder und fast die gesamte Palette des genutzten Grünlandes von den Küsten bis in die alpine Stufe. Besonders wertvoll sind dabei die extensiv bewirtschafteten, nicht oder nur wenig gedüngten Magerweiden, Magerwiesen, Triftrasen und Saumkomplexe sowie die Heiden.

– **Hemerobie-Stufe H3:** Naturferne Vegetationsformationen. Diese stehen unter starkem Bewirtschaftungsdruck, insbesondere durch Anreicherung von Nährstoffen. Hierzu gehören vor allem das stark gedüngte, intensiv genutzte Wirtschaftsgrünland (Fettwiesen und -weiden, nährstoffreiche Naßwiesen), die gesamte Ruderalvegetation mit nitrophytischen Elementen sowie die

Tab. 2. Natürlichkeitsgrade von Vegetationsformationen. Benennung der pflanzensoziologischen Klassen, Ordnungen und Verbände nach Pott (1995). Natürlichkeitsgrade nach Dierschke (1984) und Lang (1994). Hemerobie-Stufe H1 = natürlich und naturnah, H2 = halbnatürlich, H3 = naturfern, H4 = künstlich; ● = Schwerpunkt; + = vereinzeltes Vorkommen

Hemerobie-Stufe	H1	H2	H3	H4
I. Gewässervegetation				
1. Wasserlinsendecken (Lemnetea minoris)	●	+	.	.
2. Armleuchteralgenrasen (Charetea fragilis)	●	+	.	.
3. Seegraswiesen (Zosteretea marinae)	●	.	.	.
4. Meersaldenrasen (Ruppietea maritimae)	●	.	.	.
5. Laichkraut- und Schwimmblattvegetation (Potamogetonetea pectinati)				
– Laichkrautbestände (Potamogetonion)	●	+	.	.
– Brackwasser-Teichfadenrasen (Zannichellion pedicellatae)	●	.	.	+
– Schwimmblattvegetation (Nymphaeion albae)	●	+	.	.
– Vegetation fakultativer Pleustophyten (Hydrocharition morsus-ranae)	●	.	.	.
– Wasserhahnenfuß-Vegetation (Ranunculion aquatilis)	●	+	+	.
– Fließwasservegetation (Ranunculion fluitantis)	●	.	.	.
6. Moorgewässer-Vegetation (Utricularietea intermedio-minoris)	●	.	.	.
7. Strandlingsrasen (Littorelletea uniflorae)	●	.	.	.
II. Schutt-, Felsspalten- und Mauerfugenvegetation				
8. Steinschutt- und Geröllvegetation (Thlaspietea rotundifolii)				
– Silikatschuttvegetation (Androsacetalia)	●	.	.	.
– Kalkschieferschuttvegetation (Drabetalia hoppeanae)	●	.	.	.
– Kalkschneebodenvegetation (Arabidetalia coeruleae)	●	.	.	.
– Kalkschuttvegetation (Thlaspietalia rotundifolii)	●	+	.	.
– Rauhgrasrasen (Stipetalia calamagrostis)	●	+	+	.
– Wärmeliebende Steinschuttfluren (Galeopsietalia segetum)	●	+	+	+
9. Felsspalten- und Mauerfugen-Gesellschaften (Asplenietea trichomanis)				
– Kalkfelsspaltenvegetation (Potentilletalia caulescentis)	●	+	+	+
– Silikatfelsspaltenvegetation (Androsacetalia vandelii)	●	.	.	.
– Wärmeliebende Mauervegetation (Parietalia judaicae)	.	+	●	+
III. Therophytenreiche Pioniervegetation (mit Ausnahme des unmittelbaren Küstenbereichs)				
10. Schlamm-Pioniervegetation (Bidentetea tripartitae)	+	●	+	.
11. Zwergbinsen-Pioniervegetation (Isoeto-Nanojuncetea bufonii)	+	●	+	.
12. Ackerwildkrautvegetation und ruderale Einjährigenvegetation (Stellarietea mediae)	.	.	●	.
IV. Eutraphente Röhrichte und Großseggenriede				
13. Schilfröhrichte; Brackwasser- und Süßwasserröhrichte (Phragmitetea australis)	●	+	.	.
V. Quell- und Niedermoorvegetation, Hochmoorschlenken- und Bultenvegetation				
14. Quellvegetation (Montio-Cardaminetea)	●	.	.	.
15. Niedermoor- und Hochmoorschlenkenvegetation (Schleuchzerio-Caricetea nigrae)				
– Übergangsmoor- und Schlenkenvegetation (Scheuchzerietalia palustris)	●	+	.	.
– Vegetation kalkarmer Niedermoore (Caricetalia nigrae)	+	●	.	.
– Vegetation kalkreicher Niedermoore (Caricetalia davallianae)	+	●	.	.
16. Feuchtheide- und Hochmoorbultvegetation (Oxycocco-Sphagnetea)	●	+	.	.
VI. Meerstrand-, Spülsaum-, Dünen- und Salzwiesenvegetation (mit Ausnahme der Vegetationstypen auf Grau- und Braundünen)				
17. Quellerrasen (Thero-Salicornietea)	●	.	.	.
18. Schlickgrasrasen (Spartinetea maritimae)	●	.	.	.
19. Küsten-Mastkraut-Vegetation (Saginetea maritimae)	+	●	.	.
20. Vegetation der Spülsäume und Tangwälle (Cakiletea maritimae)	●	.	.	.
21. Stranddünenvegetation (Ammophiletea arenariae)	●	.	.	.
22. Salzrasen und Salzwiesen (Asteretea tripolii)				
– Andelrasen (Puccinellion maritimae)	●	.	.	.
– Salzschwadenrasen (Puccinellio-Spergularion)	+	●	.	.
– Strandnelkenrasen (Armerion maritimae)	+	●	.	.
VII. Tritt- und Flutrasen, Wirtschaftsgrünland, Vegetation der Graudünen, Halbtrockenrasen und Magerrasen, Hochgebirgsrasen				
23. Einjährige Trittrasen (Polygono-Poetea annuae)	.	.	●	+
24. Wiesen und Weiden (Molinio-Arrhenatheretea)				
– Kriechrasen (Potentillo-Polygonetalia)	+	+	●	+
– Mesophile Trittrasen (Plantaginetalia majoris)				
– Fettwiesen und -weiden (Arrhenatheretalia)	.	.	●	.
– Naßwiesen (Molinietalia caeruleae)				
– Nährstoffreiche Naßwiesen (Calthion)	.	.	●	.

Tab. 2. (Fortsetzung) Natürlichkeitsgrade von Vegetationsformationen. Benennung der pflanzensoziologischen Klassen, Ordnungen und Verbände nach Pott (1995). Natürlichkeitsgrade nach Dierschke (1984) und Lang (1994). Hemerobie-Stufe H1 = natürlich und naturnah, H2 = halbnatürlich, H3 = naturfern, H4 = künstlich; ● = Schwerpunkt; + = vereinzeltes Vorkommen

Hemerobie-Stufe	H1	H2	H3	H4
– Brenndoldenwiesen *(Cnidion dubii)*	.	.	●	.
– Pfeifengraswiesen *(Molinion caeruleae)*	.	●	+	.
– Mädesüß-Hochstaudenvegetation *(Filipendulion)*	.	●	+	.
25. Vegetation der Graudünen, Sandtrockenrasen, Mauerpfeffer- und Felsbandvegetation *(Koelerio-Corynephoretea)*				
– Silbergrasrasen *(Corynephoretalia canescentis)*	+	●	.	.
– Sandsteppenrasen *(Festuco-Sedetalia)*	.	●	.	.
– Mauerpfeffervegetation *(Sedo-Scleranthetea)*	●	+	.	.
26. Schwingel-Steppenrasen und Trespenrasen *(Festuco-Brometea)*				
– Schwingel-Steppenrasen *(Festucion valesiacae)*	+	●	.	.
– Zwenken-Steppenrasen *(Cirsio-Brachypodion)*	.	●	.	.
– Trespen-Halbtrockenrasen *(Bromion erecti = Mesobromion)*	.	●	.	.
– Blaugras-Halbtrockenrasen *(Seslerio-Mesobromion)*	+	●	.	.
– Schillergras-Trockenrasen *(Koelerio-Phleion)*	.	●	.	.
– Trespen-Trockenrasen *(Xerobromion)*	●	+	.	.
– Blaugrasrasen *(Seslerio-Xerobromion)*	●	.	.	.
27. Europäisch-westsibirische Schwermetallrasen, Galmeivegetation *(Violeta calaminariae)*	+	●	+	+
28. Blaugras-Kalksteinrasen *(Elyno-Seslerietea albicantis)*	●	+	.	.
29. Nacktriedrasen *(Carici rupestris-Kobresietea bellardii)*	●	.	.	.
30. Alpine Krummseggenrasen *(Caricetea curvulae)*	●	.	.	.

VIII. Nitrophytische, ruderale Staudenvegetation, halbruderale Halbtrockenrasen, Saum- und Verlichtungsvegetation, Uferstaudenvegetation und anthropogene Gehölzvegetation

Hemerobie-Stufe	H1	H2	H3	H4
31. Ruderale Säume, halbruderale Halbtrockenrasen und Uferstaudenvegetation *(Artemisietea vulgaris)*				
– Wärmeliebende Ruderalvegetation *(Onopordetalia acanthii)*	.	.	●	.
– Quecken-Halbtrockenrasen *(Agropyretalia repentis)*	.	.	●	.
– Nitrophytische Staudenvegetation *(Artemisietalia vulgaris)*	.	.	●	.

Hemerobie-Stufe	H1	H2	H3	H4
32. Nitrophile Säume, Schleier- und Uferstaudenvegetation *(Galio-Urticetea)*				
– Nitrophile Säume *(Glechometalia hederaceae)*	+	●	+	.
– Schleier- und Uferstaudenvegetation *(Convolvuletalia septium)*	+	●	+	.
33. Meso- und thermophile Säume *(Trifolio-Geranietea sanguinei)*	+	●	.	.
34. Schlagvegetation *(Epilobietea angustifolii)*	.	●	.	.
35. Subalpine Hochstaudenvegetation und Gebüsche *(Betulo-Adenostyletea)*	●	+	.	.

IX. Zwergstrauchheiden und Borstgrasrasen

Hemerobie-Stufe	H1	H2	H3	H4
36. Borstgrasrasen, Zwergstrauch- und Ginsterheiden *(Nardo-Callunetea)*	.	●	.	.
37. Schneeboden- und Schneetälchenvegetation *(Salicetea herbaceae)*	●	.	.	.
38. Gemsheiden *(Cetrario-Loiseleurietea)*	●	+	.	.

X. Gebüsche und Vorwälder

Hemerobie-Stufe	H1	H2	H3	H4
39. Anthropogene Gehölzvegetation, subspontane und ruderale Gebüsche und Vorwälder, urban-industrielle Wälder	.	.	+	●
40. Faulbaumgebüsche *(Franguletea alni)*	.	●	+	.
41. Uferweidengebüsche und Weidenwälder *(Salicetea purpureae)*	●	+	.	.
42. Schlehen-Brombeer-Gebüsche *(Rhamno-Prunetea)*	+	●	+	.

XI. Wälder

Hemerobie-Stufe	H1	H2	H3	H4
43. Erlenbruchwälder und Moorgebüsche *(Alnetea glutinosae)*	●	+	.	.
44. Kiefern-Steppenwälder *(Pulsatillo-Pinetea)*	●	+	.	.
45. Schneeheide-Kiefern-Wälder *(Erico-Pinetea)*	●	+	.	.
46. Boreal-subalpine Nadelwälder, Birkenbruch- und Kiefernwälder *(Vaccinio-Piceetea)*	●	+	.	.
47. Birken-Eichen-Wälder *(Quercetea roboripetraeae)*	●	+	.	.
48. Sommergrüne Laubwälder *(Querco-Fagetea)*	●	+	.	.

Ackerwildkrautvegetation. Letztere besitzen hohe Anteile kulturabhängiger Arten unterschiedlichen Einbürgerungsgrades oder aus verschiedenen vergangenen Epochen. Viele von ihnen nehmen heute infolge der starken landwirtschaftlichen Intensivierung kontinuierlich ab.

– **Hemerobie-Stufe H4:** Künstliche Vegetationsformationen. Meist nach Anpflanzung oder durch Aussaat entstandene Vegetation mit oft standortfremden Arten (vor allem anthropogene Gehölzvegetation, subspontane und ruderale Gebüsche und Vorwälder, urban-industrielle Wälder).

Alle diese Parameter ermöglichen regionale und überregionale **Bewertungsrahmen** zur Einschätzung der Schutzwürdigkeit und damit auch der Gefährdung von Biotopen. In den Roten Listen der Biotope werden die Gefährdungsgrade vielfach in bestimmten Kategorien ausgedrückt (z.B. 0 = verschollen oder ausgestorben, 1 = vom Aussterben bedroht, 2 = stark gefährdet und 3 = gefährdet, s.u.a. VERBÜCHELN et al. 1995).

Vielfach werden auch die Biotoptypen sehr stark gegliedert und numerisch unterteilt. Eine solche Klassifikation führt häufig zur enormen Aufspaltung von Biotoptypen (s.z.B. RIECKEN et al. 1994: Code Nr. 53.01.12 Fabrikgebäude, 53.01.12.01 Fabrikgebäude, verfallen (ungenutzt), 53.01.12.02 Fabrikgebäude, alt bzw. traditionelle Bauweise (genutzt) ...). Dieses grenzt an Sophisterei; außerdem ist eine numerische Gliederung der Biotope noch zu diskutieren, da bundes- oder länderbezogene Standardlisten auf so feinem Raster den natürlichen biogeographischen oder den standörtlichen Unterschieden nicht immer gerecht werden können (s. auch JEDICKE & JEDICKE 1992). Deshalb erscheint eine einfache Zweiteilung von gröber gefaßten Biotopen in eine Gruppe mit stärkerer und eine Gruppe mit schwächerer Gefährdung offensichtlich pragmatischer zu sein. Dabei muß bedacht werden, daß die Ursprünglichkeit der Naturbiotope vielfach längst verlorengegangen ist und größtenteils dem flächendeckenden Wirken des Menschen weichen mußte (SCHULTE & WOLFF-STRAUB 1986). Wir haben es heute in den meisten Regionen – wie an den bisherigen Beispielen mehr-

fach ausgeführt – allenfalls noch mit naturnahen Lebensräumen zu tun. Dabei ist es selbstverständlich unbenommen, einzelne Elemente der Biotope, wie Vegetationstypen und Pflanzengesellschaften, nach der Hemerobie-Graduierung als natürlich zu bewerten.

So werden im folgenden die Lebensräume und die Einschätzung ihrer Gefährdung mit SCHULTE & WOLFF-STRAUB (1986) auf drei Ebenen durchgeführt: den **Biotopkomplexen,** den **Biotoptypen** und den **Biotopstrukturen.** Von besonderem Seltenheits- und Naturschutzwert sind dabei heute die intakten, landschaftstypischen Komplexe von Lebensräumen (z.B. Gewässerlandschaften, s. Abb. 70) mit ihren Biotoptypen (z.B. eutrophe Stillgewässer mit Verlandungsbereichen, Röhrichten, Großseggenriedern, Bruchwäldern) und den Biotopstrukturen (z.B. Zonierungen in Verlandungsbereichen, s. Abb. 71, Uferstaudenfluren und -gehölze, naturnahe Altholzbestände). Die Abgrenzung einzelner Biotoptypen ist dabei nach der Vegetation oftmals nur schwer durchzuführen; räumlich sowie zeitlich dynamische Prozesse lassen die einzelnen Biotope und ihre dominierenden Vegetationsstrukturen zudem oft fließend ineinander übergehen (z.B. silhouettenartiger Aufbau von Bruch- und Auenwald-Vegetationskomplexen, s. Abb. 72). Deshalb werden vielfach nur die ganzen Biotopkomplexe oder einzelne Elemente daraus nach ihrem jeweiligen Gefährdungsgrad beurteilt. Das bedeutet:

– Unter **stark gefährdet** werden solche Biotope eingestuft, die kurz vor der Vernichtung ihrer Grundstruktur stehen und nur noch an wenigen Stellen, oft kleinflächig und fragmentarisch auftreten. Zum Teil sind sie nicht regenerierbar, und wenn, dann können sie sich unter bedeutendem Pflegeaufwand nur sehr langfristig wieder erholen.
– Unter **gefährdet** werden Biotope eingeordnet, die zumindest regional großflächig zurückgegangen sind und dort auch eine Strukturveränderung erfahren haben. Sanierungen bzw. Renaturierungsmaßnahmen sind kurz- oder mittelfristig möglich.

Gefährdungen durch direkte Vernichtungen (Flächenverlust) sowie Gefährdungen durch qualitative Standortveränderungen (schleichende Eutrophierung, Grundwasserabsenkungen etc.) sowie die Phänomene von spezifischen Regenerationsfähigkeiten einzelner Vegetationsformationen sind als generelle Parameter bei der Beurteilung von Natürlichkeits- und Gefährdungsgraden zu beachten. Seit geraumer Zeit gibt es bekanntermaßen ja auch eine Reihe nationaler und internationaler gesetzlicher Bestimmungen zum Schutz bestimmter Biotoptypen und deutlich zunehmende Schutzgebietsausweisungen (**Naturschutzgebiete, Biosphärenreservate, Nationalparks**). Damit soll die Vielfalt von Natur- und Lebensräumen mittel- und langfristig gesichert werden.

Der Pfälzerwald ist beispielsweise mit knapp 1800 Quadratkilometern das größte terrestrische Biosphärenreservat Deutschlands. Mit einer Bewaldungsdichte von mehr als 80% gehört der Pfälzerwald auch zu einem der größten geschlossenen Waldgebiete Deutschlands. Auch das Biosphärenreservat Spreewald, etwa 100 km südöstlich von Berlin, umfaßt heute eine 75 km lange und 15 km breite Niederung, die sich in über 300 nur wenig eingesenkte Flußarme, die sogenannten Fließe, zerteilt und noch heute eine durch Wasser geprägte Überschwemmungs- und Feuchtlandschaft mit einer unverwechselbaren Tier- und Pflanzenwelt darstellt.

Ähnliche Bedeutung haben die großflächigen Nationalparke im Wattenmeer der Nordsee und in den Boddenlandschaften der Ostsee. Auch das Untere Odertal, eine der letzten naturnahen Flußauenlandschaften Mitteleuropas, wird als grenzübergreifender Nationalpark wichtige Bedeutung für den Naturschutz einnehmen. Der Nationalpark auf der deutschen Seite der Grenze zu Polen erstreckt sich über sechzig Kilometer zwischen Hohensaaten im Süden und Mescherin im Norden, unweit von Stettin. Östlich der Oder haben die polnischen Behörden rund 5500 Hektar der Auenlandschaft unter Schutz gestellt. Hier gibt es noch eine Vielzahl natürlicher bzw. naturnaher Biotopkomplexe und Trockenrasen und eine ganze Reihe von auentypischen Lebensräumen, die zahlreiche Pflanzen- und Tierarten beherbergen. Darunter sind Wels, Biber und

Abb. 70: Biotoptypen-Komplex als natürlicher Verlandungs-Vegetationskomplex in einem Altrhein bei Rees/Ndrh. (1983). Die aquatischen Schwimmblattdecken aus Seekanne (*Nymphoides peltata*) sind in Flachwasserbereichen von initialen Röhrichten mit Seebinse (*Scirpus lacustris*) durchsetzt. Freiwasserzonen, Schwimmblatt- und Röhrichtbereiche sind also mosaikartig verbreitet und an den Ufern von initialen Gehölzbeständen bzw. von Intensivgrünland durchsetzt. Solche Komplexe sind bei der Bewertung als Gesamtheit zu betrachten.

Abb. 71: Biotoptypen-Komplex als natürlicher Zonationskomplex von Schwimmblattzone (*Myriophyllo-Nupharetum*), Röhrichtzone (*Scirpo-Phragmitetum*) und kulissenhaft angeordneter Gehölzzone mit Gebüschsaum (*Frangulo-Salicetum cinereae*) und Erlenbruchwald (*Carici elongatae-Alnetum*) am Heiligen Meer (1985). Auch hier empfiehlt sich eine ganzheitliche Bewertung dieses Verlandungskomplexes.

Abb. 72: Biotopstrukturen in Auenwäldern zeigen durch Lianen miteinander verwobene Gebüschformationen und Hochwaldbestände im Auenwaldkomplex am Oberrhein (bei Marckolsheim, 1994). Ein Biotoptypenkomplex, der sich wie die anderen in verschiedene Strukturen und Habitate aufgliedern läßt. Hier bieten die zahlreichen Lianen nicht nur eine spezielle räumliche Struktur, sondern auch ein neues morphologisch-funktionales Beziehungsgeflecht: eine standortökologische Biodiversität!

Fischotter, Seeadler, Schwarzstorch, Kranich und der fast ausgestorbene Seggenrohrsänger, der hier noch sein einziges Vorkommen in Deutschland hat.

Einige Bestimmungen zum Schutz solcher Gebiete auf nationalem und auf europäischem Niveau sind deshalb im folgenden kurz erläutert.

1.4 Schutzkriterien und -kategorien gefährdeter Biotoptypen

nach dem BNatSchG § 20c und der FFH-Richtlinie der Europäischen Union (EU)

Der fortschreitenden Gefährdung bedrohter und schutzbedürftiger Biotoptypen wirken die Gesetzgeber des Bundes und der Länder schon seit längerer Zeit entgegen. Wie bereits erwähnt, bietet der neugefaßte § 20c des Bundesnaturschutzgesetzes in der novellierten Fassung vom 10.12.1986, gültig ab 1.1.1987 hierfür eine notwendige Fachgrundlage. Dieser Empfehlung folgen zahlreiche länderspezifische Naturschutzgesetze (z.B. § 28a des am 11.4.1990 in Kraft getretenen Niedersächsischen Naturschutzgesetzes).

Auf europäischer Ebene soll mit Hilfe der neuen **Fauna-Flora-Habitatrichtlinie (FFH-Richtlinie)**, erlassen am 21.5.1992, künftig ein umfassender Schutz gefährdeter Arten und der natürlichen Lebensräume in den Mitgliedstaaten der Europäischen Gemeinschaft (EU) gewährleistet sein. Ziel der FFH-Richtlinie ist die Schaffung eines europaweiten Schutzgebietssystems mit einheitlichen Kriterien für bedrohte Arten und für seltene Lebensräume. Die Mitgliedstaaten werden verpflichtet, unter dem Namen **Natura 2000** ein Netz besonderer Schutzgebiete einzurichten (Der Rat Der Europäischen Gemeinschaften, 1992), und an einem europaweiten Biotopverbundsystem teilzunehmen, das dann einen Teil der jeweiligen Landesfläche und dabei vor allem gefährdete Biotoptypen und Naturlandschaften unter strengen Schutz stellt.

So soll nach einem festgelegten Zeitplan demnächst ein zusammenhängendes europaweites Netz geschaffen werden, das zur Wiederherstellung oder Wahrung eines günstigen Erhaltungszustandes der natürlichen Lebensräume in den einzelnen Regionen besondere Schutzgebiete (**special areas for conservation**) ausweist. Das Schutzgebietsnetz unter dem Signum **Natura 2000** soll jene Gebiete umfassen, die die Mitgliedstaaten für den Schutz der Naturräume bzw. der Lebensraumtypen für geeignet halten. Dabei werden die Biotoptypen in zwei Kategorien aufgeteilt:

– **Habitate höchster Priorität (priority habitat types** nach Directive 92/43 EEC vom September 1993). Das sind die bedrohten natürlichen Lebensräume mit entsprechenden Biotoptypen und Arten (**Kategorie stark gefährdet**).
– **Habitate geringerer Priorität (non priority habitat types** nach Directive 92/43 EEC vom November 1994) (**Kategorie gefährdet**). Das sind die natürlichen und halbnatürlichen Lebensräume mit entsprechenden Biotoptypen und Arten, deren Existenz noch nicht so akut gefährdet und deren dauerhafter Erhalt gelegentlich nutzungsabhängig ist, oder deren Erhaltungszustand besondere Beachtung fordert.

Generell besitzen die Staaten der Gemeinschaft in Zukunft eine besondere Verantwortung für den Erhalt der oben genannten Biotoptypen. Eine Ausweisung von Schutzgebieten (**special areas of conservation**) ist deshalb in jedem Fall erforderlich. Diese Lebensräume sind dabei in den Bereichen ihres natürlichen Vorkommens vom Verschwinden bedroht oder sie besitzen infolge ihres Rückgangs bzw. aufgrund ohnehin begrenzter Vorkommen nur noch wenige oder geringflächige Verbreitungsgebiete. Diese Naturräume bzw. Biotoptypen sind bei Verlust unersetzbar (besonders die Habitate höchster Priorität). Dazu gehören in Deutschland folgende natürliche Lebensraumtypen mit ihren wildlebenden Pflanzen und Tieren: Küstenbereiche mit Salzvegetation, Dünen an Meeresküsten und im Binnenland, Süßwasserlebensräume, Heidevegetation, natürliche und naturnahe Wälder. Diese Biotoptypen sollen nach der Habitat-Richtlinie europaweit in die genannten **special areas for conservation** einbezogen werden. Rechtliche Grundlage für

diesen umfassenden, grenzüberschreitenden Biotopschutz bietet der **Art. 130r Abs.4 EWG-Vertrag** (Vertrag über die Europäische Union vom 7.2.1992, Maastricht-Vertrag). Alle diese prioritären Biotopkomplexe und Biotoptypen sind aber auch im § 20c BNatSchG für Deutschland enthalten (s. auch Tab. 1). Sie werden derzeit auch in nationalen Listen bundesweit oder regional länderspezifisch in sogenannten **Rote Liste-Biotopen** erfaßt, z.B. bei RIECKEN et al. (1994) für Deutschland insgesamt und länderbezogen u.a. bei SCHULTE & WOLFF-STRAUB (1986), BUSHARDT et al. (1990), FREDE (1990, 1991), v.DRACHENFELS (1992) und ZIMMERMANN (1992).

Auf EU-Ebene wurden bereits im Jahre 1974 nach Anforderungen des damaligen EG-Rates Vorbereitungen für eine Umweltdatensammlung getroffen, auf deren Grundlage am 27.6.1985 das Programm **CORINE** (= Coordination de l'information sur l'environment) als vorerst fünfjähriges Vorhaben basierte. In diesem aufwendigen Programm wurde u.a. eine Inventarisierung der Biotope vorgenommen, die für die Naturlandschaften in den Ländern der Europäischen Gemeinschaft ausschlaggebende Bedeutung haben (**CORINE-Biotope**). Diese ökologisch wertvollen Biotope in den jeweiligen EU-Mitgliedsstaaten sind seit 1991 erfaßt; als Auswahlkriterien gelten insbesondere die Vorkommen gefährdeter Tier- und Pflanzenarten, die Vorkommen wertvoller Biotopstrukturen, hohe Vielfalt und Abundanz an charakterisierenden Artengruppen, hohe Komplexität und Diversität eines Gebietes hinsichtlich seiner Biotope. Die Klassifikation eines CORINE-Biotops bemißt sich danach, ob er als Lebensraum einer gefährdeten Art dient, ein wertvoller Habitattyp ist oder solche Biotopstrukturen beherbergt bzw. ob er zumindest 1% der Population einer in der Gemeinschaft gefährdeten Tier- und Pflanzenarten beherbergt. Die Auswahl der gefährdeten Tier- und Pflanzenarten richtet sich dabei nach den Kriterien der **Berner Konvention** (= Übereinkommen über die Erhaltung der europäischen wildlebenden Pflanzen und Tiere und ihrer natürlichen Lebensräume vom 19.9.1979, Grundlage der FFH-Richtlinie, vgl. EG-Commission, 1991).

Mit der Erstellung des CORINE-Biotop-Programms wurde somit erstmals ein – zwar recht grobes und deshalb nachvollziehbares – und europaweites vergleichbares System geschaffen, um Lebensraumtypen einheitlich zu beschreiben und zu erfassen. Mittlerweile sind etwa 600 Biotoptypen auf diese Weise EU-einheitlich definiert und auch codiert (CORINE Biotopes Manual 1991, Commission of European Union 1993, 1994). Die numerische Gliederung ist hier aber auf Biotopkomplexe bezogen, welche lokale und regionale Verteilungen zuläßt, um den spezifischen Ausstattungen der jeweiligen Naturräume Europas mit Biotopen gerecht zu werden. Damit ergeben sich erste Möglichkeiten, beispielsweise durch Anwendung des Geographischen Informationssystems (GIS) zielgerichtete Auswertungen zur flächenhaften Verteilung verschiedener Biotoptypen, Auswertungen zum Vorkommen bestimmter Tier- und Pflanzenarten sowie ständige Aktualisierungen und Fortschreibungen von **Biotopdatenbanken** vorzunehmen (vgl. auch WWF-Studie, EG-Naturschutz, 1994). Eine erste Studie über die nach der Directive 92/43 EEC geschützten Biotoptypen Spaniens legen RIVAS-MARTINEZ et al. (1993) vor. Diese Arbeit basiert auf pflanzensoziologischer Grundlage und ist Vorbild für die nachfolgende Darstellung.

Die im folgenden dargestellten gefährdeten Biotoptypen Deutschlands mit ihren Biotopkomplexen, den Biotop- und ihren Habitatstrukturen sind zur besseren Verknüpfung und zum Vergleich mit bestehenden CORINE-Manualen und den Rote-Liste-Biotopen sowie mit den CORINE-Codenummern versehen. Sie sind zusätzlich nach den FFH-Richtiinien (priority-, non priority-habitat types) sowie als besonders geschützte Biotope nach §20c BNatSchG gekennzeichnet. Dabei sind folgende Signaturen angebracht worden:

■ = von der Vernichtung bedrohte oder stark gefährdete Biotope,
□ = gefährdete Biotope,
● = ganz bzw. teilweise nach §20c BNatSchG geschützt,
○ = nicht oder noch nicht im §20c BNatSchG aufgeführte Biotope,
FFH = FFH-Biotope mit den entsprechenden Code-Nummern,
CORINE = Code-Nr. nach CORINE-Liste,
✳ = europaweit als prioritär eingestufte Einheiten, prioritär nach Directive 92/43 EEC.

Die **Biodiversität** ist dabei ein wesentliches naturschutzrelevantes Kriterium; neben den floristischen und faunistischen Artengruppen spielen auch die Wechselbeziehungen zwischen den Individuen eine wichtige Rolle, dazu kommen Vielfalt der Habitate, der Habitatstrukturen und der Funktionen aller Organismen.

49

2
Biotoptypen der Gewässer und deren Vegetation

Die Gewässer und deren Lebensgemeinschaften sind in letzter Zeit im Rahmen der Umweltdiskussion ganz besonders in das Blickfeld der Öffentlichkeit gerückt. Denn bedauerlicherweise muß trotz zahlreicher naturschützerischer Aktivitäten immer wieder festgestellt werden, daß gerade die oligotrophen Naß- und Feuchtbiotope zur Zeit die gefährdetsten Standorte in unserer Kulturlandschaft sind.

Fast alle natürlichen bzw. naturnahen Gewässer unterliegen heute neben manchen menschlichen Eingriffen den starken Eutrophierungseinflüssen, welche viele ehemals nährstoffarme Seen, Weiher und Kolke in schneller Abfolge zu nährstoffreichen Gewässern umwandeln. Als Eutrophierungsparameter kommen dabei pflanzenverfügbare Stickstoffverbindungen und vor allem Phosphate in Frage. Ihre Zunahme geht in der Regel mit der Phytomassenproduktion der Gewässer einher und hat besonders in den letzten 40 Jahren gravierende Veränderungen der Gewässerlandschaften und ihrer Vegetation hervorgerufen. So ist es nicht verwunderlich, daß ungefähr 25% der bislang vorhandenen Wasser- und Sumpfpflanzen in ihrem Bestand gefährdet oder vom Aussterben bedroht sind und sich in zahlreichen „Roten Listen" wiederfinden (SUKOPP 1974; SUKOPP, TRAUTMANN & KORNECK 1978; WILDERMUTH, 1978; FOERSTER, LOHMEYER, PATZKE & RUNGE 1981; BLAB et al. 1984; WOLFF-STRAUB et al. 1986; HUTTER, KAPFER & KONOLD 1993).

Zur Charakterisierung des Stoffhaushaltes eines Gewässers in seiner Bedeutung für die Vegetation wird meistens vom Begriff **Trophie** ausgegangen. Schon THIENEMANN (1913/14) und NAUMANN (1921, 1925) entwickelten danach die Grundzüge eines Seentypen-Systems, dessen wichtige Vertreter die oligotrophen, dystrophen und eutrophen Gewässer sind. Sie alle zeigen in ihrem Alter wie auch in der Trophie kontinuierliche Übergänge und weichen mit ihrer Vegetation teilweise erheblich voneinander ab. Deshalb gibt es mannigfalte Änderungen der THIENEMANNSCHEN und NAUMANNSCHEN Prototypen. Neuerdings rechtfertigen z.B. extreme Nährstoffgehalte die Herausstellung eines hypertrophen oder polytrophen Gewässers mit spezifischen Pflanzengesellschaften, die breite ökologische Amplituden aufweisen (s. Tab. 3 sowie POTT 1981, 1983).

Nach Berücksichtigung und Auswertung von wichtigen chemisch-physikalischen Trophierungsparametern (s. POTT 1980, SCHWOERBEL 1993), dem Verlandungszustand, den speziellen Vegetationsverhältnissen sowie der naturräumlichen Verbreitung läßt sich eine **Klassifizierung der Binnengewässer** in oligo-, dys-, meso-, eu- und hypertrophe Haupttypen vornehmen (s. Tab. 3). Zwischen den dargestellten Trophieebenen gibt es aber viele graduelle Abweichungen, wobei einige ernährungsphysiologische Parameter untereinander erheblich variieren können, so daß die angeführten wasserchemischen Daten nur als grobe Abgrenzungswerte zwischen den einzelnen Trophiestufen anzusehen sind.

Tab. 3. Die Haupttypen stehender Binnengewässer (verändert und erweitert nach POTT 1983)

Gewässertypus	pH-Wert	N	PO₄³⁻ (mg/l)	Cl⁻	Leitfähigkeit (µS/cm)	Bodentyp	Wasservegetation	Verbreitung
silikat-oligotroph	<4,5	0	0	<10	<100	Protopedon	*Littorelletea*-Gesellschaften	nährstoffarme Quarzsandgebiete
kalk-oligotroph	<7,5	>0,4	0	<10	<300	Protopedon (Seekreide) Kalkgyttja	*Charetea fragilis*-Gesellschaften	Kalkgebiete, Kalkalpen und deren Vorland
dystroph	<5,0	0	~0,5	<10	<100	Dy	*Sphagno-Utricularietea*-Gesellschaften	Hochmoorgebiete
mesotroph	~5–7	<1	<0,5	~30	<200	Dygyttja, Gyttja	Kleinblättrige *Potamogetonetea*-Gesellschaften	Sand- und ehemalige Moorgebiete
eutroph	7–8	~4,0	>0,5	50	400	Gyttja, Sapropel	*Potamogetonion*- und *Nymphaeion*-Gesellschaften	allgemein verbreitet
hypertroph	>8	~4–9	5–9	100	450–1200	Sapropel	Einartbestände von *Ceratophyllum, Zannichellia*, etc.	infolge von Nährstoffanreicherung zunehmend

Der **oligotrophe Gewässertyp** zeichnet sich im allgemeinen durch pH-Werte aus, die in sauren Bereichen liegen, während Chloride, Stickstoff- und Phosphorverbindungen nur in Spuren vorhanden sind. Auf die äußerst geringe Anzahl aller im Wasser gelösten Ionen deuten auch die Leitfähigkeitsdaten von etwa 135 μS/cm hin. Mit ihren spezifischen Lebensgemeinschaften gehören nährstoffarme Gewässer zu den ursprünglichen Prägungen der pleistozänen Quarzsandgebiete Norddeutschlands, des Alpenvorlandes und der Silikatmittelgebirge. Den Untergrund solcher Seen und Heideweiher bildet – durch geringe Phytomassenproduktion bedingt – ein Unterwasserrohboden (Protopedon) mit stellenweise nur sehr geringer Schlammauflage (s. auch Tab. 3). Kalkoligotrophe Gewässer sind im Gebiet der Kalkalpen verbreitet und existieren als anthropogene Gewässer nur in frisch ausgehobenen Tagebau- und Baggerseen von Kalkgebieten.

Der **dystrophe Gewässertyp** tritt in ehemaligen und rezenten Hochmoorgebieten über Torfsubstraten auf. Seine hydrochemisch-physikalischen Daten weisen ihn ebenfalls als nährstoffarm aus. Die pH-Werte, die elektrische Leitfähigkeit sowie die Gesamthärte liegen sogar unter denen der oligotrophen Quarzsandgewässer (vgl. Tab. 3). Derartige Moorgewässer sind außerdem mit Huminsäuren aus dem Torfschlamm des Untergrundes (Dy) oder der Umgebung angereichert; daraus resultiert unter anderem auch ihr erhöhter Kaliumpermanganat ($KMnO_4$)-Verbrauch. Streng genommen ist das dystrophe Gewässer aufgrund seiner hydrochemischen Ähnlichkeit nur eine sauerhumusreiche, fazielle Ausprägung des oligotrophen Typs.

Mesotrophe Gewässer gehen mit zunehmender Trophierung aus den erstgenannten hervor und finden sich natürlicherweise auch in leicht nährstoffreichen Silikatgebieten. Ihre pH-Werte liegen um den Neutralpunkt; Chloride, Stickstoff- und Phosphatwerte sind leicht erhöht (Tab. 3). Auf dem Gewässerboden findet sich meistens eine Muddeschicht (Gyttja). Bei weiterer Nährstoffanreicherung läßt sich hydrochemisch-physikalisch ein Gewässertyp klassifizieren, der als **schwach eutroph** bezeichnet werden kann. Aufgrund erhöhter Nitrat- und Phosphatmaxima ergibt sich in diesem Falle ein ganz anderes Nährstoffgefüge, welches besonders deutlich im Gesamtionengehalt des Wassers zum Ausdruck kommt.

Der **eutrophe Gewässertyp** ist naturgemäß am weitesten verbreitet. Die Stickstoffdaten liegen im Mittel um 4 mg/1 und gehen fast nie unter 1 mg/1 zurück. Auch die Phosphatfrachten erreichen durchweg mehr als 0,5 mg/l, steigen bis auf ca. 3,8 mg/1 und bilden Mittelwerte von 1,5 mg/l. Im Vergleich zu den nährstoffärmeren Typen kennzeichnen in sehr eindrucksvoller Weise die Leitfähigkeitsspektren den erhöhten Nährstoffgehalt solcher Gewässer. Die Mudde unter Wasser kann bereits stellenweise einer Faulschlammschicht (Sapropel) gewichen sein.

Hypertrophe oder polytrophe Gewässer sind schließlich so stark mit Nährstoffen angereichert (Tab. 3), daß ihre pH-Werte meist ganzjährig im alkalischen Bereich liegen. Die sehr hohen Leitfähigkeitsdaten zeugen von einer enormen Salzanreicherung durch Mineraldünger. Auffällig sind weiterhin Nitrat- und Phosphatspitzenwerte von 8 mg/l bzw. 6 mg/l, welche durchweg hohe mittlere Jahresfrachten dieser Trophiestufe bedingen. Der Gewässerboden ist stets mit einer mächtigen Sapropelschicht bedeckt.

2.1 Stillgewässer

Die Stillgewässer umfassen **Tümpel, Weiher** und **Seen** verschiedener Genese und Trophie (s. Abb. 73). **Tümpel** sind Kleingewässer geringer Wassertiefe mit schwankendem Wasserstand, die zeitweise sogar ganz austrocknen können. Weiher und Seen sind größer als Tümpel und so tief, daß sie im Gegensatz zu diesen nicht austrocknen. Während die **Weiher** immer noch flach genug sind, daß sie völlig mit Pflanzen zuwachsen können, haben **Seen** eine deutliche Gliederung in eine dunkle Tiefenzone (Hypolimnion, oft auch mit der tropholytischen Zone identisch) und eine durchleuchtete, mit makrophytischen Wasserpflanzen bewachsene Zone (Epilimnion, oft mit der trophogenen Zone identisch).

Eine entsprechende Wasserzirkulation im Jahresverlauf ist typisch: Im Winter lagert dabei in den Seen kaltes, im Sommer warmes Oberflächenwasser über dem ständig kühleren Tiefenwasser, im Frühling und im Herbst schichten sich die Wassermassen um (Winter-und Sommerstagnation, Frühlings- und Herbstvollzirkulation). Bei Weihern reicht die Erwärmung oder die Abkühlung viel tiefer; eine ständige Wasserzirkulation läßt dort keine stabile Schichtung zu. Alle Weiher verlanden im Verlauf absehbarer Zeiträume. **Teiche** sind künstlich angelegte Weiher, die abgelassen werden können. **Altarme** und **Altwasser** entstehen im Mäandrierungsbereich von Fließgewässern als neue Stillwasserkomplexe.

Seen, Weiher, Teiche und Tümpel weisen oft als Biotopkomplexe die Verlandungsbereiche stehender Gewässer auf (s. Abb. 70 u. 71). Dabei lassen sich folgende Biotoptypen differenzieren:

2.1.1 Stehende Gewässer

Binnengewässer mit deutlich differenzierten Zonationskomplexen oder Teilen davon (Pelagial, Benthal, Unterwasservegetation, Schwimmblattzone, Röhrichtzone, Bruchwaldkomplexe). Davon sind gefährdet:

2.1.1.1 Oligotrophe kalkarme und kalkreiche Gewässer

Heidegewässer, Dünengewässer, Niedermoorgewässer, Karstseen, Stauseen u.a. als nährstoffarme Stillgewässer mit teilweise großen Sichttiefen (s. Abb. 73 bis

Gefährdung: Eutrophierung durch Nährstoffeintrag, Uferverbau und -befestigung, Freizeitnutzung, Verschmutzung.
Schutz: ■, ●; FFH 2110, 3110, 3120, 3140, 3160, 3180, 7210; CORINE 91: 22.11, 22.31, 22.34, 53.3, ✳ (überall prioritär) nach Directive 92/43 EEC.
Verbreitung: In pleistozänen Sandlandschaften vor allem die silikatoligotrophen Typen; im Alpenraum, im Alpenvorland und im Mittelgebirge die kalkoligotrophen Typen (Karstseen). Auch an Sekundärstandorten (Baggerseen, Abgrabungsgewässern, s. Abb. 7 bis 9).
Beispiele: Abb. 73 bis 107.

73

Abb. 73: Wie auf einer Perlschnur aufgereiht liegen die natürlichen Gewässer des Naturschutzgebietes „Heiliges Meer" bei Hopsten in Westfalen. Sie sind als dolinenartige Erdfälle entstanden, sind unterschiedlichen Alters und besitzen deshalb eine jeweils verschiedenartige Trophie. In diesem Gebiet führt das Institut für Geobotanik der Universität Hannover zur Zeit ein umfangreiches interdisziplinäres Forschungsprojekt über die Auswirkung von Stickstoffeinträge aus der Luft und über das Grundwasser durch. Diese Trophieeinflüsse auf aquatische Ökosysteme sollen als Modell für pleistozäne Sandlandschaften gelten.

74

Abb. 74: Der heute oligo- bis schwach mesotrophe Erdfallsee im Naturschutzgebiet „Heiliges Meer" (s. o.) ist am 13. April 1914 als etwa 15 m tiefer Einbruch über Nacht entstanden und mit Grundwasser gefüllt (1990). Die Entstehung von Erdfällen hat seine wesentliche Ursache im Vorliegen wasserlöslicher Salze und Gesteine im tiefen Untergrund. Durch das Grundwasser werden vor allem Anhydrite, Gipse und Steinsalze gelöst und ausgewaschen. In die entstehenden Hohlräume sickern pleistozäne Decksande und Lockersedimente. So entstehen zunächst silikatoligotrophe Typen, die derzeit hohen allochthonen Stoffeinträgen unterliegen. Eutrophierung ist heute das gravierendste Problem!

Abb. 75: Oligotrophe, periodisch wassergefüllte natürliche Flachgewässer im Alvaret-
Gebiet auf der schwedischen Insel Öland
(1987).

Abb. 76: Natürliche oligotrophe Dünentalgewässer auf der Insel Sylt (1990).

Abb. 77: Die tiefen eiszeitlichen Seen der
schleswig-holsteinischen und mecklenburgischen Jungmoränenlandschaften zeigen
noch oft oligotrophe Bedingungen (Schwe-
riner See, 1994).

78

Abb. 78: Tief durchleuchtetes, durch Reflektion intensiv blau gefärbtes kalk-oligotrophes Gewässer in einem Gießen des Rheins bei Burkheim/Kaiserstuhl (1994) mit Characeen und *Groenlandia densa* im Wasser.

79

Abb. 79: Von Wasserlinsendecken bedecktes, im Tiefenbereich noch gerade kalkoligotrophes natürliches Gewässer in einem Altrhein bei Daubensand/Elsaß (1994).

Abb. 80: Im oligotrophen kiesigen Eulitoral, also im Schwankungsbereich zwischen mittlerer Mittelwasser- und mittlerer Hochwasserlinie mit einer Überschwemmungsdauer von 1bis 4 Monaten leben späteiszeitliche Reliktbestände einer am Bodensee endemischen Vegetation. Diese Zone zwischen winterlichem Niederwasser und sommerlichem Hochwasser, die sogenannte „Grenzzone", beherbergt eine typische „Bodenseevegetation" des *Deschampsietum rhenanae* (Foto W. Winterhoff, 1985). Der etwa 250 m tiefe Bodensee ist mit über 530 km² Fläche der größte Alpenrandsee. Die mittlere Seehöhe liegt bei 396 m über dem Meeresspiegel; bei einer Uferlänge von insgesamt 265 km faßt der See eine Wassermenge von rd. 50 Mrd. m³. Hauptwasserlieferant ist der Rhein, der am Ostende des Haupt-Seebeckens sein Delta immer weiter in den See vorbaut. Seine stark schwankende Schmelzwasserführung beeinflußt den Seespiegel des Bodensees.

80

82

81

Abb. 81: Der oligotrophe Titisee im Süd-schwarzwald ist ein etwa 1,3 km² großer, bis 40 m tiefer Moränenstausee des ehemaligen Feldberggletschers mit der Gutach (später Wutach) als Ausfluß. Hier wachsen noch die Brachsenkräuter (*Isoetes lacustris* und *Isoetes echinospora*). Titisee-Neustadt (1991).

Abb. 82: Feldsee am Fuß des 1493 m hohen Feldbergs im Hochschwarzwald (1989). Auch hier wachsen noch heute die seit dem Spät-glazial nachgewiesenen Brachsenkrautarten der Gattung *Isoetes*.

Abb. 83: Der Chiemsee ist mit 80 km² der größte See Bayerns; er ist über 70 m tief und liegt im Zungenbecken eines würmzeitlichen Gletschers, dessen Endmoränen die Nord-seite des Sees umgeben (1994).

83

Abb. 84: Der Königssee in Berchtesgaden ist ein langgestreckter, 5,2 km² großer und über 180 m tiefer See zwischen Watzmann und Ha-gengebirge (Foto E. Burrichter).

84

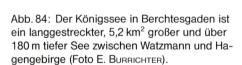

85

86

Abb. 85: Der Silvretta-Stausee liegt 2032 m
ü.M., er ist 2,5 km lang. Hier im Paßbereich
der Bieler Höhe liegt auch die Wasserscheide
zwischen dem Inn-Donau- und dem Rhein-
Flußsystem (1994).

Abb. 86: Lago Bianco im Bernina-Gebiet
(1993) mit deltaartigem Schmelzwasserein-
fluß des Cambrena-Gletschers. In diesen alpinen Seen ist häufig kolloidales Silikat
(SiO_4) gelöst; diese Seen sind vielfach zusätzlich unterirdisch gespeist, sie haben
saueres Milieu (pH 4,5 bis 5) und sind aufgrund der spezifischen Lichtbrechung türkis
gefärbt.

87

88

◁ Abb. 87: Alpen-Seen, Silbertal (Vorarlberg, Foto: G: GRABHERR) als eiszeitliche Moränenseen im alpinen Gebiet. Sie sind noch heute in vielen Regionen kaum durch Nähr- und Schadstoffe belastet.

◁ Abb. 88: Poljensee als natürliche episodische bis periodische Wasseransammlung, die durch Starkregen oder nach Schneeschmelzen erfolgt, im Karstverwitterungsgebiet der Kalkalpen. Hier staut sich gelegentlich über unlöslichen Sedimenten oder über Verwitterungsschichten das Wasser.

Abb. 89: Uferzone des Wollingster Sees (1993). Auf den flachen Sandbänken in der amphibischen Zone schließt ein dichter grüner Rasen aus Strandling (*Littorella uniflora*); lockere Schilf- und Seggenbestände (*Phragmites australis und Carex lasiocarpa*) bezeugen die leichten Trophieanstiege in diesem bislang noch als oligotroph einzustufenden Gewässer.

89

Abb. 90: In lockeren Humusauflagen über dem Sand wurzeln unter Wasser die Rosetten der Wasserlobelie (*Lobelia dortmanna*), deren Blüten über die Wasseroberfläche emporragen (Heiliges Meer, 1978). Diese Typen sind durch Hypertrophierung der Gewässer akut vom Aussterben bedroht.

Abb. 91: Der Strandling (*Littorella uniflora*) ist ein Wegerichgewächs aus der Familie der *Plantaginaceae*. *Littorella uniflora* bildet seltene Massenbestände im amphibischen Bereich oligotropher Gewässer, sie schaltet je nach CO_2-Angebot ihren Assimilationsapparat wechselweise von C_3- auf CAM-Metabolismus.

Abb. 92: Das Brachsenkraut (*Isoetes lacustris*) ist typisch für sandig-oligotrophe Seen mit flachen Ufern bis etwa 2 m Tiefe. Es sind meist spätglaziale Reliktbestände, die nur noch in wenigen Mittelgebirgsseen vorkommen. Auch in tiefen Moränenseen Norddeutschlands gelegentlich vorhanden.

90

91

92

Abb. 93: Die Sumpfbinse (*Eleocharis acicularis*) bildet geschlossene Rasen in der litoralen und semiterrestrischen Ökophase von flachen Gewässern mit sandigem Substrat. Die *Eleocharis*-Gewässer besitzen die weiteste Amplitude hinsichtlich der Eutrophierungseinflüsse. Sie werden aber bei zunehmender Nährstoffanreicherung kontinuierlich artenärmer, bis sie zuletzt völlig verdrängt werden. Hier gibt es dann und wann Mischbestände schwach euryöker Elemente, die manchmal nur episodisch in solchen silikat-oligotrophen bis mesotrophen Gewässern auftauchen.

Abb. 94: Tannenwedel (*Hippuris vulgaris* mod. *fluviatilis*) und Echter Wasserschlauch (*Utricularia vulgaris*) über Armleuchteralgen (*Chara hispida*)-Decken. Diese Arten besitzen hinsichtlich iher ökologischen Ansprüche eine große Variabilität.

Abb. 95: Pillenfarn (*Pilularia globulifera*) bildet dichte Geflechte mit fädigen, binsenartigen Blättern. Stellenweise auch unbeständig in Tagebaugewässern auftretend. Oftmals auch in Sekundärbiotopen auftretende Art.

Abb. 96: Die Armleuchteralgen sind charakterisiert durch die regelmäßige Untergliederung des bis mehrere Dezimeter großen Thallus in Nodien und Internodien. Aus den Nodien entspringen Quirle von Seitenzweigen. Dieser Habitus macht sie Landpflanzen ähnlich (Mischbestand von *Nitellopsis* und *Chara*).

Abb. 97: Sekundäres, durch Winderosion entstandenes Dünentalgewässer auf Borkum (1991). Diese meist nur im Winter wasserführenden Gewässer sind oftmals noch oligotroph mit schwachem Salzeinfluß. Sie zeigen eine ganz eigenständige Vegetation mit Salzbungen-reichen Strandlings-Gesellschaften (*Samolo-Baldellion*-Gesellschaften) und stellen hochgradig gefährdete Biotoptypen dar.

97

Abb. 98: Der atlantisch-westlich submediterran verbreitete zarte Gauchheil (*Anagallis tenella*) ist ein äußerst seltenes Element im kalkarm-wechselfeuchten Milieu, mit Häufung in Küstennähe. Auch in Flachmooren wachsend.

Abb. 99: Der Strandling (*Littorella uniflora*) und der Wassernabel (*Hydrocotyle vulgaris*) bauen zusammen mit der Salzbunge (*Samolus valerandi*) die niedrigen Bestände des *Samolo-Littorelletum* auf. Äußerst seltener, einzigartiger Vegetationstyp!

Abb. 100: Bestände des Sumpf-Quendel (*Peplis portula*) mit blühendem Flammenden Hahnenfuß (*Ranunculus flammula*) und Flutender Sellerie (*Apium inundatum*) sind typisch für länger wasserbedeckte Dünentalgewässer.

98

99

100

102

Abb. 102: Die Schneide (*Cladium mariscus*) ist eine wärmezeitliche Reliktpflanze mit vorzugsweise mediterran subatlantischer Verbreitung. Sie wächst vor allem im kalkoligotrophen und im silikatoligotrophen Milieu, ist überall sehr selten und akut vom Aussterben bedroht. Röhrichte aus dieser Art gibt es nur noch gelegentlich an seichten, meist basenreichen Uferzonen bzw. in Flachmooren. An silikatischen Standorten derzeit aussterbend und durch Bisamrattenfraß stark dezimiert.

101

Abb. 101: Kalkoligotrophes Gewässer mit Characeen-Rasen unter Wasser und Röhrichten aus der Schneide (*Cladium mariscus*), die zusammen mit vereinzelten Schilfexemplaren das *Cladietum marisci* (Schneidenröhricht) kennzeichnen.

Abb. 103: Das Dichte Laichkraut (*Groenlandia densa = Potamogeton densus*) ist Leitpflanze des immergrünen *Groenlandietum densae*. Diese Pflanzengesellschaft bildet oft Reinbestände in glasklaren, tiefen, kalkoligotrophen Gewässern (Blauloch bei Burkheim, Kaiserstuhl, 1994).

Abb. 104: Das *Groenlandietum densae* (Laichkrautgesellschaft) besiedelt klare, kühle, langsam fließende, meist nur mäßig verschmutzte Gewässer. Es kann dort bis in 5 m Wassertiefe siedeln. Humose subaquatische Sand- und Kiesböden werden dabei bevorzugt eingenommen.

103

104

105

Abb. 105: Zwergrohrkolben-Gesellschaft (*Typhetum minimae*) an der neuen Rheinmündung in den Bodensee (Foto G. GRABHERR). Hier kann sich eventuell dieses einzigartige Geoelement auf den basenhaltigen, meist kalkreichen Schwemmsandböden des Alpenrheins noch in ausreichender Populationsstärke halten.

Abb. 107: Der Zwerg-Rohrkolben (*Typha minima*) ist heute ein akut vom Aussterben bedrohtes Element des Alpenrheins. Diese vorwiegend präalpin verbreitete Pflanze gab es früher nur noch rheinab bis nach Mannheim; sie ist dort überall ausgestorben (Foto G. GRABHERR). Einzigartiger Röhricht-Biotoptyp am Bodensee!

Abb. 106: Das präalpin verbreitete Bodensee-Vergißmeinnicht (*Myosotis rehsteineri*) ist sehr selten auf den zeitweise überschwemmten Sand- und Kiesbänken einiger Voralpenseen; heute nur noch in nennenswerten Beständen an einigen Uferabschnitten des Bodensees (Foto G. GRABHERR). Dort wächst es auf den sommerlich überfluteten kalk- und tonhaltigen, oligotrophen Überschwemmungsböden.

106

107

108

Abb.108: Hochmoorbiotop mit wassergefüllten Schlenken, wollgrasbestandenen Hochmoorbulten und initialem Gehölzaufwuchs aus Moorbirke (*Betula pubescens*) und einheimischer Moorkiefer (*Pinus sylvestris* fo. *furfosa*) im Hiddeser Bent, (1982).

Abb. 109: Mit Torfmoosen (*Sphagnum cuspidatum*) verlandende Hochmoorschlenke im Kontakt zu bultförmigen *Molinia coerulea*-Pfeifengrasdecken im Hochmoorgebiet Lengener Meer (1991).

Abb. 110: Hochmoor-Biotopkomplex als Mikrogeosigmentum mit dystrophen Moorgewässern, Moorbirken-Bruchwald und ausgedehnten Röhrichtbeständen im Emsland (Foto W. FRANKE, 1988). Dieser Biotopkomplex inmitten der Kulturlandschaft ist durch Düngeeinflüsse stark gefährdet.

109

63

Abb. 111: Ein flacher Heideweiher als dystrophes Moorgewässer mit randlichen Hochmoorvegetationskomplexen, mit Röhrichten und mit Birken-Bruchwald im Emsland bei Fürstenau (1989). Solche Heideweiher sind vielfach aus Sandausblasungen (Deflationen) entstanden; sie stammen vielfach aus der Zeit der mittelalterlichen und frühneuzeitlichen Heidewirtschaft.

Abb. 112: Erdfallgewässer in Form einer grundwassergefüllten Doline mit dystrophem Charakter. Dieses sehr tiefe Gewässer mit steilen Uferabbrüchen verlandet wegen des senkrecht abfallenden Ufers nicht mit Röhrichten und Gehölzzonen, sondern Heiden und Eichen-Birken-Wald bilden die Umgebung dieses eigentümlichen Biotops (Heiliges Meer, 1994).

Abb. 113: Dystropher Heideweiher mit deutlicher Vegetationszonation. Im semiaquatischen Bereich wächst das *Sphagno-Juncetum bulbosi* (= Knotenbinsen-Gesellschaft). Am Ufer in *Molinia coerulea*-Pfeifengrasbestände übergehend (Gildehauser Venn, 1993).

Abb. 114: Die Knotenbinse (*Juncus bulbosus*) und das untergetaucht lebende Torfmoos (*Sphagnum cuspidatum* fo. *plumosum*) bilden eine typisch aufgebaute, zweischichtige Vegetation in dystrophen Gewässern. Diese bewachsen das Gewässer vom Rande her irisblendenartig. Typischer Biotoptyp für die pleistozänen Sandlandschaften.

Abb. 115: *Eleocharitetum multicaulis* in der aquatischen Phase mit lockerrasig flutenden Halmen der Vielstengeligen Sumpfbinse (Gildehauser Venn, 1987). Diese atlantisch verbreiteten dystrophen Flachgewässer mit der Sumpfbinse sind typisch für die nordwesteuropäischen Geestlandschaften. Bei Trockenphasen von 2 bis 3 Monaten bleiben die Vegetationsbestände als Dauerpioniere stationär.

Abb. 116: Der Igelschlauch (*Baldellia ranunculoides*) ist charakteristisch für torfschlammhaltige Böden; diese Art tritt gehäuft in dystrophen Biotopkomplexen auf.

Abb. 117: Mehr oder weniger geschlossene Vegetationsdecken kennzeichnen die Moorgewässer mit *Hydrocotylo-Baldellion*-Gesellschaften. Der Wassernabel (*Hydrocotyle vulgaris*) ist dabei als Differentialart wichtig. Diese Bestände sind typisch für mäßig nährstoffliche, wechselnasse Uferzonen oligo- bis dystropher Flachgewässer.

Abb. 118: Zwerg-Igelkolben-Gesellschaft (*Sparganietum minimi*) in einem dunkel-kaffeebraun gefärbten, dystrophen Heideweiher des Gildehauser Venns (1984). Solche bandartig flutenden, hellgrünen Blätter des Zwerg-Igelkolbens finden sich gelegentlich in mäßig nährstoffreichen Heide- und Moorgewässern atlantischer bis subatlantischer Regionen. Diese seltene Art kennzeichnet spezielle Biotoptypen, wie Moortümpel, Torfstiche oder natürliche Moorgräben und Schlenken mit stehendem Wasser bis zu 2,50 m Tiefe. Von der Ebene bis in mittlere Gebirgslagen (etwa 1500 m) aufsteigend.

119

Abb. 119: Gewässerbiotop mit mesotropher Verlandungsserie aus *Nymphaeetum albo-minoris*-Schwimmblattdecken und einartigen, kümmerlich wachsenden *Phragmites*-Röhrichten im Gildehauser Venn bei Bentheim (1980). Diese Vegetationsbestände sind typisch für die Verlandungsbereiche dys- bis mesotropher Gewässer der Pleistozänlandschaften Nordwestdeutschlands und der kühlen Gewässer der Montanstufen und des Alpenvorlandes.

Die oligotrophen, dystrophen und mesotrophen Gewässerbiotope zeigen oft Mischbestände ihrer Vegetation, von denen einige wichtige Vertreter nachfolgend genannt sein sollen:

120
121
122
123
124
125

Abb. 120: Gras-Igelkolben (*Sparganium angustifolium*) und Weiße Seerose (*Nymphaea alba* var. *minor*) als Charakterarten des *Sphagno-Sparganietum angustifolii* in einem Heideweiher bei Rheine/Ems (1989). Solche oligo- bis dystrophischen Gewässertypen sind vom Tiefland bis in die subalpinen Stufen hinein bekannt; sie sind aber sehr selten.

Abb. 121: Der Reinweiße Hahnenfuß (*Ranunculus ololeucos*) im dunklen, dystrophen Moorwasser als diagnostisch wichtige Kennart des *Ranunculetum ololeuci* (Heideweiher bei Rheine/Ems, 1991). Dieser Biotoptyp ist durch sehr selten gewordene Elemente gekennzeichnet, wie z.B.:

Abb. 122: Fieberklee (*Menyanthes trifoliata*).

Abb. 123: Sumpfblutauge (*Comarum palustre*).

Abb. 124: Froschkraut (*Luronium natans*).

Abb. 125: Flut-Moorbinse (*Isolepis fluitans*) und Knöterich-Laichkraut (*Potamogeton polygonifolius*). Diese Arten zeigen dys- bis mesotrophe Gewässertypen an; auch sie sind heute sehr selten geworden und akut vom Aussterben bedroht.

126

Abb. 126: Maisäß- oder Alpweiher, in der Regel als Viehtränke genutzt, stellen Lebensräume eigener Prägung besonders in den Silikatalpen dar. Das, was wie ins Wasser geworfenes Gras aussieht, sind die flutenden Blätter von *Sparganium angustifolium* (vgl. auch GRABHERR & POLATSCHEK 1986, Foto G. GRABHERR).

Abb. 127: Eutropher Gewässerbiotop mit *Myriophyllo-Nupharetum*-Schwimmblattvegetation im Zonationskomplex mit Röhrichten vom Typ des *Scirpo-Phragmitetum* und kulissenartig dahinter aufragenden Gehölzen des Bruchwaldes (Heiliges Meer, 1994).

127

Abb. 128: *Nuphar lutea*-Teichrosen-Reinbestände gibt es bei erhöhten Nitratkonzentrationen der besiedelten Gewässer. Diese Schwimmblatt-Gesellschaft wird uferwärts von *Glyceria maxima*- und *Acorus calamus*-reichen Röhrichten abgelöst (Hasealtarm bei Haselünne, 1993). Auch solche Typen sind bereits gefährdet!

Abb. 129: Spiegellaichkraut-Gesellschaft (*Potamogetonetum lucentis*) mit *Potamogeton lucens*, *Myriophyllum spicatum* und *Elodea canadensis* in einem Baggersee bei Münster (1980). Die Spiegellaichkraut-Gesellschaft siedelt in eutrophen, stagnierenden oder schwach bewegten bzw. langsam strömenden Still- und Fließgewässern von 1 bis 7 m Tiefe. Diese biomassenreiche Gesellschaft leitet als „submerser Wald" meistens den Verlandungsprozeß eutropher Gewässer ein, wobei sich je nach Entwicklungsstufe und Gewässertiefe verschiedene Ausbildungen herausbilden können, in denen einzelne kleinwüchsige *Potamogeton*-Arten dominant oder in wechselnder Menge den beiden Großlaichkräutern beigesellt sind. Beispiele sind im folgenden dargestellt:

Abb. 130: Massenbestände von Kamm-Laichkraut (*Potamogeton pectinatus*) können ganze Flachwasserbereiche einnehmen (Emsaltarm bei Greven i. Westfalen, 1980). Es sind vor allem Stillgewässer (Seen, Tümpel und Altwässer) mit stehendem oder langsam fließendem Wasser von 20 bis 350 cm Wassertiefe. Von der Ebene bis in das Gebirge (ca. 1500 m) vorkommender Vegetationstyp.

132

Abb. 131: Wasserknöterich (*Polygonum amphibium* mod. *natans*) und Gelbe Teichrose (*Nuphar lutea*) bilden zusammen nahezu Reinbestände aus, wenn der Phosphatgehalt der Gewässer gelegentlich erhöht ist (Heiliges Meer, 1993).

Abb. 132: Das Schwimmende Laichkraut, *Potamogeton natans,* geht von allen Laichkrautarten am weitesten in das Gebirge hinauf. Geschlossene Decken des Schwimmenden Laichkrautes bilden vielfach typische Elemente von Kleingewässern. Sie entwickeln sich dort ohne Konkurrenz pionierhaft bei unterschiedlicher Nährstoffversorgung vom dysmesotrophen bis hin zum eutrophen Bereich. In der Montanstufe bleibt *Potamogeton natans* vielfach als einzige Art übrig (bis 1100 m).

Abb. 133: Stark eutropher Stillwasser-Biotop der Seerosen-Gesellschaft mit Dominanz von *Nuphar lutea*. Je nach Grad und Intensität der Eutrophierung und anderer anthropogener Einwirkungen treten neben der typischen Gesellschaft – die durch nahezu gleichmäßige Beteiligung von *Nuphar lutea* (Gelbe Teichrose) und *Nymphaea alba* (Weiße Seerose) gekennzeichnet ist – verschiedene Ausbildungen und Fazies dieser Assoziation auf, in denen jeweils *Polygonum amphibium*, *Nymphaea alba*, *Nuphar lutea* oder *Ceratophyllum demersum* (Rauhes Hornblatt) zur Dominanz gelangen und fast Reinbestände bilden.

Abb. 134: *Ceratophyllum demersum*-Hornblatt-Gesellschaft. Hypertraphente, konkurrenzkräftige und sehr produktive Massenbestände des Gemeinen Hornkrautes, meist über mächtigen Faulschlammablagerungen in Viehtränken und flachen Tümpeln. Die ausgeprägte Fähigkeit zur vegetativen Vermehrung durch Zerbrechen der Sprosse oder Turionenbildung fördert die rasche Ausbreitung der Art. Sie dehnt sich derzeit mancherorts rasant aus und das führt zur Verdrängung ursprünglicher Wasserpflanzen aus ihrem ehemaligen Milieu. Solche Artenverschiebungen sind die häufigste Folgeerscheinung nach Hypertrophierung der Gewässer.

133

134

135

136

Abb. 135: Seekannen-Gesellschaft vom Typ des *Nymphoidetum peltatae* mit Massenbeständen der Seekanne, die das ganze Gewässer einnehmen (Xantener Altrhein, 1982). Die subozeanisch-submediterran verbreitete Seekannengesellschaft ist bezeichnend für seichte und nährstoffreiche Stillgewässer der Tieflagen mit mächtigen Mudde- und Sapropelschichten. Das *Nymphoidetum peltatae* stellt vielfach eine örtliche Ersatzgesellschaft des *Myriophyllo-Nupharetum* an sommerwarmen Flußauen-Standorten mit stark schwankendem Wasserstand dar.

Abb. 136: Knapp handtellergroße Schwimmblätter der Seekanne bilden dichte Bestände in windgeschützten Buchten wärmebegünstigter Altarme von Fluß- und Stromtälern.

Abb. 137: Die seerosenartigen, oft schwarz gefleckten Schwimmblätter der Seekanne.

Abb. 138: Das Schwanenblumenröhricht ist ein niedrigwüchsiges, relativ konkurrenzschwaches und oft nur kleinflächig entwickeltes Röhricht an schwach eutrophen Gewässern. *Butomus umbellatus* zeigt oft hohen soziologischen und ökologischen Konnex zur Krebsscheren-Gesellschaft (*Stratiotetum aloidis*) und entsprechenden *Lemnetea*-Gesellschaften (Borkener Paradies, 1984).

Abb. 139: Die Krebsscheren-Gesellschaft siedelt vorwiegend in schwach eutrophen, stehenden Gewässern, in engem soziologischen Konnex zum *Spirodeletum polyrhizae*. Diese schwach flottierende Assoziation ist unverwechselbar durch die halbaufgetauchten, linealischen, starren und scharf gesägten Blätter der Wasseraloe gekennzeichnet. Zwischen den Krebsscheren bedeckt eine dichte Schwimmschicht aus *Hydrocharis* und Lemnaceen die freien Flächen (Wendland, 1980).

137

138

139

140

141

142

Abb. 140: Lemnaceen-Decke mit Teichlinse (*Spirodela polyrhiza*), Kleine Wasserlinse (*Lemna minor*) und Zwerglinse (*Wolffia arrhiza*). Im Größenvergleich ein Blatt von Froschbiß (*Hydrocharis morsus-ranae*) (Bremer Blockland, 1983).

Abb. 141: Unter Wasser schwebende Individuen von *Lemna trisulca* (Dreifurchige Wasserlinse) bauen mit emersen Schwimmsprossen von *Lemna minor* das *Lemnetum trisulcae* auf (Münster-Handorf, 1988).

Abb. 142: Dichte, submerse Thalli von Stern-Lebermoos (*Riccia fluitans*) nehmen vielfach humushaltige Flachwasserbereiche im Halbschatten von *Phragmition-* und *Magnocaricion-*Gesellschaften ein, wo sie fast ausschließlich von der pleustophytischen *Lemna minor* lückig überdeckt werden. Die Kleinstern-Lebermoos-Gesellschaft wächst vorwiegend in sehr ruhigen, beschatteten und sauberen Gewässern und ist sehr selten.

Abb. 143: Biotop mit Teichlinsen-Gesellschaft (*Spirodeletum polyrhizae*)als häufigste Assoziation der *Lemnetea* mit hohen Nährstoff- und Wärmeansprüchen und entsprechend hoher Produktivität. *Spirodela* hat die längste Ruheperiode aller mitteleuropäischen Lemnaceen und entwickelt sich erst im Mai aus ihren Turionen. Zur Zeit ihres Entwicklungshöhepunktes im Juli/August können die bis zu 10 mm großen Individuen der Teichlinse die Wasserfläche mit einer geschlossenen Decke überziehen (Borkener Paradies, 1990).

Abb. 144: Der Schwimmfarn (*Salvinia natans*) wächst in sommerwarmen, nährstoffreichen Gewässern. Er ist sehr selten.

Abb. 145: Unverwechselbar erscheinende, oberseits hellgrün und unterseits dunkelrot gefärbte, dicht geschlossene Schwimmdecken der Vielwurzeligen Teichlinse (*Spirodela polyrhiza*).

143

144

145

146

Abb. 146: Die Wassernuß (*Trapa natans*) ist äußerst selten in sommerwarmen, sehr nährstoffreichen, stehenden Gewässern vorwiegend subkontinental-submediterraner Regionen. Heutige Vorkommen sind bekannt aus dem Oberrheingebiet, aus dem bayerischen Alpenvorland bei Augsburg sowie aus dem Gebiet der Schwarzen Elster und der Spree im Bezirk Cottbus. Höchst seltener Biotoptyp!

147

Abb. 147: Der Kleefarn (*Marsilia quadrifolia*) und der kleine Algenfarn (*Azolla caroliniana*) wachsen auf zeitweise überschwemmten sandig-tonigen Schlammböden in sommerwarmen Regionen. Höchst unbeständig und selten (Hamburg-Vierlande, 1980).

148

Abb. 148: *Azolla filiculoides*-Gesellschaft aus dicht geschlossenen Algenfarndecken aufgebaut (Taubergießen, 1987). Nur in den sommerwarmen Gewässern des Oberrheingebietes sowie vereinzelt im nordwestdeutschen Tiefland und im Elbetal auftretend.

88) und ganzjährig sauerstoffreichem Tiefenwasser. Geringe Phytoplanktonentwicklung und spezielle Verlandungssukzessionen sind charakteristisch (Gesellschaften der *Littorelletea* (silikatoligotroph), Gesellschaften der *Charetea fragilis* (kalkoligotroph) und typische Röhrichtelemente, s. Abb. 89 bis 107). Nach dem derzeitigen Kenntnisstand sind diese Biotoptypen durch nitratbelastetes Grund- und Oberflächenwasser gefährdet.

2.1.1.2 Dystrophe Stillgewässer

Moorkolke, Schlenken, Moortümpel und andere Moorgewässer sind huminstoffreiche, meist nährstoff- und kalkarme, saure Gewässer mit brauner Wasserfärbung (vgl. Abb. 108 bis 117). In Kalkniedermooren auch im Übergang zum eutroph-kalkreichen Milieu. Geringe Sichttiefen, Sauerstoffarmut des Tiefenwassers und starke Temperaturschwankungen bedingen eine hochspezialisierte Vegetation mit Pflanzengesellschaften der *Potamogetonetea pectinati*, der *Utricularietea intermedio-minoris*, der *Littorelletea*, der *Scheuchzerio-Caricetea fuscae* und der *Phragmitetea australis* (vgl. Abb. 113 bis 118).

Gefährdung: Nährstoffanreicherung, Grundwasserabsenkung, Trockenlegung von Mooren, Kalkung, Freizeitnutzung, Verschmutzung.
Schutz: ■, ●; FFH 2150, 3160, 7110; CORINE 91: 22.13, 22.14, 51.1, ✻ (nur teilweise prioritär nach Directive 92/43 EEC).
Verbreitung: Vom Flachland bis in das Gebirge (vor allem in Silikatlandschaften). Auch an Sekundärstandorten (z.B. Torfstiche, Abb. 2, 108).
Beispiele: Abb. 108 bis 118.

2.1.1.3 Mesotrophe und eutrophe Stillgewässer

Hier sind natürliche und auch anthropogene Stillgewässer mit mittlerer bis guter Nährstoffversorgung subsumiert. Sie sind alle artenreich und zeigen entsprechend natürlich oder naturnah entwickelte Verlandungsbereiche (Seen, Teiche, Weiher und Altwasser). Zwischen den mesotrophen und eutrophen Typen gibt es alle denkbaren Übergänge; im typischen Fall sind mesotrophe Gewässer mit Pflanzengesellschaften der *Lemnetea minoris*, des

Potamogetonion, des *Nymphaeion albae*, des *Hydrocharition morsus-ranae*, der *Utricularietea intermedio-minoris* sowie der *Scheuchzerio-Caricetea nigrae* charakterisiert (Abb. 119 bis 126). Im eutrophen Milieu sind es weitgehend nur noch die Gesellschaften der *Lemnetea* und der *Potamogetonetea*, wobei das *Myriophyllo-Nupharetum* den größten Facettenreichtum zeigt (s. Abb. 127 bis 134).

Gefährdung: Nährstoff- und Schadstoffeintrag, Hypertrophierung, Verschmutzung, Freizeitnutzung, Verfüllung, intensive fischereiwirtschaftliche Nutzung (s. auch PFADENHAUER et al. 1985).
Schutz: ■, ●; FFH 2150, 2160, 3130, 3140, 3150; CORINE 91: 22.14.
Verbreitung: Gehäufte natürliche Vorkommen in gewässerreichen Pleistozänlandschaften (Norddeutschland, Alpenvorland) sowie im Talauenbereich der Flüsse (Altarme und Altgewässer); künstliche Abbaugewässer, Weiher und Tümpel überall verstreut.
Beispiele: Abb. 119 bis 148.

2.2 Hochmoore und Niedermoore

Moor-Ökosysteme sind komplexe Lebensräume mit eigener Oberflächengestalt, eigener Biotopstruktur, spezieller Genese und jeweils eigenständiger hydrologischer Situation: sie sind periodisch oder episodisch bzw. ganzjährig durch Wasserüberschuß geprägt und deshalb zumeist an entsprechend regenreiche Klimate gebunden. Es sind allesamt junge holozäne Bildungen.

Hochmoore im strengen Sinne sind solche Moore oder Moorteile, die rein ombrotroph (= regenwassergespeist) sind; sie können auch **Regenwassermoore** genannt werden. **Niedermoore** sind minerotrophe Moore oder Moorteile. Letztere sind als geogene Bildungen an mehr oder weniger mineralstoffreiches Grund- oder Zuschußwasser gebunden.

Einen besonderen Niedermoortyp stellen die sogenannten **Durchströmungsmoore** in den nordostdeutschen Flußtälern und im Alpenvorland dar. Sie sind noch in Resten beispielsweise in den Flußtälern von Recknitz, Randow, Ücker und Peene anzutreffen – dort, wo diese Fließgewässer durch den Rückstrom des Flußwassers bei der Einmündung in die Ostsee breite Talbereiche durchfließen. Hier haben sich vor allem in den Flußtälern von flachen Grundmoränenlandschaften z.T. großflächige Talvermoorungen gebildet, die von seitlich einströmendem Grund- und Quellwasser getränkt wurden, wobei das Wasser die Moore entsprechend ihrem Gefälle durchströmt. Auch einige Moore im ehemaligen Alpenvorlands-Vereisungsgebiet gehören dazu, wie z.B. das ehemalige Donauried östlich von Ulm, das als Durchströmungsmoor von den Karstquellen am Rande der Schwäbischen Alb genährt wird. Ähnlich sind auch das Dachauer Moor, das Murnauer Moor und das Erdinger Moos von ergiebigen Grundwasserströmen durchflossen. Diese Moore sind bis auf wenige Reste allesamt durch Entwässerungen und Komplexmeliorationen vernichtet worden. Das ehemals etwa 6000 Hektar umfassende Moorgebiet der Friedländer Großen Wiese bei Prenzlau war eines der größten Durchströmungsmoore nördlich der Pommerschen Hauptendmoräne.

Hochmoore dagegen erreichen mit zunehmender Mächtigkeit ihrer Torfdecken eine gewisse Unabhängigkeit vom geologischen Untergrund. Über die Klassifikationsmöglichkeiten gibt es seit den ersten Arbeiten von Du Rietz (1954) eine Vielzahl neuerer Arbeiten, von denen einige neuere Zusammenfassungen genannt sein sollen (z.B. Aletsee 1967, Kaule 1974, Overbeck 1975, Wittig 1980, Dierssen 1982, Gerken 1983, Succow & Jeschke 1986, Succow 1988, Göttlich 1990, Pfadenhauer 1993). Bis in die jüngste Vergangenheit blieb der Nährstoffgehalt des Regenwassers konstant vergleichsweise sehr niedrig. Chemische Meßdaten aus Niedermooren und Hochmooren Mittel- und Nordeuropas von Dierssen & Dierssen (1985) ergaben beispielsweise für Hochmoore mit Torfmoosgesellschaften pH-Werte von 2,8 bis 4,5 mit extrem geringem Gehalt an austauschbarem Calcium und einem C/N-Verhältnis von 20 bis 50.

Niedermoore dagegen unterscheiden sich grundsätzlich davon durch ihr geringeres C/N-Verhältnis mit Werten von 9 bis 25. Die silikatischen Niedermoore der *Caricetalia nigrae* weisen pH-Werte von 3,3 bis 5,5 auf, haben weniger als 25 mval austauschbares Calcium und nur eine geringe Basensättigung (15 bis 20 %). Die basenhaltigen, meist kalkreichen Niedermoore der *Caricetalia davallianae* zeigen dementsprechend höhere pH-Werte (4,5 bis 7,5), höhere Werte der Basensättigung mit 50 bis 90 %, und mehr als 50 mval austauschbarem Calcium.

Heute beobachten wir starke Veränderungen dieser Werte; insgesamt geht von den Niederschlägen eine gewisse „Düngung" vor allem der Hochmoore aus, die zur Veränderung einer lang währenden Stabilität in den Mooren führen kann. Gravierend sind in diesem Zusammenhang besonders die oft unbedachten „Kalkungen" der Moore, wenn diese inmitten oder in der Nähe solcher Wälder liegen, die gegen die Emissionswirkungen gekalkt bzw. mit anderen Mineralstoffen aus Flugzeugen gedüngt werden. Zusätzlich sind die Moore heute aber auch durch Abtorfen und Entwässern gefährdet.

Bei der Betrachtung der Hochmoore Deutschlands sollte man beachten, daß diese hier an der Südgrenze des temperatborealen Hochmoorareals überhaupt stehen und floristisch verarmt sind. Hochmoorreiche Landstriche zeichnen sich durch hohe Niederschlagssummen und nicht allzu extreme Temperaturdifferenzen aus. In Deutschland findet man neben den großen norddeutschen ombrotrophen Hochmooren und Kesselmooren die plateau- und terrainbedeckenden **„blanket bogs"** (= Deckenmoore) der Eifel und des Hohen Venns, die birken-, kiefern- oder fichtenbestockten **Hang-**, **Kamm-**, oder **Sattelmoore** der nordwestdeutschen Mittelgebirge sowie die ausgedehnten ombrotrophen oder fast ombrotrophen Moorgebiete im Erzgebirge, im Bayerischen Wald, Fichtelgebirge, Oberpfälzer Wald, den Alpen unterhalb der Baumgrenze, dem Alpenvorland und dem Schwarzwald. In Süd- und Mitteldeutschland sind nur wenige Moore aus Höhenlagen über 500 m NN bekannt; die Höhengrenze des Moorwachstums liegt nur wenig oberhalb der Waldgrenze, da hier eine höhere Erosion den meist geringen organogenen Zuwachs übersteigt oder ausgleicht.

Die natürlichen Standorte der Hochmoorvegetation sind extrem saure und nährstoffarme Torfe. Sie bestehen überwiegend aus halbzersetzten Rotteprodukten von Torfmoosen (*Sphagnum*-Arten) mit Einschlüssen von Wollgräsern und Hochmoor-Ericaceen. Die lebenden Torfmoose haben aufgrund ihrer spezifischen morphologischen Ausstattung ein hervorragendes Wasserspeicherungsvermögen, das sie auch als Rotteprodukte (bei der Vertorfung) beibehalten. Hinsichtlich der Wasserspeicherung wirkt der *Sphagnum*-Torf also wie ein Schwamm, und daher hat jedes Hochmoor mit riesigen Mengen gespeicherter Niederschläge seinen eigenen Wasserhaushalt. Die anspruchslosen Hochmoorpflanzen werden nur vom gespeicherten Regenwasser und dem atmosphärischen Staub versorgt; sie können meist ihren Nährstoffbedarf über symbiontische Pilzpartner (Mycorrhiza) erschließen. Sie sind weiterhin unabhängig vom Mineralbodenwasser und seinen Nährstoffen. Die Ombrotrophie ist das entscheidende Charakteristikum eines Hochmoores und seiner anspruchslosen Vegetation, im Gegensatz zum Niedermoor (Flachmoor), dessen anspruchsvolle Sumpfpflanzen stets vom nährstoffreicheren Mineralbodenwasser abhängig sind.

Zum Vegetationskomplex eines ungestörten ombrogenen Hochmoores gehören neben einigen dystraphenten Wasserpflanzengesellschaften gehölzfreie Bult- und Schlenken-Assoziationen der *Oxycocco-Sphagnetea* und der *Scheuchzerietalia*. Die meist schwach erhabenen Bulte werden im feuchten Bereich von Torfmoosen beherrscht. Ihre typischen Vertreter *Sphagnum magellanicum*, *Sph. rubellum* und *Sph. papillosum* sind allerdings in vielen Mooren schon zu Seltenheiten geworden. Als häufigstes Torfmoos tritt dafür *Sphagnum fallax* auf. Weitere Bult-Arten sind neben dem Rundblättrigen Sonnentau (*Drosera rotundifolia*), Scheidenwollgras (*Eriophorum vaginatum*) und Moorlilie (*Narthecium ossifragum*) die Ericaceen-Moosbeere (*Vaccinium oxycoccos*), Rosmarinheide (*Andromeda polifolia*), Glockenheide (*Erica tetralix*) und im trockenen Bereich auch die Gewöhnliche Heide (*Calluna vulgaris*). Die *Scheuchzerietalia*-Gesellschaften der zeitweilig überfluteten Moorschlenken und Schwingrasen beherbergen dagegen vorzugsweise Torfmoose der nässeliebenden *Cuspidata*-Gruppe.

Sümpfe, Hochmoorschlenken und **Niedermoore** zeichnen sich dadurch aus, daß Grund-, Quell- oder Sickerwasser den Boden langfristig durchtränkt, sie trocknen daher nur oberflächlich ab. Die Vegetation besteht aus Kleinseggen, Binsen und Wollgräsern. Sie finden sich in der gesamten eurosibirischen Region – in unserem Gebiet vor allem im Gebirge von der submontanen bis in die subalpine Stufe sowie in den Moorbereichen der nordwestdeutschen Geest und in den Dünentälern der Inseln. Ihre primären Standorte im Umkreis von Gewässern oder im Lagg von Hochmooren sind von Natur aus weitgehend gehölzfrei. Für die Artenzusammensetzung der einzelnen Niedermoorgesellschaften sind feine Abstufungen im Wasserhaushalt, im Elektrolytgehalt und im pH-Wert der Torfstandorte prägend. Die standörtliche Amplitude reicht vom extrem sauren, oligotrophen bis zu basischen, meist kalkreichen, mesotrophen Substraten. Alle diese Standorte sind durch Melioration und Eutrophierung stark gefährdet. Mit der Entwässerung unterliegen die Niedermoortorfe beispielsweise einer starken Mineralisation. Der freiwerdende Stickstoff fördert die nitrophile Staudenvegetation als Folgegesellschaften. Es sind vielfach sicker- bis staunasse Flach- und Quellmoore von der Ebene bis in die alpine Stufe der Hochgebirge.

Folgende Moortypen und entsprechende Biotopstrukturen sind nach Genese, Hydrologie, mineralischer Zusammensetzung und Trophie zu unterscheiden: die bereits genannten ombrotrophen **Hochmoore** mit ihrer meist deutlichen Gliederung in baumfreie plateauartige Hochmoorflächen (s. Abb. 149) und in ombro- bis minerotrophe, heide- und baumbestandene **Randgehänge (Laggs,** s. Abb. 150). Die großen mitteleuropäischen Hochmoore besitzen im Idealfall noch große natürliche **Moorseen** (s. Abb. 151, 152). In Küstennähe gab es früher außendeichsgelegene Moorflächen, die der erosiven Kraft von Sturm- und Orkanfluten ausgesetzt waren und sukzessive abgetragen wurden bzw. noch immer abgetragen werden. Das **Sehestedter Außendeichsmoor** im Jadebusen ist das letzte dieser exponierten perimarinen Moorgebiete an der Nordsee (s. Abb. 153, 154). Dieses einzigartige Moor verdient höchsten Schutz (vgl. auch Darstellungen bei POTT 1995b).

Verlandungsmoore entstehen durch Verlandung eines Stillgewässers mit meist geringmächtigem Torfkörper über mächtiger Gyttja. Sie sind teilweise von der mineralischen Umgebung des Grund- und Zuflußwassers abhängig, besitzen also Niedermoor-Charakter (s. Abb. 155 bis 159). **Kesselmoore** entstehen in abflußlosen Senken, z.B. in Toteislöchern der Moränenlandschaften. Oberflächlich zusammenlaufendes Wasser führt dabei zu ständigem Anstieg des lokalen Grundwasserkörpers mit teilweise meterdicken Torfen. Dabei sind Übergänge zu ombrogenem Torfwachstum möglich (s. Abb. 160, 161).

149

Abb. 149: Mit Pfeifengras (*Molinia caerulea*) bewachsene Torfrippen im entwässerten ehemaligen Esterweger Moor (1990).

Abb. 150: Glockenheide vom Typ eines *Ericetum tetralicis* als natürliche Heidegesellschaft vom Gildehauser Venn (1985). Im Hintergrund vom Birken-Bruchwald (*Betuletum pubescentis*) abgelöst und damit im Vegetationskomplex verbunden. Typischer Biotoptypkomplex der Heidemoore. Heute im Zuge der Moorabgrabungen und der Drainierungen von Feuchtheiden akut bedrohter Biotoptyp.

150

Abb. 151: Torfkliff an der windexponierten Seite eines Moorsees mit steiler Erosionskante im lebenden Hochmoor Lengener Meer (1980). Einzigartiger Biotoptyp!

151

Abb. 152: Detail aus Abb. 151 mit der etwa 1 m hohen, aus dem Moorsee herausragenden Torfsteilwand. Der Vegetationskomplex erfaßt Birken-Bruchwaldstadien, *Molinia*-Bultstadien sowie Hochmoorbulte des *Erico-Sphagnetum magellanici*.

152

153

154

Abb. 153: Das seeseitige Kliff des einmaligen Sehestedter Außendeichsmoores im Normalzustand mit riesigen, von Sturmfluten zerschlagenen Torfblöcken (1985). Siehe auch die Darstellungen bei Pott (1995b).

Abb. 154: Abgetrocknete Torfblöcke im Sehestedter Außendeichsmoor im Kontakt zu Salzwiesen. Auf den Torfblöcken wachsen Hochmoorpflanzen und Salzpflanzen miteinander (z.B. *Vaccinium oxycoccus*, *Andromeda polifolia*, *Molinia caerulea*, *Armeria maritima*, *Cochlearia anglica*, *Juncus gerardii*). Einzigartiger Biotoptyp im Europa!

Abb. 155: Dörgener Moor im Emsland mit ausgedehnten Wollgrasrasen (Foto E. Burrichter, 1964).

Abb. 156: Moorvernässung und seine Folgen mit absterbenden Birken und Massenaufwuchs von Flatterbinse (*Juncus effusus*) nach Wasseranstieg und Stickstoff-Freisetzung (Venner Moor, Westfalen, 1978).

155

156

Abb. 157: Wiedervernässung im Hahnen-
moor/Emsland (1991). Die jetzt baumfreien
Moorflächen werden regelmäßig entkusselt.

Abb. 158: Schmalblättriges Wollgras (*Eriophorum angustifolium*) als Röhricht an dystrophen Heideweihern (Dörgener Moor, Emsland, 1984).

Abb. 159: Anmoor-Biotoptyp als *Erica tetralix*- und *Molinia caerulea*-reiches Folgesta-
dium eines entwässerten Hochmoores (Hah-
nenmoor/Emsland, 1991).

Abb. 160: Vegetationskomplex aus Wollgras-
stadien, *Erica tetralix*-Heiden und Birkenauf-
wuchs in schwach entwässerten Parzellen
des Helstorfer Moores bei Hannover (1992).

Abb. 161: Irregulärer Bult-Schlenken-Vegeta-
tionskomplex mit Glockenheide-Gesellschaft,
Ericetum tetralicis, und Schnabelsimse
(*Rhynchosporetum albae*) im Gildehauser
Venn (1983). Das Glockenheide-Anmoor bildet natürliche, torfbildende Heiden als natürliche Biotoptypen auf grund- oder stauwassergeprägten Böden (Anmoorgley, Pseudogley). Die atlantische Glockenheide-Gesellschaft besiedelt meist mit einer dünnen
Torfschicht bedeckte, nasse Moorrandpartien
oder kommt auch auf schwach entwässerten
Hochmoortorfen vor. Ihr Arteninventar besteht
aus wenigen, extrem säuretoleranten und
nässeliebenden Arten, die eine winterliche
Überstauung durch Grundwasser vertragen
können. Die Schnabelried-Gesellschaft
(*Rhynchosporetum albae*) ist eine atlantisch-
subatlantische Gesellschaft auf nackten,
nährstoffarmen Torf- und feucht-humosen
Sandböden, die zeitweise abtrocknen.

So ergibt sich häufig eine intermediäre Stellung zwischen Hoch- und Niedermoor-Charakter.

Quell-, Hang- und **Gebirgsmoore** sind oft in großen Teilen ombrotrophe Moore (ombrosoligen), die auf lokale Vernässungen in Gebirgssätteln, an Berghängen oder in Geländemulden entstehen. Quellmoore gehören zu den interessanten Erscheinungen von mineralstoffhaltigen, wasserdurchströmten Mooren, in denen sich sogar Quelltöpfe und Quellkolke bilden. Manchmal bilden sie sich sogar über artesisch gespanntem Wasser (z.B. im Seevetal bei Hamburg-Harburg). Noch relativ häufig ist dieser Moortyp im Alpenvorland (z.B. Wurzacher Ried) und gelegentlich in den Talauen der mecklenburgisch-vorpommerschen Grundmoränenlandschaft. Dabei bilden sich oft nur geringe Torfmächtigkeiten (Abb. 162). Auch diese Moore besitzen in der Regel die typische ombrotraphente Hochmoorvegetation (s. Abb. 163 bis 182). Die Hangregenmoore der Mittelgebirge entstehen durch Stauwasser- oder Überrieselungswasser an Berghängen; sie weisen meist intensive Torfbildungen mit talseitig mächtigen Torflagern auf. Hier mischen sich oft kleinstflächig und vollständig die ombro- und minerotraphenten Arten; solche ombrosoligenen Moore zeigen hinsichtlich ihrer Vegetation oft nur andeutungsweise hochmoorähnlichen Charakter (s. Abb. 183 bis 185). Sie besitzen häufig ausgeprägte gehölzbestandene Randgehänge, besonders an bergseitigen Auskeilungen der Torfdecken.

Versumpfungsmoore entstehen in Talniederungen durch Grundwasseranstieg; sie produzieren meist nur geringmächtige organogene Substrate mit oftmals stark zersetzten Torfen (Abb. 186,187); sie sind größtenteils mit Gehölzen bewachsen. Beispiele für diesen Moortyp gibt es noch im Alpenvorland und in Norddeutschland (z.B. Drömling nordöstlich Braunschweig) und im Bereich der Choriner Moränenlandschaften. Diese Moore sind oftmals aus alleröderzeitlichen Flachgewässern entstanden. Unter den organogenen Torfauflagen findet man gelegentlich sogar noch die kryoturbaten Sande als Bodenunterlagen.

Überflutungsmoore entstehen primär durch periodisch länger anhaltende Überflutungen im Einzugsgebiet von Flüssen oder in Talauen, wo von höher gelegenen Stellen herabfließendes Wasser den Torfkörper zum Vorfluter hin durchströmt. Ähnlich strukturiert sind auch die genannten **Durchströmungsmoore** der weichseleiszeitlichen Jungmoränenlandschaften Nordostdeutschlands und des Alpenvorlandes (s. Abb. 188). Die Überflutungsmoore sind vorwiegend als sogenannte **Strandmoore** bzw. **Küstenüberflutungsmoore** oder **Salzmoore** im Küstenbereich der Ostsee zu finden. Es gibt noch kleine Restbestände davon an der Flensburger Außenförde, im Mündungsgebiet der Schlei, im Fehmarnsund und an der Nordküste von Fehmarn mit meist nur geringmächtigen Torflagern. Hier wachsen Salzwiesenpflanzen über Schilf-, Binsen- und Seggentorfen. Größere Vorkommen finden sich an der mecklenburgischen Boddenküste mit noch mehreren tausend Hektar Fläche auf der Insel Kirr im Barther Bodden und am Küstenabschnitt von Karrendorf bei Greifswald in den Kooser Wiesen. Hier finden derzeit beachtenswerte Restaurationsprojekte durch die Greifswalder Arbeitsgruppe unter der Leitung von Prof. Dr. M. Succow statt.

Ein Mittelstück zwischen den Verlandungsmooren und den Kesselmooren bilden die ombro-soligenen Moore der **Eifelmaare** (s. Abb. 189). Sie besitzen oftmals dichte, aber über eine mächtige Wassersäule aufschwimmende Torfdecken, die letztlich ganze Gewässer einnehmen können. Bei **Deckenmooren** schließlich bilden sich durch laterales Wachstum ausgebreitete, geringmächtige Torfdecken, die die umgebende Landschaft unabhängig vom Relief überkleiden (Abb. 190).

2.2.1 Hochmoore

Die ozeanischen-subozeanischen Hochmoore und die subkontinental-montan verbreiteten Hochmoore mit ihren anspruchslosen, extrem acidophytischen, ombrotrophen Torfbulten und den von Binsen (*Trichophorum cespitosum*) bzw. von Ericaceen dominierten flachen Vegetationsstrukturen sind nahezu vernichtet oder nur noch in Resten anzutreffen. Nur wenige tausend Hektar Hochmoore gibt es heute noch. Alle diese Hochmoore werden nicht vom Grundwasser gespeist, sondern leben ausschließlich vom Regenwasser und den darin gelösten Stoffen; sie sind meist durch Torfabbau und Drainagen geschädigt. Moore nehmen eine Sonderstellung im Stoffhaushalt der Natur ein, weil sie etwa zwanzigmal soviel Kohlenstoff binden können wie der Wald. Alle Hochmoore sind gefährdet (vgl. Abb. 1, 2, 25 bis 27).

Die Hochmoorkultivierungen haben vor allem in Norddeutschland zur großflächigen Moorvernichtung geführt, denn Hochmoorersatzgesellschaften im engeren Sinne gibt es nicht. Der Standort Hochmoor ist so spezifisch, daß er ohne einschneidende und nachhaltige Kulturmaßnahmen nicht genutzt werden kann. Alle menschlich bedingten Pflanzengesellschaften und Kulturpflanzenbestände im Verbreitungsgebiet ehemaliger Hochmoore – eingeschränkt die früheren Moorbrandkulturen mit oberflächlicher Entwässerung – wachsen unter stark veränderten Standortbedingungen. Die Standortveränderungen wurden durch **Torfnutzung** und **Moorkultivierung** hervorgerufen (s. Abb. 1 und 2). Da sich aber die einzelnen Abtorfungs- und Kulturverfahren im Laufe der Zeit wandelten, haben sie zwangsläufig kulturbedingte Standortunterschiede und neue Biotoptypen hinterlassen. Darüber hinaus spielt das jeweilige Kulturalter im Hinblick auf die Torfzersetzung und Humifizierung eine bedeutende Rolle.

Die Nutzung der Moore erstreckt sich nachweislich über einen Zeitraum von zwei Jahrtausenden. Torfverwertung als Heizmaterial ist schon aus dem ersten nachchristlichen Jahrhundert von Plinius dem Älteren für den Raum der Unterweser beschrieben worden: *„Captumque manibus lutum ventis magis quam sole siccantes terra cibos et rigenta septentrione vicera sua urunt* – den mit der Hände Arbeit gewonnenen Torf trocknen sie mehr durch den Wind als durch die Sonne und wärmen mit dieser Erdart ihre Speisen und ihren vom Nordwind steifen Leib" (Lib. XVI, 4, s. Burrichter, Pott & Freund 1988).

Der Torfnutzung folgte die Moorkultivierung in historischer Zeit. Die Anfänge der Moorkultur im Emsland gehen mit Sicherheit bis in das Hochmittelalter zurück. Es waren Mönche des Zisterzienser-Ordens, die ihre Klöster am Geestrand anlegten und ab Mitte des 12. Jahrhunderts mit der Kultivierung einiger Moorrandgebiete begannen (z.B. 1152/ 1154 Gründung des Klosters Wietmarschen). In dieser „Vorzeit der Moorkultur" kannte man noch keine vereinheitlichten Verfahren. Systematische Moorkultur im großen wurde erst unter landesherrlicher oder staatlicher Lenkung in der Neuzeit möglich. Seit dem 16. Jh. bis in die Gegenwart lösten sich mit zeitlichen Überschneidungen vier wichtige Kulturverfahren ab: die **Moorbrand-**, **Deutsche Hochmoor-**, **Niederländische Fehn-** und **Tiefpflug-Sandmischkultur** (s. GÖTTLICH 1976).

Die **Moorbrandkultur** gehört zu den ältesten Kulturverfahren, deren Ausübung bis in das Mittelalter zurückgeht. Sie hat sich, wenn auch mit abnehmender Tendenz, in vielen Moorgebieten des Emslandes und der Leda-Jümme-Niederung bis zum gesetzlichen Verbot (Rauchbelästigung) im Jahre 1923 halten können. Das oberflächlich entwässerte Hochmoor wurde in Brand gesteckt, dabei regulierten Windrichtung und nach unten zunehmende Feuchtigkeit den Brennvorgang des Oberflächenbrandes. In die Torfasche wurde als Hauptfruchtart Buchweizen gesät; gelegentlich baute man in Fruchtfolge auch schwarzfrüchtigen Moorhafer, Roggen, Kartoffeln und Acker-Spark als Grünfutter an. Nach etwa 7 bis 10 Jahren Nutzungstätigkeit waren die Moorboden-Reserven erschöpft und es mußte eine 30jährige Brache eingeschaltet werden.

Die **Deutsche Hochmoorkultur** löste seit dem letzten Viertel des 19. Jahrhunderts in vielen Gebieten die Moorbrandkultur ab. Das Hochmoor wurde bei diesem Verfahren systematisch gedraint – viele Moorkanäle entstanden zu dieser Zeit als Vorfluter – und mit Kalk, Kaliphosphat oder Kupferschlacke gedüngt. Auf dem entwässerten und gedüngten Hochmoor legte man Acker- und Grünlandkulturen an (s. Abb. 27). Der Buchweizenanbau konnte zugunsten des anspruchsvolleren Roggens und Hafers reduziert werden, und Kartoffeln sowie intensiver Hackfruchtanbau für die Winterfütterung des Viehs brachten bessere Erträge. Die langfristigen Brachzeiten der Moorbrandkulturen entfielen, und ein weiterer Vorteil war die (häufig spätere) Anlage von intensiv genutztem Dauergrünland mit Wiesen- und Weidebetrieb. Auf den Mooräckern findet man heute als Unkrautbestände meist feuchte Ausbildungen von Windhalm- und Meldengesellschaften mit Krötenbinse (*Juncus bufonius*), Dreiteiligem und Schwarzfrüchtigem Zweizahn (*Bidens tripartitus*, *B. melanocarpus*) sowie mit Isländischer Sumpfkresse (*Rorippa islandica*) als Feuchtezeiger vor. Beim Dauergrünland dominieren feuchte Weidelgras-Weißkleeweiden mit Wassernabel (*Hydrocotyle vulgaris*) und Feuchtwiesen der *Molinietalia*-Ordnung. Im Drömling und im Fiener Bruch bei Genthin wurde bei der sogenannten **Moordamm-Kultur** eine Sandschicht auf die oberflächlich abgetrockneten Moorflächen aufgetragen und für einige Zeit beackert. Nach kurzer Zeit mußte der Feldbau nach Vernässung der Äcker wieder aufgegeben werden (KÜSTER 1995).

Im Gegensatz zur Moorbrand- und Deutschen Hochmoorkultur als ausgesprochenen Moorkulturen mit natürlicher Torfschichtenlagerung handelt es sich bei den beiden folgenden Verfahren um gemischte **Moor-Sand-Kulturen**, bei denen die Schichtenfolge des Moores völlig zerstört wird.

Die **Niederländische Fehnkultur** ging zu Ende des 16. Jahrhunderts von den holländischen Moorgebieten aus. Die Hochmoore wurden dort zur Entwässerung, Torfabfuhr und verkehrsmäßigen Erschließung mit einem planmäßigen Netz von Haupt- und Nebenkanälen (Wieken) durchzogen und die Moorkolonien als Reihensiedlungen entlang der Hauptkanäle angelegt (s. Abb. 26). Die Verfehnung des Moores erfolgte im Handbetrieb mit dem Moorspaten. Der Torf wurde zunächst bis auf den Sanduntergrund abgebaut und der Untergrund tief umgegraben. Auf diesem gelockerten Sanduntergrund brachte man anschließend etwa 40 bis 50 cm Weißtorf auf, der mit einer Deckschicht aus Sand (Aushub der Kanäle), vermischt mit Müll (Straatendreck) oder Seeschlick, versehen wurde. Durch diese aufwendige Veränderung des Moorprofils mit völliger Entfernung des Schwarztorfes, der als Brenntorf Verwendung fand, wurden im Vergleich zur Deutschen Hochmoorkultur wesentlich ertragreichere Ackerböden geschaffen. Das Beispiel der aufblühenden holländischen Fehnsiedlungen regte bald im benachbarten Leda-Jümme-Gebiet zur Nachahmung an. Als erste und größte deutsche Fehnkolonie wurde im Jahre 1630 Papenburg gegründet, gefolgt von einer umfangreichen Fehnkolonisation über drei Jahrhunderte.

Die Vegetationsverhältnisse dieser Fehngebiete gleichen denen der feuchten Birken-Eichen- und Erlen-Birken-Eichen-Wald-Landschaft in der benachbarten Geest. Mit wenigen Ausnahmen fehlen allerdings die Kiefernforste. An neuen Biotoptypen sind neben kleinen Wäldchen meist nur Gebüsche und schüttere Hecken vorhanden, wobei die Erle bevorzugt in älteren Fehngebieten auftritt.

Das vierte und jüngste Verfahren, die **Tiefpflug-Sandmischkultur**, ist im Grunde genommen nichts anderes als eine verbesserte Fehnkultur mit großmaschinellem Einsatz und tieferem Kulturbodenprofil. Die aufgebrachte Weißtorfschicht von etwa 80 cm wird hier unter Einsatz von Spezial-Tiefpflügen mit dem Sanduntergrund etwa 2 m tief gepflügt und schrägschichtig vermischt. Dadurch entsteht ein ausgezeichneter Ackerboden mit vorteilhafter Drainung und optimalem Wurzelraum für tiefwurzelnde Kulturpflanzen.

Die Tiefpflug-Sandmischkultur kam in Deutschland erst in Verbindung mit dem Förderungsprogramm des „Emslandplans" von 1950 großräumig zur Anwendung. Ihr umfassender Einsatz hat im Laufe von etwa 35 Jahren eine beträchtliche Anzahl von Kulturflächen auf ehemaligem Moorboden hinterlassen. Sie alle tragen aufgrund der planmäßigen Anlage von Vorflutern und Windschutzhecken sowie der einheitlichen Verteilung und Begrenzung von Acker- und Grünlandflächen den Stempel von Reißbrettlandschaften (s. auch Abb. 26 u. 110). In Bayern wurden um 1800 ebenfalls Moorkolonien am Kochelsee, am Abstorfer See und im Donaumoos angelegt. Auch der Württembergische König Wilhelm I. förderte zu Beginn des 19. Jahrhunderts die Kultivierung des Pfrunger und Langenauer Rieds (POSCHLOD 1994). Da der prägende Einfluß des Menschen in diesen jungen Kulturgebieten noch ganz und gar vordergründig ist, kann über die eigenständige Entwicklungstendenz der potentiellen natürlichen Vegetation nichts ausgesagt werden.

Abb. 162: *Sphagnum cuspidatum* und *Sph. fallax* (= *Sph. recurvum*) umgeben als initiale Bultbildner eine flache, wassergefüllte Hochmoorschlenke im Hiddeser Bent (1981). Natürliche Schlenken, ombrogene Hochmoorflächen und Kiefern-Moorwälder bilden einen einzigartigen Biotoptypenkomplex.

Abb. 163: Blasenbinse (*Scheuchzeria palustris*) in einer Moorschlenke (Hinterzartener Moor/Hochschwarzwald, 1985).

Abb. 164: Schlamm-Segge (*Carex limosa*) in einer Moorschlenke (Hinterzartener Moor/Hochschwarzwald, 1985).

Abb. 165: *Eriophorum angustifolium* (Schmalblättriges Wollgras).

Abb. 166: *Sphagnum cuspidatum* (Schwimmendes Torfmoos).

Abb. 167: *Lycopodiella inundata* (Sumpfbär-lapp) wächst bevorzugt in trockenfallenden Schlenken auf mäßig bis schwach humosen Mineralböden.

Abb. 168: Moorschlenke mit Schnabelried (*Rhynchospora alba, R. fusca*) und aspektbe-stimmendem Sonnentau (*Drosera interme-dia*). Die Schnabelriedschlenken werden aus den Gesellschaften nasser, nährstoffarmer, dystropher Moorgewässer gebildet; oft sind es periodisch oder episodisch wassergefüllte Rinnen, Schlenken oder Moorblänken im Kontakt zu Hochmoorbult-Gesellschaften (Heiliges Meer, 1994).

Abb. 169: *Sphagnum auriculatum* ist ein ty-pisches Schlenkenmoos.

Abb. 170: *Rhynchospora alba* und *R. fusca* kennzeichen das Schnabelsimsenried. Das *Rhynchosporetum albae* ist eine gut charak-terisierte Assoziation solcher Moorbiotope. Ihre konstituierenden Arten sind aber nur re-lativ konkurrenzschwach, deshalb kann sich diese Gesellschaft nur auf offenen Böden mit längerer Überflutung gut entfalten.

Abb. 171: Biotoptyp Hochmoorbult mit der zentralen Gesellschaft des *Erico-Sphagnetum magellanici*. Es ist die bezeichnende mitteleuropäische Bultgesellschaft auf wachsenden Hochmooren. Gut entwickelte Bulte sind in sich gegliedert und in verschiedene Untereinheiten teilbar. Es lassen sich dabei zahlreiche, gut unterscheidbare Phasen differenzieren, in denen das fazielle Auftreten verschiedener Torfmoose und Hochmoorpflanzen Initialstadien, Optimalstadien oder auch Abbaustadien der Bulte kennzeichnen. Die einzelnen Torfmoose und andere hochmoorbewohnenden Moose nehmen in diesem Zusammenhang je nach Wasserspeicherkapazität verschiedene Wuchszonen ein. Einige davon seien im folgenden vorgestellt:

Abb. 172: *Sphagnum fallax* (= *Sph. recurvum*)   Abb. 173: *Sphagnum papillosum*   Abb. 174: *Sphagnum magellanicum*

Abb. 175: *Sphagnum rubellum*   Abb. 176: *Aulacomnium palustre*   Abb. 177: *Polytrichum strictum*

Abb. 178: Die typischen Hochmoorbiotope kennzeichen sowohl ebene, *Erica*-arme Flächen mit geschlossener Torfmoosdecke als auch niedrige bis mittelhohe Bulten, in denen *Erica tetralix* mit zunehmender Höhe stärker hervortritt, während die Torfmoose gleichzeitig etwas zurückgehen. Jedes der bultbildenden Sphagnen kann innerhalb dieser Untereinheit auch faziesbildend auftreten, wobei besonders häufig Reinbestände von *Sphagnum magellanicum* zu beobachten sind. *Polytrichum strictum* und *Aulacomnium palustre* können dabei trockene Bultbereiche einnehmen, in denen das Torfmooswachstum teilweise oder vollständig zum Erliegen kommt.

178

Abb. 179: Im Schwingrasen-Verlandungsbereich von Hochmoorkolken, in Schlatts und Torfkuhlen treten Initialstadien des *Erico-Sphagnetum magellanici* auf, die vor allem durch die Gewöhnliche Moosbeere (*Vaccinium oxycoccus*) geprägt werden. Bei ungestörter Sukzession geht die Initialphase mit *Vaccinium oxycoccus* in die typische Subassoziation über, sobald *Sphagnum magellanicum*, *Sph. papillosum* oder *Sph. rubellum* in die Bestände eindringen. Falls diese bultbildenden Sphagnen allerdings lokal oder kleinstandörtlich ausbleiben, können zunächst lückig ausgeprägte Rasen der Moosbeere die Schwingdecken schließlich auch völlig überwachsen.

Abb. 180: Die Rosmarinheide (*Andromeda polifolia*) ist eine typische Hochmoorpflanze, die mit ihrem ericoiden Habitus, ihren lederartigen Rollblättern und ihrer obligaten Mycorrhiza an den nährstoffarmen Standort optimal angepaßt ist (Foto E. BURRICHTER). Weitere Hochmoorelemente sind z.B.:

Abb. 181: Glockenheide (*Erica tetralix*).

Abb. 182: Englischer Sonnentau (*Drosera anglica*).

179

180

181

182

183

Abb. 183: Birkenwald (*Betuletum pubescentis*). Lichter Birkenwald-Biotop auf nährstoffarmen Torfböden (Hoch- und Zwischenmoortorf). Am Rande von Hochmooren und dystrophen Gewässern im naß-oligotrophen Bereich, wo noch gerade waldfähige Grenzstandorte besiedelt werden. Atlantisch-subatlantische Gesellschaft (Boltenmoor b. Münster, aus Burrichter et al. 1988). Sekundäre Birken-Bruchwälder wachsen auf teilentwässerten Hochmooren, wo die Torfmächtigkeit noch mehrere Meter betragen kann. Auch solche Bestände sind noch schützenswert.

184

Abb. 184: Rauschbeer-Waldkiefern-Bruchwald (*Vaccinio uliginosi-Pinetum sylvestris*). Auf oligotrophen Torfen im Ufersaum dystropher Gewässer und auf Hochmooren, subatlantisch-subkontinentale Gesellschaft. Von Moorbirken beherrschte, mit Kiefern durchsetzte, natürliche Bruchwald-Gesellschaft im norddeutschen Tiefland. Hier fallen die atlantischen Arten aus und *Vaccinium uliginosum* bestimmt verstärkt den Unterwuchs der Gesellschaft. Es sind vielfach die Primärstandorte für Kiefern-Reliktvorkommen, wobei teilweise recht alte Kiefern (*Pinus sylvestris* mod. *turfosa*) in allen Altersklassen zusammen mit den bislang zahlreichen pollenanalytischen Befunden für die Bodenständigkeit der Waldkiefer in diesen Moorwäldern spricht (Hannoversches Wendland, 1987).

185

Abb. 185: Kiefern-Birken-Moorwald (*Vaccinio uliginosi-Pinetum sylvestris*) mit *Pinus sylvestris* fo. *turfosa* an den Rändern der lebenden Hochmoorfläche im Hiddeser Bent (1982). Ein hochgradig gefährdeter und neuerdings sogar durch gutgemeinte Biotopschutzmaßnahmen (z.B. Entkusselung) vom Aussterben bedrohter Biotoptypen-Komplex! Es ist ein von Moorbirken beherrschter, mit Kiefern durchsetzter natürlicher Bruchwald. Solche Moorwälder sind obendrein vielfach Primärstandorte für Kiefern-Reliktvorkommen aus dem Boreal.

187

186

Abb. 186: Natürlicher Kiefern-Moorwald vom Typ des *Ledo-Pinetum* mit ausgeprägter Zwergstrauchschicht aus Sumpfporst (*Ledum palustre*). Im Hauptverbreitungsgebiet von Mecklenburg-Vorpommern und in Brandenburg oft an lokalklimatisch besonders kalten Kesselmoor-Standorten, dort mit zahlreichen arktisch-alpinen, bzw. borealen Geoelementen (Brandenburg, 1991).

Abb. 187: *Ledum palustre* (Sumpfporst).

Abb. 188: Talvermoorung im bayerischen Alpenvorland mit deutlich baumfreier Hochmoorfläche und gehölzbestockten Moorrändern (Foto Bayer. Landesanstalt Laufen).

188

Abb. 189: Vermoortes Eifelmaar (Ströhner Maar, Vulkaneifel, 1987). Die kreisrunde Moorfläche und der steil ansteigende ehemalige Kraterrand kennzeichnen diesen eigenartigen Biotoptyp.

189

Die Hochmoor-Biotoptypen sind heute nur noch als kleinere Moorgebiete in der nordwestdeutschen Geestlandschaft, in den Mittelgebirgen und im Alpenvorland verbreitet (s. z.B. Abb. 108, 110, 111). Sie sind infolge von Entwässerung, Abtorfung und Kultivierung ihrer natürlichen Vegetation entledigt oder als noch lebende Hochmoore bis auf kleine Reste, die meist zu Schutzgebieten erklärt worden sind, eingeschrumpft. Das größte noch lebende Hochmoor Norddeutschlands ist die Tinner/Staverner Dose nordöstlich von Meppen mit ca. 3500 ha Fläche. Etwa ein Drittel dieses Gebietes befindet sich noch im naturnahen baumfreien Zustand, und das nur, weil das gesamte Moorgebiet seit 1877 Teil eines militärischen Erprobungsschießplatzes ist und somit eine wirksame Abschirmung gegen Kultur- und Eutrophierungseinflüsse besitzt. Als relativ naturnah kann auch der Erhaltungszustand einiger Kleinstmoore der Mittelgebirge gelten, die inmitten von Waldgebieten liegen (vgl. Abb. 183 bis 185).

Mit dem Verlust der Moor-Biotoptypen geht auch eine Vielzahl hochspezialisierter und meist recht stenöker Tierarten verloren: lichte Moorwälder bieten geeignete Wohn-, Balz-, Nahrungs- und Aufzuchthabitate für das Auerwild. Das Birkhuhn weist nur noch kümmernde Restpopulationen auf. Allein in Niedersachsen ging sein Bestand von rund 8000 Tieren im Jahre 1964 auf kaum 400 Exemplare im Jahre 1980 zurück (GERKEN 1983). Selten geworden sind auch die Kreuzotter (*Vipera berus*), die Mooreidechse (*Lacerta vivipara*), der Moorfrosch (*Rana arvalis*), zahlreiche moortypische Libellen (z.B. Moorjungfern, *Aeschna caerulea*, *A. subarctica*, *Leucorrhinia dubia*) und viele Schmetterlinge der Gattungen Perlmuttfalter und Schneckenfalter (*Boloria aquilonaris*, *Melitaea diamina*, *Clossiana selene*, *Brenthis ino*), der Hochmoorgelbling und der Moorbläuling (*Maculinea alcon*), dessen Raupen auf den Lungen-Enzian als Futterpflanze angewiesen sind.

2.2.1.1 Intakte ombrotrophe Moore (Regenmoore)

Es sind torfmoosreiche Typen (wie oben beschrieben); in subkontinentalen und kontinentalen Gebieten mit ausgeprägter Gliederung in Bulten und Schlenken; im atlantischen Raum mit teppichartigen Torfdecken (s. u.a. Abb. 162,190). Zu diesem Typ gehören die Regenhochmoore der küstennahen Region, die Kesselmoore, Deckenmoore sowie die Gebirgs- und Hangregenmoore, wenn der ombrogene Anteil überwiegt. Spezielle Pflanzengesellschaften der *Scheuchzerio-Caricetea fuscae* (s. Abb. 162 bis 170) und der *Oxycocco-Sphagnetea* bilden typische Vegetationskomplexe mit naturraumtypischen Unterschieden von West nach Ost sowie in den jeweiligen Höhenlagen. Dabei ist die Hochmoorbult-Gesellschaft (*Erico-Sphagnetum magellanici*) die bezeichende mitteleuropäische Bultgesellschaft auf wachsenden Hochmooren. Gut entwickelte Bulte sind in sich gegliedert und in verschiedene Untereinheiten teilbar. Es lassen sich dabei zahlreiche, gut unterscheidbare Phasen differenzieren, in denen das fazielle Auftreten verschiedener Torfmoose und Hochmoorpflanzen Initialstadien, Optimalstadien oder auch Abbaustadien der Gesellschaft kennzeichnet. Die einzelnen Torfmoose nehmen in diesem Zusammenhang je nach Wasserspeicherkapazität verschiedene Wuchszonen ein (s. Abb. 171 bis 182).

Die Hochmoore der planaren bis montanen Stufe sind durch artenarme Pionierbestände der *Erico-Sphagnetalia magellanici* (vor allem das *Erico-Sphagnetum*) als bultaufbauende Vegetationstypen gekennzeichnet. Im kontinentalen Bereich vikariiert das *Sphagnetum magellanici* mit hohen *Sphagnum fuscum*-Anteilen. Als Kennarten der Hochmoorbult-Gesellschaft gelten Rosmarinheide (*Andromeda polifolia*), Moosbeere (*Vaccinium oxycoccos*) und *Sphagnum papillosum*, die zusammen mit der namengebenden Moor-Glockenheide (*Erica tetralix*) die Physiognomie der Gesellschaft weitgehend bestimmen. In den verschiedenen Mooren können darüber hinaus auch Beinbrech (*Narthecium ossifragum*), Schwarze Krähenbeere (*Empetrum nigrum*), Frauenhaarmoos (*Polytrichum strictum*) oder Weißmoos (*Leucobryum glaucum*) aspektbestimmend auftreten. Teppichartige, flache Torfmoosrasen sind dabei bezeichnend für sehr nasse Standorte, an denen *Erica tetralix* noch fehlt oder nur geringe Deckungsgrade erreicht (z.B. *Sphagnum fallax*-Torfmoosdecken, Abb. 171 bis 172). Erst bei stärkerer Bultbildung bzw. Austrocknung gelangen dann Ericaceen oder die genannten Laubmoose zur Vorherrschaft, wobei die Hochmoor-Sphagnen mitunter stark zurückgedrängt werden.

Die Schlenkenvegetation der *Scheuchzerietalia palustris* zeigt in der Regel eine nordisch-ozeanische Hauptverbreitung. Sie wächst auf nassen, nackten Torf- und Sandböden, besonders im Hochmoorvegetationskomplex, aber auch in der Uferzone oligo- oder dystropher Gewässer. Auf den locker gelagerten Torfsubstraten sowie in nicht austrocknenden, wassergesättigten Hoch- und Zwischenmoorschlenken sowie auf Schwingrasen und besonders an den Ufern hochmoorartig verlandender Seen wächst das *Caricetum limosae* (Schlammseggen-Ried), eine Gesellschaft mit boreomontanem Verbreitungsschwerpunkt. Sie bildet Mosaike mit *Sphagno-Utricularion*- und *Oxycocco-Sphagnetea*-Vegetationseinheiten (s. Abb. 163,164). Auch die Schnabelriedgesellschaft (*Sphagno tenelli-Rhynchosporetum albae*) ist eine atlantisch-subatlantische Gesellschaft auf nackten, nährstoffarmen Torf- und feucht-humosen Sandböden, die zeitweise abtrocknen (s. Abb. 167 bis 170).

Die subkontinental-montan verbreiteten Hochmoore sind stark von mittelhohen Zwergsträuchern wie Sumpf-Porst (*Ledum palustre*, Abb. 186, 187) oder auch von Moor-Birke (*Betula pubescens*, Abb. 191, 192) bzw. Waldkiefer (*Pinus sylvestris* fo. *turfosa*, Abb. 162, 171, 183, 184) geprägt. Dabei ist die Sumpfporst-Torfmoos-Gesellschaft (*Sphagnetum magellanici*) typisch für Hochmoore und hochmoorähnliche Niedermoore im östlichen Niedersachsen (Wendland), im Südosten Schleswig-Holsteins, in Mecklenburg-Vorpommern und in Brandenburg. Vereinzelte, meist isolierte Fundstellen gibt es im östlichen Thüringen und im Bayerischen Wald. Diese Gesellschaft steht in Deutschland an der Südwestgrenze ihres nordisch-kontinentalen Areals. Es sind baumbestandene (meist mit *Pinus sylvestris*) Moore mit *Ledum palustre* sowie anderen Zwergstraucharten im Unterwuchs (s. Abb. 186, 187). Auch das Rasenbinsen-Hochmoor (*Eriophoro-Trichophoretum cespitosi*) gedeiht auf baumfreien, sauer-oligotrophen Hochmooren der hochmontanen Stufe in den Mittelgebirgen (Abb. 193, 194). Solche

Moore sind noch für den Harz, in Thüringen, im Bayerischen Wald, im Hochschwarzwald sowie aus den Alpen und Voralpen beschrieben. Es sind die überwiegend baumfreien Hochmoorflächen der subalpinen Nadelwaldstufe. Hier sind floristisch bedeutsame Reliktvorkommen von *Sphagnum fuscum* (Braunes Torfmoos), *Betula nana* (Zwergbirke), *Oxycoccus microcarpus* (Kleinfrüchtige Moosbeere) und *Empetrum hermaphroditum* (Krähenbeere) und von *Rubus chamaemorus* (Moltebeere) zu erwähnen (Abb. 195 bis 197).

Gefährdung: Entwässerung, Abtorfung, Eutrophierung durch Nährstoffeintrag, land- und forstwirtschaftliche Nutzung.
Schutz: ■, ●; FFH 6130, 7110, 7130 (blanked bogs); CORINE 91: 51.1, 52.1, 52.2; ✳ (höchste Priorität nach Directive 92/43 EEC).
Verbreitung: In nennenswerten Resten nur noch in wenigen Naturschutzgebieten vom Küstenraum bis in die Alpen (noch gehäuft in den Mittelgebirgen).
Beispiele: Abb. 149 bis 197.

2.2.1.2 Übergangs- und Heidemoore

Meist ombrosoligene Moore, die als torfmoosreiche Biotope zusätzlich noch mit nährstoffhaltigem Grund- und Oberflächenwasser gespeist werden. Dazu gehören die Laggs der Hochmoore (s. Abb. 150, 185, 188, 198) wie auch die Verlandungsmoore, die Versumpfungsmoore, die Durchströmungsmoore und die Quell- und Hangmoore. Vielfach werden noch die Verlandungsbereiche dystropher oder mesotropher Gewässer, wenn diese schwingrasenförmige Torfdecken aufweisen, dem Übergangsmoor zugerechnet (s. Abb. 158, 165, 199).

Die Grenze zwischen ausgesprochenen Hochmooren und den Niedermooren wird durch Pflanzenarten aufgezeigt, die als sogenannte **Mineralbodenwasserzeiger** sich nicht mehr rein ombrotraphent verhalten können, z.B. Blutauge (*Comarum palustre*), Fieberklee (*Menyanthes trifoliata*, s. Abb. 122, 123), Beinbrech (*Narthecium ossifragum*), Blaues Pfeifengras (*Molinia caerulea*), Wollgras (*Eriophorum angustifolium*, *E. vaginatum*). Es sind fast

alles Kennarten der *Scheuchzerio-Caricetea* bzw. des *Magnocaricion*-Verbandes. Diese Arten klingen jeweils im Grenzgürtel zu den ombrotrophen Moorteilen aus. Ihr gehäuftes Vorkommen, die Mineralbodenwasserzeiger-Grenze, trennt die ombrotrophen Hochmoore s. str. von den rein minerotrophen Niedermooren. Den Übergangsbereich bezeichnet man treffenderweise als **Übergangsmoor**.

Absolut mineralbodenwasseranzeigende Pflanzen gibt es allerdings nur wenig; ihr soziologisches Verhalten auf den Mooren ist nicht von bestimmten Konkurrenten abhängig, sondern überhaupt vom Vorhandensein zahlreicher als Konkurrenten wirkender Arten, anders als das ökologische Verhalten vieler dieser Arten, das sich unter bestimmten Großklimaten durchaus ändern kann: So wächst z.B. das Kopfried (*Schoenus nigricans*) in Irland wegen der dortigen aerosolierten Mineralstoffeinträge in Meeresnähe auf Hochmooren, hier bei uns dagegen auf kalkhaltigen Mineralböden. Ebenso zeigt das Zittergras (*Briza media*) einen solchen Biotop- und Standortswechsel an: Bei uns auf dem europäischen Festland gilt *Briza media* als kalkzeigende Pflanze, in Großbritannien im euatlantischen Klima wächst diese Art auf Mooren.

Die charakteristischen Vegetationstypen solcher Übergangsmoore stammen aus der Klasse *Scheuchzerio-Caricetea fuscae* – vor allem zunächst die *Sphagnum cuspidatum-Eriophorum angustifolium*-Gesellschaft. Es ist eine wenigartige, langlebige Wollgras-Gesellschaft an dystrophen Gewässerrändern regenerierender Torfstiche oder an dystrophen Moorseen mit Schmalblättrigem Wollgras (*Eriophorum angustifolium*) und *Sphagnum cuspidatum* (Abb. 158, 165, 166). Meist an solchen Stellen, in denen das Wasser für das oft konkurrierende Weiße Schnabelbinsenried (*Rhynchosporetum albae*) zu tief ist, sind regelrechte Schwingrasen dieser Gesellschaft flächenhaft entwickelt (Abb. 155). Wenn nach Jahren der Verlandung der freie Wasserraum zwischen Schwingrasen und Torfboden mit Wollgrastorfen angefüllt ist, können Torfmoose und Wollgräser (*Sphagnum fallax, Eriophorum vaginatum*) und weitere *Oxycocco-Sphagnetea*-Elemente eindringen und diese Wollgrasrasen ablösen. So läßt sich eine Suk-

zessionsreihe von der *Sphagnum cuspidatum-Eriophorum angustifolium*-Gesellschaft über eine *Sphagnum fallax-Eriophorum angustifolium*-Gesellschaft bis hin zur *Eriophorum vaginatum*-Gesellschaft (Abb. 198) aufzeigen, die schließlich alle im *Erico-Sphagnetum magellanici* (Hochmoorbult-Gesellschaft) enden. Bei Absenkung des Wasserstandes ohne Nährstoffeintrag entwickeln sich *Molina*-Pfeifengras-Bultstadien (s. Abb. 109, 157).

Auch das Fadenseggenmoor (*Caricetum lasiocarpae*) wächst auf seicht überschwemmten, elektrolytarmen, sauren Niedermoortorfen, im Lagg oligotropher Moore sowie im Komplex hochmoorartig verlandender Gewässer. Die Physiognomie dieses Moores wird von der Charakterart geprägt; sie bildet vielfach trittfeste Schwingrasen auf nassem Dy oder auf Dygyttja. Die Faden-Segge (*Carex lasiocarpa*) selbst besitzt eine weite ökologische Amplitude; sie kann neben sauren Moorstandorten auch basenhaltige Substrate bewachsen. Es handelt sich um eine natürliche Gesellschaft der Übergangsmoore und der Hochmoorvegetationskomplexe. Ebenso ist das *Erico-Sphagnetum magellanici* mit Moorlilie in der Subassoziation von *Narthecium ossifragum* eindeutig auf minerotrophe Biotope beschränkt, was an den stetig vorkommenden Mineralbodenwasserzeigern – vor allem *Molinia caerulea* (Blaues Pfeifengras), aber auch *Myrica gale* (Gagel), *Dactylorhiza maculata* (Geflecktes Knabenkraut), *Carex rostrata* (Schnabelsegge), *Gentiana pneumonanthe* (Lungen-Enzian) und *Sphagnum auriculatum* - deutlich zu erkennen ist (Abb. 199, 200).

Glockenheide- Feuchtheide-Gesellschaften des *Ericion tetralicis*-Verbandes sind in typischer Artenkombination auf Anmoor- und Gleypodsol-Böden beschränkt. Sie sind in Nordwestdeutschland primär in feuchten Dünentälern der Inseln sowie kleinflächig an den Ufern von Moor- und Heidekolken verbreitet. Sie sind dagegen sekundär auf ehemalige Wuchsbereiche des *Betulo-Quercetum molinietosum* bzw. *Betuletum pubescentis* ausgeweitet. Dabei sind folgende Biotoptypen wichtig:

Das Glockenheide-Anmoor (*Ericetum tetralicis*) ist eine natürliche torfbildende Heide auf grund- oder stauwassergeprägten Böden (Anmoorgley, Pseudogley) im

190

191

192

Abb. 190: Plateau- und terrainbedeckende baumfreie Hochmoorfläche eines Decken-moores im Hohen Venn (1987).

Abb. 191: Mittelgebirgsmoor mit Moorgewäs-sern, Röhrichten und Bruchwaldkomplexen am Hohen Meißner in Hessen (1985).

Abb. 192: Karpatenbirkenbruch (*Betuletum carpaticae*). Auf Moorrändern, vor allem auf quelligen Hoch- und Zwischenmooren in 400 bis 900 m Meereshöhe, aber nur in den mon-tanen Lagen der Mittelgebirge. Vor allem im Sauerland (Ebbegebirge), im Spessart, im Solling und im Kaufunger Wald, sonst ziem-lich seltener Bruchwald.

Abb. 193: Sonnenberger Moor im Harz mit ▷ baumfreier Moorfläche, vereinzelten Moorkol-ken und natürlichem Fichtenaufwuchs aus den angrenzenden Fichtenwäldern des *Vacci-nio myrtilli-Piceetum* bzw. *Calamagrostio vil-losae-Piceetum* (1987).

Abb. 194: Sonnenberger Moor im Harz ▷ (1987). Diese sattelähnlichen Mittelgebirgs-moore sind an vielen Stellen von natürlichen, teilweise sehr tiefen Erosionsrinnen durchzo-gen, die das überschüssige Schmelz- und Regenwasser abführen.

Abb. 195: Die nordisch-kontinentalen, von ▷ *Sphagnum fuscum* dominierten Moore gibt es in Deutschland nur vereinzelt in den hohen Mittelgebirgen (z.B. Thüringen, Bayerischer Wald, Schwarzwald) sowie in den Hochmoo-ren der östlichen Bundesländer. *Sphagnum fuscum* ist dabei eine wichtige Differentialart (Schwarzwald, 1985). Diese Moore zeigen oft gehäufte Vorkommen von Reliktpflanzen:

Abb. 196: Die Zwergbirke (*Betula nana*) ist ▷ ein sehr seltenes Eiszeitrelikt auf Hochmoo-ren oder in Kiefernmooren.

193

194

195

196

Abb. 197: Die Moltebeere (*Rubus chamae-morus*) ist eine in Skandinavien weit verbreitete Beerenobstpflanze, die bei uns sehr selten in Hoch- und Zwischenmooren vorkommt.

Abb. 198: Mittelgebirgsmoor mit *Eriophorum vaginatum* (Scheiden-Wollgras) im Erzgebirge (1991).

197

198

atlantischen Bereich (Abb. 150, 161). Es entwickelt sich häufig zu Bultgesellschaften des *Erico-Sphagnetum magellanici* oder zum Gagelgebüsch (*Myricetum gale*). Das Glockenheidemoor findet sich auf meist mit dünnen Torfschichten bedeckten, nassen Moorrandpartien oder auch auf schwach entwässerten Hochmoortorfen. Das Arteninventar besteht aus wenigen extrem säuretoleranten und nässeliebenden Arten, die eine winterliche Überschwemmung durch Grundwasser vertragen können. Es sind im wesentlichen die vorherrschende Moor-Glockenheide (*Erica tetralix*), Blaues Pfeifengras (*Molinia caerulea*), Rasenbinse (*Trichophorum cespitosum* ssp. *germanicum*) und das Dichte Torfmoos (*Sphagnum compactum*).

Die hygrophile Krähenbeeren-Glockenheide-Gesellschaft (*Empetro-Ericetum tetralicis*) ist auf korrespondierenden Standorten in feuchten, stark humosen, kalkfreien Dünentälern der Ostseeküste sowie auf den Nord- und Ostfriesischen Inseln verbreitet.

- **Gefährdung:** Entwässerung, Abtorfung, Nährstoffeintrag, land- und forstwirtschaftliche Nutzung.
- **Schutz:** □, ●; FFH 4010, 6140, 7140; CORINE 91: 54.5, teilweise prioritär nach Directive 92/43 EEC.
- **Verbreitung:** Auf den Nordseeinseln-; von der planaren bis zur hochmontanen Stufe; in noch nennenswerten Beständen in den Mittelgebirgen.
- **Beispiele:** Abb. 150, 155, 158, 165, 185, 188, 198 bis 200.

2.2.1.3 Niedermoore

Flachmoore oder Niedermoore zeichnen sich dadurch aus, daß Grund-, Quell- oder Sickerwasser den Boden langfristig durchtränkt (s. **Quellmoore, Versumpfungsmoore, Durchströmungsmoore**); die Niedermoore trocknen nur gelegentlich oberflächlich ab. Diese mineralstoffreichen Moore unterscheiden sich nach ihrem Kalk- oder Basengehalt als **kalkreiche oligo-** bis **mesotrophe Niedermoore** und **kalkarme saure, meso-** bis **eutrophe Niedermoore**. Vielfach bilden die Niedermoore und Röhrichtformatio-

nen und das Kulturgrünland dicht verzahnte Biotopkomplexe und auch standörtlich schwer voneinander differenzierte Vegetationskomplexe.

Auch die Niedermoore wurden früher planmäßig drainiert und kultiviert. In Brandenburg und im Havelländischen Luch wurden beispielsweise von 1718 bis 1724 Entwässerungsgräben mit einer Gesamtlänge von 550 Kilometern gezogen, wodurch 15 000 Hektar Land kultiviert wurden. Die Oderbrucherschließung durch Friedrich den Großen in den Jahren 1747 bis 1753 erforderte die Trockenlegung von 56 000 Hektar Moor- und Bruchflächen. Weitere Kultivierungsprojekte unter Friedrich II. betrafen das Wartbruch, das Rhinluch, das Berliner Hinterland und viele andere Gebiete. Auf den Flächen wurden Moorkolonisten und auch Flüchtlinge (Hugenotten, Holländer u.a.) in großem Umfang angesiedelt (KÜSTER 1995). Diese Kultivierungen setzen sich stellenweise bis heute fort.

Das hat besonders gravierende und langfristige Auswirkungen für diese Gebiete hinsichtlich ihrer bedeutenden Funktionen als bevorzugte Rast- und Nahrungsräume für viele Zugvögel. Besonders die Kraniche (*Grus grus*), die im Herbst Deutschland in großen Massen auf ihrem Flug in die südwesteuropäischen Winterquartiere überqueren, halten sich in den nordostdeutschen Feuchtlandschaften auf. Große Trupps der Kraniche findet man in der zweiten Oktoberhälfte an den flachen Boddengewässern in Mecklenburg-Vorpommern sowie im Gebiet der Plauer und Müritzer Seen, in der Schorfheide, im Rhinluch und im Havelland. Der westlichste größere Sammelplatz liegt am Schaalsee im Grenzgebiet von Mecklenburg und Schleswig-Holstein, der südlichste Rastplatz für größere Scharen sind die Braunkohleabbaugebiete in der Lausitz.

Braunseggensümpfe der *Caricetalia nigrae* sind hier torfbildende Kleinseggengesellschaften im Bereich kalkarmer, aber nicht zu nährstoffarmer Gewässer der gesamten eurosibirischen Region. Sie sind bei uns vor allem in den Mittelgebirgen und im Lagg von Hochmooren, an oligotroph-sauren Moorrändern sowie auf Sumpfhumusböden verbreitet; sie treten gehäuft in sauren Mittelgebirgslandschaften und in den Silikatalpen auf (Abb. 201).

Einige wichtige Biotopkomplexe sollen hier genannt werden:

Das Kopfwollgrasmoor (*Eriophoretum scheuchzeri*) ist eine artenarme, arktisch-alpin disjunkte Velandungsgesellschaft an Tümpeln und offenen Wasserstellen auf der alpinen Stufe auf basenarmen Böden, im Sommer trockenfallend (Abb. 202). Vorwiegend in den Zentralalpen verbreitet, dort typisch für hochalpine, bevorzugt sauer-oligotrophe Gletscherseen und Tümpel mit Einartbeständen der namengebenden Art.

Der Hundsstraußgras-Grauseggen-Sumpf (*Carici canescentis-Agrostietum caninae*) wächst häufig am Rande eutrophierter Heideweiher; es ist eine vom kalkfreien Wasser durchsickerte Flachmoorgesellschaft auf Hoch- oder Zwischenmoortorf sowie Anmoorgley. *Carex canescens* (Grausegge) und *Agrostis canina* (Hundsstraußgras) wachsen meist über dichten *Sphagnum cuspidatum*-Teppichen und beherrschen so den Gesellschaftsaspekt (Abb. 203). In der Optimalphase ist *Eriophorum angustifolium* (Schmalblättriges Wollgras) mit hoher Mächtigkeit beteiligt. Es ist eine sehr plastische Gesellschaft, die Schwingrasen aufbaut oder sich auch direkt über Mineralböden entwickeln kann.

Auf nassen, weichen Niedermoorböden in Fluß- und Bachniederungen und in Verlandungszonen von Heideweihern wächst der Sumpfläusekraut-Fadenbinsen-Sumpf (*Pediculario palustris-Juncetum filiformis*) geprägt von der Fadenbinse, von Kleinseggen (*Carex panicea, C. nigra, C. canescens, C. stellulata*) und *Eriophorum angustifolium* (Abb. 204).

Seggensümpfe mit Braunsegge (*Carex nigra*) bilden vielgestaltige Niedermoore an basenarmen, im allgemeinen stark sauren, torfigen Standorten (Abb. 205, 206). Die Bestände des *Caricetum nigrae* sind außerordentlich variabel und lassen sich in gut zu unterscheidende geographische Vikarianten trennen; des weiteren sind sie in verschiedenen Höhenlagen jeweils floristisch unterschiedlich differenziert. Wichtige Arten dabei sind Sumpf-Läusekraut (*Pedicularis palustris*, Abb. 207), Sumpf-Orchis (*Dactylorhiza maculata*, Abb. 208), Rasenbinse (*Trichophorum cespitosum*, Abb. 209) und der Blaue Sumpfstern (*Swertia perennis*, Abb. 210). Solche basenarmen Niedermoore gibt es nur an wenigen Stellen in Deutschland. Nennenswerte großflächige Bestände im Komplex mit Pfeifengras-Feuchtwiesen sind aus der Leda-Jümme-Niederung im Fehntjertief östlich von Emden bekannt. Es sind wohl die schönsten Bestände in Nordwestdeutschland. Die Dümmer-Niederung, das Drömling-Gebiet, die Peenetalmoore und die Friedländer Große Wiese besitzen noch repräsentative Niedermoor- und Feuchtwiesenkomplexe, die derzeit auch in einem großen Projekt des Bundesministeriums für Forschung und Technik unter der Leitung von Prof. Dr. Jörg PFADEN-HAUER aus Freising-Weihenstephan hinsichtlich vieler Fragen des Ökosystem-Managements untersucht werden.

Die **Kalkflachmoore** und **Rieselfluren** sind meist kalkoligotrophe Standorte, die als Verlandungssümpfe, Quell- und Rieselfluren der eurosibirischen Region in planaren und subalpinen Lagen verbreitet sind. Das Substrat bilden im Regelfall stark mineralisierte Torfe, seltener kalkreiche Sedimente bzw. wassergesättigte, basenreiche Mineralböden.

Die Verlandungssümpfe, die Quell- und auch die Rieselfluren des *Caricion davallianae* in den Kalkgebieten der Alpen und der Mittelgebirge oder auf den kalkhaltigen Sanden der Jungmoränenlandschaften Norddeutschlands sowie auf den Nordseeinseln sind allesamt akut vom Aussterben bedroht! Auch hier seien einige Typen vorgestellt: Alpigene Schwemmufer-Gesellschaften und Rieselfluren (Abb. 211) sind Pioniergesellschaften offener Schwemmsandböden mit zahlreichen nordisch-zirkumpolaren Arten, die sich nach dem Rückzug des Eises in den Alpen als Relikte haben halten können (arktisch-alpine Disjunktion, z.B. Alpenhelm (*Bartsia alpina*), Kobresie (*Kobresia simpliciuscula*, Abb. 212, 213). Die Schuppenseggen-Gesellschaft (*Astero bellidiastro-Kobresietum simpliciusculae*) wächst an wasserzügigen Hängen und sandigen Bachufern ohne Staunässe; sie ist zu geringfügiger Torfbildung fähig (Abb. 211). Die nordische Alpenkopfgras-Gesellschaft (*Amblystegio intermedii-Scirpetum austriaci*) ist am Südrand ihrer europäischen Verbreitung auf mittelgründigen Torfböden mit starker Bodenerhöhung, aber ausreichender Versorgung mit mineralhaltigem Wasser aus-

gebildet (Abb. 214). Sie vertritt das *Caricetum davallianae* in der oberen subalpinen und unteren alpinen Stufe. Auf den flachgründigen wasserzügigen oder überrieselten Torfsubstraten kommt es oft zur Kaskadenbildung mit eigentümlicher Treppenstruktur. Der Davallseggen-Sumpf (*Caricetum davallianae*) schließlich bildet sich auf durchrieselten, sauerstoffreichen Böden, meist in Hanglagen. Er ist häufig tuffaufbauend. Das Entfaltungszentrum der soligenen Moore liegt in den Hochgebirgen; sie gehen auch in die Mittelgebirge vom Alpenvorland bis in die Schwäbische und die Fränkische Alb. Die nördlichsten Vorkommen gibt es schwerpunktmäßig in der Kalkeifel und sie finden sich noch reliktartig im Weserbergland (Abb. 215 bis 218).

Kopfbinsen-Gesellschaften sind kennzeichnend für quellige Verlandungsmoore an Seen und in sumpfigen Niederungen. Es sind in der Regel Gesellschaften basenreicher Niedermoore. In den Küstendünen der Nordseeinseln Borkum, Spiekeroog, Langeoog und Baltrum ist das mehrjährige Riedgras *Schoenus nigricans* ein wichtiger Vertreter der Hygroserie. Hier steht das Kopfried (*Junco baltici-Schoenetum nigricantis*) in feuchten, primären, jungen Dünentälern und nimmt eine Schlüsselstellung bei der Aussüßung und Bodenbildung solcher natürlichen abgeschnürten, ehemals salzreichen Dünentäler ein (Abb. 219, 220). Die vorwiegend atlantisch-mediterran verbreitete Sumpfherzblatt-Gesellschaft (*Parnassio-Juncetum atricapilli*) mit auffälligen Anteilen an *Juncus alpino-articulatus* ssp. *atricapillus* (= *J. anceps*) wächst noch in einigen Dünentälern der West- und der Ostfriesischen Inseln. Es ist eine niedrige, blumenreiche Gesellschaft (Abb. 221 bis 223). Sie gedeihen an Primärstandorten auf frischem bis feuchtem, stark humosem, grauem, kalk- und etwas salzhaltigem Sand von Dünentälern. Der wechselnde Wasserstand schwankt zwischen 30 und 50 cm Tiefe. Die schwach salzertragende Gesellschaft steht an der Basis der Hygroserie im Verlandungsbereich primärer Dünentäler und entwickelt sich bei zunehmender Aussüßung und Entkalkung zum *Junco baltici-Schoenetum nigricantis*. Das Mehlprimel-Kopfbinsenmoor (*Primulo-Schoenetum ferruginei*) ist die bezeichnende montane Kalkflach-

moor- bzw. Kalksumpfgesellschaft an Quellaustritten und im Verlandungsbereich kalkoligotropher Seen. Der Biotoptyp ist normalerweise ein mit zahlreichen alpigenen und nordisch-arktischen Geoelementen versehenes Flachmoor (Abb. 224 und 225).

– **Gefährdung:** Entwässerung, Nährstoffeintrag, land- und forstwirtschaftliche Nutzung.
– **Schutz:** ▪, ●; FFH 7140, 7240; CORINE 91: 54.5., teilweise prioritär nach Directive 92/43 EEC.
– **Verbreitung:** Von den Inseln bis in die Alpen sehr selten.
– **Beispiele:** Abb. 211 bis 225.

2.3 Röhrichte und Großseggenriede

Es sind hochwüchsige, von grasartigen Süßgräsern, Riedgräsern oder Rohrkolbengewächsen bzw. von Seggen beherrschte Bestände im Sublitoral der Gewässer. Als Bestandteile der natürlichen Vegetation kennzeichnen sie zum einen die Verlandungszonen verschiedener nährstoffhaltiger Gewässer oder treten als anthropogene Vegetationseinheiten auch in gestörten bzw. neu angelegten Naßbiotopen auf.

Obwohl die meisten Röhrichtarten hinsichtlich ihres Lebensraumes im oder am Gewässer ziemlich plastisch sind, bleiben sie unter dem Druck ihrer Konkurrenten und wegen ihrer unterschiedlichen Regenerationskraft innerhalb der Trophiestufen von Binnengewässern als charakteristische Bestände auf bestimmte standörtliche Bereiche beschränkt.

Die zumeist produktionskräftigen und relativ hochwüchsigen Verlandungsgesellschaften an Seen, Teichen und Fließgewässern und ihre einzelnen Vegetationseinheiten sind strukturell und zum Teil auch floristisch recht heterogen und deshalb nur schwer zu gliedern. Den Aspekt beherrschen normalerweise Süß- und Sauergräser, welche Polycormone – und dadurch häufig Fazies bilden. Die konstituierenden Arten sind durch ein wirkungsvolles Durchlüftungsgewebe (Aerenchym) an den normalerweise amphibischen Standort optimal angepaßt.

199

200

Abb. 199: Biotoptyp der Braunseggensümpfe mit dominierender *Carex nigra* (= *C. fusca*). Es sind torfbildende Kleinseggen-Gesellschaften im Bereich kalkarmer, aber nicht zu nährstoffarmer Niedermoore der gesamten eurosibirischen Region. In Deutschland vor allem in den Mittelgebirgen an Moorrändern und im Lagg von Hochmooren verbreitet. An oligotroph-sauren Standorten auf Sumpfhumusböden sind Braunseggensümpfe verbreitet; sie treten gehäuft in sauren Mittelgebirgslandschaften und in den Silikatalpen auf. Es sind vielfach sicker- bis staunasse Flach- und Quellmoore von der Ebene bis in die alpine Stufe der Hochgebirge (Val Fenga, 1994).

Abb. 200: Das Kopfwollgrasmoor (*Eriophoretum scheuchzeri*) ist eine artenarme, arktisch-alpin disjunkte Verlandungsgesellschaft an Tümpeln und offenen Wasserstellen der alpinen Stufe auf basenarmen Böden, im Sommer trockenfallend. Vorwiegend in den Zentralalpen verbreitet, dort typisch für hochalpine, bevorzugt sauer-oligotrophe Gletscherseen und Tümpel mit Einartbeständen der namengebenden Art.

Abb. 201: Die Moorlilie (*Narthecium ossifragum*) dominiert in minerotrophen Mooren (Schierhorner Moor bei Harburg, 1988). Hier ist ein Heidemoorvegetationskomplex mit rein ombrotrophen und minerotrophen Abschnitten abgebildet.

Abb. 202: Zahlreiche Minerotrophie-Zeiger wie *Narthecium* und vor allem *Phragmites* kennzeichnen die Laggbereiche von Hochmooren (Gildehauser Venn, 1990).

201

202

Abb. 203: Hundsstraußgras-Grauseggen-Sumpf (*Carici canescentis-Agrostietum caninae*). Häufig am Rande eutrophierter Heideweiher; vom kalkfreien Wasser durchsickerte Flachmoorgesellschaft auf Hoch- oder Zwischenmoortorf sowie Anmoorgley. *Carex canescens* und *Agrostis canina* wachsen meist über dichten *Sphagnum cuspidatum*-Teppichen und beherrschen so den Gesellschaftsaspekt (aus PoTT 1992).

203

Abb. 204: Seggensümpfe mit *Carex nigra* (= *Caricetum nigrae*) kennzeichnen vielgestaltige Niedermoorbiotope mit basenarmen, im allgemeinen stark sauren, torfigen Standorten (Wendland, 1987).

204

Abb. 205: Biotopkomplex von Niedermoorvegetation, Gebüschinseln und Bruchwald inmitten einer Fichtenforstlandschaft im Sauerland (1985).

205

206

207

208

209

210

Abb. 206: Orchideenreiches Niedermoor mit reichlich *Dactylorhiza maculata* (Geflecktes Knabenkraut), wie es noch in einigen Silikat-mittelgebirgen und im norddeutschen Flach-land zu finden ist (Schwarzwald, 1986). Hier sind zahlreiche seltene Arten zusätzlich kennzeichnend; einige davon sind nachfol-gend genannt:

Abb. 207: *Dactylorhiza sphagnicola* (Moor-orchidee).

Abb. 208: *Dactylorhiza maculata* (Geflecktes Knabenkraut).

Abb. 209: *Trichophorum cespitosum* ssp. *ce-spitosum* (= *T. austriacum*, Rasenbinse).

Abb. 210: *Swertia perennis* (Tarant).

Abb. 211: Kalkflachmoore des *Caricion da-vallianae* beinhalten oft niedrigwüchsige, teil-weise sehr farbenprächtige und artenreiche Gesellschaften kalkreicher, aber nährstoffar-mer Niedermoore von der planaren bis zur unteren alpinen Stufe. Im Alpengebiet, im Al-penvorland und im Jungmoränengebiet häu-figer, sonst sehr selten.

Abb. 212: Die arktisch-alpin disjunkte *Bartsia alpina* (Alpenhelm) ist ein typisches Element der subalpinen Quellmoore und der Flach-moore.

Abb. 213: Die arktisch-alpin disjunkte Schuppensegge (*Kobresia simpliciuscula*) kennzeichnet zumeist basenreiche alpine Quellmoore und Flachmoore.

Abb. 214: Die nordische Alpenkopfgras-Ge-sellschaft (*Amblystegio intermedii-Scirpetum austriaci*) ist am Südrand ihrer europäischen Verbreitung auf mittelgründigen Torfböden mit starker Bodenerhöhung, aber ausreichen-der Versorgung mit mineralhaltigem Wasser ausgebildet. Sie vertritt das *Caricetum daval-lianae* in der oberen subalpinen und unteren alpinen Stufe. Auf den flachgründigen was-serzügigen oder überrieselten Torfsubstraten kommt es oft zur Kaskadenbildung mit eigen-tümlicher Treppenstruktur. Von *Trichophorum cespitosum* ssp. *alpinum* beherrschte Nie-dermoor-Gesellschaft.

Abb. 215: Der Davallseggen-Sumpf (= *Cari-cetum davallianae*) bildet sich auf durchrie-selten, sauerstoffreichen Böden, meist in Hanglagen. Er ist häufig tuffaufbauend. Das Entfaltungszentrum der soligenen Assoziation liegt in den Hochgebirgen; sie geht auch in die Mittelgebirge vom Alpenvorland bis in die Schwäbische und die Fränkische Alb. Die nördlichsten Vorkommen gibt es schwer-punktmäßig in der Kalkeifel, und sie finden sich noch reliktartig im Weserbergland (hier männliche Exemplare von *Carex davalliana*).

Abb. 216: *Dactylorhiza majalis* agg. und weibliche Exemplare von *Carex davalliana* im Fimbertal (1991).

Abb. 217: *Primula farinosa* (Mehlprimel).

Abb. 218: *Primula farinosa* und *Dactylorhiza majalis* im Bestandesaspekt eines Niedermoores (Foto G. GRABHERR).

211

212

213

214

215

216

217

218

Abb. 219: In den Küstendünen der Nordsee-inseln Borkum, Spiekeroog, Langeoog und Baltrum ist das mehrjährige Riedgras *Schoe-nus nigricans* ein wichtiger Vertreter der Hy-groserie. Hier steht das Kopfried in feuchten, primären, jungen Dünentälern und nimmt eine Schlüsselstellung bei der Aussüßung und Bo-denbildung solcher natürlichen abgeschnür-ten, ehemals salzreichen Dünentäler ein (*Junco baltici-Schoenetum nigricantis*). Sol-che röhricht-ähnlichen Formationen in Dü-nentälern sind heute durch Trockenlegungen oder Änderungen des Grundwasserregimes akut gefährdet. Es sind u. a. die bedrohtesten Biotoptypen der Nordseeinseln.

219

220

221

222

223

224

225

◁ Abb. 220: Sprosse von *Schoenus nigricans* wachsen im Laufe ihres 8- bis 16monatigen Lebens stets von der Basis nach und beginnen an der Sproßspitze abzusterben; solche Kopfriedbestände fallen ganzjährig durch ihre schmutzig-braunschwarz-graue Farbe auf.

◁ Abb. 221: Die vorwiegend atlantisch-mediterran verbreitete Sumpfherzblatt-Gesellschaft (*Parnassio-Juncetum atricapilli*) mit auffälligen Anteilen an *Juncus alpino-articulatus* ssp. *atricapillus* (= *J. anceps*) wächst noch in einigen Dünentälern der West- und der Ostfriesischen Inseln. Es ist eine niedrige, blumenreiche Gesellschaft, in der Herzblatt (*Parnassia palustris*) und Strandgüldenkraut (*Centaurium littorale*) besonders auffallen (aus Pott 1992).

◁ Abb. 222: Die Orchidee *Liparis loeselii* ist als äußerst seltenes Element noch in den Dünentälern mit der Sumpfherzblatt-Gesellschaft anzutreffen (Borkum, 1992).

◁ Abb. 223: *Juncus anceps* (Zweischneidige Binse).

◁ Abb. 224: Das Mehlprimel-Kopfbinsenmoor (*Primulo-Schoenetum ferruginei*) ist die bezeichnende montane Kalkflachmoor- bzw. Kalksumpf-Gesellschaft an Quellaustritten und im Verlandungsbereich kalkoligotropher Seen. Vor allem im Alpenvorland und in den Alpen verbreitet (Eriskirchener Ried, Foto W. Winterhoff).

◁ Abb. 225: *Schoenus ferrugineus* (Rostrotes Kopfried).

226

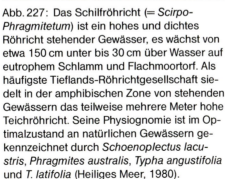

227

228

Abb. 226: Verlandungskomplex eines eutrophen Gewässers mit Schwimmblattzone, Röhrichtzone und Bruchwaldzone (Elbealtarm bei Magdeburg, 1991). Eine große Struktur- und Biotopvielfalt kennzeichnet diesen Gewässertyp!

Abb. 227: Das Schilfröhricht (= *Scirpo-Phragmitetum*) ist ein hohes und dichtes Röhricht stehender Gewässer, es wächst von etwa 150 cm unter bis 30 cm über Wasser auf eutrophem Schlamm und Flachmoortorf. Als häufigste Tieflands-Röhrichtgesellschaft siedelt in der amphibischen Zone von stehenden Gewässern das teilweise mehrere Meter hohe Teichröhricht. Seine Physiognomie ist im Optimalzustand an natürlichen Gewässern gekennzeichnet durch *Schoenoplectus lacustris*, *Phragmites australis*, *Typha angustifolia* und *T. latifolia* (Heiliges Meer, 1980).

Abb. 228: Die einzelnen Gesellschaftskomponenten des Schilfröhrichtes können aber auch je nach Wassertiefe, Substratbedingungen, Konkurrenzkraft oder Bestandesalter faziesbildend sogenannte Einartgesellschaften der genannten Individuen vortäuschen. Für syndynamische Vorgänge besitzen diese Gesellschaftsausbildungen (hier *Schoenoplectus*-Fazies mit *Typha latifolia*) allerdings bestimmte Zeigereigenschaften. Die Röhrichte der Uferzonen unsere Still- und Fließgewässer sind grundsätzlich schützenswerte Vegetationsstrukturen; einige wichtige Typen sind deshalb nachfolgend in ihren jeweiligen Lebensräumen dargestellt:

Das während einer Vegetationsperiode anfallende organische Material wird vielfach nur unvollständig zersetzt, so daß die entsprechenden Röhrichte semiterrestrische organogene Naßböden bilden und beträchtlich zur Verlandung von Stillgewässern beitragen können (Abb. 226).

2.3.1 Süßwasserröhrichte

Alle Röhrichte, in denen das Schilfrohr (*Phragmites australis*) eine mehr oder weniger große Rolle spielt, werden soziologisch innerhalb der *Phragmitetea*, der Ordnung *Phragmitetalia* und dem *Phragmition*-Verband zugeordnet. Dazu gehören einige gut abgrenzbare Assoziationen, die aus dem tieferen Wasser in trockenfallende Bereiche vorzudringen vermögen. Es sind meist artenarme Röhrichte mit Dominanz von *Phragmites australis*. Einige Röhrichttypen und ihre Biotope sind ausgewählt:

Das Schilfröhricht im engeren Sinne (*Scirpo-Phragmitetum*) bildet ein hohes und dichtes Röhricht stehender Gewässer; es wächst von etwa 150 cm unter bis 30 cm über Wasser auf eutrophem Schlamm und Flachmoortorf. Als häufigste Tieflands-Röhrichtgesellschaft siedelt in der amphibischen Zone von stehenden Gewässern das teilweise mehrere Meter hohe Teichröhricht. Seine Physiognomie ist im Optimalzustand gekennzeichnet durch Seebinse, Schilfrohr und Schmalblättrigen Rohrkolben (*Schoenoplectus lacustris*, *Phragmites australis*, *Typha angustifolia* und *T. latifolia*, Abb. 227, 228). Die *Typha*-Arten sind hemerophil und breiten sich mit ihren Schwimmfrüchten leicht in geschädigten und gestörten *Phragmites*-Beständen aus. Dabei ist der Breitblättige Rohrkolben (*Typha latifolia*) als Pionier und im Flachwasser dem Schmalblättrigen Rohrkolben (*Typha angustifolia*) überlegen; letzterer vermag dagegen in tiefere Gewässer vorzudringen. Daneben treten zahlreiche Sumpfpflanzen wie Aufrechter Igelkolben (*Sparganium erectum*), Zungenhahnenfuß (*Ranunculus lingua*), Teichschachtelhalm (*Equisetum fluviatile*) sowie Schwertlilie (*Iris pseudacorus*) miteinander in relativ hoher Stetigkeit auf. Die einzelnen Gesellschaftskomponenten können aber auch je noch Wassertiefe, Substratbedingungen, Konkurrenzkraft oder Bestan-

desalter faziesbildend sogenannte Einartgesellschaften der genannten Individuen vortäuschen (vgl. Literatur bei POTT 1980). Für syndynamische Vorgänge besitzen diese Gesellschaftsausbildungen (*Phragmites*-Fazies, *Schoenoplectus*-Fazies, *Iris*-Fazies etc.) allerdings bestimmte Zeigereigenschaften.

Das Wasserschwadenröhricht (*Glycerietum maximae*) ersetzt das Schilfröhricht (*Scirpo-Phragmitetum*) auf sehr nährstoffreichem Schlamm (Sapropel) in der Uferzone stehender, eutropher bis hypertropher Gewässer. Es bildet artenarme, dichte Reinbestände des gelbgrünen Großen Wasserschwadens (*Glyceria maxima*), diese markieren die flachen Ufer vieler Stillgewässer mit stark wechselndem Wasserstand (Abb. 233, 234). Von den weiteren Röhrichtelementen sind beispielhaft noch Tannenwedel (*Hippuris vulgaris*, Abb. 229), Gewöhnliche Sumpfbinse (*Eleocharis palustris*, Abb. 230), Aufrechter Igelkolben (*Sparganium erectum*, Abb. 231) sowie der neophytische Kalmus (*Acorus calamus*, Abb. 232) genannt; alle diese Arten bauen eigenständige Röhrichtformationen auf und kennzeichnen jeweils typische Biotoptypen.

Fließgewässerröhrichte beispielsweise, wie sie die Abb. 235 zeigt, sind nur noch kleinflächig an unbegradigten Flüssen als natürliche Biotopstrukturen anzutreffen, sie sind oft nur noch fragmentarisch entwickelt und es herrschen jeweils Dominanzbestände dieser flutenden oder amphibischen meist monokotylen Arten vor (s. Abb. 236 bis 238). Dabei existiert eine große Formenfülle:

Das Röhricht des Aufrechten Igelkolbens (*Sparganietum erecti*) kann beispielsweise wie das *Glycerietum maximae* als Ersatzgesellschaft des *Scirpo-Phragmitetum* angesehen werden. Es dehnt sich als hemerophile Gesellschaft in Flachgewässern über schlammigem Grund stark aus und ist vom Flachland bis in submontane Lagen verbreitet (Abb. 239, 240). Der Wasserfenchel-Kressesumpf (*Oenantho-Rorippetum amphibiae*) ist eine schattenertragende, vielfach in der Umgebung von Gehölzen entwickelte Kleinröhricht-Gesellschaft (Abb. 241). Sie ist selten großflächig verbreitet und bildet überall in Deutschland meist nur schmale, den Gehölzen oder den hohen Röhrichten wasserwärts

vorgelagerte Säume aus. Es ist eine Tieflandsgesellschaft, die in Berglandsregionen fast völlig fehlt und in Süd- und Mitteldeutschland auf Flußgebiete beschränkt ist. Im Überflutungsbereich größerer oder kleinerer Flüsse stockt das Rohrglanzgras-Röhricht (*Phalaridetum arundinaceae*) als typisches Fließgewässerröhricht (s. Abb. 242). Solche Rohrglanzgrasröhrichte besiedeln vorzugsweise schlickreiche, humose Überschwemmungsstandorte mit ausgeprägtem Wechsel von Vernässung und Bodendurchlüftung. In den Ästuaren der norddeutschen Flüsse gelegentlich auch als Element der Tideröhrichte verbreitet; in den Stromtälern grundsätzlich reich an Sumpf-Wolfsmilch (*Euphorbia palustris*, s. Abb. 243).

- **Gefährdung:** Eutrophierung, Entwässerung, Trockenlegung, Nutzung, Freizeit- und Angelsport mit mechanischen Störungen.
- **Schutz:** □, ●; FFH 3220, CORINE 91:-.
- **Verbreitung:** Vor allem im Flachland (wegen des dortigen natürlichen Gewässerreichtums).
- **Beispiele:** Abb. 226 bis 243.

2.3.2 Brackwasserröhrichte

Die Brackwasser- und Tideröhrichte vom Typ des Strandsimsenröhrichts (*Schoenoplecti triquetri-Bolboschoenetum maritimi*) bilden floristisch und standörtlich eigene Lebensräume. In den tidebeeinflußten Ästuaren von Elbe, Weser und Ems weicht die zonale Abfolge dieser Röhrichte zum offenen Wasser hin von der üblichen Zonierung an stehendem Gewässern deutlich ab (s. Abb. 244, 245). Die Strandsimsen- und schilfreichen Brackwasserröhrichte im Gezeitenbereich der großen Ströme (Ems, Weser und Elbe) sowie die großflächigen Röhrichte auf brackwassergeprägten Standorten entlang der Ostseeufer sind heute in ihren Primärbiotopen sehr selten und bedroht! Weitere seltene Röhrichtgesellschaften s. bei POTT (1992, 1995a, 1995b). An Salzstellen des Binnenlandes gibt es ebenfalls Brackwasserröhrichte, die dort an Primärstandorten ebenfalls schützenswert sind. Bestände an salzbeeinflußten, hypertrophen Sekundärbiotopen gehören nicht dazu.

2.3.3 Großseggenriede

Nur flach überschwemmte oder trockenfallende Standorte im Bereich der Stillgewässer werden von Seggenriedern eingenommen. Diese sind innerhalb der *Phragmitetea* dem *(Magno-)Caricion elatae*-Verband zugeordnet.

Infolge einer anthropogenen Vernichtung von Gehölzgesellschaften dehnen sich die natürlicherweise nur kleinräumig angeordneten Großseggenröhrichte flächenmäßig stark aus. Je nach Wassertiefe und Wasserbeschaffenheit besitzen auch sie unterschiedliche Artenspektren. Von den Seggenarten kommen immer nur wenige zur Dominanz, die dann als Charakterarten gesetzmäßig ausgeprägter Gesellschaften gelten. Die Großseggenriede sind wie die Stillwasserröhrichte an Verlandungsserien eutropher oder mesotropher Gewässer gebunden (s. Abb. 246). Sie nehmen die insgesamt trockeneren Standorte über semiterrestrischen Naßböden landeinwärts ein. Die beherrschenden Seggenarten zeigen geringe unterschiedliche Amplituden, bezogen auf den Wasser- und Nährstoffhaushalt der Standorte.

Die Großseggengesellschaften, die an primären Standorten meist nur einzelne Horste oder kleine Herden ausbilden, können im potentiellen Wuchsbereich von Auengehölzen großflächige Bestände entwickeln. Sie werden bei zunehmender Entwässerung von *Molinio-Arrhenatheretea*-Arten durchsetzt und bleiben nur in schlecht drainierten, tiefgelegenen Senken von Talauen langfristig erhalten. Solche Großseggenriede an Sekundärstandorten leiten zum Bereich des Wirtschaftsgrünlandes über. Großseggenriede sind überwiegend im nährstoffärmeren Flügel der Gewässerlandschaften zu finden. Die meisten Bestände beschränken sich zwar auf

eutrophe bis schwach eutrophe Bereiche, haben jedoch dys- und mesotraphente Ausbildungsformen. Von den Großseggen, die die jeweiligen Assoziationen aufbauen, finden sich noch als verbreitete Elemente:

Das Steifseggenried (*Caricetum elatae*) bildet mit seinen Bulten mächtige, oft mannshohe, bultförmige Verlandungsgesellschaften auf torfigen Substraten (Abb. 246, 247). Meist im neutralen bis schwach sauren Bereich, seltener auf Mineralböden mit oft guter Ammoniumversorgung, sowie auf kalkhaltigen Schlammböden vorkommend. Das Schlankseggenried (*Caricetum gracilis*) ist eine Verlandungsgesellschaft flacher, eutropher Gewässer; auch flächenhaft entwickelt in Auen, meist in planaren und collinen bis montanen Regionen (Abb. 248). Das Uferseggenried (*Caricetum ripariae*) zeigt primäre Vorkommen auf Sapropel im Litoral eutropher Gewässer; sekundär flächig in verlandeten Altgewässern oder in ausgeräumten Talauen (Abb. 249) mit hohen Überflutungswasserständen.

Das Schnabelseggenried (*Caricetum rostratae*) kennzeichnet den nährstoffärmsten Flügel der Großseggenriede und vermittelt mit moosreichen Varianten zu *Scheuchzerio-Caricetea nigrae*-Gesellschaften. Als recht verbreitete Verlandungsgesellschaft ersetzt das *Caricetum rostratae* die *Phragmition*-Gesellschaften im nährstoffarmen, kalkarm-oligotrophen und dystrophen Milieu, kann aber auch in meso- und eutrophe Bereiche vorstoßen. Dort wird *Carex rostrata* jedoch relativ schnell von eutraphenten Arten verdrängt (vgl. Abb. 250). Ähnliches gilt für das sehr seltene Schneidenröhricht mit *Cladium mariscus* (*Cladietum marisci*, s. Abb. 101, 102).

Das Blasenseggenried (*Caricetum vesicariae*) gedeiht auf schlammigen Böden meso- bis eutropher Gewässer oder im schwach fließenden Wasser mit starken Wasserstandsschwankungen über schwach sauren, vergleichsweise stickstoff- und phosphatarmen Substraten mit geringer Basensättigung. Auffällige Gesellschaft mit locker stehender, horstender, hellgrün gefärbter Blasensegge (Abb. 251). Von der Ebene bis in das Gebirge aufsteigend. Günstige Entwicklung besonders bei langer limoser Phase, dann ist *Carex vesicaria* ihrer Hauptkonkurrentin *Carex gra-*

cilis überlegen. Von der Ebene bis in montane Lagen hinein verbreitete Gesellschaft.

Das Rispenseggenried (*Caricetum paniculatae*) wächst an meso- bis eutrophen Gewässern mit meterhohen Bulten; es baut Schwingdecken auf. Auch auf wasserzügigen Standorten im Kontakt von Niedermoorgesellschaften zu Bruchwäldern. In mesotrophen Niedermooren oft mit Strauß-Gelbweiderich (*Lysimachia thyrsiflora*, s. Abb. 252, 253). Letztere baut auch zusammen mit Wassersegge (*Carex aquatilis*) eigene Bestände über Dygyttja von flach überstauten Niedermooren in Norddeutschland auf (*Lysimachio thyrsiflorae-Caricetum aquatilis*).

Das Wasserschierlingsried (*Cicuto-Caricetum pseudocyperi*) endlich ist eine Tieflandsgesellschaft. Es besiedelt meso- bis eutrophe und geschützte Gewässer, die sich im Sommer stärker erwärmen und nur geringe Wasserstandsschwankungen aufweisen. In mesotrophen Gewässern auf Zwischenmoortorf kann es häufig unbegehbare Schwingrasen bilden (Abb. 254, 255). Auf lockeren, nassen und instabilen Mudden mit hohen Akkumulationsraten an den norddeutschen Gewässern. Auch sekundär in Torfstichen wachsend. In Mittel- und Ostdeutschland ausklingend.

Das *Calletum palustris* wird von der herzblättrigen Sumpfkalla beherrscht. Es bildet artenarme und dichte Schwingrasen über Dygyttja an geschützten Ufern mesotropher bis eutropher Gewässer oder siedelt inselartig in Tümpeln großer initialer Erlenwaldkomplexe mit sehr hoch anstehendem Grundwasser (Abb. 256).

Die Sumpfreitgras-Gesellschaft (*Peucedano-Calamagrostietum canescentis*) ist eine dichte, artenreiche, wiesenartige Gesellschaft (Abb. 257). Es ist eine natürliche Litoralgesellschaft mesotropher Gewässer. Auch auf kurzfristig überschwemmten Böden im ungestörten Randbereich von Niedermooren. Hemerophiles Ried auf basenarmen Standorten; oft durch Entwässerung von Röhrichten entstanden, oder auch am Rande und in Auflichtungen von Grauweidengebüschen und Erlenwäldern.

Die Schwanenblume (*Butomus umbellatus*) baut eigene Röhrichte auf; sie vermag aber auch zusammen mit Großseggen in entsprechenden Riedern eigenwillige, sehr seltene Röhrichte zu konstituieren (s. Abb. 258).

Abb. 229: Das Wasserschwadenröhricht (*Glycerietum maximae*) ersetzt das *Scirpo-Phragmitetum* auf sehr nährstoffreichem Schlamm (Sapropel) in der Uferzone stehender, eutropher bis hypertropher Gewässer. Artenarme, dichte Reinbestände des gelbgrünen Großen Wasserschwadens (*Glyceria maxima*) markieren die flachen Ufer vieler Stillgewässer mit stark wechselndem Wasserstand (Oderaue, 1992).

Abb. 230: Die fast meterhohe *Glyceria maxima* vermag sich wegen ihrer enormen Konkurrenzkraft sehr schnell auszubreiten; sie ist in der Lage, im Frühling zeitig hervorzutreiben und dadurch die Sprosse vieler später keimender oder austreiben und dadurch die Sprosse vieler später keimender oder austreibender Arten zu beschatten, die danach letztlich zurückgehen.

Abb. 231: Der Tannenwedel (*Hippuris vulgaris*) bildet amphibische, konkurrenzschwache Gesellschaften meso- bis eutropher Uferbereiche; auch an brackigen Standorten.

Abb. 232: Die Sumpfbinse (*Eleochearis palustris*) bildet mit ihren oberflächennahen Rhizomen besonders in grundwassernahen und lange überfluteten Senken lockere Röhrichte, die als Initialgesellschaften von *Phragmition*- bzw. *Magnocaricion*-Assoziationen angesehen werden können oder auch als Pionierbestände an neu angelegten Baggerseen zu finden sind.

Abb. 233: *Sparganium erectum* (Aufrechter Igelkolben) dehnt sich derzeit in Flachgewässern stark aus. Von der Ebene bis in die Montanstufe verbreitet.

◁ Abb. 234: *Acorus calamus* (Kalmus) bildet das Kalmusröhricht. Neophytisches, seit dem 16. Jahrhundert eingebürgertes Röhricht auf schlammig-schluffigen Uferstreifen. Der Kalmus bildet schmale, sich vegetativ ausbreitende, nur wenige Meter breite Säume, die der Uferlinie im tieferen Wasser folgen und hochwüchsigen Röhricht-Gesellschaften wasserseitig vorgelagert sein können.

Abb. 235: Pfeilkrautröhricht (*Sagittario-Sparganietum emersi*). Artenarmes Röhricht im langsam fließenden oder stehenden Wasser von Bächen und Flüssen. Subozeanisch und im Tiefland verbreitet. In Mittelgebirgslandschaften auf Flußtäler beschränkt (Ems bei Rheine, 1975). Dieser naturnahe Flußabschnitt der Ems zeigt auf engstem Raum eine große Strukturvielfalt mit Uferröhrichten (*Phalaridetum arundinaceae*), diesseitigen Pfeilkrautröhrichten im Wasser auf einem Gleithangabschnitt und Lemnaceen-Decken im ruhigen Uferbereich am Gleithang. Der Prallhang am jenseitgen Ufer ist mit Weichholz-Auengebüschen und Weidenwälder bestockt. Ein typisches Bild für intakte Pleistozänlandschaftsflüsse.

235

Abb. 236: Der Aufrechte Igelkolben (*Sparganium erectum*) ist ein wesentliches Element der Pfeilkraut-Gesellschaft (*Sagittario-Sparganietum emersi*). Diese ist typisch für zahlreiche Biotoptypenkomplexe von Fließgewässern.

236

Abb. 237: Jungpflanzen vom Gewöhnlichen Pfeilkraut (*Sagittaria sagittifolia*) mit ihrer typischen Heterophyllie (man beachte die linealischen Unterwasserblätter und die eiförmigen Schwimmblätter). Die Keimung erfolgt oft in der limosen Ökophase der Gewässer.

237

Abb. 238: Ausgewachsenes Exemplar von *Sagittaria sagittifolia* mit den typischen Pfeilblättern. Gewässerbiotope mit stark wechselnden Wasserständen sind geeignete Lebensräume für diese Art, die als Musterbeispiel für die Lebensform eines Amphiphyten gelten kann.

238

239

Abb. 239: Das Röhricht des Übersehenen Igelkolbens (*Glycerio-Sparganietum neglecti*) ist häufig an Fließgewässern verbreitet.

Abb. 240: Der Aufrechte Igelkolben (*Sparganium erectum*) und der Sumpffarn (*Thelypteris palustris*) bilden gelegentlich schattenertragende Röhrichte aus. Seltener Biotoptyp!

Abb. 241: Der Wasserfenchel-Kressesumpf (*Oenantho-Rorippetum amphibiae*) ist ein schattenertragendes, vielfach in der Umgebung von Gehölzen entwickeltes Kleinröhricht. Es ist selten großflächig verbreitet und bildet überall in Deutschland meist nur schmale, den Gehölzen oder den hohen Röhrichten wasserwärts vorgelagerte Säume aus. Tieflandsgesellschaft, die in Berglandsregionen fast völlig fehlt.

241

242

243

244

◁ Abb. 242: Unmittelbar über der mittleren Hochwasserlinie finden sich an fast allen Fließgewässern hohe und dichte Herden von Rohrglanzgras (*Phalaris arundinacea = Typhoides arundinacea*). Im artenarmen Röhricht dominiert die strömungs- und überflutungsresistente *Phalaris arundinacea*, die aufgrund ihrer biologischen Konstitution gerade diesen hydrologisch stark beanspruchenden Verhältnissen gut angepaßt ist und das homogene Bild eines Reinbestandes liefert (Emsaue b. Papenburg, 1994).

◁ Abb. 243: *Euphorbia palustris* (Sumpf-Wolfsmilch) ist eine Stromtalpflanze, die den Röhrichten der großen Flüsse (besonders Rhein, Weser, Elbe, Saale und Oder) beigemischt ist (Elbtal b. Hamburg, 1988).

Abb. 244: Brackwasserröhricht mit Schilf (*Phragmites australis*) und Seebinsen (*Bolboschoenus maritimus, Schoenoplectus tabernaemontani*) auf Terschelling (1990).

Abb. 245: Die Brackwasser- und Tideröhrichte vom Typ des *Schoenoplecti triquetri-Bolboschoenetum maritimi* bilden floristisch und standörtlich eigene Lebensräume. In den tidebeeinflußten Ästuarien von Elbe, Weser und Ems weicht die zonale Abfolge dieser Röhrichte zum offenen Wasser hin von der üblichen Zonierung an stehenden Gewässern deutlich ab.

245

246

247

Abb. 246: Das Steifseggenried (*Caricetum elatae*) bildet mit seinen Bulten mächtige, oft mannshohe, bultförmige Verlandungsgesellschaften auf torfigen Substraten. Meist im neutralen bis schwach sauren Bereich, seltener auf Mineralböden, auch auf kalkhaltigen Schlammböden.

Abb. 247: Zur optimalen Erhaltung der *Carex elata*-Gesellschaft ist ein permanent hoher Wasserstand im Laufe eines Jahres vonnöten. Rasenartig wachsende Bestände von *Carex elata*, *C. elata* fo. *dissoluta*, sind wahrscheinlich Entwicklungsstadien des *C. elatae* auf kalkoligotrophen, kaum überschwemmten Standorten, wo *Carex elata* keine über die Oberfläche hinausragenden Horste bildet, sondern nur ein schräges Wachstum der Blattbüschel aufweist. Bei regelmäßiger Mahd verliert *Carex elata* aber auch seinen bultförmigen Habitus.

248

Abb. 248 *Carex gracilis* hat eine breite ökologische Amplitude und siedelt in meso- bis eutrophen Gewässern auf Niedermoortorfen, Anmoor-, Moor- und Naßgleyen. Unter anaeroben Bodenbedingungen ist die Art ausgesprochen konkurrenzkräftig und kann sich auch nach Entwässerung der Standorte noch lange halten. Das *Caricetum gracilis* wächst im Komplex mit Weiden-Faulbaum-Gebüschen (*Frangulo-Salicetum*) und Birken-Bruchwäldern.

249

Abb. 249: Uferseggenried (*Caricetum ripariae*). Primäre Vorkommen wachsen auf Sapropel im Litoral eutropher Gewässer, sekundär kommt das Röhricht flächig in verlandeten Altgewässern oder in ausgeräumten Talauen mit hohen Überflutungswasserständen vor (Oderaue, 1991).

Abb. 250: Das Schnabelseggenried (*Caricetum rostratae*) kennzeichnet den nährstoffärmsten Flügel der Großseggenriede und vermittelt mit moosreichen Varianten zu *Scheuchzerio-Caricetea nigrae*-Gesellschaften. Als recht verbreitete Verlandungsgesellschaft ersetzt das *Caricetum rostratae* die *Phragmition*-Gesellschaften im nährstoffarmen, kalkarm-oligotrophen und dystrophen Milieu, kann aber auch in meso- und eutrophe Bereiche vorstoßen. Hier im Verlandungskomplex mit *Hydrocharis morsus-ranae*-dominierten Schwimmblattbeständen.

Abb. 251: *Carex vesicaria* (Blasensegge) bildet ein auffälliges Ried mit locker stehenden Horsten der hellgrün gefärbten Segge.

Abb. 252: *Carex paniculata* (Rispensegge) als Element des *Caricetum paniculatae*, Rispenseggenried. An meso- bis eutrophen Gewässern mit meterhohen Bulten Schwingdecken aufbauend. Auch auf wasserzügigen Standorten im Kontakt von Niedermoorgesellschaften zu Bruchwäldern. Dieses Ried kommt natürlicherweise in Quellgräben sowie inselartig in quelligen Schilfröhrichten vor, es kann Schwingrasen aufbauen und flächenhaft anstelle gelichteter Bruchwälder wachsen. Als Ersatzgesellschaft des *Carici elongatae-Alnetum* kann sich das *Caricetum paniculatae* jedoch auch auf Feuchtwiesen und in wasserzügigen Senken flächenhaft ausbreiten.

Abb. 253: *Lysimachia thyrsiflora* (Strauß-Gilbweiderich) ist ein sehr seltenes, atlantisches Geoelement in mesotrophen Seggengesellschaften.

Abb. 254: Das Wasserschierlingsried (*Cicuto-Caricetum pseudocyperi*) ist eine Tieflandsgesellschaft. Es besiedelt meso- bis eutrophe und geschützte Gewässer, die sich im Sommer stärker erwärmen und nur geringe Wasserstandsschwankungen aufweisen. In mesotrophen Gewässern auf Zwischenmoortorf, häufig unbegehbare Schwingrasen bildend, seltener werdend. *Carex pseudocyperus* ist Kennart der Gesellschaft

Abb. 255: Auf lockeren, nassen und instabilen Mudden mit hohen Akkumulationsraten hat *Cicuta virosa* ihr Optimum an norddeutschen Gewässern. Auch sekundär in Torfstichen.

256

257

Abb. 256: Von der herzblättrigen Sumpfkalla (*Calla palustris*) beherrschte, artenarme und dichte Schwingrasen wachsen über Dygyttja an geschützten Ufern mesotropher bis eutropher Gewässer oder inselartig in Tümpeln großer initialer Erlenwaldkomplexe mit sehr hoch anstehendem Grundwasser.

Abb. 257: Das Sumpfreitgrasried (*Peucedano-Calamagrostietum canescentis*) ist eine dichte, artenreiche, wiesenartige Gesellschaft. Es ist eine natürliche Litoralgesellschaft mesotropher Gewässer. Auch auf kurzfristig überschwemmten Böden im ungestörten Randbereich von Niedermooren.

Abb. 258: Das Schwanenblumenröhricht (*Butometum umbellati*) ist ein niedrigwüchsiges, relativ konkurrenzschwaches und oft nur kleinflächig entwickeltes Röhricht an schwach eutrophen Gewässern. Oft auf basenhaltigen Sedimenten. Charakteristisch für Bereiche mit stark schwankenden Wasserständen. Gehäuft in sommerwarmen Gebieten.

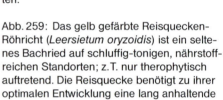

Abb. 259: Das gelb gefärbte Reisquecken-Röhricht (*Leersietum oryzoidis*) ist ein seltenes Bachried auf schluffig-tonigen, nährstoffreichen Standorten; z. T. nur therophytisch auftretend. Die Reisquecke benötigt zu ihrer optimalen Entwicklung eine lang anhaltende Überschwemmungsphase.

Abb. 260: Das Rasenseggenried (*Caricetum cespitosae*) ist eine niedrigwüchsige, bultige Seggengesellschaft sickerfeuchter Anmoore. Es ist eine nordisch-kontinentale Assoziation; in Deutschland bisher nur im nördlichen Brandenburg, in Schleswig-Holstein und in Mecklenburg sowie in submontanen und montanen Regionen der Schwäbischen Alb und der Oberpfalz (Schwäbische Alb, 1994).

258

259

260

261

Das gleiche gilt für die seltene, gelb gefärbte Reisquecke (*Leersia oryzoides*), deren genaue soziologische Indikation zwischen niedrigwüchsigen Röhrichten und Großseggenriedern zu schwanken scheint (s. Abb. 259). Ähnlich indifferent verhält sich die Rasensegge (*Carex cespitosa*).

Das Rasenseggenried (*Caricetum cespitosae*) ist eine niedrigwüchsige, bultige Seggengesellschaft sickerfeuchter Anmoore (Abb. 260, 261). Es handelt sich dabei um eine nordisch-kontinentale Pflanzengesellschaft; in Deutschland bisher nur im nördlichen Brandenburg, in Schleswig-Holstein und in Mecklenburg sowie in submontanen und montanen Regionen der Schwäbischen Alb und der Oberpfalz. Tendiert zum *Calthion* bzw. zum *Filipendulion*. In Sozialbrachen heute oft in Ausbreitung begriffene Gesellschaft.

> – **Gefährdung:** Entwässerung, Nährstoffeintrag, Nutzungsaufgabe (Verbuschung).
> – **Schutz:** □, ●; FFH 7210-, CORINE 91:-.
> – **Verbreitung:** Vor allem im Flachland (wegen des dortigen natürlichen Gewässerreichtums).
> – **Beispiele:** Abb. 246 bis 261.

Diese gehölzfreien Biotope der Seggen-, Binsen- und Stauden-Sümpfe waren in der Naturlandschaft nur kleinflächig verbreitet; die heutigen Vorkommen sind oft sekundären Ursprungs.

2.4 Höhlengewässer, Quellen und Fließgewässer

Höhlengewässer sind unterirdische, grundwassergespeiste Biotoptypen. Das unter der Erdoberfläche befindliche kalkreiche oder kalkarme unterirdische Wasser ist oft als **Höhlensee** zugänglich (s. Abb. 262), während **Höhlenflüsse** meist unterirdisch strömende Oberflächengewässer sind (s. Abb. 263). Terrestrische und aquatische Höhlenbewohner, die als obligatorische cavernicole Arten (= troglobionte Arten) auf das Höhlenleben angewiesen sind, finden sich heute nur noch ganz selten in den Höhlensystemen. Bis auf wenige Ausnahmen (z.B. Dachsteinmassiv) scheint nahezu die gesamte postglaziale Höhlenfauna in den damals vergletscherten Gebieten und in den Gebieten mit Permafrostböden während der Glazialperioden ausgestorben zu sein. Dabei war offenbar nicht nur die Temperaturabsenkung, sondern insbesondere auch die Vereisung der Lückensysteme im oberflächennahen Gestein wirksam. Nach der letzten Vereisungsphase konnten allerdings einige aquatische Troglobionte aus den Refugialgebieten südlich der Permafrostgrenze offenbar über die damaligen Grundwassersysteme der großen Fließgewässer wieder zurückkehren (z.B. *Proasellus aquaticus*, *Prostoma*-Arten, *Krumbachia subterranea* u.a., siehe z.B. PUST 1990). Viele dieser äußerst stenöken Organismen sind auf luft- und wasserdurch-

lässige, nichtverkarstungsfähige Gesteinshöhlen beschränkt.

Die Luftzufuhr (Bewetterung) der Höhlen ist für die Tierwelt ebenfalls sehr wichtig: es gibt **statisch bewetterte Höhlen** mit nur einem Luftzugang und **dynamisch bewetterte Höhlen** mit mehreren Luftzugängen. Dabei sind Silikatgesteinshöhlen stärker isoliert und mit meist nur einer Tagöffnung auch statisch bewettert. Ihre troglobionte Fauna ist meist reicher als die der mit oft mehreren Tagöffnungen versehenen, dynamisch bewetterten Kalkhöhlen. Viele der troglobionten Arten sind zudem endemisch geworden. Der Schutz der Höhlen ist heute also außerordentlich wichtig!

Eine der vordringlichsten Aufgaben künftigen Natur- und Umweltschutzes muß es ebenfalls sein, die letzten naturnahen **Fließgewässer** oder Fließwasserabschnitte um jeden Preis zu erhalten und ausgebaute oder begradigte Fließgewässerabschnitte zu renaturieren. Nicht nur die Gewässerausbauten und Gewässerbegradigungen der vergangenen Jahre, sondern auch lang- und mittelfristige Veränderungen der Wasserqualitäten haben dazu geführt, daß zahlreiche Fließgewässer und Fließgewässersysteme ihren naturnahen Charakter längst verloren haben. Direkte und indirekte schleichende Trophierungsprozesse durch Kunstdüngung, Stickstoff- und Phosphatdeposition aus der Luft, Schadstoff- und Salzeintrag sowie Grund- und Oberflächenwasserzufluß haben sich besonders in ehemals oligotrophen Sandlandschaften Nordwesteuro-

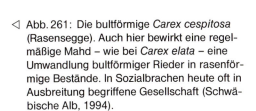

◁ Abb. 261: Die bultförmige *Carex cespitosa* (Rasensegge). Auch hier bewirkt eine regelmäßige Mahd – wie bei *Carex elata* – eine Umwandlung bultförmiger Rieder in rasenförmige Bestände. In Sozialbrachen heute oft in Ausbreitung begriffene Gesellschaft (Schwäbische Alb, 1994).

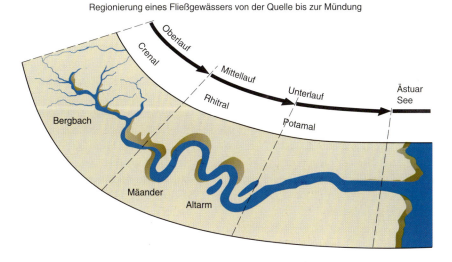

Regionierung eines Fließgewässers von der Quelle bis zur Mündung

Oberlauf
Crenal
Mittellauf
Rhitral
Unterlauf
Potamal
Ästuar See
Bergbach
Mäander
Altarm

pas ausgewirkt und die nährstoffärmeren den von Natur aus reicheren Fließgewässern angeglichen.

Die generelle Tendenz der Übernahme ursprünglicher Lebensräume in das Wirtschafts- und Konsumgut der Menschen hat im Falle der Fließgewässer aus den hochentwickelten, strukturreichen Ökosystemen tiefgreifend veränderte, oftmals mit gerader Linienführung versehene, laufverkürzte, kanalisierte Systeme geschaffen. Diese zeigen eine erhebliche Differenz zum natürlichen bzw. naturnahen Zustand mit allen Konsequenzen für den Verlust oder drastischen Rückgang charakteristischer Pflanzen- und Tiergesellschaften der Fließgewässer und ihrer Auen. Renaturierungsprogramme als Maßnahmen zur Unterhaltung und Reinhaltung von Fließgewässern einschließlich der Änderung von Nutzungen und Nutzungsansprüchen sind dringend erforderlich. Neben einer Intensivierung der Gewässergüte-Überwachung mit dem Ziel der Verbesserung von Wasserqualitäten müssen Maßnahmen zur Optimierung der ökologischen Gesamtsituation des komplexen Systems „Fließgewässer in seiner Aue" erfolgen. Erste Versuche zur Bewertung und Erfassung des ökologischen Zustandes von Fließgewässern werden bereits von institutioneller Seite durchgeführt.

Ein genereller Verzicht auf weitere Gewässerausbauten, wie er gelegentlich auch von Seiten nicht direkt Betroffener propagiert wird, widerspricht aber den Erfordernissen unserer Kulturlandschaft und kann die schon seit Jahrhunderten praktizierten Eingriffe in die Natur nicht rückgängig machen. In Gebieten mit hoher Besiedlungsdichte muß die zerstörerische Gewalt eines hochwasserführenden Flusses gebändigt werden, denn Hochwasserschutz und Ufersicherung stellen ein gesetzlich verbrieftes Recht der Anlieger dar. Dieser Anspruch führte in der Vergangenheit häufig zu den erwähnten Flußbaumaßnahmen, der fortschreitenden Bodenversiegelung in Wohngebieten und der Verminderung von Retentionsräumen, die heute vielfach zu Recht den Vorwurf der Umweltschädigung und Landschaftszerstörung auf sich ziehen.

Der „naturnahe" Gewässerausbau bemüht sich nun, sowohl die Interessen des

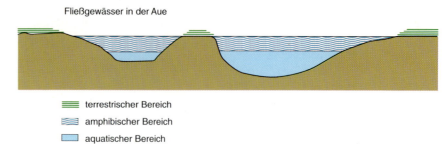

Fließgewässer in der Aue

≡ terrestrischer Bereich
≈ amphibischer Bereich
▢ aquatischer Bereich

Hochwasser- und Uferschutzes als auch die ökologischen und landschaftsgestalterischen Aspekte zu berücksichtigen. Die naturnahe Gewässergestaltung wirft dabei nicht nur ökologisch-ökonomische Probleme, sondern auch hydraulisch-technische Probleme hinsichtlich der Abflußkapazität, der Gewässerumgestaltung und des Fließwiderstandes auf. Will man Fließgewässer ökologisch vernünftig behandeln, so muß man den Flüssen mehr Platz als bisher einräumen. Die Anlage „handtuchgroßer" Feuchtbiotope dient allenfalls der Gewissensberuhigung; erst eine Verbreiterung der Flußmäander auf mindestens das Fünffache des Mittelwasserbettes führt in planaren Regionen zu einer ökologischen Verbesserung und ermöglicht die Anlage von Flußauen und Flußmäandern (vgl. POTT 1984, LÖLF 1984, HUTTER et al. 1985).

Seit 1945 sind allein in der damaligen Bundesrepublik Deutschland rund 40 000 km Fließgewässer ausgebaut worden, so daß heute noch auf ca. 10% der ursprünglichen Länge – mit Ausnahme der montanen und alpinen Bereiche – naturnah strukturierte Fließgewässer-Ökosysteme anzutreffen sind (vgl. u.a. HEYDEMANN 1984, ZUCCHI 1988). Gebietsweise ist selbst diese Zahl zu hoch angesetzt, denn in intensiv genutzten Kulturlandflächen sind oftmals nahezu alle Fließgewässer ausgebaut, ihrer spezifischen uferbegleitenden natürlichen Vegetation beraubt und haben vielfach ihre Funktion als lebende und gliedernde Bestandteile der Landschaft verloren.

Die Fließgewässer Deutschlands weisen eine Gesamtlänge von mehr als 1 Million Kilometer auf. Vom **Quellgewässer** über den **Berglands-** und **Flachlandsbach**, vom **kleinen** zum **großen Fluß** bis zum **Strom** sind alle Typen vertreten. Nach topographischer Lage, morphologischer Vielgestaltigkeit, Breite, Fließgeschwindigkeit, Wasserqualität, Belastung und Ein-

zugsbereich unterscheiden sich die Fließgewässer zum Teil erheblich voneinander. Die Strömung als dominierender Faktor und der damit verbundene Wasseraustausch treten dabei in den Vordergrund. Ökologisch relevant sind weiterhin die Substrate, deren Korngrößen, Lagerungsstabilität, Sedimentationsgeschwindigkeit sowie chemische Eigenschaften, die wichtigen Parameter für das Vorhandensein von Höheren Wasserpflanzen und von speziell adaptierten Fließwassertieren sind. Eine Beschattung der Fließgewässer durch Ufergehölze führt beispielsweise mit wechselnden Intensitäten zu unterschiedlichem Besatz an Wasser- und Röhrichtpflanzen. In engem Zusammenhang mit der Lichteinstrahlung steht auch der Temperaturhaushalt der Fließgewässer; dieser kann wiederum hohe Korrelationen zum Sauerstoffgehalt aufweisen.

Das Fließgewässer stellt demnach ein komplexes System aus unterschiedlichen Lebensräumen und Lebensgemeinschaften dar. Die wesentlichen Biotope wie Wasserkörper und Gewässerbett differenzieren den aquatischen Bereich und das amphibische Milieu (s. Graphik Seite 107 u. oben). Das vom Fließgewässer beeinflußte Umland läßt sich als terrestrischer Bereich abgliedern und weist wegen seiner speziellen abiotischen Faktoren charakteristische Biozönosen auf, in denen beispielsweise die Stillgewässer der Aue eigene, aber vom Fließgewässer abhängige Biotope bilden. Die verschiedenartigen Pflanzengesellschaften der Auen beispielsweise hängen sämtlich von der Wasserführung des Flusses ab. Je nach geographischer Lage schwankt zudem die Durchflußmenge um etwa das Fünf- bis Fünfzigfache der durchschnittlichen Wasserführung. Den wechselnden und teilweise unberechenbaren Bedingungen zwischen Niedrigwasserständen und Spitzenhochwässern sind alle Pflanzen und Pflanzengesellschaften ausgeliefert, die in der Flußaue leben.

262

Abb. 262: Höhlengewässer als unterirdischer Klarwassersee in der Dechenhöhle im Sauerland (Foto J. Pust, 1993).

263

Abb. 263: Unterirdischer Fluß in einer Tropfsteinhöhle im Sauerland (Atterhöhle, Foto J. Pust, 1993).

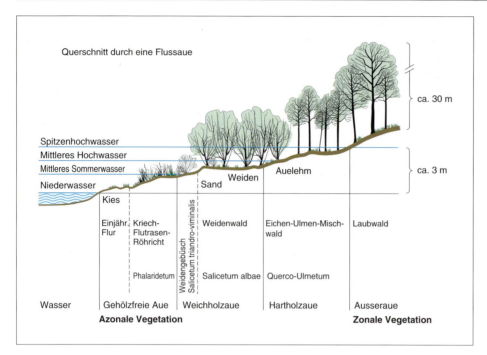

Querschnitt durch eine Flussaue

ca. 30 m

ca. 3 m

Spitzenhochwasser
Mittleres Hochwasser
Mittleres Sommerwasser
Niederwasser

Weiden
Auelehm
Sand
Kies

Wasser	Einjähr. Flur	Kriech-Flutrasen-Röhricht	Weidengebüsch Salicetum triandro-viminalis	Weidenwald	Eichen-Ulmen-Mischwald	Laubwald
		Phalaridetum		Salicetum albae	Querco-Ulmetum	
Wasser	Gehölzfreie Aue			Weichholzaue	Hartholzaue	Ausseraue
	Azonale Vegetation					**Zonale Vegetation**

Von der Masse und Geschwindigkeit des Wassers hängt auch dessen Transportkraft ab, wobei die mitgeführte Fracht grober bis feiner Partikel mit abnehmender Fließgeschwindigkeit – im allgemeinen nach Korngröße geordnet – sedimentiert werden. So herrschen im gefällstarken Oberlauf grobe Sedimente und Gerölle vor, im Mittel- und Unterlauf werden aber Kiese sowie feinkörnige Sande, Schluffe und Tone abgelagert. Die Auenvegetation ist deshalb in unterschiedlichen Flußabschnitten und auch im Querprofil einer Flußaue nach aquatischen, amphibischen und terrestrischen Bereichen in charakteristischer Weise und durch uferparallele Zonation mit Röhrichten, Weichholzauen und Hartholzauen differenziert (s. Graphik oben).

Die Fließgewässer als offene Ökosysteme mit linienförmiger Gestalt sind auf Nährstoffzufuhr ihrer Einzugsgebiete angewiesen weil mit dem fließenden Wasser im Durchlauf ständig auch die Nährstoffe abtransportiert werden. Die topographischen, geomorphologischen und standörtlichen Gegebenheiten und fließgewässertypischen Unterschiede bedingen eine Gliederung der Fließgewässerbiozönosen, die unter fischereibiologischen Gesichtspunkten neben der Quellregion (**Crenal**) eine Salmonidenregion der Mittelgebirge (**Rhitral**) von der Cyprinidenregion des Flachlandes (**Potamal**) abtrennen lassen (vgl. u.a. auch Abb. 264, 265). Auf vegeta-

tionskundlicher Ebene läßt sich eine solche fließwassertypische Regionierung und Differenzierung ebenfalls durchführen.

Die Qualität und Gewässergüte eines Fließwasserabschnittes ist deswegen auch nur so beschaffen, wie es der gesamte vorgeschaltete Fließgewässeranteil oder das benachbarte Einzugsgebiet zulassen. Der Schutz eines Fließgewässers bzw. die Verbesserung der Gewässergüte bei Regenerationsvorhaben werden nur dann effizient sein, wenn seitliche Nährstoffeinträge reduziert oder wegen der Tranportfunktion die Stoffeinträge von oberhalb erheblich geringer sind als die Stoffausträge nach unterhalb.

2.4.1 Höhlengewässer

Typisch für diese Lebensräume sind niedrige Wassertemperaturen und geringe Temperaturschwankungen. Besonders stenotherme aquatische Troglobionten finden deshalb in den Höhlengewässern geeignete Lebensbedingungen. Ihre wichtigste Lebens- und Nahrungsgrundlage ist durch Öffnung und künstliche Bewetterung der Höhlen gefährdet: eine ständige Bewetterung der Höhlen mit Außenluft hat eine erhöhte Abgabe von CO_2 aus dem Wasser an die Höhlenatmosphäre zur Folge. Die dadurch bewirkte Erhöhung des pH-Wertes scheint sich negativ auf das Vorkommen der aquatischen Höhlenorganismen auszuwirken, denn diese sind auf hohe

Konzentrationen an CO_2 im Wasser angewiesen. Erhöhte pH-Werte im Bicarbonatgepufferten Höhlenwasser können dabei die pH-Regulation der Höhlenorganismen erschweren (s. auch PUST 1990).

2.4.1.1 Kalkarme und kalkreiche Höhlenseen

Dieser aquatische unterirdische Lebensraum ist entweder statisch oder dynamisch bewettert und ist in Silikat- oder Karsthöhlen mit entsprechenden Höhlenorganismen ausgestattet. Besonders günstige Verhältnisse bezüglich der Nährstoff- und Sauerstoffversorgung sind in den Karsthöhlen gegeben. Im Tropf- und Sickerwasser dieser Zonen können Sauerstoffsättigungswerte um 100% bis in eine Tiefe von über 100 m festgestellt werden (s. Abb. 262).

- **Gefährdung:** Schadstoffeintrag, Nährstoffeintrag, Grundwasserabsenkung, Öffnung von Höhlen unter Errichtung von Tagverbindungen (Wetterung), Höhlentourismus.
- **Schutz:** □, ○; FHH 7220 (teilweise), CORINE 91: 54.12 (teilweise).
- **Verbreitung:** In den Mittelgebirgen und in den Alpen; vor allem in den Karstlandschaften der Kalkgebirge.
- **Beispiele:** Abb. 262.

2.4.1.2 Kalkarme und kalkreiche Höhlenbäche

Die unterirdischen Gewässerläufe werden meist von der Lagerung wasserstauender Gesteinsschichten und von Störungen in diesen Gesteinslagen bestimmt und beeinflußt. Es kommen dabei vor allem Hohlraumsysteme infolge von Salzauslaugungen und Karsterscheinungen in Frage. Die Dauerfließgewässer werden von einem Grundwasserstrom (Untergrundstrom) begleitet. Dieses ziehende Grundwasser stammt zum Teil aus den oberirdischen Gewässerläufen selbst, die durch poröse Substrate leicht Wasser verlieren oder durchlassen können (s. Abb. 263). Viele der hier lebenden Organismen sind besonders angepaßt: es gibt hier Arten, die nur befristet in unterirdischen Höhlengewässern leben können und einen Teil der Entwicklung oberirdisch vollziehen müssen (sogenannte stygoxene Arten); andere können ihre gesamte Entwicklung unterirdisch vollziehen (stygophile Arten), sie haben die Möglichkeit, unabhängig von einer Photoperiode im Dauerdunkel ihre Geschlechtsreife zu erlangen. Die stygobionten Arten haben zudem die Fähigkeit verloren, auf Dauer oberirdische Lebensräume zu besiedeln; diese deshalb absolut troglobionten Tiere sind durch Augen- und Pigmentlosigkeit gekennzeichnet.

> - **Gefährdung:** Schadstoffeintrag, Nährstoffeintrag, Grundwasserabsenkung, Öffnung der Höhlen unter Errichtung von Tagverbindungen (Wetterung).
> - **Schutz:** □, ○; FFH 7220 (teilweise); CORINE 91: 54.12 (teilweise).
> - **Verbreitung:** In den Mittelgebirgen und in den Alpen; vor allem in den Karstlandschaften der Kalkgebirge.

2.4.2 Quellen

Quellen sind natürliche, permanente oder temporäre Grundwasseraustritte an der Erdoberfläche. Jede Quelle ist anders (vgl. Abb. 264 bis 271). Wasserchemismus, Temperatur, Exposition, geographische Lage, Geländemorphologie, Schüttungsverhältnisse, Beschattung sowie substratbezogene Strukturmerkmale können zu äußerst unterschiedlichen Quelltypen führen. Die enorme Vielseitigkeit dieser Kleinstbiotope macht die Erfassung von Quellebensräumen zunächst schwierig. Untersuchungsergebnisse von Quellkartierungen lassen sich nur auf der Ebene der naturräumlichen Gliederung vergleichen und auswerten.

Zur Klassifizierung von Quellbiotopen sind die Standortgegebenheiten des Grundwasserabflusses zu analysieren. Ein erstes Kriterium ist die Höhenlage der Quellaustritte. Sehr deutlich lassen sich Hochgebirgsquellen von denen im Mittelgebirge und jenen des Flachlandes unterscheiden. Oft ist es sogar notwendig, die Quellen dieser Höhenstufen noch weiter zu differenzieren, da sich z.B. Quellenstandorte im tiefsten Flachland von denen der ersten collinen Anhöhen bereits deutlich unterscheiden können.

Der Kalkgehalt des Quellwassers führt zu sehr unterschiedlichen Biozönosen der Quellen. Die kalkarmen Silikatquellen lei-

den am stärksten unter Säurezufuhren. Bei Karbonatquellen ist der pH-Wert stabil abgepuffert. Ein sehr hoher Kalkgehalt verursacht in Quellbächen Sinterbildungen. Solche Standorte sind in der Regel sehr artenarm, dafür aber mit calcobionten Spezialisten besiedelt. Neben dem Kalkgehalt können auch andere extreme wasserchemische Besonderheiten die Quellen kennzeichnen. Solequellen enthalten derartig hohe Salzkonzentrationen, daß hier extrem salztolerante Pflanzen und Tiere angetroffen werden, die üblicherweise im Brackwasser oder im marinen Milieu ihren Lebensraum haben (LAUKÖTTER 1994).

Die Quellen und Quellbereiche differieren standörtlich grundlegend von den anschließenden Bachstrecken. Hinsichtlich der Art und Weise, wie das Wasser aus dem Boden tritt, unterscheidet man zwischen Sicker- und Sumpfquellen (**Helokrenen,** Abb. 270, 271), Tümpelquellen (**Limnokrenen,** Abb. 264) und Sturzquellen (**Rheokrenen,** Abb. 265). In Helokrenen sickert das Wasser durch eine Erdschicht noch außen und bildet einen Quellsumpf. Limnokrenen werden als beckenförmige Gebilde meist vom Grunde her mit Wasser gefällt. Durch Überlaufen bildet sich der Quellbach. Bei einer Rheokrene tritt das Wasser sturzartig über einem stauenden Horizont an die Erdoberfläche. Es strömt sofort mit starkem Gefälle zu Tal und reißt infolge hoher Fließgeschwindigkeiten kleinere Sinkstoffe mit sich. Alle Quellen zeichnen sich weiterhin durch Kaltstenothermie und großen Sauerstoffreichtum aus. Der Kalkgehalt des austretenden Wassers entscheidet über das Artengefüge der Pflanzenbestände. Quellen lassen sich aber auch anhand der sie umgebenden großflächigen Biotoptypen klassifizieren. Auf diese Weise können z.B. Waldquellen von Quellen im Grünland unterschieden werden. Wird ein solcher Grundwasseraustritt allseits von Ackerflächen umgeben, so sind erhebliche schädigende Einflüsse durch die Umgebung zu erwarten (s. auch LAUKÖTTER 1994).

2.4.2.1 Sturzquellen (Rheokrenen)
Bei den Sturzquellen der eurosibirischen Region handelt es sich um moosreiche Quellgewässer mit montanem bis subalpi-

nem Verbreitungsschwerpunkt und gleichmäßig temperiertem, sauerstoffreichem, und rasch fließendem Quellwasser (oft kaltstenotherm, Abb. 265). Es sind örtlich begrenzte Grundwasseraustritte in Form von Wasserfällen, die unmittelbar in ein Fließgewässer übergehen. Je nach Beschaffenheit des Quellwassers unterscheidet man kalkarme und kalkreiche Sturzquellen. Im letzteren Fall ist besonders das tuffbildende Moos *Cratoneuron commutatum* am Aufbau der Kalkquell-Gesellschaften beteiligt (s. Abb. 266 bis 269).

> - **Gefährdung:** Wasserabsenkung, Quellenverbauung, Verschmutzung.
> - **Schutz:** ▪, ●; FFH 7720; CORINE 91: 54.12, ✳ (überall prioritär nach Directive 92/43 EEC).
> - **Verbreitung:** Nur punktuell, vor allem in den Mittelgebirgen und in den Alpen.
> - **Beispiele:** Abb. 265 bis 269.

2.4.2.2 Sicker- und Sumpfquellen (Helokrenen)
Sickerquellen besitzen je nach Lage in Silikat- oder Kalksteingebieten ausgeprägte Unterschiede in der Vegetation. Auf saurem Gestein gedeiht in Sickerquellen häufig die Bitterschaumkrautflur (*Cardamine amara*-Gesellschaft), der in atlantisch montanen Lagen oft das Gegenblättrige Milzkraut (*Chrysosplenium oppositifolium*) beigemischt ist. Langsam sickernde Waldquellen vom Bergland bis in die Ebenen sind die Domänen des *Philonotido-Montietum* (Bachquellkrautflur), des *Cardaminetum flexuosae* (Waldschaumkrautflur) sowie der Quellsteinbrech-Gesellschaft (*Philonotido-Saxifragetum stellaris*) in den Alpen.

Viele Quellnischen und Quellbäche kalkreicher Gewässer der Mittelgebirge weisen reine Moosbestände aus *Cratoneuron*-Arten auf. Es sind klare, Bicarbonatgesättigte, ionenreiche Quellgewässer im Bereich von überrieselten Steinhängen oder selbst gebildeten biogenen Quellkalken (Quelltuffe, Travertin) mit teilweise selbst gebauten Kaskaden (Abb. 267 bis 269).

Subatlantisch-montane Quellfluren des Silikatberglandes gehören in pflanzensoziologischer Sicht zum *Cardamino-Montion*-Verband.

Abb. 264: Grundwasseraustritt in einer Gletschermühle südlich des Bernina-Passes bei Poschiavo (1993). Hier fungiert ein im Felsboden durch fluviatile Erosion enstandener Kolk (Gletschertopf) als Tümpelquelle. Dieses natürlich entstandene Kleingewässer besitzt nur geringen Tiefgang und eine periodische bis ständige Wasserführung.

264

Abb. 265: Sturzquelle (Rheokrene) mit permanenter Wasserschüttung als kaltstenothermer Lebensraum (1993). Meist tritt in diesem Fall Grundwasser an die Erdoberfläche. Rheokrenen sind in der Regel kaltstenotherme Lebensräume mit charakteristischem Arteninventar. Arktisch-alpine Geoelemente besitzen hier häufig Refugialstandorte. Solche Quelltypen sind von Natur aus sehr selten und auf Kalkgebiete mit Karsterscheinungen beschränkt. Kleinere Quellen in Wäldern sind oft noch in naturnaher Ausprägung vorhanden; größere Quellen sind vielfach durch Fassung oder Ausbau beeinträchtigt. Oft auch als Biotopkomplexe mit Quellwäldern ausgebildet.

265

Abb. 266: Sinterkalkquelle am sogenannten Wasserbaum von Ocken-
sen am Ith, mit der Starknervmoos-Quellflur (*Cratoneuretum filicino-
commutati*). Die Gesellschaft besiedelt klare, Bikarbonat-gesättigte,
ionenreiche Quellwässer im Bereich von überrieselten Steinhängen
oder selbst gebildeten biogenen Quellkalken (Quelltuffe, Travertin) mit
teilweise selbst gebauten Kaskaden. Dieses Naturdenkal am Fuß des
östlichen Ithhanges gilt als Kuriosum, welches vor etwa 90 Jahren
nach Anlage des Stauteiches an einem Sägewerk durch Aussinterung
magnesiumsauren Kalkes an einem hochgestellten Überlaufrohr entstanden ist. Sein grünes, baumartiges Antlitz bekommt dieses Unikum
schließlich durch die *Cratoneuron*-Moose, die sich auf dem Sinter
ansiedeln.

268

Abb. 268: Die Sinterkalkquellen zeigen häufig Tropfsteinbildungen mit
vom Boden aufwärtswachsenden Stalagmiten und von der Decke her-
abhängenden Stalagtiten, die manchmal zu Tropfsteinsäulen, den Sta-
lagnaten, zusammenwachsen.

Abb. 267: Die Gänsekresse-Tuffmoos-Flur (*Cratoneuro-Arabidetum*)
schließt in der subalpin-alpinen Stufe an das *Cratoneuretum filicino-
commutati* an. Auffällige alpine Rieselgesellschaft an nassen Kalkfelsen und in Kalksümpfen. Stark bedrohter Biotoptyp!

267

Abb. 269: *Cratoneuron filicinum* (Starknervmoos) als Quelltuffbildner.

269

113

270

Abb. 270: Das im Spätsommer auffällig rot gefärbte *Bryo schleicheri-Montietum rivularis* ist eine subalpine Quellmoos-Gesellschaft atlantisch getönter Silikat-Mittelgebirge. An feuchten bis nassen Quellstellen der hochmontanen bis subalpinen Stufe, auch im Südschwarzwald und im Hochsauerland als Glazialrelikt. Stark bedrohter Biotoptyp!

Abb. 271: Die auffallenden, hellgrünen Bestände von *Pohlia wahlenbergii* an arktischen und alpinen Quellen sind schon von jeher als eigener Vegetationstyp aufgefaßt worden (*Mniobryetum albicantis*).

Abb. 272: *Saxifraga aizoides* (Moosquell-Steinbrech) ist eine arktisch-alpin disjunkt vertretene Leitpflanze der kalten Quellen.

Abb. 273: Die Quellkrautflur (*Philonotido fontanae-Montietum rivularis*) ist in Silikatgebirgen an offenen, strahlungsexponierten Standorten der montanen Stufe verbreitet. Die wintergrüne Gesellschaft ist in verschiedene trophie- und quellwasserabhängige Subassoziationen und entsprechende Höhenausbildungen zu gliedern. Sie wächst stets über 300 m Meereshöhe und wird in den tieferen Lagen beispielsweise von der Bitterschaumkrautflur (*Cardamine amara*)-Gesellschaft ersetzt. Wie alle anderen Quellen stark gefährdet!

Abb. 274: *Diobelon squarrosum* ist ein seltenes Quellmoos in den Alpen und in den Mittelgebirgen.

Abb. 275: *Montia rivularis* (Quellkraut). Artbildungsprozesse der Gattung *Montia* sind noch heute zu beobachten; deswegen haben Quellbiotope mit diesen Arten eine herausragende Bedeutung!

271

272

274

273

275

Abb. 276: Frühlingsaspekt der Bitterschaum-krautflur (*Cardamine amara*-Gesellschaft) mit Massenaspekt von Sumpfdotterblume (*Caltha palustris*) in dieser deutlich abgegrenzten Sickerquelle (Helokrene). Kalkarme Helo-krenen bilden oft Biotopkomplexe mit Erlen-Quellwäldern bzw. mit Übergangsmooren und Heiden.

Abb. 277: Die Bitterschaumkrautflur ist eine typische Weichwasser-Gesellschaft in unmit-telbaren Quellbereichen an leicht beschatte-ten oder nordexponierten Standorten in col-lin-montaner bis subalpiner Lage. Doch auch für kalkreiche Waldquellstandorte des nord-ostdeutschen Tieflandes ist das Bitter-schaumkraut (*Cardamine amara*) eine dia-gnostisch wichtige Kennart (Fimbertal, Sil-vretta, 1993).

276

277

Die Gesellschaften des Verbandes besiedeln baumfreie, lichtdurchflutete Quellräume der Mittelgebirgslandschaften; sie sind vielfach an sekundär waldfreien Ersatzstandorten ehemaliger Waldquellfluren verbreitet (Abb. 270 bis 277). Einige davon sollen hier vorgestellt werden:

Die Quellkrautflur (*Philonotido fontanae-Montietum rivularis*) ist in Silikatgebirgen an offenen, strahlungsexponierten Standorten der montanen Stufe verbreitet (Abb. 271). Sie wächst stets über 300 m Meereshöhe und wird in den tieferen Lagen z.B. von der *Cardamine amara*-Gesellschaft ersetzt (Abb. 276, 277).

Die subalpine Quellmoos-Gesellschaft (*Bryo schleicheri-Montietum rivularis*) atlantisch getönter Silikatmittelgebirge wächst an feuchten bis nassen Quellstellen der hochmontanen bis subalpinen Stufe, auch im Südschwarzwald und im Hochsauerland als Glazialrelikt. Die Weichwasser-Quellmoosteppiche sind als leuchtendgrüne Rasen ziemlich auffällig (Abb. 270); sie sind häufig an besonders kalten Quellen mit stärkerer Wasserbewegung gebunden und bis in das basenreiche Milieu vordrängend.

Die Milzkraut-Gesellschaft (*Chrysosplenietum oppositifolii*) ist von der planaren bis in die montane Stufe verbreitet; im atlantischen Raum ist sie auch auf beschatteten, ständig feuchten Standorten in Bachnähe zu finden (Abb. 278, 279). Dieser Quelltyp ist atlantisch-collin bis boreomontan verbreitet; er hat seine Ostgrenze vor den mitteldeutschen Trockengebieten und seine Südgrenze der Verbreitung an den nördlichen Kalkalpen. Von den nordwestlichen Mittelgebirgen (Weserbergland, Sauerland, Eifel) bis nach Nordbayern hineinstrahlend (z.B. Spessart, Rhön, Fränkische Alb). Die Milzkraut-Arten (*Chrysosplenium alterniflorum, C. oppositifolium*) haben eine geringfügig unterschiedliche Verbreitung. *Chrysosplenium oppositifolium* ist mehr subatlantisch verbreitet; *Ch. alternifolium* geht weiter nach Osten in den eurasisch-kontinentalen Raum; beide Arten bevorzugen aber die sickerfeuchten und nassen Quellstandorte, bzw. sogenannte Nassgallen inmitten von Feuchtwäldern. Gemeinsame Vorkommen dieser Arten miteinander oder mit den Waldquell-Arten *Cardamine flexuosa* bzw. *Cardamine amara* sind häufig.

- **Gefährdung:** Nährstoffeintrag, Verschmutzung, Quellfassungen.
- **Schutz:** □, ●; FFH 7720; CORINE 91: 54.12, ✳ (teilweise prioritär nach Directive 92/43 EEC).
- **Beispiele:** Abb. 270 bis 279.

2.4.2.3 Tümpelquellen, Grundquellen (Limnokrenen)

Es sind Grundwasseraustritte am Grunde selbständiger Gewässer (Quelltöpfe, s. Abb. 264 oder Tümpel, Seen und Gießen). Tümpelquellen zeigen bisweilen reichen Pflanzenwuchs und sind durch Armleuchteralgen-Gesellschaften der *Charetea fragilis* oder Laichkraut-Gesellschaften der *Potamogetonetea pectinati* besiedelt. Je nach hydrochemischer Konstellation unterscheiden sich Weichwassergrundquellen und Hartwassergrundquellen voneinander (kalkarme und kalkreiche Limnokrenen, s. Abb. 280, 281).

- **Gefährdung:** Nährstoffeintrag, Eutrophierung.
- **Schutz:** ■, ●; FFH:–, CORINE 91:–.
- **Verbreitung:** Nur punktuell von der Küste bis in die Alpen.
- **Beispiele:** Abb. 280, 281.

2.4.3 Fließgewässer

In Verbindung mit den Wirkungen des Wasserchemismus bedingen vor allem morphologische Kleinausstattungen des Gewässerbettes eine standörtliche sowie strukturelle Diversität im Fließgewässer, ihre Uferbestockung mit Gehölzen und schließlich das Vegetationsgefüge im Flußlauf selbst. Der ständige Wechsel von vegetationsfreien und unterschiedlich stark bewachsenen Flächen dürfte in natürlichen Fließgewässern darin sowie im Zusammenwirken mit Phänomenen der Trübung, der Sedimentbelastung und der Fließgeschwindigkeit seine Hauptursache haben.

Weiterhin werden Besiedlungsintensitäten und das Artenspektrum von den Konzentrationen der Nährelemente (Phosphate, Stickstoffverbindungen und Chloride) bestimmt; diese hydrochemisch-physikalischen Parameter wirken sich entscheidend auf die Pflanzen des Wassers aus (s. Tab. 4).

Auch die biologischen Parameter zur Erfassung der Gewässergüte (vgl. Tab. 4) sind von großer Bedeutung. Organische Summen- und Gruppenparameter, wie der BSB 5 (Biologischer Sauerstoffbedarf in 5 Tagen) ist ein Maß für den biologisch abbaubaren Anteil der organischen Inhaltsstoffe des Wassers (vgl. REMY 1993). Die Saprobienstufen und Saprobienindices zeigen hohe Korrelationen zu den steigenden BSB-Werten (Tab. 4). Auch die Verwendung von Makrophyten als Indikatororganismen zeigt gewisse Verbreitungsschwerpunkte von höheren Wasserpflanzen unter gewissen Belastungszuständen; aber die Tatsache, daß für Makrophyten andere Wachsstumsvoraussetzungen als für Mikroorganismen bestehen, schränkt den Spielraum, die Süßwasserpflanzen innerhalb des Saprobiensystems als Indikatorarten für Gewässerverschmutzung zu nutzen, erheblich ein (s. auch LIEBERT 1988).

2.4.3.1 Flußober- und Mittelläufe und sommerkalte Bäche (Rhitral)

Die Ober- und Mittelläufe von Bächen und Flüssen sind in der Regel durch starke Erosion gekennzeichnet. Hohe Geröll-, Kies- und Sandtransporte sind für die mäandrierenden Ober- und Mittelläufe der Fließgewässer kennzeichnend (s. Tab. 4 und Abb. 282, 283). Hohe Wasserfrachten und zumeist hohe Strömungsgeschwindigkeiten (oft nach der Schneeschmelze) bedingen ein vergleichsweise makrophytenarmes Milieu (s. Abb. 282 bis 287).

Das Gleiche gilt für kalkwasserführende Flüsse mit episodischer Wasserführung in Karstgebieten (s. Abb. 288). Auch die sommerkalten Oberläufe und oberen Mittellaufabschnitte vieler Mittelgebirgsbäche und -flüsse, die von angrenzenden Wäldern oder bachbegleitenden Auenwäldern ganzjährig beschattet werden, sind arm an Makrophyten (s. Abb. 289 bis 291). Die Kaltstenothermie dieser Fließwasserabschnitte ermöglicht es zahlreichen Glazialrelikten, noch heute weit außerhalb ihrer jetzigen Hauptwohngebiete im Crenal- oder Rhitralbereich einiger Fließgewässer zu existieren (s. Abb. 292). Die nacheiszeitliche Verbindung heutiger Stromgebiete zu dieser Zeit ist noch jetzt an manchen Stellen im pleistozänen Flachland

Tab. 4. Parameter zur Erfassung der Gewässergüte in Fließgewässern (aus POTT 1990)

Güteklasse	Grad der organischen Belastung	Saprobität (Saprobienstufe)	Saprobienindex	Chemische Parameter			dominierende Makrophyten-Gesellschaft
				BSB$_5$ (mg/l)	NH$_4$-N (mg/l)	O$_2$-Minima (mg/l)	
I	unbelastet bis sehr gering belastet	Oligosaprobie	1,0–1,5	1	höchstens Spuren	8	*Callitricho-Myriophylletum alterniflori, Potamogeton coloratus, Groenlandietum densae, Cratoneurion*-Ges., *Chara hispida*
I–II	gering belastet	oligo-beta-mesosaprobe Übergangszone	1,5–1,8	1–2	um 0,1	8	*Ranunculetum fluitantis, Veronico beccabungae-Callitrichetum stagnalis, Groenlandietum densae, Nasturtietum officinalis, Sietum erecti-submersi*
II	mäßig belastet	Betamesosaprobie	1,8–2,3	2–6	0,3	6	*Ranunculetum fluitantis, Sium erectum*-Ges., *Potamogeton alpinus-Potamogeton natans f. prolixus*-Bestände, *Myriophyllum spicatum*
II–III	kritisch belastet	beta-alpha-mesosaprobe Übergangszone	2,3–2,7	5–10	1	4	*Callitrichetum obtusangulae, Ranunculetum fluitantis sparganietosum, Ranunculetum aquatilis*, div. *Potamogeton*-Bestände, *(P. lucens, P. zizii, P. pectinatus, P. crispus, Elodea)*
III	stark verschmutzt	Alphameso-saprobie	2,7–3,2	7–13	0,5 bis mehrere mg/l	2	*Sparganio-Potamogetonetum interrupti, Zannichellietum palustris, Callitrichetum obtusangulae, Cladophora glomerata*-Individuen
III–IV	sehr stark verschmutzt	alphameso-polysaprobe Übergangszone	3,2–3,5	10–20	mehrere mg/l	2	nur noch Einartbestände oder Einzelpflanzen von *Potamogeton pectinatus, Zannichellia; Cladophora glomerata*-Massenbestände, stellenweise vegetationslos
IV	übermäßig verschmutzt	Polysaprobie	3,5–4,0	15	mehrere mg/l	2	verödet

Deutschlands durch zahlreiche Relikte mit arktisch-alpinen Verbreitungsbildern belegt; so ist beispielsweise das rezent isolierte Vorkommen der Flußperlmuschel (*Margaritifera margaritifera*) in elektrolytarmen, sommerkühlen Allerzuflüssen der Lüneburger Heide auf die Einwanderung während der nacheiszeitlichen Verbindung von Elbe und Aller zurückzuführen. Auch arktisch-alpine Reliktpflanzen an Fließgewässern und in Quellbiotopen der nordwestdeutschen Mittelgebirge (z.B. *Cochlearia officinalis* ssp. *pyrenaica, Bryum schleicheri* u.v.a.) bezeugen die alten Verbindungswege (vgl. Abb. 270, 292 sowie POTT & CASPERS 1989, POTT 1990).

Früher waren Flußperlmuscheln weit verbreitet. Wegen ihres kostbaren Inhalts, dem sie ihren Namen verdanken, den aber nur die wenigsten Flußperlmuscheln besitzen, wurden diese Tiere in den letzten Jahrhunderten sogar befischt. In der Schatzkammer des Königlich-Sächsischen Hofes in Dresden kündet noch heute eine Perlenkette vom früheren Ertrag der Perlfischerei im Vogtland.

Nur wenige Muscheln bilden Perlen aus. Dies geschieht durch Umkrustierung eingeschwemmter Fremdkörper wie Sandkörner u.ä. mit Perlmutter und dauert etwa 50 bis 70 Jahre. Den Niedergang dieser Muschelpopulationen in Flüssen und Bächen bis auf die heutigen noch nennenswerten Restbestände an der sächsisch-böhmischen Grenze, im Fichtelgebirge und in der Lüneburger Heide mit jeweils nur einigen tausend Tieren haben ausschließlich die starken Gewässerverunreinigungen hervorgerufen. Die stenöke Flußperlmuschel zu erhalten, heißt die Qualität der jeweiligen silikat-oligotrophen Flußsysteme zu verbessern.

278

279

Abb. 278: Die Milzkraut-Gesellschaft (*Chrysosplenietum oppositifolii*) ist von der planaren bis in die montane Stufe verbreitet; im atlantischen Raum ist sie auch auf beschatteten, ständig feuchten Standorten in Bachnähe zu finden. Das Wasser perkoliert mit niedriger Fließgeschwindigkeit und erwärmt sich nur mäßig während der Vegetationsperiode. Die Gesellschaft ist atlantisch-collin bis boreo-montan verbreitet; sie hat ihre Ostgrenze vor den mitteldeutschen Trockengebieten und ihre Südgrenze der Verbreitung an den nördlichen Kalkalpen. Häufig Refugium für Eiszeitrelikte (z.B. *Crenobia*, *Bythinella*).

Abb. 279: *Cardamine flexuosa* (Waldschaumkraut) ist typisch für dauerhaft beschattete Waldquellen.

Abb. 280: Limnokrene (Tümpelquelle) in der alpinen Stufe mit oligotrophem Wasser.

280

281

◁ Abb. 281: Weichwasser-Armleuchteralgen mit *Nitella flexilis* im Bergland (Goslar, Harz, 1990).

Abb. 282: Ein durch weiß gefärbtes Schmelz-wasser abtauender Gletscher erzeugt einen mit „Gletschermilch" stark angeschwollenen Gebirgsbach.

282

Abb. 283: Irregulär fließender Gebirgsbach mit sogenanntem „braided river"-System.

Abb. 284: Katarakt (Wasserfall) des Rheins mit senkrechtem Abfall von Wassermassen über eine 15 bis 20 m hohe Geländestufe im Flußbett (Schaffhausen, 1994).

Abb. 285: Alpenfluß mit grobem Blockschutt im Flußbett und Grünerlengebüsch am Ufer (*Alnetum viridis*) (Fimberbach, 1987).

Abb. 286: Rheinfall bei Schaffhausen (Schweiz) mit stark erosiven Kräften des Wassers, wie man an den torbogenähnlichen Felsdurchbrüchen sehen kann (1994).

283

284

285

286

287

Abb. 287: Alpenfluß mit hoher Wasserführung im Sommer wegen der Schmelzwasserfracht. Das Abflußregime, also das typische, regelmäßig wiederkehrende Abflußverhalten der Gebirgsflüsse, ist durch mehrere Faktoren beeinflußt, z.B. Niederschlagsmaximum im Winter und sommerliche Schneeschmelzen. Wechselnde Schneerücklagen und Schneeschmelzen steuern hier.

288

Abb. 288: Wutachversickerung im Karst der Wutachschlucht (1994). Dieser Fluß fließt hier nur abschnittsweise oberirdisch. Karstschwinden sind Versickerungsstellen, in denen das Wasser im Untergrund verschwindet. Verkarstungsfähige Gesteine sind oftmals reich an solchen Fluß- oder Karstschwinden oder Ponoren.

Abb. 289: Mittelgebirgsbach, der über Felsblöcke fließt und wegen der geringen Wasserschüttung und der geringen Erosionskraft noch kein eigenes Auenregime entwickelt hat (Rhön, 1986).

Abb. 290: Hainmieren-Erlen-Auenwald (*Stellario-Alnetum*) in der Eifel (1984).

Abb. 291: Weidengebüsche (*Salicetum triandrae*) sind typisch für die Schotterbänke der Mittelgebirgsflüsse (1975). Die naturnahen schnell fließenden Mittelgebirgsbäche sind heute vielfach durch Begradigungen und Ausbauten gefährdet. Ihre Vorkommen sind auch weitgehend auf Gebirgstäler mit starkem Gefälle beschränkt.

Abb. 292: Quellbiotop mit dem *Cochleario pyrenaicae-Cratoneuretum commutati* in den Almequellen bei Brilon (Sauerland, 1982). Die Pyrenäen-Löffelkraut-Gesellschaft ist eine ziemlich seltene, ausdauernde, wintergrüne subarktische Reliktgesellschaft an Kalkquellen des Berglandes. Im nördlichen Alpenvorland (Donau-Lech-Isar-Inngebiet), auf der Schwäbischen Alb (Bärental), im Jagsttal, in Franken, in der Rhön und im Norden noch an den Almequellen im Nordsauerland verbreitet. Hier an einer kräftig schüttenden Karstquelle, die als Rheokrene bzw. als Limnokrene im allgemeinen große Schwankungen der Wasserführung aufweisen kann. Höchst seltener Biotoptyp!

Abb. 293: Vegetationskomplex in einem Fließgewässer mit Fluthahnenfuß (*Ranunculus fluitans*)-Beständen im Wasser und Brunnenkresse (*Nasturtium officinalis*)-Beständen im amphibischen Uferbereich. Fluthahnenfußgewässer sind extrem selten geworden.

Abb. 294: Fluthahnenfuß (*Ranunculus fluitans*) mit mächtigen, meterlang flutenden Sprossen im Flußbett der Möhne/Sauerland (1980).

Abb. 295: Wasserstern-Gesellschaft des *Callitrichetum obtusangulae* in einem Nebenfluß der Möhlin bei Burkheim/Kaiserstuhl (1987).

Abb. 296: *Ranunculus penicillatus* (Pinselblättriger Wasserhahnenfuß).

296

Abb. 297: *Sparganium emersum* fo. *fluitans* (Aufrechter Igelkolben).

Abb. 298: Das Kamm-Lalchkraut (*Potamogeton pectinatus* fo. *interruptus*) füllt das gesamte Bachbett hypertropher Fließgewässer aus (Bever bei Warendorf, 1980). Heute infolge der Gewässerverschmutzung zunehmend!

297

298

Abb. 299: Zonationskomplex an einem Fließgewässer im Gießensystem des Rheins bei Daubensand im Elsaß (1994). Das amphibisch-aufschwimmende *Nasturtietum officinalis* (hellgrün gefärbte Brunnenkresse-Gesellschaft) wird von hochwüchsigen *Phalaris*- und *Phragmites*-Röhrichten abgelöst, die in ein *Salicetum triandro-viminalis* (Weidengebüsch) und in Weichholz- bzw. Hartholzauenwaldanteile übergehen. Solche Flußauenlandschaften mit mehr oder weniger typischem Vegetationsinventar sind heute sehr selten geworden.

299

Diese hochspezifischen Indikatororganismen für klares und sauberes Wasser sind auch auf Bachforellen als Mitbewohner ihrer Habitate angewiesen, denn die Lebensweise der Flußperlmuschel ist sehr eigenwillig. Das weibliche Tier nimmt mit dem Atem- und Nahrungswasserstrom die vom Männchen ins Wasser abgegebenen Spermien auf und produziert etwa 4 Millionen Eier. In den Sommermonaten gelangen die sogenannten Glochidien nach außen und setzen sich in den Kiemen der Bachforellen fest. Im darauffolgenden Frühjahr läßt sich die Jungmuschel abfallen und gräbt sich bis zu einem halben Meter tief in den Grund des Baches ein. Dort verbringt sie etwa zwei Jahre. Wenn eine Schalenlänge von etwa eineinhalb Zentimeter erreicht ist, kommt sie wieder nach oben. Im Alter von etwa zwanzig Jahren sind die Tiere dann geschlechtsreif. Sie können mehr als 100 Jahre alt werden. Nach Lage der Dinge haben sich die Flußperlmuscheln im Vogtland und in Bayern in den vergangenen Jahren nicht vermehrt. Die Populationen sind überaltert. Gleiches gilt für die Bestände im Fichtelgebirge und in der Lüneburger Heide.

Auch die Bachmuschel (*Unio crassus*) ist ein weiterer typischer Bewohner unserer stark fließenden Bäche und Flüsse. Sie ist mit 4 bis 11 cm deutlich kleiner als die Flußperlmuschel, die bis zu 16 cm lang werden kann. Ihre Lebensdauer hängt stark von der Temperatur des Gewässers ab, in dem sie lebt. Durchschnittlich liegt das Alter der Bachmuschel bei 15 bis 25 Jahren; in sehr warmen Bächen kann sie aber auch nur 10 Jahre alt werden. Die Bachmuscheln sind streng getrenntgeschlechtlich. Das bedeutet, daß eine Umwandlung zum Zwitter wie bei der Perlmuschel bei ihr nicht möglich ist. Ausgedünnte Bestände sind daher fast immer zum Aussterben verurteilt.

Alle Vegetationstypen der Mittelgebirgsflüsse werden dem *Ranunculion fluitantis*-Verband soziologisch zugeordnet (Abb. 293 bis 298). Infolge der starken mechanischen Belastung durch die Wasserströmung herrschen im wesentlichen nur sehr wenige, durchweg rheotolerante Arten (s. Abb. 293). Diese lassen sich bestimmten oligo- bis eutraphenten Pflanzengesellschaften zuordnen, wobei je nach Kalkgehalt die Höhe der Wasserhärte-

grade eine Differenzierung in typische Weichwasser- bzw. Hartwasserelemente ermöglicht.

In nährstoffarmen Bachoberläufen der planaren bis montanen Stufe kennzeichnen im Wasser flutende Schwaden von Haken-Wasserstern (*Callitriche hamulata*) und Wechselblütigem Tausendblatt (*Myriophyllum alterniflorum*) mit unterschiedlicher Mächtigkeit das immergrüne *Callitricho-Myriophylletum alterniflori*. Diese oligotraphente Assoziation gedeiht vor allem in elektrolytarmen Gewässern der Sandsteingebirge, aber auch noch in turbulent fließenden Gewässerabschnitten pleistozäner Quarzsandlandschaften der Ebenen. Oligotrophe, kalkarme, saubere und rasch fließende Gewässer werden in Quellnähe vom *Veronico beccabungae-Callitrichetum stagnalis* (Bachehrenpreis-Wasserstern-Gesellschaft) besiedelt.

Wo in kalkreichen Bachoberläufen der rhitralen Region die Strömung nur so mäßig ist, daß eine optimale Entwicklung von Phanerogamen-Gesellschaften ermöglicht wird, siedelt das *Sietum erecti-submersi*. Die Gesellschaft mit flutenden Formen des Aufrechten Merk (*Sium erectum* fo. *submersum*), dessen rheobionte (strömungstolerante) Lebensform das ganze Jahr erhalten bleibt, ist als wintergrüne Assoziation weit verbreitet. Sie verzahnt sich in Quellnähe oft mit der Brunnenkresseflur (*Nasturtietum officinalis*), flußabwärts dagegen mit verschiedenen Gesellschaftsausbildungen der Fluthahnenfuß-Gesellschaft (*Ranunculetum fluitantis*, Abb. 294) oder in wenig verschmutzten oligo-mesotrophen Gewässern mit dem *Groenlandietum densae*. Die rheophytische Fluthahnenfuß-Gesellschaft verschwindet in letzter Zeit zunehmend aus planaren und submontanen Lagen und findet sich nur noch in weniger belasteten Ober- und Mittelläufen der Berglandsflüsse.

- **Gefährdung:** Eutrophierung durch Nährstoffeintrag, Uferverbau, Gewässerbegradigung, Verrohrung, u.a.
- **Schutz:** ■, ●; FFH 3260; CORINE 91 : 24.4, ✳ (überall prioritär nach Directive 92/43 EEC).
- **Verbreitung:** Vom Flachland bis in das Gebirge.
- **Beispiele:** Abb. 282 bis 298.

2.4.3.2 Sommerwarme Bäche und Flüsse, Unterlaufabschnitte (Potamal)

Der aktuellen starken Reduzierung der Fluthahnenfuß-Gesellschaften (*Ranunculetum fluitantis*) in den Mittel- und Unterlaufabschnitten der Fließgewässer steht eine fortschreitende Ausbreitung der chlorid- und abwasserresistenten Kammlaichkraut-Gesellschaft gegenüber, welche sich vorzugsweise durch Herdenbildung des Kammlaichkrautes (*Potomogeton pectinatus* fo. *interruptus*) auszeichnet (s. Abb. 298). Sie indiziert eine ähnliche hohe Wasserbelastung, wie die extrem eutraphente bis hypertraphente Teichfaden-Gesellschaft (*Zannichellietum palustris*). Mit dem *Zannichellietum* ist die *Potamogeton pectinatus – interruptus*-Gesellschaft auch floristisch über einige Zwischenstufen verbunden. Ähnliches gilt für Massenbestände vom Nußfrüchtigen Wasserstern (*Callitriche obtusangula*) und der Fadenalge *Cladophora glomerata* agg. (Abb. 295), die das *Callitrichetum obtusangulae* aufbauen und kennzeichnen.

Ebenfalls recht häufig in Tieflandsbächen und -flüssen diluvialer Sandgebiete ist das *Ranunculetum fluitantis sparganietosum*, dessen Gepräge durch Ökomorphosen des Fließgewässers, z.B. den „Salatblättern" von *Nuphar lutea* mod. *submersa*, sowie den vallisnerioiden Lebensformen von *Sparganium emersum* mod. *fluitans* (Abb. 297) und *Sagittaria sagittifolia* mod. *vallisneriifolia* bestimmt wird. Dieser eutraphenten, ammonium- und nitratliebenden Assoziation fehlt der Fluthahnenfuß fast immer. Vorfluter, Gräben und langsam fließende Bäche können Biotope des Wasserhahnenfußes (*Ranunculus aquatilis* agg.) sein. Vor allem die batrachioide Kleinart *Ranunculus peltatus* und einige *Callitriche*-Arten bauen das *Ranunculetum aquatilis* auf. Als amphibische Gesellschaft kommt es aber auch in Stillgewässern vor.

In der amphibischen Zone vieler fließender Gewässer wechseln unter natürlichen Bedingungen klein- und hochwüchsige Röhrichtgesellschaften und Gehölzassoziationen engräumig miteinander ab (s. Tab. 4 sowie Abb. 299 bis 311). Als Röhrichte der Fließgewässer sind zahlreiche strömungstolerante Assoziationen charakteristisch, die zudem sehr gut den wechselnden Wasserständen der Bäche und Flüsse angepaßt sind. Einige der wichtigsten Bestände sind im folgenden aufgeführt.

Röhrichte und Uferstauden

Ubiquitär an fast allen Fließgewässern des Berg- und Flachlandes stehen unmittelbar über der mittleren Hochwasserlinie dichte *Typhoides arundinacea*-Rohr-Glanzgras-Röhrichte (Abb. 299). Das strömungs- und überflutungsresistente *Phalaridetum arundinaceae* spiegelt besonders gut die hydrologischen Extrembedingungen des Standortes wider (Abb. 308). Andere niedrigwüchsige Röhrichte aus *Glyceria plicata* (Faltschwaden), *Glyceria fluitans* (Flutschwaden), *Nasturtium officinale* (Brunnenkresse, Abb. 310) sowie *Sparganium erectum* (Aufrechter Igelkolben) wachsen in unterschiedlichen Artenkombinationen einmal an nährstoffreichen, kalkführenden Bächen mit Dominanz des Faltschwadens, als *Glycerietum plicatae* oder zum anderen als Flutschwadenröhricht (*Sparganio-Glycerietum fluitantis*, Abb. 307, 309) auf den Gleithängen der Fließgewässer in einer Wasserwechselzone unter- und oberhalb des Mittelwasserstandes der potamalen Zone (Abb. 299 bis 302). Im Gewässerbett kleinerer Flüsse sowie der Flachwasserzonen von Altgewässern gedeiht sehr oft eine eutraphente, niedrigwüchsige Röhrichtgesellschaft mit *Sagittaria sagittifolia* (Gewöhnliches Pfeilkraut) und *Sparganium emersum* (Einfacher Igelkolben) als Charakterarten (Abb. 303). Das *Sagittario-Sparganietum emersi* kann als Zeigerassoziation für hydrogenkarbonatreiche, stark phosphat- und nitrathaltige Gewässer angesehen werden. An aufgestauten Bächen mit zumindest zeitweilig fließendem Wasser entwickelt sich ein mannshohes, üppiges Stillwasserröhricht aus *Sparganium erectum* ssp. *neglectum* (Aufrechter Igelkolben) und *Glyceria fluitans* (Flutendes Sumpfgras), bezeichnet als *Glycerio-Sparganietum neglecti* (Abb. 311). Nässeliebende Saumgesellschaften an Fließgewässern des Berg- und Flachlandes bilden vor allem die Hochstaudenfluren mit *Filipendula ulmaria* (Mädesüß). Auf Fließgewässer der Silikatmittelgebirge beschränkt sich dagegen eine seltene Quellstaudenflur von Berg-Kälberkropf (*Chaerophyllum hirsutum*), Eisenhutblättrigem Hahnenfuß (*Ranunculus aconitifolius*) und Wald-Storchenschnabel (*Geranium sylvaticum*). Solche buntblumigen Hochstauden-Gesellschaften (*Chaerophyllo-Ranunculetum aconitifolii*) wachsen meist nur an rasch fließenden Gewässern. Flüsse, Bäche und Gräben der montanen bis planaren Lagen sind weiterhin durch dichte Herden des *Aegopodio-Petasitetum hybridi* gesäumt. Hier bestimmen vor allem die „Rhabarberblätter" der Gewöhnlichen Pestwurz (*Petasites hybridus*) das Vegetationsbild (s. Abb. 43). Vielfach grenzen aber auch die anstehenden Wälder direkt an den Uferrand der Gewässer und lassen nur abschnittsweise eine entsprechende Hochstaudenvegetation zu (s. Abb. 305, 306).

Gehölzgesellschaften

Die Schotterbänke mancher Flüsse säumen in schmalen, oft unterbrochenen Bändern verschiedene Gebüsche aus *Salix*-Arten. Ebenso können die Ufer von natürlichen Gehölzformationen aus Weiden- oder Erlenwäldern begleitet sein, die je noch Höhenlage an Berglands- und Tieflandsflüssen unterschiedliche Auenassoziationen bilden (Abb. 299, 300).

Im Bergland sind vorwiegend vier Gesellschaften verbreitet. Der Bach-Eschenwald (*Carici remotae-Fraxinetum*) mit Esche und Schwarzerle in der Baumschicht bildet galerieartige Wälder entlang der Mittelgebirgsbäche auf Kalk. Der Hainmieren-Erlen-Auenwald (*Stellario-Alnetum*, Abb. 290, 306) gekennzeichnet durch Schwarzerle und aspektbeherrschender Hainmiere (*Stellaria nemorum*), wächst als natürlicher Auenwald im Silikatbergland. In Kaltluftgebieten der höheren Mittelgebirge sowie in der Fichtenwaldstufe der Nordalpen begleitet die Grauerle (*Alnus incana*) die Fließgewässer. Die Mittelläufe begleitet oft ein Erlenwald mit Bitterem Schaumkraut (*Cardamine amara*). In den periodischen Überflutungsbereichen der größeren Flußtäler des Flachlandes stocken als Relikte der Weichholzauen vereinzelt Silberweidenwälder (*Salicetum albae*), denen wasserwärts ein Korbweidengebüsch (*Salicetum triandro-viminalis*, Abb. 291, 300) aus Purpur-, Korb- und Mandelweiden vorgelagert ist. Übersandete Flußtäler sind dagegen Standorte des Eichen-Ulmen-Auenwaldes (*Querco-Ulmetum*), einer ärmeren Ausbildung des Eschen-Ulmen-Waldes (*Fraxino-Ulmetum*), der als anspruchsvollere Gesellschaft die Überschwemmungsbereiche der lehmigen Talauen einnimmt (Abb. 39 und 72). Die *Pruno-Fraxinetum*-Gesellschaften sind wie fast alle Auen- und Niederungswälder dem Wirtschaftsgrünland gewichen, und die wenigen naturnahen Restbestände sind zudem meistens anthropogen überformt.

Ihr möglicher Erhalt und die Wiederansiedlung in Form von Gewässerrandstreifen dienen dem Schutz der Fließgewässer als natürliche Ufersicherung, als Retentionsfläche für oberflächliche Einträge von Nähr- und Schadstoffen, als Schutz vor Bodenabtrag und Erosion, als Element der Biotopvernetzung sowie als Lebensraum für viele gefährdete Pflanzen und Tiere. Darüber hinaus erhöhen die gehölzbestandenen Uferbereiche die biologische Selbstreinigungskraft des Wassers und sie bereichern das Landschaftsbild (s. Abb. 312 bis 314). Die Auswirkungen der Ausbaumaßnahmen auf die standortspezifische Vegetation sind unterschiedlich und reichen von Veränderungen in der Struktur und Artenkombination über die Einengung bis zum völligen Verlust der Wuchsflächen (vgl. auch Abb. 19 bis 21). Die Vernichtung der Ufergehölze erfolgt vielfach durch Rodung oder Grundwasserabsenkung, wodurch die wichtigen Funktionen der Vegetation für den Licht- und Energiehaushalt der Gewässer sowie die Ufersicherung wegfallen. Gerade der Verlust der Ufergehölze stellt einen Eingriff mit weitreichenden Folgen dar, der in der Abschätzung seiner Auswirkungen gegenüber anderen Ausbau- und Unterhaltungsmaßnahmen meist zuwenig Beachtung findet (vgl. BÖTTGER 1990). Die Abhängigkeit der Lichtverhältnisse an Bächen und Flüssen von der begleitenden Gehölzvegetation oder von Hochstauden wurde u.a. von LOHMEYER & KRAUSE (1975), DAWSON & KERN-HANSEN (1978), RICKERT (1986) sowie REMY (1989, 1993) untersucht und beschrieben.

Neben ihren ökologisch relevanten Funktionen besitzt die Vegetation der Ufer mit ihren Bäumen, Sträuchern, Röhrichten und Hochstauden im und am Gewässer auch landschaftsgestaltenden Charakter. Ihre Bedeutung wird offensichtlich im Vergleich naturnaher Gewässerauen und ausgeräumter, völlig kultivierter Flußauen.

Abb. 300: Vegetationskomplex einer Weichholzaue am Oberrhein bei Burkheim (1986)
mit *Carex elata*-Seggenriedern (im Vordergrund), *Phalaris*-Rohr-Glanzgras-Röhrichten
an den Ufern und anschließendem Weiden-
gürtel (*Salicetum albae*). Alle Auen-Biotopty-
pen sind extrem gefährdet.

Abb. 301: Steilufer an der Ems im Dünenbe-
reich der Meppener Kuhweide (1990). Diese
Habitatstrukturen gibt es nur noch an wenigen Flußabschnitten norddeutscher Geestflüsse.

Abb. 302: Steiluferabschnitt an der Bever in
Westfalen (1983). Im oberen Steiluferbereich
sind Bruthöhlen von Uferschwalben und Eis-
vögeln zu sehen.

Abb. 303: Pfeilkrautröhricht (*Sagittario-Sparganietum emersi*) auf einem Gleithang an der
Ems bei Rheine (1980). Das Pfeilkrautröhricht
ist ein artenarmes Röhricht im langsam fließenden oder stehenden Wasser von Bächen
und Flüssen. Subozeanisch und im Tiefland
verbreitet. In Mittelgebirgslandschaften auf
Flußtäler beschränkt.

Abb. 304: Kanalisierte und ausgebaute Ems bei Warendorf (1982). Die Schüttsteine bleiben im wesentlichen vegetationsfrei; oberhalb der Mittelwasserlinie siedelt sich ein *Phalaridetum arundinaceae* an, das bandförmig den Flußlauf begleitet. Die Böschungshänge und -kanten müssen regelmäßig gemäht werden. Die Fließwasserröhrichte an Flüssen und großen Bächen des Berg- und Hügellandes wachsen unmittelbar über der mittleren Hochwasserlinie, und sie finden sich an fast allen Fließgewässern mit hohen und dichten Herden von *Phalaris arundinacea* (= *Typhoides arundinacea*). Die natürlichen Komponenten eines Fließgewässers, wie Prall- und Gleithänge, Ufergehölze und Altarmstrukturen, sind durch den Gewässerausbau meistens verloren gegangen.

304

Abb. 305: Naturnahe Fließgewässer im Oberlaufabschnitt mit hohen Geröll- und Grobkiesanteilen (Kalkarmes Epi- bis Metarhithral). Dieses meist sommerkalte Gewässer wird stellenweise stark beschattet (Hessisches Bergland, 1991).

Abb. 306: Mittellauf eines Fließgewässers mit mäanderartig stark gewundenem Verlauf (Potamalbereich). Am Uferbereich stockt ein typischer bachbegleitender Auenwald vom Typ des *Stellario-Alnetum* (Sauerland, 1979).

305

306

Abb. 307: Megapotamalbereich eines Fließgewässers mit Prall- und Gleithängen und
stark differierender Fließgeschwindigkeit. Das
zeigt deutlich das typische Fließwasserröhricht vom Typ des *Sparganio-Glycerietum
fluitantis*. Es sind niedrigwüchsige Röhrichte
im fließenden Wasser kleinerer Bäche und
Gräben im eu- bis mesotrophen Milieu. Die
Flutschwadenröhrichte sind besonders gut
entwickelt an kleinen Fließgewässern von der
planaren bis in die montane Stufe.

307

308

309

310

311

128

◁ Abb. 308: Fließgewässer der Ebene mit ausgeprägtem Rohr-Glanzgras-Röhricht.

◁ Abb. 309: Fließwasserbiotop mit deutlicher Ausprägung niedrigwüchsiger Röhrichte aus Brunnenkresse (*Nasturtietum officinalis*) und Froschlöffel (*Alisma plantago-aquatica*). Derartige Bachröhrichte wachsen in Höhe der Mittelwasserlinie. Die Brunnenkresse-Gesellschaft (*Nasturtietum officinalis*) wächst in Flachwasserzonen und unmittelbaren Uferbereichen mäßig strömender, klarer Wiesengräben, Quelltrichter und Quellabläufe. Sie weist oft niedrigwüchsige Herden von *Nasturtium officinale* auf (Weserbergland, 1980).

◁ Abb. 310: Die wintergrüne Brunnenkresse-Gesellschaft (*Nasturtietum officinalis*) im Oberlauf der Berkel bei Coesfeld i.W. (1982). Diese Gesellschaft kennzeichnet schnellfließende Bäche; sie findet sich häufig in der Nähe von Quellen mit oft kalkhaltigem Wasser.

◁ Abb. 311: Begradigter Fließwasserabschnitt mit deutlich zonierten Uferröhrichten vom Typ des *Sparganio-Glycerietum fluitantis* (Dinkel bei Heek, 1983).

312

Abb. 312: Biotoptypenkomplex im Mündungsbereich der Ems in den Dollart (Hypopotamal). Die Tidenhubmarken des Gezeitenwechsels sind deutlich zu erkennen. Ausgeprägte *Phalaris*-Röhrichte sind teilweise mit halophytischen Arten angereichert; diese zeigen die temporären Brackwasserphasen des Flusses an (bei Papenburg, 1994). Damit *Phalaris arundinacea* sich voll zur maximal beobachteten Höhe von 2 Metern entwickeln kann, ist ein hoher Wasserstand am Anfang der Vegetationsentwicklung bis Anfang Juni erforderlich. Unter diesen Bedingungen vermag diese klonal wachsende Art dank ihres raschen Längenwachstums am Anfang der Vegetationsentwicklung auch in Feucht- und Naßwiesen zu dominieren.

Abb. 313: Biotoptypenkomplex Elbaue bei Schnackenburg (1990). Das Urstromtal der Elbe verfügt noch über viele Altwässer und Auenwälder, die einer reichen Vogelwelt Brut- und Rastplätze bieten. Der nach der Wiedervereinigung Deutschlands als Biosphärenreservat ausgewiesene Flußabschnitt der Mittleren Elbe muß unbedingt unter Naturschutz bleiben!

Abb. 314: Elb- und Auenlandschaft im Hannoverschen Wendland oberhalb Hitzacker mit ausgeräumter, landwirtschaftlich genutzter Talaue beidseitig des mit Buhnen kanalisierten Elbstromes (1989). Hier kann eine geeignete Revitalisierung die ursprüngliche Biotoptypenvielfalt halbwegs wiederherstellen.

313

314

Die höhere Biodiversität intakter Gehölzbestände liegt auf der Hand. Tritt zur Vernichtung der Ufervegetation die Ausräumung der benachbarten Auenbereiche hinzu, dann verlieren die Fließgewässer vielfach ihre Funktion als belebendes und gliederndes Element der Landschaft. Soziologisch-ökologische Vergleiche von natürlich oder naturnah fließenden Gewässern zu ausgebauten bzw. kanalisierten Fließwassersystemen zeigen deutlich die negative Veränderungen auf, die aus der Entfernung der Ufergehölze resultieren, speziell durch Veränderung des Licht- und Wärmehaushaltes sowie des ober- und unterirdischen Nährstoffeintrages. Der Verlust der Ufergehölze kann zu einer Umwandlung sommerkalter Bäche in sommerwarme Bäche führen und so auch den Sauerstoffhaushalt eines Gewässers nachhaltig verändern. Mit zunehmender Lichteinstrahlung kommt es in vielen Fällen zu einer deutlichen Vergrößerung der Phytomasse, die bis zur völligen Bedeckung des Wasserkörpers mit Hydrophyten reichen kann. Aus der Zunahme der Phytomasse resultiert in der Regel eine deutliche Veränderung der hydrochemischen und hydrophysikalischen Bedingungen. Damit werden vielfach die spezifischen Lebensbedingungen in den Bächen und Flüssen

grundlegend verändert, mit der Folge, daß die an den natürlichen Zustand angepaßten Tier-und Pflanzenarten auf die Dauer nicht überleben können.

Wird, wie es so oft geschieht, nur die schattengebende Wirkung der ehemals vorhandenen gewässerbegleitenden Auenwälder gesehen und daraus die Vorstellung durchgehend beschatteter und weitgehend hydrophytenfreier Fließgewässer abgeleitet, dann unterschätzt man die Dynamik der Fließgewässer. Die Dynamik der natürlichen Fließgewässer führt durch Prozesse der Seitenerosion zu einer ständigen Veränderung sowie Verlagerung der Uferlinien und damit auch zu einer Auflockerung der begleitenden Uferstrukturen und der begleitenden Vegetation. Es ist also auch bei natürlichen Fließgewässern mit einem Wechsel zwischen mehr oder weniger beschatteten bzw. unbeschatteten Fließgewässerabschnitten zu rechnen. Auch dieser Gesichtspunkt ist bei der Beurteilung der gegenwärtigen Strukturen zu beachten.

Die Ausbau- und Unterhaltungsmaßnahmen haben aufgrund der Befestigung der Ufer und der Vereinheitlichung der Uferstrukturen in Kombination mit dem Verlust der Ufergehölze vorwiegend negative Auswirkungen auf ein Fließwasserbio-

top und seine Uferregionen, die sich oftmals in einer Verringerung der Standortdiversität sowie durch eine Biotop- und Vegetationsverarmung manifestiert (vgl. auch Abb. 312 bis 314 sowie POTT 1984). Die Bedeutung der Standortdiversität für die Biozönosen der Fließgewässer kann beispielsweise auch anhand der unterschiedlichen Verfügbarkeit von Fall-Laub als Nahrungsgrundlage für Detritusfresser (z.B. Bachflohkrebs) aufgezeigt werden. So ist das Laub der Erle bereits im Herbst verfügbar, während das Laub der Rotbuche erst durch mikrobielle Prozesse aufbereitet werden muß, um im folgenden Frühjahr den Detritusfressern verfügbar zu sein (STATZNER 1986, SCHRÖDER 1988).

- **Gefährdung:** Nährstoff- und Schadstoffeintrag, Fließgewässerausbau, etc.
- **Schutz:** □, ●; FFH 3260; CORINE 91: 22.13, ✳ (nicht überall prioritär nach Directive 92/43 EEC).
- **Verbreitung:** Vom Flachland bis in das Alpenvorland verbreitete Biotoptypen, an naturräumlich verschiedenen Fließwassersystemen in jeweils charakteristischer Ausprägung.
- **Beispiele:** Abb. 299 bis 314.

3
Biotoptypen der Küsten und deren Vegetation

Die flachen Meere der Nord- und Ostsee sind in ihrer heutigen Form erst in der Nacheiszeit als Folge und Ergebnis kompliziert ablaufendender Transgressions- und Regressionsprozesse des Meereswassers entstanden. Im Spätglazial ragte beispielsweise die Doggerbank, die heute stellenweise nur weniger als 15 Meter unter dem Meeresspiegel liegt, noch aus dem Wasser empor. Hier mündete auch der damalige Rheinstrom, der vorher noch das Wasser seines damaligen Nebenflusses Themse aufgenommen hatte. Steinzeitliche Jäger siedelten dort; Rentiere und Jäger konnten trockenen Fußes England vom Kontinent aus erreichen. Vor 9 000 Jahren aber war die Doggerbank überflutet und die Küstenlinie verlief weit nördlich bei Helgoland, so daß England noch über eine schmale Landbrücke mit dem Festland verbunden war. Erst später brach der Ärmelkanal ein; der Golfstrom konnte nun einen Teil seines warmen Wassers auf direktem Wege in die Nordsee lenken, mit wichtigen Auswirkungen auf die Herausbildung eines wintermilden, atlantischen Klimas (s. BEHRE 1987, 1991; STREIF 1990; POTT 1995 b).

Natürlich stieg auch der Wasserspiegel in der Ostsee. Im Spätglazial war die Ostsee ein vom Süßwasser der abtauenden skandinavischen Gletscher erfüllter Eisstausee, der durch einen gewaltigen Eisriegel im Gebiet des heutigen Skagerak vom salzhaltigen Nordseewasser getrennt war. Als vor etwa 11 000 Jahren der Eisriegel abgetaut war, konnte sich eine riesige Flutwelle vom Eisstausee in die Nordsee ergießen. Der Wasserspiegel im damaligen Ostseebecken sank dadurch um etwa 75 Meter (KÜSTER 1995). Nach dem Ausfließen des Eisstausees gelangte salzhaltiges Meerwasser aus der Nordsee über die damalige schwedische Landsenke (im Gebiet zwischen Göteborg und Stockholm) in das Becken der Ostsee. In der Folgezeit

bewirkten Landhebungen und -senkungen verschieden intensive Wasserverbindungen zwischen Nord- und Ostsee. Nur wenig Meersalz dringt heute in die Ostsee ein, beinahe ist sie ein Süßwassersee. Es gibt auch kaum Tidenhub in der Ostsee und Wasseraustausch findet nur in geringerem Umfang statt mit allen Konsequenzen der Akkumulation von Schad- und Nährstoffen im Ostseewasser und im Ökosystem der Ostsee insgesamt.

Die Vegetationsverhältnisse der Dünenlandschaften, der Salzwiesen sowie die vom Queller bewachsenen Wattflächen im Bereich der Küste und der Ostfriesischen bzw. Nordfriesischen Inseln sind im Farbatlas Nordseeküste und Nordseeinseln von POTT (1995 b) beschrieben. Verschiedene Komponenten, die zur Entstehung dieser einzigartigen Landschaften und Vegetationseinheiten geführt haben, sind dabei in ihrem komplexen Zusammenwirken dargestellt. Deshalb wird hier aus Platzgründen auf eine eingehende Beschreibung der Biotoptypen des Küstenraumes verzichtet und es sind nur die wichtigsten Biotoptypen der Dünenkomplexe, der Dünentäler, der Wattflächen und der Salzwiesen dargestellt. Dazu werden ganz kurz die Spülsäume, die Strandwälle und die Steilküsten behandelt.

Vor der ostfriesischen und oldenburgischen Küste liegt eine Kette von sieben **Düneninseln** und einigen unbewohnten **Sandplaten** (Abb. 315). Es sind erdgeschichtlich sehr junge, holozäne Formationen, die in ihrer heutigen Position erst im Atlantikum nach 5 500 v.Chr., im Zuge der Nordseetransgression entstanden sind. Mit der Entwicklung der Inseln einhergehend ist auch der holozäne Sandkörper im Untergrund der Watten und Marschen entstanden.

In der Nähe der Mündungen von Ems, Weser und Elbe in die Nordsee wurde die Strömung der Flüsse im Lauf der Zeit da-

durch verlangsamt, daß der Meeresspiegel anstieg. Die Flußläufe wurden insgesamt kürzer, ihre Mündungen ertranken in den Meeresfluten, und dadurch wurde das ohnehin schon geringe Gefälle der Flüsse im Bereich ihrer Mündungen allmählich geringer. Im Wechsel mit dem ständig wechselnden Ablauf des Tidewassers zwischen Ebbe und Flut und dem ausströmenden Flußwasser bildeten sich zusätzlich die typischen Trichtermündungen, die brackischen **Ästuare** aus. Das langsam fließende Wasser hatte zuerst keine Kraft mehr, den Sand weiterzubewegen; der Sand lagerte sich ab, Sandbänke entstanden. Dann sanken auch, im fast stehenden Gewässer der ertrunkenen Flußmündungen die Tonpartikel zu Boden: es bildete sich das Marschenland als **Flußmarsch** in den Ästuaren, und als **Küstenmarsch** entlang der Meeresstrände.

Nach neuesten geologischen Erkenntnissen haben sich die Ostfriesischen Inseln auf ehemaligen Strandwallsystemen und hochliegenden Sandplaten als Barriere-Inseln allein aus dem Kräftespiel von Strömung, Seegang und Wind gebildet. Sie haben sich im ausgehenden Subboreal, seit etwa 1 200 v.Chr. vom Entwicklungsstadium periodisch überfluteter Sandplaten zu teilweise hochwasserfreien Strandwällen bis zum Endstadium Dünen tragender Inseln entwickelt – ein Vorgang, der noch heute andauert.

Die Nordfriesischen Inseln, Sylt, Amrum und Föhr sind in ihrem Kern **Geestinseln** (= Geestkerninseln), d.h. sie bestehen aus eiszeitlichen Schichten, die als Reste des nacheiszeitlichen großen, dem heutigen Schleswig-Holstein einst vorgelagerten „Westlandes" oder „Weststrandes" anzusehen sind, welches mit steigendem Meeresspiegel aufgelöst wurde (Abb. 316). Auf Sylt existieren mehrere kleine Geestkerne im Mittelteil der Insel; auf Föhr gibt es einen großen Geestkern im Süden und

Amrum selbst besteht aus einem großen Geestkern, dem Dünen und Salzwiesen angegliedert sind. Neuwerk, Pellworm und Nordstrand sind **Marscheninseln**; **Halligen** und vegetationsfreie Sände oder **Sandplaten** runden die Palette der holozänen Wattenmeerbildungen ab. Die verschiedenen Inseltypen sind in Kombinationen aus Dünenkomplexen, Salzwiesen und anderen charakteristischen marinen Ökosystemen aufgebaut.

Die **Felseninsel** Helgoland besteht zu überwiegenden Teilen aus triassischen Sandsteinen (Mittlerer Buntsandstein). Sie ist dadurch entstanden, daß aus dem Untergrund aufdringende Salze im Zuge tektonischer Bewegungen die überlagernden mesozoischen Gesteinsschichten um einige tausend Meter angehoben haben, so daß diese heute über den Meeresspiegel aufragen.

Wie aus alten Karten und geologischen Untersuchungen hervorgeht, sind Meeresspiegelschwankungen, veränderliche Sedimentationsbilanzen, Änderungen der Mittel-Tidehochwässer sowie Regressionen und Transgressionen der Nordsee für die geomorphologischen Umgestaltungen des Küstenraumes und der Inseln selbst verantwortlich. Die auffälligste und weitreichendste geomorphologische Veränderung der Ostfriesischen Kette ist die Ausweitung einiger lageinstabiler Inseln nach Osten (Baltrum, Spiekeroog, Wangerooge) sowie die positive alluviale Sandbilanz lagestabiler Inseln an ihren Ostseiten (z.B. Norderney, Borkum, Juist und Langeoog). Auf den nordfriesischen Inseln zeigt besonders Sylt starke Erosionserscheinungen mit großen Sandverlusten. Positive Sandbilanz bedeutet für die Vegetation zunächst eine Vergrößerung des Areals von Dünengesellschaften. Im Lee neu entstandener Dünengebiete können sich Salzwiesen auf der zuvor vegetationsfreien, sandgeschliffenen Strandplate etablieren. Spülsaumpflanzen und Weißdünenarten besiedeln die seewärts gelegenen Sandfelder, und die Dünen wachsen zu strandparallelen, bis zu 20 m hohen Vordünen heran. Im Bereich älterer, verhagernder Dünen entstehen im Zentrum der Inseln die charakteristischen Graudünen, Braundünen und Küstenheiden sowie die typischen Dünentäler. **Boddenküsten** sowie ausgedehnte **Nehrungen** und **Strandwälle** gibt es an der Ostsee: bei Heiligenhafen und Gelting, auf Fehmarn und Rügen. Der Darß, das Fischland, Hiddensee und Usedom am Stettiner Haff sind gar keine Inseln im eigentlichen Sinn, sondern Nehrungen mit einem jeweiligen rückwärtigen Haff als Gewässer in Festlandsnähe. An den flachen Marschenküsten der Nordsee wechselt die Grenze zwischen Land und Meer ständig; **Tiden** und **Tidenhub** sind hier die entscheidenden formenden Kräfte. Salzwiesen wachsen auf den Inseln und an der Küste zwischen der mittleren Tidehochwasserlinie und der Sturmflutlinie, sie sind also stark vom Salzwasser beeinflußt. Auf den Inseln bilden vielfach Dünen die natürliche Obergrenze der Salzwiesen; an der Festlandsküste sind sie landeinwärts überwiegend durch Deiche begrenzt. Unterhalb der mittleren Tidehochwasserlinie schließen sich die absolut tideabhängigen Wattflächen an.

316

◁ Abb. 315: Das Seegat zwischen Norderney und Baltrum (Foto H. KOLDE, 1989). Die Riffbögen am seewärtigen Ausgang des Gats und seine einzelnen Sandplaten sind deutlich zu erkennen. Dieser Biotoptypenkomplex ist typisch für den offenen Nordseebereich der ostfriesischen Küste im Nationalpark Wattenmeer. Im Wattenmeer und im offenen Meer gibt es rein zoogene Biotope: Austernvorkommen sind seit etwa 50 Jahren durch Gewässerverschmutzung nahezu erloschen, Miesmuschelbänke sind derzeit akut gefährdet und in den letzten 20 Jahren um fast 70% zurückgegangen; Sandkorallen-Riffs mit *Sabellaria spinosa* sind bis auf restliche Fragmente im Jadebusen reduziert.

317

Abb. 316: Blick auf die nordfriesische Nordseeküste mit der Hallig Hooge im Vordergrund und der Geestkerninsel Amrum mit ihrer angebrandeten Sandbank, dem Kniepsand, im Hintergrund (Foto H. KOLDE, 1982).

Abb. 317: Hakenförmig nach Süden abgebogene Spitze am jungen Ostende von Juist auf dem Kalfamer. Die Biotopkomplexe von Primärdünen, Weißdünen, Weißdünenkernen und das sich gerade etablierende Inselwatt sind gut erkennbar. (Foto H. KOLDE, 1989).

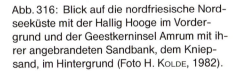

Die Entstehung des Watts, des Wattenmeeres und der meerwärts vorgelagerten Inseln ist das Ergebnis eines vorwiegend küstenwärts gerichteten Sandtransportes. Der Naturraum Wattenmeer und Wattenmeerinseln ist noch heute – und vielleicht gerade heute bei langsam ansteigendem Meeresspiegel – ein Bereich starker morphologischer Veränderungen, wobei vor allem der Tidenhub (d.h. Anstieg und Abfall des Wassers im Gezeitenwechsel, also Hoch- und Niedrigwasser zwischen Ebbe und Flut) die entscheidende formenschaffende Rolle spielt.

Nicht ganz so intensiv wirken diese Kräfte an der Ostseeküste. So wie an der Nordsee die Gezeiten mit ihren Strömungen und Brandungen zweimal täglich große Flächen des Wattenmeeres prägen und neu formen, so wechseln an den **Bodden**- und **Nehrungsküsten** der Ostsee im neu entstandenen Land **Reff** und **Riegen**. Die Reffs sind kleine Dünen, vom Flugsand überhöhte Strandwälle. Zwischen ihnen aber liegen die Riegen, sumpfiges Terrain, durchzogen von schwarzem Wasser in größeren oder kleineren lagunenartigen Seen, welches als Schwemmland – von der offenen See abgeschnitten – über Jahrhunderte einer allmählichen Aussüßung unterliegt und somit eine Metamorphose von einem See mit Binsen und Schilf bis hin zum allmählich verlandenden Sumpf erfährt. Im Alterungs- und Sukzessionsprozeß entwickeln sich in den Riegen aus großwüchsigen *Phragmites*-Röhrichten üppige Erlenbruchwälder, wie man vielerorts im Gebiet des Darß im Nationalpark der mecklenburgisch-vorpommerschen Boddenküste beobachten kann. Hier wechseln breite Streifen von sanddorn- und kiefernreichen Strandwallzügen mit tiefer liegenden jungen Röhrichten oder älteren Bruchwäldern ab.

Die Vegetationskomplexe der Küstenlandschaften bilden – wie gesagt – ein miteinander vernetztes, dynamisches Mosaik von Ökosystemen. Unterschiedliche Grundwassernähe, verschiedene Salz-, Nährstoff- und Humusgehalte, mikroklimatisch differenzierte Kleinbiotope und verschiedene altersbedingte Sukzessions- bzw. Regressionsstadien bedingen also eine vielfältige Landschaft, die sich in folgende Teilräume bzw. Ökosystemkomplexe gliedern läßt:

– Komplex der **Primär**- und **Sekundärdünen** (Vordünen und Weißdünen),
– Komplex der **Tertiärdünen** (Graudünen und Braundünen, einschließlich der Dünengehölze),
– Komplex der nassen bis feuchten **Dünentäler** (primäre und sekundäre Dünentäler), und der Dünenseen,
– Komplex der großflächigen **Dünenwälder** in grundwassernahen Dünentälern,
– Komplex der **Salzwiesen** und der **Wattflächen**.

Diese Ökosystemkomplexe unterliegen der jeweils typischen primären progressiven Sukzession, die wir als **Hydroserie** (Wasserpflanzen, Röhrichte und Großseggenrieder in und an den offenen Brack- und Süßgewässern der Dünentäler und Dünenseen), als **Hygroserie** (offene Pioniergesellschaften, Niedermoor- und Hochmoorvegetation sowie Feuchtheiden und Gehölzgesellschaften mit Gebüschen und Wäldern der grundwasserbeeinflußten, wechselfeuchten Dünentäler) sowie als **Haloserie** (die Vegetationskomplexe des Inselwatts einschließlich des Grenzbereiches zwischen Dünen und Salzwiesen), und schließlich als **Xeroserie** (Vegetation der grundwasserfernen Dünen) bezeichnen wollen. Diese Sukzessionsserien sind bei POTT (1995b) genau beschrieben und mit Farbbildern erläutert.

3.1 Dünenkomplexe

Küstendünen sind als primär durch Windeinwirkung entstandene Sandhügel weitgehend auf die Inseln im Wattenmeer und den Ostseeraum beschränkt; sie greifen nur bei Cuxhaven und bei St. Peter-Ording an der nordfriesischen Küste auf das Festland über; an der Ostseeküste sind sie auf den Inseln und am Festland verbreitet. In der typischen Abfolge treten seewärts die niedrigen, locker mit Strandquecke (*Agropyron junceum*) bewachsenen **Vor**- oder **Primärdünen** auf, daran anschließend die mehr oder weniger hohen **Weiß**- oder **Sekundärdünen** mit *Ammophila arenaria* bzw. *Ammocalama-*

grostis baltica als dominierende Pflanzenarten. Landwärts bzw. im Inneren der Inseln folgen die **Grau**- und **Braundünen** als **Tertiärdünen** mit Sandtrockenrasen, Krähenbeerenheiden und Gebüschen u.a. aus Sanddorn (*Hippophae rhamnoides*), Kriechweide (*Salix repens* var. *arenaria*) und Holunder (*Sambucus nigra*). Diese Pflanzengesellschaften werden hinsichtlich ihrer Dynamik der Xeroserie zugeordnet.

Die **Meeresdünen** entstehen dort, wo an Flachküsten größere, zerriebene Gesteinsteilchen zusammen mit zerkleinerten Muschelschalen und anderen organischen Resten abgelagert und vom Wind verfrachtet werden. In vorderster Front der Dünenbildung oberhalb der Springflut-Hochwasserlinie – wo besonders extreme Bedingungen herrschen – sind spezielle Gräser die wirksamen Sandfänger (Abb. 317). Vor allem die Strandquecke (*Agropyron junceum* = *Elymus farctus*) bildet durchblasbare Hindernisse, an denen sich kleine Wirbel bilden. Vor, in und hinter den Horsten von *Agropyron junceum* können sich kleine Sandkissen ablagern (Abb. 317); es entsteht in diesem Bereich die oft nur wenige Zentimeter hohe, maximal aber 1 m erreichende **Vordüne** (= **Primärdüne**) mit der entsprechenden, oftmals nahezu einartigen Pioniergesellschaft *Agropyretum juncei* (= Strandquecken- oder Binsenquecken-Gesellschaft).

Die Festlegung des Sandes durch die geschilderten organogenen Prozesse mit Hilfe der Strandquecke ist Voraussetzung für weitere Aufhöhungsvorgänge. Wenn die Dünen so stark angewachsen sind, daß der Salzwasser- oder Brackwassereinfluß vollständig außerhalb des Wurzelraumes der Dünenpflanzen zu liegen kommt und der salzhaltige Sand durch Regenwasser zunehmend ausgewaschen wird, wandelt sich die Primärdüne zur **Sekundärdüne**, welche bis zu 20 m hoch werden kann (s. Abb. 318).

In dieser Phase der Aufhöhung werden die leicht löslichen Salze, vor allem die Chloride, also NaCl, aber auch das aus Muschelschill stammende $CaCO_3$ sukzessive ausgewaschen. In gleicher Richtung nimmt der pH-Wert von anfänglich rund pH 7 bis auf Werte um pH 4 ab. Die hier bestimmende Grasart ist der Strandhafer (*Ammophila arenaria*); als besonders gut angepaßte Art mit harten Rollblättern, zusätzlich noch stark reflektierenden Blattunterseiten sowie einem ausgedehnten Rhizom- und Wurzelsystem. Im bewegten Sand ist *Ammophila arenaria* ständig gezwungen, durch fortwährende Wurzelneubildung das frische Material zu durchziehen; das bedeutet ständige Zufuhr mineralischer Nährstoffe und allmähliche Festigung der Dünenkomplexe.

Die Weißdünen haben ihren Namen daher, daß zwischen den einzelnen Pflanzen oder Pflanzengruppen der eingewehte weiße Sand durchleuchtet (Abb. 318). Da *Ammophila* und auch der Baltische Strandhafer (*Ammocalamagrostis baltica*) die Sandüberstäubung brauchen, gedeihen auch sie am ehesten in Strandnähe bzw. an der Luvseite der Dünen. Durch rasche Internodienstreckung und Heben der Rhizomspitzen schieben diese angepaßten Sandfänger immer wieder ihre Vegetationskegel über die jeweils neuen Sandoberflächen hinaus und durchziehen mit riesigem Wurzelwerk somit große Sandflächen der Dünen (Abb. 319).

In den alternden Weißdünen, wo die Sandüberwehungen reduziert sind, beginnt allmählich mit dem Aufbau von Humus eine Bodenentwicklung. Verlagerung und Auswaschung von Nährstoffen finden gleichzeitig statt; das macht sich bei der Entstehung eines leicht grau gefärbten A-Horizontes im Oberboden bemerkbar: aus der Weißdüne ist eine **Graudüne** entstanden. Die Entkalkung schreitet in dieser Phase besonders deutlich voran, die pH-Werte sinken auf Werte von 7,0. In diesem Stadium der Dünenentwicklung stellt sich der Rotschwingel (*Festuca rubra* ssp. *arenaria*) ein, der die degenerierende Weißdüne kennzeichnet. Graudünen werden vor allem durch eine Reihe von horstartig wachsenden Gräsern charakterisiert, die große Trockenheit ertragen können und nicht mehr so deutliche Anpassungen an die Sandüberwehungen aufweisen, wie das beim Strandhafer der Fall ist (Abb. 320).

Knapp hinter dem Bereich der maximalen Sandüberwehung, meistens an der Leeseite der Weißdünen, ändern sich somit Standortklima und Vegetation sehr rasch. Hier stellt sich die sandschwingelreiche Weißdüne vom Typ der *Elymo-Ammophiletum festucetosum arenariae* ein

(Abb. 320). Diese zeichnet sich durch viele trockenheitsangepaßte Sandpflanzen aus, wie z.B. durch die vermehrte Ausbreitung von *Carex arenaria* (Sand-Segge, Abb. 321). Mechanische Beanspruchung und Sedimentation sind an diesen mikroklimatisch ausgeglicheneren Standorten nicht mehr so extrem.

Wenn die Bodenbildung noch stärker voranschreitet und aus den anorganischen Komponenten sekundäre Tonmineralien aufgebaut und damit Wasser- und Ionenspeicher gebildet werden, beginnt die Auswaschung von Fulvosäuren mit hohen Gehalten an Fe^{3+}-Hydroxiden, die der Düne eine braune Bodenfärbung verleihen. Damit sind die **Braundünen** entstanden (Abb. 119 und 120). Diese tragen primäre natürliche Heide-Gesellschaften mit Krähenbeere (*Empetrum nigrum*), Tüpfelfarn (*Polypodium vulgare*) und Kriechweiden (*Salix repens*). Die Braundünen und auch schon Teile der älteren Graudünen wären sicherlich auch unter natürlichen Bedingungen mit Dünenweiden-Gebüschen des *Salicion arenariae*-Verbandes überzogen (Abb. 322); es sind artenarme Pionierweiden-Gebüsche (*Roso pimpinellifoliae-Salicetum arenariae, Salici arenariae- Hippophaetum rhamnoides*), die aus primären Sukzessionsreihen und nicht aus Wald hervorgehen (Abb. 322).

Vielfach führt also die Sukzession des *Elymo-Ammophiletum festucetosum* nach Aufsandung zu einem dichten und hohen Sanddorngestrüpp, dem *Salici-Hippophaetum* (Abb. 322). Der Sanddorn siedelt sich im Endstadium der Weißdüne zusammen mit der Dünenweide (*Salix repens* var. *arenaria*) an und bildet in dieser Phase offene, niedrige und artenarme Gestrüppe.

Graudünen und Braundünen bilden zusammen mit den Dünengebüschen und -wäldern und dem Ökosystem der feuchten und nassen Dünentäler die **Tertiärdünenlandschaft** (s. Abb. 323). Es ist anzunehmen, daß sich auf trockenen Grau- und Braundünen bei ihrer ungestörten Weiterentwicklung natürliche, windharte Pappel-Eichenwälder vom Typ des *Populo tremulae-Quercetum petraeae* als windgeschorene Krattwälder (Abb. 323) herausbilden können. Auf den Inseln Borkum, Spiekeroog und Norderney sind solche Dünenwälder fragmentarisch ausgebildet, v.a. in solchen Dünentälern, die am Dünenfuß

spitzwinkelig zulaufen, wo Nährstoffe akkumulieren und wo Windschutz gewährleistet ist. Daß die Primärsukzession vielfach noch nicht zur Waldbildung fortgeschritten ist, läßt sich nur dadurch erklären, daß menschlicher Einfluß u.a. mit Brennholznutzung, Viehweide und Plaggenstich dieser Entwicklung vorgebeugt oder entgegengewirkt hat. Das Fehlen der natürlichen Wälder ist heute vielleicht auch eine Folge der geringen Akzessibilität, da es auf den Inseln kaum eine Quelle für natürliches, standortbedingtes Saatgut von Baumarten gibt.

Auf den Dünenketten der Ostsee gibt es ebenfalls *Hippophae rhamnoides*-reiche Gebüsche mit hohen Anteilen an Holunder (*Sambucus nigra*), Hunds-Rosen (*Rosa canina*), Eingriffliger Weißdorn (*Crataegus monogyna*) und bei hohem Muschelschillgehalt unter sehr basenreichen Bedingungen auch sogar mit Schlehe (*Prunus spinosa*). Diese Dünengebüsche gehören zum Gesellschaftskomplex des *Sambuco-Hippophaetum* (s. POTT 1995a). Sie entwickeln sich oftmals zu eichenreichen Kiefernwäldern weiter. Hier hat die Waldkiefer (*Pinus sylvestris*) bessere Wuchsbedingungen und beherrscht den Wuchsaspekt solcher Dünenwälder im gesamten mecklenburgisch-vorpommerschen Ostseegebiet und besonders auf den Riegen im Schwemmland des Darß bei Darßerort sowie an der Nordspitze von Hiddensee auf den Nehrungshaken des Alten und Neuen Bessin.

- **Gefährdung:** Dünenbau, Trittbeeinträchtigung, Freizeitnutzung, Wildverbiß.
- **Schutz:** ■, ●; FFH 2110, 2120, 2130, 2131, 2137, 2140, 2170, 2180, 2320; CORINE 91: 16.221 bis 16.227, 16.23, 16.24, 16.26, 16.29, ✳ (überall prioritär nach Directive 92/43 EEC).
- **Verbreitung:** Auf den Ostfriesischen und den Nordfriesischen Inseln, stellenweise an der Ostsee sowie auf den Ostseeinseln, besonders Darß und Hiddensee.
- **Beispiele:** Abb. 317 bis 323.

Dünen sind als Pionier-Lebensräume grundsätzlich sehr empfindlich gegen jede Art von Ruderalisations- und Düngungseffekten. Hier ist besondere Obacht geboten.

Abb. 318: Weißdünenkette auf der seewärtigen Seite der Insel Langeoog (1994). Diese je nach Entwicklungsstadium und nach Sandzufuhr unterschiedlich intensiv bewachsenen Küstendünen sind durch den Helm (*Ammophila arenaria*) gekennzeichnet. Strandquecke (*Agropyron junceum*) und Strandroggen (*Elymus farctus*) bauen als derbe Gräser Vordünen- und Dünen-Gesellschaften der Sandküsten auf. Sie bewirken Auffangen und Befestigung des Flugsandes und die Entstehung strandparalleler Primär- und Sekundärdünen (Weißdünenlandschaft). Starke Selektion durch Sandüberwehung und Salzwirkung.

Abb 319: Biotoptypenkomplex von offenem Strand, Weißdünenkette und gehölzbewachsenem Tertiärdünenbereich auf Langeoog (1994). Die Küstendünen benötigen zur natürlichen Dynamik auch die Windanrisse, denn nur durch ständige Sandverlagerungen ist die gesamte Arten- und Biotopvielfalt dauerhaft zu erhalten (vgl. auch POTT 1995a).

Abb. 320: Niedrigwüchsiger buntblumiger Sandtrockenrasen im Graudünenbereich des Pirola-Tals auf Langeoog (1989). Das Silbergras (*Corynephorus canescens*) dominiert in solchen Dünenrasen vom Typ des *Violo-Corynephoretum*. Dieses Gras ist auf dem Festland ein Säurezeiger. Hier auf den Inseln kann es sich bei fehlender Konkurrenz (z.B. durch Kaninchenbeweidung) sogar auf kalkhaltige Sekundärdünen ausdehnen.

Abb. 321: Graudünenlandschaft mit starkem Aufwuchs der Sandsegge (*Carex arenaria*). Diese Segge vermag als Sandpionier und Dünenfestiger dichte und verfilzte Decken zu bilden (Norderney, 1994). Diese artenarmen Sandseggen-Rasen breiten sich derzeit nach Eutrophierung der Dünen stark aus (wahrscheinlich aerosolierte N-Einträge!).

321

Abb. 322: Biotoptypenkomplex von Weißdünen, Graudünen und Dünengebüschen vom Typ des *Salici arenariae-Hippophaetum* bzw. des *Hippophao-Sambucetum nigrae*, die sich bei fortschreitender Sukzession im Lee der Dünenketten entwickeln (Borkum, 1990).

322

Abb. 323: Braundünenlandschaft mit Heidevegetation und beginnender Birkenbebuschung (Borkum, 1993).

323

3.2 Dünentäler

Durch das Zusammenwachsen einzelner Dünenkerne und die strandparallele Anordnung von Weißdünenketten können sich auf der Strandplate in Vertiefungen zwischen zwei Dünenwällen grundwasserbeeinflußte Dünentäler abschnüren, die vor Überflutungen des Meeres weitgehend abgeschirmt sind und nach seewärtiger Aufhäufung neuer Weißdünen allmählich in das Inselinnere geraten. Diese **primären Dünentäler** verlaufen strandparallel; sie führen zumindest im Winter regelmäßig Wasser, süßen allmählich aus und können sogar vermooren (Abb. 324 und 325). Sie lassen sich durch ihre Richtung und Form leicht von den **sekundären Dünentälern** unterscheiden, welche durch nachträgliche Ausblasung entstanden sind und in der Richtung des Windes verlaufen (Abb. 324). In den tiefen **Dünentälern** können je nach Grad der Vernässung, je nach Kalk- und Salzgehalt des Wassers verschiedene Röhrichte, Feuchtheiden, Seggen- und Binsensümpfe sowie aquatische und amphibische Gesellschaften in Tümpeln und in anderen Dünentalgewässern auftreten. Hier sind weitaus die meisten aufbauenden Arten grundwasserbedingt. Letztere Gesellschaften werden dementsprechend in der **Hygro-** und **Hydroserie** zusammengefaßt.

Zudem gibt es zahlreiche Vegetationstypen, die in feuchten oder nassen Dünentälern eine typische Sumpf- oder Moorvegetation aufbauen können, die in Abhängigkeit vom Kalk- und Salzgehalt des Substrates variiert (s. POTT 1995b). Ähnliches gilt für die Strandwall- und Lagunensysteme zwischen Reffs und Riegen im Ostseeraum. Röhrichte, Riedgesellschaften oder gar Dünenmoore können sich dabei entwickeln.

Auch **Küstenheiden** vom Typ des *Empetro-Ericetum* sind natürliche Vegetationstypen, da sie in der Regel aus der primären Sukzession hervorgehen. Sie können an windexponierten Stellen auch als Dauergesellschaften das Endstadium der Entwicklung bilden (Abb. 326). Eine Weiterentwicklung hin zum Wald gibt es nur an windgeschützten Stellen, wo Grauweiden (*Salix cinerea*) und Lorbeerweiden (*Salix pentandra*) eindringen können und Gebüsche vom Typ des *Salicetum pentan-*

drae-cinereae aufbauen (s. Abb. 326). Diese enden schließlich beim Dünen-Birkenwald (*Empetro-Betuletum carpaticae*), der letztlich in ein erlenreiches Schlußstadium mit *Alnus glutinosa* (Roterle) übergehen kann (s. Abb. 326).

- **Gefährdung:** Entwässerung durch Grundwasserabsenkung, Trittbeeinträchtigung, Freizeitnutzung, Wildverbiß.
- **Schutz:** ▪, ●; FFH 2160, 2170, 2190 bis 2195; CORINE 91: 16.23, 16.26, ✳ (überall prioritär nach Directive 92/43 EEC).
- **Verbreitung:** Auf den Nordseeinseln, auf Hiddensee in der Ostsee.
- **Beispiele:** Abb. 324 bis 326.

3.3 Wattflächen und Salzwiesen

Die ostfriesischen und nordfriesischen Watten liegen häufig im Schutz einer Inselkette und werden deshalb als **geschützte Watten** oder auch als **Rückseitenwatten** bezeichnet. In den brandungs- und strömungsarmen Meeresbuchten von Dollart und Jade dagegen heißen sie **Buchtenwatten**, wenn sie ungeschützt zur offenen See bzw. zwischen den großen Flußmündungen von Ems, Weser und Elbe liegen. **Offene Watten** oder **Ästuarwatten** heißen sie, wenn sie Brackwasserverhältnisse zeigen.

Das Wattenmeer erstreckt sich zwischen dem Festland und den Ostfriesischen Inseln in einer Breite von 5 bis 7 km. Das nordfriesische Wattenmeer-Insel-System nimmt einen Raum von bis zu 40 km Breite zwischen Festland und Außensänden ein. Es handelt sich um eine flache Schwemmlandküste, die in ihrer Existenz an die Gezeiten gebunden ist und vom Wechsel der Gezeiten entscheidend geprägt wird (s. Abb. 327, 328).

Als **Watt** bezeichnet man gewöhnlich den Übergangsbereich zwischen Meer und Land, soweit er bei **Tidehochwasser (THw)** unter Wasser kommt und bei **Tideniedrigwasser (TNw)** trockenfällt, wie es auch die Abbildungen 329 und 330 zeigen. Nur bei Stürmen herrscht über dem Watt ein stärkerer Wellenschlag, wäh-

rend das Flutwasser normalerweise fast lautlos und ohne Brandung aufläuft. Weite Flächen des Watts liegen etwa 0,1 m über NN (= Normalnull), das sind knapp 2 m unter dem **Mittleren Tidehochwasser (MTHw)**. Das liegt daran, daß unter dem Niveau des MTHw der wattaufbauende Flutstrom die größte Wirkung zeigt, darüber aber der abtragende Ebbstrom stärker ist. Bei der Entwässerung des Watts, die bei Ebbe stattfindet, läuft zunächst das Wasser flächenhaft ab. Erst wenn die flachen Wattrücken auftauchen, sammelt es sich in den zahllosen, mäandrierenden Prielen, die seicht beginnen und sich vereinigend, breiter und tiefer werden, bis sie ein Gat oder Tief bilden, d.h. einen Wattstrom, der auch bei Niedrigwasser niemals trockenfällt (Abb. 327). Hinter jeder größeren Ostfriesischen und Nordfriesischen Insel gibt es dazu eine Wasserscheide des Prielsystems, welche jeweils Grenzsäume zweier größerer Watteinzugsgebiete darstellen.

Oberflächennahe Bereiche des Meeresbodens der Ostsee, die episodisch trockenfallen (bei länger anhaltenden Westwind), zeigen über meist schlickigem Substrat gelegentlich Quellervegetation oder kurzfristig trockenfallende Submersbestände von Meeressalden, *Ruppia*-Arten bzw. Laichkräutern, *Potomogeton*-Arten (sogenanntes **Windwatt,** Abb 328).

Nur die Materialabweichungen im **Sandwatt,** im **Sandmischwatt** und im **Schlickwatt** mit den jeweils verschiedenen Körnungen des Sediments bedingen jeweils verschiedenen Tierbesatz. Mit dem einzigartigen **Felswatt** besitzt die Hochseeinsel Helgoland für die deutsche Küste einzigartige Lebensräume (s. Abb. 330).

Einen Sonderfall hinsichtlich der Überschichtung verschiedener Sedimente bildet das sogenannte **Farbstreifenwatt** (Farbschichtenwatt), bei dem vielfach einer zuunterst liegenden, schwarz gefärbten, reduzierten Schlickbank eine schmale, oft violett getönte Schicht von Schwefelbakterien aufgelagert ist; darüber lagern dünne, orange gefärbte Decken von Schwefelbakterien und grün gefärbte Schichten von Cyanophyceen. Das Ganze ist schließlich von einer hellen Sandschicht nach oben hin abgedeckt (s. Abb. 331). Die örtliche Korngrößenzusammensetzung der Sedimente wird im wesentlichen durch Seegang und Strömung bestimmt; so bildet sich das biologisch produktivere Schlickwatt in ruhigeren Buchten und weiten Flußmündungsgebieten, auf den Wasserscheiden, im Lee der Inselketten sowie nahe der Hochwasserlinie.

Im **Brackwasserwatt** der Ästuare und im **Süßwasserwatt** weiter flußaufwärts wachsen Röhrichte aus Schilf (*Phragmites australis*), Strandsimsen (*Bolboschoenus maritimus, Schoenoplectus tabernaemontani*) und der Dreikantsimse (*Schoenoplectus triqueter*). Diese Brackwasser- oder Tideröhrichte kennzeichnen den Süßwasser-Gezeiten-Grenzbereich der Nordseeküste, wo zeitweise schwache Überschlickung gewährleistet ist und starke Wasserstandsschwankungen herrschen (Abb. 332). Die Böden der marinen bis brackischen Seemarschen bestehen aus chloridreichem Schlick mit hohen Kalkgehalten von 4 bis 12%.

Als Besonderheit ist ferner auf der Insel Föhr die einzigartige Formation der **Lagunensalzwiese** zu nennen: Sie liegt im Südwesten der Insel zwischen Borgsum und Witsum in der sogenannten Godelniederung. Hier wird eine spezielle Salzwiesenausprägung ermöglicht durch das Flüßchen Godel, dem einzigen deutschen Fluß, der noch ungedeicht in die Nordsee fließt. Gespeist wird dieser natürliche Wasserlauf durch die Grundwasservorkommen der Süßwasserlinse, die sich unterhalb der Insel befinden. Bei ablaufendem Wasser entwässert die Godel Süßwasser in das Wattenmeer, bei stark auflaufendem Hochwasser wird Seewasser in die Mündung hineingedrückt und kehrt somit die Fließrichtung in diesem Bereich um. Bei anhaltenden Südwest- oder Westwinden tritt dieses Brackwasser dann über die Ufer und überschwemmt weite Bereiche der Niederung hinter den Strandwällen. Dies tritt besonders in den Monaten Dezember bis Februar auf, und zum Teil verweilt das angestaute Wasser mehrere Wochen auf den Wiesen. Nur noch ein Geestrücken und die dortigen Strandwälle schauen dann heraus. Diese Strandwälle verhindern zum einen, daß das Meerwasser ungehindert auf die dahinterliegenden Wiesenflächen eindringen kann, sie halten aber auch das erst einmal angestaute Wasser zurück, da der Abfluß der aufgestauten Wassermassen – wie schon beim Hinweg –

nur über die Godelmündung erfolgen kann. Der Strandwallbereich verhindert auch, daß sommerliche Überflutungen der Wiesen, z.B. bei Springtide, auftreten können.

Salzwiesen der Watten, Heller, Groden, Polder und Köge zwischen der Mittleren Tidehochwasserlinie und der Sturmflutlinie, die also mehr oder weniger vom Salzwasser beeinflußt sind, werden zur **Haloserie** gestellt. Im **Salzwasserwatt** der Küste, der Halligen und der Inseln wachsen in den höheren Bereichen Queller- und Schlickgrasbestände, die zu den eigentlichen Salzwiesen überleiten. In tieferen Teilen finden sich stellenweise Seegraswiesen mit *Zostera*-Arten, ansonsten verschiedene Algen-Gesellschaften (s. Abb. 333). Im tieferen Watt gibt es als absolut schutzwürdige Biotoptypen die charakteristischen Muschelbänke (z.B. Miesmuschel- und Austernbänke). Sie sind heute durch Schadstoffeinträge in das Watt und durch Überfischung der Bestände besonders stark gefährdet.

Im Watt oberhalb der *Zostera*-Zonen, zwischen 40 und 25 cm unterhalb des Mittelhochwasserniveaus, also im Eulitoral, begegnet man den ersten Landpflanzen. Es sind die stammsukkulenten, halophytischen Quellerpflanzen der Gattung *Salicornia* sowie Strandsoden der Gattung *Suaeda* (Abb. 334, 335). Diese einjährigen Pflanzen vertragen keine Überstauung; sie wachsen meerwärts mit locker zerstreuten Einzelpflanzen und schließen sich landwärts rasenähnlich zusammen (Abb. 334). Verschiedene Queller-Gesellschaften lassen sich je nach Salinität und Substrateigenschaften des Wattbodens differenzieren. Der Pioniercharakter auf schlickigen sandigen Schlammsubstraten ist allen gemein; wo die Quellerpflanzen bis zu mehreren Hunderten pro Quadratmeter beisammen stehen, kommt das Wasser in Bodennähe zur Ruhe. Dort wirken sie als Schlickfänger und fördern die Anlandung. Nach erfolgreicher Sedimentation im Watt werden sie von geschlossenen Rasen der eigentlichen Salzwiesen abgelöst (Abb. 334 bis 336). Sobald der Wattboden bis etwa 20 cm unter Mittelhochwasser aufgeschlickt wird, kann das durch seine etwas blaugrüne Färbung auffällige Andelgras (*Puccinellia maritima*) Fuß fassen (s. Abb. 337). Die Andelrasen gehören bereits zu

den **Wattwiesen** (= Salzwiesen). Sie lösen landeinwärts die Queller-Gesellschaften ungefähr in der Höhe des mittleren Tidehochwassers zonenartig ab und werden nur noch von Sturmfluten mit Salzwasser überspült. Andelgrasrasen sind daher artenreicher als die Quellergesellschaften. Je mehr der ehemalige Wattboden über MTHw aufgehöht wird, desto öfter kann er vom Regen durchsickert und vorübergehend entsalzt werden. Das Andelgras wird nun vom Salzbinsen- oder Bottenbinsenrasen mit *Juncus gerardi* (= *Juncetum gerardii*) abgelöst; diese höher gelegene Salzwiese wird nur noch vergleichsweise selten überflutet. Die Bestände reichen meist ab 25 cm MTHw, werden nur noch 40- bis 70mal im Jahr überflutet, und die Salzgehalte liegen meistens unter 15 Promille NaCl. Die Bottenbinsenwiese ist eine floristisch vielgestaltige Gesellschaft mit dichten, sattgrünen, blütenreichen Rasen aus Salzbinse (*Juncus gerardi*), Strandflieder (*Limonium vulgare*) und *Armeria maritima* (Strand-Grasnelke, Abb. 338 bis 340).

Seit der Eisenzeit sind die Salzwiesen vorzügliche natürliche Weideflächen für Rinder und Schafe. Extensiv beweidete Bestände sind an der ostfriesischen Küste die Regel; die Strandflieder-Gesellschaft wächst auf tonigen Schlicksubstraten mit leichter Sandüberdeckung und markiert gleichzeitig im Verhältnis zu den anderen tieferliegenden Salzwiesen-Gesellschaften die Grenzen des Höchstwasserstandes. Bei nachlassender Beweidung gehen die Bestände der höheren Salzwiesen in die Salzmelden-Gesellschaft (*Halimionetum portulacoides*) über; dieses geschieht derzeit auf den nicht mehr beweideten Salzwiesen in den norddeutschen Nationalparks. *Halimione portulacoides* (Salzmelde) wird offenbar aber auch gefördert durch eine sogenannte Mikroerosion, die bei den neuerlichen, höheren und längerfristig auflaufenden winterlichen Sturmfluten der letzten Jahre zu beobachten ist. Im Winter, bei reduzierter und ausgedünnter Vegetationsdecke, findet an den überwinternden, überströmten Salzpflanzen eine rinnenhafte Ausspülung des Wattbodens statt. Dieses verträgt der Strandflieder (*Limonium vulgare*) nicht, *Halimione* dagegen wird wegen seiner plagiotropen Wuchsstrategie dabei gefördert.

324

Abb. 324: Das Naturschutzgebiet Dünental auf Baltrum (1994). Hier kennzeichnen riesige *Phragmites*-Röhrichte den süßwasserdominierten Standort eines feuchten oder nassen Biotops.

325

Abb. 325: Wiesenähnliches orchideenreiches Flachmoor als einmaliger Biotoptyp im Großen Dünental Ostende auf Langeoog (Foto J. Petersen, 1992).

326

Abb. 326: Das Endstadium der Verlandung von Dünentälern bildet oft ein *Empetro-Betuletum carpaticae*. Es ist ein Dünenwald mit Moorbirken und Karpatenbirken (*Betula pubescens* und *B. carpatica*). Norderney, Barkenlegde (1993).

Abb. 327: Watt der Nordsee (Eulitoral) mit bronchienartig verästeltem Prielsystem (Foto H. KOLDE, 1982).

327

Abb. 328: Vegetationsfreies Mischwatt der Nordsee: Juister Watt in der Abenddämmerung (1993). Diese einzigartige Farbenkomposition aus verschiedenen Grau-, Braun- und Blautönen ist typisch. Im Wattboden selbst wechseln hellere und dunklere Farben ab, die jeweils verschiedene Anteile von Sandwatt, Sandmischwatt und Schlickwatt anzeigen.

328

Abb. 329: Felswatt im Eulitoral der Nordsee (Helgoland, 1994). Dieser Biotoptyp ist in Deutschland einzig auf den Helgoländer Felssockel beschränkt.

329

141

Abb. 331: Farbstreifenwatt als spezielle Ausprägung des Sandwatts mit farblich unterschiedlich abgegrenzten Schichten aus blaugrün schimmernden Cyanobakterien, rotfarbenen Schwefelpurpurbakterien und einer schwarzen Schicht aus Eisensulfid (durch schwefel- und sulfat-reduzierende Bakterien). Das Ganze ist von einer Sandschicht oberflächlich bedeckt (Foto C. Hobohm, 1987). Stark zurückgehendes Mischwatt.

Abb. 330: Flachwasserzone an der Ostsee, die durch *Ruppia*- und *Zostera*-Arten gekennzeichnet ist (Laboe, 1979).

Abb. 332: Brackwasserwatt im Weserästuar an der Nordsee bei Nordenham (1992). Die Ästuarwatten an den Unterläufen der großen Flüsse und der kleineren Marschflüsse nehmen derzeit stark ab. Ursachen dafür sind Kanalisierung der Flußläufe, Vordeichungen, Aufspülungen und Vertiefung des Fahrwassers. Dazu kommt die Gewässerverschmutzung. Der Verlust dieser Wattzonen und Flachwasserzonen bedingt eine erhebliche Schwächung der Selbstreinigungskraft des Watts.

Abb. 333: Wattrinnen und Priele, die durch die Gezeiten geformt sind. Die Profilaufnahme der tidebeeinflußten Insel-Wattflächen im Ost-hellerbereich von Norderney. Die bronchien-artig verästelten Priele und kleineren Rinn-sale markieren den Biotopbereich der Salz-wiesen; im Mittel- und Hintergrund sind Weiß-dünen in allen Entwicklungsstadien zu sehen.

333

Abb. 334: Quellerwatt der Nordsee mit dem *Salicornietum strictae* auf Schlickwattflächen der neu entstehenden Insel Mellum (1981).

334

Abb. 335: Gesellschaft der Niederliegenden Strandsode (*Suaedetum prostratae*) über schlickig-sandigem Substrat, das einer stän-digen Sandneuzufuhr unterliegt (Norderney, 1993).

335

Abb. 336: Die herbstlich rotgefärbte *Suaeda flexilis*-Gesellschaft (Gesellschaft der Strandsode) im sandigen Inselwatt von Norderney (1992). Diese einjährige Initialgesellschaft aus der Strandsode wächst geschlossen oder in Mulden des Andelgrasrasens auf offenen, schlickigen bis sandigen und festen, nährstoffreichen Böden oberhalb MTHw.

Abb. 337: Salzwiesen im Supralitoral der Nordsee mit natürlichem Andelgrasrasen (*Puccinellietum maritimae*) bei St. Peter-Ording (1994).

Abb. 338: Salzwiesenlandschaft auf der Insel Norderney (1990) mit kleinräumigem Vegetationsmosaik und dominierender Strandfliedergesellschaft (*Plantagini-Limonietum*). Die Strandflieder-Gesellschaften schließen sich landwärts an die Andelgraszone an; ihre Standorte werden daher seltener überflutet; sie reichen meist ab 25 cm MTHw und werden nur noch 40- bis 70mal im Jahr überflutet; die Salzgehalte liegen meistens unter 15 Promille Cl⁻/l Bodenlösung.

Abb. 339: Ungenutzte, höher gelegene Salzwiesen mit einem überflutungs- und höhenabhängigen Vegetationskomplex aus *Plantagini-Limonietum* (violett), dem braun gefärbten *Halimionetum portulacoidis*, dem hellgrau gefärbten *Artemisietum maritimae* sowie dem grünen *Agropyretum juncei*.

Abb. 340: Bottenbinsenwiese (*Juncetum gerardii*) mit Vollblüte von Strandnelke (*Armeria maritima*) in den Sehestedter Salzwiesen am Jadebusen (1988). Die Bottenbinsenwiese ist eine weit verbreitete Gesellschaft des Außendeichlandes in der Hohen Salzmarsch (Außengroden, Köge) an Nord- und Ostsee (Viehweide); auch im Binnenland an Salzstellen. Geschlossene, meist beweidete Salzwiese auf Sand oder Schlick, nur bei Spring- und Sturmfluten überspült.

Abb. 341: Unbeweidete Ästuar-Salzwiesen und Brackwasserröhrichte, mit *Phragmites australis* und *Phalaris arundinacea* durchsetzt, gibt es noch auf riesigen Flächen an der Südküste des Dollart und an der unteren Elbe. Im Hintergrund sind die Hafenanlagen der Seestadt Emden zu sehen (bei Ditzum, 1993).

Abb. 342: Hochgelegene Salzwiesen und Brackwasserröhrichte im Supralitoral der Ostsee auf Fehmarn (1987).

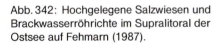

343

Abb. 343: Kliffküste auf der Insel Sylt („Rotes Kliff", 1990) mit davorgelagertem Sandstrand. Solche Brandungserosionssteilküsten entstehen durch Brandungswellen im Lockergestein der Geestkerne von Sylt. Am aktiven Kliff schafft die marine Erosion eine Abrasionsplattform; am Fuß des Kliffs, im unmittelbaren Bereich der Brandungswellen, gibt es gelegentlich eine Brandungshohlkehle. Ein sogenanntes Geestkliff gibt es nur noch zwischen Cuxhaven und Berensch an der niedersächsischen Nordseeküste.

344

Abb. 344: Moränensteilküste an der Ostseeküste (1987) mit davorgelagertem Geröllstrand.

Abb. 345: Salzreicher und flugsandbeeinflußter Sandstrand auf Borkum (1991). Die Meersenf-Gesellschaft mit *Cakile maritima* als migrierende, annuelle Spülsaumgesellschaft kennzeichnet oft die Dünenfußbereiche.

Abb. 346: Geröllstrand an der Ostsee bei Kalifornien (1987). Auch hier entwickeln sich bandartig ausgestaltete Spülsaumgesellschaften aus *Rumex obtusifolius*.

345

346

Abb. 347: Geröll- und Blockstrand unterhalb des Kreidefelsens von Rügen (1991).

Abb. 348: Aktive Moränensteilküste an der Ostsee mit vorgelagertem Sandstrand (Usedom, 1991).

Abb. 349: Boddenküste bei Thiessow, Südost-Rügen (1991). Hier wechseln Sand- und Kiessubstrate im Flachwasserbereich (Benthal) der Ostsee. Bei Niedrigwasser zeigen sich mächtige Spülfelder von verschiedenen Tangen (*Fucus* div. spec.), *Ruppia*- und *Zostera*-Arten sowie von Laichkräutern der Gattung *Potamogeton*. Boddenküsten sind Flachküstenbereiche, wo das Meer eine wellige bis kuppige Grundmoränenlandschaft überflutet hat. An der mecklenburgischen Ostseeküste herausragender Biotoptyp (Nationalpark!).

350

351

Abb. 350: Die Sandstein-Felsküste von Helgoland ist einzigartig in der Deutschen Bucht. Die „Lange Anna" von Helgoland (1987).

Abb. 351: Die dunkel gefärbten Trottellummen gehören zur nordisch verbreiteten Familie der Alken. Auffallend an diesen Tauchvögeln sind die kurzen Flügel und weit nach hinten gestellte, dreizehige Schwimmfüße (Lummenfelsen, Helgoland, 1987).

Abb. 352: Steile Felsküste aus Kalkgestein am Cap Blanc (Pas de Calais, Frankreich, 1994). Hier sind die Primärhabitate von *Brassica*.

Abb. 353: *Brassica oleracea* (Wildkohl) ist charakteristisch für die salzwasser- und stickstoffbeeinflußten Felsküsten der Nordsee. *Brassica oleracea* ist die Stammpflanze der Gemüse- und Futterkohlarten (mit einem Chromosomensatz von 2n = 18). Daraus sind zumindest sowohl die strauchförmigen (*Brassica oleracea* var. *oleracea*) als auch die stengelförmigen Kohlsorten (*Brassica oleracea* var. *acephala*) entstanden (Rosenkohl, Grünkohl, Stammkohl u.v.a.).

352

353

Auf den Inselwattflächen gibt es zudem ab Juli noch die unvergleichlichen harmonischen Farbaspekte der Strandflieder-Gesellschaft (*Plantagini-Limonietum*).

Die lila-farbenen Blütenwickel des Strandflieders beherrschen bis in den Herbst hinein die Nordsee-Wattwiesen (s. Abb. 338, 339). Auch die Brackwasser-Röhrichte der Nordsee-Ästuare (Abb. 341) sowie die salzwasserbeeinflußten Röhrichte im Supralitoral der Ostsee (Abb. 342) sind eigenständige, heute stark gefährdete Biotoptypen.

- **Gefährdung:** Nährstoff- und Schadstoffeintrag, Eindeichung, Polderung, intensive landwirtschaftliche Nutzung, intensive Freizeitnutzung.
- **Schutz:** ■, ●; FFH 1110, 1130, 1140, 1150, 1160, 1170, 1210, 1310, 1320, 1330, 1410; CORINE: 11.125, 11.22, 11.24, 11.25, 11.31, 12, 13, 21, (15.4), 15.56, ✳ (überall prioritär nach Directive 92/43 EEC).
- **Verbreitung:** Nord- und Ostsee.
- **Beispiele:** Abb. 333 bis 342.

3.4 Spülsäume, Strandwälle und Steilküsten

Sand-, Kies-, Geröll- und Blockstrände im Küstenbereich der Inseln und des Festlandes von Nord- und Ostsee sind oberhalb des MTHw weitgehend vegetationsfrei (s. Abb. 343 und 344); Spülsäume und Tangwälle sind mit nitrophilen und halophilen Arten oft linienhaft bewachsen und markiert (s. Abb. 345 und 346). Fels- und Steilküsten sind durch natürliche Erosion, durch Meeresbrandung entstandene Abbruchküsten (Kliffs) an Nord- und Ostsee (s. Abb. 347 und 348). Hierzu gehören die Kreidefelsküste auf Rügen (Abb. 347), die Moränensteilküsten an der Ostsee (Abb. 348), angeschnittene flachere Moränen oder pleistozäne Sandkerne an der Ostsee (Abb. 349) sowie die Sandstein-Felsküste von Helgoland (Abb. 350, 351).

Solche steilen Felsküsten an der Nordsee tragen häufig einzigartige, seltene Fels-Gesellschaften mit Wildformen des Gemüsekohls (*Brassica oleracea*, s. Abb. 352 und 353).

- **Gefährdung:** Küstenschutzmaßnahmen, Freizeitnutzung.
- **Schutz:** ■, ●; FFH 1170, 1210, 1220, 1230; CORINE 91: 11.24, 11.25, ✳ (überall prioritär nach Directive 92/43 EEC).
- **Verbreitung:** Nord- und Ostsee.
- **Beispiele:** Abb. 343 bis 353.

Die Gezeiten der Ostsee sind im Vergleich zur Nordsee nicht so wirksam; jahreszeitliche Meeresspiegel-Schwankungen machen sich aber besonders durch die herbstlichen und winterlichen Stürme bemerkbar. Sie richten an den Küsten auch die meisten Zerstörungen an und wirken erosiv an den Kliffküsten. Ähnlich wirken die Sturmfluten an der nordfriesischen Küste auf die Geestkerninseln Sylt, Amrum und Föhr mit ihren Kliffs. Nur Helgoland bildet eine Ausnahme: die Sand- und Tonsteine werden durch das Brandungsgeröll und durch winterliche Frostsprengung zusätzlich erodiert.

4
Biotoptypen des Feuchtgrünlandes, des Grünlandes und der Hochstaudenfluren

Ohne Sense und Weidevieh gäbe es in Mitteleuropa keine Wiesen oder Intensivweiden – das schreibt ELLENBERG (1986) in seinem *Lehrbuch der Vegetation Mitteleuropas* als einleitenden Satz zum Kapitel Futterwiesen und Streuwiesen. Nur Salzmarschen, Röhrichte und Großseggenrieder sowie manche Zwischenmoore stellen im geobotanischen Sinne natürliches Grünland dar.

Im Vergleich zu den weidebedingten Vegetationstypen sind Mähwiesen – historisch gesehen – spät entstanden (s. Tab. 5). Die Wiesen zur **Grasheu**-Gewinnung sind dabei ausschließlich als anthropogene Formationen anzusehen, wobei sich die traditionelle Wiesenwirtschaft mit Grasschnitt aus dem extensiven Weidebetrieb heraus entwickelt hat (s. u.a. BURRICHTER et al. 1980, ELLENBERG 1986, VERBÜCHELN 1987, HUTTER, BRIEMLE & FINK 1993, NITSCHE & NITSCHE 1994).

Der Schneitelbetrieb für die Gewinnung von **Laubheu** als Vorratswirtschaft für den Winter war im maritim getönten Nordwesteuropa neben der Waldhude weit verbreitet. Die Laubheugewinnung hat in vielen klima- und bodenfeuchten Regionen jedoch niemals den wirtschaftlichen Rang eingenommen, den sie noch heute in sommerwarmen Landschaften oder in Gebirgsgegenden mit langer und starker Schneebedeckung besitzt. In vielen Gebirgstälern der Alpen, der mediterranen Region sowie in skandinavischen Ländern wird bis heute Laubheu neben Grasheu genutzt (vgl. auch Kap. 11 sowie BURRICHTER & POTT 1983).

Die Schneitelwirtschaft reicht bis in das Neolithikum zurück (Tab. 5). Seit dieser Zeit dürfte sich aber ein allmählicher und zunächst zögernder Übergang von der Laub- zur Grasheunutzung vollzogen haben. Die endgültige Ablösung in vielen Regionen Nordwesteuropas erfolgte, von Notzeiten abgesehen, erst mit der Marken-

teilung und der Bewirtschaftung gedüngter Fettwiesen im 19. Jahrhundert. Laubschneitelung und Grasheuwirtschaft hatten also während des gesamten historischen Mittelalters bis in die Neuzeit hinein als zwei verschiedene Wirtschaftsformen nebeneinander Bestand.

Nach Untersuchungen von BEHRE (1979) könnten erste genutzte **Streuwiesen** und **Mähweiden** im perimarinen Raum der Emsmündung sogar schon um etwa 600 v. Chr. in der älteren vorrömischen Eisenzeit entstanden sein. Hier gibt es von Natur aus weitflächige natürliche **Überschwemmungswiesen** oder **Überflutungswiesen**, wo die Tiden ständig Salzwasser anbringen (im Nordseegebiet), bzw. wo mit Hochfluten Brackwasser gelegentlich hingelangt (z.B. an den Ästuaren von Nord- und Ostsee, Ems-, Weser-, Elbetal und Recknitzmündung). Hier gibt es großflächige natürliche Grünlandbereiche, wie man heute nur noch an wenigen Stellen am Dollart, an der unteren Elbe, im Recknitz- und Peenetal sowie an der Uekker- und Odermündung sehen kann. Alle Quellen deuten darauf hin, daß der Grasheubetrieb vornehmlich in Niederungen und Flußauen aus den gehölzarmen bis gehölzfreien Weideflächen oder aus Biberwiesen entstanden ist. Hier konnten sich im Zuge der Waldauflichtung beispiels-

weise an feuchten Standorten hochwüchsige Röhricht- und Süßgrasgesellschaften als Feucht- oder Streuwiesen sekundär ausbreiten.

Die Flußtäler mit ihren **Biberwiesen** besitzen eine Vielzahl natürlicher Biotoptypen, in denen zahlreiche Arten des heutigen Feuchtgrünlandes ihre primären Habitate haben: Kohldistel (*Cirsium oleraceum*), Wald-Engelwurz (*Angelica sylvestris*), Gewöhnlicher Gilbweiderich (*Lysimachia vulgaris*), Sumpf-Pippau (*Crepis paludosa*), Mädesüß (*Filipendula ulmaria*) und Sumpfdotterblume (*Caltha palustris*). Elemente der *Arrhenatherion*-Wiesen kommen ebenso in naturnahen Flußauenlandschaften vor: Wiesen-Kerbel (*Anthriscus sylvestris*), Wiesen-Bärenklau (*Heracleum spondylium*), Wiesen-Labkraut (*Galium mollugo*) und Wiesen-Knäuelgras (*Dactylis glomerata*). Fluviatile Sedimente und Uferbänke sind ihre Originalhabitate. Zahlreiche weitere charakteristische Arten der *Molinio-Arrhenatheretea* besitzen natürliche Vorkommen in Mitteleuropa. Wie beispielsweise die Pfeifengras-Arten *Molinia caerulea* und *M. arundinacea* selbst, sind viele *Molinietalia*-Elemente in naturnahen Wäldern zuhause (z.B. im *Potentillo-Quercetum*, im *Molinio-Pinetum* und im *Betulo-Quercetum molinietosum*). *Arrhenatherum elatius*, der Glatthafer, wächst

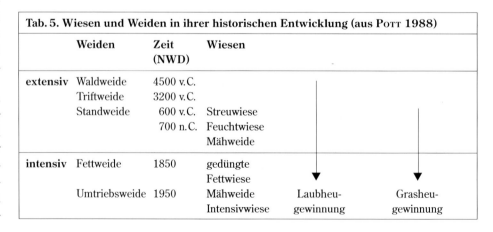

Tab. 5. Wiesen und Weiden in ihrer historischen Entwicklung (aus POTT 1988)

	Weiden	Zeit (NWD)	Wiesen		
extensiv	Waldweide	4500 v.C.			
	Triftweide	3200 v.C.			
	Standweide	600 v.C.	Streuwiese		
		700 n.C.	Feuchtwiese		
			Mähweide		
intensiv	Fettweide	1850	gedüngte Fettwiese		
	Umtriebsweide	1950	Mähweide	Laubheugewinnung	Grasheugewinnung
			Intensivwiese		

natürlich auf Felsabstürzen und in den Karwänden hoher Mittelgebirge, wo ausreichende Stickstoffversorgung vorherrscht (s. SEBALD 1980).

Nach Waldauflichtung konnten sich viele der heutigen Wiesenpflanzen neu konfigurieren und neue Grasland-Gesellschaften aufbauen. Ein langer Evolutionsprozeß hat zur morphologischen Differenzierung solcher heutigen Wiesenpflanzen aus ehemaligen Waldpflanzensippen geführt (s. ZOLLER 1954, CARBIENER 1969). Die di- und tetraploiden Sippen von *Cardamine pratensis* beispielsweise waren Waldpflanzen; die jüngeren, ausschließlich tetraploiden Sippen des Wiesenschaumkrautes sind dagegen reine Grünlandarten.

Kulturwiesen, die ausschließlich dem Grasschnitt dienten und dann höchstens zur Vor- und Nachweide mitgenutzt wurden, tauchen erst in den schriftlichen Quellen der römischen Zeit (CATO: „Bucolica" und VERGIL: „Georgica") sowie in der Karolingerzeit auf. Als sicher gilt deshalb die Existenz von einschürigen Streuwiesen und Mähweiden in römischer Zeit (vgl. KNÖRZER 1975; WILLERDING 1975, 1977, 1979; KÖRBER-GROHNE et al. 1983). Kombinierte Mähweide-Wirtschaftsnutzungen gibt es aber wohl doch schon länger; derartige Nutzungen werden dabei im Vordergrund gestanden haben.

Eine Auswertung paläoethnobotanischer Befunde von KNÖRZER (1975), KÖRBER-GROHNE (1990) und SPEIER (1996) verdeutlicht die Anfänge der Wiesennutzung; Tabelle 6 zeigt, daß z.B. von den heutigen *Molinio-Arrhenatheretea*-Arten fast alle diagnostisch wichtigen Elemente seit dem Neolithikum und gehäuft seit der Römerzeit auftreten. Das gleiche gilt für Kennarten der *Festuco-Brometea*, des *Arrhenatherion* und des *Calthion*. Auch die weidebedingten *Cynosurion*-Arten erscheinen durch die Waldhude schon im Neolithikum. Sogar Indikatorpflanzen von *Mesobromion*-Halbtrockenrasen (*Carex caryophyllea*, Frühlings-Segge), *Pimpinella saxifraga* (Kleine Pimpernell), *Euphorbia cyparissias* (Zypressen-Wolfsmilch), *Sanguisorba minor* (Kleiner Wiesenknopf) und *Salvia pratensis* (Wiesen-Salbei)) lassen für kalksandhaltige Alluvialdünen des Rheinstromes submediterran getönte, römerzeitliche Rasengesellschaften vermuten (vgl.

Tab. 6. Paläoökologische Nachweise verschiedener Grünlandelemente Mitteleuropas aus archäologischen Grabungen. Die Symbole bedeuten + = sicherer Fund, (+) = Bestimmung unsicher (c.f.), GB = Großbritannien. Nach POTT (1988b) und SPEIER (1996).

	Jungsteinzeit	Bronzezeit	Eisenzeit	Römerzeit	Mittelalter
Wiesen frischer Standorte					
Bromus hordeaceus	+	+	+	+	+
Chrysanthemum leucanthemum	+	+	+	+	+
Prunella vulgaris	+	+	+	+	+
Heracleum spondylium	+	+		+	+
Phleum pratense	+	+	+	+	+
Ajuga reptans	+	+		+	+
Achillea millefolium	+	+	+	+	+
Festuca pratensis	+	+	+	+	+
Trifolium pratense	+	+	+	+	+
Rumex acetosa	+	+	+	+	+
Taraxacum officinale	+	+	+	+	+
Viccia cracca	+	+	+	+	+
Cerastium holosteoides	+	+	+	+	+
Ranunculus acris	+	+	+	+	+
Cardamine pratensis	+	+		+	
Bellis perennis	+	+			
Holcus lanatus	+	+	+	+	+
Dactylis glomerata	+		+	+	+
Alopecurus pratensis	(+)			+	+
Centaurea jacea		+	(+)	+	+
Pimpinella major		+		+	+
Selinum carvifolia		+			
Stand- und Mähweiden					
Trifolium repens	+	+	+	(+)	+
Viola canina	+	+	+	+	+
Luzula campestris	+	+	+	+	+
Hieracium pilosella	+	+	+	+	+
Lolium perenne	+	+	+	+	+
Cynosurus cristatus		+	+	+	+
Hippochoeris radicata				+	+
Holcus mollis				+	+
Glatthaferwiesen					
Campanula patula	+	+		+	
Knautia arvensis	+	+	+		+
Pastinaca sativa	+	GB		+	+
Galium mollugo		+	+	+	+
Arrhenatherum elatius					+
Naß- und Streuewiesen					
Filipendula ulmaria	+	+	+	+	+
Deschampsia cespitosa	+	+	+	+	
Caltha palustris	+	+		+	+
Lychnis flos-cuculi	+	+	+	+	+
Juncus effusus	+	+	+	+	+
Juncus conglomeratus	+	+		+	+
Carex nigra	+			+	+
Scirpus sylvaticus	+	+	+	+	+
Lythrum salicaria	+	+	+	+	+
Ranunculus flammula	+	+	+	+	+
Succisa pratensis	+		+		
Juncus acutiflorus	+	+	+	+	
Bromus racemosus	+	+	+	+	+
Cirsium palustre	+	+	+	+	+
Thalictrum flavum	+	+	+	+	+
Cirsium oleraceum	+	+	+	+	+
Senecio aquaticus	+			+	+
Lotus uliginosus	+			+	+
Carex disticha			+	+	+
Galium uliginosum			+	+	+
Lysimachia vulgaris			+	+	+
Myosotis palustris			+	+	+
Achillea ptarmica				+	+
Angelica sylvestris				+	
Flutrasen und verdichtetes Grünland					
Agrostis stolonifera	+	+	+	+	+
Ranunculus repens	+	+	+	+	+
Alopecurus geniculatus	+	+	+	+	+
Plantago major	+	+	+	+	+
Leontodon autumnalis	+	+	+	+	+
Rumex crispus	+	+	+	+	+
Plantago media	+	+	+	+	+
Poa annua	+	+	+	+	+
Potentilla anserina	+	+	+	+	+
Trifolium fragiferum	+	+	+	+	+
Carex hirta		+		+	+
Triglochin palustre		+	+	+	+
Rorippa sylvestris			+	+	
Juncus compressus			+	+	+
Juncus inflexus					+
Carex otrubae					+

KNÖRZER 1975). Erst später treten Wiesen-Fuchsschwanz (*Alopecurus pratensis*) und Glatthafer (*Arrhenatherum elatius*) in den archäobotanischen Untersuchungsstellen von KÖRBER-GROHNE (1990) auf.

Durch klimatische und edaphische Faktoren sowie nutzungstechnische Unterschiede bedingt entstanden zahlreiche, oft regional spezifische Wiesentypen von den Ebenen bis in die hohen Bergländer hinein. Die **Mähwiesen** erlangten dabei ihre größte floristische Vielfalt in der Zeit, als mittelalterliche Extensivwirtschaft und neuzeitliche Intensivwirtschaft bereits einander abzulösen begannen. In der Reihenfolge **Streuwiese** – einschürige, gedüngte **Futterwiese** – zweischürige **Fettwiese** – mehrschürige **Intensivwiese** nimmt die Artenzahl zunächst zu, dann aber wieder ab.

Auch die Entwicklung des Feuchtgrünlandes vollzog sich kontinuierlich seit dem Neolithikum, aber verstärkt vielfach im Mittelalter und in der Neuzeit. Treibende Kraft dazu war die intensive Nutzung der Auenlandschaften. Analog dazu ging man unter dem Einfluß vieler technischer Neuerungen dazu über, Mühlenwerke und Flußstaue zu errichten. So stauten die Landwirte fast überall, von den Tieflandsregionen bis in die Tallagen der Mittelgebirge hin, zahlreiche Fließgewässer, wobei als willkommener Nebeneffekt die sich ausdehnenden Röhrichte und Großseggenrieder zur Heugewinnung genutzt wurden. Besonders eindrucksvolle Beispiele gibt es im Lübbenauer Spreewald (s. vor allem KRAUSCH 1994).

Pollenanalytische Untersuchungen bezeugen für hochmittelalterliche Expansionsphasen die Ausweitung von Seggenriedern sowie Mädesüß (*Filipendula ulmaria*)- und Baldrianstaudenfluren (*Valeriana officinalis* ssp. *procumbens*). Die Artengarnitur solcher mittelalterlicher Naßwiesen im Bergland wird oft durch den Wiesen-Knöterich (*Polygonum bistorta*), den Gewöhnlichen Teufelsabbiß (*Succisa pratensis*), verschiedene Ranunculaceen (*Caltha palustris, Ranunculus flammula*) und durch hohe Anteile an *Lychnis flos-cuculi* (Kuckucks-Lichtnelke) belegt (s. SPEIER 1994). Ganz offensichtlich wurden Elemente der Naßwiesen und der Hochstaudenfluren durch den systematischen Wiesenbau nach dem Ende des

30jährigen Krieges gefördert. Unter den Erfordernissen höherer Grasheuernten für die stark angewachsenen Viehbestände war dieses gerade in den Mittelgebirgsregionen notwendig geworden. Genossenschaftlich betriebene Wiesenbewässerungen gelangen erfolgreich mit Hilfe zahlreicher Graben- und Rinnensysteme, die meist entlang des natürlichen Hanggefälles angelegt wurden. Mit ihnen erfolgte besonders im Frühjahr und Frühsommer eine Rieseldüngung, die neben dem reinen Heuertrag selbst die Diversität des gemähten Grünlandes erheblich steigerte.

Spezielle Bewirtschaftungsfaktoren, wie z.B. genossenschaftlich betriebene Wiesenbewässerungen zur Düngung, die im 18. und 19. Jahrhundert vielerorts sogenannte **Flösswiesen** oder **Wässerwiesen** erzeugten, steigerten die Formen- und Artenvielfalt des gemähten Grünlandes. Wässerwiesen wurden nicht beweidet. Solche Flösswiesen waren von zahlreichen verästelten, gradlinigen Gräben durchzogen. Diese bildeten ein Be- und Entwässerungssystem, mit dem das Wasser zunächst auf den Scheitel dachförmig angelegter Parzellen geleitet und von dort in Entwässerungsgräben wieder abgezogen wurde. Die Kanäle, im Südschwarzwald auch **Wuhre** oder **Wühre** genannt, können kilometerlang sein (s. auch POTT 1988b, KÜSTER 1995).

Die Wiesenbewässerung hatte zudem viele Vorteile: winterliche Bewässerung über Schnee führte zum schnelleren Ausapern der Wiesen und verlängerte die Vegetationszeit. Die Wiesen wurden so gleichzeitig gedüngt, und trotz gelegentlicher Trockenperioden gab es immer gutes Futterheu. Durch die Wiesenbewässerung, die es zum Beispiel auch im Weser-, Aller- und Huntetal in Norddeutschland, in der Senne in Westfalen, im fränkischen Wiesental, am Oberrhein, in der Pfalz und in Sachsen gab, konnte der Grünlandertrag meist verdoppelt werden.

In der ersten Hälfte dieses Jahrhunderts und insbesondere im Zuge jüngster Flurbereinigungsmaßnahmen wurden solche Berieselungssysteme größtenteils völlig beseitigt. Infolge von Entwässerungen und Drainagen des feuchten Grünlandes, Einsatz von mineralischen Düngemitteln (seit etwa 1850) sowie neuzeitlichem Wandel in der Wiesenbewirtschaftung mit intensiver

kombinierter Mähweidenutzung und Umtriebssystemen verwischt sich vermehrt seit 1950 der Charakter ehemals alleinig gemähter oder durch Dauerbeweidung geprägter Vegetationstypen (s. POTT 1988b).

Als feuchte Magerwiesen gelten die Streuwiesen infolge ihres durch Stickstoff- und Phosphateintrag verursachten Rückganges heute als überaus schutzwürdige Biotope!

4.1 Feuchtgrünland

Die **Naß-** und **Streuwiesen** und nassen **Hochstaudenfluren** (Feuchtgrünland) sind bezeichnend für wechselfeuchtes, mäßig nasses bis nasses Grünland auf nicht oder allenfalls selten gedüngten Niedermoortorferden mit unterschiedlicher Basenversorgung (s. auch KAPFER & KONOLD 1994).

Die **Pfeifengraswiesen** sind durch extensive Grünlandnutzung entstanden (ohne Düngung). Die Mahd erfolgt wegen Ertragsarmut und geringer Heuqualität einschürig oder entfällt ganz. Vielfach wurden diese Wiesen auch nur ab Ende September zur Streunutzung gemäht. Das Bewirtschaftungssystem förderte an den Bearbeitungsrhythmus angepaßte Pflanzenarten, so daß die Bestände zu den floristisch wertvollsten Grünlandgesellschaften gehören. Aufgabe der Nutzung und Umwandlung in Intensivgrünland führten flächenhaft zum nahezu völligen Verschwinden dieses Wiesentyps (s. auch Abb. 354 bis 361). Nahezu alle *Molinietalia*-Pfeifengras-Gesellschaften sind akut vom Aussterben bedroht!

Pfeifengraswiesen sind Wechselfeuchtigkeit anzeigende, minderwertige Streuwiesen, auf basenreichen Wiesenmoorböden vorwiegend in Süddeutschland vorkommend. Viele Arten des *Molinietum* sind im südwestdeutschen Alpenvorland eng an das Bodenseegebiet gebunden, z.B. *Iris sibirica* (Abb. 354), *Dianthus superbus* (Abb. 355), *Gentiana asclepiadea* (Abb. 356). Schon in geringer Entfernung vom Bodenseegebiet tritt eine floristische Verarmung des *Molinietum* ein (s. PHILIPPI 1960, WINTERHOFF 1993). *Molinia*-Wiesen gibt es immer nur an waldfähigen Standorten. Die jährliche Streumahd ist deshalb zur Erhaltung der Pfeifengraswiesen not-

354

Abb. 354: Iriswiese mit *Iris sibirica* im Naturschutzgebiet Eriskircher Ried (Foto W. WINTERHOFF). Die basenreichen Pfeifengraswiesen sind reich an *Iris sibirica*; sie sind heute leider nur noch zerstreut und inselhaft verbreitet anzutreffen. Überdüngung, Drainierung und Umwandlung von Wiesen in Ackerland bzw. Aufforstungen von Wiesengrünland haben ihren dramatischen Rückgang verursacht. Das gilt für alle Pfeifengraswiesen!

Abb. 355: Die Prachtnelke (*Dianthus superbus*) ist ein charakteristisches Element nährstoff- und basenhaltiger, meist subkontinentaler *Molinia*-Naßwiesen.

Abb. 356: Der Schwalbenwurz-Enzian (*Gentiana asclepiadea*) wächst schwerpunktmäßig in präalpinen *Molinia*-Wiesen.

355

356

357

Abb. 357: Kopfbinsen-Pfeifengraswiese mit Pfeifengras (*Molinia caerulea*) Teufelsabbiß (*Succisa pratensis*), Großem Wiesenknopf (*Sanguisorba officinalis*), Wohlriechendem Lauch (*Allium suaveolens*) und Lungenenzian (*Gentiana pneumonanthe*) im Eriskircher Ried (Foto W. WINTERHOFF). Diese Wechselfeuchtigkeit anzeigenden Streuwiesen gibt es noch in nennenswerten Beständen in Süddeutschland, vor allem im Bodenseegebiet. Die jährliche Streumahd und Düngerverzicht ist für die dauerhafte Erhaltung solcher Biotoptypen notwendig. Einige Elemente solcher Feucht- und Naßwiesen sind in den folgenden Abbildungen dargestellt:

358

359

Abb. 358: Der Teufelsabbiß (*Succisa pratensis*) ist Kennart wechselfeuchter *Molinia*-Wiesen von der Ebene bis in das Gebirge.

Abb. 359: Der Lungenenzian (*Gentiana pneumonanthe*) ist typisch für basenreiche, aber kalkfreie, wechselfeuchte Moor- und Naßwiesen von der Ebene bis in das Gebirge.

wendig, sonst verwandeln sie sich rasch in Gebüsch und Wald zurück. Viele *Molinion*-Arten (z.B. Kümmel-Silge (*Selinum carvifolia*), Heil-Ziest (*Betonica officinalis = Stachys officinalis*), Nordisches Labkraut (*Galium boreale*), Neuseeländischer Spinat (*Tetragonolobus maritimus* etc.) stammen aus den Waldsäumen und den lichten Kiefernwäldern von wechseltrockenen Böden. In Nordwestdeutschland z.T. auch als wechselfeuchte Magerwiesen auf sauren Böden verbreitet (s. Abb. 357 bis 359).

Nährstoffreiche **ein-** bis **zweischürige Naßwiesen** und Hochstaudenfluren feucht nasser Standorte werden pflanzensoziologisch vor allem in den *Calthion*-Verband gestellt. Auf eutrophen Naßstandorten sind sie aus nährstoff- und nässeliebenden Auewäldern hervorgegangen und deshalb heute infolge Drainage erheblich schwindend (Abb. 362 bis 366).

Hochstete und daher gute Verbandscharakterarten sind Sumpfdotterblume (*Caltha palustris*), Kamm-Segge (*Carex distichia*, Abb. 365), Kuckucks-Lichtnelke (*Lychnis flos-cuculi*, Abb. 366), *Myosotis palustris* (Sumpf-Vergißmeinnicht) und *Bromus racemosus* (Traubige Trespe). Der Wiesen-Knöterich (*Polygonum bistorta*) kann als Höhendifferentialart angesehen werden, die in den unteren collinen Stufen zögernd und in der Montanstufe optimal und dominierend auftreten kann. Häufig im Komplex mit Röhrichtformationen, wie es die Abbildung 367 zeigt. Einige Typen seien hier vorgestellt:

Die Wassergreiskrautwiese (*Bromo-Senecionetum aquatici*) ist eine bewirtschaftete, ein- bis zweischürig gemähte Naßwiese des Tieflandes auf nährstoffreichen, humosen bis anmoorigen, basenarmen Aueböden (kalk- und basenarme Standorte, Niedermoor, Anmoorgley, Naßgley, Abb. 368). Dieser Biotoptyp war früher in der Norddeutschen Tiefebene häufig, heute ist er sehr selten geworden und nur noch regional in nennenswerten Beständen anzutreffen (z.B. westfälische Feuchtwiesen, s. SCHWARTZE 1992, sowie im unteren Odertal um Schwedt an der Oder). Je nach Nährstoffangebot und Feuchtigkeit zeigt die Wassergreiskrautwiese eine große Variabilität.

Die Kohldistelwiese (*Angelico-Cirsietum oleracei*) ist eine schwach gedüngte, hochstaudenreiche Naßwiese mit Verbreitungsschwerpunkt in submontaner Höhenstufe, optimal auf basenreichen Lehmböden (Abb. 369). In Süddeutschland haben die Kohldistelwiesen nicht unbedingt Grundwassereinfluß; die hohen Niederschläge im Alpenvorland und die kalkhaltigen Böden begünstigen hier die Kohldistel (*Cirsium oleraceum*) und die anderen Arten.

Silgenwiesen mit Wiesenknopf bilden die *Sanguisorba officinalis-Silaum silaus*-Gesellschaft. Es sind staudenreiche, ein- bis zweischürig gemähte Naßwiesen und wärmeliebende Tieflagen-Gesellschaften der großen Stromtäler auf nassen bis wechselfeuchten, basen- und nährstoffreichen Böden (Abb. 370).

Die Grünlandbiotope nasser bis wechselfeuchter Standorte mit Dominanz von Süß- und Sauergräsern aus den Verbänden *Molinion*, *Calthion* und *Cnidion dubii* sind an extensive Bewirtschaftungsweisen gebunden. Bei Nutzungsaufgabe erfolgt eine schnelle Verbrachung, die zu feuchten Hochstaudenfluren oder zu hochwüchsigen Binsen- oder Seggen-Gesellschaften mit anschließender Verbuschung führt.

- **Gefährdung**: Entwässerung, Nutzungsaufgabe, Nährstoffeintrag.
- **Schutz**: □, ●; FFH 6410, 6430, 6440; CORINE 91:–.
- **Verbreitung**: Von der planaren bis zur hochmontanen Stufe; in noch nennenswerten Vorkommen in den Mittelgebirgen und im Alpenvorland.
- **Beispiele**: Abb. 354 bis 370.

4.2 Grünland

In die weitgefaßte Klasse *Molinio-Arrhenatheretea* (= Gesellschaften des Wirtschaftsgrünlandes) sind die Vegetationstypen der Intensivweiden, der Fettwiesen sowie das Feuchtgrünland mit den Staudengesellschaften feucht-nährstoffreicher Standorte einbezogen, die strukturell, teilweise auch floristisch, zu den Hochstaudenfluren stickstoffreicher Ufer überleiten (s. Abb. 371 und 372).

Zu den **Fettwiesen** und **Weiden** frischer Standorte zählen die fast ausschließlich anthropogen beeinflußten, gedüngten, gemähten oder wechselhaft genutzten Futterwiesen. Die Art und Intensität der Bewirtschaftung wirken sich tiefgreifend auf die floristische Struktur der Wiesengesellschaften aus. Auch die Höhenlage wirkt differenzierend. Es sind heute ebenfalls stark sich verändernde und regional auch schon stark gefährdete Pflanzengesellschaften, die durch übermäßige Stickstoffdüngung mit Jauche oder Gülle oftmals bis zur Unkenntlichkeit nitrifiziert sind. Der daraus resultierende Biomasseaufwuchs von Doldenblütern schmälert letztendlich den Futterwert der Wiesen. Diese werden im Extremfall mit *Lolium multiflorum* eingesät und können dann als „Grasäcker" 4- bis 6mal im Jahr geschnitten werden. Solche intensiven Nutzungen treten in fast allen *Arrhenatherion*-Wiesentypen auf und nivellieren diese nach und nach hinsichtlich der ursprünglichen Artenvielfalt.

Glatthaferwiesen des *Arrhenatherion*-Verbandes sind Fettwiesen auf nährstoffreichen, warmen, trockenen bis frischen Böden. Die Gesellschaften sind sehr artenreich, ihre bezeichnenden Elemente sind beweidungsempfindlich. **Mähweiden** nehmen eine Mittelstellung zwischen Fettweiden und Wiesen ein. Sie unterscheiden sich in floristischer Sicht nach Tieflagen-Ausbildungsformen und nach montanen Ausbildungsformen. Im letzteren Fall oft mit Trollblumen (*Trollius europaeus*, s. Abb. 373, 374) und mit Berg-Flockenblumen (*Centaurea montana*, Abb. 374) ausgezeichnete Bergwiesen. Sie leiten über zu den echten Gebirgsfrischwiesen des *Polygono-Trisetion*-Verbandes.

Die **Bergwiesen** sind von den *Arrhenatherion*-Wiesen des Tieflandes durch eine kürzere Vegetationszeit, eine meist langanhaltende Schneedecke und höhere Niederschlagssummen differenziert. Die Bewirtschaftung der Bergwiesen ist in vielen Gebieten mehr extensiv; manche Wiesen gehen bei extensiver Beweidung in *Nardetalia*-Rasen über. Grünlandintensivierung (vor allem Gülledüngung) oder auch Auflassung der Wiesen bedeuten heute regional eine Gefährdung der Bergwiesen insgesamt.

Der Verband *Polygono-Trisetion* umfaßt die Schnittwiesen der Hochlagen in den Mittelgebirgen sowie im Voralpenraum (s. Abb. 377 bis 384). Sie streichen unter floristischer Verarmung nach Norden bis in das nördliche Hochsauerland (z.B. Massiv des Kahlen Astens). Diese höchstgelegenen Wiesen Westfalens (600 bis 800 m NN) sind beispielsweise pflanzengeographisch noch recht bemerkenswert; sie weisen neben verschiedenen *Alchemilla*-Arten vor allem noch große Anteile an Bärwurz (*Meum athamanticum*, Abb. 375), Wiesen-Knöterich (*Polygonum bistorta*, Abb. 376), Wald-Storchenschnabel (*Geranium sylvaticum*), Weichhaarigem Pippau (*Crepis mollis*) und Wiesen-Habichtskraut (*Hieracium caespitosum*) auf. *Meum athamanticum*, bezeichnend für die Bergwiesen u.a. der Eifel, des Harzes und des Schwarzwaldes, ist in den nördlichsten Mittelgebirgen, ähnlich wie Meisterwurz (*Peucedanum ostruthium*), als Kulturrelikt eingebürgert (s. Abb. 375). Das Indigenat vieler Wiesen-Arten in den hohen Mittelgebirgen ist aber offensichtlich (Felsabstürze, Abb. 384, Schuttbahnen, Flußauen etc.).

Die **Goldhaferwiese** (*Geranio sylvatici-Trisetetum flavescentis*) stellt den wichtigsten Biotoptyp dar, der sich in zahlreiche Gebietsassoziationen aufteilen läßt. Meist auf basenreichen Standorten der Mittelgebirge (Abb. 382 bis 384). Vom Harz (dort ab 400 m) bis in die Voralpen (ab 900 m) verbreitet. Man kann die Goldhaferwiesen in zahlreiche Subassoziationen, Höhenformen und Vikarianten aufgliedern. Auch die Glatthaferwiesen des *Arrhenatheretum elatioris* sind besonders reich gegliedert in Süddeutschland (s. Abb. 377 bis 379), in Norddeutschland dagegen floristisch stark verarmt (geringere Erwärmung des Bodens). Das Hauptentwicklungszentrum der Glatthaferwiese befindet sich in Südwestdeutschland (SCHREIBER 1962). Die blumenbunten Wiesen Süddeutschlands mit Wiesen-Salbei (*Salvia pratensis*), Karthäuser-Nelke (*Dianthus carthusianorum*), Zottigem Klapperkopf (*Rhinanthus alectorolophus*) und *Festuco-Brometea*-Arten (s. Abb. 380, 381) werden auch als *Salvio-Arrhenatheretum elatioris* bezeichnet. Die Wilde Möhre (*Daucus carota*) hat ihren Verbreitungsschwerpunkt in ruderalen, häufig wegbegleitenden Glatthaferbeständen.

In planaren Lagen Norddeutschlands gibt es diesen Wiesentyp normalerweise häufig mit Pastinak (*Pastinaca sativa*), die in montanen Lagen in einen *Alchemilla*-reichen Typ übergeht. Durch Überdüngung und vielfachen Schnitt verarmen

diese Wiesen zunehmend! Das artenreiche Grünland frischer Standorte, welches durchweg duch extensive oder mittelextensive Bewirtschaftung und Grünlandnutzung enstanden und erhalten ist, umfaßt die ein- bis zweischürigen Frischwiesen von der Ebene bis in den Alpenraum. Es beeinhaltet viele Pflanzengesellschaften der *Arrhenatheretalia*, die heute allesamt durch Gülleeintrag, Grünlandumbruch und andere Nutzungsänderungen in ihrem Aufbau und in ihrem floristischen Gefüge gefährdet sind. Viele neuerliche Agroformen der modernen Wiesen zeugen heute davon (s. die Typen bei POTT 1995a).

- **Gefährdungsfaktoren**: Nutzungsaufgabe, Intensivierung der Bewirtschaftung, Mähweidebetrieb (mit mehr als 2 Großvieheinheiten/ha).
- **Schutz**: □, ○; FFH 6510; CORINE 91:–.
- **Verbreitung**: Von der planaren bis zur hochmontanen Stufe; in noch nennenswerten Beständen in den Mittelgebirgen und im Alpenvorland.
- **Beispiele**: Abb. 371 bis 387.

4.3 Flutrasen und Hochstaudenfluren

Fingerkraut-Quecken-Flutrasen des *Agropyro-Rumicion*-Verbandes sind Pioniergesellschaften, die ursprünglich im Hochwasserbereich von fließenden und stehenden Gewässern zuhause sind, nachträglich aber auch auf anthropogene Standorte im Grünlandbereich übergegangen sind.

Die Gesellschaften charakterisieren relativ instabile, gestörte Übergangsbereiche (Ökotone) zwischen stabilen, vom Arteninventar her gesättigten Bereichen. Das Vegetationsbild prägen vor allem die Arten Weißes Straußgras (*Agrostis stolonifera*), Gänse-Fingerkraut (*Potentilla anserina*), Kriechendes Fingerkraut (*Potentilla reptans*) und oftmals auch Kriechender Hahnenfuß (*Ranunculus repens*, Abb. 385 bis 387).

Bezeichnend sind längerandauernde Überflutungen und Überstauungen (Abb. 385). Der Wasserspiegel in diesen Beständen schwankt im Winter zwischen 10 cm unter und 15 cm über der Bodenoberflä-

che, im Sommer fällt er bis auf 40 cm unter die Bodenoberfläche ab. Auf sehr nassen, lange überstauten Flächen tritt regelmäßig Wasserschwaden (*Glyceria fluitans*) auf und bildet zusammen mit dem Flammenden Hahnenfuß (*Ranunculus flammula*), der Gewöhnlichen Sumpfbinse (*Eleocharis palustris*) oder verschiedenen *Bidention*- bzw. *Nanocyperion*-Elementen verschiedene nässe- und trophiebedingte Ausbildungsformen. Verbreitet sind diese Biotoptypen der Flutrasen vor allem in großen Flußtälern Norddeutschlands; auch im ozeanisch-subozeanischen Norddeutschland existieren sie noch großflächig auf verdichtetem Niedermoor-Grünland. Sie fehlen in Südwestdeutschland (Oberrheingebiet); es sind durch Meliorationsmaßnahmen stark zurückgehende Bestände.

Die Mädesüß-Fluren des *Filipendulion*-Verbandes sind dagegen von Hochstauden beherrschte Gesellschaften auf nährstoffreichen, grundwassernahen Standorten; die aufbauenden Arten sind mahd- und beweidungsempfindlich. Die Hochstaudenfluren heben sich deutlich von den Wirtschaftswiesen ab (Abb. 388 bis 397).

Es sind meistens Folgegesellschaften nicht mehr genutzter *Calthion*-Wiesen sowie abgetrockneter *Phragmitetea*-Gesellschaften. Sie zeigen vielfach Anklänge an ruderale Hochstaudengesellschaften und nehmen viele Nitrophyten auf (Große Brennessel (*Urtica dioica*), Kletten-Labkraut (*Galium aparine*), Acker-Kratzdistel (*Cirsium arvense*) und Zaunwinde (*Calystegia sepium*)). Dort haben die Mädesüß-Gesellschaften immer mehr ihren Schwerpunkt (Abb. 388 und 389).

Von ausdauernden Stauden geprägte Säume markieren in der heutigen Kulturlandschaft meist linear ausgebildete Biotope in typischen Ökoton-Situationen an Waldrändern, an Fließwasserufern oder entlang von Grenzen bewirtschafteter Flächen mit überwiegend krautiger Vegetation (s. RIECKEN et al. 1994). Deshalb sind hier verschiedene Staudenfluren, Ufersäume und Gehölzformationen vorgestellt, die natürlicherweise auf Waldgrenzstandorten (meist Nässegrenzen oder Höhengrenzen des Waldes) und auf dynamische Flußauen beschränkt sind. Sie besitzen dort noch heute ihre schwerpunktmäßigen Vorkommen, sind aber auch auf anthropozoogene Ersatzstandorte ausgedehnt.

360

361

Abb. 360: *Succisa pratensis*-reiche Moor-wiese im bayerischen Allgäu (1982).

Abb. 361: Das Breitblättrige Knabenkraut (*Dactylorhiza majalis*) ist ein formenreiches Element von Feucht- und Naßwiesen (Foto G. Grabherr). Diese charakteristische Orchidee kann als gute Leitart für intakte Feucht-wiesen angesehen werden. Einzelpflanzen haben eine Lebensdauer von knapp 30 Jahren.

Abb. 362: Riedwiesen mit *Phragmites australis*, die zur Schilfproduktion geschnitten werden (Burgenland, 1986)

362

Abb. 363: *Arnica montana* ist ein charakteristisches Element wechselfeuchter, nähr-stoffarmer Silikat-Magerrasen und Borstgras-rasen sowie wechseltrockener Pfeifengras-wiesen. Dieser Magerkeitszeiger ist im Tief-land recht selten, in den Montanregionen und im Gebirge wird Arnika häufiger.

363

364

365

Abb. 364: Biotoptypenkomplex von Naßwiesen mit gelb blühendem *Ranunculus acris* und *Ranunculus flammula* (im Maiaspekt), mit gerade austreibenden Schilfröhrichten und Weichholz- und Hartholzauenwäldern (Donauaue, 1992).

Abb. 365: *Carex disticha*-reiche Naßwiese. Es sind zumeist nährstoffreiche ein- bis zweischürige Naßwiesen feucht-nasser Standorte.

Abb. 366: Kuckuckslichtnelke (*Lychnis flos-cuculi*), Scharfer Hahnenfuß (*Ranunculus acris*) und Wiesenklee (*Trifolium pratense*) bilden den Frühsommeraspekt von Naßwiesen.

366

367

368

Abb. 367: Biotoptypenkomplex mit Weichholzaue (Pappelforst, *Salix alba*-Einzelexemplare, *Salicetum triandro-viminalis*-Weidengebüsch, Röhrichten und Naßwiesen) in der Emsaue bei Münster (1986).

Abb. 368: *Bromo-Senecionetum* (Wassergreiskrautfeuchtwiese) in der Jeetzel-Niederung (Hann. Wendland, 1988). Dieser Wiesentyp war früher in Norddeutschland weit verbreitet und ist durch Gülleüberdüngung vielfach bis zur Unkenntlichkeit nitrifiziert.

Abb. 369: *Angelico-Cirsietum* als hochstaudenreiche Naßwiese auf staunassen, nährstoffreichen Standorten (Senne, 1989). Die Kohldistelwiese ist die typische, schwach gedüngte, hochstaudenreiche Naßwiese mit Verbreitungsschwerpunkt in submontaner Höhenstufe, optimal auf basenreichen Lehmböden. Die Aufgabe traditioneller Wiesennutzungen und Umwandlungen in Intensivgrünland führen flächenhaft zum nahezu völligen Verschwinden der Extensivwiesen.

369

370

371

372

Abb. 370: Das *Sanguisorbo-Silaetum* ist bezeichnend für Naß- und Moorwiesen sowie für feuchte Tal- und Bergwiesen. Diese staudenreiche, ein- bis zweischürig gemähte Naßwiese und wärmeliebende Tieflagenwiese ist typisch für die großen Stromtäler auf nassen bis wechselfeuchten, basen- und nährstoffreichen Böden (Niederrhein, 1986, Foto: G. Verbücheln).

Abb. 371: Weidelgras-Weißklee-Weide (*Lolio-Cynosuretum*) im Blühaspekt des Löwenzahns (*Taraxacum officinale*) als gedüngte Feuchtweide im Emstal bei Meppen (1985). Die Weidelgras-Weißklee-Weide ist eine ertragsreiche Intensivweide der planaren bis submontanen Stufe, optimal im nordwestdeutschen Küstengebiet mit langer Vegetationsperiode, milden Wintern und feuchten Sommern. Obwohl physiognomisch recht einheitlich, zeigen die *Cynosurion*-Gesellschaften doch eine deutliche floristische Feingliederung in Abhängigkeit von Bodenart und Wasserhaushalt des Standortes. Magerweide und Fettweide sind grundsätzlich an höhere Niederschläge gebunden.

Abb. 372: Grünland mit Heu-Bergen bei Lübbenau im Biosphärenreservat Spreewald (Foto H. J. Küster, 1990).

Abb. 373: Berg-Goldhaferwiesen mit Trollblumen (*Trollius europaeus*) als Gebirgsfrischwiesen. Die Bergwiesen sind von den *Arrhenatherion*-Wiesen des Tieflandes durch eine kürzere Vegetationszeit, eine meist langanhaltende Schneedecke und höhere Niederschlagssummen differenziert. Die Bewirtschaftung der Bergwiesen ist in vielen Gebieten mehr extensiv; manche Wiesen gehen bei extensiver Beweidung in *Nardetalia*-Borstgrasrasen über. Grünlandintensivierung (vor allem Gülledüngung) oder auch Auflassung der Wiesen bedeuten heute regional eine Gefährdung der Bergwiesen insgesamt (Foto E. Burrichter).

Abb. 374: Trollblume (*Trollius europaeus*) und Berg-Flockenblume (*Centaurea montana*) sind charakteristisch für die ungedüngten Schnittwiesen der Mittelgebirgshochlagen sowie des Voralpenraumes.

Abb. 375: Bärwurzwiesen (*Centaureo-Meetum athamantici*) sind Bergwiesen auf sauren Standorten. Vor allem im Westen vom Schwarzwald bis in die Eifel und die Ardennen. Die einschürigen Magerwiesen mit wechselndem Wasserhaushalt waren früher häufig sogenannte „Wässerwiesen", die durch ein ausgeklügeltes Be- und Entwässerungssystem jeweils im Frühling bewässert und damit gedüngt wurden. Offenbar sind gerade diese Wiesen besonders reich an Narzissen (*Narcissus pseudonarcissus*).

374

373

Abb. 376: Wiesenknöterich (*Polygonum bistorta*)-reiche Feuchtwiesen sind typisch für die Hochlagen der Mittelgebirge und für das Alpenvorland. Sie bilden oft einen Vegetationskomplex von Naß- und Moorwiesen auf stau- oder sickernassen, wechselfeuchten, nährstoff- und basenreichen Böden.

375

376

377

378

Abb. 377: Glatthaferwiesen (*Arrhenatheretum elatioris*) sind Fettwiesen auf nährstoffreichen, warmen, trockenen bis frischen Böden. Die Gesellschaften sind sehr artenreich, ihre typischen Elemente sind beweidungsempfindlich. Mähweiden nehmen eine Mittelstellung zwischen Fettweiden und Wiesen ein (Schwäbische Alb, 1994).

Abb. 378: Die ein- bis mehrschürigen Wiesen sind typisch für die colline bis montane Stufe. Sie sind besonders reich gegliedert in Süddeutschland (Hülenbuschwiesen bei Tieringen, Schwäbische Alb, 1994). Diese Hochwiesen auf dem sogenannten Hörnle auf der Schwäbischen Alb sind malerische Holzwiesen – Relikte einer ehemals extensiven Landwirtschaft. Die Wiesen wurden früher jährlich einmal zur Heugewinnung gemäht und anschließend kurz beweidet; die Hecken und Einzelbäume dienten der Deckung des Holzbedarfes. Die extensive Bewirtschaftung hat ganz eigenwillige, reiche Artenspektren in den Wiesen zur Folge: Wiesengräser mischen sich mit *Mesobromion*-Elementen (z.B. *Avena pratensis, Muscari botryoides, Campanula glomerata, Dianthus carthusianorum, Crepis praemorsa* und *Filipendula hexapetala*).

379

Abb. 379: Biotopkomplex in einem Wiesental auf der Schwäbischen Alb (1994) mit Feuchtwiesen, Hochstaudenfluren und Weidengebüschen auf dem Talboden.

Abb. 380: Das Hauptentwicklungszentrum der Glatthaferwiesen befindet sich in Süd-westdeutschland. Die blumenbunten Wiesen Süddeutschlands mit Wiesen-Salbei (*Salvia pratensis*), Karthäuser-Nelke (*Dianthus carthusianorum*), Zottigem Klappertopf (*Rhinanthus alectorolophus*) und *Festuco-Brometea*-Arten werden auch als *Salvio-Arrhenatheretum elatioris* bezeichnet.

Abb. 381: In den „Tiefenlagen-Fettwiesen" spielt normalerweise der Glatthafer (*Arrhenatherum elatius*) eine dominante Rolle; daneben herrschen Obergräser vor, u.a. Wiesenknäuelgras (*Dactylis glomerata*), Wiesenschwingel (*Festuca pratensis*) und Wiesenfuchsschwanz (*Alopecurus pratensis*). Die starken Stickstoffdüngungen der letzten Jahre führten im allgemeinen zu einem Rückgang der Wiesengräser zugunsten von Doldengewächsen. Namentlich Wiesenkerbel (*Anthriscus sylvestris*) und Bärenklau (*Heracleum sphondylium*) breiten sich in überdüngten Beständen in unangenehmer Weise aus.

380

381

Abb. 382: Die Schnittwiesen der Hochlagen in den Mittelgebirgen und im Voralpenraum sind blumenbunte Goldhaferwiesen vom Typ des *Geranio-Trisetetum flavescentis* (bei Reutte in Tirol, 1993).

Abb. 383: Bergwiesen sind vom Harz (dort ab 400 m) bis in die Voralpen (ab 900 m) verbreitet. Man kann die Goldhaferwiesen in zahlreiche Subassoziationen, Höhenformen und Vikarianten aufgliedern. Durch Gülledüngung heute reich an Wiesenkerbel (*Anthriscus sylvestris*) und anderen *Apiaceen*. Solche Typen können als *Anthrisco sylvestris-Trisetetum flavescentis* bezeichnet werden. Sie kennzeichnen den am meisten verbreiteten Gebirgswiesentyp (Tirol, 1993).

Abb. 384: In lichten Wäldern, an Schutt- und Rutschhalden, an Felsnasen und Felsbändern, an Flußufern und in Hochstaudenfluren haben viele unserer heutigen Wiesenpflanzen ihre ursprünglichen Standorte in der Urlandschaft. Von dort sind sie als Apophyten im Laufe der Entstehung von Wiesen und Weiden quantitativ gefördert worden. *Arrhenatherum elatius* ssp. *elatius* var. *subhirsutum* wächst beispielsweise noch heute in den hochmontanen Hochgrasfluren der südlichen Vogesen (Frankenthal-Kar, Hohneck, Foto E. BURRICHTER, 1976).

Abb. 385: Biotopkomplex von Flutrinnen, Flutrasen und Feuchtwiesen im Stromtal der Ems bei Rhede (1994). Hier wachsen Kriech-rasen-Gesellschaften des *Agropyro-Rumi-cion*. Es handelt sich um ausdauernde, meist dichtgeschlossene Rasengesellschaften, die von Gräsern oder grasartigen Elementen be-herrscht werden. Die hier zusammenge-schlossenen Gesellschaften umfassen vor al-lem feuchtigkeitsliebende Pionierbestände, die mit raschwachsenden Kriechsprossen und intensivem Wurzelwerk offene Böden schnell besiedeln und kürzere Wasserüber-stauungen recht gut ertragen können. Ihre flächenhafte Entwicklung verdanken die mei-sten Kriechrasen-Gesellschaften vor allem der Rodung von Niederungswäldern seit dem Mittelalter und der nachfolgenden Nutzung als Weideland. Kleinflächige Primärstandorte dürften in Auenkomplexen immer genügend vorhanden gewesen sein (z.B. Flutrinnen, Bi-berwiesen).

385

Abb. 386: Die Gesellschaft des Stumpfblüti-gen Ampfers (*Poo trivialis-Rumicetum obtusi-folii*) tritt primär in Flußauen auf; sie hat ihr Optimum in den teilweise vom Hochwasser ausgerissenen Ausuferungszonen auf feuch-ten, sandig-lehmigen Rohaueböden.

386

Abb. 387: Biotoptypenkomplex von Flutrasen, Flatterbinsen-Beständen, Bruchwald und Kie-fernforst an einem verlandeten Heideweiher (Emsland, 1991). Die Stellung der Flatterbin-sen-Bestände ist umstritten; sie sind Ersatz-gesellschaften von Erlenbrüchen, feuchten Eichen-Hainbuchen-Wäldern, bei Düngung auch von Birken-Bruchwäldern und feuchten oder nassen Eichen-Birken-Wäldern. Nach Guanotrophierung durch Vogelkolonien wird die Entstehung von Flatterbinsen-Beständen gefördert.

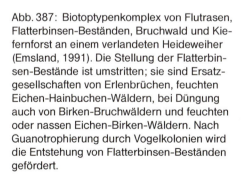

387

388

Abb. 388: Die Mädesüß-Fluren des *Filipendulion*-Verbandes sind von Hochstauden beherrschte Gesellschaften auf nährstoffreichen, grundwassernahen Standorten; die aufbauenden Arten sind mahd- und beweidungsempfindlich. Die Mädesüß-Gesellschaft (*Valeriano-Filipenduletum*) ist eine nährstoffliebende Hochstaudenflur an Gräben, Fließ- und Stillgewässern, vor allem in Tieflagen verbreitet. Die Hochstaudenfluren heben sich von der Wirtschaftswiese ab; bei Nutzungseinstellung nehmen sie flächenhaft das feuchte Grünland ein. Es sind schützenswerte Biotoptypen, von denen einige in den folgenden Abbildungen vorgestellt werden.

389

390

Abb. 389: Die Sumpfstorchschnabel-Mädesüß-Gesellschaft (*Filipendulo-Geranietum palustris*) ist standörtlich der vorigen ähnlich, aber offenbar an basenreichere Lebensräume gebunden. Natürliche Gesellschaft am Rand von Röhrichten (landwärts); Sekundärausbreitung auf brachgefallenem Naßgrünland.

Abb. 390: Nitrophytische Uferstauden- und Saumgesellschaften der größeren Flüsse und Ströme gibt es mit Schwerpunkt in der planaren und collinen Stufe. Sie stehen häufig im Kontakt mit *Calthion*-Gesellschaften, Uferröhrichten des *Phalaridion arundinaceae* und Uferweidengebüschen der *Salicetea purpureae*. Die Sumpfdistel-Engelwurz-Gesellschaft wächst auf schwach brackigen oder ehemals brackigen Standorten. Vorwiegend subkontinental verbreitete Gesellschaft, vor allem an der Ostsee oder an Gewässern in Ostseenähe; auch im Tidebereich der Elbe (bei Oldenburg/Ostsee, 1987).

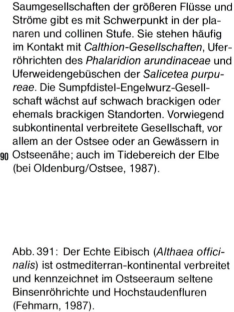

391

392

Abb. 391: Der Echte Eibisch (*Althaea officinalis*) ist ostmediterran-kontinental verbreitet und kennzeichnet im Ostseeraum seltene Binsenröhrichte und Hochstaudenfluren (Fehmarn, 1987).

Abb. 392: Die Erzengelwurz-Gesellschaft (*Convolvulo-Archangelicetum*) kennzeichnet Hochstaudensäume in Steinpackungen von Kanälen und Uferböschungen. Auch an Flüssen, Bächen und Wiesengräben von etwa 20 cm bis 120 cm über dem mittleren Wasserspiegel. *Angelica archangelica* ist salzertragend; die zunehmende Belastung und anwachsende Eutrophierung der Flüsse und Schiffahrtskanäle macht die gegenwärtige Ausbreitung der Gesellschaft verständlich.

Abb. 393: Die Zweizahn-Gesellschaften der *Bidentetea* sind natürliche und vielfach auch anthropogene, aus Sommerannuellen aufgebaute Vegetationseinheiten. Sie wachsen an nährstoffreichen Standorten über meist schlammigem oder feinerdigem Substrat. Kurze Überschwemmungen und sommerliches Trockenfallen fördern die Keimung der konstituierenden Arten in der meist limosen Ökophase. Die Bestände der *Bidentetea* gewähren einer Reihe von Neophyten ständige Wanderungs- und Ausbreitungsmöglichkeiten; das ist besonders an den Unter- und Mittelläufen der Flüsse der Fall. Das teilweise neophytische und ephemer auftretende, mannshohe Moorgreiskraut (*Tephroseris palustris* = *Senecio tubicaulis* Mansf. = *S. congestus* (R. Br.) C.) kann als Neophyt zwar vorübergehend in verschiedene *Bidention*-Gesellschaften feuchter und nasser Böden eindringen, findet aber optimale Lebensbedingungen nur auf nackten, stickstoffhaltigen (vor allem ammoniumhaltigen) Schlammböden (Foto E. Burrichter).

Abb. 394: Südstrandpolder von Norderney (1989). Hier können sich große Schilfröhrichte mit Schilfrohr (*Phragmites*) und Hochstaudenfluren mit Zottigem Weidenröschen (*Epilobium hirsutum*) ausbreiten.

Abb. 395: Das Zottige Weidenröschen (*Epilobium hirsutum*).

396

397

398

399

400

Abb. 396: Biotoptypenkomplex Quellstauden-flur vom Typ der Kälberkropf-Hahnenfuß-Ge-sellschaft (*Chaerophyllo hirsuti-Ranuncule-tum aconitifolii*) an Wiesenbächen der Silikat-mittelgebirge. Die Hochstaudenflur ist optimal über tonhaltigen Alluvionen entwickelt; sie hat ihr geographisches Optimum in den ho-hen Mittelgebirgen Süd- und Mitteldeutsch-lands (Schwarzwald, Thüringer Wald, Wester-wald). In floristisch verarmter Form gedeihen die Bachhochstaudenfluren noch im Rothaar-gebirge und im Ebbegebirge (Sauerland). Diesen nördlichsten Beständen sind immer-hin noch die montan-präalpinen Geoele-mente *Ranunculus platanifolius* (Rothaarge-birge) und *Ranunculus aconitifolius* (Ebbege-birge) beigemengt. Vielfach auch episodisch gemähte oder freigestellte Ersatzgesellschaf-ten ehemaliger quelliger Auen- oder Bruch-wälder (vor allem *Stellario-Alnetum*, *Sphagno-Alnetum*).

Abb. 397: *Ranunculus aconitifolius* (Eisen-hutblättriger Hahnenfuß) ist eine Kennart montaner oder hochmontaner Staudenfluren.

Abb. 398: Alpine Hochstaudenflur vom Typ der Alpenlattich-Gesellschaft (*Adenostylo-Ci-cerbitetum*). Die Gesellschaft entsteht nach Schlag aus dem Grünerlenbusch (*Alnetum viridis*); ihre natürlichen Vorkommen besitzt sie vorwiegend in der alpinen Stufe an natür-licherweise waldfreien Standorten, sie tritt aber auch in Lawinenrunsen auf – an solchen Stellen sogar in den hohen Mittelgebirgen.

Abb. 399: Die Blattkäfer der Gattung *Chryso-chloa* ernähren sich ausschließlich von den weichen Blättern von Compositen wie *Adeno-styles* (hier), *Petasites* und *Cicerbita*. OBER-DORFER (1931) konnte Flügeldecken dieser Käfer in spätglazialen Ablagerungen des Schluchsees im Schwarzwald entdecken – ein Beweis für das reliktische Vorkommen dieser Hochstauden in den Mittelgebirgen.

◁ Abb. 400: *Cicerbita alpina* (Alpenlattich) ist ein heute präalpin verbreitetes Geoelement, das als Eiszeitrelikt in den Mittelgebirgen noch nach Norden bis in das Sauerland verbreitet ist (Rothaargebirge, 1992).

Abb. 401: Biotoptypenkomplex strauchfreier Hochstaudenfluren auf mineralkräftigen, mittel- bis tiefgründigen, wasserversorgten Böden. Diese Hochstaudenfluren bilden die produktionskräftigsten Gesellschaften der europäischen Hochgebirge oberhalb der Waldgrenze. Hier der Gelbe Enzian (*Gentiana lutea*), der präalpin bis alpin verbreitet ist (Pilztal, 1980).

Abb. 402: Die Alpen-Bergscharte (*Centaurea rhapontica*) baut alpine Hochstaudenfluren auf (Engadin, 1983).

Abb. 403: Subalpine und alpine Lägerfluren sind nitrophytische Hochstaudengesellschaften an Läger- und Dungstellen in der subalpinen Stufe. Hier mit *Aconitum vulparia* (Blauer Eisenhut) und *Aconitum lycoctonum* (Gelber Eisenhut).

Abb. 404: Die Alpenampfer-Lägerflur des *Rumicetum alpini* ist eine subalpine Lägerflur in der unmittelbaren Umgebung von Viehställen, Bauernhöfen und Sennhütten auf sehr stickstoffreichen Böden. Hohe Nährstoffzufuhr, Feuchtigkeit und Bodenverdichtung fördern den Alpenampfer. In Höhen von 900 bis 2600 m über NN. Vorwiegend subalpine Gesellschaft der Alpen und des Alpenvorlandes. Auch in den höchsten Lagen des Fichtelgebirges und im Hochschwarzwald. Hier mit Alpenampfer (*Rumex alpinus*) und Verschiedenblättriger Kratzdistel (*Cirsium helenioides*). (Tirol, 1993).

401

402

403

404

405

406

407

408

◁ Abb. 405: Das Alpen-Heckenrosengebüsch mit *Rosa pendulina* findet sich gelegentlich im Bereich der Waldgrenzen (Fimbertal, 1993). Zahlreiche Gehölzarten bauen solche Hochstaudenfluren und Gebüsche in den Alpen und in den hohen Mittelgebirgen auf. Zwei typische Arten zeigen Abb. 406 und 407.

◁ Abb. 406: Alpen-Waldrebe (*Clematis alpina*).

◁ Abb. 407: Alpen-Heckenrose (*Rosa pendulina*).

◁ Abb. 408: Das Schluchtweiden-Gebüsch des *Salicetum appendiculatae* ist eine charakteristische primäre Stauden- und Strauch-Gesellschaft der Lawinenbahnen im Schwarzwald in ost- und nordseitigen Lee-Lagen. Am Feldberg eine spätglaziale Reliktgesellschaft mit Eisenhutblättrigem Hahnenfuß (*Ranunculus aconitifolius*) im Unterwuchs anzusehen (Feldberg, 1994).

410

Abb. 409: Die Schluchtweide (*Salix appendiculata*).

Abb. 410: Grünerlengebüsche mit *Alnus viridis* wachsen in den Alpen vor allem im Bereich der hochmontanen und subalpinen Stufe zwischen 1000 und 2000 Metern Seehöhe. Vorwiegend in kühlen, sonnenabseitigen Lagen (Fimbertal, 1994).

Abb. 411: Der Purpur-Enzian (*Gentiana purpurea*) ist ein westalpines Geoelement in subalpinen Hochstaudengebüschen und Borstgrasrasen (1994).

409

411

171

412

413

◁ Abb. 412: Binnenländische Salzstelle „Schreyahn" in Ostniedersachsen (1988).

◁ Abb. 413: Binnenländische Salzstelle mit Salzausblühungen bei Salzkotten in Westfalen (1985).

Abb. 414: Binnenländische Salzstelle in den Salzlacken des Neusiedler Sees bei Illmitz (1984). Hier entstehen durch aufwärts steigendes, salzhaltiges Bodenwasser charakteristische Solonezböden, in denen das Salz in gebundener Form als Humat im Unterboden verbleibt, oder Solontschakböden, in denen kapillare Salzströmungen freie Natriumsalze an die Oberfläche bringen. Je nach Salzgehalt und nach Bodentyp wachsen hier verschiedene Halophytengesellschaften mit vorwiegend turanischen Geoelementen, wie z.B. das *Crypsidetum aculeatae* und das *Lepidio-Puccinellietum salinariae* (mit *Crypsis aculeata*, *Lepidium carthilagineum* und *Aster tripolium* ssp. *pannonicum*). Weitere wichtige Arten zeigen Abb. 415 bis 417.

Abb. 415: *Camphorosma annua* (Kampferkraut) ist ein pontisch-turanisches Geoelement.

Abb. 416: *Bassia hirsuta* (Dornmelde) ist ein ostmediterran-kontinentales Geoelement, das es an Salzstellen bis in den Nord- und Ostseeraum gibt (Föhr, 1993).

Abb. 417: *Eurotia ceratoides* (Hornmelde) ist ein pontisch-turanisches Geoelement (Weinviertel, 1993).

414

415

416

417

Dazu gehören besonders an den Gewässerufern die buntblumigen Ufersäume von *Senecio sarracenius* (Fluß-Greiskraut), von *Althaea officinalis*, dem Echten Eibisch, s. Abb. 390, 391), von *Angelica archangelica* (Arznei-Engelwurz, Abb. 392), von *Tephroseris palustris* (Greiskraut, Abb. 392), von *Epilobium hirsutum* (Zottiges Weidenröschen, Abb. 394, 395), von *Ranunculus aconitifolius* (Eisenhutblättriger Hahnenfuß, Abb. 396, 397) sowie die Staudensäume und Staudenfluren der montanen, hochmontanen bis subalpinen Stufe (Abb. 398 bis 404).

Die montanen bis hochmontanen Hochstaudenfluren des *Adenostylion alliariae*-Verbandes wachsen auf Lawinenbahnen und im offenen Waldgrenzökoton der Alpen. Als Glazialrelikte finden sie sich auch sehr lokal auf den hohen Mittelgebirgsgipfeln (s. Abb. 398 bis 404). In großen Höhen gehen sie über in natürliche Gebüschformationen mit Alpenrose (*Rosa*

pendulina) und Alpen-Clematis (*Clematis alpina*, s. Abb. 405 bis 407); an Lawinenbahnen dringen die Hochstauden ein in die Schluchtweiden-Gebüsche des *Salicion appendiculatae* (s. Abb. 408 und 409) sowie letztendlich in den Unterwuchs lichter Grünerlen-Gebüsche vom Typ des *Alnetum viridis* (Abb. 410, 411).

- **Gefährdung**: Nutzungsänderungen.
- **Schutz**: □, ○; FFH (nur teilweise) 6430; CORINE 91:–.
- **Verbreitung**: Regional verschieden (s. POTT 1992, 1995a).
- **Beispiele**: Abb. 388 bis 411.

4.4 Natürliche Salzstellen des Binnenlandes

Salzhaltige Binnengewässer (meist Solequellen) ermöglichen das primäre Vorkommen von halophilen bzw. salztoleranten Tier- und Pflanzenarten im Binnenland (Gesellschaften der *Ruppietea*, *Thero-Salicornietea*, *Asteretea tripolii*, s. Tab. 1, 2 sowie Abb. 413 bis 417). Sekundärvorkommen von Salzrasen gibt es an Abraumhalden des Salz- und Kalibergbaus, durch Salzbelastung von Fließgewässern und entlang salzgestreuter Verkehrswege.

- **Gefährdung**: Grundwasserabsenkung, Nährstoffeintrag.
- **Schutz**: ■, ●; FFH 1150, 1340 (nur die primären Vorkommen); CORINE 91:–.
- **Beispiele**: Abb. 412 bis 417.

5
Biotoptypen der offenen Binnendünen sowie der offenen natürlichen Block- und Geröllhalden

Auf offenen Sanddünen wachsen lückige, wärme- und trockenheitsertragende, lichtbedürftige und daher konkurrenzschwache, niedrigwüchsige Pionierfluren. Natürliche Bestände sind auf Dünenstandorte des Binnenlandes und der Küstenregion beschränkt. Neben den ebenfalls natürlichen Felsgrus- und Felsbandgesellschaften gibt es in dieser Vegetation der Silbergrasfluren (*Koelerio-Corynephoretea*) nur wenige anthropogene Vegetationseinheiten mit geringen Anteilen an der Ruderalvegetation (z.B. Sekundärstandorte, wie Mauerkronen und Eisenbahnanlagen).

Die Pflanzengesellschaften der Sandtrockenrasen und der Felsband- und Geröllgesellschaften sind in der Regel von Haus aus nur kleinflächig natürlich verbreitet, meist sind sie anthropo-zoogen ausgeweitet. Vielfach gehören sie in den Formenkreis genutzter Landschaften (Abb. 418) und sind wegen ihrer Anfälligkeit gegen die Konkurrenz von Nitrophyten in der heutigen Intensivkulturlandschaft auch allesamt stark bedroht (Ausnahme: *Campylopus*-Gesellschaft, s. POTT 1995b). Hier ist nicht nur der Stickstoff als Mangelfaktor wirksam, sondern vor allem das Phosphat.

In der Formation der Geröll- und Felsvegetation werden einschichtige Gesellschaften feinerdearmer Standorte zusammengefaßt. Es sind in der Regel Dauer-Pioniergesellschaften, die sich nur dann verändern können, wenn die physikalischen Standortbedingungen variieren (Geröllbewegung, Freilegung von Moränenschutt nach Abtauen von Gletschern). Sie finden sich vor allem an natürlichen Extremstandorten, die nur schwer zugänglich sind.

Eine Gefährdung all dieser natürlichen Spezialistengesellschaften tritt nur bei Störung oder Zerstörung der Standorte ein (z.B. Kletterfelsen, Betonierung und Zementierung von Felswänden, Verbauung

von Gebirgsbächen). Floristisch optimal ausgestattete Bestände sind ohnehin längst nicht so häufig, wie man angesichts der Verbreitung von Felsstandorten annehmen könnte.

5.1 Oligotrophe Magerrasen

Die Silbergrasfluren besiedeln als artenarme, lückige Pionierrasen meist humus- und nährstoffarme, durchlässige Lockersandböden mit geringen Kalkgehalten, so vor allem Dünengelände (Abb. 419 bis 424). Ihr Hauptareal liegt im subatlantischen Westeuropa, doch finden sie sich auch noch auf Flugsandböden im östlichen Mitteleuropa. Als Initialgesellschaften erobern die Silbergrasfluren bei primärer Entwicklung die sauren, nährstoffarmen Böden (Ranker) der Dünen. Daneben liegt vielfach eine sekundäre Entwicklung auf ehemaligen, ebenfalls kalk- und humusarmen Wald- und Ackerböden vor. Auf oder am Rande von Pfaden und Fahrspuren, die Dünenlandschaften durchziehen, aber auch an verfestigten Stellen innerhalb der Silbergrasfluren dominieren in ziemlich geschlossenen Teppichen der Frühe Schmielenhafer (*Aira praecox*) und der Nelkenhafer (*A. caryophyllea*). Im Frühjahr kontrastiert dieser Sandrasen zu den benachbarten Kontaktgesellschaften durch die roten Blattscheiden der frisch austreibenden, im Sommer durch die strohgelbe Farbe der verdorrten und abgefruchteten *Aira*-Pflanzen (Abb. 425 und 426).

Die grasnelkenreichen Rasen des *Plantagini-Festucion ovinae*-Verbandes sind aus vorwiegend mehrjährigen Arten aufgebaut. Natürliche Standorte der Gesellschaften sind Terrassensande und Dünen längs der großen Flüsse sowie im Bereich der Ostseeküstendünen. Sekundäre Standorte sind die anthropo-zoogenen offenen

Sandflächen, Brachländer und Böschungen (Abb. 427). In *Plantagini-Festucion*-Gesellschaften finden sich auch wärmeliebende submediterrane Elemente wie Heide-Nelke (*Dianthus deltoides*, Abb. 428), Ähriger Ehrenpreis (*Veronica spicata*, Abb. 429), Dornige Hauhechel (*Ononis spinosa*, Abb. 430), Knolliger Hahnenfuß (*Ranunculus bulbosus*), Hopfenklee (*Medicago lupulina*) und Kleine Pimpernell (*Pimpinella saxifraga*). Diese Vorkommen lassen sich durch geringe Azidität der Böden, ihr vielfach geringes Alter und ihre leichte Erwärmbarkeit nach Austrocknung erklären. Mit seinen im Hochsommer farbenprächtigen Blühaspekten von *Dianthus deltoides* und *Galium verum* sowie den frühsommerlichen Weißtönen von *Cerastium arvense* fällt vor allem das *Diantho-Armerietum* das ganze Jahr über ins Auge und ist deshalb leicht von den anderen Sandtrockenrasen abzugrenzen (s. Abb. 425 bis 429). In Ostdeutschland häufig auch mit großen Vorkommen der Strohblume (*Helichrysum arenarium*) und des Alpen-Knorpelsalates (*Chondrilla chondrilloides*).

Offene Flugsandflächen im Tertiärdünengebiet der Inseln und Küsten werden von Sandtrockenrasen des *Violo-Corynephoretum* eingenommen (s. Abb. 431 bis 433). Das sind auf den Graudünen oft großflächig verbreitete bunte, von Blütenpflanzen und Moosen geprägte Trockenrasen (Abb. 431). Auch bodenbewohnende Flechten wie *Cladonia foliacea* und *Coelocaulon aculeatum* herrschen in der Regel vor. Meist aus dem *Tortulo-Phleetum arenariae* (Abb. 432) oder dem *Elymo-Ammophiletum festucetosum arenariae* hervorgehend und mit diesen eng verzahnt. Diese Trockenrasen werden in der Sukzession der Xeroserie von Küstenheiden mit *Empetrum nigrum* abgelöst. Sandtrockenrasen sind allesamt akut vom Aussterben bedroht!

418

Abb. 418: Biotoptypenkomplex Hudelandschaft „Borkener Paradies" im Emstal bei Meppen (Foto W. FRANKE, 1986). Inmitten der Triftflächen gibt es noch aktive Sanddünen mit entsprechenden oligotraphenten Magerrasen. Binnendünen und Wehsande waren gerade in Norddeutschland auf den pleistozänen Sandböden noch bis vor etwa 150 Jahren landschaftsprägend. Alle großen norddeutschen Flüsse sind von Dünen begleitet; die meisten und höchsten befinden sich in der Oberen Allerniederung bei Gifhorn. Solche Triftlandschaften sind heute Schutzgebiete besonderen Ranges: Es sind historische Landschaften, die ihr physiognomisches Gepräge bis auf den heutigen Tag ausschließlich der traditionellen Hudewirtschaft verdanken. Diese typischen Parklandschaften vermitteln als lebende Reliktlandschaften eine prägnante Vorstellung vom ehemaligen Vegetationszustand weiträumiger Allmendweiden. Mit ihrer physiognomischen Vielfalt und ihrem kleinräumigen Wechsel von buntblumigen Triftrasen, blühenden Waldmänteln, strauchreichen Waldresten und bizarren Baumgestalten bilden sie die Grundlage einer biologischen Reservatlandschaft (s. auch Kap. 11.8). Das Naturerleben wird hier ungleich stärker empfunden als in der Eintönigkeit unserer modernen Wirtschaftslandschaft.

419

Abb. 419: Biotopkomplex mit offenen Sand-
dünen, Sandtrockenrasen und bodensauren
Kiefernwäldern im offenen Dünengebiet von
Kootwijk (Gelderland, 1994).

Abb. 420: Ausgedehnter Silbergrasrasen des
Corynephorion canescentis auf teilweise
noch bewegten, meistens aber schon konsolidierten Sandflächen in der Hoogen Ve-
luwe (1990). Sand-Magerrasen sind weitgehend nutzungsbedingte Biotoptypen, die ihre
maximale Ausdehnung in den Zeiten der
spätmittelalterlichen und frühneuzeitlichen
Waldverwüstungen hatten. Seit dem 19. Jahrhundert gab es dann starke Flächenverluste
durch landwirtschaftliche Intensivierung und
Aufforstung der Binnensandflächen. Primärstandorte sind u.a. die Sandanrisse in offenen Kiesflächen natürlicher Flußauen.

420

Abb. 421: Biotoptypenkomplex Silbergras-Gesellschaft und Sandrasen. Von Silbergras (*Corynephorus canescens*) beherrschte, offene, artenarme subatlantische Pionierrasen auf Lockersandböden (Flugsanddünen) mit geringen Kalkgehalten oder kalkfreien Quarzsandflächen. Die Erstbesiedlung der offenen, bewegten Sandflächen erfolgt durch die Sandsegge (*Carex arenaria*) und das Silbergras (*Corynephorus canescens*). Beide Pflanzen zeigen besondere Anpassungen. So besitzt *Carex arenaria* ein ausgedehntes Ausläufersystem, mit dem sie wesentlich zur Festlegung des Sandes beiträgt. *Corynephorus canescens* ist mit seinem weitgefächerten, bis 40 cm tiefen Wurzelsystem und durch Etagenwuchs nicht nur gut vor Übersandungen geschützt, sondern sogar auf diese angewiesen. Der Oberboden ist durch verwitterte Sproß- und Blattreste zwar vielfach schwach humos, hat aber eine noch so geringe Wasserhaltekraft, daß in diesem Stadium der Vegetationsentwicklung vor allem austrocknungsfähige Flechten und Moose konkurrenzfähig sind. Häufig können wärmebedürftige Sandsteppen-Elemente eigene Gesellschaften aufbauen oder dominieren (siehe Abb. 422 bis 424).

Abb. 422: *Helichrysum arenarium* (Sand-Strohblume) auf sommerwarmen Sandböden (Brandenburg, 1992).

Abb. 423: *Tuberaria guttata* (Geflecktes Sandröschen) in offenen Sand-Pionier-Gesellschaften sommerwarmer Lagen mit mediterran-atlantischer Verbreitung (Norderney, 1994).

Abb. 424: *Chondrilla juncea* (Binsen-Knorpelsalat) auf Löß- und Sandböden sommerwarmer Regionen mit submediterran-kontinentaler Verbreitung (Wendland, 1993).

421

422

423

424

425

Abb. 425: Auf festgelegten Sanden stehen Kleinschmielen-Rasen des *Thero-Airion* oft im Kontakt zu den Silbergrasfluren, die sie überlagern oder in der Sukzession ablösen. Hauptsächlich subozeanisch verbreitete Therophyten-Gesellschaften (Borkener Paradies, 1990).

426

Abb. 426: *Aira praecox* (Früher Schmielenhafer). Auf oder am Rande von Pfaden und Fahrspuren, die Dünenlandschaften durchziehen, aber auch an verfestigten Stellen innerhalb der Silbergrasfluren, dominieren in ziemlich geschlossenen Teppichen der Frühe Schmielenhafer (*Aira praecox*) und der Nelkenhafer (*A. caryophyllea*). Im Frühjahr steht dieser Sandrasen in deutlichem Kontrast zu den benachbarten Kontaktgesellschaften durch die roten Blattscheiden des frisch austreibenden Frühen Schmielenhafers, im Sommer durch die strohgelbe Farbe der verdorrten und abgefruchteten *Aira*-Pflanzen.

427

Abb. 427: Biotoptypenkomplex Sandsteppen-Gesellschaften der *Festuco-Sedetalia*. Von den osteuropäisch verbreiteten Sandsteppen kommen im Wuchsbereich thermophiler Wälder noch extrazonale und reliktartig verbreitete Bestände vor, die im Gebiet ausklingen und weiter östlich ihre optimale Entfaltung zeigen. Grasnelken-Gesellschaften des *Diantho-Armerietum* bilden weitgehend geschlossene, niedrige Rasen auf verfestigten, etwas humosen Sandböden. Im Osten Deutschlands gut ausgebildet, nach Westen hin zunehmend verarmte Bestände (Wendland, 1993). Es sind artenreiche Trockenrasen mit wärmeliebenden submediterranen Elementen. Sie sind deshalb leicht von den anderen Sandtrockenrasen abzugrenzen. Einige wichtige Arten zeigen Abb. 428 bis 430.

Abb. 428: *Dianthus deltoides* (Heide-Nelke).

Abb. 429: *Veronica spicata* (Ähriger Ehrenpreis).

Abb. 430: *Ononis spinosa* (Dorniger Hauhechel).

428

429

430

Abb. 431: Biotoptyp basiphile Sandrasen des *Koelerion arenariae* (Schillergras-Gesell-schaften). Es sind Gesellschaften der fest-gelegten, trockenen und wenig entkalkten Dünensande im Graudünenbereich der Nord-see und auf Strandwällen der Ostsee. Lokal auch in Sandgebieten Süddeutschlands. Vor-wiegend auf Tertiärdünen verbreitete Gesell-schaften, die als lückige, moos- und flechten-reiche Trockenrasen ausgebildet sind (Lan-geoog, 1989).

431

Abb. 432: Sandlieschgras-Trockenrasen (*Tortulo-Phleetum arenariae*). Auf kalkreichen Sandböden der Küstendünen auf den Nordsee-Inseln verbreitet. Noch unter leichter Sandeinwehung. Die blühenden Exem-plare von *Phleum arenarium* werden etwa 10 cm hoch (Langeoog, Foto J. PETERSEN, 1993).

Abb. 433: Sand-Veilchen (*Viola tricolor* agg.) kennzeichnen vor allem die warm-trockenen, gelegentlich noch von Salzeinwirkungen durch Aerosole beeinflußten Graudünen. Sie beherrschen die Küsten-Silber-grasfluren des *Violo-Corynephoretum* (Wangerooge, 1990).

432

433

181

- **Gefährdung**: Sandabbau, intensive Grünlandnutzung, Aufforstungen und Inkulturnahmen.
- **Schutz**: ■; ●, FFH 2330, 6120; CORINE 91: teilweise prioritäre Habitate nach Directive 43/92 EEC.
- **Beispiele**: 418 bis 433.

- **Gefährdung**: Flurbereinigung, Wegebefestigung.
- **Schutz**: □; ●, FFH –; CORINE 91:–.
- **Verbreitung**: Nur noch selten in Lößlandschaften (vor allem im Kaiserstuhl).
- **Beispiele**: Abb 434.

5.2 Lehm- und Lößwände

Hohlwege entstehen grundsätzlich in Gebieten mit weichem oder lockergesteinlosem Untergrund. Besonders weit verbreitet sind sie in Lößgebieten (s. EWALD 1994). Der Löß ist ein äolisches Sediment, das heißt durch den Wind verfrachteter Gesteinsstaub, der während und nach der letzten Eiszeit aus den Gletschervorfeldern ausgeblasen wurde. Daher ist Löß ohne Steine. SCHOTTMÜLLER (1961) formuliert die Entstehung der Hohlwege so: Ein besonders hohes Maß von Abtragung findet auf unbefestigten hangaufwärts ziehenden Wegen statt. Mensch, Tier und Wagen zerstören laufend das Lößgefüge, und das abfließende Niederschlagswasser nimmt den zu Mehl gemahlenen Löß spielend mit. In fast allen Lößlandschaften Deutschlands (Kaiserstuhl, Kraichgau, mitteldeutsches Trockengebiet, Bördenlandschaften) ist dieser Biotoptyp mehr oder weniger gut erhalten. Fast überall wurden die Hohlwege anderswo aber beseitigt; berühmt für seine Lößhohlwegsysteme ist noch der Kaiserstuhl.

Mehr oder weniger senkrechte Wände im Lößgestein bzw. in lehmigen Substraten sind charakteristisch für diesen Biotoptyp im Bereich von Uferabbrüchen (Abb. 301, 302, 343, 344), Hohlwegen (Abb. 434) oder Abbaugebieten (Abb. 8, 9, 11); zur Gewährleistung des Pioniercharakters bedarf es der regelmäßigen Neuentstehung bzw. Störung solcher Wände durch Erosion. Durch zahlreiche Kryptogamengesellschaften und eine spezielle Pflanzen- und Tierwelt besonders gekennzeichneter Biotoptyp (s. MIOTK 1979, FISCHER 1982, WILMANNS 1989).

Die Kaiserstühler Hohlgassen gelten als die floristisch und faunistisch reichhaltigsten Mitteleuropas; sie sind auch als kulturhistorische Denkmäler schützenswert.

5.3 Geröll- und Felsvegetation

Die Steinschutt- und Geröll-Gesellschaften aus der Klasse *Thlaspietea rotundifolii* leben überwiegend an natürlichen Standorten in den alpiden Gebirgen und umfassen die Schuttfluren der Schwäbisch-Oberbayerischen Voralpen sowie der nördlichen Kalkalpen. Grobschutthalden, wie sie im Kalkgebirge mantelartig die Gebirgssockel einhüllen oder an den Füßen der Felswände verbreitet sind, bilden Extremstandorte für die Pflanzen. Beweglichkeit des Substrates, Mangel an Feinerde, mechanische Beanspruchung der Pflanzen sowie gelegentliche Wassermangelsituationen sind hier die hauptsächlichen Standortfaktoren. Damit überhaupt Pflanzen Fuß fassen können, ist eine Festlegung der beweglichen Schutthalden, eine Ansammlung von Feinerde in tieferen Schichten der Halde sowie die Ausbildung einer isolierenden „Steinluftschicht" notwendig, die vor allzu starken Wasserverlusten schützt. Die Vegetationsdichte der Schutthalden ist generell vom Feinerdegehalt abhängig. Es sind Pioniergesellschaften mit überschüttungsresistenten einschichtigen Beständen, die mit hemikryptophytischen und chamaephytischen Wuchsformen an die bewegten, feinerdearmen oder feinerdereichen Steinschutthalden oder an Flußgeschiebe angepaßt sind (Abb. 435 bis 449). Sie reichen von den Hochgebirgen mit floristisch verarmten oder abgewandelten Vergesellschaftungen bis in die Talstufen der Mittelgebirge oder in die Flußtäler der Voralpenregion.

Aufgrund ihres instabilen und von Ort zu Ort verschieden beschaffenen Wurzelraumes erscheinen die Schuttbesiedler in stark wechselnden Kombinationen und mit wechselnden Deckungsgraden. Es sind die extremsten Phanerogamen-Gesellschaften der hohen Alpengipfel. Dazu gibt es eine Vielzahl dieser Pioniergesellschaften mit optimaler Verbreitung auf Silikatgestein, auf Kalkschieferschutt (Kalkglimmerschiefer) und auf Kalkgesteinen. Sie unterscheiden sich in floristischer und standörtlicher Sicht. Wenige Beispiele sind in den Abbildungen 435 bis 449 dargestellt; weitere Angaben finden sich bei REISIGL & KELLER (1987) sowie bei MUCINA, GRABHERR et al. (1993) und bei POTT (1995a).

Auf bewegtem und konsolidiertem Blockschutt (s. Abb. 450) wachsen ebenfalls spezialisierte Pionierbestände, die weit in die nördlichen Mittelgebirge hinabreichen können (z.B. Ruprechtskraut, *Geranium robertianum*) und Ruprechtsfarn (*Gymnocarpium robertianum*, s. Abb 451 und 452).

Die von Farnen und Moosen beherrschten Felsspalten- und Mauerfugen-Gesellschaften entwickeln sich in feinerdearmen und vielfach auch trockenen Klüften, Spalten und Fugen im anstehenden Fels. Die bezeichnenden Arten keimen im Dunkeln und müssen über ein genügendes Nährstoffreservoir verfügen (Abb. 453 bis 463). Geringer Wurzelraum und Wasservorrat bedingen eine lückige Vegetation, ein langsames Wachstum und auch eine geringe Konkurrenzkraft. Vielfach sind es Eiszeit- bzw. Wanderrelikte. Einige Arten der Felsen sind synanthrop auf Sekundärstandorte ausgewichen. Sie wachsen an Mauern oder auf Dächern.

Mauerpfeffer-Gesellschaften der *Sedo-Scleranthetalia* sind als Felsgrus- und Felsband-Gesellschaften mit ausdauernden und wasserspeichernden sukkulenten Arten ausgestattet. Andere bezeichnende Arten sind Sommerannuelle, die ihren Entwicklungsrhythmus relativ früh im Jahr abschließen (Abb. 464 bis 469). Die Gesellschaften zeichnen sich durch zahlreiche submediterrane Therophyten und Blattsukkulente aus (Abb. 464 und 465).

Abb. 434: Biotoptyp Lößwände im Hohlwegsystem des Kaiserstuhls (1992). Die Hohlwege sind im natürlich anstehenden Löß durch Erosion von Fahrspuren entstanden. Die Steilwände beherbergen besondere Kryptogamen-Gesellschaften (z.B. mit der Löß-Sternflechte, *Solorinella asteriscus*).

182

434

435

Abb. 435: *Chrysanthemum halleri* ist typisch für offene Kalk-Steinschutt-Biotope der alpinen Stufe (Silvretta, 1994). Je nachdem, wie die Schuttpflanzen sich mit spezifischen Wuchsformen an das Substrat anpassen, werden sie als Schuttwanderer (bilden lange, sich sekundär bewurzelnde Kriechtriebe im Schutt), Schuttstauer (bilden durch büschel- oder horstartige Austriebe ruhende Widerlager), Schuttstrecker oder Schuttdecker bezeichnet. Einige Beispiele werden in den Abb. 436 bis 443 vorgestellt.

Abb. 436: Gletscher-Hahnenfuß (*Ranunculus glacialis*).

Abb. 437: Gegenblättriger Roter Steinbrech (*Saxifraga oppositifolia*).

Abb. 438: Alpen-Mannschild (*Androsace alpina*).

Abb. 439: Einblütiges Hornkraut (*Cerastium uniflorum*). ▷

Abb. 440: Zweiblütiger Steinbrech (*Saxifraga biflora*). ▷

Abb. 441: Mont-Cenis-Glockenblume (*Campanula cenisia*). ▷

436

437

438

Abb. 442: Alpen-Leinkraut (*Linaria alpina*).

Abb. 443: Großblütige Gemswurz (*Doronicum clusii*).

Abb. 444: *Geum reptans* ist als Schuttkriecher typisch für die Alpensäuerling-Gesellschaft.

Abb. 445: Der Säuerling (*Oxyria digyna*) wächst in den Alpen in der hochalpinen-nivalen Stufe.

Abb. 446: In der hochmontanen bis subalpinen Stufe der Alpen und der Mittelgebirge entspricht die Rollfarn-Gesellschaft (*Cryptogrammetum crispae*) dem alpinen *Oxyrietum digynae*. In Blockmeeren der hochmontanen bis subalpinen Stufe des Schwarzwaldes, der Vogesen, des Bayerischen Waldes und des Hohen Venns kommt die Rollfarngesellschaft als Glazialrelikt vor.

447

Abb. 447: Die Schneepestwurz-Halde (*Petasitetum paradoxi*) bildet offene bis lückige Pioniergesellschaften auf frischen bis feuchten, feinerdereichen Kalkschutthalden, vorzugsweise auf Bergstürzen und Vermurungen in der subalpinen und montanen Stufe im Alpenraum und im Alpenvorland. Es ist ein Biotoptypenkomplex alluvialer Kies- und Sandschwemmböden im Vorfeld der Gletscher, die an Gebirgsbächen und Alpenflüssen im Alpenvorland von der alpinen bis in die submontane Stufe herabreichen.

448

449

Abb. 448: Die schuttfestigende Schneepestwurz (*Petasites paradoxus*) ist mit ihren tiefen, zugfesten Wurzeln dem bewegten Substrat optimal angepaßt. Sie bildet, ähnlich wie der Kahle Alpendost (*Adenostyles glabra*), im Oberflächenschutt ein langgestrecktes, etagenförmiges, weit verzweigtes Wurzel- und Sproßsystem. Die unterseits weißfilzigen, großen Blätter von *Petasites paradoxus* finden sich häufig an den Rändern von Schmelzwasserrinnen.

Abb. 449: Großblütige *Epilobium*-Arten beherrschen die alpinen Schwemmböden (z.B. *E. fleischeri*, *E. dodonaei*). Im Bild ist *E. dodonaei* zu sehen.

450

Abb. 450: Natürliche Blockschutthalde im Siebengebirge (1982) mit großen Basaltblöcken. Es sind Verwitterungsschuttmassen, die als sogenannter Wanderschutt an Berghängen abwärts rutschen. Solche Wanderschuttdecken gehen meist auf periglaziale Klimabedingungen zurück, es
handelt sich also um Reliktstandorte. Solche natürlichen Fels- und Gesteins-Offenenbodenbiotope sind bis in die jüngste Vergangenheit in
einem sehr naturnahen Zustand erhalten geblieben. Gesteinsabbauten sind die wichtigsten Gefährdungsfaktoren für diese primären Felsbiotope.

Abb. 451: *Geranium robertianum* (Rup-
rechts-Storchschnabel) bildet oft initiale Bestände auf sonnigen Steinschutthalden.

Abb. 452: Das *Gymnocarpietum robertiani* ist
eine vom feingefiederten Ruprechtsfarn beherrschte Gesellschaft auf halbschattigen, frischen Kalk- und Gipsschutthalden. Offene
bis geschlossene Pionierbestände sind mit
zahlreichen Moosen und felsbewohnenden
Arten durchsetzt. Auf durchsickerten Kalkschutthalden des Jura, des herzynischen
Zechsteins und anderer Mittelgebirge bis zum
südwestfälischen Bergland und zum Werra-
Bergland. Nördlichste Bestände gibt es im
südlichen Harzvorland. Auch auf Grobschutt
mit humusreicher Feinerde in halbschattiger
Lage.

451

452

Abb. 453: Die Felsspaltenbewohner werden in der Regel hohen Strahlungen, dem Frost und dem Wind ungeschützt ausgesetzt; sie besitzen vielerlei Anpassungsstrategien wie Flach- und Kugelpolster oder Sukkulenz und zeigen die Ausbildung von Rosetten oder Spalieren mit Merkmalskombinationen beider Anpassungssyndrome (z.B. *Sempervivum*). An primären Felsstandorten vielfach regional durch Klettertourismus gefährdete Gesellschaften (Schwäbische Alb, 1994). Es gibt zahlreiche charakteristische Arten; einige werden in Abb. 454 bis 456 vorgestellt.

Abb. 454: *Saxifraga paniculata* (Trauben-Steinbrech) in sonnigen Felsspalten der montanen bis alpinen Stufe.

Abb. 455: *Primula auricula* (Alpen-Aurikel), selten in Felsspalten und alpinen Steinrasen bis in die Donauregion hinabsteigend.

Abb. 456: *Ceterach officinarum* (Schriftfarn) in licht- und wärmeexponierten Felsen wintermilder Lagen mit mediterran-submediterraner Verbreitung.

453

454

455

456

Abb. 457: Die meisten alpinen Felsspaltenbewohner reichen kaum bis in die montane Stufe hinunter, selbst wenn dort Felswände zur Verfügung stehen. Wahrscheinlich erliegen sie der Austrocknung, die sich in wärmeren Lagen viel stärker vollzieht als in kühleren Höhen. So ziehen sich einige verbleibende Felspflanzen in wärmeren Regionen zunehmend in schattige oder sonnenabseitige Lagen zurück. Nördliche Vorkommen gibt es beispielsweise noch an den Externsteinen im Teutoburger Wald (1990).

Abb. 458: Mauer- und Felsbiotope sind oft gekennzeichnet durch das *Asplenietum trichomano – rutae-murariae*. Die Mauerrauten-Gesellschaft wächst primär in Ritzen von Kalkfelsen, meist aber an sekundären Mauerstandorten in Mörtelfugen. Es ist eine artenarme, oligotroph-xerophytische Pflanzengesellschaft in planarer bis submontaner Stufe. Optimal in Weinbaugebieten (dort auch an Lesesteinhaufen).

Abb. 459: Feuchtigkeitsliebende Felsgesellschaften an überrieselten und durchsickerten Standorten, oft in Nordexposition, kennzeichnet u. a. der Strahlensame (*Heliosperma quadridentatum*). Er bildet zusammen mit dem alpinen Blasenfarn (*Cystopteris alpina*) eigene Gesellschaften aus (*Heliospermo-Cystopteridetum alpinae*) (Allgäu, 1994).

Abb. 460: Die Blasenfarn-Gesellschaft (*Asplenio viridis-Cystopteridetum fragilis*) ist aus flachen Moosdecken aufgebaut, aus denen Büschel des Blasenfarns hervorragen. Auf schattigen Felsstandorten; sekundär an Mauern sowie Stein- und Erdwällen. Optimale Ausbildung in der montanen und hochmontanen Stufe des Rheinischen Schiefergebirges, im Erzgebirge sowie im Thüringer Buntsandstein (Allgäu, 1976).

457

458

459

460

461

462

463

Abb. 461: Der präalpin (altaisch) bis nördlich-subozeanisch verbreitete Nordische Strichfarn (*Asplenium septentrionale*) wächst an Felsen und Mauern auf vorwiegend trokkenen, lichtexponierten, kalkarmen Silikatgesteinen der Mittelgebirge bis in etwa 1500 m Meereshöhe. Hier sind die Biotope viel artenärmer an Blütenpflanzen als die Kalkfelsen (Vogesen, 1985).

Abb. 462: Der Goldlack (*Cheiranthus cheiri*) ist eine wärmeliebende Art, die an Steinriegeln und Natursteinmauern sowie im Bereich alter Burganlagen vorkommt (Kaysersberg, 1993).

Abb. 463: Der Gelbe Lerchensporn (*Corydalis lutea = Pseudofumaria lutea*) ist eine südalpine Steinschuttpflanze, die als ehemalige Zierpflanze mitunter verwildert. Gehäuft in Weinbaulandschaften, in Süd-Thüringen sowie in Städten Norddeutschlands, dort an Trockenmauern und Steinriegeln.

464

Abb. 464: Natürliche Felswand in der Vulkaneifel bei Gerolstein (1987) mit charakteristischer, bandförmig angeordneter, silikatischer Felsvegetation.

Abb. 465: Mauerpfeffer-Gesellschaften (*Sedo-Scleranthetalia*) sind typischerweise mit ausdauernden und wasserspeichernden Arten ausgestattet. Solche Felsgrushalden oder Felsenbänder ermöglichen den extrem xerophytischen Arten und zahlreichen thero-phytischen Elementen eine Existenz. Primäre Felsstandorte sind heute durch Stickstoffein-träge aus der Luft gefährdet; dazu kommen Ruderalisationserscheinungen, die derartige dauerhafte Pioniertrockenrasen gefährden. Gelegentlich gibt es für einzelne Arten dieser thermophilen Trockenrasen aber auch Se-kundärhabitate an Mauerkronen, auf Dächern und in urban-industriellen Lebensräumen (Häfen, Bahnhöfen etc.). Einige Primär-Le-bensräume werden in Abb. 466 bis 469 vor-gestellt.

465

Abb. 466: Steinkraut-Gesellschaften mit Mauerpfeffer-Arten wie *Sedum acre* und *S. sexangulare* wachsen an Kalkfelsgrusbioto-pen auf trocken-warmen Kalkfelsköpfen.

Abb. 467: Die Kelchsteinkraut-Mauerpfeffer-Gesellschaft (*Alysso alyssoidis-Sedetum albi*) ist eine typische therophytenreiche Gesell-schaft auf flachgründiger, initialer Rendzina über massivem Kalk im gesamten südwest-, süd- und mitteldeutschen Raum. Dauerhafte Pioniergesellschaft auf Protorendzinen in sonnenexponierter Lage mit dichten Teppi-chen von *Sedum album*, *S. acre* und *S. se-xangulare*, denen manchmal als Geophyt der Berg-Lauch (*Allium senescens* ssp. *monta-num*) beigemischt ist.

466

467

468

469

Abb. 468: Subalpine und alpine Fetthennen- und Hauswurz-Gesellschaften mit *Sempervivum arachnoideum*. Der Verbreitungsschwerpunkt dieser Gesellschaften liegt in den Süd- und Zentralalpen, wo sie in der subalpinen und alpinen Stufe die Silikatfelsen bewohnen. Seltener Biotoptyp!

Abb. 469: Die Hauswurz-Gesellschaft (*Sclerantho bienni-Sempervivetum arachnoidei*) ist eine Pioniergesellschaft auf Felsbuckeln und sekundär auf Mauerkronen in der subalpinen Stufe der Alpen. Die Bestände sind leicht an den spinnwebartig überzogenen Rosettenpolstern von *Sempervivum arachnoideum* zu erkennen, welche im Sommer purpurrot blüht.

Abb. 470: Die schwermetallhaltigen Gesteine und die seit prähistorischer Zeit bzw. seit dem 13. Jahrhundert gewerblich-industriell geschaffenen Erzbergbaustandorte der Schacht- und Schlackenhalden sind die ursprünglichen und sekundären waldfreien Standorte dieser schwermetallresistenten oder -toleranten Metallophyten. Bleikuhle bei Blankenrode in Westfalen (1983).

Abb. 471: Die gelbblühende *Viola calaminaria* ssp. *calaminaria* (Galmei-Stiefmütterchen) am ehemaligen Bleibergwerk Breininger Berg bei Stolberg/Aachen (1986).

Abb. 472: Die blauviolett blühende *Viola guestfalica* (Galmei-Veilchen) in der ehemaligen Bleigrube von Blankenrode/Westfalen (1983).

Abb. 473: *Armeria halleri* (Galmei-Grasnelke) ist kennzeichnend für die Schwermetallhalden Mitteldeutschlands (Eisleben, 1991).

Abb. 474: *Silene vulgaris* var. *humilis* (Taubenkropf) wächst in geschlossenen Schwermetallrasen (Blankenrode, 1983).

470

471

472

473

474

Alle Rohbodenstandorte der Felsen, der Block- und Schutthalden, der Geröllfelder sowie der offenen Flächen mit sandigem oder bindigem Substrat sind als natürliche oder naturnahe Felsbiotope hochgradig schützenswert. Natürliche Karbonatfelsen (Kalk, Dolomit), natürliche Silikatfelsen (Sandstein, Basalt), natürliche Serpentin- und natürliche Gipsfelsen gehören zu den 20c-Biotopen. Ebenso die natürlichen Blockhalden und die Schutthalden aus Karbonat- oder Silikatgesteinen. Künstlich geschaffene Biotope (Steinriegel, Natursteinmauern, Steinbruchwände) können nach längerer Entwicklungszeit ebenfalls hohe Schutzwürdigkeit erreichen.

- **Gefährdung**: Gesteinsabbau, Freizeitkletterer.
- **Schutz**: ▩, ●; FFH 6110, 8150, 8160, 8210, 8220, 8230, ✲ (teilweise prioritäre Habitate nach Directive 43/92 EEC).
- **Verbreitung**: Natürliche Vorkommen vor allem im Hochgebirge, in den Mittelgebirgen und in zahlreichen Flußtälern der Voralpen und der Mittelgebirgsregion.
- **Beispiele**: Abb. 435 bis 469.

5.4 Schwermetallrasen

Grasreiche Fluren aus Hemikryptophyten, Therophyten und Chamaephyten, die chalkophytische (= schwermetalltolerante) Sippen entwickelt haben; nur auf Schwermetallböden mit hohen Anteilen an Zink, Kupfer, Blei, Nickel, Kobalt, Cadmium und Chrom. Durch Synevolution ein hoher Anteil an endemischen Sippen; Galmeipflanzen (Galmei = $ZnCO_3$). Die charakteristische Artenkombination besteht aus toleranten Ökotypen, die sich auch morphologisch meist im Range von Unterarten von den Normalformen unterscheiden (Neoendemismus durch Arealseparation).

Es sind natürliche oder halbnatürliche lückige Rasen auf anstehendem schwermetallhaltigem Gestein oder auf Abraumhalden des Bergbaus (s. Abb. 470). Natürliche Schwermetallrasen kommen nur sehr kleinflächig vor (s. ERNST 1965, 1974) und zeichnen sich durch zahlreiche endemische Pflanzenarten aus (s. Abb. 471 bis 474).

In den meist dicht geschlossenen Vegetationsbeständen Mitteleuropas findet man diese schütteren Schwermetallrasen gelegentlich im Kontakt mit Silikat- und Kalkmagerrasen. Viele Elemente der Schwermetallrasen stammen auch hierher. Es sind oft nur schwer abgrenzbare Arten, die von ihren Stammformen morphologisch nur selten unterscheidbar sind. Als Unterarten oder Kleintaxa unterscheiden sie sich aber immer ökophysiologisch; man darf sie also als Ökotypen bezeichnen. Als Ökotypen von Glazialrelikten dürfen *Minuartia verna, Thlaspi alpestre, Armeria maritima* und *Viola calaminaria* mit ihren schwermetalltoleranten neoendemischen Abkömmlingen gelten.

- **Gefährdung**: Gesteinsabbau, Auffüllen von Muttererde, Flächenvernichtung.
- **Schutz**: □, ●; FFH 6130; CORINE: 34.2, 36.44; nicht überall prioritär geschützt.
- **Verbreitung**: Sehr selten, gehäuft im Aachener Revier, bei Blankenrode in Westfalen und im Harzumfeld.
- **Beispiele**: Abb. 470 bis 474.

6
Biotoptypen der Zwergstrauch- und Wacholderheiden

Diese von Ericaceen, Gräsern und Seggen dominierten Vegetationseinheiten gehören mit den zwergstrauchreichen Heiden, den Wacholderheiden und den abgetrockneten Heidemooren zum Vegetations- und Landschaftsinventar der Extensivlandschaften Mitteleuropas, die entweder nur beweidet, geplaggt, gebrannt oder einmal im Jahr gemäht wurden. Auf meist nährstoffarmen Standorten, bei denen oft die Lückigkeit und Lockerheit der Kormophyten noch eine gut entwickelte Kryptogamenschicht zuläßt, sind sie optimal entwickelt. Durch die Intensivierung der landwirtschaftlichen Produktion gehören sie heute aber vielfach zu den bedrohten Vegetationstypen (vgl. Abb. 475, 476). Natürliche Standorte der Gesellschaften oder ihrer konstituierenden Arten sind die Binnendünen, die Graudünen im Küstenbereich, Felsen, Moore und xerotherme Vegetationstypen auf sauren, nährstoffarmen Böden (Abb. 476 bis 505). Von hier wurden die Gesellschaften erkennbar seit der Bronzezeit anthropo-zoogen ausgeweitet; sie sind stellenweise sogar landschaftsprägend geworden (s. neuere Literatur bei GRABHERR 1993, HÜPPE 1993, KÜSTER 1993, RUNGE et al. 1993 sowie RUNGE 1994).

In den Mittelgebirgen sind besonders die Hochweiden mit ihren **Borstgrasrasen** und **Heiden** wertvolle Biotoptypen geworden. In den gehölzarmen Gipfelregionen der hohen Mittelgebirge (Vogesen, Schwarzwald, Riesengebirge, Harz, Rhön, u.a.) gibt es kleine waldfreie Areale, auf denen sich in einigen Fällen eine für jedes Gebirge charakteristische Flora halten konnte (s. Abb. 488, 491). Seit dem Mittelalter wurde das Vieh im Sommer hierher auf die Hochweide gebracht mit dem Effekt der weidebedingten Ausdehnung typischer Borstgrasrasen, Ginsterheiden und Wacholderheiden. Auf den Almen in den Hochlagen der Alpen hatte sich im

Laufe der Jahrhunderte mit der Almwirtschaft eine angepaßte Form der Landnutzung entwickelt. Besonders die nachhaltige Weidewirtschaft mit häufigem Umtrieb der Tiere trug entscheidend zum dauerhaften Erhalt dieser Kulturlandschaft bei. Heute dagegen lassen die Almbauern ihre Tiere lieber auf größeren Flächen dauerhaft in der Saison weiden, statt in der arbeits- und zeitaufwendigen Umtriebsweide zu variieren. Auf den neuartigen Standweiden kommt es zu Weideselektion: statt der bisher vorherrschenden Pflanzen der Triftweiden kommt es zur Dominanz horstbildender Arten wie Borstgras (*Nardus stricta*) oder Rasenschmiele (*Avenella flexuosa*). Teilweise entwickeln sich auf gänzlich verlassenen Almen sogar Zwergstrauchheiden mit *Vaccinium*-Arten und *Calluna vulgaris* oder Grünerlengebüsche mit *Alnus viridis*.

Die veränderte Vegetation hat zur Folge, daß die Gefahr der Bodenerosion gegenüber einer gepflegten Almweide deutlich steigt. Schneemassen finden bei horstbildenden Gräsern oder Buschwerk wesentlich mehr Angriffsfläche, und sobald der Schnee ins Gleiten kommt, werden Vegetation und Boden mitgerissen. Es entstehen sogenannte **Blaiken**. Diese vegetationsfreien oder nur spärlich bewachsenen Hangflächen können mehrere hundert Quadratmeter groß werden. Die weitaus meisten Blaiken treten auf Flächen mit einem Neigungswinkel zwischen 35 und 40 Grad auf. Weil die Böden in diesem Gebiet recht flachgründig sind und viele Steine enthalten, verstärkt sich der Bodenabtrag, sobald die Grasnarbe oberflächlich zerstört worden ist. Dies führt in den folgenden Jahren zu einem weiteren Abhobeln der Bodenoberfläche, denn auf den Blaiken kann praktisch keine Vegetation Fuß fassen.

Eine zweite Form der Erosion in den Alpen, die sich durch den wirtschaftenden

Menschen verstärkt hat, sind sogenannte **Blattanbrüche**. Hierbei werden durch Schneebewegung kompakte Bodenschichten einschließlich der Vegetationsdecke plötzlich abgetragen. Diese Flächen sind meist kleiner als die vom Schnee in den Hang gerissenen Blaiken und verlaufen parallel zu den Höhenlinien.

Wacholder-Gebüsche sind Weidereelikte auf Kalk- und Sandheiden; es sind oft mächtige Wacholderheiden in den Stühbüschen der Geest. Der Wacholder zeigt eine weite soziologische Amplitude (vom *Berberidion* bis in die Klasse der *Vaccinio-Piceetea*); als ausgesprochener Hudebegleiter mit sehr großer ökologischer Variationsbreite gedeiht *Juniperus communis* nicht nur in den Sandheiden der Geest, sondern auch auf Lehm- und Kalkböden. Auf letzteren verjüngt er sich gut. Auf beweglichen Flug- und Dünensanden werden Keimung und Wachstum des Wacholders jedoch behindert. Da noch im vergangenen Jahrhundert weite Flächen der nordwestdeutschen Heidelandschaften vom offenen Flugsand eingenommen wurden, gab es zwangsläufig große Lücken in der Verbreitung des Wacholders, die noch heute sichtbar sind.

6.1 Zwergstrauchheiden und Borstgrasrasen

Die Borstgrasrasen, Zwergstrauchheiden und Ginsterheiden der Klasse *Calluno-Ulicetea* umfassen anthropogene Pflanzengesellschaften vor allem in der Subalpin- und Montanstufe der Mittelgebirge und in den Geestgebieten Nordwestdeutschlands. Es sind meist einschichtige Rasengesellschaften, deren Physiognomie durch das Vorherrschen von Borstgras (*Nardus stricta*) bestimmt wird, oder boreo-atlantische bis subkontinentale Heiden, welche von niedrigen Zwergsträuchern dominiert werden.

475

Abb. 475: Biotoptypenkomplex der Ginsterheiden, Heidekrautheiden und subozeanischen Zwergstrauchheiden. Es handelt sich um sind teilweise an Felsvorsprüngen und Steilhängen natürlich verbreitete, sonst aber anthropo-zoogene Vegetationseinheiten. Blick vom Wilseder Berg in der Lüneburger Heide auf die Harburger Berge (1993). Als extensiver Kulturlandschaftstyp kann sich die Heidelandschaft in der heutigen Laubwaldzone Mitteleuropas nur in entsprechenden Schutzgebieten halten, wo durch Schafbeweidung bzw. durch Gras- oder Plaggenmahd systematisch dafür gesorgt wird, daß sich die Waldvegetation nicht ausbreiten kann.

476

Abb. 476: Die Sandginsterheide (*Genisto-Callunetum*) wächst an Primärstandorten in Felsbändern und in silikatischen Xerothermvegetationskomplexen atlantisch-subatlantischer Regionen. Als Ersatzgesellschaft bodensaurer Wälder des *Quercion roboris* und des *Luzulo-Fagetum* früher weite Flächen bedeckend. Von Nordwestdeutschland bis in die Prignitz-Region, in die Niederlausitz und nach Bayern ausstrahlender subatlantischer Biotoptyp (Heiliges Meer, 1991).
Durch großflächige Aufforstungen vor allem ab dem 19. Jahrhundert erlitten die Wacholderheiden überall starke Flächenrückgänge. Heute verjüngt sich der Wacholder in den vergrasten Heiden kaum oder nur sehr schwer.

Abb. 477: *Erica tetralix*-reiches *Genisto-Callunetum* in grundwasser-naher, wechselfeuchter Lage (Gildehauser Venn, 1990). Es sind in der Regel die Feuchtheiden über Gleypodsolen in atlantisch-subatlanti-schen Klimaregionen, wo Glockenheide und Besenheide gemeinsame Zwergstrauchformationen bilden.

Abb. 478: Ginsterheide vom Typ des *Genisto-Callunetum* im Geest-kernbereich der Insel Amrum (1991). Obwohl auf den Inseln natürliche Küstenheiden mit Krähenbeere vorkommen, ist die Ginsterheide aber auch hier, wie im Binnenland, das Ergebnis der Waldzerstörung durch den Menschen (s. auch POTT 1995).

Abb. 479: Kleinmosaik im Sandtrockenrasen durch Ameisen-Sandhü-gel aus *Lasius flavus* (Gelbe Waldameise), aufgebaut in der Meppener Kuhweide (1990). Hier im Vegetationskomplex von Sandmagerrasen, Ginsterheiden und Wacholderheiden. Es zeigt sich deutlich das Bezie-hungsgeflecht verschiedener Artengruppen mit allen Konsequenzen für die Wechselwirkungen zwischen Bodensubstrat, Tieren und Pflan-zen und der daraus resultierenden Mannigfaltigkeit an Gestalttypen, ein Beispiel für funktionale Biodiversität.

480

481

Abb. 480: Im Bereich intakter *Calluna*-Heiden des Binnenlandes wächst die in Küstenheiden flächenhaft verbreitete Krähenbeere (*Empetrum nigrum*), wenn überhaupt, dann nur an Schatthängen oder im Halbschatten von Wald- und Gebüschrändern, d.h. in mikroklimatisch relativ günstigen Bereichen (Heiliges Meer, 1991).

Abb. 481: Die Bergheide (*Vaccinio-Callunetum*) ist eine montan verbreitete Heide auf sauren Gesteinsböden aller Mittelgebirge als Ersatzgesellschaft bodensaurer Buchenwälder, hier im Komplex mit Vorwaldstadien aus Eberesche (*Sorbus aucuparia*) und vereinzelten Fichten und Kiefern. Primäre Vorkommen auf felsigen Böden sowie am Rand von Vermoorungen. Sonst weit verbreitet im Rheinischen Schiefergebirge, Odenwald, Spessart, Rhön, Thüringisch-Fränkischen Mittelgebirge, Oberpfälzer Wald, Schwarzwald, Bayerischen Wald, Schwäbisch-Bayerischen Voralpen, Kalkalpen (Kahler Asten, Sauerland, 1985).

Abb. 482: Biotoptyp montane Heidelandschaft auf dem Neuen Hagen im Hochsauerland (1985).

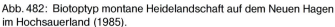

482

Abb. 483: Heide- und Borstgrasrasenvegetation auf der Irndorfer Hardt (südliche Schwäbische Alb, 1994). Vegetationskomplex aus gras- und zwergstrauchreichen Beständen, aufwachsenden Weidengebüschen aus der präalpinen *Salix starkeana* und aufwachsenden Birken.

Abb. 484: *Salix starkeana* (Bleiche Weide) ist eine vorwiegend nordeuropäisch-kontinentale Art, sehr selten, mit lokalen Reliktvorkommen im Alpenvorland (Irndorfer Hardt, 1994).

483

484

Abb. 485: Reutberglandschaft mit starkem *Sarothamus scoparius*-Besenginster-Aufwuchs (s. auch POTT 1985). Die Besenginster-Gebüsche erleiden derzeit starke Flächenverluste durch Aufforstungen oder durch sukzessive Wiederbewaldung nach Auflassung.

Abb. 486: Besenginster (*Sarothamnus scoparius*).

Abb. 487: Stechginster (*Ulex europaeus*).

485

486

487

488

Abb. 488: Borstgrasrasen in der Gipfelregion der Vogesen (Hohneckmassiv, etwa 1300 m NN) im Komplex mit vereinzelt aufkommenden Zwergstrauchheiden aus *Calluna vulgaris* (1992). Borstgrasrasen sind – wie die Heiden, mit denen sie häufig vergesellschaftet sind – weitgehend nutzungsbedingt. In den montanen bis hochmontanen Gebirgslagen gibt es sie an windgefegten Stellen oder an Felsstandorten auch
sehr kleinflächig an Primärhabitaten. Durch Aufforstungen oder nach Nutzungsaufgabe heute gefährdete Biotoptypen.

Abb. 489: Die Küchenschelle, *Pulsatilla alba* (= *P. micrantha*), gilt für die europäischen Mittelgebirge Vogesen, Harz und Karpaten als endemisch (1992).

Abb. 490: *Arnica montana* ist ein typisches
Geoelement nicht nur von extensiv genutzten
Feuchtwiesen, sondern auch in Borstgrasra-
sen (Hohneck, 1992).

489

490

491

492

Abb. 491: *Narcissus pseudonarcissus*-Frühlingsaspekt in den Borstgrasrasen und Zwerg-strauchbeständen der Hochvogesen (Hohneck, 1986). Solche Borstgrasrasen sind oftmals reich an Glazialrelikten.

Abb. 492: *Leucorchis albida* (Weißzüngel) ist eine seltene Orchidee in den Magerrasen und Magerweiden der hohen Mittelgebirge und der Alpen (Harz, 1988).

Abb. 493: Wacholderheide und Borstgrasrasen als Relikt der Extensivbeweidung und Waldvernichtung im Siegerland (bei Haiger-Burbach, 1985).

493

494

495

Abb. 494: Borstgrasrasen (*Violo-Nardetum*) mit dem westpräalpinen Vogesen-Stiefmütterchen (*Viola lutea*), welches alle Übergänge zwischen den zwei Grundfarben gelb und blau zeigt (Hohneck, 1990).

Abb. 495: Charakteristisches Geoelement der Borstgrastriften im Schwarzwald und in den Vogesen ist der westalpin-präalpin-disjunkte Schweizer Löwenzahn (*Leontodon helveticus*, 1988).

Abb. 496: Flügelginsterweide (*Festuco-Chamaespartietum sagittalis*). Magerweide in mittleren Hochlagen des Südschwarzwaldes, im Nordschwarzwald, im äußersten Ostschwarzwald und auf der Schwäbischen Alb (Belchen beim Wiedener Eck, 1986), die ginsterreiche Heiden oberhalb von etwa 850 m NN ablöst.

Abb. 497: Der Flügelginster (*Chamaespartium sagittale*) ist die Kennart der Flügelginsterweiden.

496

497

Abb. 498: Die extrem frostharten Gesellschaften vom Typ des *Vaccinio-Empetretum* sind Naturheiden der unteren alpinen Stufe an kalten, windgefegten Aperstandorten. Sie sind optimal in den Zentralalpen verbreitet. Die alpinen Windheiden finden sich häufig im Komplex mit subalpinen Strauchformationen. Die Rauschbeer-Krähenbeeren-Heide (*Vaccinio uliginosi-Empetretum hermaphroditi*) wächst an vergleichsweise lange mit Schnee bedeckten Stellen (5 bis 6 Monate). Hier im Vegetationskomplex mit Lärchen-Arven-Wald am Piz Palü (1993). Die arktisch-alpinen Windheiden der Alpen sind mancherorts durch Düngung gefährdet.

Abb. 499: *Vaccinium gaultheroides* ist typisch für subalpine Zwergstrauchgestrüppe oberhalb der Waldgrenze.

Abb. 500: Die Zwergwacholder-Bärentrauben-Heide (*Arctostaphylo-Juniperetum nanae*) besiedelt Sonnlagen und trocken-warme Steilhänge, die früh ausapern. Die Gesellschaft steht meistens im Vegetationskomplex mit anthropo-zoogenen Borstgrasrasen des *Avenulo-Nardetum* (Ötztal, 1992).

Abb. 501: *Hieracium intybaceum* (Endivien-Habichtskraut) häuft sich in sonnenexponierten Heiden der subalpinen und alpinen Stufe. Gelegentlich kommt es aber auch in Felsspalten und auf offenen Böden vor.

Abb. 502: Wacholderheide in 800 m Höhe mit Borstgrastriften als Relikt der Extensivbeweidung und Waldvernichtung in den Kuppenlagen des Sauerlandes (Gräftenberg/Rothaargebirge, 1985).

Abb. 503: Formenvielfalt im Wacholderbusch: niederliegende (= prostrate) Formen des Wacholders als primärer Wuchstyp und aufrechte (fastigiate) Formen in Meppen (1986).

Abb. 504: Gebüschreiche Triftlandschaft mit Wacholderheide (*Roso-Juniperetum*) und aufkommendem Schlehen-Liguster-Gebüsch sowie mit orchideenreichen beweideten Halbtrockenrasen (Schwäbische Alb bei Bubsheim, 1994).

Abb. 505: Wacholderbüsche auf der Schmalen Heide auf Rügen. Die Feuerstein-Strandwälle markieren noch heute die Höhenlage der subborealen *Litorina*-Transgression der Ostsee (von etwa 3400 bis 1900 v.Chr.). In die parkartig aufgelichteten Wacholderheiden dringen Kiefern und Laubbäume ein (1991).

Hauptverbreitungsgebiete befinden sich in Norddeutschland, in den hohen Mittelgebirgen sowie in den niederschlagsreichen Außenketten der Alpen. Typische Standortfaktoren sind: niedriger pH-Wert, geringe Nährstoffreserven der Böden, vor allem an Calcium und Nitrat, volle Besonnung und extensive Beweidung mit zusätzlichem Brand und Plaggenstich.

Borstgrasrasen sind artenarme, grasdominierte Gesellschaften, in denen *Nardus stricta* eine beherrschende Rolle spielt. Sie entstammen in ihrer heutigen Verbreitung dem Nutzungssystem der Extensivwirtschaft, vor allem sind sie Relikte traditioneller Hudelandschaften. Wegen der Nutzungsaufgabe und der allgemeinen Gefährdung durch Luftstickstoff-Depositionen sind die Borstgrasrasen mit Ausnahme der alpinen Flächen mittlerweile stark dezimiert und verändert worden. Sie sind allesamt vom Aussterben bedroht! Das gilt vor allem auch für eine Reihe konkurrenzschwacher, typischer *Nardetalia*-Arten, die häufig boreale oder glazialreliktische Geoelemente sind: z.B. *Arnica montana* (Arnika), *Antennaria dioica* (Katzenpfötchen), *Leucorchis albida* (Weißzüngel) und *Leontodon helveticus* (Schweizer Löwenzahn).

Meist handelt es sich bei den hochmontanen bis subalpinen Borstgrasmatten um Ersatzgesellschaften ehemaliger Waldbestände oder Knieholzgesellschaften. An der oberen Verbreitungsgrenze stoßen die *Nardion*-Gesellschaften an die *Caricion curvulae*-Gesellschaften, mit denen sie sich verbinden. Das strohige Borstgras ist aufgrund seiner brettförmigen Horste verbiß- und trittunempfindlich; es besitzt eine endotrophe Mykorrhiza, überwintert in grünem, assimilationsfähigem Zustand und ist unempfindlich gegen Bodenverdichtungen. So besitzt *Nardus* gewisse Konkurrenzvorteile, die eine Ausbreitung bei Extensivbeweidung erklären. Nur an windgefegten Standorten wird *Nardus* durch Zwergsträucher ersetzt.

Ginsterheiden der *Ulicetalia minoris*, **Heidekrautheiden** und subozeanische **Zwergstrauchheiden** sind teilweise an Felsvorsprüngen und Steilhängen natürlich verbreitete, sonst aber anthropo-zoogene Vegetationseinheiten (Abb. 485 bis 487). Auch sie sind gefährdete Biotoptypen.

Die Heiden sind infolge von Extensivnutzungen anstelle bodensaurer Wälder des *Quercion roboris*, des *Luzulo-Fagion* oder des *Vaccinio-Piceeion* entstanden. Der Wald war über Jahrhunderte hinweg bei der Heidewirtschaft eine essentielle Flächenreserve; er lieferte Mast, Streu, Bau- und Brennholz; das **Heidebauerntum** war also stets auf funktionsfähige Waldungen oder Waldreste angewiesen. Erhebliche Mengen und hoher Bedarf an gestochenen Plaggen und gemähter Streuheide führten schließlich zur Flächenausweitung der Heiden, wobei der Zeitraum der Regeneration bis zum erneuten Schluß der Heidedecken auf geplaggten Flächen immer länger und die Rotation immer ungünstiger wurde. Je nach Standortqualität schwankten die Regenerationszeiten beim Plaggenhieb zwischen 4 und 40 Jahren, beim Mähen der Heide zwischen 4 und 24 Jahren. Brand oder Beweidung in unterschiedlicher Intensität und Dauer waren für die Regeneration und den Erhalt der Heiden ebenfalls notwendige Voraussetzungen. Die Nutzungszeiträume und spezifischen Betriebsformen des typischen norddeutschen Heidebauerntums waren und sind die essentiellen Bedingungen für die ständige Verjüngung und Ausbreitung der Heide auf Kosten des Waldes.

Die frühere Bewirtschaftungsweise hatte sich genau auf den Lebenszyklus von Heidekraut (*Calluna vulgaris*) und der von ihr aufgebauten Sandheide-Gesellschaft (*Genisto-Callunetum*) auf trockenen Böden eingespielt. Wenn *Calluna vulgaris* sich neu oder an einer abgeplaggten bzw. gebrannten Stelle wieder etabliert, dauert es zunächst etwa 2 bis 3 Jahre (selten 6 Jahre), bis die Jungpflanzen blühen. In der Pionierphase der Sandheide-Gesellschaft deckt das Heidekraut nur etwa 10 % der Fläche. Der nackte Sandboden wird in dieser Phase von verschiedenen Strauchflechten besiedelt (u.a. *Cladonia mitis, Cl. uncialis, Cl. impexa*; s. auch GIMINGHAM 1972, 1978). Nach etwa 6 bis 10 Jahren deckt *Calluna* dann bis über 90% des Bodens und blüht sehr üppig. Diese Aufbau- und Reifephase der *Calluna*-Pflanze ist zugleich die Optimalphase der Gesellschaft selbst und dauert etwa bis zum *Calluna*-Individualalter von 15 bis 20 Jahren. Dann beginnt die Degenerationsphase, wobei die

Calluna-Pflanzen vom Zentrum her absterben, sich dagegen mit seitlich abgebogenen und dem Boden anliegenden Zweigen adventiv bewurzeln können und dann oft ringförmige Strukturen um eine zentrale Lücke bilden (s. Abb. bei POTT 1992, 1995a). Stellenweise kann sogar *Leucobryum glaucum* solche degenerierten *Calluna*-Büsche besiedeln und diese mit mehr als 20 cm hohen Polstern überwuchern, aus denen die Besenheide an wenigen Stellen noch durchtreiben kann. Solche *Leucobryum*-Überwucherungen sind imstande, jahrelang über den zerfallenden *Calluna*-Strünken weiterzuwachsen. Der Deckungsgrad der lebenden Pflanzen kann in diesem Stadium noch 40 % erreichen, ist aber rückläufig. Im Degenerationsalter ist *Calluna* vielfach von epiphytischen Flechten, vor allem *Hypogymnia physodes*, bewachsen. Die Blatt- und Blühentwicklung der Besenheide ist meistens reduziert, und im Alter von 25 bis 30 Jahren stirbt die Pflanze ab (POTT & HÜPPE 1991, DANIELS et al. 1993).

Je nach Ausgangsgesellschaft und natürlicher Situation haben sich auf diesem Wege verschiedene Heidetypen entwickelt:

Subatlantisch-subboreale **Besenginsterheiden** mit *Sarothamnus scoparius* und *Ulex europaeus* (s. Abb. 485, 487), Zwergstrauchheiden saurer Sand- oder Felsböden; als Ersatzgesellschaften besonders auf der Geest (Heidelandschaften).

Sandginsterheide (*Genisto pilosae-Callunetum*). An Primärstandorten in Felsbändern und in silikatischen Xerothermvegetationskomplexen atlantisch-subatlantischer Regionen. Als Ersatzgesellschaft bodensaurer Wälder des *Quercion roboris* und des *Luzulo-Fagetum* früher weite Flächen bedeckend. Von Nordwestdeutschland bis in die Prignitz-Region, in die Niederlausitz und nach Bayern ausstrahlender subatlantischer Heidetyp (Abb. 477 bis 479).

Im Bereich intakter *Calluna*-Heiden des Binnenlandes wächst die in **Küstenheiden** flächenhaft verbreitete Krähenbeere (*Empetrum nigrum*), wenn überhaupt, dann nur an Schatthängen oder im Halbschatten von Wald- und Gebüschrändern, d.h. in mikroklimatisch relativ günstigen Flächen (ELLENBERG 1986). Als Element der Sandheiden des Binnenlandes erfüllt die mehr nördlich-boreal verbreitete Krähenbeere in der Feldschicht des *Genisto-Callunetum* alle Bedingungen der Differentialart einer geographischen Rasse (s. Abb. 480). Besonders gut auf den ost- und nordfriesischen Inseln sowie im Küstenbereich der Ostsee ausgebildet (dort sehr gut im Gebiet von Darß und Zingst sowie im Heidegebiet auf der Insel Hiddensee).

Als **Ursachen** für die in jüngster Zeit vermehrt zu beobachtende, oft sprunghafte Ausbreitung von *Empetrum* im *Genisto-Callunetum* des norddeutschen Binnenlandes kann man im Moment nur einen Faktorenkomplex annehmen, der sich nach BARKMAN (1990) offenbar aus folgenden Einzelfaktoren zusammensetzt:

- Die ökologischen Ansprüche von *Empetrum* und *Calluna* sind nicht gleich.
- *Calluna* meidet den Baumschatten, *Empetrum* dagegen erträgt Schatten.
- *Empetrum* erträgt im Gegensatz zu *Calluna* Übersandung.
- *Empetrum* ist trittempfindlich und wird bei Schaf- oder Heidschnuckenbeweidung mechanisch geschädigt; nach Aufgabe oder Nachlassen der Schafbeweidung kann sich *Empetrum* ausbreiten.
- Bei starker Überbeweidung oder nach *Lochmaea*-Befall kann *Empetrum* ehemalige *Calluna*-Flächen einnehmen; *Lochmaea suturalis* befällt nur *Calluna*, und die Larven von *Lochmaea* können sich nur in feuchten, dichten Rohhumusdecken unter alten *Calluna*-Beständen entwickeln, wo sie vor Austrocknung geschützt sind.
- *Empetrum* hat demgegenüber keine direkten Schädlinge, ist sehr konkurrenzkräftig und kann sich mit aufsteigenden Ästen als Spreizklimmer ringartig im Stammbereich von Eichen und Kiefern bis zu einer Höhe von 60 cm herausbilden, in Wacholderbüschen sogar bis zu mehr als einem Meter.
- *Empetrum* und *Calluna* haben als ericoide Arten eine unterschiedliche Struktur. *Empetrum* ist ein Flach-Zwergstrauchtyp mit glatter Oberfläche, *Calluna* ein irregulärer Zwergstrauchtyp mit unregelmäßiger Oberfläche. Deshalb genießt *Empetrum* im Winter besseren und länger anhaltenden Schneeschutz als *Calluna* (s. POTT 1995).

Die skizzierten strukturellen und kleinstandörtlichen Unterschiede zwischen *Calluna*- und *Empetrum*-Heiden bedingen natürlich auch deren unterschiedliche Artenkombinationen. Eigenartigerweise vergrasen die *Empetrum*-Flächen nicht, während zahlreiche *Calluna*-Heiden heute starken Vergrasungsphänomenen mit *Avenella flexuosa*, *Nardus stricta* oder auch *Molinia caerulea* unterliegen.

6.2 Wacholderheiden

Wacholderheiden gibt es auf Silikatböden und auf Kalksubstraten; das anspruchslose *Dicrano-Juniperetum* mit den Acidophyten *Avenella flexuosa*, *Dryopteris dilatata*, *Polypodium vulgare*, *Brachythecium rutabulum*, *Pleurozium schreberi* und *Dicranum scoparium* wächst vornehmlich auf den trockenen Böden des potentiellen Eichen-Birken-Waldes oder des Silikatbuchenwaldes. Das anspruchsvollere *Roso-Juniperetum* mit *Rosa canina*, *Prunus spinosa*, *Euonymus europaeus*, *Cornus sanguinea*, *Rhamnus catharticus*, *Solanum dulcamara* und *Rhytidiadelphus squarrosus* wächst optimal im Bereich des potentiellen Kalkbuchenwaldes. Eine auffällige Erscheinung im Wacholderhain ist die Formenvielfalt von *Juniperus* (vgl. auch BARKMAN 1979, 1985). Diese reicht von der bekannten Säulenform über buschartige Ausbildungen bis zur niederliegenden, weit ausladenden Wuchsgestalt (Abb. 503). Das Ausbleiben bzw. der erhebliche Rückgang der Wacholderverjüngung in den Sandgebieten, die zumindest seit den letzten 30 Jahren registriert werden können, beruhen sehr wahrscheinlich auf dem gleichzeitigen Einwirken mehrerer Faktoren, die sich unter Umständen in ihrer negativen Einwirkungsweise noch gegenseitig verstärken können. Geringe Keimungsraten, hohe Keimlingssterblichkeit, starker Kaninchenverbiß sowie Vertrocknungserscheinungen und Schädlingsbefall werden in letzter Zeit verstärkt beobachtet.

Bei dem Phänomen der Wipfeldürre werden neuerdings primär Zusammenhänge zwischen der Abnahme von Mycorrhiza-Pilzen an den Wacholderwurzeln nach Luftstickstoff-Deposition und der erschwerten Wasseraufnahme postuliert. Nachgewiesenermaßen führt Schädlings-

befall durch die Wacholder-Blattwespe (*Monoctenus juniperi*) und die Schildwanze (*Pitedia juniperina*) zur Nadelschädigung mit den Symptomen der Austrocknung im Wipfelbereich des Wacholders oder zum Zerfall ganzer Zweigsysteme. Von Seiten des Naturschutzes bzw. von den jeweiligen Markengemeinden eingeleitete Maßnahmen zur Verjüngung und damit zum Erhalt der Wacholderheiden mittels Anpflanzungen aus Stecklingen blieben bislang in Naturschutzgebieten mit starkem Wildkaninchenbesatz erfolglos (HÜPPE 1995). Aussaaten von Wacholdersamen in umgegrabene Gartenerde führten dagegen zu enormen Aufwüchsen und erfolgreicher Anzucht (eigene Beobachtungen mit Material aus dem NSG Heiliges Meer); in zunehmend vergrasten Versuchsparzellen erstickten die Keimlinge und Jährlinge allerdings proportional zur Vergrasungsintensität. Das erklärt auch die erfolglosen Pflanzversuche mit Stecklingen in vielen Naturschutzgebieten (POTT & HÜPPE 1991).

- **Gefährdung**: Nutzungsaufgabe, Aufforstung, Nährstoffeinträge, intensive landwirtschaftliche Nutzung.
- **Schutz**: □, ●; FFH 2310, 4010, 4030, 4060, 5130; CORINE 91: 31.88, ✳ (teilweise prioritäre Habitate nach Directive 43/92 EEC).
- **Verbreitung**: Vor allem in den Heidelandschaften Norddeutschlands (Ems-Weser-Gebiet, s. POTT & HÜPPE 1991), Lüneburger Heide, Biosphärenreservate Südost-Rügen, Schorfheide-Chorin, s. SUCCOW 1992), auch sehenswert auf der Fährinsel im Schaproder Bodden sowie auf Hiddensee; in den Mittelgebirgen (Eifel, Schwäbische und Fränkische Alb, Rhön, etc.) häufen sich die Kalktriften mit Wacholder.
- **Beispiele**: Abb. 475 bis 505.

Die oben angeführten Gefährdungs- und Schutzkategorien gelten für die Zwergstrauch-, Borstgras- und Wacholderheiden gleichermaßen. Es handelt sich ja bekanntermaßen um häufig miteinander verzahnte Vegetationskomplexe, die sich nur nach der Trophie trennen lassen. Die Wacholderheiden auf Kalk- bzw. Silikatgesteinen verdeutlichen das sehr gut.

7
Biotoptypen der Kalkmagerrasen sowie der Wälder und Gebüsche trocken-warmer Standorte

In trockenwarmen Gebieten gedeihen auf Löß- und Sandböden, flachgründigen Jurakalkhängen und ähnlichen Sonderstandorten Pflanzengesellschaften, die sich einerseits aus trockenharten und kälteresistenten, zum anderen aus stark wärmebedürftigen Pflanzen zusammensetzen und damit aus dem Rahmen der zonalen Vegetation deutlich herausfallen. Es handelt sich dabei um Arten submediterranmediterraner oder pontisch-sarmatischer Herkunft. Ihr Hauptverbreitungsgebiet ist das Mittelmeergebiet im weiteren Sinne oder das Gebiet der osteuropäischen Wald- und Grassteppen.

Beide Gegenden unterscheiden sich klimatisch erheblich von der Klimasituation Mitteleuropas. Das Mittelmeergebiet hat milde, z.T. frostfreie Winter und einen erheblich höheren Wärmegenuß auch während der übrigen Zeit des Jahres, mit einer ausgesprochenen Dürrezeit im Sommer. Typische pflanzliche Anpassungen stellen hier wintergrüne Rosettenpflanzen dar (z.B. Orchideen) oder Sträucher mit schuppenlosen Knospen (*Viburnum lantana*, Wolliger Schneeball). Das Steppenklima dagegen ist ausgesprochen kontinental, d.h. mit einer hohen jährlichen Temperaturschwankung (bis 70 °C) ausgestattet. Die geringen Jahresniederschläge genügen zur Entwicklung einer kurzlebigen Gras- und Kräuterflur, reichen aber zum Baum- oder Waldwuchs und zur Bildung einer dauerhaften zusammenhängenden winterlichen Schneedecke nicht aus. Die Menge des Schmelzwassers ist daher im Frühjahr viel zu gering, um die rasch einsetzende Sommerdürre ausgleichen zu können. Als Folge der Hemmung der allgemeinen Lebenstätigkeit in der zweiten Hälfte der Vegetationsperiode vermögen die mikrobakteriellen Destruenten die angehäufte organische Substanz nicht vollständig zu zersetzen. Der Bodentyp der Steppenzone ist daher eine wegen mangelnder Auswaschung im allgemeinen kalk- und basenreiche Schwarzerde. Entsprechend der zweimaligen Unterbrechung ihrer Entwicklung ist für die Steppenpflanzen die Verlegung ihrer ausdauernden Organe unter die Erdoberfläche charakteristisch (z.B. Rhizome bei Beifuß (*Artemisia*), Küchenschelle (*Pulsatilla*), Adonisröschen (*Adonis*), Haarstrang (*Peucedanum*) etc.

Tatsächlich entspricht das Mikroklima an den mitteleuropäischen Wuchsorten pontischer oder submediterraner Pflanzen den Verhältnissen ihrer Herkunftsgebiete. Die meist flachgründigen und mit geringer Wasserhaltekraft versehenen Standorte sind in der Regel warm und sonnenexponiert oder strahlungsreich mit zum Teil erheblichen Temperaturschwankungen in der bodennahen Luftschicht. So ist ihr inselartiges Vorkommen im Wuchsgebiet zonaler Buchenwälder ökologisch durchaus erklärlich. Die Pflanzen zeigen vielfältige xeromorphe Merkmale, um vor allem übermäßige Verdunstung einzuschränken. Manche sind stark behaart (*Pulsatilla, Verbascum*), einige haben auf ihren Blättern Wachsüberzüge (*Anthericum, Falcaria*) oder sind sukkulent (*Sedum*). Rosetten- und Polsterwuchs sind verbreitet anzutreffen, und wegen des vorwiegend unterirdischen Wettbewerbs der einzelnen ausgedehnten Wurzelsysteme erscheinen die Bestände offen und lassen viel Licht und Wärme auf den Boden dringen. Physiognomisch handelt es sich bei den Vorkommen xerothermer Vegetationseinheiten in Mitteleuropa zumeist um ein Mosaik aus Felstriften, Trockenrasen, thermophilen Saum- und Mantelgesellschaften und Eichenbuschwaldbereichen (vgl. Abb. 506 bis 566).

Besonders reich an wärmebedürftigen Biotoptypenkomplexen sind folgende Gebiete Mitteleuropas:

- Zentralalpine Längstäler (Abb. 511, 519, 535,Wallis, Engadin, Inntal, s. BRAUN-BLANQUET 1961),
- Oberrheintalgraben (Colmarer Trockenbecken, Abb. 508, 566), Isteiner Klotz (Abb. 510), Kaiserstuhl (Abb. 507, 513, 524, 525 ff., s.v. ROCHOW 1951, WINTERHOFF 1965, PHILIPPI 1971, WITSCHEL 1980, WILMANNS et al. 1989), Schwetzinger Dünen, Taubergießengebiet, Mainzer Sand,
- Donautal und Schwäbische Alb (Hohentwiel, Hegau), vor allem Holzwiesen der Schwäbischen Alb (s. HUTTER, KNAPP & WOLF 1994 sowie Abb. 553, 562 ff.),
- Bodenseegebiet-Schaffhauser Becken-Alpenrhein,
- Neckar- und mittleres Maintal (Abb. 532),
- Mosel-, Nahe- und Mittelrheintal (s. Abb. 555 sowie HAFFNER 1969, OBERDORFER 1978, 1990), Eifel (Abb. 551), Rheinhessische Schweiz,
- Thüringer Becken (Kyffhäuser, Unstruttal, Thüringer Rhön, s. MEUSEL 1939, MAHN 1965 und SUCCOW 1992),
- Weserbergland und Teutoburger Wald (Abb. 530, 558, 561),
- Oderterrassen in Schlesien, Neumark und Pommern, Elbsandsteingebirge (vgl. SUCCOW 1992)
- Weichsel- und Netzeterrassen (Tucheler Heide),
- Böhmisch-mährische Trockengebiete,
- Niederösterreich (Burgenland, s. Abb. 518, 540, 542, 554).

Eines der nordwestlichsten gehäuften Vorkommen xerothermer Florenelemente in Deutschland sind die Muschelkalkklippen des oberen Wesertals bei Höxter.

Betrachtet man die genannten Gebiete im Zusammenhang, so spiegeln sich Linien eines markanten geographischen Gefälles wider. Der Abnahme der submediterranen Arten von West nach Ost entspricht eine auffällige, gestaffelte Zunahme pontisch-sarmatischer Arten. Dem entspricht die pflanzensoziologische Unterscheidung der kontinentalen Trockenrasen (*Festucetalia valesiacae*) von den subatlantisch-submediterranen Trocken- und Halbtrockenrasen (*Brometalia erecti*). In Südwestdeutschland und am Alpenrand siedeln noch gut charakterisierte Flaumeichen-Buschwälder mit Wolligem Schneeball (*Viburnum lantana*), Französischem Maßholder (*Acer monspessulanum*), Elsbeere (*Sorbus torminalis*), Immenblatt (*Melittis melissophyllum*) und Purpurrotem Steinsamen (*Lithospermum purpureo-coeruleum*).

Im Mainzer Sandgebiet, am Harzrand und allgemein im östlichen Mitteleuropa überwiegen dagegen die Elemente der kontinentalen Eichenmischwälder mit regional verschiedenen Mengenanteilen von Frühlings-Adonisröschen (*Adonis vernalis*), Großem Windröschen (*Anemone sylvestris*), Zwergkirsche (*Prunus fruticosa*) oder auch Tataren-Ahorn (*Acer tataricum*) sowie der häufig am Bestandsaufbau beteiligten Waldkiefer (*Pinus sylvestris*). In dem dazwischenliegenden breiten Übergangsgebiet herrscht je nach der kleinklimatischen Situation die eine oder die andere pflanzengeographische Komponente. Im alpennahen Gebiet ist eine zusätzliche Überlagerung durch alpigene Arten kalkreicher Mattenstandorte zu beobachten, deren Gefälle von Süd nach Nord gerichtet ist (z.B. Kalk-Blaugras (*Sesleria albicans*), Pfingstnelke (*Dianthus gratianopolitanus*) und Weidenblättriges Ochsenauge (*Buphthalmum salicifolium*)).

Die auffallend disjunkte Verbreitung und die ökologischen Bedingungen der xerothermen Vegetationskomplexe in Mitteleuropa machen ihre Deutung als Relikte der postglazialen Vegetationsgeschichte sehr wahrscheinlich. Allein die räumliche Entfernung zum südosteuropäischen bzw. mediterranen Hauptareal ihrer floristischen Komponenten zeigt zur Genüge, daß sie in geschichtlicher Zeit keinen Einzug in das klimatische abweichende Mitteleuropa gehalten haben können. Denn ein direkter Zustrom und Austausch von den zonalen Hauptarealen zu den extrazonalen Verbreitungsinseln ist heute wegen der Verbreitungsschranken (Wälder, Kulturen) undenkbar.

Wir wissen zwar, daß viele kontinentale Arten ihr Vorkommen in unserem Gebiet der Verschleppung durch den Menschen verdanken (z.B. Zackenschötchen- (*Bunias*-) und Rauken- (*Sisymbrium*-)Arten); solche Pflanzen finden sich hauptsächlich auf Äckern, an Ruderalstellen und an Wegrändern. Da aber für die meisten xerothermen Arten natürlicher Standorte eine Einwanderung unter den heutigen Bedingungen nicht in Frage kommt und auch das lückenhafte Vorkommen nicht erklären würde, so bleibt uns nichts anderes übrig, als die Einwanderung in eine andere Zeit zu verlegen, in der die Verhältnisse für das Fortkommen der xero- bzw. thermophilen Arten günstiger waren. Die Vorkommen im heute kühlgemäßigten Mitteleuropa sind auch nicht als Vorposten oder letzte Ausläufer eines sich ausweitenden Hauptareals aufzufassen. Es müssen vielmehr Reste eines früher größeren, mit dem süd- oder osteuropäischen Hauptareal in Verbindung gewesenen Verbreitungsgebietes sein. Es ist zu fragen, welche Abschnitte der nacheiszeitlichen Vegetationsgeschichte für eine Einwanderung xerothermer Pflanzen und Pflanzengesellschaften aus Süd- und Osteuropa günstig waren.

In der Tundren- oder Dryaszeit (**Subarktikum**) wird die Sommertemperatur zumindest in der bodennahen Schicht die für Pflanzen günstige Assimilationstemperatur von 20 °C sicherlich erreicht und überschritten haben, lange bevor die Kiefer Fuß faßte. Die vorherrschenden Vegetationstypen waren gras- und cyperaceenreiche Matten, Strauchweiden-, Zwergbirken- und Sanddorngebüsche sowie *Artemisia*-reiche Pflanzengesellschaften vom Typ subarktischer Steppen. Unter anderem der Nachweis von *Ephedra*-Pollen spricht für einen kontinentalen Klimacharakter dieser Zeit. Schon hier wird man eine Einwanderungsmöglichkeit von kontinentalen Steppenelementen nach Mitteleuropa ansetzen müssen. Dafür spricht die Beobachtung, daß auch heute im südlichen Randstreifen der arktischen Tundra inselartig *Stipa*- und *Festuca*-Steppen eingestreut sind und existieren können.

Die Birken-Kiefern-Zeit (**Alleröd**) sowie das spätere **Präboreal** etwa 8300 bis 7000 v. Chr. brachten eine weitgehende Bedeckung des eisfreien Mitteleuropas mit Birkenwäldern im Nordwesten und Kiefernwäldern im Osten und Südosten. Die Vegetation hat offensichtlich den Charakter subarktischer Waldsteppen getragen, doch ist in den (vermutlich schon damals) niederschlagsärmsten Gebieten wie dem Thüringer und Mainzer Becken mit dem Vorhandensein ausgedehnterer offener Steppen zu rechnen. Auch die Block-, Schotter- und Flugsandflächen, die das periglaziale Klima geschaffen hatte, werden im einzelnen viele Standorte geboten haben, auf denen Steppenpflanzen dem Waldwuchs überlegen waren. Zudem darf der Lichtholzcharakter der Kiefer nicht unterschätzt werden. Es besteht kein Grund, in der Kiefernbewaldung der Tiefländer eine Vernichtung subarktischer Steppenelemente oder eine Behinderung der Durchwanderung pontisch-sarmatischer Pflanzen allerödzeitlich oder präboreal anzunehmen. Gerade der Zusammenschluß von echten Steppenpflanzen mit lichtem Kiefernwald zur Formation der Waldsteppe ist ja auch heute noch eine ebenso bezeichnende Vegetationsform der kontinental-winterkalten Gebiete wie die waldfreie Steppe selbst. Sehr viele Steppenpflanzen südosteuropäischer Herkunft – kälteresistent und ausgerüstet mit Einrichtungen zum Ertragen großer Trockenheit und jäher Temperatursprünge – dürften bereits zur Birken-Kiefern-Zeit in weite Gebiete Mitteleuropas eingewandert sein.

Ein weiterer Zusammenschluß der Wälder ist in der Haselzeit (frühe Wärmezeit, **Boreal** um 7000 bis 6000 v. Chr.) anzunehmen, wobei mit der starken Ausbreitung der Hasel (*Corylus avellana*) die Zunahme der Kiefer in den zuvor birkenreichen Landschaften einherging, andererseits aber auch schon auf reichen Böden die Verdrängung der Kiefer durch Eichenmischwälder (mit Ulme) begann.

Vor allem in den westlichen Mittelgebirgen mit ihrem ozeanisch getönten, feuchten Klima wurden Kiefer und Birke von Haselbüschen verdrängt, die sich nördlich der Alpen von Westen her ausbreiteten. Ganze Haselwälder müssen nach KÜSTER (1995) zeitweise vor allem im

Harz, im Weserbergland, in der Eifel, im Rheinischen Schiefergebirge in Oberhessen und im Schwarzwald bestanden haben. In den Niederungen gab es auch Haselbüsche, aber wohl nicht ganz so viele, ebenso wie weiter im Osten, wo die Hasel sich erst dann gut ausbreiten konnte, als das Klima nach dem Durchbruch des englischen Kanals auch dort atlantischer geworden war (vgl. die Abbildungen der Haselbüsche und deren Entwicklung bei POTT 1993). Im Südosten Mitteleuropas kam die Hasel im Verlauf ihrer borealen Ausbreitung aber auch deswegen nicht so stark zum Zug, weil einige ihrer möglichen Wuchsorte schon von der Fichte (*Picea abies*) besetzt waren.

Die Fichte hatte sich, ausgehend von ihren Refugien in den nördlichen Dinariden (vor allem Slovenien und Kroatien) und südöstlich der Alpen, im Osten um das Hochgebirge herum ausgebreitet und war von dort aus auch in den westlich liegenden Gebieten wieder heimisch geworden. Die Fichten durchsetzten die damaligen Kiefernwälder und dunkelten die Waldkiefer (*Pinus sylvestris*) unter sich aus. So drang die Fichte von Südosten kommend über die Ostalpen bis nach Oberbayern, zum Böhmerwald, zum Erzgebirge, zum Thüringer Wald bis in einige hochgelegene Gebiete der Rhön, des Sauerlandes und bis in den Harz vor. Mit der von Westen fortschreitenden Ausbreitung der Haselbüsche und dem Vordringen der Fichte von Südosten war die Grundlage für eine unterschiedliche Vegetations- und Landschaftsentwicklung im Westen und Osten Deutschlands und Mitteleuropas gelegt, die noch heute charakteristisch ist.

Doch ist in den Trockengebieten nach wie vor mit beschränkten Steppenarealen (hier z.B. Bildung der mitteleuropäischen Schwarzerden) und der Zuwanderung weiterer xerothermer Steppenpflanzen zu rechnen. Gesichert ist ein Temperaturanstieg zu Werten, die diejenigen der Gegenwart um 2 bis 3 °C überschritten haben. Die Waldgrenze lag in den Gebirgen z.T. einige hundert Meter höher als heute (meist um 230 bis 250 m), und viele wärmeliebende Pflanzen lassen sich in wärmezeitlichen Ablagerungen weit jenseits ihrer gegenwärtigen Nordgrenze nachweisen (z.B. *Trapa* = Wassernuß; *Najas* = Nixenkraut). Wahrscheinlich fand im Boreal die Hauptausbreitung der thermophilen Arten aus dem mediterranen Florengebiet ins Oberrheintal statt, weil jetzt die bisher noch trennende Schranke der bis ins Rhonetal vorgeschobenen Alpenvereisung aufgehoben war.

Die Eichenmischwald-Zeit (mittlere Wärmezeit, **Atlantikum,** etwa 6000 bis 3000 v. Chr.) brachte als wesentliche klimatische Veränderung gegenüber der Vor- und frühen Wärmezeit eine Feuchtigkeitszunahme, die in der späten Wärmezeit (**Subboreal**) ihre Fortsetzung fand. Die tiefgreifende Folge war die Verdrängung der Kiefer aus dem westlichen Teil Mitteleuropas durch artenreiche Laubwälder mit Eichen, Ulmen, Linden, später auch zunehmend Buchen. Schon im Höhepunkt der Eichenmischwald-Zeit müssen die Flächen xerothermer Vegetation weitgehend eingeengt und die Durchwanderung großer Strecken durch die dichte Bewaldung unmöglich gemacht worden sein. Die Ausbreitung der subozeanischen Schattholzarten, allen voran der Buche, und die fortschreitende Hochmoorbildung deuten auf ein feuchtkühles Klima mit wachsendem Schneeanteil und verkürzter Vegetationsperiode hin. Mindestens seit dem Subboreal ist auch in den Trockengebieten mit einer Verdrängung der Steppenpflanzengesellschaften aus der Ebene auf kleine, inselartig zerstreute, exponierte Sonderstandorte zu rechnen, die im Laufe der Buchen- und Hainbuchen-Zeit (**Subatlantikum,** heutige Nachwärmezeit) für die endgültige Verschüttung der Verbindungswege zu den Herkunftsgebieten sorgte.

Eine genaue Rekonstruktion der Einwanderungswege xerothermer Florenelemente nach Mitteleuropa ist nicht möglich. Doch kann man durch geographische Auswertung der rezenten mitteleuropäischen Vorkommen die Wanderstraßen mit einer gewissen Wahrscheinlichkeit verfolgen. Besonders schwer zu überwinden sind für die xerothermen Pflanzen bewaldete Gebirgslandschaften und weite Moorgebiete. Dagegen sind die offenen Standorte, z.B. an abrutschenden oder felsigen Hängen in Flußtälern, wo die Arten vor der Konkurrenz der einheimischen Flora weitgehend geschützt sind und wo vielfach ein xerothermes Lokalklima herrscht, für das Eindringen in ein fremdes Gebiet besonders geeignet. Die Pflanzenarten wandern aber nicht alle gleich rasch und überwinden auch nicht alle die verschiedenen Hindernisse, die sich ihnen in den Weg stellen, mit derselben Leichtigkeit. Deshalb muß mit zunehmender Entfernung vom Ausgangspunkt der Wanderung die Zahl der weiter vordringenden Arten immer geringer werden, weil immer mehr Pflanzen zurückbleiben. Das Florengefälle gibt uns also einen gewissen Aufschluß über die Wanderungsrichtung.

Als **Ausgangsgebiet** vieler nach Mitteleuropa einwandernder pontischer Elemente muß Pannonien gelten, das sich während der gesamten Dauer der letzten Eiszeit in Verbindung mit dem südosteuropäischen Hauptareal befand. Der wichtigste Einwanderungsweg über Niederösterreich nach Süddeutschland war das Donautal; dies ist sehr gut durch ein deutliches Florengefälle belegt. Die Donaustraße „versorgte" die Schwäbische Alb, das Neckarland und – über den Bodensee und das Schaffhauser Becken unter Umgehung der Urgesteinsschranke des Schwarzwaldes – auch das Oberrheintal (das gilt z.B. für die Fingerkraut-Arten *Potentilla alba, Potentilla arenaria*).

Ein anderer Weg führte ins Böhmische Trockengebiet und von dort durch das Elbtal nach Mitteldeutschland (z.B. Nacktstengelige Schwertlilie (*Iris aphylla*), Stengelloser Tragant (*Astragalus exscapus*)). Das Mainzer Sandgebiet konnte einmal vom Saale-Unstrut-Gebiet in Thüringen, zum anderen direkt aus Böhmen durch das Eger- und Maintal erreicht werden – z.B. Silberscharte (*Jurinea cyanoides*), Sand-Radmelde (*Kochia laniflora*). Von Niederösterreich und Mähren wurde durch die Mährische Pforte das Odertal besiedelt, z.B. durch Violette Königskerze (*Verbascum phoeniceum*, Abb. 541), Illyrischer Hahnenfuß (*Ranunculus illyricus*).

Zahlreiche Querverbindungen waren möglich und haben tatsächlich auch stattgefunden. Gewiß waren viele Arten auch nicht streng an eine Wanderstraße gebunden; vom Ausbreitungszentrum wanderten sie vielmehr fächerförmig in die Nachbargebiete aus, wie Diptam (*Dictamnus albus*, Abb. 572, 574), Großes Windröschen (*Anemone sylvestris*, Abb. 575) und Frühlings-Adonisröschen (*Adonis vernalis*, Abb. 545). Auch hier zeigt das Florengefälle einen deutlichen Gradienten.

Ein wichtiger Einwanderungsweg pontisch-sarmatischer Florenelemente führte direkt vom Schwarzmeergebiet um den Karpatenbogen herum durch Galizien nach Polen und Schlesien. Nur fand die Ausbreitung hier wegen des Einflusses der vereisten Karpaten sicher mit großer Verspätung statt, zumal Südpolen nicht wie Pannonien und Böhmen durch querverlaufende Gebirgsriegel gegen die von Norden einfließende Kaltluft geschützt war. Die großen Urstromtäler waren die Einfallstore der so von Ost nach West vordringenden Arten (Weichsel- und Odergebiet).

Die Einwanderung von Pflanzen aus dem mediterranen Florengebiet erfolgte das Rhonetal aufwärts. Ein Ast führte über das Bodenseegebiet zur Donau weiter, ein anderer durch die Burgundische Pforte ins Oberrheintal, ein dritter über das Moseltal zur Maas und Nahe und zum Mittelrhein. Diesen Weg beschritten viele Orchideen (*Himantoglossum* (Abb. 517), *Aceras* (Abb. 536, 557), *Limodorum*, *Anacamptis*, *Ophrys* u.a.). Wohl auf Grund ihres Wärmebedürfnisses und ihrer Frostempfindlichkeit blieben sie auf die südwestdeutschen Flußtäler beschränkt. Sie haben Mitteleuropa möglicherweise erst im feuchtwarmen Atlantikum erreicht, als der Eichenmischwald im Anstieg begriffen war.

Die Neubesiedlung eines Wuchsraums durch eine Pflanzengesellschaft über größere Entfernungen hinweg erfolgt in erster Linie durch Pflanzen, die Diasporen mit Vorrichtungen zur Windverbreitung haben. Aber auch Klettfrüchte, die im Haar- oder Federkleid von Tieren haften bleiben, können von ihren Trägern schnell über weite Strecken transportiert werden. Aufgrund physikalischer Messungen über die Fluggeschwindigkeit von Samen und Beobachtungen der Neubesiedlung auf künstlich geschaffenem Neuland kann man – rein hypothetisch – eine durchschnittliche jährliche Wandergeschwindigkeit einer Steppenpflanzengesellschaft von 500 m annehmen. Danach ergibt sich für die Wanderstrecke von Böhmen ins Thüringer Trockengebiet (350 km) eine hypothetische Wanderzeit von 700 Jahren, für den Weg von Niederösterreich ins Oberrheintal (1200 km) von 2400 Jahren, vom Schwarzen Meer nach Schlesien (1150 km) von 2300 Jahren und von der Rhone zum Kaiserstuhl (650 km) von 1300 Jahren.

Vom Subarktikum an stehen bis zum Höhepunkt der Haselausbreitung rund 5000 Jahre zur Verfügung, so daß sich die angenommenen Wanderzeiten bequem einfügen. Es soll damit nicht gesagt sein, daß die Einwanderung durchgängig und ununterbrochen gewesen sei. Aber eine sprunghafte Wanderung über weite Strecken braucht nicht zur Erklärung der Raumbewältigung durch die xerothermen Pflanzen herangezogen zu werden. Die Möglichkeit einer „sekundären" Ausbreitung hat sicher auch eine nicht zu unterschätzende Rolle gespielt (Beispiel: Thüringer Becken). Besonders rasch wandernde Pflanzen können während eines spätglazialen Wärmevorstoßes ein klimatisch bevorzugtes Gebiet erreicht und sich dort angesiedelt haben, während nachher durch Klimaverschlechterung oder Waldentwicklung der Zugangsweg vorübergehend abgesperrt wurde. Diese Ansiedlung wurde dann in einer späteren Wärmezeit wieder zu einem „sekundären" Ausbreitungszentrum, unabhängig vom Artenzustrom aus Süd- und Südosteuropa.

Die Einwanderung xerothermer Pflanzen und Pflanzengesellschaften ist jedoch nicht nur als ein rein klimatisch und edaphisch bedingter Vorgang in einer unbeeinflußten Naturlandschaft zu sehen. Mit dem Übergang des Menschen zur Seßhaftigkeit mit Viehzucht und extensivem Ackerbau begann in vielen mitteleuropäischen Landschaften der Prozeß der Waldentblößung. Der prähistorische Mensch ließ sich aber nicht willkürlich an irgendeiner Stelle nieder, sondern besiedelte bevorzugte Gebiete. GRADMANN (u.a. 1898, 1901, 1906) stellte fest, daß sich in Süddeutschland die Landschaften, in denen heute xerotherme, vor allem kontinentale Florenelemente – von ihm als „**Steppenheide**" bezeichnet – verbreitet sind, durch besonders viele Funde aus dem Neolithikum auszeichnen.

Diese Übereinstimmung zwischen prähistorischen Siedlungsflächen und den Verbreitungsgebieten xerothermer Pflanzengesellschaften deutete GRADMANN in seiner „**Steppenheidetheorie**" folgendermaßen: Die Steppenheide findet man heute in den wärmsten und trockensten Gebieten. Während einer postglazialen xerothermen Periode muß das Klima in diesen Landschaften noch trockener gewesen sein, so daß Waldwuchs unmöglich war. Es mußten sich also offene Landschaften, Steppen oder Waldsteppengebiete in der sonst geschlossenen Waldzone gebildet haben. GRADMANN (1906) nahm weiter an, daß der geschlossene ursprüngliche Wald dem primitiven ackerbautreibenden Menschen feindlich erschien, da dieser noch nicht die Fähigkeit besaß, den Wald zu roden. Deshalb wurden von ihm offene Landschaften besiedelt, bevor der durch Feuchterwerden des Klimas begünstigte Wald die Lücken schließen konnte.

Die „Steppenheidetheorie" hat sich jedoch in dieser Form (um 1900) nicht bestätigen lassen (s. z.B. ELLENBERG 1937, TÜXEN 1939, FIRBAS 1949). Erstens wissen wir aus zahlreichen pollenanalytischen Untersuchungen, daß zumindest im temperaten Mitteleuropa die Vegetation und Landschaft im Mesolithikum und auch im Neolithikum aus natürlichen Laubmischwäldern bestand. Das gilt auch für die sogenannten regionalen „Trockeninseln" der Schwäbischen Alb und Mitteldeutschlands, wo aufgrund der jährlichen Niederschlagsmengen durchaus noch waldfähige Standorte angenommen werden müssen. Nur die lokalen Felspartien und substratbedingten Trockenflächen waren immer waldfrei (s. Kap. 7.1 bis 7.3, Trockenvegetation). Eventuell haben herbivore Wildtiere in der damaligen Zeit kurzfristig waldfreie Flächen geschaffen; ihr Anteil dürfte aber nur sehr gering gewesen sein und ist vermutlich einer neolithischen Jäger- und Sammler-Population in ihrer Auswirkung hinsichtlich der Waldöffnung gleichzusetzen.

Die **Pollenanalyse**, die durch die Berechnung von Pollenprozenten der Baumpollen und Nicht-Baumpollen (= Sträucher, Kräuter etc.) die Verhältnisse und Relationen von Offenlandschaften zu Waldlandschaften über weite Räume und über lange Perioden darstellen kann, zeigt überall ganz deutlich, daß der neolithische Mensch zur Zeit der atlantischen Wärmezeit in mehr oder weniger geschlossene Waldlandschaften eingegriffen hat. Er hatte sich mit verschiedenen damaligen Waldtypen auseinanderzusetzen (s. Diskussion bei POTT 1993). Häufig wichen diese prähistorischen Siedler vielleicht deshalb sogar auch auf die zahlreichen nachgewiesenen Seeufer- und Moorsiedlungen aus. Das sind endneolithische episodische Siedlungen, die beispielsweise zum Teil als Pfahlbauten an den Ufern der Alpenvorlandseen (Bodensee, Starnberger See) errichtet wurden, als die Wasserspiegel vieler dieser Seen zeitweilig um mehrere Meter unter dem heutigen Niveau lagen. Solche Siedlungsplätze an den Seeufern und an Mooren waren natürlich baumfrei. Zweitens gilt die Kongruenz zwischen xerothermer Vegetation und neolithischer Fundhäufung nur lokal in Süddeutschland. Ferner gab es während des Neolithikum keine Trockenperiode in dem von GRADMANN vorausgesetzten Umfang. Drittens erwies sich die Vorstellung von der Siedlungsfeindlichkeit des Waldes in seiner Gesamtheit als falsch. Vieles spricht dafür, daß der Neolithiker den Wald wohl zu roden oder zumindest zu lichten vermochte und das weidende Vieh eine solche Lichtung fördern mußte. Insbesondere der Eichenmischwald stellte eine vielseitige und ergiebige Nahrungsquelle dar. Als Mast- und Weidewald genutzt, löst sich der Baumbestand durch übermäßige Inanspruchnahme immer stärker auf, bis ein Mosaik aus Busch-, Mantel-, Saum- und Rasengesellschaften entsteht.

Die einzelnen Waldgesellschaften besitzen gegenüber diesen Einflüssen eine sehr unterschiedliche, durch die Produktionskraft ihrer Standorte bestimmte Widerstandsfähigkeit. In Abhängigkeit von der Eigenart der Landschaft und der Kulturstufe der Siedler haben also erhebliche Unterschiede in der Landnahme bestanden. Immer aber sind die der jeweiligen Wirtschaftsweise am besten entsprechenden Vegetationslandschaften aufgesucht worden. Eine in diesem Sinne sehr geringe Widerstandskraft gegen Viehweide und extensive Holznutzung haben gerade wärmeliebende Eichen- und Kiefernwälder auf Löß-, Sand- und flachgründigen Kalkböden; sie müssen bei übermäßiger Nutzung bald trockenrasenartigen Ersatzgesellschaften weichen. Durch menschliche Eingriffe in den Landschaftshaushalt der Trockengebiete, vor allem durch Verwüstung thermophiler Waldgesellschaften auf erosions- oder verwehungsgefährdeten Standorten, ist das Areal der xerothermen

Trockenrasen also schon seit frühester Zeit oft erheblich sekundär vergrößert worden – ein Beispiel anthropogener Vegetationsbereicherung!

Seit der **Jungsteinzeit** vergrößerte sich also der Lebensraum lichtliebender Steppenpflanzen, die vor dem Eingreifen des Menschen auf engbegrenzten waldfeindlichen Sonderstandorten ihre letzten Refugien besaßen, wieder beträchtlich. Ausgedehnte Felsheiden und Magerrasen sind größtenteils durch Weide, Holzschlag und Brand geschaffen oder offengehalten worden. Die anthropo-zoogenen Magerrasen (ungedüngt!) griffen auch auf tiefgründigere Böden mit ausgeglichenerem Wasserhaushalt über. Hier entstanden die Halbtrockenrasen (*Mesobrometum*-Gesellschaften), die gegenüber den Trockenrasen im engeren Sinne (*Xerobrometum*-Gesellschaften) ärmer an thermophilen Arten mediterraner Herkunft und reicher an mesophilen Wiesenpflanzen sind, wie z.B. Wiesen-Knäuelgras, *Dactylis glomerata*), Wiesen-Hornklee (*Lotus corniculatus*), Mittlerer Wegerich (*Plantago media*), Wilde Möhre (*Daucus carota*). Das Gleiche gilt für die subkontinentalen Steppenrasen der *Festucetalia valesiacae* und die inneralpine Trockenvegetation. Archäobotanisch nachgewiesene In-situ-Funde von Trockenrasen mit eindeutigen Nachweisen eines vorzeitlichen *Festuco-Brometea*-Rasens beschreibt beispielsweise FRITZ (1979) mit sorgfältigen Analysen von Rasensoden aus hallstattzeitlichen Grabhügeln von der Baar bei Villingen am östlichen Schwarzwaldrand. Anhand von Großresten ließen sich dort zahlreiche Arten der Trockenrasen nachweisen, u.a. Frühlingssegge (*Carex caryophyllea*), Großblütige Braunelle (*Prunella grandiflora*), Deutscher Enzian (*Gentiana germanica*) und Tauben-Scabiose (*Scabiosa columbaria*), also heutige Kennarten der Trockenrasen. Es sind bislang nur wenige prähistorische In-situ-Funde von Trockenrasen für Mitteleuropa bekannt; erst in der Römerzeit häufen sich die Angaben (s. Tab. 6 sowie KNÖRZER 1975 und SPEIER 1996).

Manche Trockenrasenarten können sich erstaunlich rasch in offenem Neuland, z.B. auf Brachen und Brandflächen, ausbreiten. Meistens wirkt weidendes Vieh bei solchen sekundären Sukzessionen mit.

Ohne dessen Verbiß würden sich gerade auf ehemals gepflegtem, d.h. tiefgründigem Land sehr bald wieder Gehölze einstellen und mehr oder minder dicht zusammenschließen, bevor es überhaupt zur Bildung richtiger Rasengesellschaften gekommen wäre. Durch starken Feinerdeabtrag nach der Entwaldung kann aber der Boden in hängigen Lagen derart flachgründig werden, daß es den Bäumen auch nach Aufhören jedes menschlichen Einflusses schwerfällt, sich wieder einzufinden. Einzelne Bäume, die man noch heute in Gebieten mit ausgedehnter Felssteppe findet (z.B. im Wallis) deuten aber darauf hin, daß die natürliche Vegetation vieler derartiger Standorte eine Gehölzformation ist, etwa ein lichter Eichen- oder Kiefernwald.

Ähnliche Prozesse haben sich auch in einigen planar-collinen Regionen nördlich der Alpen vollzogen: in den warmen südwestdeutschen Flußtälern haben die thermophilen Eichenwälder weithin der Rebkultur weichen müssen. Im späten Mittelalter reichte der Weinbau aber auch weit in den Bereich der mittel- und ostdeutschen Trockengebiete hinein (bis nach Mecklenburg, Pommern und Schlesien). Hier herrschten jedoch schwierige Bedingungen: jeder Weinstock mußte einzeln gegen den Winterfrost geschützt werden. Hauptsächlich wegen der Konkurrenz ausländischer Trauben und Weine mußten alle diese Grenzstandorte aus Rentabilitätsgründen wieder aufgegeben werden. Die aufgelassenen Weinberge bedeckten sich mit sekundären Trockenrasen, die in der Regel als Schafhutungen genutzt wurden. Im östlichen Mitteleuropa tragen diese Hänge heute Wiesensteppen (mit *Anthericum, Adonis, Salvia* etc., s. Abb. 509) oder auch fast reine Bestände von Federgräsern (*Stipa capillata, Stipa pennata*, s. Abb. 518) oder Schafschwingeln (*Festuca valesiaca*), soweit sie durch Brand oder Beweidung offengehalten werden.

Vor etwa 100 Jahren begann man zudem in vielen Trockengebieten Mitteleuropas mit der Stallfütterung des Rindviehs, und seit etwa 50 Jahren verliert auch die Schafhaltung immer mehr an Bedeutung. Infolge dieses landwirtschaftlichen Strukturwandels schloß man das zur Heuwirtschaft, d.h. zum Mähen geeignete Grünland und damit auch viele Halbtrockenrasen von der Beweidung aus. Der ein- bis zweimalige jährliche Schnitt fördert die relativ hochwüchsigen Arten, die genügend regenerationsfähig sind. Hier herrschen Aufrechte Trespe (*Bromus erectus*, die namengebende Art der *Brometalia erecti*) und auch viele trittempfindliche Arten wie hochwüchsige Orchideen vor. Im Gegensatz zu den als Wiesen genutzten Magerrasen machen sich auf den kurzgefressenen Schafweiden niederliegende Rosettenpflanzen sowie giftige, schlecht schmeckende oder stachelige Weideunkräuter breit. Außer dem Wacholder (*Juniperus communis*), der kaum einer Extensivweide fehlt, gehören Disteln (*Carlina vulgaris, Cirsium acaule*), Enziane (*Gentiana ciliata, G. germanica*) und die Zypressen-Wolfsmilch (*Euphorbia cyparissias*) zu den charakteristischen Arten in beweideten *Mesobrometum*-Triftrasen (s. Abb. 508, 524 ff, 530, 532 bis 534).

Als Weideunkraut ist hier die Fiederzwenke (*Brachypodium pinnatum*) gewissermaßen der Gegenspieler von *Bromus erectus*, zumal sie sich mit ihren weitstreichenden Rhizomen vegetativ auszubreiten vermag und nicht wie die Aufrechte Trespe darauf angewiesen ist, sich bis zur Fruchtreife zu entwickeln und generativ zu vermehren. Hauptursache für das Fehlen von *Bromus erectus* ist die Selektion durch das Weidevieh. Dieses gern angenommene Futtergras wird immer wieder scharf verbissen, bis es an für die Art nicht ganz optimalen Standorten schließlich völlig ausgerottet wird. Mit dem Nachlassen der Beweidung beginnt *Bromus erectus* an vielen Stellen, wieder in die Magerrasen einzuwandern.

Die meisten Trocken- oder Magerrasen verdanken der Mahd und der Beweidung also nicht nur schlechthin ihre Existenz, sondern erfahren gerade durch die Art der Bewirtschaftung das ihnen eigene Artengefüge. Sie erhalten ihren Charakter jedoch nur im ungedüngten Zustand. In jüngster Zeit werden aber gerade viele Magerrasen gedüngt, um bessere Erträge zu erzielen. Dadurch wandern nitrophile Arten in diese Flächen ein, welche allmählich die typische Trockenrasen-Artenkominationen zurückdrängen. Außerdem wird das Areal der Magerrasen ständig weiter eingeschränkt, weil sie im Laufe des modernen agrarstrukturellen Wandels zu Grenz-

ertragsstandorten geworden sind und so meist der Aufforstung mit Nadelhölzern – meist Waldkiefer (*Pinus sylvestris*) und Schwarzkiefer (*Pinus nigra*) – zugeführt werden. Auch bloßes Auflassen der Flächen führt nach dem Vorrücken thermophiler Saum- und Mantelpflanzen zur allmählichen Wiederbewaldung. Die Aufgabe eines Naturschutzes, der die Erhaltung der Trocken- und Magerrasen-Gesellschaften zum Ziel hat, ist hier also nicht nur die Erhaltung natürlicher Standortbedingungen, sondern auch die Bewahrung und Anwendung heute unmodern gewordener und aussterbender Wirtschaftsweisen.

7.1 Magerrasen kalkreicher Standorte

Bei den artenreichen, basiphytischen Biotoptypenkomplexen der Magerrasen auf Kalk, Kalkflugsand, Löß oder basisch verwitternden Vulkangesteinen gibt es zwei, im typischen Fall klar gesonderte, vikariirende, verschiedene Arealtypen: die **subkontinentalen Federgras-Steppen** und die **submediterranen Trespen-Trocken-** und **Halbtrockenrasen**. Erstere sind in Deutschland vor allem an Gebiete mit knapp 500 mm Jahresniederschlag gebunden; die Trespen-Trockenrasen kommen vor allem an lokalklimatisch begünstigten, meist südlich exponierten Hanglagen vor.

Ein besonderes Merkmal der an die trockenen Lebensräume angepaßten, zumeist seltenen Pflanzen- und Tierarten ist ihr heutiges reliktisches und lückiges Vorkommen in der Kulturlandschaft. Verständlich wird dieses Phänomen aus den geschilderten floren- und vegetationsgeschichtlichen Zusammenhängen. Die Wiederbesiedlung Mitteleuropas nach der letzten Eiszeit durch Pflanzen und Tiere aus heute östlichen und südlichen Refugialräumen ist hier von größter Bedeutung. So gibt es innerhalb dieser basiphysischen Mager- und Trockenrasen deutlich großräumige geographische Gradienten: die Arten der Trespen-Trockenrasen (*Brometalia erecti*) dünnen nach Osten und Norden hin aus, die Steppen mit den *Festucetalia valesiacae*-Arten nach Westen und Norden (vgl. Abb. 506 und 507); sie erreichen ihre absolute Westgrenze beispiels-

weise im Oberrheingebiet. Die östlichen Steppenrasen sind in Deutschland vor allem an eine Xerotherm- (Relikt-)zone gebunden, die, der Elbe-, Saale- und Mainlinie folgend, von Mainfranken zum nördlichen Oberrhein bis in das innere Rheinhessen und das untere Nahetal zieht. Über das Elbetal bis in das südliche Braunschweigische Hügelland ausstreichend, findet man sie noch am Heeseberg bei Helmstedt. Bis hierher dringen auch die kontinentalen Arten der Federgräser (z.B. *Stipa capillata*), Dänischer Tragant (*Astragalus danicus*) und Frühlings-Adonisröschen (*Adonis vernalis*) vor (s. Abb. 518, 519, 545).

Auch das nordwestlich gerichtete Florengefälle der xero- und thermophilen Arten mit submediterraner oder gemäßigter kontinentaler Hauptverbreitung bzw. mit Vorkommen in beiden Arealtypen (kontinental-submediterran) vollzieht sich diskontinuierlich mit mehr oder weniger ausgeprägter Staffelung. Diese Staffelung, die durch Häufung von Florengrenzen in bestimmten Gebieten zustande kommt, zeigt sich bereits in Süd- und Mitteldeutschland und setzt sich mit abgeschwächter Deutlichkeit nach Nordwesten hin fort. Eine wichtige Grenze mit starkem Artengefälle stellt die Werra-Harzvorland-Linie dar; eine absolute Nordwestgrenze bilden die nördlichen Mittelgebirge (z.B. Teutoburger Wald, Wiehengebirge), die Jungmoränen in Schleswig-Holstein und die Kreidekalkvorkommen im Ostseeraum. Beide Gruppen, die kontinentalen und die submediterranen Arten, zeigen in Ostdeutschland und in Süddeutschland ein ausgesprochen starkes, oft diametral entgegengesetztes Florengefälle, das sich modifizierend auf alle Pflanzengesellschaften der Trockenrasen auswirkt, deren charakteristische Artengarnituren entweder überwiegend oder teilweise von einer dieser beiden Gruppen gestellt werden. Hinzu kommen oft noch die dealpinen Florenelemente aus den alpinen Rasengesellschaften, die häufig als Glazialrelikte in den Trockenrasen gedeihen (z.B. die Küchenschellen der Gattung *Pulsatilla*, s. Abb. 520 bis 523). In der klimatischen Übergangssituation verwischen aber die Unterschiede; hier fallen an den absoluten Florengrenzen die Elemente aller Herkünfte zusammen.

506

Abb. 506: Die Trockenrasenhänge des Kyffhäusers (1991) im Regenschatten des Harzes. Bis hierher konnten auf den extrem trocken-warmen, von Haus aus waldfreien Standorten im Boreal viele kontinentale Steppenpflanzen weit nach Westen vordringen. Die lichten Trockenwälder zeigen zudem nahezu modellhaft alle anthropogenen Überformungen in Form von Holz- und Weidenutzung mit sekundärer Ausbreitung der Volltrockenrasen. Die rückläufigen Prozesse der Wiederbewaldung erfolgen nach charakteristischen, immer wiederkehrenden Sukzessionslinien über Versaumungs- und Verbuschungsvorgänge hin zum Wald. Dabei bleiben nur die rein edaphisch bedingten Trockenrasen als Primärbiotope waldfrei:

Abb.507: Trockenrasenhänge des Badbergs im Kaiserstuhl (1992) mit natürlichen, klimatisch- oder substratbedingten Volltrockenrasen als wärmezeitlicher Reliktvegetation. Bis hierher konnten massiv viele mediterrane Geoelemente weit nach Norden vordringen. Auch hier hat eine anthropo-zoogene Ausweitung der Trockenrasen stattgefunden. Die primären Trockenrasen sind nur auf die extremen Südhänge beschränkt.

507

Letztlich darf im Zusammenhang mit den Verbreitungs- und Begrenzungsursachen auch der **anthropo-zoogene Einfluß** nicht unterschätzt werden. Er kann zur Ausweitung und auch zur Einengung eines Pflanzenareals führen, und gerade in den labilen und schwach bestückten Randzonen der Areale – um die es sich in der Regel handelt –, wirkt sich der negative Einfluß des Menschen meist besonders offensichtlich und nachhaltig aus. Vielfach sind die heutigen Florengrenzen auch anthropo-zoogen bedingt (z.B. durch Niederwaldwirtschaft oder Extensivbeweidung, s. u.a. BURRICHTER 1973, POTT 1993), und die Florenkontraste sind durch die Menschen künstlich intensiviert worden. So zeigen auch Vergleiche mit Florenwerken der vergangenen Jahrhunderte, daß einzelne xerotherme Arten des submediterranen und subkontinentalen Florenelements damals zumindest sporadisch über ihre heutigen Arealgrenze hinausreichten.

Es ist bereits klar geworden, daß in vielen Landschaften die Trockenlebensräume erst unter der wirtschaftenden Hand des Menschen, durch ihn selbst und durch seine Weidetiere entstanden sind. Erst jetzt, im Zeitalter der land- und forstwirtschaftlichen Intensivierung, heute aber auch im Zuge der zunehmenden Aufgabe der Bewirtschaftung und der Verbrachung ist die Existenz der Trockenrasen hochgradig gefährdet. Viele Vorkommen sind bereits unwiderbringlich verloren, ihr Artenbestand ist ausgelöscht. Dabei führt der moderne sozio-ökonomische Wandel zu charakteristischen, immer wiederkehrenden Sukzessionslinien: Intensivierung der Nutzung mit Düngungsmaßnahmen und Aufforstungen bringen die Trockenrasen zum plötzlichen Erlöschen; Brachfallen bewirkt einen allmählichen strukturellen und floristischen Wandel. Dessen Grundprozesse sind **Versaumung** und **Verbuschung**; dabei spielen mehrjährige krautige Pflanzenarten und Hochstauden wie z.B. Blut-Storchschnabel (*Geranium sanguineum*), Gewöhnlicher Dost (*Origanum vulgare*) und Gewöhnlicher Odermennig (*Agrimonia eupatoria*) eine wichtige Rolle.

Auch das Verhalten von Gehölzen durch Neuansiedlung endozoochor oder anemochor, durch vegetative Ausbreitungsstrategien (z.B. Wurzelbrut bei Schlehe, *Prunus spinosa*) und durch unterschiedliche Verbuschungsgeschwindigkeiten in Abhängigkeit vom Substrat sowie von Lokalklima und vom Alter der Bestände sind hier zu nennen.

Es ist also festzustellen, daß die meisten Trockenrasen-Biotope nur in kleinflächiger Ausprägung natürlich sind (= **primäre Trockenrasen**). Als Ergebnis historischer Bewirtschaftungsweisen sind ihre Vorkommen aber meist anthropo-zoogen ausgedehnt (= **sekundäre Trockenrasen**). Diese waren früher oftmals landschaftsprägend und sind heute Gegenstand des Naturschutzes mit allen Problemen der Erhaltbarkeit und Wiederherstellbarkeit (vgl. auch Abb. 504).

Die **Standortfaktoren** der Trockenrasen in West- und Mitteleuropa prägen vor allem der geologische Untergrund und die Böden. Sie sind für das Vorkommen von Trockengebieten ausschlaggebend, wobei deren Einflüsse zusätzlich durch das Lokalklima (Meso- und Mikroklima) beeinflußt und durch die geomorphologische Situation, einerseits durch die südliche Himmelsrichtung (Exposition), andererseits durch eine zum Sonnenstrahlungswinkel günstige Hangneigung (Inklination) verstärkt werden. In West- und Mitteleuropa existieren aus all den genannten Gründen die Trockenrasenbiotope oft nur sehr kleinräumig, aber in großer landschaftlicher Verschiedenheit.

An diesen Sonderstandorten können auch nur besonders angepaßte Arten gedeihen, da die prägenden ökologischen Faktoren (u.a. Wasserhaushalt, Bodengründigkeit, Durchwurzelbarkeit, ober- und unterirdische Konkurrenz, Nährstoffhaushalt mit unterschiedlichen Stickstoff- und Phosphatangeboten, jahreszeitliche Rhythmen von Niederschlägen und Strahlungsangeboten) bestimmte Strategien und Anpassungen der typischen Trockenrasenpflanzen zur Folge haben.

Um beispielsweise Wasserstreß zu bewältigen, gibt es vielfache Formen der Sukkulenz, des Zwergwuchses, der Ausbildung von Rollblättern und Strohtuniken, der Intensivierung von Wurzelsystemen, der Reduktion von Blattoberflächen sowie der phänologisch angepaßten Entwicklung.

Physiologische Adaptationen mit CAM- und C$_4$-Metabolismus und Thermotropismen sind ebenfalls in diesem Zusammenhang zu nennen. C$_4$- Pflanzen besitzen im Vergleich zu den C$_3$-Pflanzen ein höheres Temperaturoptimum; sie sind außerdem an höhere Nährstoffkonzentrationen im Boden, an versalzte Böden bzw. an Standortbedingungen mit nur teilweise ungünstiger Wasserversorgung besser angepaßt (s.z. B. COLEMAN & BAZZAZ 1992). Die derzeit lokal oder regional beobachtbare Ausbreitung von C$_4$-Pflanzen (z.B. *Amaranthus blitoides, A. blitum, A. powelii, Euphorbia maculata, E. peplus, Setaria viridis, S. italica, Panicum capillare, Cynodon dactylon, Salsola kali, Eragrostis pilosa, E. minor* sowie *Botriochloa ischaemum*) an Ruderalplätzen in Städten oder auch in den Flußtälern des Rheines, der Saale und der Elbe sprechen dafür. Noch gibt es aber mit Ausnahme von *Kochia laniflora* bislang keine ausgesprochenen C$_4$-Pflanzen in natürlichen Trockenrasen Mitteleuropas (s. auch HOFFMANN, 1994).

Therophyten überdauern die ungünstige Jahreszeit des trockenen Sommers als Samen; Kryptogamen (Moose und Flechten) mit poikilohydrer Quellkörper-Organisation sind außerdem den homoiohdydren Höheren Pflanzen mit Spaltöffnungs-Organisation bei andauernder Wasseranspannung überlegen.

Schon aus der Entfernung kann man Trockenrasen vom übrigen Grünland am Farbton unterscheiden (s. Abb. 524, 525): im Gegensatz zu dem das ganze Jahr über gleichbleibenden saftigen Grün der gedüngten Wiesen und Weiden erscheinen die Trockenrasen nur im Frühling und im Frühsommer in einem zarten Gelbgrün (Abb. 525, 526), den Rest des Jahres bieten sie einen bräunlich-vertrockneten Anblick (Abb. 527, 529). Es sind also einzigartige Lebensräume für zahlreiche selten gewordene, an trockene, stark besonnte Standorte angepaßte Pflanzen- und Tierarten (vgl.u. a. POKORNY & STRUDL 1986, GEPP 1986, KRATOCHWIL 1984, KRATOCHWIL & SCHWABE 1984). Die einzelnen Biotoptypen der Trockenrasen sind derzeit folgendermaßen zu gliedern:

– **subkontinental getönte Trockenrasen**, das sind die **Rasen** der *Festucetalia valesiacae* vor allem in östlichen Regionen,

- **submediterran getönte Trockenrasen**, das sind die **Trespenrasen** der *Brometalia erecti* vor allem in westlichen Regionen,
- **inneralpine** und **präalpine Trockenrasen**.

Primäre Trockenrasen der oben genannten Typen beschränken sich heute auf kleinflächige Sonderstandorte mit besonders trocken-warmem Kleinklima und flachgründigen Böden (vgl. Abb. 506 u. 507). Da diese Trockenrasen meist von den lokalen Bodenbedingungen abhängig sind, werden sie auch als **edaphische Substratsteppen** oder **Steppenrasen** bezeichnet (s. WENDELBERGER 1954, 1959, 1969). Man kann sie auch **Volltrockenrasen** nennen, um sie von den sekundären Trockenrasen abzugrenzen. Ursprüngliche Vorkommen gibt es in der Regel in den Xerotherm-Vegetationskomplexen mit einer Trockengrenze des Waldes (s. Abb. 506, 507, 513, 519, 553, 554, 555, 557, 558, 563 und Kap. 7.2).

Weitaus häufiger und großflächiger sind die **sekundären Trockenrasen**, die als beweidete, gemähte oder in Mischbehandlung befindliche anthropo-zoogene Biotoptypen ihren jeweils eigenen, floristisch nutzungsabhängigen Charakter besitzen. Solche **Halbtrockenrasen** bilden wiesenähnliche, dichte Bestände auf tiefgründigen Böden mit besserer Wasserversorgung, sogenannte **Trockenwiesen**, (s. u. a. Abb. 513, 525 bis 529). Sie enthalten auch breitblättrige, weniger an Trockenheit angepaßte Arten wie Aufrechte Trespe (*Bromus erectus*) und Fiederzwenke (*Brachypodium pinnatum*). Diese sekundären Halbtrockenrasen entwickeln sich nach Nutzungsaufgabe über Saum- und Gebüschstadien in der Regel zum Wald zurück (Abb. 530 bis 531).

Die Trockenrasen inneralpiner Täler gibt es vorzugsweise auf steilen Südhängen der kontinental getönten Innenalpen, wo in den inneren Tälern, vor allem in den Flußtälern, die Niederschläge geringer (stellenweise unter 500 mm pro Jahr), die Sonneneinstrahlung stärker und die Temperaturgegensätze größer sind als in den Randalpen. Hier ist die **inneralpine Trockenvegetation** optimal ausgebildet. Es sind vor allem steppenartige Trockenrasen, die neben ihren lokalen Primärvorkommen fast durchweg durch Abholzung des trockenen Rotföhrenwaldes (u.a. *Erico-Pinetum sylvestris* oder auch lokaler Flaumeichenwälder des *Quercion pubescentis*, s. Abb. 519, 535) entstanden sind und ihre heutige Ausdehnung insbesondere der Beweidung verdanken. Wo sie nicht mehr beweidet werden, entwickeln sich auch hier die sekundären Trockenrasen über Gebüsche zum Föhrenwald oder zum Eichenwald zurück. Diese Biotoptypen werden in diesem Buch nur der Vollständigkeit halber erwähnt; sie können aus Platzgründen nicht umfassend und ihrer Stellung gebührend dargestellt werden. Einige Abbildungen dieser seltenen und einzigartigen Trockenrasen mit Pfriemengras (*Stipa capillata*), Wimper-Perlgras (*Melica ciliata*) und Wilde Nelke (*Dianthus sylvestris*) mögen aber die Schönheit der inneralpinen Trockenvegetation verdeutlichen (s. Abb. 519 und Kap. 7.2). Umfangreiche und zusammenfassende Darstellungen finden sich bei BRAUN-BLANQUET 1961, SCHWABE et al. 1992 sowie THEURILLAT 1992).

7.1.1 Steppenrasen der Festucetalia valesiacae

Kontinentale Steppenrasen sind Hitze und Trockenheit ertragende Rasengesellschaften, die an die Steppenformationen Osteuropas anschließen. Sie sind vor allem aus Horstgräsern und anderen Hemikryptophyten aufgebaut und können große Temperaturextreme ertragen (Abb. 508 und 509). Ihre Hauptverbreitung erreichen diese Gesellschaften in Brandenburg und im Thüringischen Trockengebiet (z.B. Saaletal, Kyffhäuser, Abb. 506); sie dringen in den Stromtälern auch weiter nach Westen und Norden vor. Es handelt sich dabei um natürlich waldfreie Trockenrasen auf flachgründigen Substraten, überwiegend auf Fels oder Felsgrus in meist steil südexponierter Lage. Diese Trockenrasen beschränken sich in der Regel auf Trockengebiete unter 500 mm Jahresniederschlag mit Schwerpunkt in Ost- und Mitteldeutschland. Einige solcher reich gegliederten Trockenrasen werden nachfolgend erläutert; sie sind durchweg als reliktische Ausstrahlungen osteuropäischer Federgrassteppen anzusehen:

Die Knoflauch-Pfriemengras-Gesellschaft (*Allio-Stipetum capillatae*) und der Wallisschwingel-Federgrasrasen (*Festuco valesiacae-Stipetum capillatae*) sind Steppenrasen auf etwas tiefgründigeren Böden. Die Vorkommen konzentrieren sich in Mitteldeutschland; dort als äußerst seltene Steppenrasen an extrem trockenen und warmen südexponierten Hängen Mitteldeutschlands, bis in das östliche Braunschweigische Hügelland vordringend. Es sind natürliche Felssteppengesellschaften, die aber auch als anthropogene Pflanzengesellschaften aus Trockenwäldern hervorgegangen und durch extensive Nutzung offengehalten sein können. Diese Rasengesellschaften sind aus Horstgräsern aufgebaut (s. Abb. 509).

Subkontinentale, mesophile Halbtrockenrasen des *Cirsio-Brachypodion* sind isoliert und vorpostenartig vorkommende Wiesensteppen, die nicht nur der Mainlinie, sondern auch der Donaulinie von Osten her folgen und bis nach Oberbayern hin vorkommen.

Die Adonisröschen-Fiederzwenkenrasen des *Adonido vernalis-Brachypodietum pinnati* gehören beispielsweise dazu. Es sind wiesensteppenartige Magerrasen bzw. mesophile Halbtrockenrasen im Mainzer Sand, auf der Garchinger Heide bei München (dort mit dem präalpinen *Brachypodium rupestre*), im Gipskeuper Mainfrankens (dort mit *Festuca rupicola*) und in den Tertiärkalklandschaften Rheinhessens sowie größtenteils aus wärmeliebenden Laubwäldern hervorgegangene Trockenrasen auf kalkreichen Mergel- und Lehmböden. Mit verschiedenen standörtlichen Untereinheiten und geographischen Rassen.

- **Gefährdung:** Intensivierung der Grünlandnutzung, Nutzungsaufgabe (Versaumung und Verbuschung), Düngung, Trittbeeinträchtigung, Aufforstung.
- **Schutz:** ■, ●, FFH 5130, 6210, CORINE 91: 31.88, 34.12, 34.31 bis 34.34, ✳; überall prioritäre Habitate nach Direktive 92/43.
- **Verbreitung:** besonders gut in Ost- und Mitteldeutschland, in Main- und Rheintal.
- **Beispiele:** Abb. 506 bis 566, speziell Abb. 506, 509, 518, 540 bis 547.

508

509

Abb. 508: Buntblumige Trockenrasen und Halbtrockenrasen im Komplex mit Gebüschaufwuchs im potentiellen Flaumeichenwaldgebiet am Strangenberg bei Westhalten/Elsaß (1990). Diese aus vorwiegend submediterranen und submediterran-subatlantischen Geoelementen aufgebauten Trockenrasen sind je nach Wasserhaushalt der Substrate differenziert. Natürliche Trockenrasen sind an steilen, flachgründigen Stellen meist edaphisch bedingt. Halbtrockenrasen zeigen potentielle Gebüsch- oder Waldflächen an.

Abb. 509: Kontinentaler Trockenrasen mit Traubiger Graslilie (*Anthericum liliago*) und Nickender Distel (*Carduus nutans*) an den Hängen der Oder (1991). Solche Steppen-Magerrasen mit ihren östlich verbreiteten Geoelementen erleiden derzeit starke Flächenverluste durch Aufforstungen, durch Verbuschung und Verfilzung der Bestände nach Nährstoff- und Düngemitteleinträgen.

510

Abb. 510: Trockenrasen vom Typ des *Xerobrometum* im Komplex mit Felsvegetation und einzelnem Gehölzaufwuchs am Isteiner Klotz (Foto M. WITSCHEL, 1977). Hier zeigt sich besonders deutlich der Xerotherm-Vegetationskomplex auf den trocken-warmen Felsstandorten mit den freien, südexponierten Felsen und den Einzelgliedern des Biotopkomplexes: Felsfluren, Trockenrasen, Säume, Mäntel und Trockenwälder (s. auch WITSCHEL 1980).

Abb. 511: Felsvegetation bei St. Pierre im Aostatal (1990). Hier wachsen inmitten der *Stipa*-Felsrasen Klatschmohn (*Papaver rhoeas*) und Kornblumen (*Centaurea cyanus*). Diese beiden eurasisch-mediterran verbreiteten heutigen Ackerunkräuter haben hier auf den sommerwarmen, trockenen und nährstoff- bzw. basenhaltigen Felssimsen offenbar ihre Primärstandorte in der Urlandschaft. Die Kornblume ist auch zumindest seit dem Spätglazial im nördlichen Europa archäobotanisch nachgewiesen (siehe BURRICHTER & POTT 1987).

Abb. 512: Das Felsen-Steinkraut (*Alyssum saxatile*) ist eine typische Felsband-Pflanze auf trockenen, warmen und flachgründigen Steinböden in meist kontinentalen Regionen (Donau bei Dürnstein, 1992).   511

512

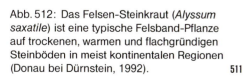

513

Abb. 513: Biotoptypenkomplex von *Xerobrometum*- und *Mesobrometum*-Trockenrasen auf dem Badberg im Kaiserstuhl (1993), die an flachgründigen Stellen mit Felsgrus-Gesellschaften des *Allysso-Sedion*-Verbandes fleckenhaft durchsetzt sind, hier mit gelben *Sedum*-Arten wie *S. acre* und *S. sexangulare* sowie mit blauen Kerzen des Natternkopf (*Echium vulgare*).

Abb. 514: Die Steppen-Wolfsmilch (*Euphorbia seguieriana*) ist ein charakteristisches Element der kontinentalen und submediterranen Trockenrasen (Badberg, 1993).

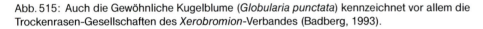

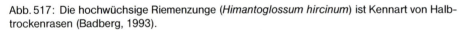

Abb. 515: Auch die Gewöhnliche Kugelblume (*Globularia punctata*) kennzeichnet vor allem die Trockenrasen-Gesellschaften des *Xerobromion*-Verbandes (Badberg, 1993).

Abb. 516: Die Goldaster (*Aster linosyris*) bestimmt den Spätsommer- und Herbstaspekt der Trockenrasen (Badberg, 1994).

Abb. 517: Die hochwüchsige Riemenzunge (*Himantoglossum hircinum*) ist Kennart von Halb-trockenrasen (Badberg, 1993).

514

515

516

517

Abb. 518: *Stipa pennata*-Rasen als „Feder-
grassteppe" im Marchfeld bei Oberweiden im
Österreichischen Burgenland (1983). Die
kontinentalen Pfriemengras-Gesellschaften
erreichen in Europa ihre Westgrenze im
Oberrheingebiet. Sie sind an eine Steppen-
Reliktzone gebunden, die, der Mainlinie folgend, von Mainfranken zum nördlichen Oberrhein bis nach Rheinhessen und in das Nahetal zieht. Von der Oder auch nordwestwärts
bis in das Braunschweigische Hügelland aus-
streichender Trockenrasen.

Abb. 519: Walliser Felsensteppe (*Stipo-Koe-
lerietum vallesianae*) am Mont d'Orge bei
Sion im Wallis. Federgrasbeherrschte Steppenrasen im Vegetationskomplex mit dem *Lithospermo-Quercetum* (Flaumeichenwald)
erinnern an die Federgrassteppen der osteuropäischen Schwarzerdezone (1990).
Diese europäischen Trockenrasen zeigen
eine interessante Vielfalt von geographisch
vikariierenden Küchenschellen (*Pulsatilla*-Ar-
ten) (siehe Abb. 520 bis 522).

518

519

520

521

Abb. 520: Die Gewöhnliche Küchenschelle (*Pulsatilla vulgaris*) ist ein mitteleuropäisches Geoelement mit schwerpunktmäßigem Vorkommen in Magerrasen und in Kiefernwäldern.

Abb. 521: Die Finger-Küchenschelle (*Pulsatilla patens* ssp. *nigricans*) ist ein mehr östlich verbreitetes Geoelement.

Abb. 524: Trockenrasen-Biotoptypenkomplex mit einem Vegetations- ▷ mosaik am Badberg im Kaiserstuhl aus Volltrockenrasen des *Xerobromion*, aus Halbtrockenrasen des *Mesobromion* sowie aus aufkommendem Gebüsch und Waldgesellschaften des *Berberidion* und des *Quercion pubescenti-petraeae*. Besonders im Hochsommer werden die Expositionsunterschiede zwischen Süd- und Nordhängen sehr auffällig (1988).

Abb. 525: Frühsommeraspekt im Trockenrasen-Vegetationskomplex ▷ des Badbergs (1994). Hier sieht man die vorwiegend durch extensive Beweidung und durch Mahd ohne Düngung entstandenen und heute gepflegten Halbtrockenrasen.

Abb. 522: Die weißblühende Frühlings-Küchenschelle (*Pulsatilla vernalis*) wächst in Magerrasen und Kieferwäldern der Alpen (vor allem in Silikatrasen der alpinen Stufe). Sie ist kontinental und alpin verbreitet.

Abb. 523: Die gelbblühende Gelbe Anemone (*Pulsatilla apiifolia*) ist ausschließlich an alpine Silikatmagerrasen, vor allem an Borstgrasrasen, gebunden.

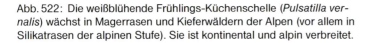

522

523

524

525

526

527

Abb. 526: Gemähte Halbtrockenrasen vom Typ des *Onobrychido-Brometum* im Kaiserstuhl im Frühsommer des Jahres 1987.

Abb. 527: Hochsommeraspekt der Halbtrockenrasen (1988).

Abb. 528: Detail aus Abb. 526.

Abb. 529: Neben den bereits abgeblühten Gräsern bestimmen im Hochsommer vor allem die farblichen Weiß- und Blauaspekte von *Anthericum, Achillea* und *Centaurea* die Halbtrockenrasen des Kaiserstuhls (1995).

528

529

530

Abb. 530: Zwenkenrasen (*Gentiano-Koelerie-tum*) als beweideter Halbtrockenrasen auf einer Plänerkalk-Egge bei Brochterbeck/Teutoburger Wald (1980). Es sind anthropo-zoogene Halbkultur-Formationen, die durch Beweidung oder einschürige Mahd anstelle anspruchsvoller Buchenwälder entstanden sind und sich bei Nutzungsaufgabe auch wieder dahin zurückentwickeln können. Durch Düngung werden solche Trockenrasen auch in Wirtschaftsgrünland überführt; bei sogenannter Verbrachung kommt es oft zur Massenausbreitung der Fiederzwenke (*Brachypodium pinnatum*).

Abb. 531: Beweideter Halbtrockenrasen vom Typ des *Gentiano-Koelerietum* mit *Primula veris* ssp. *canescens* und aufkommendem Rosengebüsch (*Rosa canina*) auf den Plänerkalken des Teutoburger Waldes bei Brochterbeck (1980).

531

223

532

Abb. 532: Der Enzian-Zwenkenrasen (*Gentiano-Koelerietum pyramidatae*) ist ein extensiv beweideter Halbtrockenrasen auf flachgründigen Kalkböden als artenreicher, dicht geschlossener, blumenbunter Halbtrockenrasen mit diversen Orchideen- und Enzianarten. Vom Frühjahr bis zum Herbst durch farbige Aspektwechsel und eine große Zahl floristisch und ökologisch bedeutsamer Arten ausgezeichnet (Baar, 1985). Seltener Halbtrockenrasen-Biotopkomplex! Hier am sogenannten Magdalenenberg konnte FRITZ (1979) aus hallstattzeitlichen Grabhügeln prähistorische Trockenrasenelemente paläobotanisch nachweisen.

Abb. 533: Der Deutsche Enzian (*Gentiana germanica*) wird aufgrund seiner Inhaltsstoffe vom Weidevieh nicht gefressen und unterliegt somit einer positiven Weideselektion.

Abb. 534: Die Stengellose Kratzdistel (*Cirsium acaule*) wird ebenfalls nicht gefressen und kennzeichnet somit die beweideten Halbtrocken-rasen.

533

534

Abb. 535: In den Inneralpen steigen die Halbtrockenrasen bis in beträchtliche Höhen auf,
wie hier bei Erschmatt im Wallis in etwa
2000 m Meereshöhe (1990). Auf trocken-warmen Hängen von der obersten Waldstufe bis
in die subalpine Stufe kommen üppige, blütenreiche Halbtrockenrasen vor allem in der
extensiv genutzten Kulturlandschaft vor. Sie
sind sehr artenreich und zeigen vielfältige
Bindungen an die alpinen Blaugrashalden mit
Sesleria albicans (vgl. Abb. 563) sowie mit alpinen Trockenvegetationskomplexen (vgl.
Abb. 587 ff.).

Abb. 536: Die Hummel-Ragwurz (*Ophrys ho-
losericea*) ist typisch für Halbtrockenrasenformationen in submediterran geprägten Regionen.

Abb. 537: Das Brand-Knabenkraut (*Orchis
ustulata*) ist eine wärmebedürftige Falter-
blume im Halbtrockenrasen.

535

536

537

538

539

Abb. 538: Die Buntreitgrashalde (*Laserpitio-Calamagrostietum variae*) ist eine natürliche haldenfestigende Trockenrasen-Gesellschaft. Sie ist vor allem gekennzeichnet durch *Calamagrostis varia*, *Brachypodium pinnatum*, *Carex flacca* und *Sesleria varia*. Diese Arten besitzen u.a. hier ihre Primärstandorte (unterhalb des Bannwald Hörnle auf der Schwäbischen Alb, 1994).

Abb. 539: Der Wundklee (*Anthyllis vulneraria* ssp. *alpestris* var. *elongata*) ist eine endemische Varietät an den offenen Mergelrutsch-hängen der Schwäbischen Alb (1994).

540

541

◁ Abb. 540: Kontinentale Steppenrasen sind Hitze und Trockenheit ertragende Rasen-Bio-toptypen, die an die Steppenformationen Ost-europas anschließen. Sie sind vor allem aus Horstgräsern und anderen Hemikryptophyten aufgebaut und können große Temperaturex-treme ertragen. Ihre Hauptverbreitung errei-chen diese Gesellschaften in Brandenburg und im Thüringischen Trockengebiet (z.B. Kyffhäuser) und dringen in den Stromtälern auch weiter nach Westen und Norden vor, hier mit der Violetten Königskerze (*Verbas-cum phoeniceum*) im Burgenland (1983).

◁ Abb. 541: Violette Königskerze (*Verbascum phoeniceum*) im Burgenland (1983). *Verbas-cum phoeniceum* ist eine kontinental-ostsub-mediterran verbreitete Kennart der östlichen Trockenrasen und Saumgesellschaften.

Abb. 542: Kontinentale Pfriemengras-Bestände des *Festucion valesiacae*-Verbandes sind ex-treme Trockenheit ertragende Gesellschaften trocken-heißer, kalkhaltiger Standorte. Bis nach Norddeutschland dringen noch die kontinentalen Arten *Stipa capillata*, *Astragalus danicus*, *Hesperis tristis*, *Melandrium viscosum*, *Salvia nemorosa* und *Adonis vernalis* vor. In den Alpen tritt vermehrt *Dactylorhiza sambucina* in den sonnigen Felsrasen hinzu. Vom Aussterben be-drohter Biotoptyp mit seltenen Geoelementen (siehe z.B.Abb. 543 und 544). Sie gehen nach Nordwesten bis in das Ostbraunschweigische Hügelland südlich von Asse und Elm und bauen am Heeseberg noch nennenswerte Vorkommen auf (ca. 7 Hektar Magerrasen). Weinviertel/ Österreich (1983).

Abb. 543: Die Nachtviole (*Hesperis tristis*).

Abb. 544: Die Klebrige Lichtnelke (*Melan-drium viscosum*).

545

Abb. 545: Adonisröschen (*Adonis vernalis*) im Mainzer Sand (Foto A. Schwabe-Kratochwil). Dieses kontinental verbreitete Geoelement ist eine Leitpflanze der Trockenrasen. Das Adonisröschen zählt florengeschichtlich zu den wichtigen sarmatischen Steppenrelikten. Im Bereich der Alpen ist diese Art nur aus dem Innerwallis bekannt, weiter nördlich gedeiht *Adonis vernalis* nur in steppenartigen Gesellschaften, z.B. im Colmarer Trockengebiet, in den *Festucetalia valesiacae*-Gesellschaften der mitteldeutschen Trockengebiete, Österreichs, der Tschechei, der Slowakei, Polens und Rumäniens. Die Art ist im Subarktikum weit nach Westen vorgedrungen und heute innerhalb der Waldlandschaften auf Trockenstandorten isoliert.

Abb. 546: Holunder-Knabenkraut (*Orchis sambucina*).

546

547 Abb. 547: Hain-Salbei (*Salvia nemorosa*).

7.1.2 Volltrockenrasen und Halbtrockenrasen der Brometalia erecti

Submediterrane Trocken- und Halbtrockenrasen bestehen aus vorwiegend submediterranen und submediterran-subatlantischen Geoelementen. Sie gliedern sich soziologisch in die mehr mesophilen, grasreichen Halbtrockenrasen des **Mesobromion erecti** und die mehr xerophytischen, lückigen und zwergstrauchreichen sowie weniger anthropo-zoogen beeinflußten Volltrockenrasen des **Xerobromion**.

Der Unterschied zwischen beiden Typen liegt im Wasserhaushalt der jeweils konstituierenden Gesellschaft. Die *Xerobromion*-Trockenrasen nehmen steile, flachgründige, trockene und südexponierte Hänge ein, an denen landwirtschaftliche Nutzung fast ausgeschlossen ist (s. Abb. 507, 510 sowie v. ROCHOW 1951, WITSCHEL 1980). Diese Vegetationseinheiten sind meist edaphisch bedingt. Die *Mesobromion*-Halbtrockenrasen vertreten dagegen potentielle Waldflächen (vgl. Abb. 525 ff. und ZOLLER 1954, ELLENBERG 1986).

7.1.2.1 Submediterrane Trockenrasen

Es sind natürliche, klimatisch oder substratbedingte Volltrockenrasen des *Xerobromion*-Verbandes auf extrem trockenwarmen Standorten. Die lückig strukturierten Vegetationseinheiten sind mit submediterranen Zwergsträuchern ausgestattet; dazwischen zahlreiche Moose und Flechten. Kontaktgesellschaften sind immer wärmeliebende Eichenwälder oder *Carici-Fagetum*-Buchenwälder, die sich in einem Trockenstandorts-Vegetationsmosaik auflösen (Abb. 507, 508).

Die Zentren der Entfaltung liegen in den Trockengebieten Deutschlands, im Oberrheingebiet, Mainzer Sand, bei Regensburg. Weiter im Osten erfolgt eine Vermischung mit den kontinentalen Pfriemengras-Steppen der *Festucetalia valesiacae*.

Einige wichtige Biotoptypen dieser Trockenrasen seien hier genannt:

Der Rheinisch-Schwäbische Trespen-Trockenrasen des *Xerobrometum*. An stark geneigten, südexponierten Felsflanken auf Kalk oder vulkanischem Gestein. Im Kaiserstuhl am besten entwickelt, am Isteiner Klotz (dort ist der locus classicus,

s. Abb. 510 und BRAUN-BLANQUET 1931). Wärmezeitliche Reliktassoziation. Häufig Vegetationskomplexe mit *Alysso-Sedion*-Gesellschaften aufbauend bzw. an offenen Stellen von Kryptogamen-Synusien durchsetzt (z.B. Bunte Erdflechtengesellschaften mit *Fulgensia fulgens, Cladonia convoluta, Toninia coeruleo-nigricans* und *Psora decipiens*; s. WITSCHEL 1993). Auf den xerothermen Standorten des Oberrheingebietes hat eine schmalblättrige Varietät des Sonnenröschens (*Helianthemum nummularium* ssp. *obscurum* var. *fruticans*) sogar ihre einzigen Vorkommen. Wahrscheinlich handelt es sich dabei aber nicht um eine eigene Art, sondern nur um einen extrem angepaßten Ökotyp! *Scilla autumnalis* unterscheidet beispielsweise die elsässischen *Xerobrometum*-Rasen des *Artemisio albae-Koelerietum vallesianae* von denen des Kaiserstuhls (s. auch WITSCHEL 1993). Der Rheinstrom kann dabei als pflanzengeographische Trennlinie angesehen werden: linksrheinisch strahlen vermehrt submediterrane Geoelemente in das elsässische Oberrheintal, rechtsrheinisch sind dies vorwiegend subkontinentale Florenelemente im badischen Oberrheintal.

Der Mainfränkische Erdseggen-Trockenrasen des *Trinio-Caricetum humilis* ist die kennartenreichste *Xerobromion*-Reliktgesellschaft. Im Würzburger Wellenkalkgebiet und an der Fränkischen Saale als Gebietsassoziation mit verwandtschaftlichen Zügen bis nach Thüringen vorkommend (WITSCHEL 1991, 1994). Die Gesellschaft ist oft mit dem *Teurico-Seslerietum* verzahnt, wächst aber im Unterschied dazu nur auf mehr oder weniger konsolidierten Böden. Auch die *Carex humilis*-reichen *Xerobromion*-Bestände des Nahetals wären hier anzuschließen.

Blaugras-Trockenrasen des *Seslerio-Xerobromion*-Verbandes sind xerophytische Blaugrasrasen auf besonnten Kalkfels-Steilhalden und -klippen. Von den Blaugras-Kalk-Steinrasen der *Seslerietea albicantis* (s. Kap. 10.1) nur schwer zu trennen und auch dahin vermittelnd.

7.1.2.2 Submediterrane Trespen-Halbtrockenrasen

Trespen-Halbtrockenrasen des *Mesobromion*-Verbandes sind menschlich bedingte Halbkultur-Formationen, die durch Beweidung oder einschürige Mahd anstelle anspruchsvoller Buchenwald-Gesellschaften entstanden sind. Die floristische Zusammensetzung der Gesellschaften wird erheblich von der Art der Bewirtschaftung beeinflußt (s. Abb. 524 bis 534).

Die Standorte sind flachgründig und kalkreich oder besitzen zumindest durchlässige Böden. Die konstituierenden Arten unterliegen zeitweiligem Wassermangel. Durch Düngung werden die Bestände vielfach in ertragreiches Wirtschaftsgrünland (vor allem *Arrhenatheretum*-Gesellschaften) überführt. Bei fehlender landwirtschaftlicher Nutzung kommt es zur Verbrachung und flächenhaften Versaumung der Halbtrockenrasen (Abb. 530 bis 532). Einige wichtige Trockenrasen seien hier dargestellt:

Der Enzian-Zwenkenrasen des *Gentiano-Koelerietum pyramidatae* ist ein extensiv beweideter Halbtrockenrasen auf flachgründigen Kalkböden. Es ist ein artenreicher, dicht geschlossener, blumenbunter Halbtrockenrasen mit diversen Orchideen- und Enzianarten (Abb. 504, 532, 533). Vom Frühjahr bis zum Herbst ist er durch farbige Aspektwechsel und eine große Zahl floristisch und ökologisch bedeutsamer Arten gekennzeichnet. Dieser Halbtrockenrasen unterliegt einer floristischen Verarmung von Süddeutschland nach Norddeutschland; nur die steten Begleiter *Linum catharticum, Thymus pulegioides, Plantago media* und *Briza media* sind bis an die Nordgrenze der Gesellschaft im südlichen Schleswig-Holstein konstant vertreten. Das *Gentiano-Koelerietum* zeigt feuchtigkeits- und substratbedingte Ausprägungen (z.B. mit *Linum austriacum* an Xerothermstandorten, mit

Hippocrepis comosa an schwächer besonnten Hängen über Terra fusca-Rendzinen, mit *Parnassia palustris* auf wechselfeuchten Böden, mit *Danthonia decumbens* auf oberflächlich versauerten bzw. maskierten Rendzinen oder mit *Bellis perennis* auf tiefgründigen, schwach skeletthaltigen Rendzina-Braunerden). Zudem lassen sich geographische Vikarianten erkennen (s. POTT 1995a). Der Enzian-Zwenkenrasen findet sich meist an südlich exponierten Hängen. Es sind aus Wald hervorgegangene, durch Beweidung offengehaltene und vielerorts dadurch in Wacholderhaine vom Typ des *Roso-Juniperetum* überführte Trockenrasen (Abb. 504). Sie bewalden sich bei ausbleibender Beweidung selbständig wieder. Bei Auflassung dominiert zunächst vielfach die Fiederzwenke (*Brachypodium pinnatum*), durch das Anhäufen von Streu im Zuge der Sukzession nach Nutzungsauflassung verfilzen außerdem die Bestände und sie entwickeln sich schnell über Säume zu Gehölzen (s. auch SPRANGER & TÜRK 1993).

Der Esparsetten-Halbtrockenrasen (*Onobrychido-Brometum = Mesobrometum*) ist ein gemähter und ungedüngter Halbtrockenrasen auf flachgründigen Kalkböden der collinen und montanen Stufe. Heute nur noch selten als Biotoptyp und meist fragmentarisch erhalten. Er wird unter Einbeziehung von Halbtrockenrasen auf Flußalluvionen (*Mesobrometum alluviale*) oft auch nur als **Mesobrometum** bezeichnet (Abb. 526 bis 529). Wegen der geringen Unterschiede zu den Stromtalgesellschaften wäre eine Fassung als *Mesobrometum* auch berechtigt. Für den Niederrhein erwähnt beispielsweise VERBÜCHELN (1993) ein *Medicagini-Avenetum pubescentis* mit *Thalictrum minus, Veronica teucrium, Medicago falcata* und *Avena pubescens* als Trockenrasenbiotop für trockene, basen- und kalkreiche Auenböden des Rheintales und entlang der Rheindämme im Komplex mit *Ligustro-Prunetum*-Gebüschen und *Querco-Ulmetum*-Hartholzaue, das einem weitgefaßten *Mesobrometum* ebenfalls zuzurechnen wäre (vgl. KNÖRZER 1960). Orchideenreiche gemähte und beweidete Trockenrasen gibt es im Hochgebirge noch bis in die subalpine Stufe hinein (Abb. 535 bis 537).

Bodensaure Halbtrockenrasen schließlich, auf lehmig-sandigen, kalkarmen, aber basenreichen Böden sind mit Pechnelken-Wiesenhafer-Gesellschaften vom Typ des *Viscario-Helicotrichetum pratensis* gekennzeichnet (s. Abb. 551, 552). Sie entstehen durch Extensivnutzung anstelle bodensaurer Eichen- oder Eichen-Kiefern-Wälder.

Verbreitet sind sie in den subatlantischen Mittelgebirgen (vor allem in der Eifel, im Hunsrück und im Taunus). Bis in den Oberpfälzer Wald, nach Thüringen und in das Donau-Isar-Gebiet nach Südosten vordringend.

- **Gefährdung:** Intensivierung der Grünlandnutzung, Nutzungsaufgabe (Versäumung und Verbuschung), Düngung, Trittbeeinträchtigung, Aufforstung.
- **Schutz:** ■, ●, FFH 5130, 6210, CORINE 91: 31.88, 23.12, 34.31 bis 34.34, ✳; überall primäre Habitate nach Directive 92/ 43 EEC.
- **Verbreitung:** Von Süd- und Mitteldeutschland nach Norden und Nordwesten hin abnehmend.
- **Beispiele:** Abb. 506 bis 566, speziell Abb. 507, 517, 524 bis 529, 530 bis 537.

7.1.3 Inneralpine und prä-alpine Trockenrasen

Hier sind vor allem die oft dealpinen, oft submontan bis montan verbreiteten Blaugras-Halbtrockenrasen mit *Sesleria albicans* gemeint. Diese blaugrasreichen Kalk-Magerwiesen weichen in der Struktur nur wenig von den planaren und collinen Halbtrockenrasen ab. Je weiter die Reliktbestände nach Norden gehen, umso eigenständiger sind sie. Weidenblättriges Ochsenauge (*Buphthalmum salicifolium*), Berg-Leinkraut (*Thesium bavarum*), Schmalblättriger Klappertopf (*Rhinanthus glacialis*) und Kugel-Rapunzel (*Phyteuma orbiculare*) differenzieren die montanen Magerrasen gut gegen die collinen Halbtrockenrasen. Blaugrashalden vom Typ des *Polygalo amarae-Seslerietum abicantis* finden sich an steilen Kalkfelsen und auf stark geneigten Kalkschotterhängen in oft treppenartigen, aus dem horstbildenden Blaugras aufgebauten Rasen. Vorwiegend südexponierte Bestände, die an alpine Horstseggenrasen erinnern. Es ist eine natürliche, sehr stabile Rasen-Reliktgesellschaft an natürlich waldfreien Standorten. Je nach Feinerdegehalt des Bodens lassen sich zahlreiche Entwicklungsstufen der Gesellschaft beschreiben. Von Hessen bis in das Weserbergland (Höxter) und in den Süntel (Hohenstein) nach Norden hin vorkommend (s. SCHÖNFELDER 1988 und Kap. 7.2.2).

Die Reliktrasen sind meistens durch eine Vielzahl floristischer und pflanzengeographischer Besonderheiten ausgezeichnet, z.B. *Biscutella laevigata* ssp. *guestphalica* und *Dianthus gratianipolitanus* am Hohenstein im Süntel oder *Gypsophila repens, Calamagrostis varia* und *Thymus praecox* im Gipsgebiet des Südharzes. *Gypsophila fastigiata, Scabiosa canescens* und *Fumana procumbens* kennzeichnen noch die südexponierten Gipshänge des Kyffhäusers (s. Abb. 506). Erwähnenswert sind in diesem Zusammenhang weiterhin die Buntreitgras-Halden mit dominierender *Calamagrostis varia* (s. Abb. 538 u. 539). Diese mesophytischen Hochgrasfluren mit der Gattung Reitgras (*Calamagrostis varia, C. arundinacea, C. villosa*) gibt es als primäre **Urwiesen** in der hochmontan-subalpinen Waldgrenzstufe der herzynischen Mittelgebirge an sommerwarmen Standorten, oftmals an mergeligen natürlichen Rutschhängen. Es sind häufig subalpin anmutende Reliktbestände der postglazialen Wärmezeit (s. Abb. 563 und 564 sowie CARBIENER 1969).

Die eigentlich inneralpinen Trockenrasen (s. Abb. 511, 519, 535 und 563) und ihre Vegetationskomplexe sind, wie gesagt, nicht Gegenstand dieses Buches. BROCKMANN-JEROSCH (1907), BRAUN-BLANQUET (1917) und GAMS (1927) rükken erstmals die vegetationskundliche Eigenart des inneralpinen Trockenraumes in den Vordergrund und geben vorläufige Übersichten einzelner inneralpiner Trockengebiete, die erst durch die bereits zitierte Monographie von BRAUN-BLANQUET (1961) zusammenfassend dargestellt sind. Dabei zeigt sich, daß jedes große inneralpine Talsystem eine besondere, biogeographisch und klimatisch charakteristische, florengeschichtlich begründbare Einheit bildet; jedes Talnetz besitzt seine eigenen, spezifischen Trockenrasenbiotope, die sich nach dem Abschmelzen der eiszeitlichen Gletscher zu verschiedenen Zeiten herausgebildet und ihren Artenbestand über verschiedene Wege erhalten haben, was natürlich nicht ausschließt, daß bestimmte Trockenrasen-Typen gleichartig über mehrere Talgebiete verbreitet sind. Viele dieser inneralpinen Steppen sind anthropo-zoogen ausgeweitet.

Neuerdings untersucht die Darmstädter Arbeitsgruppe von Prof. Dr. Angelika SCHWABE-KRATOCHWIL im überregionalen Vergleich die Xerotherm-Vegetationskomplexe der inneralpinen Trockengebiete im Transekt vom Aostatal über das Veltlin-Puschlav-Gebiet, den Vinschgau, das Engadin und das Tiroler Inntal (s. SCHWABE et al. 1992, KÖPPLER 1995).

- **Gefährdung:** Intensivierung der Grünlandnutzung, Nutzungsaufgabe (Versaumung und Verbuschung), Düngung, Trittbeeinträchtigung, Aufforstung.
- **Schutz:** ■, ●, FFH 5130, 6210, CO-RINE 91: 31.88, 23.12, 34.31 bis 34.34, ✳; überall primäre Habitate nach Directive 92/ 43 EEC.
- **Verbreitung:** Alpenraum, vereinzelt reliktartig in den Mittelgebirgen Süddeutschlands.
- **Beispiele:** Abb. 506 bis 566, speziell Abb. 511, 512, 519, 520 bis 523, 535, 538, 539.

7.1.4 Ruderalisierte Trockenrasen und Halbtrockenrasen

Halbruderale Halbtrockenrasen sind Pionier-Rasen-Gesellschaften und Quecken-Ödland an wechseltrockenen Böschungen, aufgelassenen Äckern und deren Randstreifen auf basenreichen, meist lehmigen Standorten. In der floristischen Zusammensetzung treten je nach Entwicklungsstadium Beziehungen zu den Gesellschaften der Ackerwildkräuter, der Wirtschaftswiesen sowie der nitrophytischen Staudenfluren und zu Halbtrockenrasen auf. Die aufbauenden Arten sind Lückenbüßer und Opportunisten, welche Störstandorte schnell besiedeln und sich über regenerationskräftige Rhizome und hohe Samenproduktion lange am Standort behaupten können. Zumeist handelt es sich um konkurrenzkräftige Arten an anthropogenen

und natürlichen Halbtrockenrasen-Standorten (z.B. Heilgesellschaften auf trockenen Lößanrissen, hier das *Diplotaxio-Agropyretum repentis*, s. Abb. 548, 549).

Viele dieser Quecken-Pionierrasen haben sich in der heutigen Kulturlandschaft in den sommerwarmen, trockenen und wintermilden Weinbaugebieten verbreitet. Sie gehen von ihren primären Rutschhang-Standorten über auf Böschungen von Ufer-, Weg- und Straßenrändern. Es sind wichtige Lizenzbiotope (besonders für die blütenbesuchenden Insekten), darüber hinaus bilden sie in der Kulturlandschaft bandförmig angeordnete Staudensäume, die als Bindeglied zwischen vereinzelten Trockenrasen fungieren können (s. Abb. 548). Beispielhaft ist hier die halbruderale Stinkrauken-Quecken-Gesellschaft (*Diplotaxio-Agropyretum*) angeführt, die in den Reblandschaften des Kaiserstuhls die ausgedehnten Lößböschungen in floristisch unterschiedlicher Komposition besiedelt (vgl. auch FISCHER 1982).

Auffällig sind zur Blütezeit dieser Böschungsvegetation vor allem klatschmohnreiche Ausprägungen mit *Papaver rhoeas* (Abb. 548) im klimatisch ausgeglicheneren, feuchteren Zentralkaiserstuhl und Ausprägungen mit dem wärmebedürftigeren Färber-Waid (*Isatis tinctoria*, s. Abb. 549) in den trockeneren, wärmeexponierten Lagen des Südkaiserstuhls. *Isatis tinctoria*, ursprünglich als Nutzpflanze zur Indigogewinnung angebaut, ist heute verwildert und geht rheinabwärts bis zum Niederrhein nach Düsseldorf und Duisburg. Auch die brachgefallenen, sich mittlerweile bebuschenden Halbtrockenrasen, wie sie beispielsweise in der Abbildung 550 dargestellt sind, gehören hierher. Es sind je nach Ausgangssituation verschiedene, meist artenarme Fazies von Fiederzwenke (*Brachypodium pinnatum*) oder durch Versaumung arten- und blütenreiche Brachestadien. Die Verbuschung mit Rosen, Weißdorn oder Schlehe dauert je nach Trockenheit des Standortes verschieden lang und führt zu vorwaldähnlichen Gehölzstadien.

- **Gefährdung:** Flurbereinigung, Wegebau, (z.B. Plattierung und Betonierung von Böschungen), Nährstoffeinträge, Auflassen von Trockenrasen, Aufforstung.

- **Schutz:** ☐, ●, FFH: 5130, 6210, CO-RINE 91:–, nicht überall von höchster Priorität, aber schützenswert im Rahmen der Erhaltung extensiver Kulturlandschaften (s. Kap. 11).
- **Verbreitung:** überall da, wo es Trockenrasen gibt.
- **Beispiele:** Abb. 548 bis 550.

7.2 Die Xerothermvegetationskomplexe

Bei der Besprechung der Biotoptypen der Kalkmagerrasen ist bereits deutlich geworden, daß sich die Lebensgemeinschaften trocken-warmer Standorte in Mitteleuropa in Abhängigkeit vom anthropozoogenen Einfluß in zwei große Gruppen einteilen lassen: die **natürlichen** bzw. **naturnahen, primären Trockenstandorte** und die durch den Einfluß des Menschen und seiner Haustiere entstandenen **sekundären, halbnatürlichen Trockenstandorte** (s. auch KRATOCHWIL & SCHWABE 1984). Die **Xerothermvegetationskomplexe** gehören beiden Typen an; hinsichtlich ihrer Schutzwürdigkeit macht dies aber keinen Unterschied, denn alle diese Trockenbiotope verdienen strengsten Schutz!

An Felskörpern und steilen Felsabstürzen findet sich ein sehr bezeichnender Komplex dieser Lebensgemeinschaften, die es auch schon in der vom Menschen nicht beeinflußten Urlandschaft gegeben haben muß und die durch Zuwanderung von kontinentalen, submediterranen und dealpinen Geoelementen ein eigenes angepaßtes Artengefüge aufweisen. Das alles haben wir in den vorangehenden Kapiteln kennengelernt.

Dieser Komplex aus Felsgrusfluren, aus kontinentalen Trockenrasen, aus Staudenfluren, Gebüschen und Trockenwald (s. Abb. 553) wurde von GRADMANN (1898 ff.) als **Steppenheide** bezeichnet; der Begriff wurde auch auf weitere, ähnlich trocken-warme Standorte ausgedehnt und sogar für waldfreie oder waldarme Siedlungslandschaften benutzt (**Steppenheidetheorie**, s. Kap. 7.1). Die Steppenheidetheorie hat man später modifiziert und widerlegt.

548

549

Abb. 548: Schützenswert sind auch die Biotoptypen der halbruderalen Halbtrockenrasen. Es sind Pionier-Rasen-Gesellschaften (*Agropyretalia repentis*) und Quecken-Ödland an wechseltrockenen Böschungen, aufgelassenen Äckern und deren Randstreifen auf basenreichen, meist lehmigen Standorten. Die Stinkrauken-Quecken-Gesellschaft (*Diplotaxio tenuifoliae-Agropyretum repentis*) ist als halbruderale Gesellschaft aus Rhizom-Hemikryptophyten mit Möglichkeiten zur vegetativen Vermehrung aufgebaut. In den oberrheinischen Lößlandschaften, besonders im Kaiserstuhl an Löß- und Rebböschungen verbreitet (Kaiserstuhl, 1994).

Abb. 549: *Diplotaxio-Agropyretum* mit *Isatis tinctoria*- (Färberwaid-) Massenaspekt. Die aufbauenden Arten sind Lückenbüßer und Opportunisten, welche Störstandorte schnell besiedeln und sich über regenerationskräftige Rhizome und hohe Samenproduktion lange am Standort behaupten können (Kaiserstuhl, 1994). Der Färberwaid ist eine verwilderte und eingebürgerte alte Färberpflanze, die man zur Blaufärbung mit Indigo (durch Gärung der Pflanzen) benutzte. Diese europäisch-kontinental bis submediterran verbreitete Pflanze ist ein wärmeliebender Pionier.

550

Abb. 550: Aufgelassener, sich bebuschender Halbtrockenrasen bei Brochterbeck (Teutoburger Wald, 1994). Trespen-Halbtrockenrasen sind menschlich bedingte Halbkultur-Formationen, die durch Beweidung oder einschürige Mahd anstelle anspruchsvoller Buchenwald-Gesellschaften entstanden sind. Die floristische Zusammensetzung der Gesellschaften wird also erheblich von der Art der Bewirtschaftung beeinflußt. Es sind heute artenreiche Biotoptypen in der Kulturlandschaft mit einem Mosaik formenreicher Lebensräume, für deren Erhalt die alte traditionelle Landnutzung notwendig wäre.

Abb. 552: Die Pechnelke (*Viscaria vulgaris*) als Kennart bodensaurer Halbtrockenrasen in der Eifel bei Gerolstein (1987). Gelegentlich auch als Saumpflanze bzw. als Element lichter, bodensaurer Eichenwälder auftretend.

Abb. 551: Die Pechnelken-Wiesenhafer-Gesellschaft des *Viscario-Helicotrichetum pratensis* ist ein bodensaurer Halbtrockenrasen auf lehmig-sandigen, kalkarmen, aber basenreichen Böden. Anstelle bodensaurer Eichen- oder Eichen-Kiefern-Wälder (Eifel, 1987). Es sind vor allem östlich verbreitete Magerrasen, die nach Westen hin auskeilen.

552

551

Der Begriff **Steppe** steht für natürliches, klimatisch oder edaphisch bedingtes Grasland in der temperaten und kontinentalen Zone Eurasiens; der Begriff **Heide** ist eine mittelalterliche Rechtsbezeichnung für Allmenden (d.h. gemeinschaftlich genutztes, unkultiviertes Land), der heute aber im geobotanischen Sinn allgemein für Zwergstrauchformationen mit ericoiden Arten Verwendung findet (Erläuterungen des Bedeutungswandels dieses Wortes bei KRAUSCH 1969, GRABHERR 1993, HÜPPE 1993, PFADENHAUER 1993). Für das Vegetationsmosaik der sogenannten Steppenheide, das ja in Wirklichkeit nach der abgestuften Gründigkeit des Bodens ein kleinräumig verzahntes Trockenstandortsmosaik aus den oben genannten Pflanzenformationen darstellt und das im natürlichen Aspekt von hoher räumlicher und zeitlicher Konstanz ist, wird der Begriff **Xerothermvegetationskomplex** besser angebracht sein. Die vergleichsweise kleinflächigen Vorkommen sowie die punktuelle und inselhafte Verbreitung dieses Biotopkomplexes, wie sie auch in den Abbildungen 553 bis 565 zum Ausdruck kommen, werden damit besser verdeutlicht.

Das charakteristische Vegetations- und Habitatmosaik solcher Xerothermvegetationskomplexe beschreiben KRATOCHWIL & SCHWABE (1984) sowie POTT (1995a); ihren Ausführungen folgen im wesentlichen die nachstehenden Erläuterungen.

7.2.1 Felsgrusfluren und Trockenrasen

Die flachgründigsten Standorte, wo der Fels nur etwas grusig zerfallen ist und sich kaum Feinerde gebildet hat, werden von Felsgrus-Gesellschaften überzogen. Zu ihren Bewohnern gehören z.B. verschiedene Mauerpfeffer-Arten (*Sedum album, Sedum sexangulare, Sedum acre*), die allesamt zur Familie der *Crassulaceae* gehören und mit ihrem speziellen Metabolismus (CAM = diurnaler Säurerhythmus der Crassulaceae = Crassulaceae Acid Metabolism) an die trocken-heißen Bedingungen speziell angepaßt sind. Die mehrjährigen *Sedum*-Arten können flachgründige Felssimse und Felsköpfe durch vegetative Bildung von Polstern und Teppichen überdecken (s. auch Abb. 464 bis 467).

Felsgrusfluren (Abb. 464) sind reich an Therophyten und trockenheitsangepaßten Moosen und Flechten. Die einjährigen Höheren Pflanzen haben im späten Frühjahr ihre Vegetationszeit schon beendet und überdauern als Samen. Wenn sich ein wenig mehr Feinerde angesammelt hat, der Standort aber immer noch vergleichsweise als feinerdearm anzusehen ist, können Volltrockenrasen die Felsgrusfluren ablösen (s. Kap. 7.1)

7.2.2 Staudenfluren, Gebüsche und Trockenwälder

In den Xerothermvegetationskomplexen Mitteleuropas ist an vorwiegend südexponierten felsigen Hängen eine edaphisch und mikroklimatisch bedingte Waldgrenze zu finden (vgl. Abb. 557, 558). Darunter versteht man keine scharfe Grenze, sondern ein allmähliches, mosaikartiges Auflösen des Waldes in einzelne Gehölzgruppen und krüppelige Einzelbäume. Um die Gebüschgruppen sammeln sich Hochstauden. Sie gehören zu einer eigenständigen Klasse der meso- und thermophilen Saumgesellschaften.

Im Traufbereich von Gebüschen etablieren sich die speziellen, meist vergleichsweise großblättrigen Saumpflanzen (vielfach Arten der Apiaceae und Asteraceae), die im Halbschatten der angrenzenden Gehölze an das spezielle Standortgefüge im Gradienten zwischen Wald und Offenland besonders angepaßt sind (spezieller Wasserhaushalt; höhere Stickstoff- und Phosphatgehalte; nur mäßiger Lichtgenuß), der die Gräser limitiert (vgl. auch DIERSCHKE 1974, VAN GILS & KEYSERS 1977).

Saumbiotope sind außerdem in solchen Landschaften optimal vertreten, wo die Mahd der Wiesen eine vorherrschende Landnutzung bildet. Diese verschärft offenbar die standörtlichen Gegensätze zwischen offenem Grünland und den gehölzbestandenen Flächen. Primärstandorte der Säume und der Saumpflanzen in der Naturlandschaft Mitteleuropas sind diese von Haus aus waldfreien, steilen, vorwiegend südgeneigten Felshänge mit langer Sonneneinstrahlung und geringer Bodenauflage (vgl. die Abb. 557 bis 565, sowie ELLENBERG 1963, 1966; POTT 1988, 1993, PASSARGE 1994). Von hier aus haben die Saumarten seit prähistorischer und histo-

rischer Zeit infolge von Entwaldungen, Holznutzungen, Beweidung und Mahd anthropogene Ausbreitungen erfahren.

Solche primären Staudensäume trocken-warmer Standorte können sich auch sekundär an Waldrändern, Hecken und Gebüschen, auf teilweise mineralkräftigen, aber auch auf stickstoffarmen Böden in Mittelgebirgslandschaften verbreiten. Als Saumbiotope stehen sie oft mit den Kalk- und Silikattrockenrasen in Kontakt und etablieren sich im anthropo-zoogenen Vegetationsmosaik der Triftgebiete innerhalb des Trockenrasen-Saum-Mantel-Wald-Mosaiks (s. Abb. 566 bis 581) zwischen den Waldmänteln und Gebüschen einerseits und offenen Rasen mit ihren saumartig wachsenden Hochstauden-Beständen andererseits.

Am artenreichsten sind diese Säume im potentiellen Wuchsgebiet von Flaumeichenwäldern der *Quercetalia pubescentis*, im Gebiet anspruchsvoller *Fagetalia*-Gesellschaften (z.B. *Hordelymo-Fagetum, Carici-Fagetum, Galio-* und *Tilio-Carpinetum*) sowie thermophiler Eichenwälder vom Typ des *Luzulo-Quercetum petraeae* und des *Hieracio-Quercetum petraeae*. Hier bilden sie zusammen mit Gebüschmänteln und Trockenrasen überaus schutzwürdige, meist nur kleinflächige Vegetationskomplexe (s. Abb. 572 bis 581).

Dabei sind die Blut-Storchschnabel-Säume mit *Geranium sanguineum* (Abb. 573) an Primärstandorten floristisch am reichsten ausgebildet. Sie kennzeichnen Mosaikbausteine der thermophilen Trockenwaldgebüsch - Saumbiotopkomplexe mit artenreichster Entfaltung in Süddeutschland (besonders auf der Schwäbischen und Fränkischen Alb und im Kaiserstuhl).

Diese xerothermen Säume vermitteln standörtlich zwischen den Trockengebüschen und trockenen Wäldern und Halbtrockenrasenformationen.

Geranium sanguineum besitzt als Anpassung an die Trockenheit ein besonderes Wasserspeichergewebe in der Wurzel (Wurzelsukkulenz). Es ist die Leitpflanze der thermophilen Säume, die als gemäßigt-kontinentales bis submediterranes Geoelement auch über die geographische Verbreitung solcher Saum-Vegetationskomplexe Auskunft gibt.

553

Abb. 553: Xerothermvegetationskomplex im Naturschutzgebiet Stiegelesfels an der Oberen Donau (1994). Hier sieht man im Felsenmosaik deutlich den an die Steilabstürze anbrandenden Wald: mit Ausnahme der steilsten Felsen sind alle Gesteinspartien von Rasen, von Gebüschen oder von Waldinitialen eingenommen.

554

Abb. 554: Die Donau bei Hainburg in Österreich ist an manchen Stellen durch Felsformationen gedrungen und hat dort erodiert; diese Trockenbiotope fungieren heute als wichtige natürliche Xerothermvegetationskomplexe innerhalb geschlossener Waldlandschaften. Auch die Hainburger Berge (im Vordergrund) sind als Felsbiotope essentielle „stepping stones" für Wanderbewegungen von xerothermen Pflanzen und Tieren (1983).

555

Abb. 555: Natürliche Xerothermvegetations-komplexe auf Vulkangestein mit Felsrasen, natürlichen Gebüschen und angrenzendem Trockenwald (Ahrtal, 1987). Solche natürlichen Felsbildungen sind trotz gelegentlicher geringmächtiger Bodenauflagen besonders extreme Trockenbiotope, da das Regenwasser sofort abfließt. Es sind also Extremstandorte für spezialisierte Pflanzen und Tiere und Rückzugsräume zahlreicher Reliktarten der postglazialen Wärmezeiten. Solche Magerrasen auf trockenen, flachgründigen Silikatgesteinen oder Vulkanfelsen sind auf das Berg- und Hügelland beschränkt.

Abb. 556: Detail eines Xerothermvegetations-komplexes auf Vulkangestein mit Felsrasen, natürlichen Gebüschen und angrenzendem Trockenwald (Ahrtal, 1987).

556

557

558

Abb. 557: Xerothermvegetationskomplex auf Kalkgestein mit Trocken-rasen, Gebüschen und angrenzendem Buchenwald (Schwäbische Alb, 1987). Diese azonalen Extremstandorte bilden auch Trockengrenzen des Waldes. Sie gehören zu den wenigen und kleinflächigen Resten ursprünglicher Vegetation in Mitteleuropa.

Abb. 558: Xerothermvegetationskomplex mit dem *Polygalo-Seslerie-tum* am Hohenstein/Süntel (1990). Hier wächst als Besonderheit die endemische *Biscutella laevigata* ssp. *guestfalica* (Westfälisches Bril-lenschötchen). Der Neoendemismus an natürlichen Felsstandorten ist ein essentielles Merkmal mitteleuropäischer Biodiversität.

Abb. 559: Das Felsenbirnen-Gebüsch (*Coto-neastro-Amelanchieretum*) ist eine natürliche Gesellschaft in warm-trockenen Spalten neu-tral bis basisch verwitternder Gesteine. Es stellt ein wichtiges Glied der Xerothermvege-tationskomplexe mit *Xerobromion*-Rasen, mit Blaugrashalden und Kalk-Trockenrasen an stark besonnten Kalkfelsen dar.

Abb. 560: Die Felsenbirne (*Amelanchier ova-lis*) ist ein typisches Element des *Cotonea-stro-Amelanchieretum*. Dieser wärmelie-bende Pionierstrauch vermag sich als Spal-tenwurzler dauerhaft in Felsgebüschen zu etablieren. Man findet ihn aber auch in lich-ten Trockenwäldern.

559

560

561

Abb. 561: Xerothermvegetationskomplex auf Sandsteinfelsen mit natürlicher Waldkiefer (*Pinus sylvestris*) in der Neokom-Sandsteinformation des Felsmassivs „Hockendes Weib" bei Ibbenbüren-Dörenthe in Westfalen (1994). Südexponierte Steilhänge, felsige Bergkuppen und schroffe Steilhänge stellen in den Waldlandschaften Mitteleuropas lokale, natürliche und meist nur kleinflächige Waldgrenzstandorte dar. Nur wenige trockenangepaßte Baumarten gedeihen hier; die Waldkiefer gehört dazu.

Abb. 562: Xerothermvegetationskomplex mit natürlicher Waldkiefer (*Pinus sylvestris*) auf der Schwäbischen Alb (1987).

562

Abb. 563: Dealpine, submontan bis montan verbreitete Blaugras-Halbtrockenrasen im Vegetationskomplex mit Felsfluren und Kiefern-Trockenwäldern auf der Schwäbischen Alb (1987). Die blaugrasreichen Kalkmagerwiesen weichen in der Struktur nur wenig von den planaren und collinen Halbtrockenrasen ab. Je weiter die Reliktbestände der alpigenen *Sesleria albicans* (Kalk-Blaugras) nach Norden gehen, umso eigenständiger sind sie. Blaugrashalden kommen als natürliche Trockenrasen meist kleinflächig an waldfreien Sonderstandorten mit Xerothermvegetationskomplexen vor. Sie können aber auch anthropo-zoogen ausgebreitet sein und ganze Berghänge überziehen. Es sind europäische Vegetationseinheiten mit Hauptverbreitung in den Kalkalpen, den Jura-Gebirgen, den Muschelkalklandschaften Mitteldeutschlands und nördlichen Vorkommen auf den Gipsbergen am südlichen Harzrand und im Kyffhäuser.

563

Abb. 564: In den präalpinen Blaugras-Halbtrockenrasen gibt es viele Differentialarten, wie z.B. *Hieracium bupleuroides*.

Abb. 565: Das wärmeliebende Sonnenröschen (*Helianthemum canum*) ist typisch für sonnige Kiefern-Trockenwälder und Felsköpfe.

564

565

239

Abb. 566: Kalk- und wärmebedürftige Strauchgesellschaften (*Ligustro-Prunetum*) im Wuchsgebiet von Kalkbuchenwäldern, die sommerwarm und trocken sind. An solchen Stellen, an denen in der natürlichen Landschaft die thermophilen Säume des *Geranion sanguinei,* wie hier das *Geranio-Dictamnetum* , vorkommen – an der lokalen Trockengrenze des Waldes – sind kleinflächig und mosaikartig auch natürliche Waldmäntel des *Berberidion*-Verbandes ausgebildet (Elsaß, 1993). Leitarten werden in Abb. 567 und 568 vorgestellt.

Abb. 567: Der Blasenstrauch (*Colutea arborescens*) ist als submediterranes Geoelement vorzugsweise auf wärmeliebende Gebüsche beschränkt (Kaiserstuhl, 1990).

Abb. 568: Fruchtender Berberitzenstrauch (*Berberis vulgaris*).

Abb. 569: *Convallaria majalis* und die Grundblätter von *Peucedanum cervaria* in einer jungen Saumgesellschaft im Trauf eines Ligusterbusches am Kap Arcona auf Rügen (1991).

Abb. 570: Die Sauerkirsche, *Prunus cerasus* ssp. *acida,* bevorzugt leichte Lehmböden bzw. die Lößsubstrate und bildet mantelartige Gebüschstrukturen im Vegetationskomplex des *Ligustro-Prunetum* (Bickensohl im Kaiserstuhl, 1993).

Abb. 571: Zwergkirschen-Gebüsch (*Prunetum fruticosae*). Kennart ist die namengebende Art. Kontinentale Gesellschaft; im linksrheinischen Trockengebiet bei Mainz liegt die Westgrenze der Verbreitung. Hier an den Hainburger Bergen in Österreich (1993).

566

567

568

569

570

571

Abb. 572: Die Blut-Storchschnabel-Säume des *Geranion sanguinei* sind an Primärstandorten floristisch am reichsten ausgebildet. Sie bilden Mosaikbausteine der thermophilen Trockenwaldgebüsch-Saumgesellschaften mit artenreichster Entfaltung in Süddeutschland (besonders im Kaiserstuhl). Diese xerothermen Säume vermitteln standörtlich zwischen den Trockengebüschen und trockenen Wäldern und Halbtrockenrasenformationen (Elsaß, 1993).

Abb. 573: Der Blut-Storchschnabel (*Geranium sanguineum*).

Abb. 574: Diptam-Saum (*Geranio-Dictamnetum*). Vorwiegend subkontinental verbreiteter Vegetationstyp, der im submediterranen Raum ausklingt. Er bildet den wärmeliebendsten Teil der Storchschnabelsäume.

Abb. 575: Wildanemonen-Saum des *Geranio-Anemonetum sylvestris*. Charakteristische Saumgesellschaft der Lößböschungen in Mitteldeutschland, auf der Fränkischen und Schwäbischen Alb und im südlichen Oberrheingebiet (Kaiserstuhl). Mesophile Saumgesellschaft mit Primärvorkommen auf tapetenartigen Lößrutschungen.

Abb. 576: Das Echte Salomonssiegel (*Polygonatum odoratum*) ist eine Licht-Halbschatten-Pflanze und vermag sich in thermophilen Säumen auszubreiten.

Abb. 577: Der Hügelklee-Odermennig-Saum des *Trifolio medii-Agrimonietum* ist eine buntblumige, basiphytische Gesellschaft am Rande von Kalkbuchenwäldern, vor allem im Bereich des Halbtrockenrasen-Triftgeländes.

241

578

579

580

Abb. 578: Montaner, mesophiler Laserkraut-Saum vom Typ des *Bupleuro longifolii-Laserpitietum latifolii* (Schwäbische Alb, 1990).

Abb. 579: Hain-Wachtelweizen-Saum (*Trifolio medii-Melampyretum nemorosi*). Subkontinental getönte Gesellschaft, aus Thüringen, Sachsen-Anhalt und dem Göttinger Raum, dem östlichen Bayern sowie aus dem mecklenburgischen Flachland bekannt (Elsaß, 1993).

Abb. 580: Die Heide-Wicke (*Vicia orobus*) ist eine atlantische Art, die in Säumen bodensaurer Standorte vorkommt (Eifel, 1987).

Abb. 581: *Hieracium laevigatum* und andere großwüchsige, im Halbschatten wachsende Habichtskräuter können häufig an gestörten, leicht bis mäßig eutrophierten Weg- und Straßenrändern sowie auf Öd- und Brachflächen in größeren Herden auftreten, besonders wenn die Standorte z.B. durch Alleebäume leicht beschattet sind.

Abb. 582: Aufgelassener Steinbruch im Teutoburger Wald (1994). Hier ▷ hat sich ein schützenswerter Biotopkomplex aus Felsvegetation, Gebüschen jeglichen Alters, von Vorwaldstadien und Inseln der Waldregeneration entwickelt. Renaturierungsmaßnahmen von Abgrabungsflächen der Steine- und Erden-Rohstoffe können schützenswerte Biotoptypen auf solchen Industriebrachen schaffen (s. auch BECKER-PLATEN 1995).

581

582

243

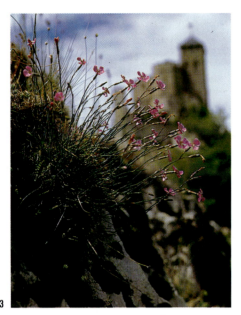

583

584

585

Abb. 583: Felsgesellschaft mit Stein-Nelke (*Dianthus sylvestris = Dianthus caryophyllus* ssp. *sylvester*) vom Typ des *Sileno-Koelerietum vallesianae* im Aosta-Tal (1990).

Abb. 584: Die Stein-Nelke (*Dianthus sylvestris*) besiedelt auch Felsrasen auf sauren Gesteinen.

Abb. 585: Das Wimper-Perlgras (*Melica ciliata*) ist eine lichtliebende, thermophile Pionierpflanze in sonnigen und offenen Steinschutt- und Felsfluren.

Weitere charakteristische Saumbiotope kennzeichnen das Große Windröschen und Salomonssiegel (*Anemone sylvestris*, *Polygonatum odoratum*, Abb. 575, 576), der Diptam (*Dictamnus albus*, s. Abb. 572, 574) sowie die mehr mesophilen Elemente Gewöhnlicher Odermennig (*Agrimonia eupatoria*, Abb. 577), und Breitblättriges Laserkraut (*Laserpitium latifolium*, Abb. 578). Acidophile Säume im Bereich nährstoffarmer Waldtypen auf Protorankern und Ranker-Böden wurden gebildet vom Hain-Wachtelweizen (*Melampyrum nemorosum*, s. Abb. 579), von der Heide-Wicke (*Vicia orobus*, Abb. 580) sowie von Habichtskraut-Arten, wie z.B. *Hieracium laevigatum* (Abb. 581).

In tiefreichenden Spalten oder an feinerdereicheren Standorten als jenen der Staudensäume können bereits Sträucher leben, so die Gewöhnliche Zwergmispel (*Cotoneaster integerrimus*, Abb. 556) und die Gewöhnliche Felsenbirne (*Amelanchier ovalis*, Abb. 560). Die verwandte Filzige Zwergmispel (*Contoneaster tomentosus*, Abb. 559) hat weißfilzige, reflektierende Blätter. Das gilt auch für andere angepaßte submediterrane Sträucher, wie Wolliger Schneeball (*Viburnum lantana*) oder Mehlbeerbaum (*Sorbus aria*). Andere Gehölzarten zeigen wiederum spezielle Trockenanpassungen, wie Reduktion der transpirierenden Oberflächen durch kleine

wachsüberzogene Blätter (z.B. Blasenstrauch, *Colutea arborescens*, Abb. 567), durch Sproßdornen bei der zusätzlich Stickstoff-autotrophen Berberitze (*Berberis vulgaris*, Abb. 568) sowie durch intensive vegetative Ausläufervermehrung beim Liguster (*Ligustrum vulgare*, Abb. 569), der Sauerkirsche (*Prunus cerasus* ssp. *acida*, Abb. 570) und der Zwergkirsche (*Prunus fruticosa*, Abb. 571).

Wenn eine gewisse Gründigkeit des Bodens erreicht ist, kann sich ein wärmeliebender Trockenwald einstellen, der entweder von der vorwiegend submediterran verbreiteten Flaumeiche (*Quercus pubescens*, s. Abb. 553, 566) dem Französischen Maßholder (*Acer monspessulanum*) bzw. der Traubeneiche (*Quercus petraea*, s. Abb. 507, 555, 582) bestimmt wird. An dieser Trockengrenze des Waldes wachsen im vorderen Bereich jedoch nur noch krummschäftige, niedrigwüchsige Kampfformen der Gehölze. Dieser Trockenwald ist so licht, daß Gebüsche und auch Staudenfluren ihn durchsetzen (s. auch Kap. 9.3).

Flaumeichenwälder mit *Quercus pubescens* besitzen hier den größten Wert: es sind normalerweise submediterran verbreitete Waldtypen, die im Mediterrangebiet die submontanen Wälder prägen. In Deutschland nur noch in Enklaven im Hoch- und Oberrheingebiet und auf der Schwäbischen Alb vorkommend.

– **Gefährdung:** Aufforstung, Beeinträchtigung durch Tritt, Kletterei etc.
– **Schutz:** ■, ●, FFH 5130, 6110, 6120, CORINE 91: 31.88, 34.11, 34.12, ✳, überall prioritär nach Directive 92/43 EEC.
– **Verbreitung:** fast überall lokal an südexponierten felsigen Hängen.
– **Beispiele:** Abb. 553 bis 585, speziell aber Abb. 503, 507, 553, 555, 557, 558, 561 bis 563, 572, 582, 583.

7.2.3 Spezielle Felsformationen mit Trockenrasen

Hier sind vor allem die **Felsbandfluren** an schwer zugänglichen Felsnasen und an Felsbändern gemeint, die pflanzensoziologisch zum Verband *Seslerio-Festucion pallentis* (Bleichschwingel-Felsgesellschaft) gestellt werden. Schwer zugängliche Felsnasen und Felsbänder in oder an Flußtälern sind die Wuchsplätze dieser natürlichen, primären Dauergesellschaften. Sie haben ihr Entfaltungszentrum im kontinental-pannonischen Raum (südosteuropäisch-präalpin).

Es sind seltene Steppenrasen; durch die bläulich bereiften Blauschwingel (*Festuca pallens*) leicht kenntlich. Ebenso durch die Nelken (*Dianthus gratianopolitanus* und

Dianthus sylvestris, Abb. 583, 584) und das Wimper-Perlgras (*Melica ciliata*, Abb. 585). Letztere Art kennzeichnet die Traubengamander-Wimperperlgrasflur des *Teucrio botryos-Melicetum ciliatae*. Auf Muschelkalk-Felssimsen vom Südharz über Thüringen, Nordbayern bis zur Schwäbischen Alb und im Alpenraum als Pioniergesellschaft feinerdereicher, trocken-warmer Feinfelsschutthalden verbreitet.

Es sind seltene, lockere Trockenrasen auf steilen, besonnten Felsen. Verschiedene Lokalassoziationen dieses vorwiegend mediterranen Biotoptyps sind vom Kyffhäuser, aus dem Saalegebiet, vom Mittelrhein, dem Mosel- und Ahrgebiet sowie aus Süddeutschland (Donautal, Jagsttal, Taubertal etc.) beschrieben worden (s. POTT 1995a). Einzigartige Biotoptypen an extremen Sonderstandorten!

- **Gefährdung:** Gesteinsabbau, Trittbeeinträchtigung, durch Wandern, Bergsteigen, Klettern, Drachenfliegen, direkte Zerstörung durch Entnahme von Pflanzen.
- **Schutz:** ■, ●, FFH 6110, 6210, CORINE 91: 34.11, 34.12, ✳, überall prioritär nach Directive 92/ 43 EEC.
- **Verbreitung:** In wintermilden Gebieten auf Kalk oder auf basenreichen Silikatgesteinen und Vulkaniten (lokal in der Eifel, Süddeutschland, Voralpen und Alpenraum).
- **Beispiele:** Abb. 583 bis 585.

7.3 Kiefern-Trockenwälder

Die Waldkiefer (*Pinus sylvestris*) besitzt eine weite physiologische und ökologische Amplitude; sie ist heute in der Regel ein konkurrenzbedingter Besiedler von Extremstandorten. Außerdem stellt *Pinus sylvestris* im mitteleuropäischen Laubwaldgebiet westlich der Elbe eine Reliktart dar, die, aus dem Süden und Osten kommend, im Jüngeren Subarktikum und in den Perioden des Präboreals und Boreals während der klima- und sukzessionsbedingten Wiederbewaldung zunächst ganz Europa überdeckte und in der Folgezeit von den klimatisch begünstigten Laubholzarten auf die heutigen Moor- und Trockenwälder verdrängt wurde, wohin die Laubhölzer nicht folgen konnten.

Die Zurückdrängung der Kiefer, die bereits im Boreal einsetzte, vollzog sich in zweifacher Ausrichtung: Zum einen auf breiter Front von Westen nach Osten und zum anderen inselartig auf konkurrenzschwache Extremstandorte im Westen Deutschlands. So bildete sich allmählich das heutige ostelbische Kiefernareal mit seinen westlich vorgelagerten Reliktvorkommen aus. Solche Reliktvorkommen der Kiefer an Naß- und Trockenstandorten haben in neuerer Zeit u.a. BURRICHTER (1982), POTT (1982, 1984) sowie HÜPPE et al. (1989) aufgrund pollen-, torf- und vegetationsanalytischer Befunde aufgeklärt.

So gibt es noch heute Kiefernwaldtypen, die an *Pinus sylvestris* gebunden Kennarten aufweisen, z.B. *Dicranum spurium*, *D. rugosum* in boreo-kontinentalen Kiefernwäldern, *Erica herbacea* in ost- und präalpinen Kiefernwäldern, *Chimaphila umbellata* und *Pyrola chlorantha* in subkontinentalen Steppen-Kiefernwäldern. Der Lichtholzcharakter von *Pinus sylvestris* bedingt in der Regel im Unterwuchs der Kiefernwälder einen vergleichsweise großen Arten- und Individuenreichtum; hier können durchaus die Elemente von angrenzenden Heiden, von Rasen-, Saum- oder Gebüschgesellschaften ausreichende Lebens- und Wuchsbedingungen finden.

Am niederösterreichischen Alpenostrand und in Südkärnten wird *Pinus sylvestris* weitgehend durch die Schwarzkiefer (*Pinus nigra*) ersetzt. *Pinus nigra* (= *Pinus austriaca*) darf als Tertiärrelikt einer circummediterranen Sippe angesehen werden; sie erreicht vom Balkan her noch den Ostabfall der Alpen und tritt dort in zwei Trockenwald-Ausbildungen auf: als *Euphorbio saxatilis-Pinetum* in kollin-montanen Lagen und als *Seslerio variae-Pinetum nigrae* in der kollinen Stufe (vgl. Abb. 586 bis 588 sowie WENDELBERGER 1962, WAGNER 1985). Dieser Trockenwaldbiotoptyp ist charakteristisch für die flachgründigen Felsböden des Ostalpenraumes.

Auch die inneralpinen *Ononis rotundifolia*- und *Astragalus*-reichen Kiefernwälder zeigen mit *Pinus sylvestris* überraschende Ähnlichkeit mit den osteuropäischen Kiefernwäldern; Übergänge und Durchmischungen all dieser Waldtypen sind in Süddeutschland und im nördlichen Alpenvorland nicht selten (s. Abb. 589 bis 591). Die alpischen oder alpigenen Schneeheide-Kiefernwälder der Vegetationskomplexe *Erico-Pinetea* mit Schwerpunkt auf trockenen Karbonatböden in den Alpen gehören ebenfalls zu diesen Biotoptypenkomplex. Es sind artenreiche, lichte Kiefernwälder auf kalkreichen Felsen, an Mergelhalden und auf Flußschottern (s. Abb. 592 bis 605). Diese Kiefernwälder gehören verschiedenen lokalen und regionalen Pflanzengesellschaften an; sie alle sind mit submediterranen und subkontinentalen Arten ausgezeichnet (s. z.B. Abb. 593 bis 599); die Arealtypenspektren der Bestände von den Bayerischen Alpen bis hin zur Fränkischen und Schwäbischen Alb zeigen am Alpenvorderrand ein Gefälle der Alpenpflanzen und eine Zunahme des kontinentalen Geoelements. Schneeheide-Kiefern-Wälder (*Erico-Pinetum*) und Hauhechel-Kiefern-Wälder (*Ononido-Pinetum*) besiedeln als Dauergesellschaften jene Standorte, an denen das Angebot an Wasser und Nährstoffen so gering ist, daß keine anspruchsvollen Laub- und Nadelwälder aufkommen können. Ihre größte Verbreitung erlangen sie in den trockenen Alpentälern bei weniger als 600 mm Niederschlag und dort, wo die Eichen (*Quercus petraea*, *Quercus pubescens*) wegen zu häufiger Spätfröste nicht mehr mit der Kiefer konkurrieren können. Diese Trocken-Kiefernwälder heben sich deshalb floristisch und faunistisch stark von an den anderen Trockenwäldern ab und enthalten viele reliktische Arten.

Der Schneeheide-Kiefern-Wald *Erico-Pinetum sylvestris* (Abb. 592) besiedelt trockene Sonnenhänge von den Schwäbisch-Oberbayerischen Voralpen und den Kalkalpen (Berchtesgaden) bis hin in die Mittelgebirge. Er bildet – wie auch die anderen wärmezeitlich-reliktischen Kiefernwälder – spezielle Trockenwaldbiotope mit lockeren, niedrigen und krüppeligen Kiefern. Je nach geographischer Lage und je nach Substrat treten spezifische Geoelemente in diese Kiefernwälder ein, wie z.B. der Backenklee (*Dorycnium germanicum*, s. Abb. 593), die Kalk-Aster (*Aster amellus*, s. Abb. 594), das Wintergrün (*Pyrola chlorantha*, Abb. 595), die Große Lilie (*Paradisia liliastrum*, Abb. 596), das Glänzende Fingerkraut (*Potentilla nitida*, Abb. 597), der Tragant (*Astra-*

galus alopecuroides, Abb. 598) und das Frühlings-Adonisröschen (*Adonis vernalis,* Abb. 599). Typisch für die lichten Kiefernwälder sind weiterhin licht stehende Wacholder (*Juniperus communis*), die zusammen mit eigenen Unterarten des Sanddorn (*Hippophae rhamnoides* ssp. *fluvitalis*) die kiesigen Flußufer und die Kalkstandorte der collin-montanen bis subalpinen Stufe in den trockenen inneren Alpentälern und am Alpennordrand besiedeln (s. Abb. 600 bis 603). Schneeheide (*Erica herbacea = Erica carnea,* Abb. 602) und Zwerg-Mehlbeere (*Sorbus chamaemespilus,* Abb. 603) sind Leitpflanzen dieser präalpinen Trockenwaldbiotope.

Weitere Trockenwälder bilden in den Alpen die Spirke (*Pinus uncinata = Pinus montana*) und die Latsche (*Pinus mugo*). Sie kennzeichnen azonale subalpine Latschengebüsche, Spirken-, Arven- und Lärchenwälder über Kalkgestein mit Tangelrendzinen (Abb. 606 u. 607). Die Aufrechte Spirke = Berg-Föhre ist in diesem Zusammenhang eine in den Pyrenäen und West-

alpen verbreitete Kleinart aus dem *Pinus mugo*-Komplex, deren östlichste alpine Vorkommen in den Berchtesgadener Alpen liegen (LIPPERT 1966). Sie zeigt sich am Alpennordrand mit aufrechten und krummschäftigen Wuchsformen. Die aufrecht wachsenden Formen sind vorwiegend in den Westalpen verbreitet; die krummen Spirken besitzen ihren Verbreitungsschwerpunkt in den Ostalpen. Im Großen Walsertal (Vorarlberg) treffen beide Formen aufeinander, kreuzen sich hier und bilden alle Übergangsformen aus (s. auch Abb. 606 sowie GRABHERR & POLATSCHEK 1986, ZUKRIGL 1992).

Pinus mugo dagegen kennzeichnet die Latschkrummholzzonen oberhalb der Waldgrenze in den Kalkalpen. Es ist formationsmäßig noch ein Wald unter 2 Meter Höhe (s. Abb. 607), der den winterlichen Schneeschutz benötigt.

Insgesamt besehen, werden diese natürlichen bzw. naturnahen Trockenwaldbiotope mit den verschiedenen einheimischen Kiefernarten als sehr schutzbedürftig an-

gesehen. Vielfach werden solche Trockenstandorte auch mit der ostalpinen Schwarzkiefer (*Pinus nigra,* Abb. 585, 587) aufgeforstet, die aber außerhalb ihrer natürlichen Wuchsplätze, wie sie in den Abbildungen 586 und 587 dargestellt sind, als nicht-autochthones Geoelement anzusehen ist.

In den benachbarten Alpenländern (Österreich, Schweiz) gehören diese Trokken-Kiefernwälder zu den schützenswerten Biotoptypen (s. HOLZNER et al. 1989, HEGG, BEGUIN & ZOLLER 1992 und STEIGER 1994).

– **Gefährdung:** intensive Forstwirtschaft, Aufforstungen mit Fremdmaterial, Waldbrände.
– **Schutz:** ■, ●, FFH 2180, 9430, 9530, CORINE 91: 42.4, 42.61, ✳, überall prioritär nach Directive 92/43 EEC.
– **Verbreitung:** gehäuft am Nordrand der Alpen; sonst sehr selten.
– **Beispiele:** Abb. 586 bis 607.

Abb. 586: Am niederösterreichischen Alpenostrand und in Südkärnten wird die Waldkiefer (*Pinus sylvestris*) weitgehend von der Schwarzkiefer (*Pinus nigra*) ersetzt (aus POTT 1993). Dieses sind natürliche Schwarzkiefernwälder!

586

587

589

Abb. 587: In der kollinen Stufe am Ostabfall der Alpen gibt es *Sesleria varia*-reiche Ausbildungen des Schwarzkiefernwaldes (*Seslerio-Pinetum nigrae*) mit vielen thermophilen Arten in der Kraut- und Strauchschicht (bei Mödling, 1992).

Abb. 589: Inneralpiner Föhrenwald (*Odontito-Pinetum sylvestris*) mit *Saponaria ocymoides* (Seifenkraut), *Odontites viscosa* (Zahntrost) und bodendeckender *Arctostaphylos uva-ursi* (Bärentraube) unter dem lichten Kronenschirm der Waldkiefer bei Morgex im Aostatal (1989). Höchst seltener Biotoptyp mit ebenso seltenen Populationen stenöker Geoelemente; einige davon sind beispielhaft angeführt in Abb. 590 und 591.

Abb. 588: Der Zwergbuchs (*Polygala chamaebuxus*) ist wie *Pinus nigra* ein Tertiärrelikt mit ostpräalpiner Verbreitung (Mödling, 1992).

Abb. 590: Zahntrost (*Odontites viscosa*).

Abb. 591: Seifenkraut (*Saponaria ocymoides*).

588

590

591

Abb. 592: Natürlicher Kiefernwald vom Typ des *Erico-Pinetum sylvestris* mit gras- und zwergstrauchreicher Bodenschicht sowie lichtstehenden Bäumen, deren offenes Kronendach noch Sonnenlicht auf den Boden läßt (Pfynwald, Wallis, aus Pott 1993). Derartige Trockenwälder bieten vielen Gefäßpflanzen Lebensraum, sie enthalten zahlreiche Moose und Flechten und natürlich viele spezifische Tierarten. Gerade die Kiefernwälder sind seit dem Präboreal ein Schmelztiegel unterschiedlicher geographischer Elemente und heute gleichsam deren Refugialgebiet. Das gilt für Arten dealpiner, kontinentaler oder submediterraner Herkünfte.

Abb. 593: Der Deutsche Backenklee (*Dorycnium germanicum*) ist ein ostpräalpines Geoelement in trockenen Kiefernwäldern.

Abb. 594: Die Kalk-Aster (*Aster amellus*) wächst in lichten Kiefernwäldern über kalkhaltigem Substrat.

Abb. 595: Das kontinental verbreitete Wintergrün (*Pyrola chlorantha*) ist charakteristisch für basenreiche, mäßig trockene Böden mit Kiefern-Trockenwäldern.

596

597

598

Abb. 596: Die westalpine *Paradisia liliastrum* kennzeichnet Trockenrasen sowie lichte Eichen- und Kiefernwälder vor allem in den Schweizer Alpen.

Abb. 597: *Potentilla nitida* (Glänzendes Fingerkraut).

Abb. 598: *Astragalus alopecuroides* (Tragant).

Abb. 599: Kiefernwald mit reichlichem *Adonis vernalis*-Unterwuchs am Kyffhäuser (1992). Die Durchmischung unterschiedlicher pflanzengeographischer Komponenten in diesen lichten Wäldern erinnert an die Waldsteppen im Osten Europas, wo unter den stärker kontinentalen Klimabedingungen zahlreiche Steppenpflanzen unter dem lichten Schirm der Bäume wachsen. Staudensäume können sich dort aufgrund des angespannten Wasserhaushaltes nicht ausbilden, der Steppenwald Osteuropas geht meist unmittelbar in Trockenrasen über.

599

Abb. 600: Schneeheide-Kiefern-Wald, *Erico-Pinetum sylvestris* der Alpen. Dieser Kiefernwald besiedelt trockene Sonnenhänge in den Schwäbisch-Oberbayerischen Voralpen und in den Kalkalpen (Pupplinger Au südlich von München, 1990). Es sind alpische oder alpigene Wälder mit Schwerpunktverbreitung auf trockenen Karbonatböden in den Alpen und in deren nördlichen Randzonen. Dabei handelt es sich um Relikte der borealen Kiefernwälder, die entlang der wärmeklimatisch begünstigten Föhntäler nach Norden vorgedrungen sind.

◁ Abb. 601: Die Schneeheide, *Erica carnea* (= *E. herbacea*), ist Charakterart des *Erico-Pinetum*. Sie wächst in der Zwergstrauchschicht des lichten Kiefernwaldes und blüht zeitig im Frühling.

◁ Abb. 602: Die Schneeheide (*Erica herbacea* = *Erica carnea*) ist ein ostpräalpines Geoelement und gleichzeitig Tertiärrelikt.

Abb. 603: Die Zwerg-Mehlbeere (*Sorbus chamaemespilus*) ist ein präalpiner Pionierstrauch, der auch in lichte Kiefernwälder eindringt.

603

Abb. 606 *Pinus uncinata*-Spirkenwald (*Erico-Pinetum uncinatae*) auf offenen Karbonat-Rohböden an trockenen Steilschutthängen im oberen Gadental (Großes Walsertal, 1992). *Pinus uncinata* ist ein westpräalpin verbreiteter Nadelbaum, der bis in den Schweizer Jura und in die Region des Großen Walsertales/Vorarlberg mit aufrechten Wuchsformen vorkommt. Die krummschäftigen Spirken haben ihren Verbreitungsschwerpunkt in den Ostalpen (s. auch POTT 1993).

606

Abb. 607: *Erico-Pinetum mugi* (Legföhren-Krummholzstufe) mit *Pinus mugo* in den Nordalpen (aus POTT 1993).

◁ Abb. 604: Stark lichter Kiefernwald mit Rohr-Pfeifengras (*Molinia arundinacea*), Sanddorn (*Hippophae rhamnoides* agg.) und Wacholder (*Juniperus communis*) auf den Flußschottern der Donau bei Ingolstadt (1994).

◁ Abb. 605: Detail aus Abb. 604 mit *Molinia arundinacea* und Sanddorn (*Hippophae rhamnoides* ssp. *fluviatilis*).

607

8
Biotoptypen der Feuchtwälder, Auenwälder und Bruchwälder

Auf organischen Naßböden mit zeitweiliger Überstauung des Grundwassers wachsen nur noch Baumarten, die mit diesen Standortbedingungen fertig werden: Schwarzerle (*Alnus glutinosa*), Moor-Birke (*Betula pubescens* agg.), Waldkiefer (*Pinus sylvestris*) und Fichte (*Picea abies*).

Bruchwälder nehmen dabei die nährstoffreichen Niedermoortorfe bzw. Anmoorgleye ein. Diese Waldtypen stocken auf selbst gebildeten Bruchwaldtorfen aus den Verlandungsserien eutropher Gewässer (vgl. Abb. 608 und 609). Sie sind heute verinselte Biotopkomplexe in der Kulturlandschaft.

Die **Auenwälder** sind als bach- und flußbegleitende Gehölzstrukturen linienförmig angeordnet; sie werden durch fließende Wasserbewegungen im Boden beeinflußt. Aufgrund der laufenden Nährstoffzulieferungen handelt es sich um anspruchsvolle Waldgesellschaften mit sehr artenreicher Strauch- und Krautflora.

Die Talauen der Flüsse haben sich als holozäne Bildungen erst im Spätglazial in der heutigen Form herausgebildet. Im Spätglazial, spätestens in der Jüngeren Tundrenzeit fand in den Flußsystemen ein Umschwung vom „braided river" zum mäandrierenden Fluß statt, der oftmals mit einer geringfügigen Tieferlegung der Talaue verbunden war. Ursache für diesen Umschwung der fluviatilen Dynamik dürfte die Klimaerwärmung im Bölling oder Alleröd gewesen sein, wo das Auftauen der dryaszeitlichen Permafrostböden eine ganzjährig verteilte Wasserführung der Flüsse hervorrief, die wiederum zur Ausräumung der Talböden führte.

Dieser Mechanismus gilt nur für die Ober- und Mittelläufe der großen Flüsse. In den Unterlaufabschnitten wirkte der gegensinnige Ablauf der eu- und isostatischen Kräfte wärmezeitlicher holozäner Meeresspiegelschwankungen, wobei die älteren Flußterrassen von Rhein, Weser,

Elbe und Oder beispielsweise heute unter jüngeren Auenlehmsedimenten verschwunden sind. Hier gibt es in der Nähe der tidebeeinflußten Ästuare spezifische Auenwälder inmitten großflächiger Röhrichtformationen.

Wälder auf dauernassen oder grundwasserzügigen Standorten mit mineralischen Böden werden als **Feucht**- oder **Sumpfwälder** bezeichnet. Hier dominieren Erlen (*Alnus glutinosa*), Eschen (*Fraxinus excelsior*), Birken und Weiden. Es herrscht eine standörtliche und floristische Verwandtschaft zu den Hartholzauen.

8.1 Bruchwaldvegetationskomplexe

Es sind azonale grundwasserfreie Biotoptypen als Bruchwälder und Weidengebüsche auf Naßböden (Niedermoortorfe bis Stagnogleye). Die Bruchwaldböden können zeitweilig überflutet sein, besitzen aber ganzjährig hoch anstehendes Grundwasser und zeichnen sich durch eine hohe Basensättigung aus. In einer sommerlichen Trockenphase können die obersten Torfschichten durchlüftet werden, und es findet eine Oxidation vom Ammonium bis zum Nitrat statt. Bezeichnend für die Krautschicht naturnaher Bruchwälder sind hohe Anteile an Niedermoor-, Röhricht- und Großseggenarten.

Der **Birken-Bruchwald** (*Betuletum pubescentis*) stockt auf Torfböden. Er steht entweder mit Hochmooren in Kontakt oder besiedelt getrennt davon kleinere vermoorte Senken und Tälchen auf extrem nährstoffarmer Quarzsand-Unterlage. Die Torfauflagen erreichen zwar unterschiedliche, aber stets nur geringe Mächtigkeiten, so daß je nach örtlichen Verhältnissen Bodentypen aus einer Übergangsreihe vom oligotrophen organischen Naßboden

bis zum Anmoor oder Stagnogley vorliegen können.

Aufgrund dieser nährstoffarmen Standorte fehlen dem Birken-Bruchwald jegliche anspruchsvollen Pflanzenarten. Der einschichtige lichte Baumbestand wird meist nur von der Moorbirke gebildet (s. Abb. 610). In Birkenbrüchen der östlichen Landesteile ist allerdings als Zweitholzart auch die Waldkiefer (*Pinus sylvestris*) bodenständig (s. Abb. 611 bis 613). Je nach dem Schlußgrad der Baumschicht und der Vernässungsintensität des Bodens ist auch der Strauchunterstand verschieden dicht. Faulbaum und Öhrchenweide (*Salix aurita*) zählen zu den häufigsten Sträuchern. Den Aspekt der Krautschicht bestimmen in der Regel Pfeifengras-Bulte und Torfmoos-Polster mit *Sphagnum fallax, Sphagnum fimbriatum* und nicht selten auch *Sphagnum palustre*. Sie werden meist von Gemeinem Frauenhaarmoos (*Polytrichum commune*) und vereinzelten Wollgras-Bulten begleitet. Zwergstrauchreiche Varianten mit Waldbeere (*Vaccinium myrtillus*), Preiselbeere (*Vaccinium vitis-idaea*) und Glockenheide (*Erica tetralix*) zeigen relativ trockenes Bodensubstrat oder Entwässerung der organischen Naßböden an.

Die beschriebenen Vegetationsverhältnisse treffen nur für noch lebende Hochmoorreste oder deren Regenerationskomplexe zu. Ein großer Teil der Moore ist zum Zwecke der Abtorfung entwässert worden, und die Lebensbedingungen haben sich damit für die Vegetation entscheidend geändert.

Abb. 608: Biotopkomplex von Gewässern und umgebenden Bruchwäldern im Lahrer Moor/Emsland. Es sind heute nahezu inselhafte Strukturen mit natürlicher Vegetation in der Kulturlandschaft (Foto W. FRANKE 1986). ▷

253

Anstatt der Hochmoorgesellschaften herrschen hier Austrocknungsstadien vor mit Aufwuchs der Moorbirke (*Betula pubescens*) und einem Unterwuchs aus Blauem Pfeifengras (*Molinia caerulea*), Glockenheide (*Erica tetralix*), Gemeiner Heide (*Calluna vulgaris*) und vereinzelten Scheidenwollgras-Bulten (*Eriophorum vaginatum*). Nach Moorbränden können sich auch Adlerfarn-Bestände ausbreiten.

Die Besiedlung solcher Austrocknungsstadien mit den ersten Waldpionieren erfolgt sehr zögernd. Im Verlaufe von Jahrzehnten stellen sich offene Buschbestände mit Sand- und Moorbirke ein, die auf mehreren Meter mächtigen Torflagen zuweilen ein halbes Jahrhundert brauchen, um einen 25prozentigen Kronenschluß zu erreichen. Diese offenen Birkenbestände sind zwar physiognomisch den Initialstadien der Birken-Bruchwälder ähnlich, haben aber floristisch-soziologisch wenig mit ihnen gemeinsam. Letztere sind als Biotoptypen auch nicht in gleichem Maße schützenswert. Von der Moorbirke beherrschte Bruchwälder kommen auch im Bergland vor. In solchen montanen Birken-Bruchwäldern ist die Moorbirke häufig durch die Karpatenbirke (*Betula carpartica*) ersetzt (s. Abb. 614).

Erlen-Bruchwälder sind aus *Alnus glutinosa* und *Betula*-Arten aufgebaute, überregional gleichartig entwickelte Bruchwälder basenreicher, nasser, stark zersetzter Niedermoortorfe mit mehr oder weniger stagnierendem Grundwasser (meso- bis eutroph, Abb. 612, 615 bis 617). Die floristische Ausprägung der Erlen-Bruchwälder richtet sich nach arealgeographischen Gesichtspunkten und Höhenausbildungen. Es ergibt sich ein dreidimensionales Bild: im Westen ein euatlantisches *Carici laevigatae-Alnetum* und im Osten ein subatlantisch-subkontinentales *Carici elongatae-Alnetum*. Beide Typen überschneiden sich in den westdeutschen Mittelgebirgen (vor allem in der Eifel und im Hohen Venn, SCHWICKERATH 1933, LOHMEYER 1960, WITTIG & DINTER 1991). In den höchsten Lagen der Mittelgebirge treten Erlenwälder vom Typ des *Sphagno-Alnetum* auf (Abb. 618 bis 621). Der torfmoosreiche Erlenwald ist in den norddeutschen, mitteldeutschen und südwestdeutschen Mittelgebirgen noch vergleichsweise häufig (z.B. Mecklenburgisches,

Thüringisches und Sächsisches Hügelland, Sauerland, Pfälzer Wald). Es sind meist kleinflächig ausgebildete, stellenweise sogar in Bachtälern verbreitete Erlenwälder an quelligen und durchsickerten mesotrophen Standorten (Abb. 620, 621). Die Bestände sind dem *Carici laevigatae-Alnetum* sehr ähnlich und bilden mit diesem zahlreiche Übergänge und Durchdringungen. Es sind hochgradig gefährdete Biotoptypen!

- **Gefährdung:** Entwässerung und Grundwassserabsenkung, Abtorfung, Nährstoffeinträge (direkte und indirekte Einträge aus Luft und Grundwasser).
- **Schutz:** ■, ●, FFH 91.E0, 91 DO, 91D1 bis 91D4, 7140, CORINE 91: 44.A1 bis 44.A4, 44.2, 44.3, 54.5, überall prioritäre Habitate nach Directive 92/43 EEC.
- **Verbreitung:** nur lokale Vorkommen.
- **Beispiele:** Abb. 608 bis 621.

8.2 Auenwaldvegetationskomplexe

Flußauen gehörten zu den ökologisch vielseitigsten Landschaftselementen Mitteleuropas. Sie erstrecken sich als multifunktionelle, vernetzende Ökosysteme von den Gebirgen bis zu den Meeren und umfassen damit ein außerordentlich großes Einzugsgebiet, dessen Bedeutung als Lebensraum für auenspezifische Pflanzen- und Tiergemeinschaften, als Rast- und Nahrungsplatz zahlreicher Gastarten, als Retentionsraum für Hochfluten und nicht zuletzt als ästhetisches Landschaftselement mit beachtlichem Erholungs- und Freizeitwert nicht hoch genug eingeschätzt werden kann. Sie sind die heute am meisten bedrohten Wald-Biotoptypenkomplexe in den verschiedenen Kulturlandschaften Mitteleuropas. Deshalb wird den Auenvegetationskomplexen hier ein wenig mehr Aufmerksamkeit und Text gewidmet, als es bei den anderen Waldlandschaften der Fall ist.

Die Flußsysteme von Donau und Rhein haben mit ihren Einzugsgebieten im Al-

penraum und in den hohen Mittelgebirgen ihr jeweils eigenes Wasserregime und ihr eigenes pflanzengeographisches Spektrum. Das Rheinsystem ist vom Oberrhein zumindest bis zum Niederrhein stark submediterran getönt; das Donausystem ist von der Quelle im Ostschwarzwald bis nach Passau stark von den seitlichen Alpenflüssen und ihren Schmelzwassern geprägt, danach nimmt das ´System subkontinentalen Charakter an.

Die großen norddeutschen Ströme werden in wechselndem Maße von mesozoischen Gesteinen der Mittelgebirge, von Lößlandschaften und von Sandgebieten des Altdiluviallandes geprägt. Der geologische Untergrund der Talauen besteht überwiegend aus fluvioglazialen Sanden und Kiesen, die jedoch im Postglazial zunehmend von Auenlehmen überdeckt wurden. Die eigentliche Bildung der Auenlehmdecken setzte dabei erst in historischer Zeit als Folge der mittelalterlichen Rodungen ein. Lehmiges und toniges Material wurde bis dahin nur im Bereich von Totarmen akkumuliert. Die Zufuhr des lehmigen Materials in die Flußtäler erfolgt in erster Linie durch Hangabspülungen (Bodenerosion). Herkunftsgebiete dieser Sedimente sind die lößbedeckten Mittelgebirge. Fließgewässer, die sich entlang der nördlichen Grenze des Lößgürtels erstrecken, haben daher oft einen kleinräumigen Wechsel von Auenlehmdecken und sandigen Sedimenten. Größere Fließgewässer wie Oder, Elbe, Aller und Weser, haben auch außerhalb der Lößgebiete mit Auenlehm bedeckte Überschwemmungsflächen.

In Flußauen sind Sedimentation und Grundwassereinfluß wichtige Faktoren der Bodenbildung. Bei Hochfluten werden in unmittelbarer Flußnähe die größten Fließgeschwindigkeiten erreicht. Dementsprechend lagern sich hier grobe Sinkstoffe ab, die die Talaue rascher aufhöhen, als dies an den flußfernen Terrassenfüßen der Fall ist.

Abb. 609: Biotopkomplex von verlandenden Heideweihern und umgebenden Bruchwäldern in der Kulturlandschaft im Emsland (1988). Auch hier wird der Verinselungscharakter deutlich (Foto W. FRANKE). ▷

609

255

610

611

612

Abb. 610: Birken-Bruchwald vom Typ des *Betuletum pubescentis*. Lichter Birkenwald auf nährstoffarmen Torfböden (Hoch- und Zwischenmoortorf). Am Rande von Hochmooren und dystrophen Gewässern im naß-oligotrophen Bereich, wo noch gerade waldfähige Grenzstandorte besiedelt werden. Atlantisch-subatlantisch verbreiteter Bruchwald, der typisch ist für die Pleistozänlandschaften Europas (Emsland, 1994).

Abb. 611: Vegetationskomplex aus mantelartigem Gagelgebüsch (*Myricetum galis*) und Birkenbruchwald (aus POTT 1993).

Abb. 612: Röhrichtzone und Erlen-Bruchwald als Endglieder einer mesotrophen Verlandungssukzession (Fürstenau, 1989).

Abb. 613: Rauschbeer-Waldkiefern-Bruchwald (*Vaccinio uliginosi-Pinetum sylvestris*).
Auf oligotrophen Torfen im Ufersaum dystropher Gewässer und auf Hochmooren subat-
lantisch-subkontinental verbreitet. Von Moorbirken beherrschte, mit Kiefern durchsetzte,
natürliche Bruchwaldgesellschaft im nordwestdeutschen Tiefland. Die Bodenständigkeit der Waldkiefer ist in diesen Moorwäldern
pollenanalytisch vielfach nachgewiesen (s.
u.a. POTT 1993). Es sind – wie alle Moorwälder – einzigartige Lebensräume für zahlreiche Spezialisten (z.B. Birkhuhn, Ringelnatter,
Kreuzotter, Moorfrosch und Sumpfspitzmaus).

613

Abb. 614: Karpatenbirkenbruch vom Typ des
Betuletum carpaticae. Wie die vorigen Bruchwälder auf Moorrändern, vor allem auf quelligen Hoch- und Zwischenmooren in 400 bis
900 m Meereshöhe, aber nur in den montanen Lagen der Mittelgebirge verbreitet. Auch
dieser Bruchwaldtyp ist seit dem Alleröd pollenanalytisch nachgewiesen. Er hat sich später auf lokale Moorstandorte zurückgezogen.
Heute überall sehr selten und bedroht. Wie
alle anderen Bruch- und Moorwälder auch,
gelten diese Waldtypen aus forstlicher Sicht
als uninteressant; Abtorfung und Entwässerung der Moore ist vielmehr der Grund für die
dramatischen Rückgänge. Vielfach finden
auch Fichtenaufforstungen statt.

614

Abb. 615: *Iris pseudacorus*-reicher Bruchwald auf nährstoffreichen, semiterrestrischen Naßböden (Osnabrück, 1990).

Abb. 616: Sumpfcalla (*Calla palustris*) und Zypersegge (*Carex pseudocyperus*) im Unterwuchs eines mesotrophen Erlen-Bruchwaldes (Sager Meer, 1986).

Abb. 617: Quell-Erlenwald (*Ribo sylvestris-Fraxinetum = Ribo-Alnetum*). Der Johannisbeer-Schwarzerlen-Auenwald tritt als schmales, oft nur wenige Meter breites Gehölz an kalkig-quelligen Bachtälern in der Hügellandstufe auf. Er wächst auch galerieartig als Bachquellwald auf andauernd feuchten Standorten (Gehn bei Osnabrück, 1991).

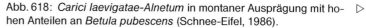

Abb. 618: *Carici laevigatae-Alnetum* in montaner Ausprägung mit hohen Anteilen an *Betula pubescens* (Schnee-Eifel, 1986). ▷

Abb. 619: Die Glatte Segge (*Carex laevigata*) ist ein atlantisches Geoelement in humosen, quelligen Erlenwäldern. ▷

615

616

617

619

Abb. 620: Der torfmoosreiche Erlenwald vom Typ des *Sphagno-Alnetum* (= *Blechno-Alnetum*) ist in den norddeutschen, mitteldeutschen und südwestdeutschen Mittelgebirgen noch vergleichsweise häufig. Er ist reich an *Blechnum spicant*, *Osmunda regalis*, *Thelypteris limbosperma*, *Trichocolea tomentella* und *Equisetum sylvaticum*. Es sind meist kleinflächig ausgebildete, stellenweise sogar in Bachtälern verbreitete Erlenwälder an quelligen und durchsickerten mesotrophen Standorten. Die Bestände sind dem *Carici laevigatae-Alnetum* sehr ähnlich und bilden mit diesem zahlreiche Übergänge und Durchdringungen.

Abb. 621: Königsfarn (*Osmunda regalis*).

618

620

621

Auf diese Weise entstandene flußnahe Aufhöhungen werden als **Uferrehnen**, gelegentlich auch als **Uferwälle** bezeichnet. Mit zunehmender Entfernung vom Flußbett läßt die Fließgeschwindigkeit des Hochwassers nach, es erfolgt eine nach Korngrößen differenzierte Ablagerung der Sedimente. Da die Strömungsgeschwindigkeiten der Hochfluten reliefbedingt variieren, kann es auch zu einem kleinräumigen Wechsel sandiger und lehmiger Ablagerungen kommen.

Die meisten **Bodentypen** der Flußauen lassen sich den Grundwasserböden (semiterrestrische Böden) zuordnen, die unter Grundwassereinfluß entstehen. Hierzu gehören periodisch bis episodisch überstaute Auenböden ohne nennenswerte hydromorphe Merkmale ebenso wie Gleye mit ausgeprägten Oxidations- und Reduktionshorizonten. Moore sind in den Flußauen zwar selten, müssen jedoch ebenso zu den charakteristischen Bodentypen norddeutscher Auen gerechnet werden. Gleye besitzen im typischen Fall die Horizontfolge A_h-G_o-G_r. Im rostartigen G_o-Horizont oder Oxidationshorizont steigt gelöstes Eisen und Mangan mit dem Grundwasser kapillar auf und wird als Oxid vorrangig an Grobporenwandungen ausgefällt. Der stets nasse, fahlgraue bis graugrüne oder auch blauschwarze G_r-Horizont oder Reduktionshorizont hingegen weist permanent reduzierende Verhältnisse auf. Der A-Horizont ist vom Grundwasser unbeeinflußt. Auenböden, Schwemmsandböden oder alluviale Böden sind die bezeichnenden Substrate der holozänen Talebenen. Sie sind im Gegensatz zu den stagnierend nassen Gleyen von stärkeren Grundwasserschwankungen geprägt und weisen somit kaum hydromorphe Merkmale auf. Erst in größerer Tiefe können rostfleckige G_o-Horizonte ausgebildet sein; Reduktionshorizonte fehlen jedoch stets.

Die Bodenentwicklung der Auenböden wird durch Sedimentation bzw. Erosion immer wieder unterbrochen. Ausgangspunkt für die Bodenbildung ist also in der Regel ein geschichtetes Lockergestein, ein AC-Horizont. Niedermoore bilden sich in Flußauen an tief liegenden Terrassenfüßen oder in seichten Innenbögen von Flußkrümmungen bei ganzjährig hohen Grundwasserständen. Sie werden als Folge der immer wiederkehrenden Überflutungen von dünnen Mineralschichten durchsetzt. Gelegentlich können kleine Moore auch an Terrassenhängen durch Schichtwasseraustritt entstehen (SCHEFFER & SCHACHTSCHABEL 1984). Es sind meistens die Durchströmungsmoore der Flußtäler (s. Kap. 2.2).

Ems, Weser, Aller, Elbe, Recknitz, Oder und Havel gehören beispielsweise im Norddeutschen Tiefland hinsichtlich ihrer Größe, topographischen Lage, Fließgeschwindigkeit und morphologischen Vielgestaltigkeit zu den „großen Flüssen" mit einer Mittelwasser-Spiegelbreite von über 10 m, einem Einzugsgebiet von mehr als 500 km^2 mit weitschwingenden Mäandern und gewässerreichen Talauen. Saale, Main, Regnitz, Neckar und die Mosel gehören beispielsweise in Süd- und Mitteldeutschland ebenfalls zu diesem Typ der „großen Flüsse".

Zu **Hochwassern** kommt es fast jedes Jahr und zu fast jeder Jahreszeit; sie konzentrieren sich jedoch als Folge von Schneeschmelze und starken Niederschlägen auf die Monate Januar bis März. In der Vegetationszeit sind Hochfluten selten und dauern meist nur wenige Tage an. Ihre Auswirkungen auf die Vegetation sind jedoch recht drastisch, wie TRAUTMANN & LOHMEYER (1960) am Beispiel der Buche zeigen konnten, deren Vorkommen in der Emsaue durch Sommerhochwasser nachhaltig geschädigt, teilweise sogar vollständig vernichtet werden.

Den Einfluß der Sommerhochwasser auf Grünlandgesellschaften nordwestdeutscher Flußtäler hat MEISEL (1977) untersucht. Offenbar hängt hier das Ausmaß der Vegetationszerstörung entscheidend von der Art der Flächennutzung ab. Nicht gemähte Wiesen, Mähweiden und von Heu bedeckte Flächen werden vor allem bei Überstauung durch stagnierendes Wasser stark geschädigt. Einige Arten zeigen sich dabei recht widerstandsfähig, so z.B. Kriechender Hahnenfuß (*Ranunculus repens*), Weißes Straußgras (*Agrostis stolonifera*), Wasser-Knöterich (*Polygonum amphibium*), Gänse-Fingerkraut (*Potentilla anserina*) und Knick-Fuchsschwanz (*Alopecurus geniculatus*). Wiesen-Knäuelgras (*Dactylis glomerata*), Acker-Kratzdistel (*Cirsium arvense*), Roter Schwingel (*Festuca rubra*), Wolliges Honiggras (*Holcus lanatus*) oder Ausdauernder Lolch (*Lolium perenne*) hingegen sind weitaus empfindlicher. Auf stärker reliefierten Auenflächen kommt es daher in Abhängigkeit von der Dauer und Intensität der Sommerhochwasser zu Flächenverschiebungen der unterschiedlichen Grünlandgesellschaften. Entsprechendes gilt auch für Ackerwildkrautfluren und ruderale Einjährigen-Gesellschaften (s. SEIBERT 1969).

Die **Entstehung** von Auengewässern ist eng mit der Flußbett- und Flußlaufbildung verbunden. MANGELSDORF & SCHEURMANN (1980) unterscheiden verschiedene Flußlauftypen, die in diesem Zusammmenhang kurz erwähnt werden sollen: **Gestreckte Flüsse** (meist Wildbäche) haben ein großes Gefälle und entstehen in der Regel durch rückschreitende Erosion (Tiefenerosion). In Längsrichtung wechseln Seichtstellen und Kolke miteinander ab und bilden eine charakteristische Kette aneinandergereihter Becken. Die Uferlinie gestreckter Flüsse verändert sich meist nur geringfügig, so daß keine Nebengewässer (Altarme, Altwasser) entstehen. Bis auf Quelltümpel und Spritzwasserbecken sind im Oberlauf keine typischen Auengewässer zu erwarten.

Verzweigte Flüsse (meist **Flüsse des Gebirgslandes** und Gebirgsvorlandes) sind durch Geschiebeführung und ein mittleres bis größeres Gefälle gekennzeichnet. Ihr Bett ist in zahlreiche Rinnen zerspalten, deren Wasserführung sich innerhalb kürzester Zeit ändert. Durch den ständigen Wechsel von Erosion und Akkumulation kommt es zu einer ständigen Neubildung von Seitenarmen und Auengewässern, die jedoch rasch wieder durchflutet und an den Abfluß angebunden werden. Nur vereinzelt können von Erlen umwachsene Seitenarme länger bestehen und eine begrenzte ökologische Eigenständigkeit erlangen. Durch das hyporheische Interstitial bleiben sie jedoch stets mit dem Fluß eng verbunden.

Gewundene Flüsse, zu denen auch Weser, Aller, Oder, Elbe und Havel in Norddeutschland gerechnet werden, entstehen bei geringen Fließgeschwindigkeiten und großen Wassertiefen. Ihr Flußlauf ist eine Aufeinanderfolge von Mäandern, deren konkave und konvexe Ufer (Gleithänge und Prallhänge) durch Erosion und Anlandung permanenten Änderungen unterworfen sind. Rücken die Mäanderschleifen sehr eng zusammen, kommt es zu Durchstichen (**regressive Mäandersprünge**) und zur Bildung von Altarmen. Die nun wieder verstärkte Schleppkraft und Erosion hat zur Folge, daß es stromabwärts bei geringerem Gefälle zu einer rückschreitenden Akkumulation kommt, die wiederum die Mäandrierung verstärkt. Altarme können aber auch dadurch entstehen, daß ein Fluß durch Hochwasserwirkung aus seinem Bett austritt und den Mäanderbogen bei entsprechender Verlagerung des Stromstriches vergrößert (**progressive Mäandersprünge**; s. LAZOWSKI 1985).

Die Auen der gewundenen, stark mäandrierenden Flüsse sind von Natur aus gewässerreich. Nahezu alle Auengewässertypen finden hier ihre maximale Verbreitung. In der auenökologischen Literatur gibt es keine allgemein anerkannten Definitionen für Auengewässertypen. Die meisten Autoren definieren **Auengewässer** als Altläufe bzw. Altarme, d.h. Flußschlingen (Mäander), die durch Flußbettverlagerungen an einem oder beiden Enden vom Strom abgeschnitten wurden und einer Stillgewässerverlandung unterliegen. Im günstigsten Fall sind sie an ihrer gekrümmten Form oder an den Höhenlinien ihrer näheren Umgebung (z.B. ehemalige Prallhänge, tischebene Talflächen) gut zu erkennen.

Ein anderer Gewässertyp entstand in Erosionsrinnen, d.h. in vom Hochwasser geformten Senken, die sich mit Grundwasser oder, bei Ablagerung wasserundurchlässiger Tonschichten, auch mit Fluß- oder Regenwasser füllten. Des weiteren sind Gewässerbildungen an den Terrassenfüßen durch Hangwasseraustritt, Grundwasser, stagnierendes Hochwasser auf tonigen Sedimenten oder die Kombination dieser Möglichkeiten zu beobachten. Eine Einteilung kann daher nach verschiedenen Gesichtspunkten, z.B. nach Entstehung, Art der Flußanbindung, Alter, Größe, Tiefe, Verlandungsgrad usw. erfolgen.

Einige Beispiele: GEPP (1985) unterscheidet Auengewässer flußmorphologischen Ursprungs (z.B. Flußarme, Altarme, Nebengerinne, Auetümpel und Auweiher), durch wasserbauliche Maßnahmen abzuleitende Auengewässer (z.B. Ausstände und Mühlgänge), künstliche Auengewässer (z.B. Vorflutgräben, Fischteiche, Baggerseen) und sonstige natürliche Kleingewässer als sogenannte Mikrohabitate, die auch in Auen vorkommen (z.B. Lithothelmen und Phytothelmen). Seine Klassifizierung stützt sich somit in erster Linie auf die Entstehungsart der Gewässer.

Andere Autoren stellen die Wasserführung und Flußanbindung in den Vordergrund. BAUMANN (1985) betont die Art der Flußanbindung und den natürlichen Alterungsprozeß der Gewässer. Er grenzt Altarme mit beidseitiger Flußverbindung, mit einseitiger Flußverbindung, ohne Flußverbindung, trockengefallene Altarme und zugeschüttete Altarme gegeneinander ab.

WENDELBERGER-ZELINKA (1952) unterteilt Auengewässer in Altarme, Altwasser, Auweiher und Autümpel. **Altarme** sind nach dieser Definition mit einem oder beiden Enden an den Fluß angebunden, ihr standörtliches Gefüge wird vom Flußwasser entscheidend geprägt. **Altwasser** hingegen haben keine oberirdische Mittelwasserstandsverbindung zum Fluß, sind jedoch über das Grundwasser (Druckwasser) direkt an den Fluß angebunden. Auweiher und Autümpel schließlich sind weitgehend flußwasserunabhängig und werden nur von Regen- oder Grundwasser gespeist. Diesen Definitionen sollte der Vorzug gegeben werden.

Der **Grundwasserhaushalt** ist ein Bestandteil des hydrologischen Wasserkreislaufes, der sich aus Verdunstung, Niederschlag, Infiltration, ober- und unterirdischem Abfluß und Grundwasserabstrom zusammensetzt. Der ober- und unterirdische Abfluß der flußnahen Auenflächen und die Wasserführung der dort vorhandenen Auengewässer werden in der Regel direkt und unmittelbar vom Fluß beeinflußt und zeichnen sich daher durch entsprechende Schwankungsamplituden aus. Mit zunehmender Entfernung vom Fluß sind zeitlich versetzte und immer geringere Wasserstandsschwankungen zu beobachten. Der Grundwasserstrom ist bei hohen Flußwasserständen vom Fluß in das Grundwasser gerichtet, d.h. das Grundwasser steigt mit einer gewissen Verzögerung gegenüber dem Flußwasser an und tritt in Senken und am Talrand zutage. Demgegenüber ist der Grundwasserstrom bei niedrigen Flußwasserständen zum Fluß hin gerichtet; das Grundwasser tritt lokal aus und fließt ab. So ist der Einfluß des Grundwassers auf die Vegetation an den tief gelegenen, nassen Talrändern am größten; hier kommt es zur Ausbildung stagnierend nasser Wald- oder Grünlandgesellschaften auf Anmoorgleyen und Niedermooren.

Weite Flächen der Talauen werden jedoch kaum oder gar nicht vom Grundwasser beeinflußt. Die Ausbildung der Vegetation hängt an dieser Stelle überwiegend oder ausschließlich vom Bodensubstrat, von den Hochwässern, der Beschaffenheit des Flußwassers und seiner Sedimente ab.

8.2.1 Vegetation von Flußauen

Das Gesellschaftsinventar von Flußauen ist also durch ein kleinräumiges Nebeneinander verschiedenster Lebensräume und kurzfristige, spontane Änderungen der Lebensbedingungen gekennzeichnet. Im naturbelassenen Zustand verzahnen sich im Idealfall Uferwälle, Dünen, Auengewässer, Terrassen, Talsandinseln, Uferkolke, ebene Bereiche, Prallhänge und andere Strukturen. Nach Überschwemmungshöhe, Überschwemmungsdauer und Entfernung vom Fluß werden im allgemeinen **gehölzfreie Aue**, **Weichholzaue** und **Hartholzaue** voneinander unterschieden. Dazu kommen als nicht zonierte Elemente Auengewässer, vom Hochwasser geschaffene, gehölzfreie Kleinflächen mit natürlichen Grünland- und Staudengesellschaften und Dünen.

Die **gehölzfreie Aue** bildet den Lebensraum der therophytenreichen Zweizahn-Gesellschaften und Melden-Uferfluren (Klasse *Bidentetea tripartitae*), verschiedener Röhrichte (v.a. der Ordnung *Nasturtio-Glycerietalia*, Klasse *Phragmitetea australis*) und Uferstaudenfluren (v.a. der Ordnung *Convolvuletalia sepium*, Klasse *Galio-Urticetea*). Meist handelt es sich hierbei nur um aufgerissene Lücken in den Gehölzgesellschaften, trockengefallene Uferbänke und schmale, den Gebüschen vorgelagerte Gürtel. Die kilometerlangen, monotonen Glanzgrasröhrichte vom Typ des *Phalaridetum arundinaceae* unserer Fließgewässerufer sind dagegen eine Folge der Uferbegradigung und Gehölzvernichtung (vgl. auch Abb. 19, 20, 242 und 304).

Die **Weichholzaue** wird unter naturnahen Bedingungen von Weidengebüschen und -wäldern der Klasse *Salicetea purpureae* eingenommen, die sich mit Fließwasserröhrichten und Hochstaudenfluren eng verzahnen und entsprechende Vegetationskomplexe ausbilden (s. Abb. 300). In den Tieflagen dominieren Weidengebüsche vom Typ des *Salicetum triandroviminalis*. Sie grenzen uferwärts an Bruchweiden-Auenwälder mit *Salix alba* und *S. fragilis*, das *Salicetum albo-fragilis*. Korbweidengebüsch (*Salicetum triandroviminalis*) und Silberweidenwald (*Salicetum albo-fragilis*) bevorzugen den Überschwemmungsbereich vom mittleren Sommerwasser bis zur Grenze des mittleren Hochwassers.

Die höher gelegene, z.T. nur noch von Spitzenhochwassern erreichte Flußaue bildet den Lebensraum der **Hartholzauenwälder**. Je nach Überschwemmungshäufigkeit und -dauer, Bodentyp, Nährstoffversorgung und Grundwasserführung handelt es sich um Bruchwälder der Klasse *Alnetea glutinosae*, Hartholzauenwälder (im eigentlichen Sinne!) des *Alno-Ulmion*-Verbandes oder Eichen-Hainbuchen-Wälder des *Carpinion betuli*-Verbandes (beides Verbände der Klasse *Querco-Fagetea*).

Gehölzfreie Aue, Weichholz- und Hartholzaue können als zonierte Biotoptypen von den nicht zonierten, d.h. von Überschwemmungen in unterschiedlichem Maße beeinflußten Auengewässern und sonstigen natürlich gehölzfreien Flächen unterschieden werden. Auengewässer bilden den Lebensraum der eutraphenten, gelegentlich sogar hypertraphenten, aquatisch und amphibisch lebenden Pflanzengesellschaften. Sie lassen sich fast durchweg den Klassen *Lemnetea minoris*, *Potamogetonetea pectinati* und *Phragmitetea australis* zuordnen; *Littorelletea uniflorae-*, *Charetea fragilis-* und *Utricularietea intermedio-minoris*-Gesellschaften sind hier nur ausnahmsweise und meist als Pioniere anzutreffen (s. Kap. 2.1 ff.). Vom Hochwasser geschaffene gehölzfreie Flächen werden vereinzelt von natürlichen Grünland- und Staudengesellschaften der Klassen *Molinio-Arrhenatheretea* und *Galio-Urticetea* eingenommen, die sich jedoch nur wenige Jahre gegenüber den Gehölzgesellschaften behaupten können.

Die norddeutschen Flüsse haben ihr Einzugsgebiet im Mittelgebirgsraum. Winter- und Frühjahrshochwasser machten es seit jeher möglich, Grünlandwirtschaft zu betreiben. Folglich wurden die Auenwälder schon vor Jahrhunderten weitgehend in landwirtschaftliche Nutzflächen überführt (s. Abb. 20 und 21). Donau, Oberrhein und ihre Nebenflüsse hingegen haben ein alpines Abflußregime mit Sommerhochwassern. Auenwälder sind dort noch in Resten erhalten, da hohe sommerliche Wasserstände die wirtschaftliche Erschließung und Nutzung erschwerten. Die wichtigsten Auengebiete Deutschlands liegen daher am Oberrhein (z.B. Taubergießen, Rastatter Rheinaue, Kühkopf-Knoblauchsaue, Lampertheimer Altrhein); an Niederrhein und Elbe sind lediglich Auenwaldreste und extensiv genutzte Grünlandflächen erhalten (z.B. Xantener Altrhein und Bislicher Insel, Heuckenlock, Elbholz von Gartow und Pevestorfer Elbwiesen; vgl. Dister 1991).

Die weitaus größten Flächen von Ems-, Weser-, Aller-, Leine- und Magdeburger Elbauen, letztere im Biosphärenreservat Mittlere Elbe, werden heute von Gesellschaften des Wirtschaftsgrünlandes (Klasse *Molinio-Arrhenatheretea*) eingenommen. Hervorzuheben sind die allerorts verbreiteten Fett-, Stand- und Mähweiden des *Cynosurion cristati*-Verbandes, hier vor allem das in Abhängigkeit von Exposition, Inklination, Bodenfeuchtigkeit und Beweidungsintensität reich gegliederte *Lolio-Cynosuretum*, die Weidelgras-Weißklee-Weide (Abb. 371). Im Rückgang begriffen ist das ehemals so vielfältige Repertoire an Naß- und Streuwiesen, nassen Hochstaudenfluren, Pfeifengraswiesen und Mädesüß-Fluren (Feuchtgrünland der Verbände *Calthion*, *Molinion caeruleae* und *Filipendulion*, s. Kap. 4).

Sandtrockenrasen und Dünengesellschaften (Klasse *Koelerio-Corynephoretea*) sind teils natürlichen, teils anthropogenen Ursprungs (s. Kap. 5.1). In Talauen, die unmittelbar an pleistozäne Sandgebiete grenzen, können Dünenfelder bis an die Flußufer vordringen. Diese Sandflächen werden von *Carex arenaria*, *Corynephorus canescens* und einigen Therophyten initial besiedelt und bei Ausbildung des *Spergulo vernalis-Corynephoretum canescentis* festgelegt. Bei günstiger Wasserversorgung

und weiterer Festlegung des Sandes entwickeln sich dann Grasnelkenfluren, beispielsweise das auf den Elbe-, Ems-, Aller- und Weserdünen optimal entwickelte *Diantho deltoides-Armerietum elongatae*. Dünen gehören zum charakteristischen Erscheinungsbild vieler Geestflüsse. Ihre Vegetation kann aber nicht zum natürlichen Inventar der Überflutungsräume gerechnet werden, sondern entstammt größtenteils den an die Talauen angrenzenden *Quercetea robori-petraeae*-Landschaften.

8.2.2 Ökologischer Zustand von Flußauen, Probleme der Auenrevitalisierung

Schon in vorchristlicher Zeit begann die Einflußnahme des Menschen auf den Wasserhaushalt unserer Landschaftsräume. Durch die Beweidung und Auflichtung der Wälder setzte nach und nach eine verstärkte Erosion ein, die erhöhte Sedimentfrachten der Fließgewässer zur Folge hatte. In den Talauen der großen Flüsse kam es schon in der Römerzeit zu einer verstärkten Sedimentation von Auenlehm (Mensching 1951, Caspers 1993). Durch den erhöhten Abfluß aus den entwaldeten Mittelgebirgen veränderte sich die Wasserführung der Fließgewässer; es kam zu verstärkter Sohlenerosion und sinkenden Grundwasserständen. Wasserbauliche Maßnahmen wie Deichanlagen, Flußlaufbegradigungen und Dränungen zerstörten nach und nach die funktionale Einheit von Fließgewässer und Aue. In allen deutschen Flußauen sind heute tiefgreifende Einschnitte in den Naturhaushalt festzustellen. Die Intensivierung der landwirtschaftlichen Nutzung, der Schutz der Siedlungen und Verkehrswege vor Hochfluten und der fortschreitende Ausbau der Flüsse zu Binnenwasserstraßen macht sich vor allem am Verlust vieler naturnaher Strukturen, z.B. natürlicher Wasserflächen, Niedermoore und Auenwälder, aber auch am Rückgang extensiv genutzter Flächen bemerkbar. Zu nennen sind in diesem Zusammenhang besonders die früher starken Flächenverluste durch Umwandlung in Grünland. In jüngster Zeit gibt es allerdings wieder leichte Zuwächse durch Sukzession und Aufforstungen. Auch Niederwald-Nutzung mit Erlenförderung hat eine wichtige Rolle gespielt. Es bleiben:

- **Wasserbauliche Maßnahmen:** Flußregulierung und Einengung der Talauen durch Kanalisierungen und Eindeichungen, als Konsequenz daraus Reduktion der Überflutungshäufigkeit, Reduktion des Grundwasseraustausches zwischen Strom und Aue, Grundwasserabsenkung, Tiefenerosion im Flußbett, Entwässerung der Auenflächen,
- **Beeinträchtigung des Fluß- und Grundwassers:** übermäßige Sedimentation von Schwebstoffen in Stauräumen, Einleitung ungeklärter Abwässer, Anlage von Mülldeponien in Tälern, Stoffeintrag aus landwirtschaftlichen Flächen, thermische Belastung durch Kraftwerke,
- **Versiegelung der Auenflächen:** Ausweitung von Siedlungen und Industrieanlagen, Straßenbau, Bodenverdichtung durch maschinelle Bearbeitung,
- **Landschaftsverarmung:** Nivellierung des auentypischen Kleinreliefs, Beseitigung von Gewässern durch Verfüllen und Planieren, Ausdehnung der Ackernutzung im Überflutungsbereich.

Die **Revitalisierung** anthropogen belasteter Auenbiotope zwingt zu aufwendigen, kosten- und zeitintensiven Maßnahmen. Artenschutzprogramme, Müll- und Schuttbeseitigung, Minderung von Schadstoffeinträgen, Neuvernetzung der Oberflächengewässer und Vergrößerung der allgemeinen Strukturvielfalt sind nur einige Schlagworte, die in diesem Zusammenhang genannt werden können. SCHREIBER (1994) definiert die Revitalisierung von Auen als Wiederherstellung der ökologischen Funktionsfähigkeit und -einheit von Fließgewässer und Aue – die vorher entkoppelt waren – oder zumindest einiger Funktionen unter Berücksichtigung adäquater Möglichkeiten der Landbewirtschaftung.

Dieser Ansatz orientiert sich bewußt am aktuellen ökologischen Zustand unserer Flußauen, die sicherlich durch verschiedene Maßnahmen (z.B. Extensivierung der Flächennutzung) positiv beeinflußt werden können, nicht jedoch durch eine „Renaturierung" im eigentlichen Sinne in einen natürlichen oder zumindest naturnahen Zustand zu überführen sind. Revitalisierung, nicht Renaturierung sollte im Bereich der Flußauen das Leitbild des flächenhaften Naturschutzes sein. Regional oder lokal lassen sich aber Einzelbiotope in den Auenlandschaften durchaus renaturieren! Andere Lebensräume, z.B. nährstoffarme Stillgewässer der Geest und Moore können nur in einem naturnahen Zustand dauerhaft erhalten bleiben (vgl. auch SCHLÜTER 1992, KAIRIES 1993, BERNHARDT 1994, BERNHARDT & HANDKE 1994).

Es gibt zahlreiche Beispiele für erfolgreich und weniger erfolgreich durchgeführte Renaturierungs- und Revitalisierungsmaßnahmen im Fließgewässer- und Auenbereich. Vielversprechend ist die Verbesserung der Wasserqualität der Fließgewässer durch die Anlage und Unterhaltung geeigneter **Ufer- bzw. Gewässerrandstreifen.** Die gewässerbegleitende Ufervegetation kann die Erosionsfracht des Oberflächenabflusses und die Stofffracht des oberflächennahen Bodenwasserflusses vermindern und somit als biologischer Filter eingesetzt werden, der zudem noch die Strukturvielfalt der Flußufer erhöht (vgl. MANDER 1989, SCHREIBER 1989, KNAUER & MANDER 1989, 1990; DVWK 1990, KNAUER 1990). SCHREIBER (1994) weist jedoch auf eine Vielzahl von Fragen hin, die in diesem Zusammenhang noch nicht zufriedenstellend beantwortet wurden.

Als weitere Revitalisierungsmaßnahme in Flußauen sollte die **Extensivierung** der landwirtschaftlichen Nutzung in Erwägung gezogen werden. Dies gilt in besonderem Maße für gewässerangrenzende Äcker (v.a. Maisäcker), aber auch für intensiv genutzte Grünlandflächen. Ohne eine spürbare Verringerung des Einsatzes von Dünge- und Pflanzenschutzmitteln und eine grundsätzliche Umstellung der Weidewirtschaft und Wiesennutzung (z.B. Reduzierung der Schnitthäufigkeit) sind Revitalisierungsvorhaben kaum denkbar (vgl. auch EGGE 1990, SCHEFFER & KUNTZE 1991, LEHMANN & ZINTZ 1993, RADERSCHALL 1993).

Sehr viel drastischer und einschneidender sind Maßnahmen des **Gewässerrückbaus** und der **Wiedervernässung,** zu denen die allgemeine (und schrittweise) Reduzierung des Dränagesystems, der Abbau von Deichen und damit die Wiederherstellung von Überflutungsräumen, die Vernetzung von Fließ- und Stillgewässern und die Wiederbewaldung geeigneter Flächen gerechnet werden müssen. Viele dieser Maßnahmen sind schon aus Kostengründen nicht durchführbar, wenn auch einzelne Aspekte wie z.B. die naturnahe Ufergestaltung der Flüsse ohne größeren Aufwand zu bewerkstelligen sind (s. hierzu WESTERMANN & SCHARFF 1988, EGGERS, HOLLINGER-HOLST & KAUSCH 1991, NEUSCHULZ & WILKENS 1991, DARSCHNICK et al. 1992, GÖCKE 1994, STRASSER 1994 u.v. a.).

8.2.3 Biotoptypen von Weichholz- und Hartholzauen

An den eingetieften Oberflächen der Berglandbäche sind normalerweise keine eigenen Auen ausgebildet; hier treten die standortsgemäßen Buchenwälder oder Buchenmischwälder bis an den Bachrand. Ansonsten sind im mitteldeutschen Bergland vorwiegend drei Auenwaldgesellschaften verbreitet: der Bach-Eschenwald (*Carici remotae-Fraxinetum*) mit Esche (*Fraxinus excelsior*) und Erle (*Alnus glutinosa*) in Kalkgebieten, er zeichnet sich durch anspruchsvolle Krautarten aus, z.B. Riesen-Schachtelhalm (*Equisetum maximum*) und Märzenbecher (*Leucojum vernum*); der Hainmieren-Erlen-Auenwald (*Stellario-Alnetum*) im Silikat-Bergland, gekennzeichnet durch Schwarzerle und aspektbeherrschender Hainmiere (*Stellaria nemorum*) in der Krautschicht, sowie ein bachbegleitender Erlenwald mit Bitterem Schaumkraut (*Cardamine amara*) und hohen Erlenanteilen in der Baumschicht.

Die Erle kann auch weite Flächen in Niederungsbereichen einnehmen, wo oft unentwirrbare Übergänge zu Erlenbrüchen bestehen. Der Spreewald, die fast 500 Quadratkilometer große Niederungslandschaft an der Mittleren Spree, war einst ein ausgedehntes Überflutungsmoor mit dichten Erlensümpfen. Heute ist es eine Kulturlandschaft mit zahlreichen Fließgewässern (s. Abb. 622 und SUCCOW 1992). Ganz andersartige Auenwälder haben die Gebirgsflüsse (s. Abb. 623 bis 629). Auf Auenrohböden über Sand oder Schotter in

622

Abb. 622: Erlenwald am Spree-Fließ bei Lübbenau im Biosphärenreservat Spreewald (1990).

der montanen Stufe der Alpen und des Alpenvorlandes sowie in winterkalten, glazial überformten Hochtälern des Ost-Schwarzwaldes wächst der Grauerlen-Auenwald (*Alnetum incanae*). Er ist optimal im potentiellen Nadelholzgürtel der Gebirge (s. Abb. 625, 626, 628 und 629) verbreitet. An den Alpenflüssen übernehmen die Grauweiden-Gesellschaften aus dem Gesellschaftsbereich des *Salicetum elaeagni* die Funktion als galerieartige Flußufergesellschaften (Abb. 623, 624, 627).

Die Auen- und Niederungswälder der größeren Flußtäler des Flachlandes sind als Relikte von Weichholzauen dem *Salicetum albae* (Silberweidenwald) zuzuordnen, dem wasserwärts ein Korbweidengebüsch (*Salicetum triandro-viminalis*) aus Purpur-, Korb- und Mandelweide (*Salix purpurea, Salix viminalis, Salix triandra*) vorgelagert ist (Abb. 630 bis 636). Flußseitig der Hartholzaue vorgelagert erstreckt sich im allgemeinen die Weichholzaue, die in der Nähe der Mittelwasserlinie in das

Korbweidengebüsch (*Salicetum triandrae*) übergeht und den Abschluß der Auen-Gehölzzonierung bildet.

Im Rahmen dieser Zonierung ist der Silberweidenwald die charakteristische Weichholzauengesellschaft an größeren Strömen (Abb. 631 bis 636). Im nahen Uferbereich liegend, wird sie im Winter periodisch und langandauernd überflutet. Daher kann die Aue nur von Holzarten eingenommen werden, die diese amphibischen Bedingungen ertragen können. Unter den Baumarten sind es die Silberweide (*Salix alba*), die hybride Bruchweide (*Salix × rubens*) sowie die Schwarzpappel (*Populus nigra*) und in der Strauchschicht Mandel- und Korbweide. Die Bodenvegetation des Waldes setzt sich aus Kratzbeer-, Brennessel- und Rohrglanzgrasbeständen sowie anderen Sumpf-Hochstauden zusammen. Hauptverbreitungsgebiet dieses Waldes sind die großen Flüsse, wo er auf Auenrohböden vorwiegend sandiger Sedimente wächst, die von einer Schlickschicht überlagert sind.

Hartholzauenwald-ähnliche Bestände finden sich in den mit Auenlehmen überdeckten und übersandeten Flußtälern der größeren Fließgewässer und Ströme. In den Flußauen auf schweren, neutralen Lehmböden sind dort die Hartholzauenwälder, wie gesagt, meist nur noch fragmentarisch erhalten (z.B. Weserauen, Elbauen, Donau- und Oberrheingebiet, siehe Abb. 637 bis 640).

Restbestände sind durch Aufforstungen mit Hybridpappeln und durch Ulmensterben zusätzlich verändert.

Abb. 626: *Equisetum pratense* (Wiesen-Schachtelhalm) ist ein seltenes Auenwald-Element mit vorzugsweise nordisch-kontinentaler Verbreitung (Wutach, 1994). ▷

Abb. 627: Vegetationskomplex von pionierhaften Therophyten-Gesellschaften und initialen strauchförmigen *Salix elaeagnos*- und *Salix daphnoides*-Gebüschen auf den Schotterflächen der Wutach (1994). ▷

Abb. 623: Grauweiden-Gebüsch (*Salicetum elaeagno-daphnoidis*) an der oberen Rhone bei Leuk/Wallis (1987).

Abb. 624: Die Deutsche Tamariske (*Myricaria germanica*) auf Flußschottern des Lech bei Füssen (1985).

Abb. 625: Vegetationskomplex aus bachbegleitenden Grauerlenwäldern (*Alnetum incanae*) und Schluchtwäldern (*Fraxino-Aceretum*) im engen Tal der Wutach (1994).

629

628

Abb. 628: Grauerlen-Galeriewald (*Alnetum incanae*) im Ostschwarzwald (1985).

Abb. 629: *Alnus incana* (Grauerle).

Abb. 630: An den Prallhängen des Inn gibt es ständig nachrutschende Hänge, die innerhalb geschlossener Waldlandschaften als waldfreie Stellen herausragen (hier an der Innschleife bei Wasserburg am Inn). Diese Rutschhänge sind an ihren Rändern besonders gut mit *Aceri-Fraxinetum*-Wäldern bestockt. Am Gleithang des Inn wächst galerieartig eine Weichholzaue aus *Salix alba* (1994).

630

Abb. 631: *Salicetum triandro-viminalis* als ▷ Pionier-Auengebüsch an periodisch überfluteten Fluß- und Bachufern von der Ebene bis in mittlere Gebirgslagen (Ems bei Handorf i. Westfalen, 1980).

Abb. 632: Weichholzauen-Vegetationskomplex ▷ (*Salicetum albae*) am Oberrhein bei Marckolsheim (1989).

631

632

633

634

635

◁ Abb. 633: Biotopkomplex aus Altwasser-Flut-
rasen, Röhrichten und Weichholzaue an der
Donau (1992).

◁ Abb. 634: Biotopkomplex aus Flutrinnen,
Röhrichten und Weichholzaue am Oberrhein
bei Burkheim (1989).

Abb. 635: Biotopkomplex aus Gewässer,
Röhricht, Weichholz- und Hartholzaue am
Oberrhein (1994).

Abb. 636: Die Silberweide (Salix alba) ver-
zweigt sich basiton und zeigt im unteren kahlen Bereich die Fluthöhe an.

636

Abb. 637: Der Hartholzauenwald der Rheinauen in den Schutzgebieten von Rhinau und Daubensand (1993).

Abb. 638: Biotoptypenkomplex aus Trockengebüschen (*Berberido-Hippophaetum*) und aufwachsendem Hartholzauenwald auf den Schottern des Oberrheins (Breisach, 1993).

Abb. 639: *Hippophae rhamnoides* ssp. *fluviatilis* ist eine Unterart des Sanddorns auf kiesigen Flußufern und an Kalkstandorten.

Abb. 640: Biotopkomplex aus Verlandungssukzessionen von Altarmen, ▷ Weichholz- und Hartholzauen an der Ems (1980).

Abb. 641: In den Flußtälern des norddeutschen pleistozänen Flach- ▷ landes mit vorwiegend sandigen Ablagerungen stellt sich als natür- liche Hartholzaue der Stieleichen-Hainbuchen-Wald ein; artenarmes *Querco-Ulmetum* an der Ems (1993).

640

641

642

Abb. 642: An den tidebeeinflußten norddeutschen Flüssen sind die Auenwälder größtenteils vernichtet. Hier an der Unteren Ems bei Papenburg gibt es noch naturnahe Bereiche mit ausgedehnten Tideröhrichten und Resten eines *Salix*-Auenwaldes (Foto W. FRANKE, 1990). Die charakteristischen Gebüsch- und Waldformationen oft überschwemmter Tieflandauen sind ursprünglich an den Flüssen Mitteleuropas sehr verbreitet gewesen. Regelmäßige Überschwemmungen, die durchschnittlich mehr als 170 Tage im Jahr andauerten, und starke Wasserstandsschwankungen erzeugten einzigartige Lebensräume für viele Fische, Amphibien und die Vogelwelt sowie für Flußbiber und Flußotter. Großflächige Ausweisungen von Schutzgebieten zur Erhaltung der Flußdynamik lassen auf den Erhalt dieser Restbestände hoffen!

643

644

645

Abb. 643: Tidebeeinflußte Aue der Ems bei Papenburg. In der Aue wachsen ausgedehnte Röhrichte und vereinzelte Gehölzinseln (1994).

Abb. 644: Detail aus Abb. 643 mit Biotopkomplex aus *Phalaridetum arundinaceae*-Röhricht und *Salix purpurea*-reichen Auengebüschen sowie Resten eines *Salix alba-Fraxinus excelsior*-Auenwaldes (1993).

Abb. 645: Der Tide-Auenwald Heuckenlock bei Hamburg ist ein einzigartiger Restwald im norddeutschen Raum (Archivbild E. BURRICHTER, 1966). Da die Ufer der Marschflüsse günstige Siedlungsplätze waren, wurden diese Tide-Hartholzauen bereits seit prähistorischer Zeit gerodet.

273

Sie sind heute meist in Grünland über-führt, v.a. in den flußfernen Auen, die nur noch episodisch überflutet sind (vgl. Car-biener 1974, Seibert 1987, Galluser & Schenker 1992). Im naturnahen Zustand bilden die Hartholzauen einen Vegetations-komplex aus Gebüschen, Gehölzen und Wäldern. Im Idealfall sind es vielschich-tige, lianenverhangene, „urwaldähnliche" Gebilde (Abb. 637) mit sehr hohem Arten-reichtum. Sie gehören zu den artenreich-sten Waldgesellschaften Mitteleuropas.

In den Flußtälern des Flachlandes mit überwiegend sandigen Ablagerungen dürfte sich als potentielle natürliche Vege-tation ein Hartholzauenwald einstellen, der überwiegend von der Stieleiche beherrscht wird (Abb. 641). An etwas günstigeren Stellen können auch Esche und Feldulme beigemischt sein, häufiger dagegen die Hainbuche. Unter den Sträuchern domi-nieren Hasel und Weißdorn-Arten, die bei Auflichtung des Waldes von einem dichten Teppich aus Haselblättriger Brombeere (*Rubus corylifolius*) und Kratzbeere (*Rubus caesius*) unterwachsen sein können. Die übrigen anspruchsvollen Strauchgehölze der Hartholzauen wie Feldahorn, Hartrie-gel und Pfaffenhütchen fehlen dagegen fast vollständig. Auch die für den artenrei-chen Eichen-Ulmen-Wald charakteristi-schen eutraphenten Arten der Kraut-schicht bleiben hier aus oder spielen zu-mindest eine untergeordnete Rolle. Ton-angebend sind die mesotraphenten Arten mit Buschwindröschen (*Anemone nemo-rosa*), Wald-Sauerklee (*Oxalis acetosella*), Gemeiner Nelkenwurz (*Geum urbanum*), Flattergras (*Milium effusum*), Waldveil-chen (*Viola reichenbachiana*), Efeu (*He-dera helix*) sowie die Feuchtigkeitszeiger Riesen-Schwingel (*Festuca gigantea*), Ra-senschmiele (*Deschampsia caespitosa*), Ge-wöhnliches Hexenkraut (*Circaea lute-tiana*) und Frauenfarn (*Athyrium filix-fe-mina*). Nitrophile Arten wie Große Brenn-nessel (*Urtica dioica*), Gundermann (*Glechoma hederacea*) und Lauchkraut (*Al-liaria petiolata*) dürften mit den Treibsel-ablagerungen während der Überflutungs-perioden im Zusammenhang stehen.

Der artenarme Eichen-Ulmen-Wald ist vor allem im pleistozänen Norddeutsch-land verbreitet. Infolge episodischer Über-flutungen bei Hochwässern werden die Auen in den Geestgebieten häufig mit grob- bis mittelkörnigen Bodenfraktionen übersandet. Neben den Übersandungen durch Wassertransport spielte früher auch der Flugsandeintrag aus den benachbarten Heidegebieten eine zusätzliche und lokal bedeutsam Rolle. Er war zeitweilig so er-heblich, daß beispielsweise die Flußschiff-fahrt im Bereich der Mittelems noch bis Anfang des vorigen Jahrhunderts durch eingewehte Dünenriegel im Fahrwasser vorübergehend zum Erliegen kam.

Neben den Flußmarschen von Ems, We-ser und Elbe, wo *Querco-Ulmetum*-Hart-holzauenwälder in der potentiellen natür-lichen Vegetation eine wesentliche Rolle spielen dürften, würden auch die einge-deichten salzfreien Küstenmarschen mit *Alno-Ulmion*-Wäldern bestockt sein. Hier treten auf den landwärts zunehmend aus-gesüßten Böden windgeformte krüppelige Wald- und Gehölzbestände auf, in denen neben der Erle häufig Esche (*Fraxinus ex-celsior*), Ulmen (*Ulmus laevis, Ulmus carpi-nifolia*), Eiche (*Quercus robur*) sowie Feld- und Bergahorn (*Acer campestre, Acer pseu-doplatanus*) zu finden sind.

Diese Waldbestände stockten auf den meist mehrere Kilometer breiten Uferwäl-len, dem sogenannten Hochland des Fluß-marschengebietes (s. Abb. 642), bevor sie während der vorchristlichen Besiedlung vernichtet wurden. Heute bestehen nur noch wenige Reste davon (s. Abb. 643 bis 645). Die Bodenarten umfassen eine Skala vom sandigen Lehm bis zum lehmigen Ton, wobei die unterschiedlichen Fraktio-nen auch schichtweise gelagert sein kön-nen. Als Bodentyp herrscht ein basenrei-cher Brauner Auenboden vor, der über gleyartige Veränderungen stellenweise mit dem Gley abwechselt. Trotz der episodi-schen Überflutung liegt der Grundwasser-spiegel während der Vegetationszeit im allgemeinen tief.

- **Gefährdung:** Fließwasserbegradi-gung, Eindämmung, Gewässerunter-haltungsmaßnahmen mit Erd-, Sand- oder Kiesbau, intensive forstliche Nutzung.
- **Schutz:** ■, ●, FFH 91 EO, 91 FO, CORINE 91: 44.3 und 44.2, ✳, überall prioritäre Habitate nach 92/ 43 EEC.
- **Verbreitung:** nur noch in Resten.
- **Beispiele:** Abb. 622 bis 645.

8.3 Sumpf- und Feuchtwälder

In den diluvialen Flachlandbereichen Norddeutschlands, wo Eichen-Auenwälder (Abb. 641, 646) als arme Ausbildungen des Eschen-Auenwaldes (*Fraxino-Ulmetum*) an den Mittelläufen von Lippe, Ems, Vechte, Weser, Aller, Havel und Spree zu finden sind, nimmt der typische Eschen-Auenwald (*Querco-Ulmetum* = *Fraxino-Ulmetum*) als anspruchsvollere Gesell-schaft mit Tendenz zum *Stellario-Carpine-tum* ebenfalls die periodischen Über-schwemmungsbereiche der Talauen ein. Auf episodisch überschwemmten Böden oder bei noch anstehendem Grundwasser können flächenhafte Erlen-Eschen-Wälder auftreten (s. Abb. 647 und 648).

Traubenkirschen-Erlen-Eschen-Wälder vom Typ des *Pruno-Fraxinetum*, als er-lenreiche Wälder mit dominierender Trau-benkirsche (*Prunus padus*), sind wohl die verbreitetsten Niederungs-Auengesell-schaften (Abb. 649). Sie säumen oft gale-rieartig die Bäche der sandigen Geest. Die Gesellschaft findet sich aber auch abseits der Fließgewässer in sehr nassen Niede-rungen auf basenhaltigeren Standorten als der Erlenbruch, wobei sich der Eschen-anteil der Gesellschaft nach dem jewei-ligen Basengehalt der Böden richtet. Viele Bestände sind heute durch Grundwasser-absenkung beeinträchtigt.

In diesem Niederungswald beherrscht im allgemeinen die Schwarzerle das Bild der Baumschicht. Die Esche bleibt unter-geordnet und ist nur auf basenreichen Bö-den in größerer Menge anzutreffen. Stär-kere Frequenzen von Eichen und Hainbu-chen deuten meist auf Übergangsformen zum *Stellario-Carpinetum* hin. In den är-meren Ausbildungen können gelegentlich auch unsere beiden Birkenarten zusam-men mit der Eberesche vorkommen. Die Strauchschicht ist je nach Verlichtungs-grad sehr artenreich. Fast immer domi-niert die Traubenkirsche (*Prunus padus*), die in manchen Beständen nahezu baum-artigen Wuchs annehmen kann. Hasel, Schneeball, Bluthartriegel, Pfaffenhütchen, Rote Johannisbeere und Brombeere ver-vollständigen das Strauchinventar. In der üppigen Krautschicht sind *Fagetalia*-Ar-ten stets mit hygrophilen Stauden und Gräsern vergesellschaftet.

646

Abb. 646: Norddeutsche Flußlandschaft mit dem Hase-Fluß bei Meppen (Foto W. FRANKE, 1990). Der kanalisierte Fluß zeigt nur noch an wenigen Stellen die Reste natürlicher oder naturnaher Gehölzgesellschaften. Auch hier wird die starke, nutzungsbedingte Parzellierung der Kulturland-schaftsflächen deutlich. Eine Unterschutzstellung der letzten Auenwaldreste, die Renaturierung ehemaliger Auenwälder – wenn überhaupt möglich –, die Wiederherstellung naturnaher Flußabschnitte und der Aue sowie die Rückführung standortsfremder Aufforstungen in naturnahen Beständen würden das Landschaftsbild verbessern und für eine höhere biologische Vielfalt sorgen.

Abb. 647: Auf episodisch unterschwemmten Böden im Bereich von Flüssen und Bächen (Auenböden) oder auf überschwemmungsfreien Grundwasserböden (Gleyen) stocken Wälder aus nährstoffbedürftigen und feuchtigkeitsliebenden Arten. Erlen-Eschen-Wald in Thüringen (1992). Die Überschwemmungen bringen zusätzliche Nährstoffe durch hereingetragene Sedimente, und das unterscheidet auch die vom Niederschlagswasser oder hoch anstehenden Grundwasser gespeisten Bruchwälder mit Erlen von den Schwarzerlenwäldern in den Talauen der Flüsse. Ein großer Teil dieser Erlen-Eschen-Wälder ist sekundär aus teilentwässerten Erlen-Bruchwäldern hervorgegangen. Früher vielfach durchgeführte Niederwald-Nutzungen begünstigten wegen ihrer sehr guten Stockausschlagfähigkeit auch die Erle im Waldbild.

Abb. 648: Erlenreiche Quellwälder an Quellwasseraustritten sind in den norddeutschen Moränenlandschaften zu finden (Baumberge bei Coesfeld, 1980). Es handelt sich um ökologisch äußerst wertvolle Biotope, weil sie Lebensräume für solche Pflanzen und Tiere darstellen, die an einen hohen Grundwasserspiegel gebunden sind (aquatische oder amphibische Arten).

647

648

649

650

Abb. 649: Traubenkirschen-Eschen-Auenwald (*Pruno-Fraxinetum*) mit Schwarzerle und Esche in der Baumschicht. Dieser Wald wächst vornehmlich in Talauen und Niederungen planarer Lagen in subatlantisch-subkontinentalen Regionen (1985).

Abb. 650: *Eranthis hiemalis* (Winterling) und Märzenbecher (*Leucojum vernum*) im Vorfrühlingsaspekt eines feuchten *Alno-Ulmion*-Waldes im Umfeld des Wasserschlosses Haus Stapel im Münsterland (1980). Diese gelegentlich ausgewilderten Arten wachsen heute oftmals in sogenannten Altwäldern, wo sie sich auf den alten Waldböden als langlebige Geophyten-Populationen lange halten können. Das Wasserschloß Haus Stapel wurde bereits im Jahre 1211 genannt – die Schloßwaldungen sind also seit über 700 Jahren erhalten.

Abb. 651: Die Große Schlüsselblume (*Primula elatior*) ist ein typisches Element von Feucht- und Naßwäldern; im Bergland geht diese subatlantisch-submediterrane Art auch in die Bergwiesen über.

651

277

Zu den ersteren gehören Buschwindröschen (*Anemone nemorosa*), Märzenbecher (*Leucojum vernum*), Waldveilchen (*Viola reichenbachiana*), Efeu (*Hedera helix*), Nabelmiere (*Moehringia trinervia*), Gemeine Nelkenwurz (*Geum urbanum*) sowie Scharbockskraut (*Ficaria verna*), zu den letzteren die Große Brennessel (*Urtica dioica*), Bachnelkenwurz (*Geum rivale*), Entferntährige Segge (*Carex remota*), Wald-Ziest (*Stachys sylvatica*), Gilbweiderich (*Lysimachia vulgaris*), Mädesüß (*Filipendula ulmaria*), Rasenschmiele (*Deschampsia caespitosa*) u.a.

Da die *Pruno-Fraxinetum*-Gesellschaften bis auf wenige Reste der Grünlandkultur weichen mußten und nur in wenigen Restbeständen erhalten oder zudem meistens anthropogen überformt worden sind, gibt es heute nur wenige Altwälder dieses Typs (Abb. 650 und 651). Mit Sicherheit kann nur ein artenreicher und ein artenarmer Flügel unterschieden werden.

Die **artenreichen** Ausbildungsformen sind durch eine Anzahl besonders anspruchsvoller Differentialarten wie Ausdauerndes Bingelkraut (*Mercurialis perennis*), Aronstab (*Arum maculatum*), Goldhahnenfuß (*Ranunculus auricomus*), Einbeere (*Paris quadrifolia*) und Schlüsselblume (*Primula elatior*, Abb. 651) gekennzeichnet. Sie dürften aufgrund der Artenkombination und des verstärkten Auftretens der Esche den Eschen-Auenwäldern nahestehen. Ihre Standorte sind entweder etwas feindispersere basenreiche Gleyböden oder auch ausgesprochen sandige Naßgleye mit sehr nährstoff- und basenreichem Grundwasser.

Die **artenarmen** Traubenkirschen-Erlen-Eschen-Wälder, in denen die Esche weitgehend zurücktritt, nehmen dagegen die wasserzügigen Niederungen mit geringerer Basen- und Nährstoffversorgung ein. Es sind überwiegend Sandböden, deren Bodentypenskala vom typischen Gley bis zum Anmoorgley, zum Teil sogar bis zum entwässerten Niedermoor reicht. Viele Ausbildungsformen des Traubenkirschen-Erlen-Eschen-Waldes mit hohem und weniger bewegtem Grundwasser dürften dem westeuropäischen und speziell auch dem im niederländischen Nachbarraum verbreiteten *Macrophorbio-Alnetum* (Hochstaudenreichreicher Erlenwald, vgl. WESTHOFF u. DEN HELD 1969) nahestehen.

- **Gefährdung:** intensive Forstwirtschaft, Entwässerung, Nährstoffeinträge.
- **Schutz:** □, ●, FFH 91FO, CORINE 91-: nicht überall prioritär geschützt.
- **Verbreitung:** nur noch in Resten.
- **Beispiele:** Abb. 646 bis 651.

Die Erlen- und Eschenwälder der Auen sind nur noch lokal und kleinflächig verbreitet. Hier bieten sich Aufforstungen in Verbundsystemen an.

9
Biotoptypen natürlicher mesophiler Wälder

Die **Wirtschaftswälder** in der heutigen Kulturlandschaft sind größtenteils forstlich begründet und durch Pflanzungen, Schonung von Kernaufwüchsen aus Naturverjüngung oder durch gezielte Hiebverfahren und entsprechender Gehölzselektion entstanden. **Naturwälder** dagegen unterliegen einem zyklischen Verjüngungsprozeß aus verschiedenen Waldentwicklungsstadien mit entsprechenden Änderungen in der Baumartenzusammensetzung. Es sind nach derzeitigem Wissensstand desynchrone Regenerationszyklen, wobei nach einem altersbedingten Zusammenbruch eines Bestandes in seiner Zerfallsphase (durch Windwurf oder Schädlingskalamitäten) sich auf den freigestellten Flächen in der Regel nicht dieselben Baumarten wieder ansiedeln, sondern lichtliebende, meist windverbreitete Pioniergehölze, die dann als sogenannte Vorwaldbäume die Verjüngungsphase eines derartigen Waldes wieder einleiten. Auf sauren Böden sind oft Birken, Ebereschen (*Sorbus aucuparia*) und die Waldkiefer (*Pinus sylvestris*) solche Vorwaldelemente. In den artenreichen Buchenwäldern sind dies oft die Esche (*Fraxinus excelsior*) oder der Berg-Ahorn (*Acer pseudoplatanus*). Sie entwickeln allesamt Vorwaldstadien, in deren Schutz dann die Bäume der Optimal- und Terminalphasen wieder aufwachsen können (s. u. a. REMMERT 1985, 1989, PFADENHAUER 1993, POTT 1993, HÄRDTLE 1995).

Die Folge solcher Regenerationszyklen ist ein kleinräumiges Mosaik von Gehölzstrukturen verschiedener Altersphasen mit unterschiedlichen Artenspektren, wobei ältere, geschlossene Waldpartien mit jüngeren, noch offenen Partien räumlich und zeitlich miteinander in einem einzigem größeren Waldbestand abwechseln. Der natürliche ungenutzte Wald zeichnet sich also durch einen Baumbestand unterschiedlichen Alters und durch seine Vielgestaltigkeit aus. Es herrscht ein räumliches Mosaik von Lichtungs-, Pionier-, Optimal- und Altersphasen; der natürliche Wald ist im Gegensatz zu unseren forstwirtschaftlich geprägten Wäldern mit einheitlicher Physiognomie ein mehr oder weniger komplexes Gebilde (s. Abb. 652 bis 666 sowie die Abbildungen im Farbatlas Waldlandschaften bei POTT 1993).

9.1 Hang- und Schluchtwälder

Es sind anspruchsvolle, hochstaudenreiche Mischwälder, in schattigen und feuchten Schluchten des Berglandes (meist in der potentiellen Buchenstufe) verbreitet. Hier tritt die Buche (*Fagus sylvatica*) aus edaphischen und lokalklimatischen Gründen stark zurück oder fehlt häufig (Abb. 652 bis 654). Typische Standorte sind steile Hänge mit feucht-kühlem Klima auf feinerdearmen, aber humosen, noch teilweise in Rutschung befindlichen Fels- oder Steinschuttböden.

Die Hang- und Schluchtwälder sind auch in vegetationsgeschichtlicher Hinsicht von einigem Interesse: Sie zeigen Laubmischwaldbestände und Waldstrukturen, wie sie vielleicht am Ende des Boreals und zu Beginn des Atlantikums als haselreiche Laubwälder ausgesehen haben, bevor die Buche eingewandert ist (s. Abb. 653 bis 660).

Einige wichtige Typen sind im folgenden vorgestellt:

Der Spitzahorn-Linden-Wald des *Aceri-Tilietum cordatae* ist eine strauchreiche Gesellschaft mit artenreicher Feldschicht auf blockschuttreichen, mehr oder weniger trockenen Standorten der Montanstufe. Auch an Felshängen (Abb. 656).

Der Eschen-Ahorn-Wald *Fraxino-Aceretum pseudoplatani = Aceri-Fraxinetum* wächst an kühlen, luftfeuchten Standorten mit zahlreichen Edellaubhölzern, auf alluvialen Bach- und Flußsedimenten, meist ist er aber an steilen Nordhängen auf Blockschuttfeldern ausgebildet; auch in spätfrostgefährdeten Tallagen im südlichen Alpenvorland und in höheren Mittelgebirgen der submontanen bis montanen Stufe kommt er vor (Abb. 657). Einige reliefbedingte Typen seien hier zusätzlich angeführt: an Hängen zeigt sich die Gesellschaft reich an *Fagion*-Arten; vor allem tritt *Fagus sylvatica* selbst in Erscheinung. Auf gelegentlich überschwemmten Auenböden der Flüsse gibt es *Alnus incana*- und *Salix alba*-reiche Eschen-Ahorn-Wälder. Hier wird im Alpenvorland die Buche durch Spätfröste zur Zeit des Laubaustriebes geschädigt; die Esche dagegen wird wegen ihres vergleichsweise späten Laubaustriebes davon verschont. Das erklärt die meist buchenfreien Bestände. In Höhenlagen von 500 bis 600 m über NN wird ferner *Ulmus glabra* von *Ulmus minor* ersetzt. Hier gibt es dann ulmenreiche *Aceri-Fraxinetum*-Wälder (SEIBERT 1969).

Der Mondviolen-Schluchtwald, *Lunario-Aceretum* (Abb. 658), gedeiht auf silikatischen Verwitterungsböden in sonnenabseitigen, sehr luftfeuchten Lagen. Der Hirschzungen-Schluchtwald *Asplenio scolopendrii-Aceretum = Phyllitido-Aceretum* stockt auf kalkschuttreichen, felsigen Standorten oder auf beschatteten Schutthalden, wo hohe Luftfeuchtigkeit herrscht (Abb. 659 bis 660).

- **Gefährdung:** Gesteinsabbau, Aufforstungen.
- **Schutz:** ■, ●, FFH 9180, CORINE 91: überall prioritäre Habitate nach Directive 92/ 43 EEC.
- **Verbreitung:** An trocken-warmen Standorten oder in Schluchten oder an steilen Hängen (nur lokal).
- **Beispiele:** Abb. 652 bis 660.

Abb. 652: Schluchtwälder des *Tilio-Acerion*-Verbandes sind anspruchsvolle, hochstaudenreiche Mischwälder in schattigen und feuchten Schluchten des Berglandes. Hier am Fuß der Schuttfächer der steilen Felspartien am Vogesenkamm deutlich zu erkennen (Frankentalkar, 1993).

Abb. 653: Feuchte Hang- und Schluchtwälder sind kennzeichnend für das Zweribachgebiet im Mittleren Schwarzwald. Am Rande der Hochfläche kommt der gegensätzliche Landschaftscharakter der aneinandergrenzenden Naturräume deutlich zum Ausdruck (Foto Th. LUDE-MANN, 1986).

Abb. 654: Vegetationsaspekt im Ebereschen-Fichten-Vorwald im schneereichen Mai 1986 (Foto Th. LUDEMANN) des Zweribachgebietes. Die fast geschlossene Altschneedecke, die niedergedrückten Ebereschen (*Sorbus aucuparia*) und abgebrochenen Fichten bezeugen die lokal klimatisch-edaphische Ungunst des Standortes (s. auch LUDE-MANN 1992).

Abb. 655: Hang- und Schluchtwälder im Oberen Donautal bei Beuron (1994). Es sind artenreiche Laubwälder, in denen die Buche wegen der nicht konsolidierten steilen Hänge mit instabiler Oberfläche nicht wachsen kann. Rutschende Böden oder Steinschutt machen diese Wälder schwer zugänglich; sie sind auch oft „urwaldartig".

655

Abb. 656: Der Spitzahorn-Linden-Wald (*Aceri-Tilietum cordatae*) ist eine strauchreiche Waldgesellschaft mit Linden (*Tilia cordata*, *Tilia platyphyllos*) und Ahorn (*Acer platanoides*) in der Baumschicht. Man darf solche Bestände als postglaziale Wärmezeitrelikte aus dem Atlantikum auffassen (Col de la Schlucht, Vogesen, 1986).

Abb. 657: Eschen-Ahorn-Schluchtwald (*Fraxino-Aceretum pseudoplatani*) auf der Schwäbischen Alb (1988).

Abb. 658: Die Mondviole (*Lunaria redivia*) kennzeichnet Schluchtwälder vom Typ des *Lunario-Aceretum* auf silikatischen Verwitterungsböden (Sauerland, 1982).

Abb. 659: Der Hirschzungen-Farn (*Phyllitis scolopendrium*) kennzeichnet das *Phyllitido-Aceretum*, einen Schluchtwald auf kalkschuttreichen, felsigen Standorten.

Abb. 660: *Phyllitido-Aceretum* an felsigen, beschatteten, steilen Hängen (Sauerland, 1992).

656

657

658

659

660

9.2 Eschen-Ahorn- und Eichen-Hainbuchen-Wälder

Im Gegensatz zu den klimazonalen, gemäßigt-kontinentalen Eichen-Hainbuchen-Wäldern (*Galio-Carpinetum*) Zentraleuropas sind die subozeanischen *Stellario-Carpinetum*-Wälder substratbedingte, also azonale Vegetationseinheiten. Sie stocken auf stau- und grundwasserfeuchten Lehmböden. Diese relativ nährstoffreichen Böden können wegen ihrer stagnierenden Feuchtigkeit von der Buche nicht oder nur noch in untergeordneter Position eingenommen werden. Überall dort, wo der Wassergehalt der Lehmböden nachläßt, gewinnt die Buche an Überhand, und auf den trockeneren Standorten kommt es je nach Substrat zur Ausbildung von Waldmeister- oder Flattergras-Buchenwäldern.

Dieses Phänomen kennzeichnet deutlich die beherrschende Position der Buche in ihrem klimatischen Optimalbereich. Die Eichen-Hainbuchen-Wälder, die an und für sich auch auf trockeneren Böden gedeihen könnten, werden durch den Konkurrenzdruck der Buche auf die feuchten Lehmböden als buchenungeeignete Standorte abgedrängt. Soweit in Norddeutschland aktuelle Eichen-Hainbuchen-Bestände auf trockenen Böden angetroffen werden, handelt es sich stets um anthropogene Ersatzgesellschaften von Buchenwäldern, bei denen der Konkurrenzdruck der Buche durch geeignete Wirtschaftsmaßnahmen, wie Nieder- und Mittelwaldbetrieb, eingeschränkt oder gebrochen wird.

Die größten geschlossenen feuchten Eichen-Hainbuchen-Wald-Kontingente befinden sich in Norddeutschland (z.B. Münsterland, Bentheimer Wald, Schaumburger Wald, Eilenriede, Sachsenwald). Außerdem befinden sich ausgedehnte Flächen des potentiellen Waldes in der Niederrheinebene, wo sie mit verwandten Auenwäldern verzahnt sind, und auf der Wildeshausen-Syker Geest, ganz zu schweigen von vielen Niederungen und engen Talauen des Berglandes, deren Hainmieren-Erlenwälder von schmalen Eichen-Hainbuchen-Waldzonen begleitet werden.

Auch hinsichtlich der soziologischen Struktur und des Arteninventars unterscheiden sich die Eichen-Hainbuchen-Wäl-

der deutlich von den anderen Waldgesellschaften. Maßgeblich beim Aufbau der Wälder beteiligt sind je nach Ausbildungsform meso- bis eutraphente Pflanzenarten. Gemeinsam ist allen Eichen-Hainbuchen-Wäldern die Vorherrschaft der Stieleiche und ein hoher Mengenanteil der Hainbuche (Abb. 661). Die Strauchschicht wird vorrangig vom Jungwuchs der Bäume, gelegentlich auch von der Hasel und von Weißdorn-Arten gebildet. Dichte Strauchbestände als Unterwuchs sind in unseren schattigen Wirtschafts-Eichen-Hainbuchen-Wäldern unnatürlich und deuten immer auf erhebliche menschliche Störungen hin. In der Bodenvegetation besteht der Grundstock aus mesotraphenten Pflanzenarten. Fast immer frequentiert sind Sternmiere (*Stellaria holostea*), Busch-Windröschen (*Anemone nemorosa*), Wald-Sauerklee (*Oxalis acetosella*), Efeu (*Hedera helix*, Abb. 662), Hainrispengras (*Poa nemoralis*), Flattergras (*Milium effusum*), Weißwurz (*Polygonatum multiflorum*), Waldveilchen (*Viola reichenbachiana*) und die Feuchtigkeitszeiger Rasenschmiele (*Deschampsia caespitosa*), Frauenfarn (*Athyrium filix-femina*), Gewöhnliches Hexenkraut (*Circaea lutetiana*) und Entferntährige Segge (*Carex remota*).

Der Sternmieren-Eichen-Hainbuchen-Wald kann nach LOHMEYER (1967) in folgende Subassoziationen aufgegliedert werden, die sich ökologisch und floristisch unterscheiden. Es sind in der Reihenfolge ihrer zunehmenden Trophie-Ansprüche und ihres Artenreichtums:

– Geißblatt-Eichen-Hainbuchen-Wald (*Stellario-Carpinetum periclymenetosum*)
– Typischer Eichen-Hainbuchen-Wald (*Stellario-Carpinetum typicum*)
– Waldziest-Eichen-Hainbuchen-Wald (*Stellario-Carpinetum stachyetosum*).
– *Convallaria majalis*-Vikariante (Abb. 663), als Übergang zu dem wärmebedürftigen *Galio-Carpinetum*-Wäldern. Weitere Typen gibt es in Süd- und Mitteldeutschland.

Aufgrund seiner Untersuchungen gelangt LOHMEYER (1967) zu der Ansicht, daß die artenarmen Eichen-Hainbuchen-Wälder eine an Verbands- und Assoziationscharakterarten ungewöhnlich arme Rasse des *Stellario-Carpinetum* darstellen. Die ärm-

ste Ausbildungsform ist der Geißblatt-Eichen-Hainbuchen-Wald. Er ist vorwiegend auf sandigen Lehmböden verbreitet, wo er mit Buchen-Eichen-Wäldern in Kontakt steht. Daher stellen sich in diesen Kontaktgebieten nicht selten Übergangsformen oder kleinräumige Wechsel beider Waldgesellschaften ein.

Die Tendenz zum Buchen-Eichen-Wald zeigt sich auch in der Differentialartengarnitur. Sie besteht neben dem mesotraphenten Artengrundstock der Eichen-Hainbuchen-Wälder ausschließlich aus anspruchslosen Azidophyten der bodensauren Eichenmischwälder. Dazu zählen: Waldgeißblatt (*Lonicera periclymenum*), Dornfarn (*Dryopteris carthusiana*), Faulbaum (*Rhamnus frangula*), Schattenblume (*Maianthemum bifolium*), Haarsimse (*Luzula pilosa*) und die beiden Moose *Polytrichum attenuatum* und *Mnium hornum*. Im Zusammenhang damit dürfte auch der relativ hohe Buchenanteil in der Baumschicht dieser Untergesellschaft stehen.

Die Subassoziation des Typischen Eichen-Hainbuchen-Waldes ist standörtlich etwas besser gestellt als die vorhergehende. Die Böden sind ein wenig basen- und nährstoffreicher; daher fehlt auch die azidophytische Differentialartengruppe. Physiognomisch macht sich das aber kaum bemerkbar.

Für die Böden des artenarmen Eichen-Hainbuchen-Waldes sind in den meisten Fällen Überschichtungen von zwei verschiedenen Bodenarten kennzeichnend. Die oberen Bodenbereiche bestehen aus schwach lehmigem Material von wechselnden Mächtigkeiten, das zur Tiefe hin von tonigen Lehmen aus Grundmoräne mit wasserstauender Wirkung unterlagert wird. Der vorherrschende Bodentyp ist daher ein Pseudogley mittleren Basengehaltes, wie er vor allem auf Geschiebelehm weit verbreitet ist. In Tälern und Niederungen sind dagegen auch echte Gleye anzutreffen (vgl. BURRICHTER et al. 1988).

Als artenreicher Eichen-Hainbuchen-Wald wird die anspruchsvollste Untergesellschaft des *Stellario-Carpinetum*, der Waldziest-Eichen-Hainbuchen-Wald, gefaßt. Sein Verbreitungsschwerpunkt liegt auf schweren Geschiebelehm- und Kreidemergelböden. Schon durch seinen Gehölzreichtum unterscheidet sich dieser Wald von den artenarmen Ausbildungsformen des Eichen-Hainbuchen-Waldes. Eiche und Hainbuche werden hier von Esche, Vogelkirsche, Buche, Berg- und Feld-Ahorn begleitet, unterwachsen von einer spärlichen, aber sehr anspruchsvollen und artenreichen Strauchschicht aus Hartriegel, Pfaffenhütchen, Heckenkirsche, Schneeball, Weißdorn, Hasel, Hunds-Rose, Roter Johannisbeere, Kratzbeere und verschiedenen Kleinarten von Brombeeren (Abb. 664, 665). Die Krautschicht bedeckt nahezu geschlossen den Waldboden und besteht zu einem beträchtlichen Teil aus Arten mit hohen Standortansprüchen, die als Differentialarten gegenüber der mesotraphenten Artenkombination artenarmer Eichen-Hainbuchen-Wälder gewertet werden können. Ihre wichtigsten Vertreter sind: Wald-Ziest (*Stachys sylvatica*), Scharbockskraut (*Ranunculus ficaria*), Schlüsselblume (*Primula elatior*), Aronstab (*Arum maculatum*), Lungenkraut (*Pulmonaria officinalis* und *obscura*), Sanikel (*Sanicula europaea*), Goldhahnenfuß (*Ranunculus auricomus*), Gundermann (*Glechoma hederacea*) und Berg-Ehrenpreis (*Veronica montana*). Die Bodenarten bestehen aus staunassen, mineral- und basenreichen Geschiebelehmen, Kreideton- oder Wiesentonmergeln. Es überwiegen demnach in der Korngrößenzusammensetzung die lehmigen und tonigen Bodenfraktionen. Die Bodentypen zählen vorrangig zum Bereich der eutrophen Pseudogleye. Seltener trifft man Braunerde-Pseudogleye oder echte Gleyböden an.

Der Maiglöckchen-Eichen-Hainbuchen-Wald mit *Convallaria majalis*, der aufgrund seiner schwach kontinentalen Tönung als verarmte Ausbildungsform zum *Galio-Carpinetum* gestellt wird, ist mit Ausnahme einiger Vorkommen in Hessen auf die Niederrheinische Bucht beschränkt. Dort besiedelt er am Nord- und Ostrand der Zülpicher Börde bei Jülich und Bonn kleinere Areale auf Lößlehm. Trotz seiner *Galio-Carpinetum*-Vorpostenposition ist dieser Waldtyp hier in erster Linie substratbedingt (TRAUTMANN 1972). Der Baumbestand setzt sich aus Stieleiche, Hainbuche, Buche, Winterlinde und stellenweise aus Traubeneiche zusammen. Die gemäßigt-kontinentale Winterlinde hat hier ihre häufigsten Vorkommen innerhalb des gesamten Kartenbereiches. Hasel, Weißdorn und Hunds-Rose beteiligen sich

am Aufbau der schütteren Strauchschicht. Charakteristisch für diesen Wald ist die Massenentfaltung des Maiglöckchens (*Convallaria majalis*, Abb. 663) in der Krautschicht, die im übrigen Artengruppen von mäßig anspruchsvollen, feuchtigkeitsliebenden und zum Teil auch von säuretoleranten Pflanzen enthält (TRAUTMANN 1972b, BURRICHTER et al. 1988). Der Boden wird von einer geringmächtigen Lößlehmdecke (60 bis 120 cm) über Ablagerungen der rheinischen Hauptterrase gebildet; als häufigster Bodentyp steht ein mäßig basenhaltiger Pseudogley an.

Der Elsbeeren-Eichen-Hainbuchen-Wald des *Galio sylvatici-Carpinetum* ist ein gemäßigt-kontinental verbreiteter klimazonaler Wald im Süden und Südwesten Deutschlands; seine Hauptverbreitung findet er auf dem Balkan, von dort nach Nordwesten ausstreichend gelangt er bis zum Nordrand der Mittelgebirge (Abb. 666 bis 668). Dem mitteleuropäischen *Galio-Carpinetum* steht in Osteuropa und auch in den mitteldeutschen Trockengebieten das *Tilio-Carpinetum* gegenüber (Abb. 669 und 670). Es sind natürliche Waldgesellschaften auf reicheren Lehmböden von Moränen und kalkreichen Geschiebemergeln. Hier fehlt die Buche wegen der Trockenheit. Die klimatische Höhengrenze des *Stellario-Carpinetum* wird in den Mittelgebirgen bei etwa 400 bis 500 m über NN (BOHN 1981) erreicht; in montanen Lagen werden sie abgelöst von *Tilio-Acerion*-Wäldern, besonders vom *Aceri-Fraxinetum* (s. Abb. 671) auch das *Galio-Carpinetum* wird im voralpinen Hügelland von Eschen-Ahorn-Wäldchen abgelöst (s. Abb. 672).

> – **Gefährdung:** Intensive Forstwirtschaft, z.T. Bodendrainage, Nadelholzaufforstungen.
> – **Schutz:** □, ●, FFH 9140, 2180, 9160, 9170; CORINE 91: 41.24, nicht überall prioritär nach Directive 92/ 43 EEC (nur die *Tilio-Acerion*-Wälder).
> – **Verbreitung:** Die azonalen *Stellario-Carpinetum* nur lokal oder regional; die klimazonalen *Galio-Carpinetum*-Wälder im warmen und niederschlagsarmen Lagen des Berg- und Hügellandes; gehäuft im Osten Deutschlands.
> – **Beispiele:** Abb. 661 bis 672.

9.3 Eichen- und Eichenmischwälder

Die eichenreichen Laubmischwälder von atlantisch-subatlantischer und submediterraner bis subkontinentaler Verbreitung sind charakteristische Waldtypen an solchen Standorten, wo die Alleinherrschaft der Buche gebrochen ist. Das ist vor allem der Fall an den Trockenstandorten mit Xerothermvegetationskomplexen und entsprechender Trockengrenze des Waldes sowie auf den stark ausgelaugten, meist pleistozänen oder holozänen Sandböden, wo die Buche in ihrer Vitalität ebenfalls geschwächt ist. Hier kommen einmal wärmeliebende Eichenwälder aus *Quercus petraea* und *Quercus pubescens* mit entsprechenden Begleitarten zum Zuge; zum anderen sind es *Quercus robur*, *Quercus petraea* und andere acidophytische Gehölze, die entsprechende Waldtypen aufbauen. Dabei gibt es Biotoptypen, die in jedem Fall durch Standortveränderungen jeder Art (besonders N-Trophie!) stark gefährdet sind. Bei diesen Wäldern handelt es sich meistens um durchgewachsene ehemalige Niederwälder.

9.3.1 Die wärmeliebenden Eichenmischwälder

Bodensaure, thermophile Traubeneichen-Trockenwälder vom Typ des *Luzulo-Quercetum petraeae* meist östlicher Ausprägung wachsen inselartig in der collin-submontanen Stufe der Mittelgebirge an steilen Felshängen und an Silikatschuttfeldern (Abb. 673). Die Traubeneichen zeigen meist Krüppelwuchs, vertrocknete Äste bis zur Spitze und natürlichen, basitonen Stockausschlag an den Stammfüßen.

Die submediterran-zonalen Wälder und osteuropäischen Eichenwälder der *Quercetalia pubescentis* bilden in Mitteleuropa Exklaven an trockenheißen-felsigen Standorten, an der Trockengrenze des Waldes überhaupt. Solche Wärmeinseln bilden die inneralpinen Trockentäler, der Kaiserstuhl (siehe Abb. 674 bis 678), das Oberrheingebiet insgesamt, das Moseltal, das Neckar- und Maingebiet, das mitteldeutsche Trockengebiet im Regenschatten des Harzes, die Schwäbische Alb sowie die Frankenalb.

661

Abb. 661: Der Sternmieren-Eichen-Hainbuchen-Wald (*Stellario holosteae-Carpinetum betuli*) ist eine azonale Gesellschaft auf feuchten Grund- und Stauwasserböden in Lehmgebieten. Ersetzt als subatlantische Gesellschaft auf feuchten Böden die Buchenwälder (Eilenriede in Hannover, 1994). Der Sternmieren-Eichen-Hainbuchen-Wald kann in verschiedene Subassoziationen aufgegliedert werden, die sich ökologisch und floristisch unterscheiden. Diese sind in der Reihenfolge ihrer zunehmenden Trophie-Ansprüche und hinsichtlich ihres Artenreichtums verschieden. Sie sind häufig mit zahlreichen kennzeichnenden Arten ausgestattet, von denen Immergrün (*Vinca minor*) und auch Maiglöckchen (*Convallaria majalis*) in sogenannten Altwäldern eine wichtige Rolle spielen. Es sind geophytenreiche Eichen-Hainbuchen-Wälder im Buchenareal, meist inselartig auf solchen Böden verbreitet, wo die Buche wegen der hohen Grundwasserstände ausgeschlossen ist. Durch Grundwasserabsenkung werden diese Wälder buchenfähig gemacht. Restbestände sind häufig noch recht naturnah (s. auch Kap. 11.7).

Abb. 662: Immergrün (*Vinca minor*).

Abb. 663: Maiglöckchen (*Convallaria majalis*).

662

663

664

Abb. 664: Die Eichen-Hainbuchen-Wälder des *Carpinion*-Verbandes sind vielerorts wegen der Staunässe und Bindigkeit ihrer Böden erst ab dem frühen Mittelalter stärker genutzt oder gar gerodet worden. Die meisten Bestände wurden als Hude- und Schneitelwälder zwar genutzt, haben sich jedoch von den ärgsten Schäden, die ihnen durch ehemalige Waldhude und extensive Holznutzung zugefügt worden sind, wieder erholt und den Charakter, wenn auch nicht natürlicher, so doch naturnaher Wälder angenommen (Borkener Paradies, 1986).

Abb. 665: Alte Eichen-Hainbuchen-Hudewälder (Bentheimer Wald, Neuenburger Urwald, Hasbruch, Baumweg etc.), die volkstümlich meist als „Urwälder" angesprochen werden, zeichnen sich neben uralten Mastbäumen sowie Verbiß-, Kappungs- und Schneitelungsdeformationen durch Anreicherungen von bewehrten Sträuchern aus, wobei die atlantisch ausgerichtete Hülse (*Ilex aquifolium*) im Westen Deutschlands deutliche Massierungen aufweist (Bentheimer Wald, 1990).

665

666

Abb. 666: Elsbeeren-Eichen-Hainbuchen-Wald (*Galio sylvatici-Carpinetum betuli*). Gemäßigt-kontinental verbreiteter klimazonaler Wald im Süden und Südwesten Deutschlands; Hauptverbreitung auf dem Balkan, von dort nach Nordwesten ausstreichend bis zum Nordrand der Mittelgebirge. Im Bild ein *Galio-Carpinetum* im Naturreservat Echinger Lohe bei München. Dieser seit etwa 15 Jahren völlig geschützte Eichen-Hainbuchen-Wald zeigt derzeit etwa 20 bis 30 % Totholzanteile (im Hintergrund zu sehen). Stehendes Totholz in dieser Größenordnung ist offenbar für die Naturwälder charakteristisch (1994).

Abb. 667: Elemente des *Galio-Carpinetum* sind u.a. *Melittis melissophyllum* (Immenblatt) und:

Abb. 668: Pfirsichblättrige Glockenblume (*Campanula persicifolia*).

Abb. 669: Dem mitteleuropäischen *Galio-Carpinetum* steht in Osteuropa und auch in den mitteldeutschen Trockengebieten das *Tilio-Carpinetum* gegenüber. Für Ost- und Mitteldeutschland sind verschiedene Gebietsausbildungen des weit zu fassenden *Tilio-Carpinetum* bzw. des von Südosten einstrahlenden *Galio-Carpinetum* auszuscheiden. ▷

Abb. 670: Die Pimpernuß (*Staphylea pinnata*) kennzeichnet als ostsubmediterran-gemäßigt-kontinentales Geoelement die östlichen Hainbuchenwälder. ▷

Abb. 671: Eschen-Ahorn-Schluchtwald (*Fraxino-Aceretum pseudoplatani*) am oberen Inn (1994). ▷

667

668

670

Abb. 672: Eschen-Ahorn-Wald des *Fraxino-Aceretum pseudoplatani* an kühlen, luftfeuchten Standorten mit zahlreichen Edellaubhölzern, auf alluvialen Bach- und Flußsedimenten, meist aber an steilen Nordhängen auf Blockschuttfeldern ausgebildet; auch in spätfrostgefährdeten Tallagen im südlichen Alpenvorland und in höheren Mittelgebirgen der submontanen bis montanen Stufe (Berchtesgaden, 1994).

669

671

672

673

Abb. 673: Thermophiler Traubeneichen-Trockenwald westlicher Prägung (*Hieracio sabaudi-Quercetum*) auf bodensauren Standorten (Siegtal, 1985). Diese Wälder enthalten zahlreiche submediterrane Arten; sie sind zumeist anthropogen stark beeinflußt. Es sind wertvolle Lebensräume selten gewordener Tierarten (z.B. Heidelerche, Neuntöter, Zippammer, Dorngrasmücke, Smaragdeidechse, Schlingnatter u.v.a.). Überdüngung durch Nährstoffeinträge aus der Luft stellt eine ernsthafte Bedrohung dar; gelegentliche Niederwaldnutzungen sorgen für den Erhalt der halboffenen Struktur dieser Wälder.

hohen Bäumen, so daß ein Buschwald entsteht (Abb. 676). Als weiterer klimazonaler Wald der submediterranen Zone ist der Buchsbaum-Eichen-Wald (*Buxo-Quercetum petraeae*) anzusehen, der mit extrazonalen Vorposten im Norden Mitteleuropas bis in das südliche Oberrheingebiet und in das Moseltal gelangt ist (Abb. 679, 680).

Von den subkontinentalen, xerothermen Eichenwäldern des *Potentillo albae-Quercion petraeae*, die in Mitteleuropa an der Westgrenze ihres Areals stehen, ist das *Potentillo-Quercetum petraeae* (Steppen-Eichenwald) zu nennen. Diese Wälder wachsen vereinzelt auf flachgründigen, trockenwarmen Südhangstandorten und bilden wie die submediterran getönten Flaumeichenwälder charakteristische Xerotherm-Vegetationskomplexe (Abb. 679, 680). Innerhalb der temperaten Buchenmischwaldlandschaften stellen solche subkontinentalen Waldgesellschaften lokalklimatisch-edaphisch bedingte Sondertypen dar. Sie sind manchmal auch infolge von Niederwaldwirtschaft aus *Galio-Carpinetum*- und *Tilio-Carpinetum*-Hainbuchenwäldern hervorgegangen.

Im Mosel-, Mittelrhein- und Nahetal gibt es noch äußerst seltene und hochgradig schützenswerte Buschwälder mit Französischem Maßholder (*Acer monspessulanum*), der zusammen mit der Traubeneiche eine wärmezeitliche Reliktgesellschaft bildet (*Aceri monspessulani-Quercetum petraeae*). Alle diese wärmeliebenden Eichenmischwälder sind als extrazonale Vegetationstypen von besonderem pflanzen- und tiergeographischen Wert; sie kennzeichnen also in jeder Hinsicht wertvolle Biotoptypen!

- **Gefährdung:** Rodung für Anlage von Weinfeldern, Nadelholzaufforstung, Nährstoffeinträge (N- und P-Einträge).
- **Schutz:** □, ●, FFH 2180, 9170, CORINE 91:–; nicht prioritär nach Directive 92/ 43 EEC.
- **Verbreitung:** Nur noch als wärmezeitliche Relikte inselartig an trockenheißen, felsigen Standorten, vor allem in Weinbaugebieten Mittel- und Südwestdeutschlands.
- **Beispiele:** Abb. 673 bis 680.

Die konstituierenden Elemente dieser Wälder gelangten im Boreal und Atlantikum auf die Alpennordseite und wurden während und nach der Bucheneinwanderung auf trocken-warme Spezialstandorte verdrängt, die von der Buche und ihren Begleitarten in der Regel nicht besiedelt werden konnten. Die heutigen Vorkommen der Flaumeichen-Waldgesellschaften

sind somit als Relikte anzusehen (s. auch Kap. 7.2).

Im Eichen-Elsbeeren-Wald (*Quercetum pubescenti-petraeae*), dem subkontinentalsubmediterran verbreiteten thermophilen Flaumeichenwald, ist die Flaumeiche (*Quercus pubescens*) eine wichtige Kennart. Sie bildet mit ihren zahlreichen Bastarden einen Formenschwarm aus nur 5 bis 6 m

9.3.2 Die bodensauren Eichen-
mischwälder

Das geschlossene Verbreitungsgebiet dieser säuretoleranten (acidophytischen) Waldgesellschaften ist in groben Zügen mit dem nordwestlichen pleistozänen Geestbereich Schleswig-Holsteins, Mecklenburg-Vorpommerns, Sachsen-Anhalts, Brandenburgs, der Westfälischen Bucht und der Niedersächsischen Tiefebene identisch. Auch die Sandböden der Oberrheinebene und in Franken tragen stellenweise bodensaure Eichenmischwälder dieser Typen.

Den unterschiedlichen Bodenverhältnissen entsprechend, wechseln sie sich in Norddeutschland mosaikartig miteinander ab. Auf anlehmigen Sandböden kann die Buche noch wachsen, jedoch ist im Vergleich zu den reinen Buchenwäldern ihre Dominanz reduziert, und es kommt zur Ausbildung des Buchen-Eichen-Waldes, in dem die Buche mit größeren Anteilen von *Quercus petraea* und *Quercus robur* (Trauben- und Stieleiche) vergesellschaftet ist. Die reinen Quarzsandböden, die zudem noch größtenteils podsoliert sind, reichen qualitativ als Buchenstandorte nicht mehr aus. Deshalb werden die buchenreichen Wälder der Geest zu den bodensauren Buchen- oder Buchenmischwäldern gestellt (*Luzulo-Fagenion*, *Lonicero periclymeni-Fagetum*). Das ergibt eine klare Trennung der bodensauren Eichenmischwälder der *Quercetalia robori-petraeae* von den buchendominierten Typen der *Fagetalia sylvaticae*. Auf den stark ausgehagerten pleistozänen Sandböden (vor allem) Nordwestdeutschlands können nur noch die anspruchsloseren Baumarten Stieleiche und Sandbirke gedeihen, die sich zur Assoziation des Birken-Eichen-Waldes zusammenschließen (*Betulo-Quercetum*). Gelegentlich ist hier auch als natürlicher Waldbaum die Kiefer (*Pinus sylvestris*) beigemischt (s. Abb. 681, 682). Kiefernreiche Birken-Eichen-Wälder gibt es natürlicherweise auch in Ostdeutschland (z.B. im Baruther Urstromtal auf Altmoränen des Brandenburger Stadiums und im Prignitzgebiet).

Natürliche, windharte Pappel-Eichen-Wälder vom Typ des *Populo-Quercetum* wachsen auf den Küsten-Dünenstandorten der Nordseeinseln sowie auf küstennahen Festlandsdünen auf der Halbinsel Eiderstedt (s. Abb. 683). Auf den Nordseeinseln Spiekeroog, Borkum und Norderney sind sie fragmentarisch ausgebildet, vor allem in solchen Dünentälern, die am Dünenfuß spitzwinkelig zulaufen, wo Nährstoffe akkumulieren und wo Windschutz gewährleistet ist (Abb. 683). Daß die Primärsukzession vielfach noch nicht zur Waldbildung fortgeschritten ist, läßt sich nur dadurch erklären, daß menschlicher Einfluß – u.a. mit Brennholznutzung, Viehweide und Plaggenstich – dieser Entwicklung vorgebeugt oder entgegengewirkt hat. Das Fehlen der natürlichen Wälder auf vielen Inseln ist heute vielleicht auch eine Folge der geringen Akzessibilität, da es auf den Inseln kaum eine Quelle für natürliches, standortbedingtes Saatgut von Baumarten gibt.

An der Ostsee gibt es kiefernreiche Eichenwälder mit teilweise hohen Beerstrauch-Anteilen von *Vaccinium vitis-idaea*, *Vaccinium myrtillus* und von Besenginster (*Sarothamnus scoparius*), von Heidekraut (*Calluna vulgaris*) und von Wacholder (*Juniperus communis*). Sie finden sich als recht seltene Waldtypen auf den besseren Sandböden (s. Abb. 684 bis 687). Die reinen natürlichen Kiefernwälder sind auf den diluvialen Sandböden Brandenburgs noch am besten anzutreffen (s. Abb. 687).

- **Gefährdung:** Intensive Aufforstung mit Nadelhölzern oder standortfremden Arten, Düngung und Nährstoffeinträge.
- **Schutz:** □, ●, FFH 2180, 9120, CORINE 91: 41.12, ✳; nicht prioritär nach Directive 92/ 43 EEC.
- **Verbreitung:** Flächenhaft vor allem im Gebiet der ehemaligen pleistozänen Vereisung (Saale-Vereisungsgebiet mit Geestlandschaften). Lokal oder regional in Mittelfranken, in der Oberpfalz sowie in einigen Mittelgebirgen.
- **Beispiele:** Abb. 681 bis 687.

9.4 Buchenwälder

An den zahlreichen Beispielen der bisher erläuterten Waldtypen wurde deutlich, daß die heutige Situation der Wälder nur aus ihren früheren und aktuellen Nutzungen verstanden werden kann. Das trifft besonders auf die Buchenwälder zu. Bis zum 18./19. Jahrhundert wurden viele ehemalige Urwälder dieser Typen durch jagdliche, landwirtschaftliche und forstliche Nutzungen überformt, ganze Landschaften wurden außerdem weitgehend entwaldet und später teilweise wieder aufgeforstet. Natürliche Buchenwälder gibt es bei uns nicht mehr, es sind allenfalls noch naturnahe Bestände vorhanden. Schon die nacheiszeitliche Ausbreitung der Buche geschah fast überall unter gleichzeitigen menschlichen Einwirkungen. Es gab also ständige Überlagerungen natürlicher Entwicklungsgeschehen mit umgestaltenden Einflüssen des Menschen. Die Auswahl von Siedlungsplätzen prähistorischer Menschen beschränkte sich fast überall auf buchenfähige Standorte. *Fagus sylvatica* hat im nordwestdeutschen pleistozänen Flachland beispielsweise deshalb niemals ihr potentielles Areal besiedeln können (vgl. die Darstellung der nacheiszeitlichen Buchenausbreitung bei VAN ZEIST 1959, BURRICHTER 1976, POTT 1992c, 1992d; 1993). Viele Buchenwälder sind schon in prähistorischer Zeit an aufgelassenen Siedlungsplätzen entstanden, so daß heute zahlreiche Buchenwald-Bestände innerhalb des großen Buchenareals als sekundäre Wälder angesehen werden müssen.

Die zeitliche Inkonstanz vieler prähistorischer, römerzeitlicher und frühmittelalterlicher Siedlungsplätze hat die Binnenkolonisation und Ausbreitung der Buche gefördert; mit dem Einsetzen historischer, ortsfester Besiedlung endet sie. Aus diesem Grunde können wir auch annehmen, daß auf den pleistozänen Jung- und Altmoränen die potentiellen Buchenanteile höher sind, und daß der potentielle natürliche Buchen-Eichen-Wald ohne menschliche Siedlungsaktivitäten mehr an Fläche eingenommen hätte als der aktuelle Eichen-Birken-Wald. Von den nährstoffarmen, bzw. grund- oder stauwasserbeeinflußten Böden abgesehen, gelangte aber die Buche fast überall auf verschiedenen Substraten zur absoluten Dominanz.

674

675

676

677

67

679

680

◁ Abb. 674: Eichen-Elsbeeren-Wald (*Quercetum pubescenti-petraeae*). Subkontinental-submediterran verbreiteter thermophiler Flaumeichen-wald. Die Flaumeiche ist hier wichtige Kennart, sie bildet mit einem Formenschwarm (incl. zahlreicher Bastarde) nur 5 bis 6 m hohe Bäume, so daß ein Buschwald zustandekommt (Achkarren im Kaiserstuhl, 1985).

◁ Abb. 675: Die Elsbeere (*Sorbus torminalis*) ist an der Baumschicht der wärmeliebenden Flaumeichenwälder beteiligt.

◁ Abb. 676: Eichenwald an der Trockengrenze auf Felsstandorten; vom Kaiserstuhl über die Schwäbische Alb und bis zur Fränkischen Alb vordringend (Altmühl- und Donautal), nordwärts bis in das Nahe-, Mittelrhein- und Moselgebiet sowie in das Main- und Saaletal und sogar bis in das untere Odertal mit natürlichen Vorkommen (Schwäbische Alb, 1987).

◁ Abb. 677: Der Buchsbaum (*Buxus sempervirens*) wächst an trocken-warmen felsigen Hängen im Buchsbaum-Flaumeichen-Wald (*Buxo-Quercetum*). Nördliche Vorkommen gibt es noch im Moseltal (1993).

◁ Abb. 678: Das Leberblümchen (*Hepatica nobilis*) im Unterwuchs eines *Buxo-Quercetum*-Waldes (Schweizer Jura, 1982).

Abb. 679: Steppen-Eichenwald (*Potentillo-Quercetum petraeae*) mit Massenbeständen des Diptams (*Dictamnus albus*) in einem Mittelwald bei Rouffach, Elsaß (1992).

Abb. 680: Steppen-Eichenwald (*Potentillo-Quercetum*) mit *Antheri-cum liliago* (Traubige Graslilie) im Unterwuchs (Oberbergheimer Wald bei Rouffach, Elsaß, 1992).

291

681

Abb. 681: Eichen-Birken-Wald (*Betulo-Quercetum typicum*) auf trockenen Quarzsandböden im Emsland (1982).

682

Abb. 682: Bodensaurer Buchen-Eichen-Wald (*Lonicero periclymeni-Fagetum*) auf etwas nährstoffreicheren, anlehmigen Sandböden im Hümmling (Foto E. BURRICHTER, 1982).

Abb. 683: Pappel-Eichen-Wald, der als Fragment dem Typ des *Populo-Quercetum* zuzuordnen wäre. Spiekeroog (1994).

683

Abb. 684: Trockener Eichen-Birken-Wald mit ▷ Besenginster (*Sarothamnus scoparius*) im Unterwuchs (Emsland, 1993).

Abb. 685: Typisches Vegetationsbild der Ei- ▷ chen-Birken-Wald-Landschaft Nordwestdeutschlands mit *Betulo-Quercetum* und *Dicrano-Juniperetum*-Gesellschaften (Emsland, 1990).

Abb. 686: Beerstrauchreicher bodensaurer ▷ Eichenwald mit *Quercus petraea* im Stockausschlag und *Vaccinium myrtillus* sowie *Vaccinium vitis-idaea* im Unterwuchs. Gelegentlich ist hier die Kiefer beigemischt (1980).

Abb. 687: Naturnaher Kiefernwald (*Calamagrostio-Pinetum*) auf Dünen im Havelgebiet ▷ bei Gülpe (Foto H. KÜSTER, 1992).

684

685

686

687

Durch ihre edaphischen und klimatischen Wettbewerbsvorteile entfaltete sie außerdem über kleinstandörtliche Differenzen hinweg ihre enorme Konkurrenzkraft, die eine grobe Dreiteilung aktueller Buchen-, Buchenmisch- und buchenfreier Wälder erlaubt (s. Abb. 688 bis 708).

Die standörtliche Amplitude der Buche ist so groß, daß sie unter den derzeitigen klimatischen Bedingungen von der Ebene bis in die montane Stufe, wo der Schwerpunkt liegt, von Sizilien bis nach Südschweden – mit Ausnahme der sommertrockenen Gebiete – ein geschlossenes Areal bildet. Als atlantisch-submediterranes Geoelement vermag die Buche in atlantisch getönten Gebirgen wie den Cevennen und Vogesen sogar die Waldgrenze zu bilden (s. auch Abb. 707, 708 sowie CARBIENER 1963). Die sogenannte maritime Waldgrenze liegt dort, wo noch eine mittlere Juli-Temperatur von etwa 10 °C erreicht wird.

In den Mittelgebirgen besiedelt *Fagus sylvatica* heute nahezu alle Höhenstufen vom Flachland bis zu den höchsten Lagen. Dabei dringen im nördlichen Umfeld der Mittelgebirge die Buchenwälder auf Kalkstein und Löß am weitesten in die Ebene vor. Sie sind schon bei Höhenlagen von 50 m über NN typisch entwickelt, während die Hainsimsen-Buchen-Wälder auf Silikat-Gesteinen nicht tiefer als 160 m über NN hinunterreichen, wobei sie in diesen Höhenlagen häufig noch als Übergangstypen zwischen Buchen-Eichen-Wäldern und reinen Buchenwäldern zu werten sind. Dieses Phänomen zeigt deutlich eine überlegene Konkurrenzkraft der Buche auf besseren Standorten (vgl. auch LEUSCHNER et al. 1993, HÄRDTLE 1995). Auf den Geestflächen des norddeutschen Flachlandes tritt die Buche nur als Mischholz mit Trauben- und Stieleiche vor allem im *Lonicero periclymeni-Fagetum* auf, ebenso im *Stellario-Carpinetum;* lokale Domänen für Tieflagen-Buchenwälder aus dem Komplex des Flattergras-Buchenwaldes bilden weiterhin die Lößlehmbörden und lößhaltige Substrate der nordwestdeutschen Bördenlandschaften. Diese kleinräumige Differenzierung reicht zurück bis in die Zeit der Bucheneinwanderung.

Die soziologische Struktur und das Artengefüge der natürlichen bzw. naturnahen Buchenwälder mit ihrer großen ökologischen Amplitude hängen in erster Linie von der großklimatischen Situation und von den Gesteinsunterlagen ab. Daneben können Wasserführung des Bodens sowie Exposition und Inklination von großer Bedeutung sein. So besiedelt *Fagus sylvatica* im klimatischen Optimalbereich nahezu alle Höhenstufen von der Felsenküste Rügens bis zu den höchsten Lagen am Nordrand der Alpen (vgl. Titelbild und Abb. 688 bis 693).

9.4.1 Anspruchsvolle Buchenwälder auf Kalk und Löß

Auf kalk- und basenreichen Substraten wachsen anspruchsvolle, artenreiche Buchenwälder, die in ihrer Artenkombination verschiedene Expositionseinflüsse, Feuchtigkeitsverhältnisse und variierende Standortbedingungen widerspiegeln. Es handelt sich um eine Gruppe von Kalkbuchenwäldern, die sich um eine Zentralassoziation, das *Galio odorati-Fagetum = Asperulo-Fagetum* (Waldmeister-Buchen-Wald) scharen.

Der Waldmeister-Buchen-Wald bildet den Haupttyp der artenreichen Buchenwaldserie auf basischen Gesteinsböden, die überwiegend auf Kalk anstehen. Typisch für diese Buchenwald-Gesellschaft ist neben ihrem Artenreichtum die meist geschlossene Krautschicht aus anspruchsvollen Basiphyten. In den meisten Beständen dominiert, herdenweise auftretend, der Waldmeister (*Galium odoratum = Asperula odorata*), begleitet von Einblütigem Perlgras (*Melica uniflora*), Ausdauerndem Bingelkraut (*Mercurialis perennis*), Goldnessel (*Lamium galeobdolon*), Lungenkraut (*Pulmonaria officinalis* und *obscura*), Sanikel (*Sanicula europaea*), Gelber Anemone (*Anemone ranunculoides*), Aronstab (*Arum maculatum*) und anderen anspruchsvollen Laubwaldpflanzen. Zwar untergeordnet, aber doch regelmäßig vertreten, gesellt sich zu ihnen eine Anzahl mesotrapher Arten oder auch Arten mit großer ökologischer Amplitude, wie Busch-Windröschen (*Anemone nemorosa*), Wald-Sauerklee (*Oxalis acetosella*), Efeu (*Hedera helix*), Waldveilchen (*Viola reichenbachiana*) u.a. (s. Abb. 691). Bedingt durch den Artenreichtum ergeben sich vielseitige Differenzierungsmöglichkeiten mit einer großen Anzahl von Ausbildungs-

formen. Dabei ist die unterschiedliche Wasserversorgung und die Wasserkapazität der Böden von entscheidender Bedeutung. Sie wirkt sich nicht nur auf die jeweilige Artenzusammensetzung, sondern auch auf die Wuchsleistungen der Buche aus.

Die Hauptverbreitungsgebiete des Waldmeister-Buchenwaldes befinden sich in den Mittelgebirgen. Alle diese Verbreitungsgebiete nehmen Höhenstufen zwischen 70 und 550 m über NN ein und kennzeichnen damit den collinen und submontanen Charakter des Waldes. Das Bodensubstrat bilden in erster Linie Kalksteine und zum geringen Teil Basalte, deren Bodentypen je nach Gründigkeit als Rendzinen und Pararendzinen bzw. als Braun- und Parabraunerden mit mittlerer bis guter Basensättigung anstehen.

Artenreiche Buchenwälder in Kalkgebieten auf normal durchfeuchteten bis trockenen Böden, vorzugsweise an Südhängen und auf Kuppen, gehören zum Typ des Waldgerste-Buchen-Waldes (*Hordelymo-Fagetum*). So vertritt beispielsweise das *Hordelymo-Fagetum* mit *Lathyrus vernus*, *Hepatica nobilis*, *Carex digitata* und anderen wärme- und lichtliebenden Arten an sonnenseitigen Hängen auf relativ flachgründigen Kalkböden mit starker Einstrahlung den trockensten und lokalklimatisch wärmsten Flügel dieses Buchenwaldes mit Tendenz zum Seggen-Buchen-Wald (*Carici-Fagetum*, Abb. 692). Zwiebelzahnwurzreiche Typen mit *Dentaria bulbifera* gibt es auf Basalt- und Kalkböden der Mittelgebirge in Höhenlagen über 500 m NN. Es sind Höhenausbildungen des *Hordelymo-Fagetum;* sie werden stellenweise auch als *Dentario-Fagetum* bezeichnet.

Dieser von einigen Berg-Ahornen und Eschen untermischte Buchenwald beherbergt in seiner Krautschicht eine Anzahl montaner Arten, unter denen die Zahnwurz (*Dentaria bulbifera*) und die Quirlblättrige Weißwurz (*Polygonatum verticillatum*) mengenmäßig hervortreten. Die floristische Verwandtschaft mit dem Waldmeister-Buchen-Wald unterstreicht die eu- und mesotraphente Artenkombination aus Waldmeister (*Galium odoratum*), Goldnessel (*Lamium galeobdolon*), Wald-Segge (*Carex sylvatica*), Wurmfarn (*Dryopteris filix-mas*), Waldveilchen (*Viola reichenba-*

chiana), Buschwindröschen (*Anemone nemorosa*) u.a.

Stellenweise dringen montane Hochstauden aus den benachbarten Eschen-Ahorn-Schluchtwäldern, wie Mondviole (*Lunaria rediviva*), Gelber Eisenhut (*Aconitum vulparia*) und Alpen-Milchlattich (*Cicerbita alpina*) in die Buchenwaldbestände ein. Letztere haben ihre Nordgrenze entlang der Mittelgebirgslinie: Rheinisch-Westfälisches Bergland, Leinebergland, Eichsfeld, Rhön, Thüringer Wald bis nach Sachsen. Am Alpennordrand gibt es auch *Abies alba*-reiche Bestände dieser Gesellschaft, die früher ebenfalls einem weitgefaßten *Abieti-Fagetum* zugestellt wurden. Orchideenreiche, wärmeliebende Buchenwälder vom Typ des *Carici-Fagetum* bzw. *Seslerio-Fagetum* gibt es, auf flachgründigen Kalkböden und an Klippenstandorten wachsend, von den nordwestdeutschen Mittelgebirgen bis nach Süddeutschland. Es ist ein submontaner, artenreicher Laubwald, in dem die Buche zurückgeht, ebenso ein wärme- und lichtliebender Wald in südlich exponierten Lagen (s. Abb. 693 bis 695). Artenreiche, mit zahlreichen präalpinen Arten versehene, alpigene Buchenwälder mit Tannen und Fichten als beigemischte natürliche Holzarten existieren in zahlreichen vegetationskundlich differenzierten Typen (s. die Darstellungen bei OBERDORFER et al. 1992). Alle diese Buchenmischwälder hochmontaner und präalpiner Verbreitung sind heute durch Schadstoffeinträge gefährdet; diese Bergwälder bilden also, insgesamt gesehen, schützenswerte Biotoptypen (s. Abb. 696 bis 698).

Ähnliches gilt auch für den mesotrophen Flattergras-Buchenwald mit seiner mesotraphenten Artenkombination aus Flattergras (*Milium effusum*) und Schattenblume (*Maianthemum bifolium*). Der Flattergras-Buchenwald (*Maianthemo-Fagetum*) nimmt hinsichtlich seiner Trophieansprüche eine Mittelstellung zwischen den acidophytischen Buchen-Eichen- bzw. Hainsimsen-Buchenwäldern auf der einen Seite und den anspruchsvollen Waldmeister-Buchenwäldern auf der anderen Seite ein. Er zeichnet sich dementsprechend durch eine mesotraphente Artenkombination aus und bildet floristische Übergänge mit den Waldgesellschaften beider Flügel (s. Abb. 699).

Wie bei allen Buchenwäldern ist auch in dieser Waldgesellschaft die Buche der beherrschende Waldbaum. Nur stammweise sind unsere beiden Eichen-Arten beigemischt, die Stieleiche auf überwiegend schluffigen und die Traubeneiche auf mehr sandigen Böden. Vereinzelt kann in frischen Lagen auch die Hainbuche vorkommen. Die mesotraphente Grundausstattung der Krautschicht besteht aus Flattergras (*Milium effusum*), Wald-Sauerklee (*Oxalis acetosella*), Busch-Windröschen (*Anemone nemorosa*), Efeu (*Hedera helix*) und Vielblütiger Weißwurz (*Polygonatum multiflorum*). Hygrophile Arten wie Frauenfarn (*Athyrium filix-femina*) und Rasenschmiele (*Deschampsia caespitosa*) sind Differentialarten einer Untergesellschaft auf frischen Böden, die an sonnenabseitigen, mit Löß bedeckten Hangfüßen noch um den Eichenfarn (*Gymnocarpium dryopteris*) bereichert wird. In Übergangsausbildungen zum Buchen-Eichen-Wald und in gestörten Beständen stellen sich häufig Acidophyten ein (s. BURRICHTER & WITTIG 1977; von GLAHN 1981).

Typische Standorte dieser Waldgesellschaft sind Lößlehmböden oder lößartige Bodenbildungen. Dementsprechend konzentriert sich die potentielle Verbreitung auf die Bördenlandschaften Nordwestdeutschlands. In den Moränengebieten der Geest werden überwiegend sandige Böden mit Lehmuntergrund besiedelt (von GLAHN 1981, HÄRDTLE 1995). Die Bodentypen sind tiefgründige Parabraunerden oder Braunerden mittleren Basengehaltes, die stellenweise schwache Pseudogleyeinflüsse aufweisen können. Aufgrund der günstigen Lage- und Bodeneigenschaften (Tiefgründigkeit, ohne Stau- oder Grundwassereinflüsse, vorteilhafte Bodenfraktionierung, ausreichende Basen- und Nährstoffversorgung) waren die Wuchsbereiche des Flattergras-Buchenwaldes vom frühesten Neolithikum bis heute, also über einen Zeitraum von etwa 7500 Jahren, bevorzugte Siedlungs- und Ackerbaugebiete. Daher sind naturnahe Wälder meist nur noch in ungünstigen Lagen als kleinflächige Restbestände vorhanden.

Gefährdung: Nadelholzaufforstungen, zu kurze Umtriebszeiten bei allzu intensiver Forstwirtschaft.

- **Schutz:** □, ○, FFH 2180, 9130, CORINE 91:–; nur die wärmebedürftigen Typen des *Carici-Fagetum* und des *Seslerio-Fagetum* sind nach § 20c BNatschG geschützt.
- **Verbreitung:** Vor allem in den Mittelgebirgen und im Alpenvorland.
- **Beispiele:** Abb. 688 bis 698.

9.4.2 Silikatbuchenwälder und hochmontane Buchenmischwälder

Im größten zusammenhängenden Areal der Buche, dem Hügel- und Bergland, herrscht *Fagus sylvatica* vor allem über Silikatverwitterungsböden der devonischen Sand- und Tonsteine vor. Auf solchen basen- und nährstoffarmen Böden wächst das *Luzulo-Fagetum* (Hainsimsen-Buchenwald, siehe Abb. 700 und 701). Charakterart dieses relativ bodensauren Buchenwaldes ist die vorwiegend montan verbreitete *Luzula albida* (Weiße Hainsimse).

Der Hainsimsen-Buchenwald besitzt als typischer Hallenwald lange, gerade Stammformen mit dichtem Kronenschluß. Außer der gelegentlich beigemischten Traubeneiche (*Quercus petraea*) wachsen neben der Buche kaum andere Begleitgehölze. Die Krautschicht ist nie voll geschlossen; bei starker Fallaubanreicherung kann sie fast ganz fehlen. *Luzula albida* (= *L. luzuloides*), *Avenella flexuosa* (Drahtschmiele) und *Vaccinium myrtillus* (Heidelbeere) können aber durchaus faziesbildend auftreten. An charakteristischen Moosen finden sich die anspruchslosen und säuretoleranten Arten *Polytrichum formosum*, *Dicranella heteromalla* und *Hypnum cupressiforme*.

In submontanen und collinen Lagen, wo die Weiße Hainsimse aus arealgeographischen Gründen fehlt, gibt es eine sogenannte „Tieflagenform" dieses montanen Buchenwaldes mit reichlich *Avenella flexuosa*, der auch als *Deschampsio-Fagetum* bezeichnet wird (Abb. 689). Das umfangreiche Areal des Hainsimsen-Buchenwaldes bringt aber eine größere Anzahl von Standortunterschieden lokalklimatischer und edaphischer Natur mit sich, die sich jeweils in abweichenden Artengarnituren äußern (vgl. auch HUTTER et al. 1995).

688

689

690

691

◁ Abb. 688: Buchenwälder vom Typ des *Seslerio-Fagetum* mit einge-
sprengter Eibe (*Taxus baccata*) am Steilfelsen des Hohenstein im Süntel (1988).

◁ Abb. 689: Tieflagen-Buchenwald (*Deschampsio-Fagetum*) mit starker
Anreicherung der Drahtschmiele (*Avenella flexuosa*) in der Krautschicht (Osnabrücker Hügelland, 1985).

◁ Abb. 690: *Corydalis cava* (Hohler Lerchensporn) als bestandsbilden-
der Geophyt an vorwiegend sonnenabseitigen Hängen (Teutoburger
Wald, 1984).

692

Abb. 691: Artenreicher Buchenwald vom Typ des *Galio odorati-Fagetum* auf basischen Böden im Weserbergland (1983). Diese mesophilen
Waldtypen sind im wesentlichen auf die Kalkgebiete beschränkt, dort
aber großflächig verbreitet und deutlich weniger mit standortfremden
Gehölzen aufgeforstet als andere Waldtypen.

Abb. 692: Artenreicher trockener Buchenwald vom Typ des *Hordelymo-Fagetum* auf verkarstetem Kalkblockmaterial bei Hemer im Sauerland (1992). Hier im naturnahen Aspekt mit irregulärer Baumschicht
sowie mit stehendem und liegendem Totholz.

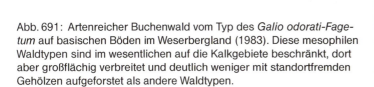

693

Abb. 693: Buchenwald an seiner Trockengrenze: *Carici-Fagetum* im Ith (1988). Die krummschäftigen Buchen haben in diesen Beständen einen ganzjährig lockeren Wuchs, so daß immer genügend Licht auf den Boden fällt. Naturnaher Aspekt mit Alters- und Zerfallsphasen des Waldes. Diese Buchenwälder wurden zudem in der Vergangenheit oft als Niederwald genutzt; aus diesen Freistellungen resultieren viele Halbtrockenrasenelemente und besonders viele Orchideen-Arten. Meist in süd- bis südwestexponierten Hanglagen, überall in Weinbaulagen und darüber hinaus im Norden vom Kyffhäuser über den südlichen Harzrand, den Süntel, das Sauerland bis an die Nordwestgrenze vom südlichen Teutoburger Wald.

Abb. 694: Das Weiße Waldvögelein (*Cephalanthera alba*) ist typisch für die orchideenreichen Buchenwälder des *Carici-Fagetum* (Ith, 1988).

Abb. 695: *Primula veris* ssp. *canescens* ist typisch für die wärmebedürftigen Buchenwälder des *Carici-Fagetum* (Ith, 1988).

694

695

696

Abb. 696: Blick vom Schauinsland auf den Feldberg (1992). Tannenmischwälder vom Typ des *Luzulo-Abietum* dominieren die Landschaft. Es ist eine bunt geflickte Waldlandschaft mit Buchenwäldern, Nadelforsten und Einödhöfen in blockartig erschlossener Flur. Einzelne Weidbuchen im Vordergrund sind Zeiger ehemaliger Weidfeld-Nutzungen. Diese montanen Buchen-Tannen-Fichten-Mischwälder sind im Alpenvorland weiter verbreitet; sie besitzen eine Vielzahl typischer Geoelemente.

Abb. 697: Das ostpräalpine *Cyclamen purpurascens* (Alpenveilchen) ist typisch für Buchen-Tannen-Bergwälder.

Abb. 698: Der Seidelbast (*Daphne mezereum*) kennzeichnet basenreiche Buchen- und Buchenmischwälder von der Ebene bis in die mittleren Gebirgslagen.

697

698

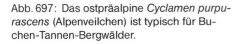

699

Abb. 699: Flattergras (*Milium effusum*)-reicher Buchenwald mit einer mesotraphenten Artenkombination in der Krautschicht dieses hallenartigen Buchenwaldes (Foto E. BURRICHTER).

700

Abb. 700: Hainsimsen-Buchen-Wald (*Luzulo albidae-Fagetum*) als verbreiteter Buchenwald auf sauren Gesteinsböden (Solling, 1984). Diese artenarmen, relativ säuretoleranten Rotbuchenwälder auf basenarmen Silikatgesteinen sind die wichtigsten klimabedingten Wälder des mitteleuropäischen Tieflandes. Diese Wälder sind meist forstlich genutzte Altersklassenwälder. Die Einrichtung von großen Naturwaldreservaten und von Totalreservaten schafft Plenter-, Alters- und Zerfallsphasen des Waldes mit hohen Totholzanteilen.

Diese bodensauren Buchenwälder des Berg- und Hügellandes gibt es als großflächige zusammenhängende Bestände ohne standortfremde Nadelholzanteile aber kaum noch. Diese Waldstandorte sind außerdem in den Kammlagen durch Immissionen stark gefährdet.

701

Abb. 701: Hochfläche des Erzgebirges bei Seiffen (1992) mit ausgedehnten montanen Buchenmischwäldern.

702

Abb. 702: Nadel-Mischholzwälder an der Ostabdachung des Vogesenkammes am Col de la Schlucht. Über die Nadelmischstufe legt sich eine Buchenstufe des *Aceri-Fagenion* (1991). Die subalpinen Bergahorn-Buchen-Wälder sind mit mächtigen, kurzschäftigen Buchen und wüchsigem Bergahorn in winter-milden, aber schneereichen Gebirgen Euro-pas verbreitet. Sie bilden dort stellenweise die obere Baumgrenze, vor allem in den Vo-gesen, in den nördlichen Westalpen, im Schweizer Jura, in den Bayerischen Alpen, im Schwarzwald und im Böhmerwald, besonders auf den Leeseiten der Gebirge.

Abb. 703: Buchen-Tannen-Wald mit überra-gender Tanne, die an der nestförmigen Krone gut zu erkennen ist (Münstertal, Vogesen, 1992).

703

704

705

706

Abb. 704: Der Frauenschuh (*Cypripedium calceolus*) wächst gelegentlich am Waldrand von Kalkbuchenwäldern (vom *Carici-Fagetum* bis hin zu *Galio-Abietenion*-Wäldern) und auch im Bereich trockener Eichen-Hainbuchen-Wälder. Diese Orchidee wurde vielfach ausgerottet (Schwäbische Alb, 1994). Die Horste des Frauenschuh werden mindestens 70 bis 80 Jahre alt. Diese Art vermehrt sich vorwiegend vegetativ; bei ihrer generativen Vermehrung ist sie auf die Pollination durch Sandbienen der Gattung *Andrena* angewiesen (Bienenfallenblume).

Abb. 705: Die Steinbeere (*Rubus saxatilis*) ist ein Element der vorwiegend hochmontanen bis subalpinen Laubmischwälder auf meist kalkhaltigen Böden (Leermoos, 1993).

Abb. 706: Übermannshohe Eiben (*Taxus baccata*) bestimmen die Baumschicht im Buchenmischwald von Paterzell (Foto H. KÜSTER, 1993). Seit dem Mittelalter wurde die Eibe als begehrtes Werkholz für die Waffenherstellung stark dezimiert. Eibenreiche Wälder sind heute auf wenige Restbestände am Rande der Schwäbischen Alb und am Alpennordrand beschränkt.

Abb. 707: *Fagus sylvatica* an der Waldgrenze. ▷
Im Krüppelbuchenwald des *Aceri-Fagetum* am Grand Ballon in den Vogesen (1994). Die hohen Schneelagen verschärfen den Säbelwuchs der Buchen.

Abb. 708: Die gleiche Situation im Sommer ▷
am Hohneck-Gipfel in den Vogesen (1992).

707

708

Tannenmischwälder des *Luzulo-Abietetum* wie sie von ZEIDLER (1953) und OBERDORFER (1957) beschrieben wurden, besitzen zahlreiche subalpine Arten und vermitteln zwischen dem *Luzulo-Fagetum* und den natürlichen Fichtenwäldern der subalpinen Stufe (Abb. 702 bis 706). Hochmontane bis subalpine Krüppelbuchen schließlich wachsen an der maritimen Waldgrenze atlantischer Mittelgebirge (siehe Abb. 707 und 708). Unter den besonderen Standortbedingungen treten in den schneereichen hochmontanen Grenz- und Übergangsbereichen zur subalpinen Stufe auf nährstoff- und basenreichen, sikkerfeuchten Standorten von der Rotbuche und vom Berg-Ahorn (*Acer pseudoplatanus*) beherrschte, wettergeformte Krüppelwälder auf, die durch übergreifende subalpine Hochstauden ausgezeichnet sind.

Die bodensauren Buchenwälder von den planaren Höhenstufen bis in hochmontane Stufen sind als Hallenwälder noch recht häufig anzutreffen; vielfach sind sie aber auch regional oder lokal in reine Fichtenforste oder Nadelmischforste umgewandelt worden, und diese Tendenz ist noch nicht zum Stillstand gekommen.

- **Gefährdung:** Umwandlung in Nadelforst.
- **Schutz:** □, ○, FFH 2180, 9110, 9120, CORINE 91:–; nicht als prioritär eingestufte Biotoptypen.
- **Verbreitung**: In den Mittelgebirgen, im Alpenvorland und im Alpenraum.
- **Beispiele:** Abb.699 bis 708.

9.5 Montane und subalpine Nadelmischwälder

Hier sind die natürlichen bzw. naturnahen, montanen Fichten-Tannen-Wälder und die hochmontanen Fichtenwälder gemeint, die als Hochlagenwälder der Mittelgebirge und der Nordalpenkette oberhalb von 700 bis 800 m über NN verbreitet sind. Vereinzelt gibt es sie auch in etwas tieferen Lagen in Kaltluftsenken. Es sind die zwergstrauchreichen Nadelwaldgesellschaften auf humusreichen, sauren Böden und die

Moorwaldgesellschaften; die Standorte begünstigen Kiefer und Fichte gegenüber den Laubbäumen. Das trifft besonders die Buche, die im Flachland von spezifischen Kiefer- und Kiefernmischwäldern und im Bergland (vor allem in den Alpen) von der Fichte und deren Waldgesellschaften abgelöst wird (Abb. 709 bis 714).

In den Zentralalpen gibt es natürliche Fichtenwälder vom Typ des *Vaccinio-Piceetum* großflächig in der montanen bis subalpinen Stufe. Dieser Typ ist auch in subkontinental getönten Mittelgebirgen (Harz, Bayerischer Wald bis Schwarzwald) häufig. Die natürlichen, von Beersträuchern (*Vaccinium myrtillus, Vaccinium vitis-idaea*), von *Calamagrostis villosa* (Wolliges Reitgras), *Luzula sylvatica* (Wald-Hainsimse) und *Blechnum spicant* (Rippenfarn) sowie vielen Moosen (*Plagiothecium undulatum, Dicranum majus, Rhytidiadelphus loreus, Bazzania trilobata* und *Sphagnum girgensohnii*) geprägten Fichtenwälder des Hochharzes über 600 m NN lassen sich auch als *Calamgrostio villosae-Piceetum* (Reitgras-Fichten-Wald) differenzieren. Diese offenbar subkontinentale geographische Vikariante der Fichtenwälder gibt es in ähnlicher Artenzusammensetzung auch im Fichtelgebirge, im Erzgebirge und im Bayerischen Wald (s. u.a. REINHOLD 1939, 1944). Eventuell lassen sich auch das *Bazzanio-Piceetum*, das *Asplenio-Piceetum* und das *Homogyno-Piceetum* der subalpinen Nadelwaldstufe dieser weitgefaßten Gesellschaft zuordnen (s. POTT 1995a).

Der Alpenlattich-Fichten-Wald (*Homogyno-Piceetum = Piceetum subalpinum*) auf Kalk- und Silikatgestein der nördlichen Randalpen oberhalb der montanen Buchen-Tannen-Stufe ist ein verbreiteter Fichtenwald. Er baut Waldgrenzen auf (Abb. 712) mit schmalkronigen, säulenförmig gebauten, schlanken Fichten, die meist bis zum Boden beastet sind (Anpassung an hohe Schneelasten). Sehr stark gefährdet durch Holzentnahmen und Waldweide ist heute besonders der Lärchen-Arven-Wald (*Larici-Pinetum cembrae*). In den Zentralalpen bilden nach Waldauflichtungen dichtes Alpenrosen- und Beerstrauchgestrüpp eine Feldschicht unter lockeren Lärchen-Arven-Schirmen (Abb. 715 bis 717). Dieser Waldtyp ist in den deutschen Randalpen nur fragmenta-

risch ausgebildet (z.B. in Berchtesgaden, in den Chiemgauer Alpen, im Wettersteingebirge und im Allgäu). Er stockt oberhalb des montanen Fichtenwaldes (*Homogyno-Piceetum*), mit dem der Lärchen-Arven-Wald über eine Fichten-Lärchen-Stufe (*Larici-Piceetum*) verbunden ist.

Die Mengenanteile von Lärche und Arve hängen vom Alter der Bestände sowie von der Art und der Intensität anthropozoogener Eingriffe ab. Je nach geographisch-regionaler Situation und nach unterschiedlichen Substratverhältnissen läßt sich das *Larici-Pinetum cembrae* in zahlreiche Subassoziationen differenzieren (z.B. *Alnus viridis*-reiche Bestände in schneereichen, wasserzügigen Lagen; *Pinus mugo*-reiche Bestände auf Blockhalden).

Waldgrenzökotone mit dem Lärchen-Arven-Wald sind vielfach auch durch Aussaaten des Tannenhähers (*Nucifraga caryocactes*) bedingt. Der Tannenhäher legt Vorratslager an mit einigen Zehntausend Samen pro Saison. Diese Depots werden nicht alle genutzt, so daß aus den Vorratslagern eine Arvenverjüngung innerhalb und oberhalb der Baumgrenzen möglich ist (s. vor allem MATTES 1978, 1982, 1988; HOLTMEIER 1987, 1989 und die Abbildungen bei POTT 1993).

- **Gefährdung:** Intensive Forstwirtschaft; Abholzung und Aufforstung mit Fremdgehölzen, Schadstoffeinträge (beim Lärchen-Arven-Wald vor allem Rodung für Ski-Anlagen, Überbeweidung).
- **Schutz:** □, ○, FFH 9410, CORINE 91:–.
- **Verbreitung**: natürliche Fichtenwälder in einigen Mittelgebirgen, Lärchen-Arven-Wälder nur im Alpenraum.
- **Beispiele:** Abb. 709 bis 717.

Abb. 709: Natürlicher Fichtenwald vom Typ des *Calamagrostio villosae-Piceetum* im Hochharz (1991). ▷

Abb. 710: *Trientalis europaea* (Siebenstern). ▷

Abb. 711: *Lycopodium annotinum* (Sprossender Bärlapp). ▷

709

710

711

Abb. 715: Natürlicher, von Menschen nahezu ▷ unbeeinflußter Lärchen-Arven-Wald (*Larici-Pinetum cembrae*) am Lago di Saoseo/Val di Campo (1992). Diese Wälder sind am besten ausgeprägt in der oberen subalpinen Stufe der inneren Alpen (Rhonetal, Inntal, Engadin). Arve und Lärche wachsen sowohl auf Kalk- wie auch auf Silikatsubstraten. Hauptklimafaktor für beide Arten ist die Strahlungsintensität im Hochgebirge.

712

Abb. 712: Hochmontaner und subalpiner Fichtenwald vom Typ des *Homogyno-Piceetum* in den Bayerischen Alpen bei Reit im Winkl (1994).

Abb. 713: Nestförmige Verjüngung der Fichte auf moderndem Altholz. Diese Form des Aufwuchses wird auch als sogenannte „Kadaververjüngung" bezeichnet (Ebbe-Gebirge, Sauerland, 1992).

Abb. 714: Biotopkomplex von subalpinen Fichten-Nadelholz-Wäldern an den Berghängen und einem tief eingeschnittenen Tobel mit entsprechenden, gewässerbegleitenden *Aceri-Fraxinetum*-Laubwäldern (Gadental, 1993).

713

714

715

307

Abb. 716: Lärchenreiche Wälder als anthropogen beeinflußte Waldgrenzbildner im Cogne-Tal (1990). Die Arve ist hier durch Schlägerung dezimiert – in den submediterran beeinflußten italienischen Alpen nimmt die Arve ohnehin im Deckungsgrad ab.

716

Abb. 717: *Larici-Pinetum cembrae*-Lärchen-Arven-Wald als Bildner des Waldgrenzökotons im Oberen Fimbertal (aus HÜPPE & POTT 1992). Lärchen-Arven-Wälder haben eine wichtige natürliche Schutzfunktion gegen Lawinen.

717

10
Biotoptypen alpiner Rasen, Schneeböden und der Krummholzvegetation im subalpinen Bereich

Der Übergang zur waldfreien alpinen Region der Hochalpen ist durch den Einfluß des Menschen und seiner Haustiere verwischt. Da die Alpweideflächen in der oberen Waldstufe liegen, wird gerade dieser Bereich sehr intensiv genutzt (s. Abb. 717). Im Bereich des oberen *Larici-Pinetum cembrae* und vor allem oberhalb der aktuellen Waldgrenze sind häufig Zwergstrauchheiden zu finden. Sie kommen besonders auf flachgründigen Böden der steilen Unterhänge und zwischen größeren Blöcken der Moränen und älteren Schutthalden vor.

Kennzeichnend für den Eintritt in die alpine Stufe der silikatischen Zentralalpen ist das Zurückbleiben u.a. von Grünerlen-Gebüschen (*Alnetum viridis*) und von *Rhododendron*-Heiden sowie der typisch ausgebildeten Borstgrasrasen vom Typ des *Aveno-Nardetum*. Vorherrschend werden dagegen Krummseggenrasen und artenreiche Kalk-Blaugras- und Nacktriedrasen, die häufig ein durch Viehtritt und Solifluktion buckliges oder getrepptes Kleinrelief aufweisen (Abb. 718). Das *Aveno-Nardetum* entmischt sich mit zunehmender Höhe zur *Carex curvula*-reichen Ausbildungsform und geht schließlich in der oberen alpinen Stufe über 2400 m NN in das echte *Caricetum curvulae* über (s. auch POTT et al. 1995). Eingestreut finden sich niedrigwüchsige Wacholderheiden des *Arctostaphylo-Juniperetum nanae* und die windharten Teppiche des *Loiseleurio-Cetrarietum*, die hier ihr Optimum haben.

10.1 Alpine Rasen

Im alpinen Lebensraum bedingen vor allem die Unterschiede zwischen Karbonat- und Silikatgesteinen das Grundverteilungsmuster der Vegetation. Kalkalpine und silikatalpine Rasengesellschaften stehen sich dabei im Extrem gegenüber; Vermischungen beider Typen über entsprechenden Gesteinsverteilungen in bestimmten Regionen (z.B. basenhaltige Schiefer, Flyschgesteine etc.) wirken darüber hinaus differenzierend und bereichernd. Weiterhin verursacht das Geländerelief kleinräumige Unterschiede und erzeugt dadurch neue ökologische Nischen und Verteilungsmuster der Vegetation (s. u.a. LARCHER 1977, 1994).

Die Abhängigkeiten der Hochgebirgspflanzen von diesen standörtlichen Grundgegebenheiten und ihre floristische und soziologische Anordnung in meist kleindimensionierten Vegetationsmustern ist derzeit ein vordringliches Arbeitsgebiet, wie die neueren wegweisenden Arbeiten u.a. von GIGON (1971, 1983, 1987); URBANSKA (1985), SCHÜTZ (1988) und ERSCHBAMER (1990) zeigen. Die Kenntnisse über das Zusammenspiel der Standortfaktoren und ihre Wirkungen auf diese Hochgebirgsökosysteme (Vermehrungsraten der Rasenpflanzen, Ausbreitungsstrategien, Sukzessionsmuster) sind weiterhin grundlegend für das Verständnis von Vorgängen in den Gipfelfloren der Hochgebirge im Zusammenhang mit anstehenden Fragen globaler Erwärmungsprozesse (vgl. GRABHERR et al. 1994, GOTTFRIED et al. 1994).

Die floristischen Unterschiede zwischen Karbonatvegetation und Silikatvegetation erleichtern die vordergründige Differenzierung der Biotoptypenkomplexe alpiner Rasen: den kalkalpinen Rasen mit *Sesleria albicans* (Kalk-Blaugras) und *Carex firma* (Polster-Segge) stehen die silikatalpinen Rasen mit *Carex curvula* (Gekrümmte Segge) gegenüber. Dazu kommen noch die edaphisch und vor allem mikroklimatisch bedingten Schneeböden- oder Schneetälchen-Formationen, die sich mit den alpinen Rasen oftmals mosaikartig verflechten und verzahnen (Abb. 718, 719).

10.1.1 Silikatalpine Rasen

Hier sind vor allem Krummseggenrasen des *Caricetum curvulae* gemeint, die von der subalpinen bis zur hochalpinen und nivalen Stufe der Zentralalpen als arktisch-alpine Primärrasen ausgebildet und anthropo-zoogen in die subalpine Stufe herabgedrängt sind (s. Abb. 718). Bestandsbildend sind persistente Sauergräser (*Carex curvula*, Abb. 718) und Gräser (*Nardus stricta*, *Festuca*-Arten). Es ist ein auf die Alpen beschränkter, zwischen nemoraler Laubwaldzone und mediterraner Zone eingeschobener, eigenständiger, intrazonaler Gebirgs-Vegetationstyp mit zahlreichen Geoelementen aus den boreonemoralen Nachbarregionen (vor allem *Nardus stricta*) oder dem Mediterrangebiet (z.B. *Senecio incanus*) und anderen Hochgebirgspflanzen, wie sie in den Abbildungen 719 bis 725 dargestellt sind.

Zu den kalkalpinen Rasen vermittelt in den Alpen das arktisch-alpine Nacktried (*Elyna myosuroides*), welches wind- und kälteharte Rasengesellschaften schneearmer Grate und Windecken in der oberen alpinen Stufe auf Kalkgesteinen oder kalkreichen Silikatgesteinen mit hohem Gehalt an mineralischer Feinerde auszubilden vermag (Abb. 719).

Die hochalpine Windkanten-Gesellschaft ist zudem an schneefreie Hochgebirgsstandorte angepaßt.

- **Gefährdung:** Intensivierung der Grünlandnutzung (Almweide), Nährstoffeintrag, Freizeitnutzung (Motocross, Mountain-Biking, Skipisten).
- **Schutz:** ■, ●, FFH 6150, 6320, CORINE 91: 35.1, 36.31, nicht überall prioritär nach Directive 92/ 43 EEC.
- **Verbreitung**: vor allem in den Alpen.
- **Beispiele:** Abb. 718 bis 725.

718

719

Abb. 718: Alpine Matten, alpine Schuttstufe und Nivalstufe im Oberen Fimbertal, Silvretta (1993).

Abb. 719: *Elynetum myosuroidis* an einem Felsgratstandort im Samnaun (1983).

Abb. 720: *Primula glutinosa* (Klebrige Schlüsselblume) ist ein ostalpines Geoelement in saurem Magerrasen der alpinen Stufe. Weitere Arten zeigen Abb. 721 bis 725. ▷

Abb. 721: *Leontopodium alpinum* (Edelweiß). ▷

Abb. 722: *Dianthus glacialis* (Gletscher-Nelke). ▷

Abb. 723: *Senecio carniolicus* (*Senecio incanus* ssp. *carniolicus*, Graues Greiskraut). ▷

Abb. 724: *Viola calcarata* (Langsporniges Stiefmütterchen). ▷

Abb. 725: *Gentiana acaulis* (= *Gentiana kochiana*, Kochs Enzian). ▷

720

721

722

723

724

725

726

Abb. 726: Initiales *Seslerio-Caricetum sempervirentis* als lückiger, blumenbunter Rasen in der höchsten alpinen Stufe (Silvretta, 1993). Die Struktur dieses Rasens wird von dichten Horsten des Blaugrases bestimmt. Es sind die warmen Kalksteilhänge, die früher sogar gelegentlich für die Wildheuernte mit der Hand gemäht wurden. Die Blaugrashalden entwickeln sich aus *Dryas*-Pionierfluren oder aus Spalierweiden-Initialen. Das Blaugras bildet balkonähnliche Girlanden an den Steilhängen und es entstehen zunächst treppenartig angeordnete Horstsysteme aus *Sesleria,* die sich sukzessiv mit den anderen Arten auffüllen. Die oft südexponierten Kalkhänge apern vergleichsweise früh aus und es entwickelt sich in den Bergsommern eine äußerst artenreiche, natürliche Rasengesellschaft.

Abb. 727: *Pedicularis kerneri* (Kerners Läusekraut).

Abb. 728: *Dryas octopetala* (Silberwurz).

727

728

Abb. 729: Das *Seslerio-Caricetum sempervirentis* ist eine buntblumige, artenreiche Blaugrashalde in der oberen alpinen Stufe (Lechtaler Alpen, 1986). Der gefestigte und weitgehend geschlossene Blaugrasrasen entwickelt sich über schwach sauren verbraunten Rendzina-Böden. Wegen der vergleichsweise frühen Schneeschmelze erreichen viele Alpenpflanzen in den südexponierten Blaugrasrasen ihre höchsten Standorte in den Alpen. Einige auffällige Arten zeigen Abb. 730 und 731.

729

Abb. 730: *Biscutella laevigata* (Brillenschötchen). Es handelt sich hierbei um eine formenreiche Sippe, die im ganzen ost-präalpin bis submediterran verbreitet ist, aber viele lokale Endemismen ausgebildet hat.

730

Abb. 731: *Helianthemum nummularium* ssp. *grandiflorum* (Gewöhnliches Sonnenröschen). Diese Alpenpflanze ist typisch für hochgelegene Rasen- und Felsbandgesellschaften, bis in über 2300 m Höhe aufsteigend. Auch hier gibt es zahlreiche regional-lokal-endemische Arten dieser formenreichen Sippe.

731

732

Abb. 732: *Caricetum ferrugineae* (Rostseggenrasen) nehmen in der unteren alpinen Stufe und in der subalpinen Stufe noch größere Flächen ein, die auch als Wildheumähder noch regelmäßig genutzt werden. Hier mit *Gentiana clusii* und *Nigritella nigra* (Engadin, 1992). Weitere Arten sind in den folgenden Abbildungen dargestellt.

Abb. 733: *Carex ferruginea* (Rost-Segge).

Abb. 734: *Campanula thyrsoidea* (Straußblütige Glockenblume).

Abb. 735: *Anemone narcissiflora* (Narzissen-Windröschen).

Abb. 736: *Astragalus frigidus* (weiß) und *Hedysarum hedysaroides* (violett) kennzeichnen neben *Leontodon helveticus* (Gelbe Komposite) den Vegetationsaspekt der Rostseggenrasen.

Abb. 737: In Bodenvertiefungen der höchsten ▷ Gebirgslagen, wo der Schnee lange erhalten bleibt und die manchmal nur wenige Monate ausapern, entwickelt sich eine sogenannte Schneebodenvegetation (Berner Oberland, 1989). Weitere Schneetälchen-Elemente zeigen die Abb. 738 bis 743.

733

734

735

736

Abb. 738: *Salix herbacea* (Krautweide).

Abb. 739: *Salix reticulata* (Netzweide).

Abb. 740: *Primula integrifolia* (Ganzblättrige Schlüsselblume).

Abb. 741: *Soldanella pusilla* (Zwerg-Troddel-blume).

Abb. 742: *Violabiflora* (Zweiblütiges Veilchen).

Abb. 743: *Luzula alpinopilosa* (= *L. spadicea*, Braune Hainsimse).

10.1.2 Kalkalpine Rasen

Blaugras-Rasen mit dominierender *Sesleria albicans* sind vorwiegend primäre Rasengesellschaften der subalpinen und alpinen Stufe der Alpen auf basenreichen, mild oder neutral reagierenden Humusböden, wie Proto-Rendzinen, Mull-Rendzinen und ähnlichen Karbonatgesteinsböden. Die Gesellschaften setzen sich vor allem aus alpinen oder submediterran-alpinen Florenelementen zusammen. Viele mesophile Sippen konnten schon im Laufe der Älteren Dryaszeit in die damalige spätglaziale Tundrenvegetation eindringen; der eigentliche Zustrom submediterraner Elemente erfolgte aber erst im Postglazial, als die Rhônevergletscherung aufgehoben war. Die Gesellschaften der Blaugrasrasen lösen die Trespen-Trockenrasen von der subalpinen Stufe an nach oben hin ab (s. Abb. 726 bis 736). Es sind besonders die buntblumigen Alpenmatten, die auf Schotter- und Lawinenbahnen als natürliche Vegetationseinheiten auch in tieferen Lagen als natürliche Urwiesen vorkommen.

Sie zeigen alle als Trockenrasenbiotoptypen eine große Variationsbreite mit zahlreichen, je nach Höhenlage unterschiedlichen Sukzessions- und Entwicklungsstadien (vgl. Abb. 726, 729, 732, 733). Die treppigen und blumenreichen Blaugras-Horstseggen-Rasen vom Typ des *Seslerio-Caricetum sempervirentis* sind dabei der beherrschende Vegetationstyp der südexponierten Hänge von den obersten Gipfellagen bis in die Waldstufe hinab (s. auch die Darstellungen bei REISIGL & KELLER 1987, MUCINA, GRABHERR et al. 1993 sowie POTT 1995a).

– **Gefährdung:** wegen der Steilheit des Gländes nur gering; Beeinträchtigung durch Klettertourismus möglich. Bei Blaugrasrasen auch Nährstoffeinträge; Nutzungsaufgabe (extensive Mahd).
– **Schutz:** ■, ●, FFH 5130, 6120, 6170, CORINE 91: 34.31 bis 34.34, ✳; überall prioritär nach Directive 92/ 43 EEC.
– **Verbreitung:** vor allem in den Alpen, die Blaugrasrasen auch in den süddeutschen Mittelgebirgen.
– **Beispiele:** Abb. 726 bis 736.

10.2 Schneeböden

Diese Biotoptypen sind gekennzeichnet durch eine Fülle von Moos-, Zwerggrasen- und Kriechstrauchgesellschaften auf 7 bis 10 Monate lang schneebedeckten, jahrweise auch gar nicht ausapernden und stets durchfeuchteten Böden in der alpinen Stufe. Die Silikatschneeboden-Gesellschaften mit den Krautweiden *Salix herbacea* und *Salix reticulata* (Abb. 738, 739) bilden eigenartige, artenarme, niedrigwüchsige Gesellschaften und meist Vegetationskomplexe mit alpinen Rasengesellschaften oder auch mit Schuttfluren, von denen sie durch eine Anzahl von Arten mit der Fähigkeit zur Erduldung langer Schneebedeckung zu trennen sind. Die Schneebodenpflanzen zeigen auch ökophysiologische Anpassungen an solche Standorte: sie benötigen ein mehr der weniger gleichmäßig feuchtes Mikroklima, zeigen geringe Kälte- und Hitzetoleranzen und assimilieren bereits bei niedrigen Temperaturen (s. Abb. 740 bis 743). Die meisten mehrjährigen Arten der Schneeböden überwintern mit grünen Blättern und vermehren sich vegetativ durch Kriechsprosse. Je nach Substrat lassen sich vor allem die Silikatschneeboden-Gesellschaften und Kalkschneeböden differenzieren.

– **Gefährdung:** derzeit nicht erkennbar (evtl. extensive Trittbeeinträchtigungen).
– **Schutz:** □, ●, FFH –, CORINE 91: –.
– **Verbreitung:** vorwiegend in den Alpen, reliktisch in den süddeutschen Mittelgebirgen.
– **Beispiele:** 737 bis 743.

10.3 Krummholzgesellschaften

Schon rein physiognomisch lassen sich bei der Krummholzvegetation deutlich drei Typen erkennen. Vorwiegend im Bereich der Waldstufe, in der im Winter eine hohe Schneedecke genügend Schutz bietet, wächst *Rhododendron ferrugineum* in großen Beständen (s. Abb. 744, 745). Ein verarmtes *Rhododendro-Vaccinietum* reicht oft bis über 2300 m Höhe hinauf.

Neben den namengebenden Arten sind in tieferen Lagen auch die Blaue Heckenkirsche (*Lonicera coerulea*) und die Alpen-Krähenbeere (*Empetrum hermaphroditum*) hier vertreten.

Wesentlich häufiger bildet der Zwergwacholder (*Juniperus nana*) zusammen mit der Bärentraube (*Arctostaphylos uvaursi*) dichte, am Boden kriechende Bestände (Abb. 746). Das nach den vorgenannten Arten benannte *Arctostaphylo-Juniperetum nanae* besiedelt in diesem Mosaik die flachgründigen Standorte sonnenexponierter Hänge, ist aber auch kleinflächig in stärker beweideten Rasen eingestreut (Abb. 746). Bezeichnend für solche Heiden ist das Durchwachsen von Hochstauden, z.B. Weißer Germer (*Veratrum album*), Purpur-Enzian (*Gentiana purpurea*), Hain-Greiskraut (*Senecio hercynicus*), Blauer Eisenhut (*Aconitum compactum*), Meisterwurz (*Peucedanum ostruthium*), Wald-Storchenschnabel (*Geranium sylvaticum*), die hier vor Viehtritt, Wind und Kälte geschützt sind.

Bis über 2500 m NN hinauf geht die Gemsheide (*Loiseleuria procumbens*), die als wind- und kälteharter Spalier-Zwergstrauch recht häufig auf windexponierten, früh ausapernden Rücken, Flanken und kleineren Buckeln ausharrt (Abb. 747). Mit ihr vergesellschaften sich zahlreiche Flechten, vor allem *Cetraria islandica* und *Cetraria nivalis*, dazu *Cladonia rangiferina*, *Cladonia arbuscula*, *Alectoria ochroleuca* und *Thamnolia vermicularis*, zu flachen, dem Untergrund über Nanopodsolen angeschmiegten Teppichen (*Loiseleurio-Cetrarietum*, s. Abb. 748 bis 751). Der Flechtenreichtum deutet auf die starke Windexposition hin. Die arktisch-alpin verbreitete Windheide kommt selten großflächig, sondern meist in engem Nebeneinander oder in Durchdringung von Borstgras- und Krummseggenrasen (*Aveno-Nardetum*, *Caricetum curvulae*) vor.

– **Gefährdung:** durch Nährstoffeinträge.
– **Schutz:** ■, ●, FFH 4060, 4070, CORINE 91: 31.5; nicht überall prioritär nach Directive 92/43 EEC.
– **Verbreitung:** ausschließlich in den Alpen.
– **Beispiele:** Abb. 744 bis 751.

744

745

Abb. 744: Alpenrosenheide (*Rhododendro-Vaccinietum*) im Fimbertal (1991).

Abb. 745: *Rhododendron ferrugineum* (Rost-blättrige Alpenazalee). Die subalpinen Alpen-azaleenheiden sind optimal in den Zentral-alpen verbreitet. Sie wachsen vornehmlich in den Silikatalpen von 1400 bis 2400 m NN. Lange winterliche Schneebedeckungen von 6 bis 7 Monaten sind für Optimalbestände notwendig.

746

Abb. 746: Alpenazaleen-Gebüsch vom Typ des *Rhododendro ferruginei-Vaccinietum* mit großen Teppichen an *Juniperus sibirica*(= *Juniperus communis* ssp. *nana*, Zwerg-Wachol-der). Starker Weidedruck verändert oft diese Heiden zugunsten von Borstgrasrasen und *Nardus stricta*.

Abb. 747: Gemsheide vom Typ des *Loiseleurio-Cetrarietum* als Windheideteppich bzw. als alpine Spalier- und Zwergstrauchheide auf flachgründigen Steinböden oberhalb der Krummholzstufe. In der Optimalausbreitung sind diese natürlichen Zwergstrauchbestände reich an speziellen Flechten. Unter extremem Wind- und Eisgebläse entstehen fast nur noch aus Flechten aufgebaute Naturheiden.

Abb. 748: Detail aus Abb. 747 mit *Loiseleuria procumbens* (grüne Lederblätter), *Cetraria nivalis*, *Cladonia rangiferina* (weiß), *Cornicularia aculeata* (braun).

Abb. 749: Die Faltenlilie (*Lloydia serotina*) als Geophyt im *Loiseleurio-Cetrarietum*.

Abb. 750: *Silene acaulis* (Stengelloses Leimkraut).

Abb. 751: *Loiseleuria procumbens* (Gamsheide).

11
Kulturbiotope und Sonderbiotope (Auswahl)

Auf den vorhergehenden Seiten wurde mehrfach aufgezeigt, daß unsere heutige Vegetation und auch die Landschaft Produkte einer langen Folge von natürlichen Prozessen und anthropogenen Einwirkungen sind. Die natürlichen Entwicklungsvorgänge der Pflanzendecke dauern auch heute noch an; sie werden aber durch die weitaus intensiveren und schnelleren Veränderungen, welche die menschlichen Wirtschaftsmaßnahmen mit sich bringen, überlagert.

Die ersten wesentlichen Eingriffe in das natürliche Wirkungsgefüge erfolgten in einer Zeit, als der Mensch zu siedeln begann, als er zu Beginn des Neolithikums um 5500 v. Chr. in den Lößlandschaften Zentraleuropas von der aneignenden Lebensweise des Jägers und Sammlers zur produzierenden Wirtschaftsform des seßhaften Bauern überging. Dabei wandelte sich auch die Beziehung des Menschen zu seiner Umwelt grundlegend; als Folge davon entwickelte sich aus einer **Naturlandschaft** die **Kulturlandschaft**. Zu diesen Veränderungen gibt es ein zeitliches Vorspiel, das nicht in Europa, sondern im Nahen Osten stattfand und im folgenden auch kurz behandelt werden soll (s. auch KÜSTER 1995).

Der nachhaltige große Wandel zur Seßhaftigkeit mit Ackerbau und Viehzucht erfaßte im 5. Jahrtausend v. Chr. also auch mit durchschlagendem Erfolg das Waldland Mitteleuropas. Die Neolithisierung zeigt in archäologischen Funden vor allem auch den Übergang vom einfach behauenen Stein zum nunmehr durchbohrten Stein; manche Archäologen nennen diesen kulturellen Wandel auch **neolithische Revolution.** Es ist derzeit noch eine spannende Frage, ob die ackerbautreibenden Kulturen durch Zuwanderer ausgelöst wurden, oder ob sich die bereits früher ansässige Bevölkerung auf die neue Wirtschaftsform umstellte.

Ausgangs- und Bezugsbasis für die Entstehung der heutigen Pflanzendecke ist die Tatsache, daß die Kulturlandschaft aus einer ursprünglichen Laubwaldlandschaft hervorgegangen ist, wobei der Wald mit zunehmender Siedlungs- und Anbautätigkeit des Menschen immer mehr an Fläche einbüßte.

Aus der Zeit der ersten anthropo-zoogenen Einwirkungen auf Vegetation und Landschaft stammen auch die meisten **Kulturbiotope**, die als Ergebnis meist langjähriger wald- und feldbaulicher Nutzungen entstanden und modifiziert sind. Sie sollen im folgenden nur auszugsweise in ihrer geschichtlichen Entwicklung vorgestellt und behandelt werden.

11.1 Extensiv genutzte Äcker und Weinberge

Die Geschichte unserer Kulturpflanzen und Ackerwildkräuter ist so alt wie die Geschichte des Ackerbaus, d.h. sie geht zurück bis in die Ursprungszeit der produzierenden Wirtschaftsform. Dieser wichtige Schritt in der wirtschaftlichen und sozialen Geschichte der Menschheit wurde nicht in Europa getan, sondern im Vorderen Orient, wo vom sogenannten „Fruchtbaren Halbmond" das neue Produktionsgefüge des Jungsteinzeitmenschen mit Akkerbau und Viehzucht sich auf allen gegebenen geographischen Verbindungswegen nach Mitteleuropa ausgebreitet hat (s. BURRICHTER, HÜPPE & POTT 1993 sowie KÜSTER 1994).

Die paläobotanische Forschung hat sich schon früh mit der Frage nach Alter und Herkunft der bäuerlichen Wirtschaft beschäftigt. Sie wurde dabei von kulturgeographischen, pflanzen- und tiergeographischen Überlegungen gestützt und befruch-

tet. Das Forschungsinteresse konzentrierte sich in den letzten Jahrzehnten besonders auf den Vorderen Orient, weil dort die Wildformen der ältesten Getreidearten Weizen (Wild-Einkorn: *Triticum boeoticum*, Wild-Emmer: *Triticum dicoccoides*) und Gerste (*Hordeum spontaneum*) beheimatet sind und im gleichen Gebiet auch die Wildformen der kleinen Wiederkäuer Schaf (*Ovis ammon, Ovis armeniana, Ovis anatolica, Ovis gmelini*) und Ziege (*Capra caucasica, Capra aegagrus*) vorkommen, die neben dem Hund wohl als erste Haustiere gelten können. Sowohl die Bezoarziege (*Capra aegagrus*) als Stammform unserer Hausziegen als auch das Mufflonschaf (*Ovis ammon*) als wohl wichtigster Wildschafvorfahr des Hausschafes sind autochtone Bewohner der Gebirgszüge des fruchtbaren Halbmondes.

Nach dem zweiten Weltkrieg entdeckten amerikanische Archäologen (R. BRAIDWOOD und B. HOWE) ein frühes Bauerndorf und Frühformen der Landwirtschaft in diesem Gebiet, genauer in Irakisch-Kurdistan bei Qalat Jarmo auf der Chemchemalebene (BRAIDWOOD & HOWE 1960). Dieses von etwa 150 Menschen besiedelte Dorf stammt wahrscheinlich aus dem 7. Jahrtausend vor Christus und belegt eine frühe Form bäuerlicher Wirtschaft am Abhang der Zagroskette, in einem Gebiet also, in dem der Winterregen des Etesienklimas einen Bewässerungsfeldbau ermöglichte. In Jarmo wurden die beiden Weizenarten Einkorn (*Triticum monococcum*), und Emmer (*Triticum dicoccum*) sowie die Zweizeilgerste (*Hordeum distichum*) angebaut, die der Wildform der Gerste sehr nahe stehen.

Etwa gleich alt oder noch älter, d.h. wahrscheinlich aus dem 8. Jahrtausend vor Christus stammend, ist die stadtartige Siedlung von Jericho am Jordan. Allerdings liegen hier keine Angaben über Akkerbau vor; es ist nur die Ziege als Haustier nachgewiesen. Nimmt man die Ergebnisse einiger weiterer Ausgrabungen im Vorderen Orient hinzu, so läßt sich heute sagen, daß hier seit dem 7. Jahrtausend, vielleicht sogar seit dem 8. Jahrtausend vor Christus eine einfache bäuerliche Wirtschaftsform mit Weizen- und Gerstenanbau existierte.

Die Ausbreitung des Ackerbaus nach Europa vollzog sich im Zuge der sogenannten vorderasiatischen Kulturdrift. Sie läßt sich gut an einzelnen geographischen Punkten verfolgen. Zunächst konnten MI-LOJCIC im Jahre 1960 und MIKOV im Jahre 1959 (zit. nach JANKUHN 1969) bei Larissa in Thessalien/Griechenland und bei Karanovo in Bulgarien frühe bäuerliche Besiedlungen feststellen, die noch dem 6. Jahrtausend zuzurechnen sind. Weiter im Nordwesten, auf dem Nordbalkan, beginnen die frühesten bäuerlichen Siedlungen dagegen erst um 6000 v. Christus und in der 1. Hälfte des 5. Jahrtausends.

Was die Formen des Ackerbaus betrifft, so haben diese sich seit dem Neolithikum mehrfach grundlegend geändert (vgl. u. a. Tab. 7). Da die Ackerwildkraut-Gesellschaften als anthropogene Pflanzenkombinationen darauf empfindlich reagieren, ist konsequenterweise die Entwicklung der Ackerwildkrautvegetation in Mitteleuropa eng mit der wechselvollen Geschichte des Kulturpflanzenanbaus und seiner Modifikationen verknüpft. Deshalb soll im folgenden Text die Entwicklung und Domestikation einiger wichtiger Kulturpflanzen aus ihren wilden Stammformen kurz beschrieben werden.

Insgesamt gesehen beherbergen alle Ackerstandorte von den Sandböden (Abb. 752 bis 754) über die Lehmböden (Abb. 755 bis 758), von den schweren Tonböden bis hin zu den Torf- oder Anmoorböden (Abb. 759 bis 761) ihre speziellen Feldfrüchte und Ackerwildkräuter. Besonders selten werden dabei die Äcker auf flachgründigen, skelettreichen Kalkböden (Abb. 762 bis 766), sogenannten Grenzertragsstandorten, sowie die Äcker an der Höhengrenze der Ökomene (Abb. 767). Auch die extensiv genutzten Rebkulturen (s. Abb. 768 bis 770) in kleinflächig parzellierten Steillagen nehmen zugunsten großflächiger Flurstücke ab. Dieser Prozeß scheint heute unaufhaltsam; Schutzprogramme können hier helfen.

Tab. 7. Entwicklung des Ackerbaus und der Ackerunkrautvegetation (nach HÜPPE 1987 und POTT 1988a)

Entwicklungsphase	Wirtschaftsform	Standortsfaktoren	Unkrautvegetation
1. Phase prähistorische Zeit seit 5000 v. Chr. (Neolithikum, Bronzezeit, Eisenzeit, Römische Zeit)	Prähistorische Feldgraswirtschaft (Hakenpflug), Brachweide, ab Eisenzeit Metallsicheln	Brache **länger** als Bestellungszeit	artenarme Segetalgesellschaften, reich an mehrjährigen Arten, „grünlandähnlich"; Differenzierung der Segetalvegetation in bodenspezifische Gesellschaften, Zuwanderung submediterraner Arten ab Römerzeit
2. Phase Frühmittelalter	Mittelalterliche Dreifelderwirtschaft seit 775 n. Chr.; „ewiger Roggenanbau" mit Plaggenwirtschaft, Buchweizenanbau	reglementierter Wechsel von Wintergetreide, Sommergetreide und Brache, Brache daher **kürzer** als Bestellungszeit; Plaggendüngung, keine Brache	offen, einjährige und mehrjährige Arten, endgültige Trennung von Acker- und Grünlandvegetation
3. Phase seit 18. Jahrhundert	Verbesserte Dreifelderwirtschaft und Intensivwirtschaft (Wechsel von Getreide- und Hackfruchtanbau); Anbau leistungsfähiger Sorten von Getreide und Hackfrüchten, Einsatz neuer Maschinen; Agrarreform	**Fortfall der Brache,** Meliorationen, Fruchtwechsel, seit 1850 Mineraldüngung	differenzierte Annuellen-Gesellschaften
4. Phase Gegenwart	technisierte Großflächenbewirtschaftung	Saatgutreinigung, chemische Unkrautbekämpfung, starke Düngung (v. a. Stickstoff)	Entdifferenzierung, Uniformierung, Verarmung

11.1.1 Entwicklung der Kulturpflanzen

Als der Mensch zum Ackerbau überging, wählte er vermutlich solche Pflanzen aus, die sich bereits im Wildzustand als Sammelpflanzen durch Größe und Qualität ihrer genutzten Organe auszeichneten; und diese Pflanzen baute er, damit sie jederzeit greifbar waren, feldbaumäßig an. Ein solcher **Wildpflanzenanbau** entspricht in etwa der Domestikationsphase bei den Haustieren. Erst später erfolgte sowohl bei Pflanzen als auch bei Tieren die Phase der bewußten und gezielten **Züchtung**. Somit ist es oft schwierig bei fossilen Früchten, die aus den Anfangszeiten des Ackerbaus stammen, zu unterscheiden, ob sie von gesammelten Wildpflanzen oder bereits von Anbaupflanzen stammen. Beispiele dafür liefern das Wild-Einkorn (*Triticum boeoticum*), die Wild-Gerste (*Hordeum spontaneum*) und die Linse (*Lens culinaris-Lens nigricans*-Wildform), wie vor allem aus den Arbeiten von VAN ZEIST (1988) hervorgeht. Man nimmt aber wohl zu Recht an, daß die angebauten Pflanzen durch die ackerbaulichen Pflegemaßnahmen, besonders durch die Unterbindung der natürlichen Konkurrenz am Standort, etwas besser gediehen, als ihre wildwachsenden Artgenossen (WILLERDING 1969, HOPF

1982). Aus solchen primären Prä-adaptionen von kolonisierten und ruderalen Pflanzenarten sind zu Beginn des Ackerbaus die ersten Kulturpflanzen hervorgegangen (s. auch HAMMER 1988). Die Veränderungen, die auf derartige Ursachen zurückgehen, sind aber rein modifikatorischer Natur, sie haben nichts mit einer Änderung der Erbanlagen zu tun.

Die Kulturpflanzen unterscheiden sich dagegen von ihren wilden Stammformen durch eine Reihe vererbbarer Eigenschaften. Solche typischen **Kulturpflanzenmerkmale** haben vor allem VAVILOW (1928), SCHIEMANN (1932, 1954), HELBAEK (1959), VAN ZEIST & CASPARIE (1968), SCHULTZE-MOTEL (1969, 1979, 1980) sowie WILLERDING (1969, 1986) paläobotanisch erfaßt und bearbeitet; es sind unter anderem:

- vergrößerter Wuchs (Gigas-Charakter),
- zusätzliche Vergrößerung der nutzbaren Organe (Allometrie), vermehrtes Auftreten der nutzbaren Organe (Multiplikation),
- mit Änderung der Quantität und auch Qualitätsverbesserung,
- gute Erntbarkeit der nutzbaren Organe (u.a. Synaptospermie),
- Änderung der Vegetations- und Reifezeit (z.B. Winter- bzw. Sommergetreide, synergischer Effekt).

Derartige erblich bedingte Abweichungen vom Wildpflanzentyp beruhen entweder auf **Mutationen** oder auf Neukombinationen von Anlagen infolge von **Kreuzung**. Dem Ackerbauern boten vor allem die Mutationen besondere Vorteile, und eine bewußte positive Selektion solcher Pflanzen beim feldmäßigen Anbau kennzeichnet auch den Beginn der Züchtungsphase auf dem Wege vom Wildpflanzen- zum Kulturpflanzenanbau. Wie die paläobotanischen und prähistorischen Befunde von KISLEV et al. (1986) und VAN ZEIST (1988) aus dem Nahen Osten eindeutig zeigen, ist diese Entwicklung zur Kulturpflanze in einem recht kurzen Zeitraum erfolgt.

Neben der bewußten Auslese hat es offenbar auch eine unbewußte Zuchtwahl durch den Menschen gegeben. Von dieser Zuchtwahl waren u.a. Formen mit nichtbrüchiger Ährenachse bzw. solche mit ge-

schlossen bleibenden Kapseln (Synaptospermie) betroffen, also Pflanzen, deren Saatgut vollständig geerntet werden kann. Der Anteil von Samen derartiger synaptospermer Vertreter einer Art mußte sich naturgemäß im Erntegut und damit auch im Saatgut anreichern. Es gingen ja beim Ernteprozeß keinerlei Samen dieser Pflanzen verloren. So wurde Synaptospermie schließlich zu einem typischen Kulturpflanzenmerkmal. Für eine Wildpflanze würde sich diese verbreitungshemmende Eigenschaft hingegen sehr negativ auswirken. Dieses Beispiel zeigt deutlich, wie groß die Abhängigkeit der Kulturpflanzen vom Menschen geworden ist.

11.1.2 Nachweise von Nutzpflanzen in prähistorischer und historischer Zeit

Aufgrund der verschiedenen Selektionsprozesse bildete sich bereits in den prähistorischen Ackerbaukulturen eine große Typen-Mannigfaltigkeit der Kulturpflanzen heraus. Diese Typen-Mannigfaltigkeit ist auch noch für historische Zeiten bekannt. Sie verschwand erst in der Neuzeit im Zuge der Sortenbereinigung, die im Zusammenhang mit der Schaffung moderner Hochzuchtsorten durchgeführt wurde.

Die Kulturpflanzen werden heute hinsichtlich ihrer Entstehung in zwei Gruppen unterteilt: primäre Kulturpflanzen und sekundäre Kulturpflanzen.

Primäre Kulturpflanzen sind z.B. Weizen, Gerste, Lein, Reis und Mais. Diese Arten wurden von Anfang an absichtlich genutzt und entsprechend angebaut.
Sekundäre Kulturpflanzen sind dagegen Roggen und Hafer. Sie sollen zunächst als Unkräuter zwischen den kultivierten Pflanzen vorgekommen sein und sind später durch anthropogene Selektion in den Kulturpflanzenzustand übergegangen.

Die Herkunft der wichtigsten Nutzpflanzen seit den ersten Phasen des Ackerbaus im Neolithikum wird derzeit durch paläobotanische Großrestanalysen aus archäologischen Grabungen rekonstruiert; dabei sind als Getreidearten die bereits erwähnten vorderasiatischen Getreidearten *Triticum monococcum* (Einkorn), *Triticum dicoccum* (Emmer), *Triticum aestivo-compactum* (Zwergweizen) sowie *Triticum aesti-*

vum (Saatweizen) nachgewiesen. *Hordeum vulgare* (Gerste) und *Panicum miliaceum* (Rispenhirse) waren ebenfalls bekannt. Der Ackerbau wurde aber nicht nach einem einheitlichen Schema betrieben; bereits am Ende des Neolithikums lassen sich westliche Regionen mit vermehrtem Anbau von Gerste und Weizen von den östlichen Regionen mit Einkorn, Emmer, Linse, Erbse und Lein differenzieren. Solche wirtschaftlichen Grenzen entstanden auch dort, wo sich Löß- und Geestlandschaften berühren. Besonders klar erkennbar ist diese Koinzidenz der wirtschaftlichen und kulturellen Grenzen in den norddeutschen Börden nördlich der Mittelgebirge (Hellwegbörde, Hildesheimer Börde etc., s. BURRICHTER & POTT 1987).

Als Hülsenfrüchte kannte man *Pisum sativum* (Erbse) und *Lens culinaris* (Linse). *Linum usitatissimum* (Lein) und *Papaver somniferum* var. *setigerum* (Schlafmohn) waren als Öl- und Faserpflanzen in Gebrauch, als Obstarten nutzte man bereits *Malus sylvestris* (Apfel), *Pyrus communis* (Birne), *Prunus avium* (Kirsche), *Prunus domestica* (*Prunus spinosa* × *Prunus cerasifera*), Spillingpflaume und Weinrebe (*Vitis vinifera*). Daneben gab es einheimische Wildbeerfrüchte als Sammelpflanzen (*Rubus idaeus, Rubus fruticosus* agg., *Rubus caesius, Fragaria vesca, Vaccinium myrtillus* und *Vaccinium vitis-idaea*). Es lassen sich hinsichtlich der Nutzpflanzen Mitteleuropas im wesentlichen vier Herkünfte herauskristallisieren:

- **Prähistorische Gruppe:** Getreidearten, Leguminosen, Öl- und Faserpflanzen aus Vorderasien, Dinkel (*Triticum spelta*) seit der Bronzezeit als Wintergetreide.
- **Römische Kaiserzeit:** Obst, Salate und Gemüse vorwiegend aus dem Mediterrangebiet.
- **Hochmittelalter** (11. bis 13. Jahrhundert): Heil-, Färbe- und Gewürzpflanzen über die Klöster.
- **Neuzeit**: Neophyten aus Süd- und Mittelamerika (z.B. 1554 Kartoffel in Spanien, 1640 in Westfalen).

Die Erforschung anthropogener Eingriffe in die Kulturlandschaft, die Fragen von Siedlungsintensität und -kontinuität, der

Nachweis von Einwanderungen oder Anbauten bestimmter Nutzpflanzen und die Art der Wirtschaftsweisen sind wichtig für das Verständnis der floristischen Zusammensetzung der Ackerwildkrautvegetation und werden deshalb hier erläutert. Sie basieren im wesentlichen auf pollenanalytischen und paläo-ethnobotanischen Untersuchungen sowie auf der entscheidenden methodischen Grundlage von Kenntnis, Registriermöglichkeiten und statistischer Absicherung der Pollen und Makroreste solcher Pflanzen, die in ihrer Präsenz vor allem oder ausschließlich mit der menschlichen Siedlungsweise verbunden sind.

Typisch in diesem Zusammenhang sind z.B. Getreidearten (*Cerealia*), Wegerich (*Plantago*), Gänsefuß (*Chenopodium*), Beifuß (*Artemisia*), Kleiner Sauerampfer (*Rumex acetosella*), Große Brennessel (*Urtica*), Kornblume (*Centaurea cyanus*), Buchweizen (*Fagopyrum esculentum*), Lein (*Linum usitatissimum*) und Walnuß (*Juglans regia*) sowie Gräser und Kompositen.

Zur Beurteilung der Wirtschaftsweisen prähistorischer Epochen werden daneben auch Indikatoren sekundärer Art herangezogen, wie z.B. der Rückgang bestimmter Baumarten oder die Zunahme der Gräser- und Kräuterpollen, die vor allem auf eine Auflichtung der Landschaft hinweisen. Der direkte Nachweis anthropogener Eingriffe und Fragen des prähistorischen und historischen Vegetations- und Landschaftswandels werden zur Zeit intensiv und mit großer Präzision mittels der Pollenanalyse, der botanischen Großrestanalyse und der absoluten ^{14}C-Altersbestimmung geliefert (s. auch BEHRE et al. 1978, BEHRE 1986, POTT 1982, 1986, VAN ZEIST et al. 1991). Eine fundierte Auswertung derartiger Befunde verlangt darüber hinaus Kenntnisse über Standortansprüche der betreffenden Pflanzenarten und der Pflanzengemeinschaften. Nur so lassen sich gesicherte und nachvollziehbare Rekonstruktionen von Vegetation und Landschaft vergangener Zeiten erarbeiten. Das gilt besonders für Kulturbiotope.

11.1.3 Entwicklung der Ackerunkrautvegetation

Die Ausbreitung des Ackerbaus in Mitteleuropa hat offenbar schon recht früh dazu geführt, daß in den natürlichen Wäldern zwei unterschiedliche Typen anthropogenen Offenlandes entstanden sind. Neben den absichtlich gerodeten Flächen für die Anlage von Äckern und Feldfluren gab es die Weideflächen oder anderweitig extensiv genutzten Bereiche, in denen nach Bedarf Holz, Streu und andere pflanzliche Biomasse entnommen wurde. Dieses landwirtschaftliche Bezugssystem verschärfte im Laufe der prähistorischen und historischen Epochen die Trophiegegensätze besiedelter und landwirtschaftlich genutzter Flächen gegenüber den bedarfsweise genutzten Allmenden.

Die Entwicklung der Ackerunkrautvegetation in Mitteleuropa ist – wie gesagt – eng mit der Geschichte des Kulturpflanzenanbaues verknüpft. In Verbindung mit der Viehwirtschaft vor mehr als 7000 Jahren hat sich der Ackerbau zunächst als primitiver Feldbau im Neolithikum entwickelt. Feldunkraut-Gesellschaften sind also Pflanzenkombinationen, die vom Menschen neu geschaffen sind.

Sie beherbergen zahlreiche Arten, die unserer Flora ohne das menschliche Zutun sicherlich fehlen würden. Oft sind es pontische Steppenpflanzen, die wie die Wildformen unserer Getreidearten aus den Steppen Vorderasiens stammen, oder mediterrane Arten sowie Elemente aus den nitrophilen Spülsäumen unserer Meeresküsten, die sich ebenfalls nicht halten könnten, wenn ihnen der Landwirt nicht ständig neuen Lebensraum verschaffen würde. Der Mohn (*Papaver rhoeas*), die Kornblume (*Centaurea cyanus*, s. Abb. 511), und auch der Rittersporn (*Delphinium regalis*) haben z.B. ihr Sippenzentrum im vorderasiatischen Raum, wo auch die Kulturgräser herstammen. Entsprechend der Uneinheitlichkeit der Kulturpflanzen ist auch die Ackerunkrautvegetation ein buntes Gemisch von indigenen mitteleuropäischen Geoelementen, z.B. Vogelmiere (*Stellaria media*), Kletten-Labkraut (*Galium aparine*), Hunds-Quecke (*Elymus repens*), Rainkohl (*Lapsana communis*), von Archaeophyten wie Gewöhnlicher Windhalm (*Apera spica-venti*), Kornrade (*Agrostemma githago*), Acker-Rittersporn (*Consolida regalis*), Gewöhnlicher Acker-Frauenmantel (*Aphanes arvensis*) und Acker-Rettich (*Raphanus raphanistrum*) sowie von Neophyten (z.B. Kanadischer Katzenschweif (*Conyza canadensis*), Aufrechter Sauerklee (*Oxalis europaea*), Behaartes Franzosenkraut (*Galinsoga ciliata*) und Kleinblütiges Franzosenkraut (*Galinsoga parviflora*), deren Zuwanderung heute noch nicht abgeschlossen ist.

Die **speziellen Anpassungen** der Ackerunkräuter als Therophyten und ihre vielfach geophytische Lebensweise (Wurzel-, Rhizom- und Zwiebelgeophyten) sind wichtige strategische Voraussetzungen für das Vorkommen auf den einseitig genutzten Äckern. Dazu kommen weitere Eigenschaften, wie sie z.B. bei HOFMEISTER & GARVE (1986), HÜPPE (1987a, 1987b), WILMANNS (1989, 1990), HANF (1990), SCHUMACHER (1992) und POTT (1992) dargestellt sind:

– Produktion **großer Samenmengen** (z.B. *Sinapsis arvensis* bis zu 25 000 Samen pro Pflanze, *Capsella bursa-pastoris* bis zu 60 000 Samen). Einjährige Arten können sich rasch entwickeln und vermehren. 3 bis 4 Generationen pro Jahr sind zu verschiedenen Zeiten möglich: z.B. Vogelmiere (*Stellaria media*), Persischer Ehrenpreis (*Veronica persica*), Rote Taubnessel (*Lamium purpureum*).

– **Die Entwicklungszyklen** der Ackerwildkräuter lassen sich zwei Typen zuordnen: die sommereinjährigen Wärmekeimer entwickeln sich vor allem im Sommer, die Pflanzen blühen und fruchten noch im gleichen Jahr und sterben dann ab. Ihre Samen überwintern im Boden. Hierher gehören viele Weinbergsunkräuter (*Amaranthus* div. spec., *Sinapis arvensis*, *Solanum nigrum* sowie die *Setaria*-Arten und *Echinochloa crusgalli*). Die überwinternden Einjährigen (Wintereinjährige) keimen zu verschiedenen Zeiten, benötigen eine Kälteperiode oder überwintern als Jungpflänzchen. Hierher gehören z.B. *Papaver*-Arten, *Centaurea cyanus*, *Valerianella*-Arten und auch zahlreiche Unkrautgräser.

– Eine **leichte Verbreitung** durch Anemochorie – z.B. Acker-Kratzdistel, (*Cirsium arvense*), Löwenzahn (*Taraxacum officinale*) – durch Kletten-Labkraut-Zoochorie (*Galium aparine*-Haftfrüchte), durch Myrmecochorie (Ameisenverbreitung) wegen nährstoff- und ölhaltiger Elaiosomen (Acker-Stiefmütterchen = *Viola arvensis*), durch Endozoochorie, durch Autochorie (Streufrüchte bei *Papaver*-Arten, Schleuder-

752

753

Abb. 752: Sandacker mit niedrigen, locker stehenden Feldfrüchten. Hier besteht die Möglichkeit der Etablierung charakteristischer Wildkraut-Gesellschaften (z.B. Lämmersalat-Gesellschaften, *Teesdalio-Arnoseridetum;* Sandmohn-Gesellschaft, *Papaveretum argemonis*).

Abb. 753: *Arnoseris minima* (Lämmersalat) ist heute sehr selten auf Roggenäckern (zusammen mit *Anthoxanthum puelii* und *Aphanes microcarpa*).

Abb. 754: *Papaver argemone* (Sandmohn) ist typisch für Äcker mit mageren, sandigen Lehmböden, meist im Wintergetreide.

Abb. 755: Getreidefeld mit Ackerfrauen-Kamille-Gesellschaft (*Aphano-Matricarietum*).

Abb. 756: *Centaurea cyanus* (Kornblume) und *Agrostemma githago* (Kornrade) sind typisch für extensiv genutzte Getreidefelder. Die Kornrade ist seit dem Neolithikum als Getreideunkraut bekannt; wegen ihrer giftigen Samen war sie aber früher ein gefürchtetes Getreideunkraut, das durch Saatgutreinigung stark zurückgegangen ist.

754

755

756

früchte bei *Erodium* und *Geranium*) ist ein Vorteil der Ackerunkräuter.

- **Heterocarpie** (d.h. die Bildung verschiedenartiger Früchte an ein- und demselben Pflanzenindividuum) erweist sich ebenfalls als vorteilhaft hinsichtlich schneller Reaktionen auf unterschiedliche Außenfaktoren: z.B. bei vielen Korbblütlern (*Galinsoga*, *Sonchus*, *Matricaria*).

- **Zwiebelgeophyten**, wie sie heute vereinzelt noch in den Rebkulturen zu finden sind – Traubenhyazinthe (*Muscari racemosum*), Weinbergs-Lauch (*Allium vineale*), Dolden-Milchstern (*Ornithogalum umbellatum*), Acker-Gelbstern (*Gagea villosa*), Wilde Tulpe (*Tulipa sylvestris*)–, nutzen ihre Zwiebeln als Nährstoff- und Wasserspeicher, sie können sich mit Zugwurzeln in tiefere Bodenschichten verlagern, vermögen teilweise sogar im Winter Tochterzwiebeln zu bilden und vermehren sich auf vegetativem Wege, bevor systematische Herbizideinsätze oder Bodenbearbeitungsmaßnahmen beginnen. Das erklärt die noch heute stellenweise großflächig vorkommenden *Muscari-*, *Ornithogalum-* oder *Allium*-Vorkommen in den modernen Weinbergen (vgl. WILMANNS 1990).

- Neben den Zwiebelgeophyten widerstehen viele Arten den ackerbaulichen Eingriffen durch andere unterirdische Speicherorgane. Als **Wurzelgeophyten** sind Acker-Kratzdistel (*Cirsium arvense*) und Acker-Winde (*Convolvulus arvensis*) anzusprechen. Sie können an ihren Wurzeln Knospen ausbilden, die zu vollständigen Pflanzen heranwachsen. Bei **Rhizomgeophyten** wachsen neue oberirdische Triebe aus Sproßausläufern; dazu gehören beispielsweise Kriechende Quecke (*Agropyron repens*) und Acker-Schachtelhalm (*Equisetum arvense*).

- Eine letzte Gruppe schließlich umfaßt **hemikryptophytische Arten**, die andernorts für lückige Rasengesellschaften typisch sind, wie Kriechender Hahnenfuß (*Ranunculus repens*), Weißes Straußgras (*Agrostis stolonifera*) und Gewöhnliches Rispengras (*Poa trivialis*). Diese Arten zeigen vielfach oberflächlich verdichtete oder staufeuchte Böden an oder bauen zusammen mit Löwenzahn durch Mulchen entstandene

Kriechrasengesellschaften des *Lolio-Potentillion* in Rebgassen auf (s. POTT 1992).

Vegetationsgeschichtliche Untersuchungen unterrichten nicht nur über den Einwanderungsweg und die Herkunft der Ackerunkräuter, sondern auch über deren Einwanderungszeiten (vgl. KNÖRZER 1968, 1984; WILLERDING 1986). Die Entwicklung der Landwirtschaft und des Ackerbaus vollzog sich in Mitteleuropa in mehreren Phasen mit unterschiedlicher Wirtschaftsform und daraus resultierenden, verschiedenartigen Standortfaktoren für die Unkrautvegetation, die sich in ihrer Entwicklungsgeschichte dementsprechend stark verändert hat.

11.1.3.1 Prähistorische Zeit

Der neolithische Ackerbau wurde vermutlich in Form einer wenig entwickelten **Feldgraswirtschaft** betrieben. Die durch Rodung dem Wald abgenommenen Flächen wurden nur wenige Jahre bestellt und dann zu langjähriger Brachweide aufgelassen, damit sich der Boden regenerieren konnte (vgl. Tab. 7).

Dementsprechend müssen die Unkrautgesellschaften dieser prähistorischen Feldfluren reich an mehrjährigen Arten, besonders an tritt- und verbißfesten Weidepflanzen oder Gräsern, und daher mehr oder weniger Grünland-ähnlich gewesen sein. Der Anteil der zunächst nahezu ausschließlich aus der heimischen Flora stammenden Unkräuter war noch entsprechend hoch. Eine grundlegende Änderung trat offenbar ein beim Übergang von der primär ausgeübten Ährenernte zur bodennahen Ernteweise in der Eisenzeit. Von diesem Zeitpunkt an mag es zu einer ersten Differenzierung der Unkrautgesellschaften in Winter- und Sommergetreidefeldern gekommen sein. Durch Lichtkonkurrenz von den hochwüchsigen, vermehrt angebauten Getreidearten Dinkel (*Triticum spelta*) und Roggen (*Secale cereale*) wurden beispielsweise seit dieser Zeit die im Herbst keimenden Wintergetreide-Unkräuter gefährdet.

Mit Pflügen, die den Boden lediglich anritzten, die Scholle aber nicht wendeten, zog man im allgemeinen kreuz und quer über die Felder, so daß zwischen den Ritzlinien einzelne, etwa quadratische, nicht

aufgerissene Horste stehenblieben. Das nur wenige Ar große Feld, das so bearbeitet wurde, war annähernd viereckig. Diese viereckigen Felde, die Blöcke, die man auf Luftbildern erkennen kann, hielt man für keltisch. Solche eisenzeitliche Akkerfluren (sogenannte **celtic fields**) sind in Nordwestdeutschland noch vielfach unter Wald und Heide erhalten geblieben und dienen heute als wichtige Archive für die paläoökologische Rekonstruktion des Feldbaus dieser wichtigen prähistorischen Zeit (z.B. frühe anthropogen geprägte Böden, Bodenphosphatanalysen).

11.1.3.2 Frühmittelalterliche Zeit

Aus der einfachen frühhistorischen Feldgraswirtschaft, in der die Brachezeit länger als die Bestellungszeit war, entwickelte sich die **Dreifelderwirtschaft** vorwiegend im süd- und mitteldeutschen Raum. Das Ackerland als Ganzes bildete die Feldflur eines Dorfes; sie wurde entweder regellos in Form einer Feldgraswirtschaft angelegt und bewirtschaftet oder zusammenhängend als sogenannte Blockflur regelmäßig beackert.

In Norddeutschland begnügte man sich auf den nährstoffarmen Quarzsandböden, die durch Plaggenauflage gedüngt wurden, mit dem sogenannten **ewigen Roggenanbau**, bei dem eine Brachephase fehlt. Der Roggen (*Secale cereale*), der in einigen Regionen Norddeutschlands schon seit der Römischen Kaiserzeit das Hauptgetreide bildete, wurde im Laufe des Mittelalters überall die wichtigste Feldfrucht (s. BEHRE 1992). Roggen zwingt nämlich nicht wie andere Kulturen zum jährlichen Feldfruchtwechsel, sondern er wurde vielerorts oft mehrere Jahre hintereinander angebaut. Da die Nährstoffarmut keinen geregelten Fruchtwechsel ermöglichte, war hier die Plaggenwirtschaft und Anlage von Auflageböden in Form von Eschfluren ein wesentliches Wirtschaftssystem. Der Beginn dieser Ackernutzungsform kann etwa in frühmittelalterliche Zeit datiert werden.

Die Ungunst weiter Regionen des pleistozänen Naturraumes ermöglichte in Nordwestdeutschland meist nur karge bäuerliche Existenzen. Eine effektive Nutzung der Sandböden bedeutete hohen Humus- und Mineralbedarf und gelang schließlich mit Plaggen-Stalldünger- und Mergelauftrag. Plaggen und Laubstreu

Abb. 757: Die Saatwucherblumen-Gesellschaft (*Spergulo-Chrysanthemetum segeti*) ist bezeichnend für Hackfrucht- und Sommergetreidefelder.

757

Abb. 758: Zahlreiche Kulturrassen von Raps (*Brassica napus*) werden heute von der Ebene bis in mittlere Gebirgslagen als Öl- und Futterpflanzen angebaut. Solche Äcker sind arm an Wildkräutern.

758

Abb. 759: Die Sonnenblume (*Helianthus annuus*) wird ebenfalls als Ölfrucht kultiviert (in sommerwarmen Klimalagen). Auch solche Äcker sind arm an Unkräutern.

759

nutzte man von altersher als Stallstreu. Die Plaggen wurden anschließend zu Düngezwecken direkt auf den Acker gebracht. Neben Heideplaggen wurden noch gesammelte und kompostierte Streu von Laub, Schilf und Moosen zur Düngung der Sandböden und Errichtung von Plaggeneschen verwandt (s. auch Auswirkungen auf die Landschaft bei DREWES & POTT 1993).

Die Dreifelderwirtschaft wird erstmals im Jahre 775 urkundlich erwähnt. Sie war bis in die Neuzeit hinein das beherrschende Wirtschaftssystem in Mitteleuropa. In der dreijährigen Fruchtfolge wechselten Sommerfrucht, Winterfrucht und Brache, wobei die Stoppelfelder und Brachen beweidet wurden. Die bestellten Fluranteile konnten mit Wallhecken und lebenden Zäunen gegen das Weidevieh abgeschirmt werden. Im Alpenvorland und in den Alpen gab es noch die **Egarten-Wirtschaft** mit abseits von den ackerbaulich genutzten Kernfluren im Wald- und Weideland gelegenen einzelnen Feldern, die für kurze Zeit bewirtschaftet und dann wieder aufgelassen wurden.

Dieser Übergang von der Feldgraswirtschaft zur Dreifelderwirtschaft hatte auch für die floristische Zusammensetzung der Ackerunkrautgesellschaften entscheidende Folgen. Mit Hilfe des eisernen Wendepfluges (sogenannter Beetpflug oder asymmetrischer Schollenpflug) konnte seit etwa 700 n. Chr. eine wesentlich wirksamere Bearbeitung des Bodens erfolgen als mit dem hölzernen Hakenpflug, der zur Zeit der Feldgraswirtschaft benutzt wurde. Der Wegfall mehrjähriger Rotationszeiten und die Einführung nur eines Brachejahres bewirkten neben der intensiveren Bearbeitung des Bodens durch den eisernen Wendepflug eine stärkere positive Unkrautselektion in Richtung der vorwiegend einjährigen Arten. Aus dem ehemaligen Konglomerat von Weidepflanzen und Ackerunkräutern in der Feldgraswirtschaft formieren sich die Anfänge unserer Ackerunkrautgesellschaften. Erstmalig treten in dieser Zeit Unterschiede zwischen Ackerunkraut- und Grünlandvegetation in Erscheinung. Dennoch dürfte die Brachweide trotz ihrer nur kurzen einjährigen Dauer noch einigen ausdauernden und regenerationsfähigen Arten eine Lebensmöglichkeit in den Unkrautgesellschaften ermöglicht haben.

Die Brache bedeutete in der prähistorischen Feldgraswirtschaft und in der mittelalterlichen Dreifelderwirtschaft nicht nur ein Ausruhen des Bodens, sondern auch eine Düngung durch das weidende Vieh, das seinerseits hier besonders gute Futterquellen fand. Das weidende Vieh transportiert bekanntlich zahlreiche Samen, und zwar auch von solchen Pflanzen, die keine besonderen Haftmechanismen besitzen und deren Samen den Verdauungstrakt der Tiere im nicht keimfähigen Zustand passieren. Dies würde auch eine Erklärung dafür bieten, daß die Ackerunkräuter auch in isolierten Siedlungen und Rodungen durch Zoochorie relativ schnell einwanderten und daß viele Unkrautarten in allen Teilen Mitteleuropas verbreitet sind.

Ein Charakteristikum des Mittelalters sind die sogenannten **Hochäcker** oder **Wölbäcker**, wie wir sie noch heute großflächig unter Wald (z.B. Knyphäuser Wald bei Oldenburg, Leisenberg bei Northeim) finden können. Es handelt sich dabei um parallel verlaufende, etwa 5 bis 8 m breite Ackerbeete, die durch das Aufpflügen und Anhäufungen von Mist und Ackerkrume bis zu 50 cm aufgewölbt und durch tiefe Furchensohlen voneinander getrennt sind. Diese Pflugtechnik gewährleistete eine permanente Nährstoffakkumulation im Zentrum der Ackerbeete. Das Pflügen wirkte außerdem der Bodenerosion entgegen; die Böden waren gut drainiert, weil das Regenwasser seitlich ablaufen konnte, und dies hatte Vorteile für den zunehmenden Wintergetreideanbau.

In Süddeutschland dagegen waren bereits im frühen und hohen Mittelalter in günstigen Lagen **Hopfengärten** verbreitet. Hopfen (*Humulus lupulus*) und Wein (*Vitis vinifera*, Abb. 768, 769) sind Kulturpflanzen, von denen auch in älteren Urkunden immer wieder die Rede ist; hier kann man von einem bunten Erscheinungsbild der Feldmarken ausgehen: es gab Äcker, auf denen zahlreiche verschiedene Kulturpflanzen heranreiften, sowie Gemüse- und Obstgärten. Gewürz- und Gemüseanbauten lassen sich zumindest für die fränkischen Landschaften kontinuierlich seit der Römerzeit nachweisen. Auch der Färber-Waid (*Isatis tinctoria*, s. Abb. 762), der einen blauen Farbstoff (Indigo) liefert, wurde seit der Eisenzeit in

wärmebegünstigten Regionen und an der Küste angepflanzt. Er erlebte in dieser Zeit seine größte Bedeutung. Nach Aufgabe der Waid-Kulturen im 19. Jahrhundert verwilderten diese Pflanzen in aufgelassenen Trockenrasen und an Ruderalstandorten.

11.1.3.3 Neuzeit

Eine bedeutende Wandlung der Landwirtschaft brachte das 18. Jahrhundert. Unter dem Einfluß des neuzeitlichen Merkantilismus gewannen die **Handelspflanzen** große Bedeutung. Der Anbau der neu eingeführten Kartoffel, von Futter- und Zuckerrüben, Kohlarten und anderen Hackfrüchten hatte nur Platz in der Brachzelge. Mit dem Fortfall der Brache verschwand auch die typische Flueraufteilung der Dreifelderwirtschaft. Die Aufgabe war nötig geworden durch den Bedeutungszuwachs der oben genannten neuzeitlichen Kulturpflanzen, aber auch der Ölfrüchte, des Anbaus von Tabak, von Flachs, Hanf und von Färbepflanzen (s.u. a. Abb. 759, 760).

Den Ausschlag für den Übergang zu neuen Fruchtfolgen gaben die **mineralischen Düngemittel** (seit etwa 1850), die den Ackerbau von der Brache unabhängig machten. Mit dieser dritten Entwicklungsphase wandelte sich jetzt auch der Charakter der Ackerunkrautgesellschaften vollständig. Der vollständige Wegfall der Brache bewirkte endgültig die Trennung in Grünland- und Ackerunkrautvegetation, die ja schon zur Zeit der Dreifelderwirtschaft eingeleitet worden war. Die Mehrzahl der mehrjährigen Arten verträgt das regelmäßige Pflügen und das zahlreiche Hacken nicht; daher setzt sich die Ackerunkrautvegetation nun aus vielen Annuellen-Gesellschaften zusammen. Erst seitdem das Ackerland Jahr für Jahr mit Feldfrüchten bestellt wird, bildeten sich unsere heutigen Getreide- und Hackfrucht-Gesellschaften aus, die je nach Bearbeitungsmodus sehr stark differenziert sind.

So beschreibt beispielsweise BÖCKENHOFF-GREWING (1929) für die Unkrautfluren von Roggenfeldern des Hümmling reichliche Vorkommen von Weichem Honiggras (*Holcus mollis*), Grannen-Ruchgras (*Anthoxanthum aristatum*), Lämmersalat (*Arnoseris minima*), Kornblume (*Centaurea cyanus*) und sogar Feuer-Lilie (*Lilium bulbiferum*) sowie Dolden-Milchstern (*Ornithogalum umbellatum*). Der Rückgang der Zwiebelgeophyten auf Äckern gegen Ende des 19. Jahrhunderts legt ein beredtes Zeugnis vom Rückgang einer Artengruppe ab, die an extensive Bewirtschaftung geknüpft war und nun der intensiveren Bodenbearbeitung zum Opfer fiel. Auch die Aufgabe von Sonderkulturen, z.B. des Leinanbaus zur Flachsgewinnung, führte zum Aussterben so spezifischer Unkräuter wie Flachsseide (*Cuscuta epilinum*), Gezähntem Leindotter (*Camelina alyssum*), Kornrade (*Agrostemma githago* var. *linicolum*), Flachsleinkraut (*Silene linicola*) und Lein-Lolch (*Lolium remotum*).

Das gleiche dürfte für die ehemaligen Buchweizenkulturen mit *Fagopyrum esculentum* gelten, die nachweislich seit 1380 in Deutschland angebaut worden sind und sicherlich eine eigenständige Unkrautvegetation getragen haben dürften. Seit der mittelalterlichen Moorbrandkultur baute man auf den oberflächlich entwässerten und gebrannten Moorböden als Hauptfruchtart den Buchweizen an, in gelegentlicher Fruchtfolge auch den Schwarzfrüchtigen Moorhafer (*Avena strigosa*), Roggen, Kartoffeln und Acker-Spark (*Spergula arvensis*) als Grünfutter. Nach etwa 7 bis 10 Jahren Nutzungstätigkeit waren die Moorbodenreserven meistens erschöpft und es mußte eine 30jährige Brache eingeschaltet werden.

Die Buchweizenfelder der kultivierten Hochmoorbereiche in Nordwestdeutschland, die nach Aufgabe der Moorbrandkultur erst im Jahre 1923 endgültig zu Ende ging, haben sicherlich anders – und den Hackfruchtfeldern mehr ähnlich – ausgesehen, als die Buchweizenäcker der montanen Reutfelder (z.B. Hauberge und Schiffelberge im nordwestdeutschen und süddeutschen Bergland). Deren typische, teilweise stickstoffautotrophe Besenginster (*Sarothamnus scoparius-*), Weidenröschen (*Epilobium angustifolium-*) und Sauerampfer (*Rumex acetosella-*) reiche Unkrautfluren sind bei POTT (1986) ausführlich beschrieben.

Durch die Entwicklung moderner Akkergeräte konnten auch neue Wirtschaftsflächen erschlossen werden. In Bayern gab es z.B. stabile sogenannte Leitenpflüge, mit denen man terrassierte, hangparallel angelegte Äcker in hangendem Gelände (**Leitenäcker**) bearbeiten konnte (KÜSTER 1995). Diese Ackerflächen im steil geneigten Gelände gehören mit ihrem Mauerwerk, ihren Erdreichwällen und -böschungen und den meist gehölzbestandenen gestuften Ackerrainen zu den sogenannten **Stufenrainen** oder **Hochrainen**, die den terrassierten Rebhängen ähneln und häufig Biotoptypenkomplexe von Gebüschen, Trockenrasen und Ackerwildkrautgesellschaften als wertvolle Lebensräume darstellen (s. auch HEMPEL 1954, RICHTER 1960 und EWALD 1994).

Unterschiedliche Anbauzeitpunkte von Hackfrüchten (Kartoffel, Rüben, Runkelrüben, Weinkulturen, Gemüse- und Gartenbauten) sowie von Getreideansaaten hatten verschieden lange Vegetationszeiten zur Folge und führten mit den spezifischen, verschiedenartigen Standortfaktoren (mehrmaliges Hacken auf der einen und Pflügen bzw. Eggen auf der anderen Seite) zur Aufgliederung von Winterfrucht- und Sommerfruchtgesellschaften.

Heute erzeugen die modernen Bewirtschaftungsmethoden des Fruchtwechsel-Verfahrens (Rotation) einen ganz eigenen Typ von Ackerunkrautgesellschaften, wobei nach Winter- und Sommerfruchtgesellschaften auf basenarmen Böden (s. Abb. 752 bis 757) sowie den Winter- und Sommerfruchtgesellschaften auf basenreichen Böden (Abb. 763 bis 766) differenziert wird (s. HÜPPE & HOFMEISTER 1990).

11.1.4 Verarmung der Ackerunkrautgesellschaften

Erst in den letzten 25 Jahren ist wiederum ein auffälliger und tiefgreifender Wandel unserer Ackerunkrautgesellschaften zu verzeichnen. Der Grund liegt dafür vor allem in Veränderungen der landwirtschaftlichen Produktionstechnik gegenüber früheren Arbeitsverfahren. Voll technisierte Großflächenbewirtschaftung, Flurbereinigung, Meliorationsmaßnahmen sowie stetig ansteigende Mineraldüngerzufuhren (insbesondere Stickstoff) und chemische Unkrautbekämpfung mit verbesserter Saatgutreinigung kennzeichnen die aktuelle Situation des Ackerbaus.

Nachfolgend werden die wichtigsten Gründe für die Veränderungen in der Pflanzenwelt der Äcker kurz dargelegt:

- **Nivellierung der Standorte**: Durch Rationalisierungs- und Intensivierungsmaßnahmen in der Landwirtschaft wurde die ehemalige Standortvielfalt der Agrarlandschaften stark vereinheitlicht: ehemals feuchte Flächen wurden trockengelegt, Feldrainstrukturen wie Hecken und Raine beseitigt sowie kleine überschaubare Felder in großflächige Einheiten zusammengefaßt.

- **Herbizideinsatz**: Durch die Ausbringung von mehreren tausend Tonnen Herbiziden jährlich in Deutschland sind viele Pflanzenarten selten geworden oder ganz verschwunden. Davon sind vor allem Arten mit spezialisierten Standortansprüchen betroffen wie z.B. Kalkzeiger (*Scandix pecten-veneris, Adonis aestivalis*) und Säurezeiger (*Arnoseris minima*), aber auch weniger spezialisierte Formen wie Kornblume und Mohn-Arten (*Papaver* ssp.). Herbizide drängen aber nicht nur die Pflanzen zurück, sondern fördern gleichzeitig die Ausbreitung widerstandsfähiger Arten. So ist z.B. in Maisanbaugebieten eine Zunahme von *Echinochloa crus-galli* und Fingerhirse-Arten (*Digitaria ischaemum*) zu beobachten, da diese gegenüber den beim Mais verwendbaren Herbiziden sehr unempfindlich sind. Dieses Phänomen der „Vergrasung" von Äckern wird in der letzten Zeit immer bedeutsamer.

- **Düngung**: Durch starke Dünger-, vor allem Stickstoffgaben, werden die Konkurrenzverhältnisse innerhalb der Pflanzengesellschaften stark verändert: Zeiger für magere Böden nehmen ab (z.B. Frühlings-Hungerblümchen (*Erophila verna*), Acker-Spark (*Spergula arvensis*), Gewöhnlicher Kleiner Sauerampfer (*Rumex acetosella*)), stickstoffliebende Arten nehmen zu (z.B. Vogelmiere (*Stellaria media*), *Tripleurospermum inodorum*). Gülleausbringung führt zur starken Anreicherung von Rothaarigem Fuchsschwanz (*Amaranthus retroflexus*), Gänsefuß (*Chenopodium album*), Knöterich (*Polygonum lapathifolium*) und Schwarzem Nachtschatten (*Solanum nigrum*).

- **Eingeengter Fruchtwechsel**: Wird z.B. über einen längeren Zeitraum Getreide angebaut, so haben Wildgräser wie *Apera spica-venti* und *Avena fatua* einen Vorteil davon. Dazu kommt ihre positive Selektion nach Herbizideinsatz gegen dicotyle Unkräuter.

Abb. 760: Flachsfeld mit *Linum usitatissimum* (aus Pott 1992). Hier gibt es aber nicht die typischen Flachsfeldunkräuter, wie sie in Kap. 11.1.3.3 aufgeführt sind, da heutzutage die Leineinsaaten von Unkrautsamen gereinigt sind. Die Biotoptypen der Äcker sind daher kaum durch Flächenverlust, sondern vorwiegend durch Qualitätsveränderungen gefährdet.

760

Abb. 761: Buchweizenacker mit *Fagopyrum esculentum* (aus Pott 1992). Der Buchenweizenanbau auf Mooräckern ist stark zurückgegangen und vielerorts erloschen. In der Summe ist auch hier durch die Veränderungen der Bewirtschaftungsformen eine starke Reduzierung der Vielfalt von Nutzungsvarianten festzustellen.

761

Abb. 762: Brachacker mit *Isatis tinctoria* (früher als Färberpflanze für Indigo-Blau angebaut) und reichlich Klatschmohn (*Papaver rhoeas*) als artenreicher Biotop, in extrem sommerwarmen Lagen.

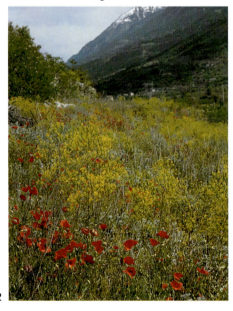
762

Abb. 763: Kalkscherbenacker mit blumenreichen Ackerrandstreifen aus *Papaver rhoeas*, *Bromus secalinus*, *Delphinium consolida* und *Matricaria chamomilla*. Hier gibt es starke Artenverarmungen durch Pestizideinsätze. ▷

Abb. 764: *Caucalido-Adonidetum flammeae* in einem Ackerrandstreifen auf der Paderborner Hochfläche auf Kalk. ▷

Abb. 765: *Kickxia spuria* (Eiblättriges Leinkraut). ▷

Abb. 766: *Kickxia elatine* (Pfeilblättriges Leinkraut). ▷

763

764

765

766

◁ Abb. 767: Zweifelderwirtschaft an der Höhengrenze des Ackerbaus in den Zentralalpen
(Wallis, 1989).

Abb. 768: Rebgassen mit *Lolio-Potentillion*-
Kriechrasen, die durch ständiges Mulchen
auf verdichteten Böden entstanden sind.

768

Abb. 769: Traditioneller schmalparzelliger
Rebanbau bei Schelingen im Kaiserstuhl. Im
Hintergrund sind die großflächig angelegten
Kulturen nach der Rebumlegung im Bereich
der Ortschaft Oberbergen zu sehen (1990).

769

Abb. 770: Zwiebelgeophyten, die heute vereinzelt noch in Rebkulturen
zu finden sind, nutzen ihre Zwiebeln als Nährstoff- und Wasserspeicher; sie können sich mit Zugwurzeln in tiefere Bodenschichten verlagern, vermögen teilweise sogar im Winter Tochterzwiebeln zu bilden
und vermehren sich so auf vegetativem Wege, bevor systematische
Herbizideinsätze oder Bodenbearbeitungsmaßnahmen beginnen. Das
erklärt die heute noch stellenweise großflächig ausgebildeten *Mus-
cari-Ornithogalum-* oder *Allium*-Vorkommen in den modernen Weinbergen (Beispiel *Ornithogalum umbellatum*).

770

331

– **Verbesserte Saatgutreinigung:** Großsamige Ackerwildpflanzen sind durch die verbesserte Saatgutreinigung weitgehend aus der Agrarlandschaft verschwunden so z.B. *Agrostemma githago*. Von der überaus seltenen und vom Aussterben bedrohten Kornrade weiß man, daß die Varietät *A. linicolum* mit ihren kleinen, mehr oder weniger glatten Samen an die Leinkultur angepaßt war, wohingegen die großsamige Varietät *Agrostemma macrospermum* vor allem im Wintergetreide wuchs. Diese Art ist somit ein Paradebeispiel für eine reiche intraspezifische Gliederung auf dem Wege der koevolutiven Ackerunkrautentwicklung.

– **Aufgabe von Kulturpflanzen:** Weil manche Kulturpflanzenarten bei uns nicht mehr oder kaum noch angebaut werden, sind Arten verschwunden, die eng an solche Kulturen gebunden sind, wie das Beispiel der Leinfelder gezeigt hat.

– **Stillegung von Äckern** infolge von Nutzungsaufgaben wegen landwirtschaftlicher Überproduktion: Davon sind vor allem die Grenzertragsböden betroffen und mit ihnen die schon immer vergleichsweise seltenen Kalk-Unkrautarten flachgründiger Kalkstandorte.

– **Drainage von Äckern:** Krumenfeuchtezeiger wie Ackerkresse (*Rorippa sylvestris*), Ackerminze (*Mentha arvensis*), Ackerziest (*Stachys palustris* var. *segetum*) und Pfefferknöterich (*Polygonum hydropiper*), die früher sehr häufig waren und bestimmte Gesellschaftsausprägungen der Ackerunkrautgesellschaften kennzeichneten, nehmen infolge von hydromeliorativen Maßnahmen ab.

Infolge moderner Produktionstechniken verlieren also die Ackerbiotope ihre früher vorhandene ökologische und damit auch botanische Vielfalt. Die Nivellierung der Böden durch intensive Kunstdüngung bewirkt eine Uniformierung der Standortbedingungen und damit auch eine Uniformierung von Artenverbindungen. Es ist demnach festzustellen, daß durch die neuerlichen Wirtschaftsweisen im Bereich der Ackerunkrautvegetation ein Prozeß in Gang gesetzt ist, der die Vielzahl der Unkrautgemeinschaften verringert und zu

der Verarmung und Entdifferenzierung führt, die auch sonst überall in der Natur zu beobachten ist.

Es ist also an der Zeit, in der heutigen Kulturlandschaft durch geeigneten Landschafts- und Biotopschutz die noch vorhandene Vielfalt an Ackerunkraut- und Weinbergsunkraut-Gesellschaften zu erhalten, um charakteristische Biotoptypen mit ihren spezifischen Floren- und Faunenelementen zu bewahren. Seit den 70er Jahren gibt es eine Vielzahl von Bestrebungen zum Schutz seltener Arten und gefährdeter Ackerunkräuter (s.u. a. CALLAUCH 1981, SUKOPP et al. 1994 sowie Ackerrandstreifenprogramm bei SCHUMACHER 1984, OTTE et al. 1988 und WOLFF-STRAUB 1989, SCHUMACHER 1995).

– **Gefährdung**: Nutzungsintensivierung; Nutzungsaufgabe der extensiv bewirtschafteten Äcker.
– **Schutz**: nicht gesetzlich; gelegentlich werden regional in einzelnen Bundesländern Ackerrandstreifenprogramme aufgelegt, die helfen.
– **Verbreitung**: Von der Küste bis in die Alpen.
– **Beispiele**: Abb. 752 bis 770.

11.2 Feldgehölze und Hecken
(Flecht-, Wall- und Baumhecken)

Feldgehölze und Hecken sind Grenz- und Befestigungsanlagen mittelalterlicher Siedlungen und charakteristische Elemente ehemals extensiv genutzter Kulturlandschaften. Sie finden sich noch heute gehäuft in küstennahen Landstrichen Europas, aber auch in den Mittelgebirgen, den niederen Lagen der Hochgebirge sowie im Mediterrangebiet. Abgesehen von Landwehren, Sperr- und Wehrhecken zur Markierung des Eigentums wurden diese künstlichen Strukturelemente vorrangig dort angelegt, wo Ackerbau und Weidewirtschaft auf gleichen oder benachbarten Parzellen miteinander in räumlichen und zeitlichen Einklang gebracht werden mußten.

Die Anlage von Hecken stand somit überwiegend, jedoch nicht ausschließlich,

mit der ehemaligen Weidewirtschaft in Verbindung und ist deshalb in der Zeit verständlich, als man gezwungen war, das auf der Allmende weidende Vieh auszuzäunen, um es von den bereits ackerbaulich genutzten Flächen wie auch von den bewohnten Privatparzellen fernzuhalten.

In maritimen Regionen, wo lang andauernde oder gar ganzjährige Austriebszeiten für das Weidevieh möglich sind, kennzeichnen noch heute dichte Heckennetze die Landschaft; z.B. die **„bocage"** der Bretagne und Normandie (MISSONNIER 1976; MONTEGUT 1976), die Hecken Südenglands und Irlands (POLLARD 1973), die **Knicks** Schleswig-Holsteins (vgl. u. a. WEBER 1967, 1982; EIGNER 1978, 1982) sowie die **Wallhecken** in Westfalen und Niedersachsen (vgl. JESSEN 1937; v. GEHREN 1951; SIEBELS 1954; WITTIG 1976, RÖSER 1988). Auch die **Baumhecken** in den Egartenlandschaften des Alpenvorlandes (SCHNEIDER 1982), die **Windschutzhecken** der Eifel (KOCH 1973), auf Kalk- und Lesesteinwällen stockende **Gäulandhecken** der Jura- und Muschelkalkgebiete Süddeutschlands (TROLL 1951; REIF 1983; SCHULZE et al. 1984, EWALD 1994) wie auch die montanen Schwarzwälder **Haselhecken** (WILMANNS et al. 1979) oder die **Ginsterhecken** des Süderberglandes in Westfalen, welche ebenfalls Lesesteinriegel saurer, devonischer Substrate nachzeichnen, sind solche bekannten und prägenden Strukturen der Landschaft.

Wallartige Umfriedungen der Felder, bei denen jedoch unbekannt ist, ob sie mit Sträuchern bepflanzt waren, sind auf der Geest und im ostwestfälischen Raum bereits aus prähistorischer Zeit nachweisbar (GROENMAN VAN WAATERINGE 1970/71; HOHENSCHWERT 1978). Sehr wahrscheinlich wurden zumindest seit altgermanischer Zeit in größerem Maße auch Wallhecken angelegt (JESSEN 1937). CAESAR berichtet im II. Buch seines Werkes *De bello gallico* von lebenden Dornhecken bei den Nerviern am Niederrhein, die dadurch besonders dicht gehalten wurden, daß man junge Bäume zur Erde niederbog:

„teneris arboribus incisis atque inflexis crebrisque in latitudinem ramis enatis et rubis sentibusque interjectis, effercerant, ut instar muri hae saepes munimenta praeberent, quo non modo intrari sed ne perspici quidem posset" (zit. nach WEERTH 1906).

Damit gibt uns CAESAR eine geradezu klassische Beschreibung des Knicks und er fügt hinzu, daß in die Zwischenräume der Hecke Brombeersträucher gepflanzt wurden, so daß eine förmliche Mauer entstand, die undurchdringlich für Mensch und Tier, ja selbst für das Auge war.

Die Schaffung von **lebenden Hecken und Heckensystemen** läßt sich im wesentlichen zwei zeitlichen Perioden zuordnen und kennzeichnet gleichsam charakteristische Typen von Feldfluren mit entsprechenden Siedlungsformen.

Im Wuchsbereich von *Quercion roboris*-Waldgesellschaften auf der Geest mit lokkeren Streu-, Dorf- und Drubbelsiedlungen dominieren Eschfluren, wobei die Plaggenesche wegen des Flurzwanges als Ganzes mit Heckensystemen gegen benachbarte Weidebezirke abgegrenzt waren. In feuchten *Carpinion*-Gebieten, im Wuchsgebiet des *Stellario-Carpinetum* dagegen haben wir die typische Flurform des Kampes mit Streusiedlungen, wo einzelne kleine, in sich geschlossene Parzellen in der Art der Kämpe durch Gräben, Hecken oder Zäune eingefriedet waren (s. Abb. 771 u. 771). Auf den für den Ackerbau besonders günstigen Lößbörden findet man verbreitet Gewannfluren mit geschlossenen Ackerbürgersiedlungen. Dort sind die guten Akkerböden meist extrem heckenarm oder gar heckenfrei und zeigen nur in Tallagen oder in feuchten Hangbereichen kampähnliche Parzellierungen mit einreihig angeordneten Heckenstrukturen.

In den Höhenlagen der geschlossenen Mittelgebirge (z.B. Schwarzwald, Hunsrück, Sauerland, Bergisches Land) findet man bis hin zum Rhein zwischen den Waldungen auf den Höhenrücken kleine Weiler oder Einzelsiedlerhöfe mit von Wäldern umschlossenen, kampähnlichen Blockfeldern als Dorffluren zwischen den Streusiedlungen (MARTINY 1926), die mittelalterlichen Ursprungs sein dürften und seit jener Zeit mit Landwehren und Hekken ausgestattet sind.

Heute sind die verbliebenen Hecken durch Rodungen insgesamt stark gefährdet; durch Flurbereinigungsmaßnahmen wurde bislang das Netz von Hecken und Feldgehölzen stark ausgedünnt. Die Aufgabe traditioneller Nutzungen führte zu schlechten Pflegezuständen der meisten Hecken.

11.2.1 Entwicklung von Hecken und Heckenlandschaften

Vor der Periode der Allmend- und Markenteilungen oder Servitutenablösungen dienten Hecken neben den künstlichen Zäunen und ähnlich angeordneten Gehölzstrukturen vornehmlich der Auszäunung, als Schutz vor dem in der Mark weidenden Vieh. Zudem besaß die gehölzbestandene Hecke eine notwendige Funktion als Holzquelle und Laubheulieferant.

Verheerende Auswirkungen extensiver Holznutzungen, insbesondere mit Waldweide, Streu- und Plaggengewinnung oder verschiedenen Formen der Haubergswirtschaft (vgl. SCHMITHÜSEN 1934; MÜLLER-WILLE 1938; POTT 1985) hatten vor allem die ausgedehnten Markengebiete Nordwestdeutschlands und der Mittelgebirge zu Beginn des 16. und 17. Jahrhunderts oftmals stark devastiert und weiträumige Landstriche in halboffene Parklandschaften mit Waldresten, Gebüschinseln und Feldgehölzen sowie Trift- und Heideflächen verwandelt.

Als Folge dieser Weidewirkung und Weideselektion lassen sich in rezenten Hudegebieten noch heute vor allem zoogene Vegetationskomplexe in Form von dichten Gebüschzonen aus bewehrten, dornigen und stacheligen Sträuchern beobachten, die das Weidevieh verschmäht (s. z. B. Abb. 530, 531, 532, 550). Solche unregelmäßig im Gelände verteilten, undurchdringlichen schlehen-, brombeer- und weißdornreichen Gebüsche mit *Prunus spinosa*, diversen *Rubus*-Arten und *Crataegus* sind sicherlich in vor- und frühgeschichtlichen Epochen der bäuerlichen Landnutzung häufig gewesen. Sie dürften bei zonenartiger bzw. halbwegs linearer Anordnung in den damaligen Triftlandschaften erste heckenähnliche Strukturen mit Zaunfunktion gebildet haben.

Die überaus starke Öffnung der Landschaft und die Degradation weiträumiger Gegenden Nordwestdeutschlands zu offenen *Calluna*-Heiden durch extreme Überweidung, Streunutzung und Plaggenhieb, in deren Gefolge es zu umfangreichen Sandverlagerungen und Wanderdünenbildungen kam, war vielerorts der Grund für zahlreiche Aufforstungsedikte und Holzordnungen von landesherrlicher Seite. So

gaben die spätmittelalterlichen und neuzeitlichen Waldverwüstungen fast überall im 17. Jahrhundert den entscheidenden Anstoß für planmäßige Gehölzpflanzungen und Heckenanlagen oder für die ersten Knicks als lebende Zäune, Windschutzhecken und Landwehren (s. Abb. 771 bis 773), als großer Holzmangel den Aufbau und die Unterhaltung toter Holz- und Lattenzäune (Scheitzäune) unmöglich oder sehr kostspielig machte.

In dieser Zeit war eine Hecke nicht nur sinnvoller in der Anlage und Unterhaltung als ein Zaun, sondern sie erbrachte auch wichtige Erträge an kostbarem Nutz- und Brennholz, an Reisig (Holzbuschen), Schneitelloden für alle möglichen Flechtwerke sowie Laubheu für die Winterfütterung des Viehs (s. auch Abb. 773). Die Knicks, die in dieser Periode entstanden, zogen sich nicht mehr nur um die gemeinschaftlich genutzten Äcker, Wiesen und Waldparzellen zum Schutz gegen das frei umherlaufende Vieh, sondern dienten nun der Einfriedung von Weideparzellen und der Einzäunung von Haustieren.

Die zweite Periode, in der die Hauptmasse der Hecken entstand, fällt im wesentlichen mit dem Zeitpunkt der Verkopplung zusammen, als bei der Marken- und Allmendteilung im 17. Jahrhundert und besonders ab der 2. Hälfte des 18. Jahrhunderts einzelne Parzellen dauerhaft eingefriedigt wurden. So ist es auch nicht verwunderlich, daß ehemalige Gemeindemarken und Weidewirtschaftsgebiete auch heute noch so reich an Hecken sind (Abb. 774 bis 779). Bäuerliche Gebiete mit relativ kleinen Besitzungen, realer Erbaufteilung und schmalen Koppeln sind außerdem noch heckenreicher als Bereiche mit geschlossenem Großgrundbesitz. Mit einem Heckenschleier überzogen wurden seitdem in den Tieflagen Nord- und Nordwestdeutschlands besonders die *Quercion roboris*- und *Carpinion*-Wuchsgebiete Ostfrieslands (SIEBELS 1954; JÄGER 1961), der Oldenburger Geest (DIEKMANN 1960), Schleswig-Holsteins und Westfalens, wo auf den nährstoffarmen oder feuchten Böden sich die Weidewirtschaft noch heute dem Ackerbau gegenüber im Vorteil befindet und größtenteils Dauergrünlandbereiche zu finden sind. Hier wurden auf der Geest die permanenten Ackerflächen und die aus Plaggensoden aufgehäuften Esch-

Abb. 771: Erdwälle aus geschichteten Gras- und Heidesoden mit einer Firstkappe von Heidekraut (im Niederländischen als „tuinwallen" bezeichnet). Solche wallartigen Umfriedungen waren gehölzfrei – sie dienten vor allem im küstennahen Westdeutschland der Abgrenzung von Hof- und Weideparzellen (Friesland, 1986).

Abb. 772: Mit dem Begriff des Knicks, des Gastrings oder der Wallhecken verbindet man heute die Vorstellung eines mit Hecken gekrönten Erdwalls (Ammerland, 1992). Diese Baum-Wallhecken hatten ihre maximale Ausdehnung etwa zur Mitte des 19. Jahrhunderts nach der Aufteilung der Allmenden. Solche Bestände können durch Rückschnitt bzw. Nachpflanzungen dauerhaft in ihrer Struktur erhalten werden.

Abb. 773: Gastring = ungleichseitige Wallhecke, die einen Plaggenesch (= Gaste) zum Schutz der Langstreifen-Ackerflur als Ganzes umgibt. Der aus Sanden aufgeschüttete Gastringwall bildete eine mit Graben versehene geböschte Front gegen das Weidevieh auf der Allmende. Die Bäume auf dem Gastring dienten als lebende Zaunpfosten und wurden periodisch geschneitelt (bei Welbergen im Münsterland, 1982).

774

Abb. 774: Westfälische Bucht vom Teutoburger Wald aus gesehen. Diese als „Westfälische Parklandschaft" bekannte Region ist durch bäuerliche Nutzungen mit kleinen Besitzflächen, schmalen Weidekoppeln, eingestreuten Acker- und Wiesenflächen sowie für seinen Hecken- und Baumreichtum bekannt.

Abb. 775: Wallhecke im Münsterland mit gekappten, geschneitelten und gebogenen Eichen und Hainbuchen als lebende Stabilisierungspfosten (1984).

775

Abb. 776: In Eichen-Hainbuchen-Wald-Landschaften in der Westfälischen Bucht gibt es die typische Form von sogenannten „Kämpen" mit Streusiedlungen, wo einzelne kleine, in sich geschlossene Parzellen als Kämpe durch Gräben, Hecken und Zäune in regelmäßig angelegtem Netz eingefriedigt waren (Münsterland b. Warendorf, 1984). Hier herrscht eine hohe Biotopvielfalt. Der Verbreitungsschwerpunkt dieser Heckenlandschaften liegt im nordwestdeutschen Tiefland; leider beobachten wir derzeit starke Bestandsrückgänge auch durch unzureichende Pflege.

776

777

Abb. 777: Knick-Landschaft mit regelmäßigem Heckennetz in der Jungmoränenlandschaft Schleswig-Holsteins (1986).

Abb. 778: *Carpino-Prunetum* mit blühender Schlehe in einer Wall-hecke in Schleswig-Holstein (1982). In Feldgehölzen und Hecken wur-den viele Pflanzen und Tierarten nachgewiesen. Dieses ist bedingt durch die Grenzlinieneffekte der Hecken und die gegenseitige Beein-flussung von Wald-, Wiesen- und Feldbiotopen.

Abb. 779: Kleinparzellige landwirtschaftliche Nutzungen mit Ackerbau und Grünlandwirtschaft in der von Hecken gekammerten Landschaft.

778

779

fluren mit lebenden Hecken eingefriedet, welche in Friesland als **Gaste** oder als **Gastringwälle** bezeichnet werden (s. Abb. 771, 772). In reinen Ackerbaugebieten mit besseren Löß- und Lehmböden, in denen nur wenig Vieh gehalten wird, fehlen die Hecken dagegen fast vollständig.

11.2.2 Rückgang von Hecken in der Neuzeit

Das Grundmuster der räumlichen Verteilung von Hecken stimmt im aktuellen Bild zwar noch in groben Zügen, doch wurden im letzten Jahrhundert und vermehrt in den vergangenen Jahrzehnten im Zuge moderner Gebietsumlegungen, Trockenlegungen und landwirtschaftlicher Großflächenbewirtschaftungen die Hecken zunehmend gerodet und vernichtet. Im 19. Jahrhundert ordnete die preußische Herrschaft in Westfalen zunächst die Rodung gewachsener Wallhecken an, um landwirtschaftliche Erträge zu steigern. ANT & STIPPROWEIT (1984) belegen ein Dekret des preußischen Königs Friedrich Wilhelm vom 30.9.1805 an die Landesräte des damaligen Erbfürstentums Münster:

„Wir communicieren Euch auszüglich einen Bericht des Wegeoffizianten Diekerhoff vom 30. c. und eröffnen Euch, daß Uns dessen darin geäußerte Meinung über den Nachtheil der Wallhecken in hiesiger Provinz und dessen übrige Bemerkungen sehr gegründet und durch Erfahrung bedeutend bestätigt sind. Ihr habt davon gelegentlich Gebrauch zu machen und die Eingesessenen Eurer Kreise von den für die Wirtschaft mit Beybehaltung dieser Wallhecken verbundene Nachtheil zu überzeugen, Die dagegen vielleicht werdenden Einwendungen dürfte sich darauf reduciren, daß das zur Wirtschaft erforderliche Holz von Wallhecken gezogen werden müßte, da die Gelegenheit dazu sonst fehle. Dieses ist aber theils unbegründet, da der Bauer in Ansehung seiner Ackerwirthschaft und Holzgewinnung einen größeren Ertrag haben wird, wenn er von seinen Besitzungen einen Flächenraum etwa von der Größe der Wallhekken ganz eigenes zum Holzbau benutzt und dagegen dies fortschafft, theils fällt dieses durch Vornahme von Gemeinheits Theilungen fort, in dem die Interessenten die ihnen zufallende Theile nach Gutbefinden zum Holzanbau, und wenn sie damit die Ausrot-

tung der auch den Wegen so nachtheiligen Hecken verbinden, so auch unmittelbar zur Verbesserung der Ländereyen benutzen können. Wir erwarten also, daß Ihr die Ausrottung der Wallhecken als eine höchst nützliche Sache möglichst beförderd und über der Erfahrunge Eurer Bemühungen zu seiner Zeit berichten werdet.“

Trotz einer neuerlichen Verordnung zum Schutz der Knicks und Wallhecken vom 29.11.1935 für die Regierungsbezirke Hannover, Lüneburg, Osnabrück, Minden, Aurich und Münster nehmen die Flächenanteile und die Anzahl der Hecken kontinuierlich ab (s. auch WITTIG 1976, 1979). Das gilt besonders für die ehemals im sozialistischen Kolchose-Großflächenbetrieb (Landwirtschaftliche Produktions-Genossenschaften) genutzten Regionen der ostdeutschen Länder!

Es werden in jüngster Zeit zwar vielerorts lineare Gehölzpflanzungen im Zuge von Biotopverbundsystemen und Vernetzungen von Gehölzinseln in der Kulturlandschaft neu angelegt, deren Bewuchs und Physiognomie entsprechen jedoch längst nicht mehr dem Bild traditionell bewirtschafteter Extensivhecken. Deshalb sollen anhand ihrer Relikte die charakteristischen Formen und Gehölzartspektren typisch bewirtschafteter Hecken im folgenden vorgestellt werden.

11.2.3 Form und Bewirtschaftung der Hecken

Wie bereits erwähnt, bezeugen zahlreiche zeitgenössische Dokumente die urkundlich früh genannten Hecken des 16. und 17. Jahrhunderts mit offenbar doppelter Funktion als Wehr- bzw. Wildhecken (letztere zur Abgrenzung von Jagden untereinander) sowie als Einhegezäune. Sie waren meistens aus dicht ineinander geflochtenen Dornen-, Hasel- oder Hainbuchenstämmen zusammengesetzt. So steht die ursprüngliche Besitzabgrenzung, Sperrfunktion bzw. Aus- und Einhegung des Viehbestandes wohl außer Zweifel (s. auch MARTINY 1926, JESSEN 1937, MARQUARDT 1950, HARTKE 1951, TROLL 1951, TÜXEN 1952, WEBER 1967, BURRICHTER 1984 und POTT 1989a, 1989b). Wallhecken, Feldhecken und Baumhecken sind die entsprechenden Gebüsch-Strukturtypen.

In verschiedenen Naturräumen finden sich heute noch unterschiedliche Heckenstrukturen oder deren deformierte Relikthölzer, die bei genauer Kenntnis von ehemaliger Behandlung und Funktion verwandte oder gar gemeinsame Formelemente der extensiven Heckenbewirtschaftung und Heckenanlagen erkennen lassen (Abb. 773 bis 793).

11.2.3.1 Flechthecken und Biegehecken

Spalierartige **Flechthecken** werden in Norddeutschland noch traditionell bis zur Gegenwart im Raum der Nieheimer Börde, östlich des Eggegebirges, gebogen und geflochten. Im Gebiet der Stadt Nieheim sind es an feuchten Hangflächen und in Talungen auf lokalen *Carpinion*-Standorten einreihig gepflanzte, dichte Hecken, die im engen Netz kampartige Feldfluren umschließen (s. Abb. 783, 784). Solche lebenden Flechtwerke sind als Vorläufer der jetzigen Draht-Elektrozäune wohl weiter verbreitet gewesen, als man heute noch sehen kann. Es gab sie auch vielerorts in Süd- und Mitteldeutschland, was zahlreiche Relikte auf der Baar, der Schwäbischen Alb, im Alpenvorland, in Thüringen, in Brandenburg und in Sachsen beweisen. Sie sind vielerorts ähnlich angelegt und strukturiert gewesen. So werden lang ausgedehnte, ineinander verflochtene, einoder mehrreihige Weißdornhecken von den Feldmarken der Keuperböden des Lipperlandes beschrieben (v. REDEN 1984) und sind als **Biegehecken** in Westfalen noch im Bereich der mittleren Lippe bei Lippborg bekannt.

Die Nieheimer Flechthecken wurden ohne Wall und Graben als lebende Zäune zu Einhegung von Dauerweideflächen maximal 1 m breit angelegt und sind heute noch so aufgezogen (Abb. 784). Hauptholzarten zur Anlage der Hecken bilden natürlich vorkommende Haseln und Weißdorn. Die Anlage der Hecken erfolgt nach einem bestimmten Muster, das hier näher erläutert werden soll:

Man läßt zunächst die gepflanzten Sträucher, die die Hecke bilden sollen, 3 bis 5 Jahre lang aufwachsen. Dann haben vor allem die Haseltriebe eine Höhe von 3 bis 5 Metern. Nun verjüngt man die Hecke, und zwar so, daß ein Teil der Zweige bis zum Fußpunkt abgeschlagen wird, geeignete Ruten dazwischen aber stehen bleiben. Soweit die bis dahin aufgekommenen Bäume in der gepflanzten Hecke nicht zur Wertholznutzung vorgesehen sind, werden sie in einer Höhe von 1,25 m abgesägt. Sie bilden sozusagen die Pfosten des Zaunes. Stehengelassene Zweige und Ruten werden dann heruntergebogen, mit Bindeweiden in drei Etagen miteinander verflochten und mit den Pfosten verbunden (Abb. 784). Bei dieser Form der Heckenanlage, die primär fast nur aus Haselsträuchern besteht, werden bis zu 3 m lange Haseltriebe immer wieder versetzt gegenläufig abgebogen und zusammengeknotet. Zur Weide hin, wo das Vieh grast, sind meistens Weißdorn und Schlehen als Verbißschutz mit eingeflochten. Durch positive Weideselektion des Viehs erhöht sich allmählich der Anteil dorniger und stacheliger Elemente, so daß diese lebenden Zäune mit der Zeit sehr dicht und undurchdringlich werden.

Ähnliche geflochtene Biegehecken finden sich in der Lippetalung bis hinauf zur Südseite der Beckumer Berge im Münsterland. Hier werden ebenfalls im *Carpinion*-Wuchsgebiet 1 bis 3 Meter voneinander entfernt stehende Hainbuchen und Weißdornbüsche miteinander verbunden (Abb. 785, 786). Ist der Abstand von einem Busch zum anderen zu groß, so wird ein dünner Pfahl in die Erde geschlagen und einer der herabgebogenen Zweige links, ein andere rechts daran vorbeigeführt und hinter dem Nachbarbusch befestigt. Die herabgezogenen Zweige knotet man ebenfalls mit Weidenruten an den Pfahl. Dadurch gelangen Pfahl und herabgedrückte Zweige in eine Spannung, die dem Halt der Hecke dient. Zusätzlich schlagen abgesenkte Weißdornzweige und Hainbuchen auf der gesamten Länge üppig aus und bilden zahlreiche Gebückstämme mit aufsteigenden Seitentrieben. Nicht zum Biegen verwandte Loden und Stöcke werden in etwa 80 cm Höhe abgeschoren und geköpft (Abb. 786).

Das Heckenbiegen und Heckenflechten gehört zu den Winterarbeiten des Bauern. Es darf nicht zu spät im Frühjahr erfolgen, weil dann die Weißdorntriebe nicht wieder ausschlagen. In der Regel muß man die Hecken jährlich reparieren; ein gründliches Bearbeiten ist aber nur alle 10 bis 12 Jahre erforderlich.

11.2.3.2 Wallhecken

Das gleiche Prinzip des Heckenflechtens dürfte auch bei den **Wallhecken** angewandt worden sein. Auch hier sind beiderseits auf dem Wall an den Außenseiten die Grenzgehölze zur Bildung wirkungsvoller, lebender Sperrnetze abgebogen worden, wobei man einige Bäume als lebende Zaunpfosten hat stehen lassen (Abb. 772 bis 777). Die mittelalterlichen Wallhecken und die jungen Heckenanlagen, welche erst nach den Markenteilungen entstanden, zeigen noch zahlreiche Spuren dieser spezifischen Randbefestigungen mit ehemaliger Zaunfunktion in Form horizontal streichender, oftmals vom Grund an verzweigter oder abgebogener Stämme (Abb. 775). Sie sind als Gebückstämme, Pfostenkopfbäume und Verbundstockreihen neben niederwaldartigen Wurzelstöcken die typischen Formenelemente ehemaliger Hecken (BURRICHTER 1984).

Heute verbindet man mit dem Begriff des **Knicks** oder der **Wallhecke** Vorstellungen eines mit Hecken gekrönten Erdwalls. Dieser Wall ist aber aller Wahrscheinlichkeit nach eine spätere Zutat. Im Frühmittelalter lassen sich – den Flecht- und Biegehecken ähnlich – vielfach Strukturen nachweisen, welche ohne Wallanlagen auf den flachen Boden gesetzt sind, und diese Form wird die ursprüngliche sein.

In Feuchtgebieten Nordwestdeutschlands war zur Anlage und Bewirtschaftung eine andauernde Entwässerung notwendig. Man legte zu dem Zweck nach Möglichkeit an den Nutzungsgrenzen Grabensysteme an; deren Aushub diente zugleich der Errichtung von Wällen. So lassen sich hier die Wallhecken im wesentlichen zwei Typen zuordnen:

– Einmal als einreihige, ungleichseitige Hecken, deren Front mit Böschung und Graben zum Schutz der Esche, Gasten bzw. Kampfluren der Gemeinen Mark zugewandt war (Abb. 775).

– Zum anderen gibt es die beiderseits gleich gebösche, von zwei Seiten aufgeworfene und mit Doppelgraben versehene, oft jüngere Hecke nach der Markenteilung. Diese Hecken haben an ihrer Wallbasis in der Regel eine Breite von 1,5 bis 4 Metern (WITTIG 1976). Der Wall wurde in *Quercion roboris*-Gebieten zur Befestigung des aufgeworfenen Bo-

denmaterials zunächst mit Torf- und Heideplaggen befestigt. Auf der Wallebene setzte man etwa 30 cm von der Kante entfernt das Buschwerk aus Brombeeren und Eichen als Pfostenbäume. Alle 4 bis 5 Jahre konnten sowohl die Hecke ausgeholt wie auch die aufgewachsenen Randgehölze seitlich miteinander verflochten werden (JESSEN 1937).

Die zweireihig angeordneten, doppelkämmigen Wallhecken im Bereich von *Carpinion*-Landschaften sind mit Eichen, Hainbuchen, Buchen, Schlehen und Weißdorn bestockt. Diese wurden und werden niederwaldartig mit längeren Umtriebszeiten von 7 bis 11 Jahren bewirtschaftet; zahlreiche Wurzelstöcke überalteter Stockausschläge prägen noch vielfach die Physiognomie solcher Wallhecken. Mit dem Heckengeflecht der Außenseiten stehen Relikte alter Eichen als ehemals stabilisierende Pfostenkopfbäume in regelmäßigen Abständen an den Rändern der Wallhecken (vgl. Abb. 773 und 775). Sie wurden in Höhen von 1,5 bis 2 m oberhalb der Reichweite des Viehs periodisch kopfgeschneitelt, um Laubfutter zu ernten. Als Futterquelle standen je nach Bedarf zusätzlich noch die Stockausschläge aus dem inneren Heckenbereich zur Verfügung. Nach TROLL (1951) war die Heckenschneitelung vor allem in montanen Heckengebieten von großer Bedeutung; sie wurde aber auch infolge neuzeitlicher Schneitelverbote in den gemeinen Markenwäldern in Notzeiten besonders geschätzt. Nach PETTER (1954) verhinderte das zusätzliche Laubfutter der Nieheimer Hecken während der Dürrejahre 1893, 1904 und 1911 sogar das Verhungern des Viehs in der Gemarkung Nieheim.

11.2.3.3 Hecken des Berglandes

In Hügel- und Berglandsregionen fallen neben den heckenbestockten Landwehren vornehmlich die Hangrücken und Bergriegel durch vergleichsweise hohen Heckenreichtum auf (vgl. Abb 781, 782 und 790). Die Silikatverwitterungsböden des Sauerlandes und des Bergischen Landes bilden beispielsweise das natürliche Wuchsgebiet großflächiger Buchenwälder vom Typ des *Luzulo-Fagetum*, sind aber heute dem Ackerbau, der Grünlandwirtschaft und der Waldnutzung vorbehalten.

Abb. 780: Windschutzhecken sind für viele Mittelgebirgsregionen typisch; hier die berühmten geschnittenen Buchenhecken (*Fagus sylvatica*) in der Eifel (bei Monschau, 1986). Es sind planmäßig angelegte Buchenpflanzungen, die aber wie alle linearen Hecken- und Gebüschstrukturen wichtige Grenzlinieneffekte in gegenseitiger Beeinflussung von Wald-, Wiesen- und Feldbiotopen bilden.

Abb. 781: Auf Kalkstein- und Lesesteinwällen stockende Gäulandhecken sind typisch für die Jura- und Muschelkalkgebiete Süddeutschlands (Baar, 1985). Die Hecken sind bandartig angeordnete Buschgruppen oder Feldgehölze, die im Kulturland bewußt angelegt worden sind. Ähnlich wie die Wälder lassen sich Hecken in vielfältiger Weise standörtlich untergliedern, da ihre floristische und physiognomische Struktur je nach Mikroklima, Boden, Feuchtigkeit oder je nach der Bewirtschaftungsform variiert.

Abb. 782: Lesesteinriegel und Lesesteinhänge bieten vielen pionierhaften Gebüschelementen neue Ansiedlungsmöglichkeiten in der Kulturlandschaft. Sie bereichern die Landschaft um wertvolle Gehölzstrukturen, die im Biotopverbund für überaus viele Pflanzen- und Tierarten eine enorme Bedeutung haben. Besonders für waldbewohnende Lebewesen sind Gehölzbestände in der Offenlandschaft wichtige Trittsteine für Wanderungs- und Ausbreitungsbewegungen.

Abb. 783: Einreihige dichte Flechthecken, die in Niederungen kampartige Dauerweideflächen umzäunen, sind lebende Hecken und Zäune, die ganz speziell bewirtschaftet werden (Nieheimer Börde in Westfalen, 1980).

Abb. 784: Anlage und Bewirtschaftung von Flechthecken mit seitlich abgebogenen und zusammengebundenen Zweigen, die letztendlich ein undurchdringliches Zaunwerk ergeben.

Abb. 786: Sogenannte Biegehecken mit abgebogenen und miteinander verflochtenen Weißdornbüschen in Carpinion-Wuchsgebieten (Lippetal, Westfalen, 1981).

Abb. 785: Spalierartige Flechthecken werden noch heute gebogen und geflochten (Nieheimer Börde, 1990).

Abb. 787: In Heckenbereichen und Feldgehölzen kommen annähernd 100 einheimische Gehölzarten vor. Artenreich sind vor allem Schlehen-Brombeer-Gebüsche. Sie gibt es in großer Vielzahl mit verschiedensten Brombeerarten der Gattung *Rubus*. Nicht alle sind in schützenswerten Biotopen zu finden – vielmehr gehören sie zum Vegetationsinventar ruderaler Gebüschformationen im ländlichen und städtischen Bereich. Seltene *Rubus*-Arten gehören aber unter Schutz, wie z.B. das abgebildete *Rubus praecox*-Gebüsch und die beiden nächsten Beispiele.

Abb. 788: *Rubus egregius*-Gebüsch.

Abb. 789: *Rubus amisiensis*-Gebüsch (zur Stellung und Einordnung der Brombeer-Gebüsche s. Pott 1995a).

787

788

789

341

Abb. 790: Mit Hecken parzellierter Gebirgs-Schuttfächer im Wallis (1986). Diese planmäßig angelegten Hecken dienen der Verbesserung des Mikro- und Mesoklimas in der Kulturlandschaft: je nach Ausrichtung zur Sonne weisen bei Hecken die einander gegenüberliegenden Säume ein sehr unterschiedliches Kleinklima auf. In den Morgenstunden ist die Temperatur an einer östlich exponierten Heckenflanke bereits um 10 °C höher als im gehölzfreien Umland, dafür nachmittags aber um etwas 5 °C niedriger. Die Westseiten von Hecken und Feldgehölzen empfangen aufgrund der in Mitteleuropa vorherrschenden Hauptwindrichtung um fast 90 % mehr Niederschläge als die Ostseiten (abhängig von der Heckendichte), dafür ist die Freiland-Windgeschwindigkeit in Lee deutlich vermindert. Gehölzstrukturen sind also eine aerodynamische Barriere und können beispielsweise großflächig Winderosion verhindern. Unter den Sträuchern und Bäumen verdunsten 30 bis 50 % weniger Wasser als im benachbarten Agrarland (HUTTER et al. 1995).

Abb. 791: Biegehecke mit spalierartig gebogenen und verflochtenen Weiden in Obst- und Weinbaugebieten der Alpen (Wallis, 1986).

Abb. 792: Ginsterhecke im Süderbergland in Westfalen, die Lesesteinriegel saurer, devonischer Gesteine nachzeichnen (1985). Weiträumige Ginsterfluren und auch die Ginsterhecken sind in den subatlantisch getönten Klimaregionen in ihrer Verbreitung an die Brandfeldbaulandschaften (Hauberge, Reutberge, Schiffelberge u.a.; s. Kap. 11.3) gebunden. Der Ginster keimt optimal nach einer Brandphase und entwickelt stickstoffautotrophe Bestände, die sich in der beackerten und beweideten Kulturlandschaft und in den Hecken anreichern können. Die große Samenbank des Besenginsters hält nachgewiesenermaßen mindestens 80 Jahre, so daß auf angerissenen Böden immer wieder Jungpflanzen aufwachsen können, die dann nach etwa 10–12 Jahren wieder absterben.

792

Abb. 793: Baumhecke mit mittlerweile aufgewachsenen Eichen auf dem Erdwall (Oldenburger Heckenlandschaft, 1992).

793

Demgemäß finden sich hier – vor allem im nordwestlichen Südergebirge – subspontane Heckenbildungen auf Lesesteinrücken an Feld- und hangparallelen Ackerrainen. Die Feldflur zeigt häufige Ansätze einer schematischen Aufteilung mit heckenumschlossenen Weideparzellen und Ackerflächen. Alle Hecken bestehen interessanterweise aus *Crataegus*, wobei Weißdornsetzlinge von weither herangebracht werden mußten, da diese Art im Silikatbuchenwald nicht vorkommt. Im westfälischen Anzeiger von 1798 (zit. nach Engelhardt 1964) heißt es diesbezüglich:

„Hecken von Weißdorn sind ein guter Schutz gegen das Vieh; sie wachsen nicht stark ins holz, können mit der Schere schmal gehalten werden, und ihre Wurzeln bilden keine Ausläufer. Ihre Anpflanzung fällt aber, besonders im Sauerlande, etwas kostbar, weil die Pflanzen in den Bergen nicht häufig genug vorfallen, und daher aus der Ferne herbei geschafft werden müssen, dann aber der Gefahr zu vertrocknen zu sehr ausgesetzt sind. Leute brachten 4000 Pflanzen, von denen nur 1/3 wuchs. Die Leute wohnten 3 Stunden von hier, und sie versicherten mir, daß sie im Bergischen gesucht hätten."

Haselhecken mit Dominanz von *Corylus avellana* sowie vereinzelter *Ilex aquifolium*, *Fagus sylvatica* und *Quercus*-Arten, die den Beständen des Schwarzwaldes vergleichbar sind (s. Wilmanns et al. 1979, Schwabe-Braun & Wilmanns 1982), finden sich an windgeschützten, feuchten Nordhängen und an Hangfüßen über kolluvialen, nährstoffreicheren Böden vielfach in den Mittelgebirgen Deutschlands. In wenigen Fällen wurden Hecken als Windschutz angelegt, etwa über Hochflächen hinweg oder quer durch die Talauen (Budde & Brockhaus 1954).

Neben den **Gäulandhecken** gehören auch viele der **Egarten-Hecken** zu den Haselhecken. Auch die sogenannten **Steinriegelhecken** (auf Lesesteinwällen) im Bayerischen Wald mit ihren überwiegend anspruchsvollen Artenspektren aus Berg-Ahorn, Esche und Hasel (vgl. Reif 1983) sowie die sogenannten **Rankenhecken** des bayerischen Tertiärhügellandes mit ihren dominierenden Schlehen- und Hartriegelgebüschen sind in diesem Zusammenhang zu nennen. Rankenhecken wachsen auf Terrassenkanten (=Ranken = Kleinböschungen) zwischen Ackerschlägen im hängigen Gelände (s. Pfadenhauer & Wirth 1988).

Solche Anlagen zur Begrenzung von Parzellen in der Egarten-Wirtschaft des Alpenvorlandes und des Alpenraumes (Dreifelderwirtschaft mit längerer Brache und Beweidung), die normalerweise aus Eschen, Ahorn-Arten, Berg-Ulme und Hasel bestehen, wurden vielfach auch mittelwaldartig genutzt. Einzelne Bäume kennzeichnen dabei solche Gebüschreihen, die dann als **Baumhecken** bezeichnet werden (Schneider 1981).

In den Regionen der genossenschaftlich bewirtschafteten Reutfelder, z.B. des Schwarzwaldes, der Hauberge des Siegerlandes und des südlichen Sauerlandes und der Eifel, wo der Wald seit prähistorischer Zeit auf ein- und derselben Fläche als Stangenholzlieferant zum Meilerbetrieb für lokale Eisenverhüttung, als Eichenschälwald zur Loheproduktion sowie als rotationsmäßiger Acker für den Waldfeldbau mit seinen Nebennutzungen diente, hat sich das Vegetations- und Landschaftsbild durch die Nutzung des Menschen völlig verändert. Das ausgehende Mittelalter war sogar zeitweise in diesen natürlichen Buchenwaldlandschaften durch akute Holzverknappung gekennzeichnet und wegen der Holznot wurden auch hier bereits im 15. und 16. Jahrhundert erste Regelungen der Waldnutzung von landesherrlicher Seite erlassen. Eine Wittgensteiner Holzverordnung vom 18.8.1579 befiehlt neben zahlreichen Nutzungseinschränkungen zum Schutze des Waldes auch die Anlagen von lebenden Hecken:

„Holtz zu Zaunsteckenn; Item, wo notwendige Zeune vmb Acker, Wiessen vnd Garten zu halten sein, sollen lebendige Hegen von Dornen, Weiden, Erlen, Birken oder anderem Gehöltz, inwendig zweyen Jaren gezogen wer denn..., Item, die Mittelzeune an Ackern vnd Wiessen sollen allenthalben durch unsere Amptknechte außgeworffen, vnd an statt derselbigen lebende Hegen gezogen werdenn, Unnd sollen in den Flecken Fluhrschützen halten, die auff Acker vnd Wiessen, Garren vor schaden auffsehens haben." Auszug der Wittgensteiner Holzordnung (nach Naumann 1970).

Wenige Reste solcher **Reutfeld-Heckenanlagen** oder **Lohhecken** finden sich in zahlreichen Mittelgebirgen, wo *Sarothamnus scoparius*-reiche Brombeergebüsche auf Lesesteinriegeln noch heute die alten Waldfeldbauareale markieren (Abb. 792). Solche Hecken lassen sich pflanzensoziologisch dem Typ des *Rubo plicati-Sarothamnetum* zuordnen (Weber 1987, Pott 1995a). Auf nährstoffreicherer Grundlage, besonders in den Hochlagen der Kalkgebiete des Sauer- und Siegerlandes, baut oft *Prunus spinosa* allein auf Lesesteinhügeln der Feldraine oder an der Kante von Hangäckern das Heckengebüsch auf.

Aus ökologischer Sicht besitzen die Feldhecken wichtige Eigenschaften in unserer heutigen offenen Kulturlandschaft (s. u. a. Tischler 1951, Schulze et al. 1984, Zwölfer & Stechmann 1989). Diese Feldgehölze sind durch Sträucher und kleinere Bäume aufgebaut. Sie besitzen vielfach das natürliche Artenspektrum potentieller natürlicher Waldgesellschaften („en miniature") oder sind als Pflanzungen auch mit zahlreichen Fremdgehölzen aufgebaut. **Brombeergestrüppe** (s. Abb. 787 bis 789) aus unterschiedlichen, z.T. auch sehr seltenen *Rubus*-Arten gehören genauso hierher wie die Waldmäntel und Vormäntel verschiedener Standorte, die an Nutzungsgrenzen, an Waldrändern und an Wegrändern und anderen Ökotonen subspontan aufwachsen können. Als Entwicklungsstadien in der Sukzession zum Wald sind strauch- und pionierholzreiche Vorwälder zusätzlich wichtige Biotoptypen in der Kulturlandschaft.

Es gibt kaum einen anderen Lebensraum, der auf gleicher Fläche eine derartige Vielzahl an Lebewesen beherbergen kann wie eine Feldhecke. Voraussetzung dafür ist, daß einige wichtige Grundsätze bei Anlage und Pflege von Heckenneupflanzungen und bei Schutzmaßnahmen beachtet werden. Neuanpflanzungen von Hecken sind geeignete Maßnahmen zur Wiederanreicherung der Kulturlandschaft mit Gehölzbeständen oder für die Vernetzung vorhandener Landschaftselemente mit Gehölzen. Dabei standen in den vergangenen Jahrzehnten zunächst Aspekte von Windschutz (Windschutzhecken) und die Belebung des durch Flurbereinigungsmaßnahmen teilweise stark beeinträchtigten Landschaftsbildes im Vordergrund.

Heute haben ökologische Gründe den Vorrang. Das erfordert Kenntnisse der historischen Nutzungsformen und der traditionellen Gehölzartenkombinationen, wie sie beispielsweise bei POTT (1989a, 1989b) angeführt sind. Strauchmaterial aus lokalem und regionalem Pflanzgut sollte bei der Neuanlage von Hecken Verwendung finden; die Elemente der potentiellen natürlichen Vegetation sind dabei zu berücksichtigen (s. auch BURRICHTER et al. 1988). Den einzelnen Sträuchern muß zunächst durch geeignete Pflanzabstände die Entwicklung ihrer individuellen Wuchsformen ermöglicht werden. Mit der Zeit wachsen sie dann zu einer struktur- und grenzlinienreichen Hecke zusammen. In ihrem Inneren verbleibt genügend Platz für die spontane Ansiedlung weiterer Gehölz-, Saum- und Krautarten.

Die Stockausschlagfähigkeit vieler Laubgehölze und Sträucher sollte bei der anschließenden Heckenbewirtschaftung ausgenutzt werden. Das erhöht ihren Strukturreichtum und damit auch die gewünschte Artenvielfalt.

- **Gefährdung**: Beseitigung von Gehölzen bei Flurbereinigungsmaßnahmen.
- **Schutz**: □, ●, nur teilweise als Wallhecken, Strauch-Wallhecken, Strauch-Baum-Wallhecken, Baum-Wallhecken; FFH – ; CORINE: – .
- **Verbreitung**: Vor allem in Norddeutschland (Knicks in Schleswig-Holstein; Hecken im Oldenburger Land, in Ostfriesland; Wallhecken im Münsterland); in Süddeutschland vor allem als Gäulandhecken und als Egartenhecken im Alpenvorland. In den Reutfeldregionen zahlreicher Mittelgebirge.
- **Beispiele**: Abb. 771 bis 793.

11.3 Mittel- und Niederwälder

Die **Niederwaldnutzung** war und ist in den Bauernwäldern eine charakteristische Betriebsform zur Erzeugung von Stangenholz, von Kohlholz sowie zur Produktion von Gerberlohe für die kleinbetriebliche Lederfertigung und Lederbearbeitung

(**Lohwald**, s. Abb. 33 und 34). Der Niederwald ist also ein Ausschlagswald, eine durch die Art der Bewirtschaftung bedingte Strauchformation, die in Norddeutschland als **Stühbusch** bezeichnet wird. Im Einflußbereich des Meeres, unter Salzschliff, entstehen einseitig verformte Buschformationen, die als **Krattwald** bezeichnet werden (vgl. Abb. 323, 683).

Neben der vielfältigen Niederholzverwertung spielte bis in die historische Neuzeit hinein die Kopfholznutzung für die Kleinholz- und **Laubheugewinnung** eine wesentliche und heute vielfach in Vergessenheit geratene Rolle (s. Abb. 773 sowie genaue Beschreibung bei BROCKMANN-JEROSCH 1936 sowie BURRICHTER & POTT 1983). Die Stockausschläge werden bei der Betriebsform des Schneitelns in sehr kurzen Umtriebszeiten von etwa 3 bis 4 Jahren vor der Laubverfärbung abgetrieben, locker gebündelt und getrocknet, um sie, wie heute das Grasheu, als Winterfutter für das Vieh zu gebrauchen. Aufgrund der kurzfristigen Umtriebszeiten bestand fortwährend ein künstlich erzeugtes und aufrechterhaltenes Ungleichgewicht zwischen Stockausschlägen und Wurzelmasse. Dadurch wurde sowohl die anfallende Laubheumenge infolge von Vergrößerung der Blattspreiten als auch Länge, Schlankheitsgrad und Elastizität der Schneitelloden gefördert. Diese Vorteile kamen einmal der wirtschaftlichen Produktion des Laubheus zugute, zum anderen gab es häufige Nebennutzungsmöglichkeiten entlaubter Gerten für alle möglichen Flechtwerke, die u. a. als Gefachflechtwerke für alle Fachwerkbauten dienten.

Geschneitelt wurden unter weitgehender Schonung der Mastbäume aufgrund ihrer besonderen Laubqualität und Regenerationsfähigkeit überwiegend Hainbuchen und, soweit vorhanden, auch Eschen. In den Eichen-Birken-Wäldern und Buchen-Eichen-Wäldern der nordwestdeutschen Geest und in den Silikatbuchenwäldern der Mittelgebirge, wo keine hochwertigen Schneitelgehölze vorhanden waren, schneitelte man mit Bevorzugung der Auenbäume nahezu alle Holzarten, nötigenfalls und verbotswidrig auch Buchen und Eichen. Im Alpenraum wurde vornehmlich die Esche (*Fraxinus excelsior*) geschneitelt. Allerdings lassen die Schnei-

telbäume in den alten Hudewäldern in gegenwärtigem Zustand nicht mehr eindeutig erkennen, ob sie durch die traditionellen Betriebsarten der Laubschneitelung oder der einfachen Kopfholznutzung überformt worden sind. Mit zurückgehender Bedeutung des Futterlaubes am Ende des vergangenen Jahrhunderts und mit zunehmender Verbannung der Laubschneitelung aus den Markenwäldern verlagerte man sich auf Brenn- und Werkholznutzungen, wobei die letztere Betriebsform im Laufe der Neuzeit die erstere ablöste. Die Umtriebszeiten beim Niederwald richteten sich je nach der Holzart und dem vielfältigen Verwendungszweck der Stockausschläge.

Sie umfaßten Zeitspannen von einigen Jahren bis zu mehreren Jahrzehnten, also vom Gerten- bis zum Stangenhalter, und zum Teil darüber hinaus. Vorrangig war in den meisten Niederwaldgebieten die bäuerliche und gewerbliche Brennholznutzung zum Hausbrand sowie zur Salz- und Pottaschesiederei. Sie erfolgte im allgemeinen nach Bedarf und hatte daher, wie gesagt, variable Umtriebszeiten.

Die Auswirkungen des Niederholzbetriebes sind in Kapitel 1 schon andeutungsweise beschrieben worden: So sind zahlreiche Kalkbuchenwälder auf frischen mittelgründigen Böden bei kurzfristigem und lang anhaltendem Umtrieb in eichen- und hainbuchenreiche Niederholzbestände umgewandelt worden.

Im Bereich der Eichen-Birken-Wälder, der Buchen-Eichen-Wälder und der Buchenwälder gibt es noch kleinere oder mittelgroße Parzellen meist bäuerlichen Besitzes mit extensiv genutzten Stockausschlagwäldern. Sie dienen noch heute bei kurz- bis mittelfristigem Umtrieb der Brennholznutzung. Solche *Quercion-roboris*-Eichen-Birken-Wälder wurden schon seit prähistorischer Zeit gerodet, beweidet, geplaggt und schließlich fast überall in Heideflächen umgewandelt. Nur wenige krüppelige, teilweise als Niederwald erhaltene Stühbüsche sind in Norddeutschland noch übrig geblieben; sie wurden stellenweise unter Naturschutz gestellt (Abb. 476).

Ganz anders war die genossenschaftlich betriebene Waldnutzung in manchen Bergländern. Im Siegerland und im hessischen Bergland gab es **Hauberge**. Dort schlug man das Holz, um es vorrangig zur Verhüttung von Erzen oder aber auch zum Hausbrand zu nutzen. Gerberlohegewinnung war dabei vorher gelegentlich eingeschaltet. Danach brannte man die Flächen ab. Dabei wurden Mineralstoffe freigesetzt, die den Boden düngten. In die Asche wurde Roggen oder Buchweizen eingesät. Nach nur einem oder wenigen weiteren Jahren gab man den Ackerbau wieder auf und überließ die Parzellen einer langen Brachephase, in der als stickstoffautotropher Brandkeimer der Besenginster (*Sarothamnus scoparius*, s. Abb. 485, 486) für einige Jahre aufwuchs und den erschöpften Boden wieder düngen konnte. Nach Nutzung des Ginsters (zur Färbung und als Schaffutter) ließ man fortan das Vieh auf den Flächen weiden, nachdem aus den Baumstümpfen der Kahlhiebe schon die ersten Stockausschläge für die Tiere unerreichbar emporgewachsen waren. Anschließend konnte nach einigen Jahren der Waldweide der nächste Holzschlag stattfinden, und damit begann der Nutzungszyklus des Hauberges von neuem (s. Abb. 33 und 792).

Ganz ähnlich betrieb man die **Schiffelwirtschaft** in der Eifel als Wechselwirtschaft zwischen Niederwald, Heide und Ackerland, ebenso die **Reutbergwirtschaft** im Schwarzwald und die **Reitwirtschaft** im Bayerischen Wald und im Alpenvorland. Dort rodete man alle paar Jahrzehnte die steilen, parzellierten Berghänge (Rütten) und brannte sie ab, indem man den Reutberg entweder unten am Hangfuß anzündete und das Feuer hangaufwärts vordringen ließ oder von oben her Feuerwalzen aus zusammengebundenen Holzbüscheln hangabwärts rollen ließ. Diese Form des Brandfeldbaus wurde wohl nur in steilem Mittelgebirgsgelände betrieben, wo keine Ackerterrassen angelegt werden konnten. Gemeinsam ist der Haubergs-, Schiffel- und Reutbergwirtschaft, daß sie vom Kollektiv der Markengenossen betrieben wurden.

Aus einer ursprünglichen Waldgesellschaft entstehen nun bei diesen Nutzungsmaßnahmen mehrere zeitlich wechselnde und sich ablösende sowie kleinräumig differenzierte Ersatzgesellschaften wie Niederwälder, Ackerflächen, Ginsterheiden und Borstgrasrasen, deren Existenz und Fortdauer von den anthropo-zoogenen Faktoren abhängen, ein Beispiel für eine anthropogene Diversifizierung mit neuer Biotoptypen-Vielfalt (s. auch Pott & Speier 1993).

Auch beim Holzartenwandel im Bereich der Silikatbuchenwälder wird die Buche ausnahmslos verdrängt und durch Eiche und Birke ersetzt (Abb. 794 bis 796). Unter natürlichen Bedingungen dominieren aber nach wie vor im Bergland und in Gebieten mit zunehmend atlantischem Klimaeinfluß die Buche (Abb. 794 bis 797) und in der Ebene die beiden Eichen-Arten, Stiel- und Trauben-Eiche (Abb. 796). Sie sind als wichtige Mastbäume und, was die Eichen betrifft, auch als obligate Bauholzlieferanten vom Menschen gefördert worden. Aufgrund spezieller Nutzungsvorschriften zur Schonung der Buche kam es vielerorts im Laufe der Jahrhunderte nicht zu einer sukzessiven Verdrängung von *Fagus sylvatica* aus den Niederwäldern; denn unter Beibehaltung langer Umtriebszeiten von mehr als 30 Jahren wurden zur dauerhaften Erhaltung der Buchenstöcke Ablegerverfahren durchgeführt. Dabei wurden einige Triebe der Stockausschläge in die Erde eingesenkt, wo sie sich im Laufe der Zeit bewurzelten und mit Tochterkolonien oder Wurzelhalsaustrieben den Stock fortsetzten. Solche Buchenstockkolonien sind schon häufig für den westeuropäischen und besonders für den nordwestdeutschen Raum beschrieben worden. Sie gehören zum Formenkreis bäuerlicher Waldnutzungen und geben derartigen Extensivwäldern ein charakteristisches Gepräge (Abb. 794).

Eine Sonderform des nutzungsintensiven Niederwaldes zur Rebsteckengewinnung bildete im Rheinland und in der Eifel die sogenannte **Ramholzwirtschaft**. Als bevorzugte Holzart für diese Wirtschaftsform kam die Rotbuche in Frage, die im klimatisch begünstigten Rheintal wie die Eiche über ein außerordentliches Ausschlagvermögen verfügt. In den Waldungen des Siebengebirges verlegte man sich nahezu ausschließlich auf die Buchennutzung, wie noch vereinzelte Ramholzbuchen bezeugen (Abb. 797).

Ein Buchenstämmchen wurde bei der Ramholzwirtschaft in 60 bis 90 cm Höhe geköpft, mit einer schrägen, vorwiegend nach Süden geneigten Schnittfläche versehen, um den Regenwasserabfluß zu gewährleisten und vermehrte Sonnenwärme für die Regeneration des Buchenstockes zu nutzen. In einem 2- bis 4jährigen Umtrieb ernteten die Weinbauern jeweils die stärksten Stangen eines Stockes, wenn diese sich als Rebpfähle verwenden ließen. Nach Schwontzen & Hecker (1985) besaß ein Buchenstock etwa 7 bis 12 Ramstangen, die beispielsweise im Siebengebirge derartig vermarktet wurden, daß Flözereibetriebe gebündeltes Ramholz siegabwärts zum Rhein hin schicken konnten.

Die mehr oder weniger einheitliche Waldform des Niederwaldes, wie wir sie in den Abb. 794 bis 797 gesehen haben, resultiert aber keineswegs aus einer einheitlichen Nutzung, sondern die Flächen und ihre charakteristischen Stockausschläge wurden vor allem in den letzten beiden Jahrhunderten in verschiedener Art und Weise bewirtschaftet:

- eine **waldwirtschaftliche Nutzung** zielte ab auf den Baumbestand, wobei entweder das Holz als Brenn-, Kohl- oder Stangenholz Verwendung fand oder die Rinde geschält wurde (s. Abb. 798),
- bei der **landwirtschaftlichen Nutzung** dienten die frisch geschlagenen Niederwaldflächen in erster Linie zur Einsaat von Getreide, Hülsenfrüchten, Buchweizen und Kartoffeln, vor allem in den Mittelgebirgen (Abb. 796), während mit der
- **viehwirtschaftlichen Nutzung** in heranwachsenden Stockausschlagwäldern die Waldweide sowie das Streu- und Laubsammeln gewährleistet werden sollte.
- Auch der sogenannte Stickholzbetrieb für Rebpfähle, der als **Pohlwald** im Rheinischen Weinbaugebiet lokalisiert war und der **Ramholzwirtschaft** zugeordnet wird, umfaßte unterschiedliche Zeiträume des Holzabtriebes von nur einigen Jahren bis zu mehreren Jahrzehnten.

Großflächiger Niederwald war und ist außerdem fast niemals ein reiner Ausschlagwald; denn man hat zwischen den Stockausschlägen immer einzelne kernwüchsige Bäume als Saatholzüberhälter, als Bauholz- bzw. als Mastlieferanten ausgewählt und stehen gelassen, so daß viele Waldparzellen mittelwaldartigen Charakter besaßen (sogenannter **Mittelwald**, s. Abb. 795, 799).

11.3.1 Bedeutung der Niederwälder für den Biotop- und Artenschutz

In Kalkbereichen der Mittelgebirge sowie an lokalklimatisch begünstigten Steilhängen mit Kalkschottern, wo an manchen Stellen noch die natürlichen Seggen-Buchen-Wälder (*Carici-Fagetum*)und vereinzelte *Seslerio-Fagetum*-Blaugras-Buchen-Wälder stocken, kommt es nach extensiver Holznutzung durch Niederwaldschlag und Bewirtschaftung zu besonders nachhaltigen Standortsveränderungen zugunsten thermophiler Eichen-Hainbuchen-Niederwälder oder gar auch von Maßholder-Eichen-Wäldern mit *Acer monspessulanum* (s. auch Kap. 7.2).

Es handelt sich bei diesen thermophilen Buschwäldern in den nördlichen und nordöstlichen Mittelgebirgen ausschließlich um degradierte Buchenwälder und nicht um Relikte oder extrazonale Vorposten submediterraner Flaumeichenwälder (*Lithospermo-Quercetum*) bzw. wärmeliebender subkontinentaler *Galio-Carpinetum*-Hainbuchen-Wälder, wie es in den Trockengebieten Süddeutschlands oder eventuell noch an lokalklimatisch begünstigten Stellen in der Eifel bzw. im Rheinischen Schiefergebirge der Fall ist (vgl. u. a. auch BRAUN-BLANQUET 1929; RÜHL 1956, 1960; SCHWICKERATH 1958; FÖRSTER 1968; POTT 1985; MANZ 1993). Einige Arten xerothermer Vegetationseinheiten, wie z.B. Blaugras (*Sesleria varia*), Berg-Kronwicke (*Coronilla montana*), Hufeisenklee (*Hippocrepis comosa*), Traubige Graslilie (*Anthericum liliago*), Blaustern (*Scilla bifolia*), Heilwurz (*Seseli libanotis*), Wild-Birnbaum (*Pyrus pyraster*), Berberitze (*Berberis vulgaris*) oder Liguster (*Ligustrum vulgare*), werden aber an Felsen, Steinhalden und anderen schwer zugänglichen Stellen von Natur aus immer vertreten gewesen sein, von wo aus sie sich sekundär in aufgelichtete Wälder ausgebreitet haben (vgl. auch Abb. 530, 532, 555, 557).

Der lichte Unterwuchs solcher Sekundärgehölze beherbergt meist eine üppige Strauchschicht von Weißdorn-Arten, die mit wärmeliebenden Elementen (z.B. Elsbeere (*Sorbus torminalis*), Seidelbast (*Daphne mezereum*), Wolligem Schneeball (*Viburnum lantana*), Liguster (*Ligustrum vulgare*) und Wild-Birne (*Pyrus pyraster*)

durchsetzt sind. Als thermophile, teilweise xerophytische Krautarten treten in verstärktem Maße pflanzengeographisch interessante Vertreter des submediterranen Florenelementes wie Blauroter Steinsame (*Lithospermum purpureo-coeruleum*), Schwalbenwurz (*Vincetoxicum hirundinaria*), Dürrwurz (*Inula conyza*), Berg-Johanniskraut (*Hypericum montanum*), Straußblütige Wucherblume (*Tanacetum corymbosum*) oder Filz-Rose (*Rosa tomentosa*) auf. Von den mehr östlich bis südöstlich verbreiteten Arten finden sich z.B. Nickendes Perlgras (*Melica nutans*), Langblättriges Hasenohr (*Bupleurum longifolium*), Wunder-Veilchen (*Viola mirabilis*), Hügel-Erdbeere (*Fragaria viridis*), Türkenbund (*Lilium martagon*) und Europäische Haselwurz (*Asarum europaeum*). Heutige Arealgrenzen dieser gemäßigten kontinentalen Elemente, die teilweise sogar als Differentialarten des *Galio-Carpinetum* angesehen werden, verlaufen von der Eifel durch den Südosten Westfalens und setzen sich über Südostniedersachsen nach Nordostdeutschland fort. Eine Arealausweitung im Zuge langwährender Waldauflichtungen steht dabei wohl außer Frage.

Auch die Ramholz- oder Stickholzbestände des Rheinlandes zeigen an trockeneren, südlich geneigten Standorten verbreitet Wild-Birne (*Pyrus pyraster*), Holz-Apfelbaum (*Malus sylvestris*), Mehlbeere (*Sorbus aria*) und Elsbeere (*Sorbus torminalis*). Sogar der Speierling (*Sorbus domestica*), ein wärmeliebender Verwandter der Eberesche, findet hier in den gelichteten Niederwäldern seinen Platz. Die vermehrten Vorkommen von Blaurotem Steinsamen (*Lithospermum purpureo-coeruleum*), Arznei-Schlüsselblume (*Primula veris* ssp. *canescens*), Vielblütiger Weißwurz (*Polygonatum multiflorum*), Seidelbast (*Daphne mezereum*), Speierling (*Sorbus domestica*), Stinkendem Nießwurz (*Helleborus foetidus*) und Türkenbund (*Lilium martagon*) sind allesamt an die Niederwälder gebunden, welche die Voraussetzug ihrer Existenz schaffen (vgl. auch Abb. 676 bis 680).

Die floristische Differenzierung der thermophilen Niederwaldtypen ist sehr schwach, ebenso wie die der Ramholzwälder; die *Sorbus torminalis*-dominierten Wälder im Rheintal und in der Eifel zeigen

aber mit vereinzelten *Quercus × pubescens*-Bastarden und *Sorbus domestica*-Vorkommen oftmals eine nahezu gleiche Artenkombination, wie die von BRAUN-BLANQUET (1929) beschriebenen *Lithospermo-Quercetum*-Bestände aus der Eifel. Wenn sich eine nach Norden hin ausklingende Verzahnung des submediterranen Flaumeichenwaldes noch über die Rhein- und Mosel-Straße bis in die Eifel hinein rekonstruieren ließe (vgl. SCHWICKERATH 1958; HARTMANN & JAHN 1967), so bleibt der natürliche arealgeographische Anschluß dieser Waldtypen in Norddeutschland doch sehr unwahrscheinlich.

Extreme lokale Standortbedingungen können die Situation dahingehend abwandeln, daß Ausbildungen zustande kommen, die dem bodensauren, wärmeliebenden Traubeneichenwald (*Luzulo-Quercetum petraeae*) sehr ähnlich sind (vgl. Abb. 555). Solche xerothermen Niederwälder auf südexponierten silikatischen Verwitterungsschutthalden über flachgründigen und feinerdearmen Standorten an Hängen der Saale, des Sieg- und Edertales bzw. im Ahr- und Moselgebiet werden in ihrem Erscheinungsbild durch lockere, buschförmige Eichenstockausschläge und eine lückige Krautvegetation gekennzeichnet.

Die floristische Zusammensetzung mit zahlreichen wärmeliebenden, z.T. acidophytischen Arten, wie Gelber Hohlzahn (*Galeopsis segetum*), Flaches Rispengras (*Poa compressa*), Heide-Nelke (*Dianthus deltoides*), Wald-Labkraut (*Galium sylvaticum*), Echtes Labkraut (*Galium verum*), Natterkopf (*Echium vulgare*) und sogar Färber-Waid (*Isatis tinctoria*) weist auf die Verwandtschaft dieser anthropogenen Bestände mit natürlichen Traubeneichenwäldern trockenwarmer Hänge hin (vgl. GLAVAC & KRAUSE 1969, BOHN 1981) und zeugt von ihrer nutzungsbedingten Arealausbreitung. Weiträumige Ginsterfluren (z.B. Eifelgold) sind in ihrer Verbreitung streng an das Brandfeldwirtschaftsareal der Hauberge und Schiffelberge gebunden (Abb. 796). Natürliche Vorkommen von Besenginster (*Cytisus scoparius*) finden sich darüber hinaus auch an Steilhängen auf Felsstandorten im kleinräumigen Mosaik der *Luzulo-Quercetum*-Gesellschaften, wie sie vor allem LOHMEYER (1986) aus dem Ahrtal beschrieben hat. Es gibt also ganz typische Niederwaldlandschaften.

Abb. 794: Niederwald mit Buchenstockaus-
schlägen. Solche Waldtypen gehören zum
Formenkreis bäuerlicher Waldnutzungen
(Teutoburger Wald, 1980).

Abb. 795: Beim Mittelwaldbetrieb bleiben einzelne geradschäftige Bäume als Überhälter
der Samenbäume bzw. für langschäftiges
Bauholz erhalten. Eichenüberhälter und Eichenstockausschläge vom Kastenwald bei
Neuf Brisach/Elsaß (1993).

Abb. 796: Haubergs-Landschaft mit Eichen-
Niederwaldparzellen und Ginsterfeldern auf
ehemaligem Ackerland mit Brachfeldbau bei
Netphen im Siegerland (1985).

Abb. 797: Ramholzbuchen dienten der Kopf-holznutzung für die Kleinholzgewinnung, vor allem für Rebstecken (Siebengebirge, 1990).

797

Abb. 798: Schwach durchweideter und gleichzeitig als Schneitelwald genutzter Kalk-buchenwald im Teutoburger Wald (1980).

798

Abb. 799: Büschelförmig gepflanzte Mastei-chen und Mastbuchen in der zentralen Lüne-burger Heide. Diese lichten Wälder wurden vielfach planmäßig auf Ödland oder ehema-ligem Ackerland begründet und sind als Mastwälder zu bezeichnen (Sellhorn, 1991).

799

Corylus-reiche Hasel-Niederwälder entwickeln sich aus Kalkbuchen-Wäldern oder aus reichen Gesellschaftsausprägungen des *Luzulo-Fagetum* meist über kolluvialem Substrat, wo frischere Böden auftreten. Die haselreichen Niederwälder sind oft mit Hainbuchen durchsetzt; ein wärmeres Bestandesklima und bessere Nährstoffbedingungen sind hier oftmals durch vermehrt auftretende *Carpinion*-Elemente, wie Große Sternmiere (*Stellaria holostea*), Immergrün (*Vinca minor*) oder zahlreiche Buchenwald-Arten (Ausdauerndes Bingelkraut, *Mercurialis perennis*, Gelbes Windröschen, *Anemone ranunculoides*, Bär-Lauch, *Allium ursinum* usw.) angezeigt (vgl. auch SEIBERT 1955, 1966).

In ältern, aufgelassenen Niederwäldern verjüngt sich heute auch stellenweise die Buche, die zusammen mit Waldmeister (*Galium odoratum*) und einer weiteren beträchtlichen Anzahl an *Fagetalia*-Elementen darauf hinweisen, daß trotz starker Überformungen noch eine gewisse floristische Verankerung dieser Eichen-Elsbeeren-, und Hasel-Niederwälder im *Fagion* besteht, aus dem sie entstanden sind (POTT 1981, 1985). Die allmähliche Rückentwicklung zu Buchenwäldern würde im Laufe der Zeit alle diese thermophilen Geoelemente aus den Niederwäldern verdrängen, und das rechtfertigt den Schutz und auch die fortgesetzte Holznutzung dieser Wälder.

Neben der Bewahrung von althergebrachten Wirtschaftsweisen sind deshalb Erhalt und Entwicklung dieser wertvollen Waldbiotope ein vordringliches Ziel des wissenschaftlichen Naturschutzes. Die Niederwälder haben außerdem eine große Bedeutung für die Tierwelt: in den Reutfeld-Niederwäldern und den Haubergen findet beispielsweise das Haselhuhn (*Bonasa bonasia*) ausreichend Nahrung in Form von Insekten, Weichhölzern, Knospen, Beeren und Früchten. Die Abnahme der Niederwaldflächen wird heute auch als Hauptursache für den Rückgang des Haselhuhns angesehen (EGIDI 1985). Auch der Mittelspecht (*Dendrocopos medius*) bevorzugt alte Eichen-Birken-Niederwälder mit hohen Birkenanteilen. Trocken-warme Niederwälder geben dem Ziegenmelker (*Caprimulgus europaeus*) geeignete Habitate. Erlenreiche Niederwälder werden von der Waldschnepfe (*Scolopax rusticola*) be-

vorzugt. Für die Tierwelt sind also strukturreiche Niederwälder entscheidend; die Stockausschlagwirtschaft sollte zur vernünftigen Behandlung und zum Erhalt vieler Niederwälder wieder aufgenommen werden (s. auch MANZ 1985).

Auch an diesem Beispiel sehen wir, daß vorzugsweise der Buche in ihrer potentiellen natürlichen Verbreitung eine weitaus größere Rolle zukommt, als wir es heute in der intensiv genutzten Kulturlandschaft wahrnehmen. Bei Fragen und Problemen naturnaher Bestockung von Forstflächen oder bei Wiederaufforstungen von ehemaligem Kulturland sollte dieser Tatsache Rechnung getragen werden. Auch die Erfassung und Bewertung der Nieder- und Mittelwälder in den Listen der nach § 20 c BNatG geschützten Biotope sollte sich an den Vegetations- und Landschaftskomplexen, den spezifischen Gebüschen und Kleingehölzen sowie den Magerrasen in den jeweiligen potentiellen natürlichen Waldregionen orientieren.

> **Gefährdung**: Nutzungsaufgabe, Nährstoffeinträge.
> - **Schutz**: □, ○, nur teilweise im BNatSchG § 20c aufgeführt; FFH –, CORINE: – .
> - **Verbreitung**: Vor allem in den Mittelgebirgen.
> - **Beispiele**: Abb. 794 bis 799.

11.4 Obstwiesen und -weiden

Streuobstbestände auf extensiv genutzten Wiesen und Weiden, teilweise auch auf Äckern oder entlang von Straßen und Wegen, (s. Abb. 800 bis 802) sind nur noch seltene Bestandteile dörflicher oder bäuerlicher Landschaften. Sie werden bestenfalls von Obstplantagen (Mittel-, Hoch- oder Niederstammbäume, s. Abb. 800) ersetzt. Als Biotoptypenkomplexe sind die Streuobstbestände immer zusammen mit den komplementären Biotoptypen (z.B. extensiv genutztes Grünland, intensiv genutztes Grünland, Rasenbestände) angegeben worden (vgl. WELLER 1994 sowie RIEKKEN et al. 1994).

Verstreut auf Äckern und Wiesen stehende großkronige Obstbäume haben eine

vielhundertjährige Tradition. Die Anfänge genutzter Haus- und Straßenbäume und der Streuobstanpflanzungen reichen in Südwestdeutschland beispielsweise in das Mittelalter zurück. Nach LUCKE (1991) datieren erste Streuobstanbauten für den Schwarzwald aus den Jahren 1498 und 1503. Die derzeit ältesten bekannten Belege für das südbadische Markgräfler Land stammen ebenfalls aus dem 16. Jahrhundert. Dort mußte bereits in dieser Zeit jeder Bewerber um das Bürgerrecht einen Obstbaum pflanzen. Auf diese Weise hatte man im Jahre 1604 bereits die Bepflanzung sämtlicher Wege mit Obstbäumen erreicht. Umfangreiche, flächendeckende Pflanzaktionen setzten aber erst nach landesherrlichen Anordnungen Mitte des 18. Jahrhunderts ein. Ähnliche Edikte zur Obstbaumpflanzung sind aus Brandenburg verbürgt. Besonders reich an Obstbäumen sind die südwestdeutschen Realteilungsregionen (Baden, Schwaben, Bodenseegebiet) sowie die Pfalz und das Moselgebiet. In wärmebegünstigten Regionen Thüringens (Saalegebiet, Goldene Aue) im Havelland und im Alten Land an der Unterelbe spezialisierte man sich auf den Obstbau. In der Frankfurter Umgebung der Rhein-Main-Region und an der Bergstraße gewann die Mandelkultur große Bedeutung.

Den Höhepunkt ihrer Ausdehnung erreichte die Streuobstwiese überall in der Zeit zwischen den beiden Weltkriegen. Heute werden im Zuge neuer Intensivobstanlagen (s. Abb. 800) die alten Obstbaumbestände an Wegen und Straßen sowie die Streuobstwiesen (s. Abb. 801, 802) als unrentabel angesehen und größtenteils gerodet.

Charakteristisch für die alten Streuobstbestände sind ihre große Vielfalt an Arten und Sorten sowie die häufige Uneinheitlichkeit der Pflanzenbestände und des Baumalters. Dazu kommt eine regionale, landschaftsabhängige Bevorzugung bestimmter Obstsorten, die heute vielfach akut vom Aussterben bedroht sind (s.u. a. STERNSCHULTE & SCHOLZ 1990).

In warmen Gegenden Süddeutschlands werden u.a. zusätzlich Mandelbaum (*Amygdalus communis*), Aprikose (*Armeniaca vulgaris*), Eßkastanie (*Castanea sativa*) und Feige (*Ficus carica*) bevorzugt. Im Norden sind es nur noch Süßkirschen (*Prunus avium*), Sauerkirschen (*Cerasus*

Abb. 800: Kirschblüte im Alten Land bei
Hamburg (1990).

Abb. 801: Kirschblüte von Holperdorp/Teuto-
burger Wald (1990).

Abb. 802: Streuobstwiese mit Narzissen im
Frühling (Ammerland, 1990).

351

vulgaris), Walnuß (*Juglans regia*), Apfel (*Malus domestica*), Birne (*Pyrus communis*), Pflaume (*Prunus domestica*), und Holunder (*Sambucus nigra, Sambucus racemosa*). In den Schwarzwaldhochlagen gibt es sogar Streuobstwiesen in Hofnähe der Einödbauern mit der speziellen Zibartenkirsche (*Prunus insititia* var. *pomariorum*) für das Kirschwasser. Als Ende der Siebziger Jahre die Kahlhiebe drastisch sichtbar werden, besann man sich zunehmend auf den ästhetischen Reiz der Streuobstbestände. Auch die faunistische und floristische Bedeutung der alten agroforestalen Doppelnutzungsflächen (Anbau von Unterkulturen und Obstnutzung) und die Wirkungen biologischer Schädlingsbekämpfung durch baumbewohnende Insekten, die Vogelwelt etc., lassen auf den Erhalt der letzten Streuobstwiesen hoffen (s. u.a. LUCKE 1991, HÜGIN 1991). Gerade die alten Obstwiesen besitzen eine hohe Vielfalt an speziellen Insekten, von denen die blütenbesuchenden Wildbienen, Tagfalter und Schwebfliegen eine besondere Rolle spielen. Anders als die Honigbiene leben die meisten der rund fünfhundert einheimischen Wildbienen als Einzelgänger. Viele dieser Insekten haben sich auf bestimmte Blüten als Nektarlieferanten spezialisiert. Blütenreiche Brachflächen und die blumenreichen Streuobstwiesen zeigen bei entsprechender Vielfalt an Blütenpflanzen auch einen hohen Insektenreichtum.

- **Gefährdung**: Nutzungsaufgabe, Rodung.
- **Schutz**: nur regional als schützenswerte Landschaftsbestandteile.
- **Verbreitung**: regional verschieden intensiv; optimal noch in Süd- und Südwestdeutschland.
- **Beispiele**: Abb. 800 bis 802.

11.5 Alte Baumbestände in der offenen Landschaft

Manche Wälder, Gehölzgruppen und Hekken in der offenen Kulturlandschaft weisen Deformationen und Wuchsformen von Bäumen auf, die in der modernen Forstwirtschaft keinen Platz mehr haben. Es sind Zeugen extensiver Betriebsformen des historischen Waldes mit seinen vielfältigen Funktionen. Ihre Überformungsprozesse werden im wesentlichen nur dann verständlich, wenn man sie mit spezifischen traditionellen Nutzungsweisen aus der Zeit vor den Markenteilungen in kausale Beziehungen setzt.

Mit der betrieblichen Umstellung im Gefolge der Markenteilungen, die, beginnend im 18. Jahrhundert, vorzugsweise in der ersten Hälfte des 19. Jahrhunderts erfolgten, ging die Zeit der Extensivwirtschaft zu Ende. Nur vereinzelte Nutzungen überdauerten diese Zeit und ziehen sich gebietsweise bis in das 20. Jahrhundert hinein. Von Ausnahmen abgesehen, führten die herkömmlichen Nutzungsweisen in Form von ungeregeltem Holzeinschlag, von Waldhude, Laubschneitelung, Streu- und Plaggennutzung, Reutwirtschaft sowie Haubergswirtschaft (im Raum des Rheinischen Schiefergebirges) nicht nur zu Umschichtungen in der Holzartenkombination, sondern auch zum allmählichen Ruin des Waldes. Ihre Auswirkungen waren besonders in den gemeinen Marken (Allmenden) so verheerend, daß es dort vor Beginn der Markenteilungen gebietsweise nur noch stark gelichtete Buschwälder ohne Kernwüchse gab, unterbrochen von weiträumigen Trift- und Heideflächen. Solche devastierten Markengebiete sind, soweit sie später nicht der Acker- und Grünlandkultur unterzogen wurden, im Verlauf der letzten Jahrhunderte von Grund her aufgeforstet worden, und es gibt hier verständlicherweise kaum noch alte Bäume mit Hinweisen auf traditionelle Nutzungsformen (vgl. Abb. 803 bis 818).

Anders liegen die Verhältnisse bei den Privatwaldungen damaliger Zeiten, die größtenteils im Besitz der jeweiligen Landesherren, des Adels oder der kirchlichen Institutionen waren. Sie befanden sich entweder von vornherein auf angestammtem Eigenbesitztum oder wurden, was ihre Privatisierung betrifft, im Spätmittelalter und in der frühen Neuzeit auf Betreiben der einzelnen Herrschaften aus der gemeinen Mark ausgesondert (Sundern) und mit verschiedenartigen Bannvorschriften belegt, denen nicht selten jagdliche Interessen zugrunde lagen (u.a. Tiergärten). Je nach den besitzrechtlichen Verhältnissen standen alle Nutzungsbefugnisse im Ermessen des Eigentümers, oder sie wurden nach markenähnlicher Verfassung unter Nutzungseinschränkungen mit den Markberechtigten geregelt. Auf diese Weise konnte die Extensivnutzung in gemäßigte Bahnen gelenkt und die drohende Devastierung der betreffenden Wälder verhindert werden. Zu solchen Bannwäldern mit landesherrlichen Nutzungsvorschriften gehören in Norddeutschland u.a. die volkstümlich als „Urwälder" bezeichneten Waldkomplexe des Bentheimer und Neuenburger Waldes sowie des Hasbruchs bei Delmenhorst. Ebenfalls zu den Bannwäldern zählen der Sachsenwald östlich von Hamburg, der Rheinhardswald bei Kassel, die Wälder um den Müritzsee und die Herrschaftswälder der Schorfheide in Brandenburg sowie viele kleinere Waldgebiete in Deutschland.

Hier und in Waldbezirken mit ähnlicher Geschichte findet sich heute noch eine Fülle von uralten einheimischen Bäumen, welche den Stempel herkömmlicher Waldbetriebsformen aufweisen. Aus Überalterungsgründen nimmt ihre Zahl aber ständig ab, so daß die Zeit abzusehen ist, in der diese alten Zeugen historischer Waldwirtschaft als natur- und kulturgeschichtliche Dokumente völlig aus den Wäldern und der offenen Landschaft verschwinden werden. Wegen ihrer Bedeutung als Einzelstrukturen und oftmals singuläre Habitate sind sie im folgenden näher erläutert.

11.5.1 Auswirkungen der einzelnen Nutzungsweisen auf die Gehölzverformungen

Die heute noch existenten, extensivwirtschaftlich bedingten Deformationen lassen sich auf drei historische Nutzungsgruppen zurückführen: auf **Hudewirtschaft** und **Mastnutzung**, auf **Holz-** und **Schneitelwirtschaft** sowie auf ehemalige **Heckennutzung**.

Wohl kaum eine andere Betriebsform hat sich so einschneidend und nachhaltig auf die Wälder Norddeutschlands ausgewirkt wie die seit Beginn der bäuerlichen Siedlung ausgeübte Waldhude. Sie zeigte dann besonders schädigende Folgen, wenn neben dem Großvieh- auch Kleinviehtrieb mit Ziegen und Schafen erfolgte. Vor allem zog die Ziegenhude verheerende Verbißschäden nach sich, und sie wurde daher in vielen Herrschaftsbereichen und Markengebieten bereits zu Beginn der Neuzeit – zunächst mit geringem Erfolg – verboten.

Neben der Hude nahm die Mastnutzung in den Wäldern Deutschlands einen hohen Stellenwert ein. Ihre Schadeinwirkungen werden, soweit sich die Eintriebszahlen in Grenzen hielten, in einigen Forstakten und Höltingsprotokollen (Hölting = jährliches Holz- und Markengericht mit Nutzungsanweisungen) als relativ geringfügig, in anderen jedoch, vor allem bei Übernutzung, als gravierend vermerkt. Die Mastnutzung hatte aber auch für die Erhaltung und Regeneration des Waldes zwei positive Eigenschaften: einmal die anthropogene Förderung und Anpflanzung von Eiche und Buche als Mastbäume, wobei im norddeutschen Flachland und auch in Süd- und Mitteldeutschland vielerorts die Eiche den Vorrang genoß, und zum anderen die Auflockerung des Waldbodens durch die Wühltätigkeit der Schweine, die dem Holzjungwuchs ein günstiges Keimbett verschaffte. Auf Hude- und Mastnutzung sind nach BURRICHTER (1984) im wesentlichen die folgenden vier Deformations- oder Wuchstypen von Bäumen zurückzuführen.

11.5.1.1 Solitärwuchsformen

Als ursprünglich lichtstehende Bäume des Hudewaldes zeichnen sich diese Solitärwüchse durch ein breit ausladendes Kronendach aus. Sie unterscheiden sich dementsprechend von den im Verband gewachsenen, schlankschäftigen Bäumen des heutigen Wirtschaftswaldes. Da sie vorwiegend der Masterzeugung dienten (Abb. 804 bis 808), handelt es sich in der Regel um Eichen und Buchen, wobei fast überall die Eichelmast von dominierender Bedeutung war. Nach herkömmlichen Schätzungen (vgl. HESMER 1958) brachte im Vergleich zu einer Eiche, die im geschlossenen Verband stockte, der gleichaltrige Solitärbaum das Doppelte an Masterträgen ein. Nicht selten sind solche Masteichen über 500 Jahre alt und reichen bis in das Spätmittelalter, vereinzelt sogar bis in den Beginn des Mittelalters zurück (z.B. Hasbruch, s. Abb. 808). Ihre unteren, in Reichweite der Weidetiere liegenden Stammpartien weisen oft verborkte Kalluswucherungen als Folge ehemaliger Verbißschäden auf (Abb. 806). Wie am Beispiel rezenter Waldhude festgestellt werden konnte, ist die Anzucht oder die natür-

liche Entwicklung solcher Masteichen bei anhaltender Verbißgefährdung nur möglich, wenn für die Zeit ihres Aufwuchses entweder ein natürlicher Schutz aus bewehrten Sträuchern oder auch künstliche Schutzvorrichtungen vorhanden waren (BURRICHTER et al. 1980 und SCHWABE & KRATOCHWIL 1987). Die Anlage künstlicher Schutzmäntel aus bedorntem Strauchmaterial war nach alten Forstbeschreibungen bei Lichtungspflanzungen in Hudewäldern ein verbreitetes Verfahren.

Die Eichelernte erfolgte je nach Bedarf, Ergiebigkeit und Markenordnung durch Herbsteintrieb der Schweine in die Wälder oder durch Lese und Lagerung der Früchte für die Winterfütterung und gegebenenfalls für die Aussaat in „Telgenkämpen". Das waren Anwachsbeete für junge Bäume (=Heister oder Telgen), die gesondert angelegt und gegen Vieheintrieb eingehegt waren.

11.5.1.2 Kappungsformen

Auch die Kappungsformen an Eichen und Buchen stehen im Zusammenhang mit der ehemaligen Mastnutzung. Dabei wurden die jungen Stämme absichtlich oberhalb der Reichweite des Weideviehs in Höhen von 2 bis 3,50 m entgipfelt, um extrem breitkronige Bäume mit frühzeitigem und ergiebigem Mastertrag zu erzielen (vgl. Abb. 807). Die große Zahl an gekappten Masteichen gibt noch heute Zeugnis davon, wie verbreitet dieses Verfahren in den Hudewäldern war.

Auf Fruchtansatz ausgerichtete Kappungstypen sind nicht mit Kopfschneitelbäumen zu verwechseln, deren erstarktes, besenförmiges Astwerk heute zum Teil ähnliche Aspekte liefert. Die Kappung geschah in der Regel einmalig, die Laubschneitelung aber in periodisch wiederholten Zeitabständen von etwa 3 bis 4 Jahren. Dementsprechend sind beide Reliktformen mit ziemlicher Sicherheit an ihren jeweils spezifisch ausgebildeten Schnittwülsten und Aststärken sowie am Verzweigungsmodus zu unterscheiden.

11.5.1.3 Verbuschungsformen

Verbuschungen entstehen in Hudegebieten als verbißbedingte Umformungen der Laubbäume während des Jugendstadiums. Sie setzen ein nachhaltiges Regenerationsvermögen der betreffenden Gehölze vor-

aus und sind daher typische Phänomene der Laubwaldhude. Nach Totalverbiß vermag der Laubholzjungwuchs Stockausschläge zu bilden, der Nadelbaum aber nicht. Dadurch kommt es bei Laubgehölzen zum Austrieb von mehreren, mehr oder minder gleichaltrigen Stämmen, die ähnlich wie beim Niederholzbetrieb einem gemeinsamen Wurzelstock entspringen (Abb. 809).

Die Ausbildung solcher Formen ist im Freistand jedoch nur bei schwacher Beweidungsintensität möglich. Bei intensiver und anhaltender Beweidung bleibt sie auf freier Triftfläche, wie wir in rezenten Huderevieren beobachten konnten, nahezu ausgeschlossen, da hier der Baumjungwuchs bereits im Keimlingsalter mit den Weidegräsern alljährlich abgefressen wird und die jungen Keimlinge noch nicht regenerationsfähig sind. Fast alle Verbuschungen entstehen im Teilschutz von bewehrten Sträuchern. Erst dann, wenn der Jungbaum mit zunehmender Höhe und Breite des umgebenden Strauches der Reichweite des Viehs entwachsen ist, kann er in vorgeformter Gestalt ungehindert weiterwachsen (Abb. 808).

11.5.1.4 Mehrstammbäume

In vielen ehemaligen Huderevieren und Bannwäldern begegnet man Mehrstammbäumen, darunter vor allem Buchen, deren Stämme entweder zu einem gemeinsamen Stammgebilde verwachsen sind oder im dichten, horstartigen Verband als Einzelwüchse stocken (Abb. 810, 811). Soweit die einzelnen Stämme infolge des Erstarkungswachstums zu einem Scheinstamm zusammentreten, kommt es in Höhen von 2 bis 3 m zu einer vielästigen, oft randlich abgeknickten Verzweigung der Krone (Heisterknick, s. POTT 1982). Die eigenartigen Wuchsformen dieser Bäume sind auf Büschelpflanzungen zurückzuführen, wobei man mehrere, meist 5 oder 7 Heister (Telgen) in ein Pflanzloch setzte. Das Verfahren war noch weit bis in das 19. Jahrhundert hinein üblich. Nach Aufgabe der traditionellen Nutzungen überaltern heute die Bestände. Da uns über die Gründe dieses spezifischen Pflanzverfahrens aus Archiven nichts bekannt ist, können hier lediglich Vermutungen geäußert werden. Einleuchtend sind folgende Fakten:

– Ausbildung eines überdimensionalen Kronendachs mit Vorteilen für die Mastergiebigkeit und Mastlese.
– Kompensation von Anwuchsausfällen.
– Notwendigkeit nur einer gemeinsamen Einhegung gegen Verbißschäden statt mehrer Schutzvorrichtungen.

11.5.2 Verformungen durch Holz- und Schneitelwirtschaft

In vielen Fällen läßt sich am gegenwärtigen Zustand der Gehölze nicht mehr klar unterscheiden, ob sie durch traditionelle Betriebsweisen der Holznutzung oder der Laubschneitelung überformt worden sind. Das hängt zum Teil damit zusammen, daß eine Betriebsform im Laufe der Neuzeit die andere ablöste. So ist uns auf Grund archivalischer Unterlagen aus verschiedenen Waldrevieren bekannt, daß ehemalige Schneitelbäume mit rückgehender Bedeutung des Futterlaubes und mit zunehmender Verbannung der Laubschneitelung aus den Markenwäldern in die Brenn- und Werkholznutzung überführt worden sind, oder daß sie zeitweilig je nach Bedarf unter Verlängerung und Verkürzung der Umtriebszeiten das eine Mal der Holz- und das andere Mal der Laubheugewinnung dienten.

11.5.2.1 Stockholz- und Stockschneitelformen

Bei der herkömmlichen Stockholzhiebform im Niederwaldbetrieb (s. Abb. 794) werden die Ausschläge in wenigen Dezimeter Höhe am Wurzelstock abgetrieben, und die Verjüngung des Waldes erfolgt stets auf vegetativem Wege aus dem Stock heraus. Der periodische Abtrieb regt die Wurzelstöcke immer wieder zur Regeneration an, so daß sie häufig ein Alter von mehreren Jahrhunderten erreichen.

Ausfälle überalterter Stöcke ersetzte man in der Regel durch Pflanzung oder Saatgutaufwuchs von Jungbäumen, die nach einigen Jahren ebenfalls „auf den Stock gesetzt" wurden. Ein besonderes, im Raum des nordwestlichen Osnings und des Osnabrücker Hügellandes verbreitetes Verfahren zur Anzucht von Jungstöcken war das „Buchenablegen" (BURRICHTER 1952). Dieses Ablegerverfahren hat sich dort vereinzelt in den bäuerlichen Nieder-

wäldern bis heute gehalten (POTT 1981). Einzelne junge Stockausschläge (Buchenloden) werden dabei in den Boden abgesenkt und zur Befestigung mit einer abgeschnittenen Astgabel eingepflockt. Ausgehend von einem Mutterstock entstanden auf diese Weise zusammenhängende Stockkolonien, deren Ableger und Tochterstöcke auf den jeweils vorhandenen Freiraum ausgerichtet waren und daher unterschiedliche Gestalt aufweisen (Abb. 794). Ähnliche Ablegerverfahren sind nach RACKHAM (1976) und PETERKEN (1981) mit anderen Laubbäumen auch aus England bekannt.

Die Umtriebszeiten richteten sich je nach der Holzart und dem vielfältigen Verwendungszweck der Stockausschläge. Sie umfaßten Zeitspannen von einigen Jahren bis zu mehreren Jahrzehnten, also vom Gerten- bis zum Stangenalter und zum Teil darüber hinaus. Vorrangig war in den meisten Niederwaldgebieten die bäuerliche und gewerbliche Brennholznutzung (Hausbrand, Salz-, Pottaschesiederei u.a.). Sie erfolgte im allgemeinen nach Bedarf und hatte daher variable Umtriebszeiten. Lange bis mittlere Umtriebsintervalle waren dagegen bei spezifischen Ausrichtungen der Werkholznutzung zur Herstellung von Kleingeräten und bei der Kohlholznutzung, die vorwiegend der prähistorischen und historischen Eisenverhüttung wie auch der Thermenheizung diente, erforderlich. Auch der Eichenschälwaldbetrieb zur Gewinnung von Gerberlohe beanspruchte mittlere Umtriebszeiten von etwa 18 Jahren, kürzere dagegen die Stickholznutzung für Rebpfähle im Weinbau, die vorrangig im Rheinischen Schiefergebirge lokalisiert war (Abb. 797 und SCHMITHÜSEN 1934, MÜLLER-WILLE 1938). Desgleichen war die Erzeugung von Schafthölzern für die Geräteschäftung und die Waffenproduktion des Mittelalters auf Stockausschläge relativ jungen Alters angewiesen.

Neben der vielfältigen Niederholzverwertung spielte bis in die historische Neuzeit hinein die Schneitelwirtschaft für die Laubheugewinnung eine Rolle. Die Stockausschläge wurden bei dieser Betriebsform in sehr kurzen Umtriebszeiten von etwa 3 bis 4 Jahren vor der Laubverfärbung abgetrieben, locker gebündelt und getrocknet, um sie, wie heute das Grasheu,

als Winterfutter für das Vieh zu verwenden. Aufgrund der kurzfristigen Umtriebszeiten bestand fortwährend ein künstlich erzeugtes Ungleichgewicht zwischen Stockausschlägen und Wurzelsystem. Dadurch wurde sowohl die anfallende Laubmasse infolge von Vergrößerung der Blattspreiten, als auch Länge, Schlankheitsgrad und Elastizität der Schneitelloden gefördert, zwei wirtschaftliche Vorteile, die einmal der Laubheugewinnung zugute kamen, zum anderen der häufigen Nebennutzung entlaubter Gerten für alle möglichen Flechtwerke, u.a. als Gefachflechtwerke für die Fachwerkbauten.

Die Stockschneitelung (Abb. 797) dürfte allerdings in den nordwestdeutschen Markenwäldern wohl nur beschränkt ausgeübt worden sein, da bei den kurzfristigen Umtriebszeiten aus Gründen der Verbißgefährdung eine gleichzeitige Weidenutzung unterbleiben mußte. Die abgetriebenen Niederwälder konnten im allgemeinen erst nach Ablauf mehrerer Jahre beweidet werden. So war z.B. im Rottwirtschaftssystem der Siegerländer Hauberge nach dem Abtrieb je nach Situation eine 6- bis 12jährige Beweidungsschonfrist auf genossenschaftlicher Basis geregelt (SCHMITHÜSEN 1934, MÜLLER-WILLE 1938, TRIER 1952, 1963).

11.5.2.2 Kopfholz- und Kopfschneitelformen

Im Gegensatz zum Wurzelstockbetrieb boten Kopfholz- und Kopfschneitelwirtschaft geradezu ideale Voraussetzungen für eine gleichzeitige Kombination mit der Waldhude (Abb. 812, 813). Der Abtrieb erfolgte hier in Stammhöhen von 2 bis 2,50 m, und weil damit die jungen Austriebe oberhalb der Reichweite des Weideviehes lagen, waren sie der Verbißgefährdung entzogen. Aufgrund des fortwährenden Abtriebs in ein- und derselben Ebene weisen solche Kopfbäume, die in den nordwestdeutschen Hudewäldern oft mehrere Jahrhunderte alt sind (POTT & BURRICHTER 1983), im Abtriebsbereich keulenartige Verdickungen mit zahlreichen Schnittwülsten auf, aus denen die Ausschläge besenförmig hervortreten.

Der Abtrieb des Holzes gestaltete sich hier zwar etwas umständlicher als beim Wurzelstockbetrieb, hingegen war der Schneitelvorgang für die Laubheugewinnung, bei dem die Austriebe bereits im

803

Abb. 803: Alte Weidbuchen auf dem Schauinsland (1992). Diese alten Bäume prägen noch heute die ehemaligen Reutweiden, die einstmals einer Acker-Weide-Wechselwirtschaft mit eingeschobenem Brand unterlagen. Diese über 300 Jahre alten Weidbuchen verdanken ihr heutiges Aussehen dem Rinderverbiß (s. vor allem Schwabe & Kratochwil 1987).

Abb. 804: Weidbuchen im Wieden, Schwarzwald (Foto: A. Schwabe-Kratochwil, 1986). Diese etwa 250 Jahre alte Buche ist im Reifestadium; sie zeigt noch keinerlei Zerfall. Ringförmig hat sich eine Zone mit Jungwuchs gebildet (s. auch Schwabe & Kratochwil 1987).

Abb. 805: Mächtige Weidbuche im Schwarzwald, etwa 350 bis 400 Jahre alt (Foto A. Schwabe-Kratochwil, 1985).

Abb. 806: Polykormonische Weidbuche (Hudebuche) auf dem Schauinsland mit reichlichem Flechtenbewuchs von *Parmelia saxatilis*, *Lobaria amplissima* und *Lobaria pulmonaria*.

804

805

806

807

808

809

810

811

Abb. 807: Knorrig verwachsene, ehemals gekappte Eiche mit mächtigem, obstbaumartigem Kronendach im Borkener Paradies (1990).

Abb. 808: Alte Solitäreiche mit typischem Drehwuchs im Hasbruch bei Delmenhorst (1985). Das Rechtsdrehen und Linksdrehen ist ein artspezifisches Struktur- und Stabilitätsphänomen der Bäume, das im Alter sichtbar wird.

Abb. 809: Durch ehemaligen Viehverbiß überformte, buschartig gewachsene Hudeeiche im Borkener Paradies (1980). Der uralte Verbißstock hat am Boden einen Durchmesser von 3,20 m.

Abb. 810: Büschelpflanzungen mit Buchen bei Paderborn (1984).

Abb. 811: Scheinbar polykormonische Buchen mit mehr als fünf Einzelstämmen aus einer Büschelpflanzung (Lichtenau, 1985).

Abb. 812: Kopfgeschneitelte Hainbuchen im Weserbergland bei Blomberg (1980).

Abb. 813: Astgeschneitelte Esche im bayerischen Alpenvorland bei Bad Tölz (1994).

812

813

Abb. 814: Allee mit geschneitelten Linden in ▷
der Bärenaue bei Osnabrück (1992).

Abb. 815: Windgeformte Baumreihe am See- ▷
deich von Carolinensiel (1990).

814

815

Gertenalter geschnitten wurden, sehr einfach mit einem geschäfteten und an der Tülle rechtwinklig abgebogenen Schneitelmesser ohne Schwierigkeiten durchzuführen (BURRICHTER & POTT 1983). Nach Reliktbäumen und archivalischen Unterlagen zu urteilen, scheint die Kopfschneitelung in den nordwestdeutschen Hudewäldern daher auch die vorrangige Form der mittelalterlichen und frühneuzeitlichen Laubheugewinnung gewesen zu sein. Geschneitelt wurden unter weitgehender Schonung der Mastbäume in Hainbuchen- und Buchengebieten aufgrund ihrer besonderen Laubqualität und Regenerationsfähigkeit überwiegend Hainbuchen und, soweit vorhanden, auch Eschen. In den *Quercion*-Wäldern der nordwestdeutschen Geest und in den *Luzulo-Fagion*-Bereichen des Berglandes, wo keine hochwertigen Schneitelgehölze vorhanden waren, schneitelte man mit Bevorzugung der Auenbäume nahezu alle Holzarten, nötigenfalls und verbotswidrig auch Buchen und Eichen. Im Alpenvorland hat nur die Esche eine herausragende Bedeutung als Schneitelbaum (Abb. 813).

11.5.2.3 Astschneitelformen

Nur vereinzelt sind in den Hudewäldern Nordwestdeutschlands noch Baumformen anzutreffen, die auf ehemalige Astschneitelung schließen lassen. Man findet sie aus Gründen der allmendbezogenen Schneitelverbote in manchen Gebieten häufiger außerhalb der ehemaligen Waldmarken, wo sie noch bis zu Beginn des 19. Jahrhunderts meist als Einzelbäume oder Baumgruppen gepflanzt wurden. Die hochwüchsigen Baumstämme dieses Schneiteltyps (Abb. 814) sind nahezu auf der gesamten Stammlänge oder zumindest bis über die Mitte des Stammes hinaus mit zahlreichen alten Schnittwülsten als Kallusnarben der ehemaligen Schneitelansätze bedeckt. Der Schneitelvorgang war hier zwar schwieriger als bei der Kopfschneitelung, dafür bestand aber neben der wesentlich höheren Produktivität an Schneitelmaterial der Vorteil, daß der Baumstamm später in voller Länge als Nutzholz Verwendung finden konnte.

Im Gegensatz zum Kopfholzbetrieb, der sowohl der Laub- wie auch der Holzgewinnung diente, war der Astschnitt mit kurzen Umtriebszeiten aus betriebstechnischen Gründen im wesentlichen auf reine Laubschneitelung ausgerichtet. Rezent genutzte Astschneitelwälder und Schneitelwaldreste aus sommergrünen Laubbäumen findet man heute noch in vielen Landstrichen von Südserbien, Kosovo und Mazedonien. Sie erwecken infolge ihres periodischen Gertenabtriebs von weitem den Eindruck lichtstehender Bestände aus Pyramidenpappeln (vgl. auch HORVAT, GLAVAC & ELLENBERG 1974).

Ein weiteres, sehr einfaches Verfahren der Laubheugewinnung war das Laubrupfen, das, von der Raubnutzung abgesehen, unmittelbar vor dem Eintritt der Laubverfärbung stattfand. Als *frondes stringere* schon aus den vorchristlichen lateinischen Texten bekannt, kam es in Notzeiten noch bis zum Ersten Weltkrieg zur Anwendung. Signifikante Baumdeformationen dürfte dieses Verfahren aber wohl kaum hinterlassen haben.

11.5.3 Alleen, Einzelbäume, Baumgruppen, Kopfbäume

Solitär stehende, meist angepflanzte, einzelne Laub- und Nadelbäume oder kleine Gruppen davon in der Kulturlandschaft sind hier zusammengefaßt (s. Abb. 814 bis 818). Nennenswert sind in diesem Zusammenhang spezielle Alleen (Abb. 814), die windgeformten Altbäume an der Küste (Abb. 815), einzelne Kopfweiden oder Baumreihen mit Kopfbäumen zur Reisiggewinnung oder Korbflechterei (Abb. 816) oder gar zur Laubheugewinnung (Abb. 817). Einen Sonderfall bilden die lichten, grasunterwachsenen Lärchenwiesen der Zentralalpen (Abb. 818), wo Grasheu- und Weidenutzung unter aufgelichteten Lärchen-Arven-Wäldern stattfindet. Diese Baumgruppen mit dominierender Lärche (*Larix decidua*) fallen besonders im Spätsommer bei Nadelverfärbung ins Auge (Abb. 818).

- **Gefährdung**: Rodung.
- **Schutz**: Baumschutzverordnungen (lokal oder regional) als geschützte Landschaftsbestandteile und Naturdenkmale.
- **Vorkommen**: überall als Einzelstrukturen.
- **Beispiele**: Abb. 803 bis 818.

11.6 Alte Gehölzbestände im besiedelten Bereich

Alleen und **Baumreihen**, die ein- oder beidseitig von Straßen und Wegen zu finden sind, gibt es in der offenen Landschaft und in besiedelten Bereichen. Vor allem alte Baumbestände in **Parks, Klostergärten** oder auf **Friedhöfen** sind hier zu nennen (s. Abb. 819 bis 822). Solche **Parkgehölze** sind manchmal subspontan und bestehen dann aus einheimischen Arten, oder rekrutieren aus Anpflanzungen, z.T. mit exotischen, nichtheimischen Baumarten. Als alte Baumbestände gehören solche Parkgehölze zu den schutzwürdigen Biotoptypen (vor allem höhlenreiche Altbäume).

Auch die oftmals parkartigen, extensiv gepflegten alten Friedhöfe zeichnen sich durch einen sehr hohen Artenreichtum an Pflanzen und Tieren (besonders Vögel) aus. Gerade die alten Stadtfriedhöfe sind reich an Sträuchern, Bäumen und krautigen Pflanzen; sie sind oft regelrechte Oasen inmitten dicht bebauter Siedlungsflächen.

Auch Gärten spielen hierbei eine wichtige Rolle. Der Stil der gärtnerischen Anlagen war wechselnden Moden unterworfen, und das gleiche gilt für viele Pflanzenarten, die zu unterschiedlichen Zeiten mehr oder weniger beliebt waren. So bestanden in Barockgärten andere Verwendungsmöglichkeiten für Pflanzen als in den großräumigen englischen Landschaftsgärten, und auch ein ländlicher Hausgarten ("Bauerngarten") unterscheidet sich nicht nur in der Struktur seiner Anlage, sondern auch in seinem traditionellen Pflanzenbestand von einem Garten aus den 20er Jahren oder einem heutigen Reihenhausgarten.

Auch wenn sich das Mengenverhältnis zwischen einheimischen und nichteinheimischen Pflanzen mit dem gärtnerischen Geschmack einer Epoche änderte, so sind Pflanzen aus anderen Gegenden, Ländern und Kontinenten im Lauf der Jahrhunderte zu einem festen Bestandteil unserer gärtnerisch-gestalterischen Tradition geworden (s. Abb. 823 und 824). Dies gilt auch für Freiräume außerhalb von Gärten und Parkanlagen.

Abb. 816: Kopfweiden.

Abb. 817: Geschneitelte und geflochtene Eschen bei Sion im Wallis (1988). Das Flechten der Zweige erleichtert die regelmäßige Laubernte. Die Schneitelwirtschaft dient der Laubheugewinnung für die Winterfütterung des Viehs. Sie war und ist in kontinentalen Gebieten und in Bergländern mit langer winterlicher Schneebedeckung von großer Bedeutung. Die Laubbäume wurden im Spätsommer geschneitelt und die belaubten Triebe getrocknet, um sie als Winterfutter zu nutzen wie heute das Grasheu.

816

817

Abb. 818: Lärchenwiese im Engadin bei Pontresina (1993). Auf ruhenden Kalk-, Schutt- oder Blockhalden in steilen Lagen bilden sich unter Lärchenwäldern manchmal größere, zusammenhängende Moderauflagen, die einen Gräserbewuchs ermöglichen. In der Nähe inneralpiner Dörfer (z.B. im Wallis und im Engadin) sind nach Holzeinschlag, Weide und Mahd aus solchen ursprünglichen Lärchen-Arven-Fichten-Mischwäldern die winterkahlen Lärchen und die Gräser begünstigt worden, die jetzt der Grünlandnutzung dienen.

818

Zu den charakteristischen Dorfbäumen gehören in einigen Gebieten Deutschlands, neben einheimischen Bäumen wie Linden, Eichen oder Ulmen, auch die Roßkastanie (*Aesculus hippocastanum*) und der Nußbaum (*Juglans regia*). Sie bilden im Komplex mit Parkrasen und Rabatten im besiedelten Bereich sowie an Verkehrsanlagen eigene Biotoptypen. Mustergültige Abhandlungen und Beschreibungen zu solchen Gärten, Parks und botanisch wertvollen Einzelschöpfungen gibt es aus vielen europäischen Ländern. Beispielhaft seien hier die Werke von HENNEBO (1987, 1992), HAJOS et al. (1993) sowie DACAL & IZCO (1994) genannt.

Eine besonders große Wirkung auf die Gestaltung von Parkanlagen hatte die Idee des Englischen Gartens. Viele dieser Englischen Gärten entstanden aus der Transformation ehemaliger Hudewälder (z.B. Georgengarten in Hannover-Herrenhausen, Englischer Garten in München, Wörlitzer Park bei Dessau). Als Folge der andauernden Weidenutzung waren Baumriesen mit weit ausladenden Ästen der ehemaligen Hutweide stehen geblieben, das Grünland dazwischen war rasenmäßig kurzgehalten. Kurzum, es sind weiträumige Parklandschaften, die allerdings vielfach nur erhalten sind, weil die entsprechenden Parzellen nicht absolut hochwasserfrei waren (so in Hannover und München).

- **Gefährdung**: Rodung.
- **Schutz**: Baumschutzverordnungen (lokal oder regional).
- **Vorkommen**: überall als Einzelbäume, Baumreihen und Baumgruppen, vor allem in Parks und Schloßanlagen.
- **Beispiele**: Abb. 819 bis 824.

11.7 Naturnahe Altwälder und deren Schutzwürdigkeit

In Mitteleuropa gibt es nur noch wenige **Urwälder** im strengen Sinne, in denen nachweislich keine direkten anthropogenen Eingriffe stattgefunden haben (s.u. a. ZUKRIGL et al. 1963, PRUSA, E. 1985, MAYER et al. 1987, LEIBUNDGUT 1993, POTT 1993). Diese Wälder sind auf die hohen Mittelgebirge und auf den Alpenraum beschränkt, wo sie nur noch an steilen oder sehr steinigen unzugänglichen Hängen vorkommen (Abb. 825). Die meisten dieser natürlichen Wälder sind gekennzeichnet durch oberständige terminale Bäume in ihrer jeweiligen Reifephase. Der Reifezustand ist in der Regel in den Laubwäldern erreicht bei einem Volumen von 30 m³ Holz pro Hektar mit einer Menge von etwa 400 Bäumen pro Hektar. Ausschlaggebend für die Reifung von Waldökosystemen ist nicht das biologische Alter der Waldbäume allein, auch nicht der Reifegrad der Böden oder die verfügbare Menge an Wasser, sondern alle genannten Faktoren wirken zusammen und limitieren den Gasaustausch der Gehölze. Es wird – schlicht gesagt – zu dunkel im Wald, und hier setzt die innere Dynamik eines primären Waldsystems ein mit allen bekannten Pionier-, Aufbau-, Optimal- und Zerfallsphasen des Waldes (s. POTT 1993). Fluktuationen im Waldbestand, wie sie im sogenannten Mosaik-Zyklus-Konzept von REMMERT (1985) dargestellt werden, treten bisweilen in natürlichen Phytozönosen auf (s. auch Kap. 9), sie sind aber nicht obligatorisch und verlaufen erst recht nicht nach den allgemeinen Grundgesetzen der Natur. Das läßt sich beim vergleichenden Studium von Primär- und Sekundärwäldern gut beobachten. Die Substitution einzelner Baumarten in bestimmten Sukzessionsphasen ist durchaus ein natürliches Phänomen (z.B. Aufwuchs von Fichten auf abgetrockneten Erlenbulten oder Aufwuchs von kohortenartigen Buchen in Eschen-Vorwaldstadien auf Kalkböden bzw. in Birken- und Ebereschen-Vorwaldstadien auf Silikatböden). Die Alternation der Sukzessionsphasen ist ein typischer Effekt von Primärwäldern; eine raum-zeitliche Verschiedenheit ist aber nicht obligatorisch. Nur die Urwälder im eigentlichen Sinne zeigen manchmal diese Phänomene, naturnahe Sekundärwälder nur andeutungsweise. Diese bequemer erreichbaren und nutzbaren Wälder der flacheren Mittelgebirge oder der Tiefländer unterliegen seit langem dem vielfältigen menschlichen Einfluß.

Die Waldvegetation vergangener Zeiten ist das Resultat eines natürlichen Wandels von klima- und sukzessionsbedingten Vegetationsfolgen. Die natürlichen Entwicklungsvorgänge wurden aber in Mitteleuropa bereits zur Eichenmischwald-Zeit im Atlantikum (ca. 6000 bis 3000 v. Chr.) durch die Siedlungstätigkeit des jungsteinzeitlichen Menschen gestört und teilweise sogar verhindert. Der Mensch griff nicht in einen statischen Vegetationszustand damaliger Waldlandschaften, sondern in ein dynamisches Geschehen ein, das noch längst nicht zum Abschluß gekommen war. Tanne, Buche und Hainbuche hatten sich beispielsweise zu dieser Zeit im Holzarteninventar noch nicht vollständig etabliert und somit stand die Formierung dieser Arten zu Nadelmischwäldern, zu Buchen-, Buchenmisch- und Eichen-Hainbuchen-Wäldern, die heute zu den dominierenden potentiellen Waldgesellschaften zahlreicher Regionen gehören, noch völlig aus. Seit dem jüngeren Atlantikum, so zum Beispiel ab 5500 v. Chr. auf den Lößbörden Süd- und Mitteleuropas bzw. 3200 v. Chr. auf den Geestflächen Nordwesteuropas, verzahnten sich also natürliches Entwicklungsgeschehen der Vegetation mit dem umgestaltenden Einfluß des Menschen, und seitdem kann von einer flächendeckenden ursprünglichen natürlichen Waldlandschaft mit entsprechender Vegetation nicht mehr die Rede sein.

Die Naturlandschaft als primäre Waldlandschaft wurde mit zeitweiligen Rückschlägen und mit siedlungsperiodischen Bindungen an bestimmte Naturräume schrittweise und regional verschieden zur Kulturlandschaft umgestaltet. Vegetations- und Landschaftsbilder verschiedener vergangener Epochen und der heutigen Zeit sind also entscheidend und mit verschiedenen Intensitäten der Beeinflussung durch den Menschen geprägt. Wir haben gesehen, daß dies besonders für die Wälder in der Kulturlandschaft zutrifft.

Abb. 819: Krokusblüte im Schloßpark von Husum (1994). Alte Waldungen und die Schloßgräfte bilden heute einen wichtigen Biotopkomplex.

Abb. 820: Wasserschloß Darfeld im Münsterland. Das Schloß wurde im 16. Jahrhundert erbaut und von 1612 bis 1618 mit dem heutigen Galeriebau durch Gerhard Gröninger gestaltet. Im Schloßpark sind einheimische Gehölze einbezogen und vorherrschend (1985).

819

820

821

822

823

◁ Abb. 821: Klostergarten des Jagdschlosses Clemenswerth bei Sögel im Hümmling. Diese reizvolle Anlage aus dem 18. Jahrhundert blieb bis heute nahezu unverändert erhalten. Geschnittene *Taxus*- und *Buxus*-Gehölze geben der Gartenanlage einen typischen Rahmen (1995).

◁ Abb. 822: Streuobstwiesen und Gartenanlagen im Umfeld der ehemaligen Benediktinerabtei St. Trudpert im Münstertal (Schwarzwald, 1995).

824

Abb. 823: Der italienische Rosengarten auf der Bodenseeinsel Mainau (1995). Den äußeren Rahmen dieses durch Friedrich I. von Baden im Jahre 1871 angelegten Gartens bildet eine riesige Pergola. Über 100 Jahre alte Kletterrosen umranken die Säulen und lockern so die geometrische Strenge des eigentlichen Gartenstils auf.

Abb. 824: Im Arboretum der Insel Mainau ragen die Wipfel der riesigen Mammutbäume (*Sequoiadendron giganteum*) markant heraus. Es sind mit die ältesten Exemplare dieser Art in Europa: 1853 kamen Samen dieses Baumes aus Kalifornien, 1864 ließ Friedrich I. auf der Mainau zahlreiche Bäume pflanzen. Diese sind in einen englischen Landschaftsgarten eingebracht. Viele dieser englischen Gärten entstanden im wintermilden atlantisch-subatlantischen Klima Westeuropas aus der Transformation ehemaliger gras- und triftenreicher Hudewälder, wobei Einzelbäume, Baumgruppen und Rasen sich mosaikartig und kulissenhaft wechselnd in der Fläche ablösen (1995).

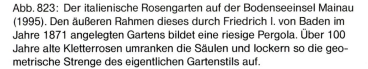

Viele ehemalige Waldsysteme mit Extensivnutzungen wie z.B. die Hude- und Schneitelwälder sind heute aufgrund ihres Reliktcharakters wichtige Forschungsobjekte zur Deutung und Aufhellung solcher Wirtschaftsformen und deren Auswirkungen auf das Vegetations- und Landschaftsbild in weiten Teilen Mitteleuropas und darüber hinaus. Zahlreiche aufgelassene und rezente Gemeinschaftswälder, die sich meistens aus markenartigen Verfassungen des Mittelalters vom Allmend- zum Bannwald jeweiliger Landesherren entwickelt haben, weisen in ihrer heutigen Bestandsstruktur noch vielfach Spuren der Waldhude mit ihren Nebennutzungen auf (Abb. 665 u. 826). Meistens werden solche Wälder im Volksmund wegen ihrer verwachsenen und urtümlich anmutenden Baumformen und ihrer plenterartigen Struktur als „Urwald" bezeichnet, aber genau das Gegenteil ist der Fall; es handelt sich dabei durchweg um ehemals stark überformte Wälder, welche heute teilweise wieder das Bild einer natürlichen Sukzessionsabfolge bieten.

Auch die alten **extensiv genutzten Wälder** vermitteln in ihrer heutigen Bestandesstruktur und in ihrer physiognomischen Eigenart oftmals den Eindruck von Natürlichkeit und Ursprünglichkeit. Trotz und wegen ihrer ehemaligen Überformung bieten sie vielfach heute wieder das Bild einer natürlichen Sukzessionsabfolge, und das macht oft ihren Reiz aus. Es gibt aber auch eindeutig definierbare Kriterien der biologischen und standörtlichen Diversität solcher Waldflächen, die in der heutigen intensiv genutzten Kulturlandschaft wie Inseln mit höherer Biotop- und Artenvielfalt ausgestattet sind und als Reste natürlicher, halbnatürlicher oder naturnaher Vegetationseinheiten einem großen Anteil einheimischer Pflanzen und Tiere den geeigneten Lebensraum bieten (Abb. 827), dazu kommt ihre kulturhistorische Bedeutung.

In vielen neuen Arbeiten werden die Zusammenhänge zwischen Standort, Vegetation, Struktur und Dynamik solcher Wälder dargestellt (s. z.B. FALINSKI 1986, KOOP 1989, POTT 1981, 1985, 1988, POTT & HÜPPE 1991). Die Bedeutung solcher Restwälder (Bannwälder, Schneitelwälder, Hudewälder, Niederwälder, Ramholzwälder und Hecken) für den Arten- und Bio-

topschutz sowie für biozönologische Forschungen, z.B. über die Habitatansprüche von Tierarten, kommt neuerdings auch in vielfältigen Natur- und Ökosystemschutzbemühungen zum Ausdruck (vgl. BNatschG § 20c).

Auch die **European Science Foundation (ESF**, Brüssel, Straßburg) hat in einer Arbeitsgruppe **Forest Ecosystem Research Network (FERN)** verschiedene Aktivitäten zur wissenschaftlichen Bearbeitung solcher Waldtypen entfacht (s. z.B. SALBITANO 1988, POTT 1988b, SCHULER 1988, EMANUELSSON 1988, PETERKEN 1988, WATKINS 1988).

Die Arbeitsgruppe **Ancient Woodland** liefert Daten zur Wald- und Forstgeschichte, zur Vegetations- und Landschaftsentwicklung sowie zur prähistorischen und historischen Landnutzung im europäischen Vergleich (s. TELLER 1990). Der Begriff *ancient woodland* für Waldparzellen mit einer nachweislichen Bestockungskontinuität vor dem Stichjahr 1600 n.Chr. (s. PETERKEN 1981, PETERKEN & GAME 1981, 1984) läßt sich nicht konkret und sprachlich einwandfrei in die deutsche Sprache übersetzen; es müßte mit den Begriffen „altes Waldland", „aus alter Zeit stammendes Waldland", bzw. „altertümliche" oder „ehemalige Wälder" gleichgesetzt werden. Die Begriffe „historisch alte Wälder" und „historisch alte Waldflächen", wie sie ebenfalls mancherorts verwendet werden, entsprechen als Verdopplung „historisch" und „alt" einem Pleonasmus, und sind deshalb sprachlich zu verwerfen. Deshalb wird der Begriff **Altwald**, **Altwälder** oder **altes Waldland** für die traditionell genutzten Waldflächen in der Kulturlandschaft vorgezogen (s. POTT 1994). Diese sind nachweislich über einen Zeitraum von mehr als 400 Jahren kontinuierlich mit Wald bestockt, tragen demzufolge alte, tiefgründige Waldböden mit entsprechender Vegetation und unterscheiden sich dadurch von den jüngeren Forsten und Waldpflanzungen (= **recent woodland**, s. RACKHAM 1976, 1980, PETERKEN 1981).

11.7.1 Walderhaltende Maßnahmen
(als Grundlage für die heutige Existenz naturnaher Altwälder)

Alle bisher geschilderten Zustände des Waldes (s. Kap. 11.2, 11.3 Niederwaldwirtschaft, Waldhude etc.) und der Waldlandschaften treffen in wesentlichen für die Gebiete der Allmenden, d.h. der gemeinen Marken zu. Eine allgemeine Wende in der Bewirtschaftung der Wälder wurde durch die Markenteilung bewirkt, die im wesentlichen in der letzten Hälfte des 18. Jahrhunderts begann, sich aber gebietsweise bis in das 19. Jahrhundert erstreckte. Diese Allmendteilungen bedeuten gleichzeitig den Beginn mehr oder weniger geregelter **Wald-** und **Forstwirtschaft,** so daß jetzt auf die Phase der **Waldverwüstungszeit** die Phase der **Waldbauzeit** folgte.

Es gab aber auch schon vor der Markenteilung an vielen Stellen sogenannte „private Gehölze", die von den „cumulativen Gehölzen" unterschieden wurden. Zwischen den beiden Grundformen, der **Gemeinen Mark** auf der einen und dem **Privatgehölz** auf der anderen Seite, bestanden alle denkbaren Übergänge. Die Privatgehölze waren größtenteils Besitz der Landesherren, des Adels oder der kirchlichen Institutionen. Sie wurden, was ihre Privatisierung betrifft, entweder aus Marken-Verfassungsstrukturen überführt oder aus der gemeinen Mark ausgesondert (Sundern, Tiergärten), bzw. lagen von vorneherein auf angestammtem Privatbesitz. Die Cumulativgehölze sind alte Waldflächen auf Markengrund, die in der Regel einer geschlossenen Gesellschaft von Berechtigten gehörten und an denen die jeweiligen Landesherren einen Anteil hatten.-

Im allgemeinen waren die Waldverwüstungen so verheerend, daß sich schon im Spätmittelalter zahlreiche Institutionen oder die jeweiligen Landesherren genötigt sahen, in einigen Allmendbezirken ihres

Abb. 825: Optimalphase des „Urwaldes Rothwald" bei Lunz in den Ostalpen (aus POTT 1993). ▷ Ungleichaltrige Mischbestände aus Tanne, Fichte und Buche kennzeichnen im engräumigen lokalen Wechsel den ozeanisch-montan ausgeprägten Fichten-Buchen-Tannen-Wald des *Galio-Abietetion*-Verbandes. Die Buche gehört zum Unterholz unter einer Fichten- und Tannenüberhälterschicht mit 30 bis 50 m hohen Bäumen.

Herrschaftsbereiches alle Nutzungsbefugnisse an sich zu ziehen und neben ihrem Privatbesitz umfangreiche Flächen mit Bannvorschriften zu belegen, denen nicht selten jagdliche Interessen zugrunde lagen. Auf diese Weise konnte die Extensivnutzung in gemäßigte Bahnen gelenkt und die drohende Devastierung der betreffenden Wälder und Landstriche verhindert werden.

Zu solchen **Bannwäldern** gehörten z.B. im waldarmen Norddeutschland der Bentheimer Wald, der Neuenburger Wald bei Varel i.O., der Hasbruch bei Delmenhorst und das Gebiet Baumweg nordöstlich Cloppenburg (Abb. 29, 665, 826 u. 827) wie auch die ausgedehnten Waldungen im Nationalpark Müritz und im Biosphärenreservat Schorfheide/Chorin in Brandenburg (s. KNAPP 1992, SUCCOW 1992). Ähnliche und vergleichbare besitzrechtliche Überführungen und Einschränkungen markengenossenschaftlicher Nutzungsrechte zu Bannwäldern sind für alle Regionen Mitteleuropas vielfach beschrieben und dokumentiert worden (u.a. HESMER & SCHRÖDER 1963, POTT & BURRICHTER 1983, BURSCHEL & HUSS 1987, MANTEL 1990, POTT & HÜPPE 1991, POTT 1993, HÄRDTLE 1995).

In den Privatwäldern stand gewöhnlich jegliche Nutzung allein dem Einzelbesitzer zu, aber die allgemeine Beweidung war mit bestimmten Einschränkungen in vielen Fällen üblich. Schon mit Beginn des 12. und 13. Jahrhunderts übernahmen zahlreiche Landesherren die Nutzungsbefugnis aller ehemaligen Markenwälder ihres Herrschaftsbereiches und belegten große Gebiete mit dem **Jagd-** oder **Wildbann,** dem **Rode-** und **Baubann** (Verbot unkontrolliert Eichen zu schlagen) sowie dem **Mastbann.** Diese Einschränkungen waren bis in die Neuzeit hinein besonders dort sehr streng, wo es um die jagdlichen Interessen der einzelnen Landesherren ging, und in solchen Gebieten existierten noch naturnahe Hochwälder als Zufluchtstätten des Großwildes.

Bannverordnungen galten z.B. für die Schonung von Eichen und Buchen zur Mastnutzung oder auch zur Bauholzgewinnung (Eichen), die bereits im Mittelalter einsetzte. Diese für die Mast wichtigen Waldbestände waren vielfach dahin abgewandelt, daß als letzte Reste des Waldes schließlich nur noch überalterte Eichen- oder Buchenhochstämme aus verachteten Buschbeständen herausragten, mit deren natürlichem Abgang dann allerdings auch das Ende des Waldes gekommen war.

Allmähliche besitzrechtliche Überführungen geeigneter Waldparzellen von den markenartigen Verfassungen des Mittelalters zu Bannwäldern gingen oftmals mit starken Einschränkungen der ehemaligen markengenossenschaftlichen Nutzungsrechte einher, und das war letztlich die Voraussetzung dafür, daß zahlreiche Waldflächen zwar extensiv genutzt, aber nicht total übernutzt wurden. So spielten bei den nutzungsbedingten Unterschieden die jeweiligen Markenverfassungen eine ausschlaggebende Rolle. Waldmarken mit landesherrlichen Anteilsrechten waren meist aus jagdlichen Gründen auf Schonung und Erhaltung des Baumbestandes ausgerichtet, während in den gemeinen Marken mit ihren mehr oder minder offenen Hutungen der extensiven Weidewirtschaft mehr Bedeutung zugemessen wurde als dem Fortbestand des Waldes.

In ihrem strukturellen Aufbau zeigen vor allem die Bannwälder auffällige Gemeinsamkeiten, die mit ihrer viehwirtschaftlichen Produktion in engem Zusammenhang stehen. Die höchsten Mastbäume überragen im Waldesaspekt; eine unterständige Baumschicht besteht vorwiegend aus alten Kopfhainbuchen, die der Kopfschneitelung für die Laubheugewinnung oder auch einfach der Kopfholznutzung unterlagen (s. Abb. 812 u. 826).

Diese Form der Waldnutzung hatte verschiedene Vorteile, denn derselbe Waldbestand konnte sowohl als Hude- wie auch als Schneitelwald genutzt werden, da die Gertenaustriebe bei den üblichen Schneitelhöhen von 2 bis 2,50 m nicht mehr durch Viehverbiß gefährdet wurden. Eine mehrjährige Beweidungsschonfrist konnte unterbleiben, und der Hudewald war gleichzeitig in drei Etagen unterschiedlich zu nutzen: unten als Weide, in Übermannshöhe als Laubheuproduzent und ganz oben als Mastproduzent (Abb. 826). Diese kombinierte Wirtschaftsform ist dem modernen Mähweidebetrieb vergleichbar; ihre verschiedene Nutzung vollzog sich allerdings nicht im zeitlichen Wechsel, sondern in verschiedenen Ebenen.

Häufig wurden solche Bannwälder auch in Grenzregionen belassen; sie waren gewissermaßen große natürliche Pufferzonen zwischen Territorialinteressen: der Hasbruch und der Neuenburger Urwald liegen in den Grenzmarken des ehemaligen Großherzogtums Oldenburg zu seinen Nachbarn; der Bentheimer Wald markiert die Grenzlage zwischen den Bentheimer Fürsten und den Münsteraner Bischöfen; der Sachsenwald liegt auf der holsteinisch-hannoverschen Grenze; der Bialowiecza-Wald in Polen liegt im Grenzgebiet zu Weißrußland usw.

Vielfach waren es auch naturräumlich recht uninteressante oder unwirtliche Waldgebiete; oft gehören sie zum Gesellschaftkomplex der feuchten Eichen-Hainbuchen-Wälder vom Typ des *Stellario-Carpinetum.* Diese Wälder konnten auch wegen ihrer staunassen und vergleyten Lehmböden erst vergleichsweise spät – im Mittelalter – dauerhaft in Kultur genommen werden. Sie haben sich außerdem durch ihre hohe Regenerationskraft mittlerweile sehr schnell nach Ablösung der extensiven Wald- und Holznutzungen von den ehemaligen Schäden erholt und inzwischen zwar nicht das Bild natürlicher, aber doch naturnaher Wälder angenommen (vgl. Abb. 665 u. 827).

11.7.2 Bedeutung naturnaher Altwälder für den Biotop- und Artenschutz

Wie POTT & HÜPPE (1991) ausführlich schildern, können naturnahe Altwälder aus geobotanischer Sicht als Grundlage für vegetationsgeschichtliche, pflanzensoziologisch-systematische, synökologische und umweltbezogene Studien dienen. Gleichzeitig bilden sie aus landschaftsökologisch-geographischer Sicht verschiedene Musterbeispiele für unterschiedliche Typen der historischen Landschaft, denn die Pflanzendecke zeigt noch heute überall die Zeugnisse und Spuren früherer Nutzung. Man kann sogar so weit gehen, wirtschaftsspezifische Vegetationseinheiten früherer Epochen zu rekonstruieren und die aktuelle Vegetation danach zu interpretieren. Die heutigen Vegetationslandschaften besitzen eine durch ihre ehemalige Nutzungsgeschichte bedingte Individualität (s. DEIL 1993).

Abb. 826: Waldaspekt des Bentheimer Waldes, dessen landesherrliche Einflußnahme auf das Jahr 1415 datiert. Alte kandelaberförmige Kopfhainbuchen, Masteichen, Mastbuchen und der *Ilex*-Unterwuchs zeugen von der ehemaligen moderaten Nutzung dieses Waldes als Laubheulieferant, Mastproduzent und Weidefläche.

Abb. 827: Hasbruch auf der Delmenhorster Geest im Frühling 1995. Der als kombinierter Hude- und Bannwald über Jahrhunderte genutzte Eichen-Hainbuchen-Wald zeigt noch heute die Spuren der ehemaligen, seit dem Jahre 1231 kontinuierlich nachgewiesenen Nutzungen.

826

827

Wir haben ebenfalls gesehen, daß sich hinsichtlich ihrer Nutzungsgeschichte diejenigen Wälder, die vom Mittelalter bis zum Beginn der Neuzeit im Besitz des jeweiligen Landesherrn, anderer Adeliger oder von Klöstern waren, oft deutlich von denjenigen unterscheiden, die vom Siedlungsbeginn bis ins 18. Jahrhundert hinein zur allgemeinen Mark gehört haben, d.h. im Besitz der Gesamtheit der Bauern einer Bauernschaft oder eines Dorfes standen. Letztere unterlagen nämlich zahlreichen, oft einschneidenden Nutzungen und waren daher zum Ende der Markenwirtschaft (zweite Hälfte des 18. Jahrhunderts) entweder völlig entwaldet oder aber trugen nur noch lockere Buschwälder.

Stenöke Waldarten hatten daher in den weniger intensiv genutzten **„Herrschaftswäldern"** bessere Überlebenschancen als in den Wäldern der gemeinen Mark (vgl. HESMER & SCHROEDER 1963, EMANUELSON et al. 1985, POTT & HÜPPE 1991, WITTIG 1991). Solche **Altwälder** sind dementsprechend wertvolle Reliktstandorte für stenöke Waldarten. Stellenweise konnten sich diese Arten mit Beginn der modernen Forstwirtschaft von hier aus in benachbarte Wälder wieder ausbreiten; nicht selten aber sind sie immer noch auf diese Reliktstandorte oder zumindest deren engere Umgebung beschränkt.

Oft kann man die ehemaligen Besitzverhältnisse bereits am Namen des Waldes erkennen. Bezeichnungen wie „Klosterholz", „Paterholz", „Papenbusch", „Nonnenbusch", „Reichswald", „Königsforst" und „Herrenholz" weisen unmißverständlich auf die früheren Besitzverhältnisse hin. Der Name „Tiergarten" zeigt, daß die betreffende Waldung dem Landesherrn oder anderen Adeligen als Jagdrevier diente. Die Jagdwälder waren in der Regel eingefriedet und somit vor der für die Degradation der Allmendwälder besonders bedeutsamen Waldweide geschützt. Sie gehören daher heute zu den artenreichsten Waldstandorten (DINTER 1991).

Alte Wälder stellen häufig auch die „Sundern" dar, denn sie wurden, wie der Name sagt, bereits früh von den Adeligen aus der allgemeinen Mark ausgesondert und zu Privatbesitz erklärt. Es handelt sich bei ihnen also ebenfalls um „Herrschaftswälder". Sie zeigen allesamt die typische, immer wiederkehrende und noch lange

Tab. 8. Strukturunterschiede im Bentheimer Wald (aus POTT & BURRICHTER 1983)	
Wirtschaftshochwald	**Ehemaliger Hude- und Schneitelwald**
Gleichaltriger und gleichmäßiger Bestandsaufbau	Verschiedenaltriger und ungleichmäßiger Bestandsaufbau (Wechsel von Lichtungen und schattigen Partien)
Gering ausgebildete Strauchschicht	Ausgeprägte und unregelmäßig verteilte Strauchschicht
Wenig bewehrte Sträucher	Überwiegend bewehrte Sträucher von faziesbildendem *Ilex aqufolium*
Relativ gleichmäßig verteilte Krautflora	Unregelmäßig verteilte Krautflora mit stark unterschiedlichen Deckungsgraden

nach ihrer Auflassung erkennbare Struktur im Bestandsaufbau (Abb. 655, 826 u. Tab. 8).

Die halboffenen, stark dynamischen Hudelandschaften sind als traditionell genutzte Flächen mit ihren offenen Triften, mit bebuschten oder parkartigen Strichen, gelockerten Baumbeständen und den eigentlichen Restwäldern in der heutigen Kulturlandschaft bedeutsam als **biologische Reservatlandschaften** mit hoher Diversität (vgl. Abb. 32, 45 u. 418) Das zeigen nicht nur die vegetationskundlich-floristischen Arbeiten von BURRICHTER et al. (1980) sowie von POTT & HÜPPE (1991), sondern auch die neueren, auf die vorigen aufbauenden, vorwiegend biozönologisch orientierten Arbeiten aus der Osnabrücker Arbeitsgrupe von KRATOCHWIL (1993). In einer richtungsweisenden neuen Arbeit formulieren auch ASSMANN & KRATOCHWIL (1995) die Fragestellungen und Zielsetzungen biozönotischer Untersuchungen in Hudelandschaften.

Aus dieser grundlegenden Fundamentalstudie sollen wegen ihrer besonderen wissenschaftlichen Bedeutung für die Grundlagenforschung und für den Erhalt dieser Lebensräume mit ihrer hohen biologischen Diversität die wichtigsten Aspekte im folgenden wiedergegeben werden. Eindrucksvoll sind in diesem Zusammenhang die Ergebnisse der Untersuchungen von ASSMANN (1991) zu den *Coleopteren*-Zönosen unterschiedlicher Hudewaldbiotope. Der Einfluß historischer Prozesse auf das heutige Artengefüge der *Coleopteren*, die Populationsstruktur und die geographische Differenzierung von Reliktarten stehen dabei im Vordergrund der Betrachtungen. Die mittelalterlichen Hude-

landschaften des Emslandes, wie sie von POTT & HÜPPE (1991) zusammenfassend dokumentiert sind, weisen eine Reihe von besonderen Teillebensräumen auf, die in der umgebenden heutigen Kulturlandschaft fast ausnahmslos verschwunden sind. Zu diesen Habitattypen gehören Tot- und Altholzbestände, die von vielen Xylobionten bewohnt werden. Da die meisten Arten dieser Lebensform differenzierte Ansprüche an ihren Entwicklungsort stellen (z.B. günstige Exposition oder Rindenverletzung an Bäumen), sind unterschiedliche Synusien bei den vielgestaltigen Wuchsformen der Mast- und Solitärbäume zu erwarten. In den biozönologischen Untersuchungen der Osnabrücker Arbeitsgruppe sind bereits eine Reihe stark gefährdeter Arten für diese Hudewälder nachgewiesen, von denen hier nur *Colydium elongatum*, *Harpalus neglectus* und *Harpalus seripes* oder *Elaphrus aurens* erwähnt sein sollen (s. auch ASSMANN 1991).

Silvicole Tierarten sind als Relikte für die großen Bannwälder (z.B. Tinner Loh, Baumweg, Bentheimer Wald, Hasbruch, Neuenburger Urwald) charakteristisch. Hierzu gehören beispielsweise die Waldarten *Carabus glabratus*, *Carabus auronitens*, *Carabus problematicus*, *Carabus violaceus* (s. Abb. 828 bis 831, ARNDT 1989, HOCKMANN et al. 1992 sowie ASSMANN 1991), die Laufkäfer *Pterostichus metallicus*, *Abax ovalis*, *A. parallelus* und auch der Feuersalamander (*Salamandra salamandra*, vgl. Abb. 832 und FELDMANN 1981). Diese Arten gelten aber nur regional als Zeigerorganismen! Besonders erwähnenswert sind totholzbewohnende Käfer, wie z.B. die Scarabäusart *Osmoderma eremi-*

tica, der Eremit, und der Hirschkäfer (*Lucanus cervus*), die noch in größeren Populationen u. a. im Hasbruch in Norddeutschland vereinzelt vorkommen.

Diese seit geraumer Zeit – wahrscheinlich seit den mittelalterlichen Wüstungs- und Waldvernichtungsperioden – voneinander isolierten Populationen solcher waldbewohnenden Arten sind nicht nur in faunistischer Hinsicht, sondern auch in evolutionsbiologischer Hinsicht herausragend. Besonders deutlich tritt dieses Phänomen bei den stenöken, silvicolen Nacktschnecken (*Limax cinereoniger, Limax tenellus*, s. Abb. 833, 834) zutage. Nicht nur die genetische Variabilität, sondern auch Isolationsphänomene dieser stenöken Tierpopulationen können in den alten Restwäldern untersucht werden. Erste spannende Ergebnisse der genetischen Variabilität bei *Carabus glabratus* und *Abax ovalis* zeigen auch die Arbeiten von ASSMANN (1990a, 1990b; ASSMANN et al. 1992).

Nicht nur die waldbewohnenden Käfer stellen eine Besonderheit dar, auch die als Baumeister typischer Landschaftsstrukturen (s. Abb. 479) bekannten Ameisen (vor allem die Gelbe Ameise *Lasius flavus*) und deren syndynamische Wechselwirkungen mit speziellen Sandtrockenrasengesellschaften werden hinsichtlich der Kongruenz von Sammelverhalten dieser staatenbildenden Insekten und Wachstumsvergleichen von typischen ameisenverbreitenden Pflanzenarten untersucht (KRATOCHWIL 1993). Das zu erwartende Ergebnis ist eine Studie zur Interaktion von Pflanzen und Ameisen (Myrmecochorie) in Heidelandschaften.

Auch die Blütenbesucher-Gemeinschaften von Wildbienen in ausgewählten typischen Pflanzengesellschaften des Hudelandschaft-Mosaiks (z.B. *Spergulo-Corynephoretum canescentis, Airetum praecocis, Diantho-Armerietum, Corno-Prunetum*, Abb. 32, 45 u. 418) ergeben spannende Einblicke in die Wechselbeziehungen von Pflanzengesellschaften und speziellen Tierpopulationen. Die meisten Wildbienen zeigen ein nur wenig ausgeprägtes Migrationsverhalten. Sie sind in der Regel auch nur sehr wenig ausbreitungsfähig, so daß „Verinselungen" besonders leicht möglich sind (vgl. auch KRATOCHWIL 1983, 1984, 1988).

Auch die Tagfalter-Gemeinschaften in Hudelandschaften sind vielfach wegen ihrer Nahrungspflanzen-Präferenzen sowohl im Adult- als auch im Larvenstadium an bestimmte Vegetationseinheiten gebunden. Darunter befinden sich z.B. recht seltene Arten, die auf diesen Lebensraum spezialisiert sind, z.B. nach BATHKE (1994): *Hipparchia semele, Lycaena phlaeas, Plebejus argus, Polymatus icarus, Celastrina argiolus* und *Hesperia comma*. Viele Tagfalter zeigen ebenfalls ein nur wenig ausgeprägtes Migrationsverhalten, so daß auch hier Verinselungen vorkommen können.

Avifaunistische Untersuchungen stecken noch in den Anfängen. Erste Ergebnisse zu den Bestandesgrößen, zur Habitatwahl und zur Habitatnutzung heimischer Meisen (*Paridae* und *Aegithalidae*) in den Hudelandschaften von NIEMANN (1994) lassen vielversprechende neue Erkenntnisse in der Zukunft erwarten. Aus den Arbeiten von ASSMANN & KRATOCHWIL (1995) wird auch ersichtlich, daß die Basis für die Erfassung einer Biozönose immer die pflanzensoziologische Charakterisierung des zu untersuchenden Lebensraumes sein sollte. Hierdurch wird präzise die einheitliche Standortsbeschaffenheit eines Geländeausschnittes ausgedrückt. Besonders mit pflanzensoziologischen Methoden erfaßte Vegetationskomplexe sind für die Charakterisierung von Tierhabitaten sowohl auf der Ebene der Einzelart als auch auf der Ebene von Zoo-Taxozönosen und Gilden besonders genaue Bezugseinheiten (KRATOCHWIL 1984, 1987, 1989, 1991; SCHWABE 1988, 1990; SCHWABE & KRATOCHWIL 1984; SCHWABE & MANN 1990, SCHWABE, KÖPPLER & KRATOCHWIL 1992). Hierbei werden Pflanzengesellschaften aufgrund ihres regelmäßigen gemeinsamen Vorkommens zu landschaftsbezogenen Einheiten, eben den Vegetationskomplexen zusammengestellt. Vegetationskomplexe stellen – wie auch die Pflanzengesellschaften – typisierbare Einheiten in ökologischer, struktureller, dynamischer, arealkundlicher und evolutionsbiologischer Sicht dar (SCHWABE, KÖPPLER & KRATOCHWIL 1992, ASSMANN & KRATOCHWIL 1995). Solche Vegetationskomplexe aus nordwestdeutschen Hudelandschaften, wie sie von POTT & HÜPPE (1991) beschrieben worden sind, zeigt die

Tabelle 9. Dabei ist mittlerweile erwiesen, daß extensive und seit dem Neolithikum praktizierte Formen der Landnutzung zu einer starken parklandschaftsartigen Differenzierung der ehemals von Wäldern und Mooren beherrschten Naturlandschaft Nordwestdeutschlands geführt haben (ASSMANN & KRATOCHWIL 1995).

Ein so entstandenes Mosaik unterschiedlichster anthropo-zoogen-bedingter Vegetationsstadien von Offenland bis hin zu Waldstandorten stellt einen Lebensraum von hoher kleinräumlicher und zeitlicher Variabilität dar. Er weist im Vergleich zur Urlandschaft, bezogen auf eine bestimmte Raumeinheit, eine weitaus größere Faunen- und Florenmannigfaltigkeit auf.

Die Landschaftsgenese folgt dem Prinzip der „variety in space" (hoher Grad des ständigen räumlichen Wechsels der Faktoren-Konstellationen, s. LEEUWEN 1966); somit entstehen Ökosysteme, die sich durch hohe Kontinuität in der Erhaltung des Mosaik-Charakters auszeichnen. Der Stabilisator und systemerhaltende Faktor sind in diesem Falle nicht die von REMMERT (1991) für Waldökosysteme postulierten natürlichen Faktoren, sondern gerade die anthropo-zoogenen Einflüsse, zumal sich diese seit dem Neolithikum auf die Vegetationsentwicklung und natürlich auch auf die Tierwelt ausgewirkt haben. Ziel der Forschung muß es vor allem sein, solche Extensiv-Biozönosen in ihrem Mosaik-Charakter, in ihrer Dynamik (Wechsel von Degradations- und Regenerationskomplexen, s. POTT & HÜPPE 1991), in ihrer landschaftsräumlichen Bindung und gesetzmäßig wiederkehrenden Artenkombination und Vergesellschaftung zu erfassen und zu typisieren.

Die in den vergangenen Jahrzehnten durch land- und forstwirtschaftliche Intensivierung erfolgten Landschaftsveränderungen haben ein Überleben „extensiver" Lebensgemeinschaften nur noch an wenigen Standorten, so z.B. in solchen Hudelandschaften, ermöglicht. Somit sind sie zu besonders wichtigen Refugialräumen bedrohter Tier- und Pflanzenarten sowie deren Gemeinschaften geworden. Aber auch in diesen Landschaftstypen blieben Veränderungen nicht aus. So haben während der vergangenen Jahre eine Aufgabe tradierter Nutzungsformen sowie der Einfluß einer

Abb. 828: Einige stenöke Waldkäfer sind für Altwälder bezeichnend: *Carabus glabratus* (Foto A. KRATOCHWIL).

Abb. 829: *Carabus auronitens* (Foto T. ASSMANN).

Abb. 830: *Carabus problematicus* (Foto T. ASSMANN).

Abb. 831: *Carabus violaceus* (Foto T. ASSMANN).

Abb. 832: Feuersalamander, *Salamandra salamandra* (Foto H. O. REHAGE).

Abb. 833: *Limax cinereoniger* (Foto T. ASSMANN).

Abb. 834: *Limax tenellus* (Foto T. ASSMANN).

Tab. 9. Betulo-Quercetum-, Lonicero-Fagetum- und Carpinion-Vegetationskomplexe als Elemente der Quercion roboris-Landschaft unter Berücksichtigung der hudebedingten Ersatzgesellschaften. Die Reihenfolge der Anordnung folgt der zunehmenden Öffnung des Waldes und der steigenden Intensität des menschlichen Einflusses (nach Pott & Hüppe 1991 sowie Assmann & Kratochwil 1995).

Quercion roboris-Vegetationskomplex (Landschaft)
(Bodensaure Eichen-Mischwälder)

„Primärwald"	Betulo-Quercetum roboris (Eichen-Birken-Wald)	Periclymeno-Fagetum (Buchen-Eichen-Wald)
ehemaliger Weidewald, heute z.T. Bannwälder	beweidetes Betulo-Quercetum z.T. im Komplex mit dem **Dicrano-Juniperetum** (Wacholder-Gebüsch)	beweidetes Periclymeno-Fagetum: Fazies mit *Pteridium aquilinum, Ilex aquifolium*-Vorkommen, Komplex mit *Sarothamnus scoparius*-Gebüschen

Hudewaldreste und hudebedingte Ersatzgesellschaften im Gebiet des Quercion roboris-Vegetationskomplexes

Waldfragmente	Betulo-Quercetum roboris (Hudewaldreste)	Periclymeno-Fagetum (Hudewaldreste)
Heiden	Genisto pilosae-Callunetum (Sandginster-Heide) im Komplex mit dem **Dicrano-Juniperetum** z.T. *Erica tetralix*-Heiden	reichere *Calluna vulgaris*-Bestände und *Juniperus communis*-Gebüsche
Vormäntel, Säume		*Sarothamnus scoparius*-Vormantel, **Teucrietum scorodoniae**-Säume
Sand-trockenrasen	Spergulo-Corynephoretum (Frühlingspark-Silbergras-Flur)	Diantho-Armerietum (Grasnelkenflur)
Pionierfluren	**Thero-Airion**-Gesellschaften: **Airetum praecocis** (Ges. d. Frühen Schmielenhafers)	**Thero-Airion**-Gesellschaften: **Filagini-Vulpietum myuros** (Federschwingelrasen)
Borstgrasrasen	Nardo-Juncetum squarrosi (Ges. d. Sparrigen Binse)	
Grasland	Lolio-Cynosuretum luzuletosum	Lolio-Cynosuretum typicum

Carpinion-Vegetationskomplex (Landschaft)
(Eichen-Hainbuchen-Wälder)

„Primärwald"	Stellario-Carpinetum (Sternmieren-Eichen-Hainbuchen-Wald)
ehemaliger Hudewald	Stellario-Carpinetum *Ilex aquifolium*- und strauchreich

Hudewaldreste und hudebedingte Ersatzgesellschaften im Gebiet des Carpinion-Vegetationskomplexes:

Hudewaldreste	Stellario-Carpinetum
Heiden	Roso-Juniperetum (Rosen-Wacholder-Busch)
Gebüsche	Corno-Prunetum (Prunetalia, Schlehenbusch)
Säume	Artemisietea – Hochstauden Alliarion – nitrophile Säume
Grasland	Lolio-Cynosuretum typicum

intensiven Agrar- und Forstwirtschaft auch in Hudegebieten zum sukzessiven Umbau bezeichnender Biozönosen geführt, z.B. über Strukturnivellierung, Eutrophierung, Ruderalisierung u.a. Ein langfristiger Schutz dieser Lebensräume und Lebensgemeinschaften ist nach Assmann & Kratochwil (1995) deshalb nur möglich, wenn umfassende Kenntnisse über Phyto- und Zoozönosen in ihrem „biozönotischen Miteinander", d.h. in ihrer funktionalen Verknüpfung vorliegen, und wenn Wirkungsweisen und -mechanismen gegenwärtiger Störgrößen und Stressoren auf die bezeichnenden Zönosen und ihre Einzelglieder bekannt sind.

Die von den Arbeitsgruppen aus Osnabrück und Hannover durchgeführten und auch in Zukunft geplanten Untersuchungen haben daher zum Ziel, anhand ausgewählter Beispiele typische Biozönose-Umwelt-Beziehungen in Hudelandschaften beschreiben und erklären zu können. Sie verstehen sich somit einerseits als Beitrag zum Schutz von wissenschaftlich besonders bedeutsamen Ökosystem-Typen, andererseits als Beitrag zur Erhaltung aus der Sicht des Natur- und Kulturschutzes besonders wertvoller Lebensgemeinschaften. Vor dem skizzierten Hintergrund gehören aufbauend auf den vorliegenden geobotanischen und landschaftsökologischen Untersuchungen biozönologische Fragen zu den wesentlichen Forschungszielen:

- eine Erfassung einzelner und für Hudelandschaften besonders bezeichnender Zoozönosen (Schutzwürdigkeit);
- eine Analyse der Strukturpräferenzen und der Strukturbindung bestimmter Zoozönosen;
- eine Analyse und Bewertung ehemaliger und gegenwärtiger Einflußgrößen auf Biozönosen der Hudelandschaften;
- Untersuchungen zum Indikatorwert bestimmter Organismengruppen;
- Analysen zum Flächenbedarf einzelner Zoozönosen im Hinblick auf deren Stabilität und den Möglichkeiten ihres Schutzes unter gegenwärtig wirksamen Einflußgrößen (Schutzfähigkeit).

Daraus lassen sich Pflege-Empfehlungen sowie Forderungen an eine Naturschutzplanung ableiten (s. auch POTT & HÜPPE 1994).

Schon immer wurde auch auf die besondere Rolle der Altwälder, vor allem der alten Bannwälder mit ihren mehrhundertjährigen Baumbeständen und den alten Waldböden hingewiesen (s. u.a. HESMER & SCHRÖDER 1963, DIETERICH et al. 1970, FALINSKI 1986, ELLENBERG 1986, HERMY 1989, HERMY & STIEPERAERE 1981, PETERKEN & GAME 1984, BRUNET 1992, KORPEL 1995, HAUCK 1995). Wie bereits erwähnt, finden viele charakteristische Waldpflanzen – vor allem waldbewohnende Gräser, Farne und spezielle charakteristische *Fagetalia*-Arten, wie auch Moose, Pilze und Flechten – typische Reliktstandorte in diesen Bannwäldern (z.B. Frühlings-Platterbse (*Lathyrus vernus*), Christophskraut (*Actaea spicata*), Leberblümchen (*Hepatica nobilis*, vgl. Abb. 678), Busch-Windröschen (*Anemone nemorosa*), Wald-Veilchen (*Viola reichenbachiana*), Einbeere (*Paris quadrifolia*), Waldmeister (*Galium odoratum*), Ausdauerndes Bingelkraut (*Mercurialis perennis*), Scheidiger Gelbstern (*Gagea spathacea*), Große Sternmiere (*Stellaria holostea*)). Viele dieser Waldpflanzen haben spezielle Ausbreitungsstrategien, z.B. über Schnecken bei der Einbeere (*Paris quadrifolia*) oder über Ameisen (z.B. Samenverbreitung mittels Elaiosomen und Ameisen bei *Sanicula europaea* und *Viola reichenbachiana*).

Von den Waldgräsern sind in diesem Zusammenhang besonders Flattergras (*Milium effusum*), Waldgerste (*Hordelymus europaeus*), Wald-Trespe (*Bromus ramosus, Bromus benekenii*), Einblütiges Perlgras (*Melica uniflora*) und Wald-Schwingel (*Festuca altissima*) zu nennen. Das ist im Grunde genommen nichts Besonderes und wird aus der Entwicklung und der langen, meist moderaten Nutzung dieser alten Waldparzellen auch verständlich. Pollenanalysen aus Kleinstmooren in der Umgebung solcher Wälder und aus Bodenprofilen bezeugen die Einwanderungszeiten und Überdauerungsraten solcher Pflanzen (vgl.u. a. ISENBERG 1979, AABY 1983, O'CONNELL 1986, ELERIE et al. 1993, POTT 1993).

Es sind vor allem die Waldpflanzen, die bereits im Atlantikum mit der Ausbreitung der Laubwald-Elemente aus ihren eiszeitlichen Refugialgebieten mit den Edellaubwäldern (Eiche, Ulme, Esche, Linde, Erle, u.s.w.) weit nach Norden bis an ihre heutigen Arealgrenzen vorgedrungen sind und sich seither an entsprechenden Waldstandorten an Ort und Stelle halten konnten. Im Zuge der nacheiszeitlichen Nordausbreitung der Buche und ihrer Begleiter wurden dann viele der teilweise lichtbedürftigen *Fagetalia*-Arten auf die Eichen-Hainbuchen-Wälder (*Stellario-Carpinetum*) und andere Feuchtwälder (Hang- oder Schluchtwälder des *Tilio-Acerion*) abgedrängt. Dort haben sie sich an entsprechend bewaldeten Standorten bis heute gehalten (z.B. die Höheren Pflanzen: Große Sternmiere (*Stellaria holostea*), Wald-Segge (*Carex sylvatica*), Einbeere *(Paris quadrifolia)*, Wald-Veilchen *(Viola reichenbachiana)*, Gewöhnliches Hexenkraut (*Circaea lutetiana*), Scheidiger Gelbstern (*Gagea spathacea*), Wald-Sanikel (*Sanicula europaea*), Wald-Schwingel (*Festuca gigantea*), Wald-Ziest (*Stachys sylvatica*) sowie die Moose Eichhörnchenschwanzmoos (*Isothecium myosuroides*) und Thujamoos (*Thuidium tamariscinum*) und andere Arten, wie sie in den Vegetationstabellen der Bannwälder Hasbruch, Bentheimer Wald, Neuenburger Urwald, Baumweg und Tinner Loh bei POTT & HÜPPE (1991) angeführt sind. Diese Arten fehlen in der Regel in den Sekundärwäldern; die Populationen solcher Waldelemente erreichen an Primärstandorten oft ein Alter von 200 bis 300 Jahren (z.B. Leberblümchen, *Hepatica nobilis*) und Wald-Sanikel (*Sanicula europaea*, INGHE & TAMM 1985); das macht ihre Empfindlichkeit gegen Waldvernichtungen und Standortveränderungen erklärlich.

Auffällig reich jedoch sind solche Altwälder an alten Zier- oder Kulturpflanzen, die sich noch heute als „Waldpflanzen" halten können: da wären insbesondere das mittlerweile eingebürgerte Immergrün (*Vinca minor*, Abb. 662), der aus dem Kaukasus und Turkmenien stammende, eurasisch-kontinentale Seltsame Lauch (*Allium paradoxum*), die ebenfalls eingebürgerte, mehr submediterrane Gewöhnliche Akelei (*Aquilegia vulgaris*) und der ostsubmediterrane Winterling (*Eranthis hyemalis*, s. Abb. 650) zu nennen. Hier kommt den naturnahen Altwäldern wiederum die

entscheidende Rolle als Refugialgebiet zu. Vielfach werden diese Waldpflanzen geradezu als „Indikatoren" für solche alten Wälder bezeichnet. Das ist natürlich wegen des Refugialcharakters dieser Arten nicht ganz korrekt; die jeweiligen oft lokalen Vorkommen von Waldpflanzen sind teilweise individuell begründbar. Diese Hudelandschaften und Bannwälder haben ihre teilweise ganz speziellen anthropozoogenen Nutzungen erfahren, welche jeweils eine eigene individuelle Sukzession oder Bestandsstruktur zur Folge gehabt haben. Somit hat jeder Wald durchaus seine eigene historische Entwicklung mit allen Vergleichbarkeiten, aber auch mit allen Eigenheiten. Indikatoren für diese Wälder sind vielmehr die Zeiger der traditionellen Hude- und Schneitelnutzungen, wie das gehäufte Vorkommen verbiß- und trittresistenter Arten (z.B. Schlehe, *Prunus spinosa*, Eingriffliger Weißdorn, *Crataegus monogyna*, Zweigriffliger Weißdorn, *Crataegus oxyacantha*, Hunds-Rose, *Rosa canina*, Stechpalme, *Ilex aquifolium*) und die durchweg veränderte Struktur dieser Wälder (s. Tab 8). Das unterscheidet sie auch deutlich von den modernen Wirtschaftswäldern (s. Abb. 655, 826 und 827).

Insgesamt wird aber offensichtlich, daß neben dem Arten- und Biotopschutz auch nach dem §20c BNatschG als vorrangigem Zweck die derzeitigen Hude- und Triftlandschaften sowie die Reste der erhaltenden alten Extensivwaldungen (Bannwälder, Schneitelwälder, Niederwälder, Ramholzwälder, Hecken) weitere Schutzkriterien bieten und fordern (s. auch ZACHARIAS & BRANDES 1989, 1990, KNAPP & JESCHKE 1991, KOOP 1991, WOLF & BOHN 1991, ZUKRIGL 1991, POTT 1993). Solche Wälder können aus geobotanischer Sicht als Grundlage für vegetationsgeschichtliche, pflanzensoziologisch-systematische, synökologische und umweltbezogene Studien dienen. Gleichzeitig bilden sie aus landschaftsökologisch-geographischer Sicht verschiedene Musterbeispiele für Typen der historischen Landschaft, der Bannwald- und Hudelandschaften sowie der biologischen Reservatlandschaften.

Die alten Waldgebiete, die niemals völlig übernutzt oder nachhaltig verändert und zerstört worden sind, zeigen oft – wie gesagt – als sogenannte strukturreiche Dauerwaldinseln das gebietstypische Floren-

und Fauneninventar. Allerdings ist dabei eine Mindestflächengröße vorauszusetzen: nach ZACHARIAS & BRANDES (1989, 1990), sowie ZACHARIAS (1993) ist eine Mindestgröße von ca. 500 ha für einen naturnahen und strukturreichen Waldbestand optimal. Wiederbesiedlungen von Sekundärwäldern mit gebietstypischen Waldarten dauern gewöhnlich sehr lange; je nach Regenerationskraft der Waldtypen von 350 Jahren (bei vitalen *Carpinion*-Wäldern, s. FALINSKI 1986) bis zu einer Zeitspanne von 600 bis 800 Jahren bei bodensauren *Quercion roboris*-Wäldern (vgl. PETERKEN 1977, RACKHAM 1980).

Viele dieser Altwälder, die seit einigen Jahrzehnten oder länger nicht mehr forstlich bewirtschaftet werden, sind also geprägt durch mächtige, teilweise abgestorbene Baumriesen von Eichen, Buchen und Hainbuchen. Darauf leben totholzbewohnende Käfer- und Pilzarten, die aus Mangel an entsprechendem Lebensraum europaweit selten geworden sind. Nach den CORINE-Datenbanken sind solche Gebiete heute europaweit von besonderer Bedeutung für das gemeinschaftliche Naturerbe. Begründet wird dies mit den oftmals hohen Struktur- und Diversitätsreichtum solcher Wälder und der außergewöhnlich hohen Zahl seltener Tier- und Pflanzenarten. Nach den FFH-Richtlinien sollen solche Altwälder als erhaltenswerte, besondere Schutzgebiete ausgewiesen werden (s. EU-Rat, 1988). Das setzt eingehende Bearbeitungen und Erfassung dieser selten werdenden historischen Biotoptypen voraus (vgl. auch POTT & HÜPPE 1991).

11.8 Hudelandschaften

Zahlreiche damals einheimische Weidetiere wie Auerochs, Wisent und Wildpferd können langfristig die Landschaften verändern und diese um neue Typen von Lebensräumen bereichern. Aus zahlreichen paläoökologischen Studien verdichten sich die Hinweise, daß die frühe Ausrottung der großen Pflanzenfresser bereits durch die altpaläolithischen und mesolithischen Jäger- und Sammlerkulturen dazu geführt hat, daß sich nach der letzten Eiszeit weite grasreiche Landschaften nur schwer neben dem vorrückenden Wald behaupten konnten.

Die spätglazialen baumlosen Tundren mit Gräsern und Zwergsträuchern boten reiche Nahrung für Mammut, Wollnashorn, Wisent, Rentier, Elch, Tarpan, Auerochs, Wildschwein und Rotwild. Im Verlauf der nacheiszeitlichen Klimaänderung und Vegetationsentwicklung setzte aber der Siegeszug der Gehölze ein, wie es in Kapitel 7 beschrieben ist. Die Ausrottung der sogenannten Megaherbivoren förderte sicherlich die Walddickichte. Der Mensch rottete die Großtiere aber nicht nur durch die Jagd, sondern auch durch Zunahme der Landnutzung aus.

Seit dem Neolithikum wurden die domestizierten Haustierrassen zusätzlich zu Nahrungskonkurrenten von Auerochs, Wisent und Wildpferd, welche Zuflucht in den Ufergebieten der weitverästelten Flüsse, in Sümpfen und Mooren suchten. Die freilebenden Tiere waren nicht in der Lage, auf Futterpflanzen des Waldes umzusteigen, da sie die Inhalts- und Abwehrstoffe zahlreicher Kräuter und Gehölze nicht verdauen bzw. neutralisieren können. Anders war das bei Reh und Elch, die nährstoffreiche Knospen und Triebe fressen und im Jungwuchs der Wälder reichlich Äsung fanden. Der Elch, der flachwasserreiche Wälder liebt, wurde jedoch allmählich nach Osteuropa verdrängt. Rothirsch und Wildschwein verkrafteten den Verlust offener Weidelandschaften und wurden zu echten Waldtieren. Heute werden diese ausgerotteten Weidetiere teilweise wieder eingebürgert und im Naturschutz zum Erhalt der Weide- und Triftlandschaften, den Hudelandschaften, eingesetzt.

Hudelandschaften sind durch eine vergleichsweise hohe Biotop-Vielfalt gekennzeichnet, denn Vegetation und Physiognomie von Hudelandschaften werden einerseits von den natürlichen Standortbedingungen und andererseits von den jeweiligen Beweidungsintensitäten und -modalitäten verursacht und modifiziert. Da diese Faktoren sowohl im Raum als auch in der Zeit wechseln können, gibt es keinen einheitlichen Hudelandschaftstyp, wohl aber vergleichbare Charakteristika als Folge von Weidewirkung und Weideselektion (vgl. Abb. 835 bis 839).

Den differenzierten Standortbedingungen im Gelände entsprechend, bilden die jeweiligen natürlichen Waldgesellschaften

unterschiedliche Ausgangsbasen für die Hudevegetation. Sie geben im einzelnen den Rahmen an, in dem sich die verschiedenen hudebedingten Abwandlungsmöglichkeiten vollziehen können. Dabei spielt u.a. die unterschiedliche standortbedingte oder artspezifische Verbißresistenz und Regenerationsfähigkeit der Gehölzarten eine wesentliche Rolle. Das zeigt sich z.B. bei einem Vergleich zwischen Laub- und Nadelholznutzungen sehr auffällig. Nach Totalverbiß vermag der Laubholzjungwuchs Stockausschläge zu bilden, der Nadelholzjungwuchs in der Regel aber nicht. Sonst fehlen den beweideten Nadelwäldern im Gegensatz zu den Laubwaldnutzungen die Verbuschungsformen der bestandeseigenen Gehölze. Wenn auch nicht in dieser ausschließlichen Form, so ergeben sich aber auch zwischen den einzelnen Laubwaldgesellschaften beträchtliche Regenerationsunterschiede und Unterschiede in der Biotopstruktur (s. Abb. 835 bis 839).

Es ist mittlerweile allgemein bekannt, daß die vom Weidevieh ausgelöste Sukzession vom geschlossenen Walde über gelichtete Bestände und parkartige Stadien zur freien Trift führt. Hierbei handelt es sich allgemein um eine fortlaufende Degradationsreihe bei andauernder Beweidungsintensität. Neben den einzelnen Degradationsstadien können aber in einer Hudelandschaft auch Regenerationskomplexe auftreten und das umso mehr, als abnehmende Beweidungsintensitäten und optimale Regenerationsbedingungen vorliegen.

Für viele Hudelandschaften ist gleichermaßen ein solches Nebeneinander von Degradations- und Regenerationskomplexen sogar bezeichnend. Gerade die unregelmäßig im Gelände verteilten Gehölz-Initialen geben im Zusammenspiel mit den größeren Waldresten und den Einzelbäumen den Gebieten das Gepräge von kulissenartig aufgebauten Parklandschaften (s. Abb. 32, 45 u. 418 sowie 835 und 836), wobei die einzelnen Komplexe in sich zonenartig gegliedert sind. Sie bestehen in regelmäßiger Anordnung aus Triftrasen, Staudensaum, Waldmantel (Gebüsch) und Wald bzw. Einzelbäumen oder Baumgruppen, die in jungen Gehölz-Initialen oder in den Wacholderdickichten aber auch fehlen können. Solche Zonierungskomplexe sind in den Hudegebieten ausschließlich als anthropo-zoogene Bildungen anzusprechen und als solche auch mittlerweile überall bekannt (vgl. u. a. TÜXEN 1967, JAKUCS 1970, ADAMS 1975, BURRICHTER et al. 1980, WEBER 1986). Die Gebüsche bestehen – je nach Substrat und Landschaftstyp – aus verschiedenen, aber allesamt bewehrten (dornigen, stacheligen oder aromatischen) Sträuchern, die das Weidevieh verschmäht.

Diese Arten sind in Verbindung mit dem Verbiß der Weidetiere für die dynamischen Prozesse der Degradation und Regeneration ursächlich verantwortlich und machen das physiognomische Bild der Hudelandschaften erst kausal verständlich. Sie erklären auch die wechselnden Aspekte in verschiedenen Zeitabständen, die im wesentlichen durch Verlagerung, Neubildung und Zerstörung der Gehölzgruppen durch das Weidevieh zustande kommen. Die Hudelandschaft ist eben keine statische, sondern eine überaus dynamische Landschaft. Die Beweidungsintensitäten, der Viehbesatz und die Beweidungsmodalitäten sind deshalb für den dauerhaften Erhalt und die Pflege der Hudelandschaften essentiell.

Der traditionelle Viehtrieb, der nachweislich seit dem Mittelalter mit Wanderschäfern in Form weiter Transhumanzen durchgeführt wurde, ist nahezu völlig erloschen. Er hatte sicherlich eine wichtige Funktion für den Erhalt zahlreicher Triftweiden in Form charakteristischer Halbtrockenrasen und Magerrasen, wie sie in Kapitel 7 beschrieben sind. Ein weites Wegenetz von Triftwegen und Routen, auf denen das Vieh von Ort zu Ort getrieben wurde, führte über abgeerntete Felder, entlang von Hecken und Waldparzellen über breite Grünstreifen. Wanderschäferei stand dabei vielerorts im Vordergrund. Die Schafe transportierten dabei eine Vielzahl von Diasporen charakteristischer Trokkenrasenelemente, die mit Klett- und Haftfrüchten dem Fell der Tiere anhingen und zwischen den Klauen vertragen wurden. Insgesamt eine nicht zu unterschätzende Bedeutung für die floristische Komposition der Rasengesellschaften und für die Fernverbreitung entsprechender Arten. Wegen der wissenschaftlichen Bedeutung der Hudewälder für den Erhalt und für die Schaffung von Landschaften mit hoher

Biodiversität wird deshalb im folgenden auf Möglichkeiten der Extensivbeweidung im praktischen Natur- und Landschaftsschutz eingegangen.

11.8.1 Schaf, Ziege, Rind und Pferd in der Pflege von Hudelandschaften

Hudelandschaften weisen besondere Nutzungs- und Pflegeansprüche zur Erhaltung des Nutz- bzw. Ressourcenwertes sowie deren ökologischer Bedeutung auf. Bekanntlich bestehen nun verschiedene Möglichkeiten, diese Flächen zu pflegen bzw. zu nutzen. Häufig diskutiert werden insbesondere extensive Tierhaltung, aber in Zeiten der Aufgabe extensiver Nutzung vermehrt auch mechanische Landschaftspflege. Dabei bringen Schaf- und Rinderhaltung schon eine traditionelle Bedeutung mit. Die extensiven Tierhaltungsverfahren zeichnen sich in der Regel durch einen vergleichsweise geringen Futteranspruch sowie durch einen flächenintensiven Charakter aus. Dabei bestehen deutliche Unterschiede zwischen den Tierhaltungsformen, die klar zum Ausdruck bringen, daß die Schafhaltungen eine größere Nutzungsflexibilität aufweisen als die der großen Wiederkäuer (s. POTT & HÜPPE 1994). Abgesehen von der in den meisten Fällen auszuschließenden Hüteschafhaltung können die Koppelschaf-, Jungvieh-

und besonders die Mutterkuhhaltung in den Hudelandschaften unter Ausnutzung ihrer geringen Faktoransprüche (Arbeit, Futter, Kapital) Bedeutung finden. Dabei gilt es in diesen stationären Systemen aus rein pflegerischer Sicht die Besatzdichte stets dem saisonalen Futteraufwuchs anzupassen.

Der eigentliche Zweck der Landschaftspflege liegt in der Erfüllung ökologischer Ansprüche. Im einzelnen können dies sein:

– Öffnung bereits verbuschter Flächen,
– schonende, pflegende Nutzung kleinflächiger Biotope primär zur Erhaltung und Förderung der Artenvielfalt und der Narbenstruktur und/oder
– Sukzessionskontrolle, v.a. auf größeren Flächen zur Erhaltung des landschaftsökologischen Bildes und damit auch Förderung der Artenvielfalt.

Gleichzeitig gilt es aber auch die ökonomischen Rahmenbedingungen zu beachten, damit die Kosten der Pflege tragbar sind oder besser gar nicht erst entstehen bzw. die Integration in den landwirtschaftlichen Betrieben möglich wird. Die ökologische Pflegeleistung wird generell durch die Auswirkungen der Beweidung auf den Pflanzenbestand, die Tierwelt und das Landschaftsbild bestimmt.

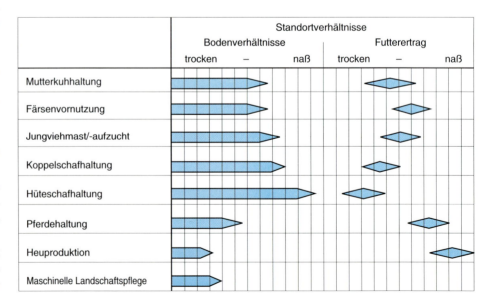

Abb. 835: Von Rindern beweidete Dünen und Triften im Borkener Paradies (1985) mit nährstoffarmen Trockenrasen. Die Hudelandschaft besitzt eine hohe landschaftliche Vielfalt. Die scheinbar regellose und im einzelnen doch so regelmäßige Anordnung der Vegetationsstrukturen sowie das offene Glände mit kulissenartig umrandenden und vorspringenden Baum- und Strauchpartien, die den Durchblick halb verdecken und gerade dadurch den Eindruck der Weite verleihen – alles umgibt diese Landschaft der Gegensätze mit dem Zauber der Urspünglichkeit und ist dennoch weit davon entfernt.

835

Abb. 836: Von Rindern beweidete Triftlandschaft im potentiellen *Carpinion*-Wuchsgebiet mit nährstoffreichen Triftweiden, reichlichem Gebüschaufwuchs und Waldresten.

836

837

838

◁ Abb. 837: Von Rindern beweidetes Allmend-
gebiet in der Haselünner Kuhweide. Hier bilden im potentiellen Buchen-Eichen-Waldgebiet nährstoffarme Borstgrasrasen mit *Nardus
stricta* die charakteristischen Wacholderhaine
(1983).

◁ Abb. 838: Heidschnucken-Eintrieb führt u. a.
zur Entwicklung charakteristischer *Calluna*-
Heiden anstelle bodensaurer Eichen-Birken-
Wälder (Heiliges Meer, 1990). Auch hier resultiert der eigenartige Reiz der Landschaft
aus dem Zusammenspiel natürlicher Kräfte
der Degeneration und Regeneration sowie
aus menschlichen Einflußnahmen.

Abb. 839: Waldweide in der Nadelholzstufe
der Gebirge führt zur starken Auflichtung und
Vergrasung der Fichtenwälder. Nitrophytische
Hochstaudenfluren breiten sich aus (1995).
Dabei wird das Artenspektrum der Gebirgs-
weiden, wie im Flachland, durch die Tierart
sowie durch Zeitpunkt, Intensität und Dauer
der Beweidung modifiziert.

Abb. 840: Heidschnucken eignen sich besonders gut zur Heidepflege (Heiliges Meer,
1993).

839

840

Abb. 841: Zahlreiche Fleisch-, Milch- und
Wollschafrassen sind für die Pflege und Offenhaltung von Triftflächen geeignet (Drenthe,
1993).

841

Dabei sind jedoch folgende in gegenseitiger Wechselwirkung stehende Einflußfaktoren zu beachten:

- Tierart, Rasse und gegebenenfalls Tierkategorie,
- Beweidungsmanagement,
- Saison- und Jahresklima,
- Standortverhältnisse.

Somit liegt es in der Hand des Tierhalters, den Beweidungseinfluß zumindest über die zwei erstgenannten Faktoren zu steuern. Bei der Bewertung der grundsätzlichen Eignung einer Spezies stellen sich die tierartspezifischen Einflüsse auf die ökologische Pflegeleistung wie folgt dar (s. Graphik Seite 374).

Zur Beurteilung der Auswirkung auf den Pflanzenbestand ist besonders das selektive Freßverhalten und das Futteraufnahmespektrum zu betrachten. Allein bedingt durch das anatomisch schmalere Maul ist der kleine Wiederkäuer stärker in der Lage, bestimmte Pflanzen und Pflanzenteile selektiv herauszufressen, als Rind oder Pferd. **Pferde** verbeißen die Pflanzen mit den Lippen und den beiden bezahnten Kiefern. Diese Art der Aufnahme führt dazu, daß die Grasnarbe bis auf den Boden verbissen wird; Pferde „mähen" eine Weide also sehr tief ab. Rinder hingegen umschlingen die Pflanzen mit ihrer Zunge und reißen sie ab. Sie fressen insofern schonender, als sie schon aufgrund ihrer Freßweise immer einen assimilationsfähigen Narbenrest hinterlassen. Aufgrund dessen ist auch die selektive Wirkung bei einer Rinderbeweidung nicht so scharf wie bei Pferden (oder auch Schafen). Rinderbeweidung gilt sogar als ausgesprochene Verbesserungsmaßnahme im Falle einer durch Pferde oder Schafe beeinträchtigten Grasnarbe (KLAPP 1971). Dabei ist der kleine Wiederkäuer im Vergleich zum Rind und insbesondere zum Pferd insgesamt als anspruchsloser einzustufen (ungeachtet rassetypischer Unterschiede). Daraus folgt auch, daß mit Schafen oder Ziegen in der Regel eine erfolgreichere Sukzessionskontrolle betrieben werden kann als mit Rindern oder gar Pferden.

Pferde besitzen darüber hinaus einige weitere negative Eigenschaften, die sie im Hinblick auf die langfristige Erhaltung der Weidefläche als alleinige Weidegänger weniger geeignet erscheinen lassen. So wirkt ihr Tritt insbesondere mit Hufeisen wesentlich schärfer als der anderer Weidetiere. Hinzu kommt die Neigung, Exkremente auf bestimmte Plätze abzulegen und den dortigen Aufwuchs völlig zu meiden. An diesen Stellen entstehen dann häufig nitrophile Lägerfluren.

Kleine Wiederkäuer (Schafe, Ziegen) üben allgemein eine schonendere Trittwirkung auf die Grasnarbe aus als große Wiederkäuer oder gar Pferde. Des weiteren kann man auf ausgedehnten Pferdeweiden infolge der arttypischen Freßweise und -neigung häufig ein enges Nebeneinander von selektiver Über- und Unterbeweidung beobachten. Erstere rührt von der permanenten Beanspruchung der bevorzugten Weidefläche her. Auch hier meiden die Tiere aufgrund des noch ausreichenden Angebots die weniger schmackhaften Arten, während die bevorzugten Pflanzen ohne Chance zur Regeneration verbissen werden. Eine selektive Unterbeweidung erkennt man u.a. an den Herden der Acker-Kratzdistel (*Cirsium arvense*) auf wüchsigen Weiden.

Auf der Positivseite der Beweidung mit Pferden steht dagegen deren Fähigkeit und Freude, Gehölze vom Strauch bis zum Baum intensiv zu verbeißen. Dabei beschränken sich die Aktivitäten nicht nur auf das „Anknabbern" der Zweige, sondern Pferde sind auch imstande, die Rinde regelrecht abzuschälen, so daß es bisweilen sogar zum Absterben einzelner Bäume und Sträucher kommen kann. Diese Fähigkeit ist im Zusammenhang mit der zoogenen Auflichtung eines Hudewaldes durchaus erwünscht.

Da bei den Beweidungsauswirkungen auf die floristische Artenvielfalt Rasse-, Haltungs- und Managementfaktoren noch stärker zum Tragen kommen, lassen sich tierartspezifische Einflüsse nicht klar gegeneinander abgrenzen. Insofern ist hier zwischen Rind einerseits und Schaf oder Ziege andererseits nur schwach zu differenzieren; im allgemeinen wird aber dem Schaf aufgrund seines stärkeren selektiven Freßverhaltens eine weniger günstige Einflußnahme auf den Pflanzenbestand zugesprochen.

Die **Ziege** verbeißt die gesamte Vegetation sehr hart, so daß sie sich zwar zur Öffnung verbuschter Flächen, aber weniger zur Pflege typischer Grünlandvegetation eignet.

11.8.2 Beweidung durch Schafe

Der zuvor skizzierte Vergleich zwischen den einzelnen Tierarten weist dem Schaf insgesamt nützliche Pflegeeigenschaften zu. Diese gilt es aber noch, über Rasse und Beweidungsmanagement auf den Pflegestandort abzustimmen.

Die Rassefrage ist in der Schafhaltung in gewissem Maße schon durch die Haltungsform mitbestimmt. Wenn auch im Grundsatz zu erkennen ist, daß alle Rassen in einem bestimmten Rahmen in der Landschaftspflege einsetzbar sind, sofern Haltungsform und Management auf Pflegeanspruch abgestimmt sind, so sollte doch dem autochthonen Charakter einer Rasse, d.h. einer am jeweiligen Standort gewachsenen Rasse, besondere Aufmerksamkeit geschenkt werden. Erst über die damit verbundene optimale Standortadaptation sind Futteraufnahmecharakteristik, Verdauungsphysiologie, Futteraufschlußvermögen und Verhaltensformen so geprägt, daß eine sehr effektive Ausnutzung der Vegetation gegeben ist, wobei dieser Effekt sowohl aus pflegerischer als auch betriebswirtschaftlicher Sicht unbedingt positiv zu beurteilen ist (vgl. Abb. 840, 841).

Unter diesen Umständen sollten gerade die genügsamen, heute aber zum Teil seltenen Schafrassen mancherorts eine stärkere Daseinsberechtigung erhalten, um letztlich auch unter Ausnutzung einer großen Rassevielfalt eine angemessene Pflege der unterschiedlichen großflächigen Standorte zu gewährleisten.

Als zweite und ausschlaggebende Komponente in der Beurteilung der Pflegeeignung von Schafen ist das Beweidungsmanagement zu berücksichtigen. Es ist schon angeklungen, daß jede Beweidung nur dann ökologischen Nutzen bringt, wenn Beweidungsintensität (Besatzdichte, Beweidungsdauer und -häufigkeit) sowie Beweidungszeitpunkt auf die gegebenen Standortverhältnisse und -ansprüche angepaßt sind. Dabei müssen die optimalen Besatzdichten jeweils im Einzelfall gesondert festgelegt werden. Sie können je nach

Standortvariation von 1 bis 1,5 Schafen/ha bis zu 10 bis 15 Schafen/ha reichen.

Ein großes Problem bereitet das nächtliche Pferchen der Schafe, da hiermit eine starke partielle Überbeweidung und ein hoher Nährstoffeintrag von bis zu 250 kg N/ha auf den Pferchflächen verbunden ist. Lösungsmöglichkeiten bestehen gegebenenfalls in der Ausdehnung der Pferchstellen, in der Einrichtung eines Dauerpferches und vor allem in der Auslagerung von Pferchen aus ökologisch wertvollen Bereichen.

Grundsätzlich ist festzustellen, daß aus ökologischer Sicht die Eignung von Schafen zur Pflege großflächiger Standorte insbesondere dann gewährleistet ist, wenn Rassen und Beweidungsmanagement exakt auf die bestehenden Pflege- und Standortansprüche angepaßt sind.

11.8.3 Beweidung durch Rinder

Wenden wir uns nun der Rinderhaltung zu. Eine mögliche „Produktionsform" besteht in der Fleischrinderhaltung. Bei Fleischrindern reicht die Milchleistung häufig nur zum Säugen des Kalbes, die in Deutschland hauptsächlich als Mutterkuhhaltung praktiziert wird. Sie kann mit der hier notwendigen Extensität erfolgen. Eine derartige Bewirtschaftungsform erfordert natürlich auch von der letztendlich auszuwählenden Rinderrasse bestimmte Eigenschaften wie geringere Futteransprüche an Menge und Qualität sowie eine höhere Vitalität. Wichtig ist außerdem die Beantwortung der Frage nach der Beweidungsdauer. Beweidung unter saisonalen Gesichtspunkten, wie früher von den Hudeberechtigten allgemein praktiziert, unterliegt natürlich völlig anderen Kriterien als eine ganzjährige Beweidung.

Die für die extensive Haltung geeigneten Tiere unterscheiden sich schon rein morphologisch von den allgegenwärtigen Hochleistungsrassen. Zu den Hochleistungsrassen zählen u.a. Schwarzbunte, Rotbunte, Fleckvieh, Braunvieh, Charolais. Je ärmer die Standorte sind und je länger die zu überwindende futterknappe Zeit ist, desto niedriger fällt die optimale Reifegröße aus. Die derzeitigen Unterschiede im Rassespektrum liegen zwischen 500 kg auf der einen Seite (Galloways) und 1000 kg auf der anderen (Charolais). Mit der geringeren Körpergröße geht natürlich auch eine geringere Wachstumsintensität und damit Leistungsfähigkeit hinsichtlich üblicher Züchtungsziele (Optimierung der Milch- und/oder Fleischleistung) einher.

Neben den ertragsorientierten Hochleistungsrassen gibt es jedoch zahlreiche Landrassen, die zwar hinsichtlich ihrer Leistung gegenüber den vorgenannten Typen zurückbleiben, die allerdings auch ungleich anspruchsloser, zäher und unempfindlicher gegenüber Witterungsunbilden sind. Darüber hinaus kommen sie mit einem wesentlich bescheideneren Nahrungsangebot aus als die erstgenannten. So besitzen beispielsweise englische Fleischrinderrassen die besonders ausgeprägte Fähigkeit, in verstärktem Maße Muskelprotein anzusetzen. Das versetzt sie in die Lage, futterknappe Zeiten durch vermehrte Ansammlung von Fettreserven während der Vegetationsperiode mehr oder weniger passiv zu überwinden. Des weiteren verfügen sie über ein optimiertes Futteraufnahmevermögen bei sehr rohfaserreichen Nahrungsressourcen.

Eine Eignung für eine ganzjährige Außenhaltung verlangt darüber hinaus eine im Vergleich zu Hochleistungsrassen höhere Widerstandsfähigkeit gegenüber gesundheitlichen Belastungen sowie das Vermögen, ein langes Winterkleid auszubilden. Leider sind diese Rassen in den letzten Jahrzehnten in ihrem Bestand stark rückläufig gewesen. Erst in jüngster Zeit steigt der Bedarf an älteren Rassen mit den skizzierten Fähigkeiten wieder an. Dies ist nicht zuletzt auch einem gestiegenen Interesse im Rahmen der Landschaftspflege zuzuschreiben. Geeignete Tiere stehen heute ohne weiteres zur Verfügung und können den bestehenden Populationen entnommen werden.

In Anlehnung an SAMBRAUS (1987) sollen nun einige auch unter dem Gesichtspunkt der Ganzjahresbeweidung geeignete Rinderrassen kurz vorgestellt werden:

Auerochsen-Rückzüchtung: Ende der 20er Jahre versuchte man erfolgreich, den ausgestorbenen Auerochsen (Ur, *Bos primigenius*) durch Kreuzung von Hausrindrassen zurückzuzüchten. Es entstand ein wetterhartes, genügsames Rind, das weitgehend krankheitsresistent ist. Während es im Sommer ein samtartig-glattes kurzes Haarkleid besitzt, bildet es im Winter einen längeren, rauhen Pelz aus. Die Auerochsen-Rückzüchtung wird in den letzten Jahren zunehmend in der extensiven Landnutzung, der Landschaftspflege und zur Fleischerzeugung gehalten. Ähnliches gilt für Rückzüchtungen des **Wisent** (*Bison bison*), der immer häufiger im Waldreservaten wieder ausgewildert wird (s. Abb. 842).

Fjäll-Rind: Bei diesem aus Schweden stammenden Tier handelt es sich um ein kleines, zierliches und hornloses Rind mit einem lebhaften, aber gutmütigen Charakter. Ein ansehnlicher Bestand dieses langlebigen, widerstandsfähigen und an rauhes Klima gut angepaßten Rindes wird beispielsweise an der Müritz in Mecklenburg-Vorpommern zum Zwecke der Landschaftspflege gehalten. Diese Rasse eignet sich im übrigen auch zur Milchhaltung.

Schottisches Hochlandrind: Schottische „Highlands" sowie die nachfolgend beschriebenen und ebenfalls aus Schottland stammenden Galloways gelten als die prädestinierten Rinder für den Einsatz in der Landschaftspflege. Das Schottische Hochlandrind ist robust, wetterhart, anspruchslos, langlebig und bietet dabei noch beste Fleischqualität. Es fällt besonders durch sein langes, zotteliges Haarkleid auf. Darüber hinaus eignet es sich gut für die Mutterkuhhaltung.

Galloways stellen die älteste Rinderrasse Großbritanniens dar, die schon seit Jahrhunderten in der Region Galloway im Südwesten Schottlands gezüchtet wird. Zu ihren hervorstechenden Eigenschaften zählen geringe Ansprüche an Futter und Haltung, Widerstandsfähigkeit, ruhiges und friedfertiges Temperament, Fügsamkeit und gute Fleischqualität (Abb. 843).

Aberdeen-Angus: Auch bei dieser Rasse handelt es sich um ausgesprochen friedfertige, gutmütige, anspruchslose und anpassungsfähige Fleischrinder, die sehr robust gegenüber rauhe Witterungsbedingungen sind.

Der Erhalt spezieller Landschaftstypen und der sie prägenden Vegetation ist also von musealen oder betriebswirtschaftlich integrierbaren Nutzungen abhängig. Voraussetzung ist aber immer die Kenntnis biologischer und historischer Zusammenhänge der traditionellen, landeskundlichen Eigenheiten.

Abb. 842: Wisent im Bialowieza-Nationalpark (1995). Einst war der Wisent in ganz Europa weit verbreitet; man nimmt an, daß dieses Wildrind in den ehemaligen Urwäldern Europas für kleinflächige Waldlichtungen sorgte. Durch die allmähliche Vernichtung der Urwälder wurden die Wisente immer mehr zurückgedrängt. In den 20er Jahren dieses Jahrhunderts war auch der letzte Wisent in freier Wildbahn erlegt; die heutigen Bestände sind Rückzüchtungen aus Zoologischen Gärten, die wieder ausgewildert wurden und deren Populationsdichte heute durch Jagd wieder reguliert werden muß.

842

Abb. 843: Galloways werden neuerdings mit gutem Erfolg zur Pflege des Borkener Paradieses eingesetzt (1994).

843

Abb. 844: Przewalskipferde im Saupark Springe/ Deister (1988). Dieses östliche Steppenpferd hat eine Schulterhöhe von 1,2 bis 1,45 m. Ursprünglich war dieses Wildpferd in weiten Teilen Eurasiens verbreitet. Es gilt als Stammform der Hauspferde. Die Färbung ist überwiegend zimtbraun mit schwarzbrauner, aufrechtstehender Rückenmähne und schwarzem Aalstrich, schwarzem Schweif und schwarz gestiefelten Beinen.

844

Abb. 845: Polnische Waldpferde (Tarpane) im Bialowieza-Nationalpark (1995). Auch hier handelt es sich um Rückkreuzungen. Diese braun-grauen Wildpferde mit schwarzer Mähne und schwarzem Schweif, mit breitem Aalstrich und schwarzen unteren Beinhälften wurden in den Steppen und Waldsteppen Südrußlands 1871 ausgerottet.

845

Abb. 846: Dülmener Wildpferde im Merfelder Bruch (1993). Diese Tiere werden heute in Westfalen in quasi freier Wildbahn gehalten; Kenntnisse über Bedürfnisse der Tiere, Nahrungsangebote und Freßverhalten sind deshalb grundlegend von Bedeutung.

846

Abb. 847: Das Islandpferd ist die einzige auf Island vorkommende Pferderasse, die sich vermutlich vor 1000 Jahren aus keltischen oder skandinavischen Haustieren entwickelte und aufgrund eines Einfuhrverbotes für Pferde seit dem 13. Jahrhundert durch Reinzucht in ihrer ursprünglichen Form erhalten hat. Es sind genügsame kleine Ponys mit einem Stockmaß von 130 bis 138 cm, mit üppigem Langhaar und rauhem Fell.

847

11.8.4 Beweidung durch Pferde

Die Auswahl geeigneter Pferderassen ist schwierig. Durch die jahrhundertelangen Züchtungen stehen nur wenige Rassen zur Verfügung, die für eine ganzjährige Beweidung geeignet sind. (Die zu den züchterisch wichtigsten deutschen Pferden zählenden Warmblutrassen, wie Trakehner, Mecklenburger, Holsteiner, Hannoveraner und Oldenburger, sind zu anspruchsvoll für eine Ganzjahresweide und deshalb nur für eine saisonale Beweidung geeignet.) Unter diesem Gesichtspunkt beschränkt sich die Auswahl auf die im folgenden genannten:

Przewalskipferd (Prszewalskipferd, *Equus przewalskii*): Dabei handelt es sich um eine ursprünglich in mehreren Unterarten (z. B. Tarpan) in weiten Teilen Eurasiens verbreitete Pferdeart, die als Stammform der Hauspferde gilt. Das Przewalskipferd ist heute bis auf die Unterart Östliches Steppenwildpferd (Mongolisches Wildpferd, Przewalskipferd i. e. S.) ausgerottet. Über die Haltung und den Einsatz dieses Wildpferdes ist bislang in Deutschland nur wenig bekannt (Abb. 844). Ähnliches gilt für das sogenannte polnische Wildpferd oder **Tarpan** (Abb. 845), von dem einige Rückkreuzungsexemplare in Nordostpolen in freier Wildbahn gehalten werden (z. B. Bialowieza-Nationalpark, an den Masurischen Seen bei Piszt).

Dülmener: Aus der bekannten Pferdebahn des Herzogs von Croy bei Dülmen in Westfalen stammt diese wildpferdähnliche Rasse. Sie hat allerdings zu den echten Wildpferden keine direkte Beziehung; es handelt sich dabei vielmehr um verwilderte Hauspferde, die daran gewöhnt sind, ständig auf freier Wildbahn zu leben (Abb. 846).

Shetland-Pony: Mit dem Islandpferd gehört das Shetland-Pony einer Rassengruppe an, die relativ kleinwüchsige Pferde umfaßt. Das Shetland-Pony ist mit einem Stockmaß bis 1,07 m die kleinste Ponyrasse. Da es sich um meist robuste und genügsame Tiere handelt, sind sie für Zwecke der Landschaftspflege gut geeignet. Die Rasse entstammt dem Schottischen Hochland und ist – ähnlich wie die schottischen Rinder – an eine Ganzjahresweide angepaßt.

Islandpferd: Ähnliche Eigenschaften wie das Shetland-Pony bringt das skandinavische Islandpferd oder Island-Pony mit, das ebenfalls zu den Ponys gerechnet wird und sich hauptsächlich hinsichtlich der Größe vom kleineren Shetland-Pony unterscheidet. Auch das Islandpferd ist für eine Ganzjahresweide geeignet (Abb. 847). Mit seinem haarfreien Augenring ist dieses Pferd als reinrassig zu klassifizieren; es ist in seinem Freilandverhalten optimal an die kalten arktischen Winter angepaßt.

11.8.5 Nahrungsangebot

Von besonderer Bedeutung im Hinblick auf die Nahrungsansprüche und das Verhalten von Weidetieren ist natürlich das Nahrungsangebot, das unmittelbar mit dem quantitativen Ertrag verbunden ist. KLAPP (1971) und RIEDER (1983) nennen für Hudeweiden einen durchschnittlichen Ertrag von 500 bis 800 kStE/ha/Vegetationsperiode (kStE = [kilo-]Stärkeeinheit[en]. Zur Veranschaulichung: Das andere Ende der Skala bilden gedüngte und kultivierte Portionsweiden für Milchvieh mit 5000 bis 7500 kStE/ha/VP. Das bedeutet, daß die Besatzdichte von Rindern in Hudelandschaften nur etwa ein Zehntel der Besatzdichte in intensiv genutzten Bereichen betragen kann.

Neben der Quantität, also dem Ertrag einer Weide, kommt auch der Qualität der Pflanzen eine große Bedeutung zu. Aufgrund unterschiedlicher stofflicher Zusammensetzung kann die pflanzliche Biomasse nicht von allen Tieren in gleicher Weise verwertet werden. Die Verwertungsmöglichkeit hängt vom Aufbau der Kohlehydrate ab. Man differenziert zwischen stärkeproduzierenden und celluloseproduzierenden Pflanzen. Letztere zählen zu den rohfaserhaltigen Pflanzen, da Cellulose neben Pentosanen (aus Pentosen aufgebaute Gerüstsubstanzen, sog. Hemicellulosen) und Ligninen zu den Hauptbestandteilen der Rohfaser zählt. Höhere Tiere verfügen im allgemeinen nicht über die zur Celluloseverdauung notwendigen Enzyme. Deren Abbau kann nur im Verdauungstrakt von Wiederkäuern erfolgen, die über eine entsprechende Mikroorganismenflora verfügen. Wiederkäuer sind sogar auf schwer verdauliche Nahrung angewiesen: Sinkt der Rohfaseranteil des Futters unter 18 bis

20 Prozent, treten bei den genannten Tieren Verdauungsstörungen auf (RIEDER 1983).

Neben der Verwertbarkeit ist auch die Verdaulichkeit der zur Verfügung stehenden Nahrung ein wesentliches Kriterium bei der Beurteilung von Weiden. Die Verdaulichkeit organischer Substanzen wird im wesentlichen durch die Pflanzenart oder das Pflanzenalter determiniert. Sie nimmt im allgemeinen mit wachsender Hartstengeligkeit, Blattarmut und Bestandeshöhe ab. Mit zunehmendem Alter erfolgt ein vermehrter Einbau von Gerüstsubstanzen wie Lignine etc., die den weitgehend unverdaulichen Anteil der Rohfaser ausmachen. Die Futteraufnahme der Weidetiere wird daher in hohem Maß durch die Verdaulichkeit der Nahrung bestimmt: je besser die Verdaulichkeit, desto höher ist die Passagegeschwindigkeit des Futters durch den Verdauungstrakt. Bei geringerer Verdaulichkeit erhöht sich die Verweildauer des Futters im Pansen: Das Tier nimmt insgesamt weniger Nahrung auf.

Neben den Standortfaktoren und den aus ihnen hervorgehenden lokalen Pflanzengesellschaften, die ihrerseits die physiologischen Voraussetzungen für die Verwertbarkeit des Futterangebotes vorgeben, entscheidet letztendlich auch das einzelne Tier selbst im Rahmen der Schmackhaftigkeit sowie der ihm eigenen Fraßneigung über die Futteraufnahme. Diesbezüglich ergeben sich eindeutige Differenzierungen nach Art, Rasse, Individuen, Trächtigkeit, Ernährungszustand, Salzhunger etc. Die Tiere neigen – ebenso wie die Menschen – zur Abwechslung. Bei freiem Weidegang auf ausgedehnten Flächen mit wechselnden Pflanzenbeständen kann man häufig bestimmte zeitliche und räumliche Abfolgen bzw. Rangfolgen der Fraßstellen ausmachen (vgl. Abb. 848 bis 850).

Weidetiere bevorzugen insbesondere frühe Entwicklungsstadien: junge, blattreiche, saftige und ballastarme Pflanzenteile. Ganz allgemein ziehen sie leichtverdauliche Nahrung einer mit höheren Ligninanteilen vor. Häufig kann man jedoch beobachten, daß nach der Aufnahme derartiger Nahrung zusätzlich rohfaserreiche, z. T. auch verholzte Pflanzen gefressen werden, um den Grundbedarf an schwer verdaulichen Bestandteilen zu decken.

848

849

Abb. 848: Rinderbeweidung in Buchen-Eichen-Waldgebieten der nordwestdeutschen Geest führt zu charakteristischen Hudeland-schaftstypen (aus POTT & HÜPPE 1991).

Abb. 849: Rinderbeweidung in den teilweise offenen Triftflächen des Borkener Paradieses (aus POTT 1988b).

Abb. 850: Rinderbeweidung in einem Ginster-Reutfeld mit *Sarothamnus scoparius* im Schwarzwald (1986). Der Besenginster wird nur von Schafen und Ziegen gefressen; Rinder meiden ihn und deshalb kommt es hier zur positiven Weideselektion. Im Schutz der Ginsterbüsche können Gehölze wieder heranwachsen (s. POTT 1985a).

850

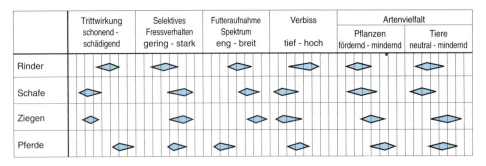

Darüber hinaus hängt das Freßverhalten weidender Tiere entscheidend vom Umfang des Futterangebotes sowie der Gewöhnung an eine bestimmte Futterqualität ab. Während bei knappem Futterangebot und geringerer Qualität desselben auch weniger beliebte Arten verbissen werden, setzt bei übermäßigem Angebot eine starke Selektion infolge eines „Luxusverzehrs" wohlschmeckender Pflanzen ein, das gleichzeitig auch zu deren Lasten geht. Dieser Umstand bestätigt die Tatsache, daß die selektive Wirkung einer Beweidung um so gravierender ist, je größer die Artenvielfalt und je geringer der Viehbesatz (betriebswirtschaftliche Kenngröße, die in GVE/ha ausdrückt, wie viele Großvieheinheiten je ha der gesamten Betriebsfläche gehalten werden (1 GVE = 500 kg Lebendgewicht) ist.

Die enge Wechselbeziehung zwischen der Weide als Nahrungsgrundlage und dem Weidevieh läßt den Schluß zu, daß letzteres in nicht unerheblichem Maße die Qualität des verfügbaren Futters mitbestimmt.

11.8.6 Betriebswirtschaftliche Gesichtspunkte

In der Landschaftspflege sollten immer auch die ökonomischen Aspekte der Tierhaltung bedacht werden. Alle extensiven Tierhaltungsverfahren zeichnen sich in ihrer Bedeutung für die Landschaftspflege gerade durch geringe Faktoransprüche aus. Angesichts der vergleichsweise geringen Produktionsleistungen werden insgesamt doch nur recht begrenzte Rentabilitäten erzielt. Wenn die Schaf- ebenso wie die Mutterkuhhaltung in der Wirtschaftlichkeitsrangfolge letztlich recht weit unten rangiert, so sind die Betriebsergebnisse doch auch vom Tierhalter, der Standortintensität, den aktuellen Produkt- und Pachtpreisen, dem gewählten Produktionsverfahren und den jeweiligen Bewirtschaftungsauflagen abhängig. So ist beispielsweise zu erkennen, daß Rinder in der Tendenz intensivere Standorte effektiver nutzen als die kleinen Wiederkäuer Schaf und Ziege.

Das Produktionsverfahren Koppelhaltung ist in der Schafproduktion zweifellos als das intensivere zu betrachten. Gegenüber z.B. der extensiven Hütehaltung hat es zwar höhere Kosten für Futter, Einzäunung und ggf. für Behandlungsmittel zu tragen, wird aber letztlich kaum durch Lohnkosten belastet. Insgesamt ist die wirtschaftliche Überlegenheit der Koppelschafhaltung um so größer, je höher die Futtererträge sind und je teurer die Arbeitszeit ist. Unter günstigen Produktionsvoraussetzungen kann die weitverbreitete stationäre Hütehaltung in der Lage sein, eine weitestgehend kostenfreie Landschaftspflege zu leisten. Die Gesamtkosten für eine solche Pflege liegen auf alle Fälle schon nach zwei Jahren niedriger als bei der maschinellen Pflege (AGON 1982).

Koppelschafhaltung auf ungezäunten Weideflächen ohne ständige Beaufsichtigung kann mit den unterschiedlichsten Herdengrößen oder auch gemeinsam mit anderem Vieh betrieben werden (WOIKE & ZIMMERMANN 1988). Die Besatzdichte hängt, außer vom Nahrungsangebot der Fläche, vom Weideverfahren ab. So werden auf einer Standweide (ständige Beweidung einer Parzelle) weniger Schafe gehalten als auf einer Umtriebsweide (turnusmäßiger Wechsel der Beweidung zwischen mehreren umzäunten Parzellen).

Vor allem bei der intensiven Standweide werden zahlreiche Pflanzenarten (langfristig) verdrängt, so daß die Vielfalt an Arten abnimmt. Nur bei moderner Umtriebsweide werden nahezu alle genießbaren Pflanzen gleich stark verbissen (BEYER 1968); nach der Beweidung erfahren die Flächen eine mehrwöchige Erholung ähnlich wie bei einer Wiese.

Der Verbleib von Weidefeldern, Hudeflächen, Hudewäldern und aller Formen der traditionellen Landschaftsbilder und der sie prägenden Vegetation ist nur durch den Einsatz entsprechender Nutzungsprojekte gewährleistet. Standortgemäße und pflegliche Landwirtschaft sind dabei geeignete Instrumentarien zum dauerhaften Erhalt der landschaftlich-vegetationsgeschichtlichen Eigenarten vieler Regionen.

12
Gefährdungsgrade der Biotopkomplexe und der Biotoptypen

Nachdem sich in vielen Bundesländern Deutschlands und in anderen europäischen Ländern die Roten Listen für Höhere Pflanzen, Pilze, Moose, Farne und verschiedene Tiergruppen als Instrumente des Naturschutzes bewährt haben, schließt nunmehr die jüngst erschienene Rote Liste der gefährdeten Biotoptypen Deutschlands von RIECKEN et al. (1994) eine Lücke. Es wird in all den Auflistungen deutlich, daß mit Hilfe von Pflanzengesellschaften viele Biotope und Biotopkomplexe vollständiger charakterisiert und differenziert werden können als mit anderen Vegetationsbeschreibungen. Pflanzengesellschaften (Phytozönosen) bilden also in der Regel eine strukturwirksame Grundlage von Biotoptypen mit deren charakteristischen Zoozönosen. In diesem Sinn ist die Pflanzengesellschaft nur ein Teil der gesamten Lebensgemeinschaft (Biozönose). Vielfach werden deshalb die Biotoptypen danach auch über die Pflanzengesellschaften definiert (vgl. RÖSER 1990, BERGSTEDT 1994, WAHL 1994 sowie VERBÜCHELN et al. 1995).

Eine solche Typisierung ist aber vorsichtig zu sehen, da Biotope als Lebensräume auch abiotische und biotische Standortmerkmale, wie Nährstoffgehalte, Feuchte- und Trockengradienten, Vorkommen bestimmter Vegetationstypen und Vegetationsstrukturen umfassen. Auf Veränderungen ihrer Umwelt und damit ihrer Standortbedingungen reagieren die Pflanzengesellschaften aber sehr sensibel; noch besser als die einzelnen Pflanzenarten sind daher die Pflanzengesellschaften und die von ihnen aufgebauten **Vegetationskomplexe** bzw. **Biotopkomplexe** in ihrer typischen Artenzusammensetzung als Bioindikatoren geeignet. Sie sind als **Geosigmentumkomplexe** empfindliche flächenbezogene Zeigerinstrumente für die von ihnen aufgebauten Biotoptypen und letztlich auch für den Zustand unserer

Kulturlandschaften (s. auch RIVAS-MARI-NEZ 1976, 1994, KRATOCHWIL 1989, Thüringer Ministerium f. Landwirtschaft 1994 sowie POTT 1995a). Vegetationskomplexe sind wichtige, erkennbare Strukturen der landschaftsökologisch differenzierbaren Lebensraumtypen; sie spielen auch in biozönologischer Sicht eine herausragende Rolle (vgl. SCHWABE et al. 1992).

12.1 Schützenswerte Biotoptypen
nach der FFH-Richtlinie der EU

Die Lebensraumtypen von gemeinschaftlicher Bedeutung, für die nach der FFH-Richtlinie künftig Schutzgebiete ausgewiesen werden müssen, sind dementsprechend in der Graphik nach vegetationskundlichen Kriterien geordnet. In Verknüpfung mit den CORINE-Manualen lassen sich nach dem Habitat-Code der europäischen Directive 92/43 für Deutschland etwa 250 Lebensraumtypen von gemeinschaftlichem Interesse auflisten, wovon ist etwa die Hälfte von höchster Priorität ist. Ungefähr 500 Pflanzengesellschaften gehören zu diesen Biotoptypenkomplexen (s. Graphik).

Viele dieser schützenswerten Biotoptypen sind aus gesamteuropäischer Sicht für Deutschland besonders repräsentativ (z.B. alle Biotoptypen der Nord- und Ostseeküste, Binnenlanddünen und Heiden, Trokken- und Halbtrockenrasen, Eichen-Hainbuchen-Wälder, Buchen-Mischwälder). Die häufigsten Typen der **repräsentativen prioritären Habitate** sind auch durch entsprechende gesetzliche Verordnungen in Naturschutzgebieten, in Biosphärenreservaten oder in Nationalparkflächen halbwegs gesichert. Das betrifft zusätzlich die gesamten Komplexe der naturnahen und halbnatürlichen Habitate, wie die Hochmoorlebensräume (Restmoore in Norddeutschland und im Alpenvorland), die Pionierlebensräume der Fluß- und Gebirgsauen (Voralpenflüsse), submontane Weiderasen und Hudeflächen im Flachland (z.B. Hutweiden in den Mittelgebirgen, Hudelandschaften Norddeutschlands), die Quellstandorte und die Quellbäche, die Kalkflachmoore, die Blockschuttwälder und Schluchtwälder (Lindenwälder, Eschen- und Eschen-Ahorn-Wälder), die Hartholzauenwaldreste (Schwerpunkte Rheinauen, Elbauen, Oderauen), die Kiefernwälder und die Spirkenwälder (im Schwarzwald sowie im Voralpenraum).

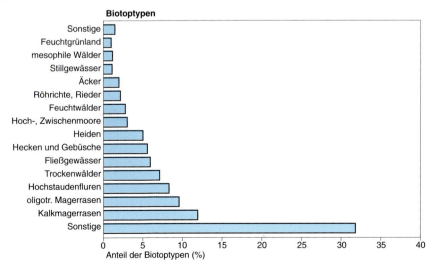

Biotoptypen

Sonstige
Feuchtgrünland
mesophile Wälder
Stillgewässer
Äcker
Röhrichte, Rieder
Feuchtwälder
Hoch-, Zwischenmoore
Heiden
Hecken und Gebüsche
Fließgewässer
Trockenwälder
Hochstaudenfluren
oligotr. Magerrasen
Kalkmagerrasen
Sonstige

Anteil der Biotoptypen (%)

851

Naturschutzpolitisch werden alle die genannten und in der Graphik aufgeführten Biotoptypen in den Naturschutzgroßprojekten wegen ihrer hohen Priorität und ihrer repräsentativen und oft großräumigen Vorkommen in den nächsten Jahren einen hohen Rang einnehmen müssen. Die Erhaltung der Funktionsfähigkeit naturbürtiger Strukturen und der Schutz der Natur um ihrer selbst willen, müssen die Handlungsmaximen bilden.

Das gilt besonders für die Küstenlebensräume in ihrer besonders typischen Ausbildung an Nord- und Ostsee (s. Abb. 851 bis 855). Auch die restlichen Hoch- und Niedermoore sind für Deutschland besonders repräsentativ ausgebildet (s. Abb. 856 und 857); die Sicherung dieser Lebensräume und ihrer Ressourcen muß höchstes Naturschutzziel sein! Gleiches gilt für die Biotoptypenkomplexe der Trockenrasen, der Geröllhalden, der Felsfluren, der Zwergstrauchformationen (inklusive der alpinen Lebensräume), die ebenfalls vielfältig und großräumig ausgebildet sind (Abb. 858 und 859). Auch die naturnahen Wälder, insbesondere Auenwälder, Eichen-Hainbuchen-Wälder, wärmeliebende Eichen-Mischwälder, einige Buchen- und Buchen-Mischwälder sowie Kiefern- und Fichtenwälder gehören zu den repräsentativen Biotoptypen in Deutschland (s. Abb. 860 bis 862).

Es sind also vor allem die natürlichen **primären Biotoptypen**, für deren Schutz und Erhalt alles mögliche getan werden sollte. Die **halbnatürlichen Biotoptypen** der Kulturlandschaften sollten teilweise als Objekte und Einzelstrukturen geschützt und erhalten werden (**Objekt-Naturschutz**); wenn möglich sollte aber durch geeignete Managementmaßnahmen das betreffende Ökosystem erhalten werden (**Ökosystemschutz**). Hier gilt es vornehmlich eine gesellschaftspolitische Akzeptanz zu erreichen, die Vielfalt der Biotoptypen in den Kulturlandschaften zu erhalten und weiterzuentwickeln (s. auch die Bewertungsrahmen bei KAULE, 1986). Konzepte und Strategien zur Umsetzung eines umfassenden Naturschutzes in der Kulturlandschaft müssen darauf zielen, durch differenzierte Landnutzung, durch Extensivierung als Form einer De-Intensivierung, nicht nur die primären Biotoptypen, sondern auch die halbnatürlichen Bio-toptypen des Offenlandes auf naturraumspezifisch unterschiedlichem Niveau zu erhalten. Vielfältig und großräumig ausgebildet sind noch alle traditionellen Wiesentypen (Feuchtwiesen, Glatthaferwiesen, Goldhaferwiesen, Alpenrispengraswiesen) sowie die extensiv genutzten Wälder in den entsprechenden Landschaften von Norddeutschland über die Mittelgebirge bis in den Voralpenraum (s. Abb. 863 bis 865). Besonders die basiklinen und acidoclinen Pfeifengraswiesen mit *Molinia caerulea* und *Molinia arundinacea* sowie die Brenndoldenwiesen der ostdeutschen Flußtäler mit *Cnidium dubium* sind als geschützte Biotoptypen dauerhaft zu erhalten.

Seltene, in Deutschland aber sehr repräsentativ ausgebildete Biotoptypen bilden ferner alle Gewässer-Lebensräume des Still- und Fließwasser-Milieus. Besonders die oligotrophen, dystrophen und mesotrophen Gewässertypen mit ihrem gesamten Vegetationsinventar (Wasserpflanzen-Gesellschaften, Röhrichte, Großseggenriede und Gehölz-Gesellschaften) sind hier unbedingt vorrangig zu schützen (s. Abb. 866 bis 868).

852

853

◁ Abb. 851: Im Wattenmeer an der Nordseeküste entstehen und vergehen immer wieder neue Ökosysteme. Hier die kleine, unbewohnte Insel Lütje Hörn (Foto H. KOLDE, 19987).

Abb. 852: Strandabschnürungen und Sandanschwemmungen an der Ostseeküste erzeugen immer wieder neue Strandwallzüge im Wechsel mit wassergefüllten Lagunen und Schwemmland (Reffs und Riegen bei Darß, 1995). Der Darß ist der größte Teil einer heute mit dem Festland verbundenen Nehrungs- und Inselkette an der mecklenburgischen Boddenküste im Nationalpark. Die Verbindung zum Festland bildet das 14 km lange Fischland.

Abb. 853: Erosionsphänomene führen zu Strandabtrag mit allen Folgen der raschen Veränderung von Ökosystemen. Hier werden Kiefern- und Erlenwälder von der anbrandenden Ostsee zerstört (Darßer Küste, 1995).

854

855

Abb. 854: Überschwemmungs-Niedermoore an der Ostsee sind einzigartige, perimarine Biotoptypen (Karrendorfer Wiese, 1995).

Abb. 855: Besenginsterheiden in den Dünenlandschaften der Ostseeinsel Hiddensee. Es sind einzigartige, halbnatürliche Biotoptypen (1995).

Abb. 856: Laggbereich eines intakten, atlanti- ▷ schen Hochmoores mit Gagelgebüsch, dys- bis mesotrophem Gewässer und Birken-Bruchwald im Emsland (1993).

Abb. 857: Talerfüllte Niedermoore im Flußau- ▷ enbereich der Peene. Hier gab es die typischen Durchströmungsmoore, wie sie für die Glaziallandschaften Mecklenburgs und Vorpommerns typisch waren (1995).

856

857

858

859

860

◁ Abb. 858: In den süd- und mitteldeutschen Flußtälern, wo der Weinbau möglich ist, gibt es an extensiv genutzten Stellen und an Fels- vorsprüngen die charakteristischen Xero- thermvegetationskomplexe (Moseltal bei Bernkastel, 1987).

◁ Abb. 859: Die wärmebegünstigten Lößland- schaften im Oberrheingebiet sind Weinbau- regionen mit entsprechendem Nutzungsmu- ster von Rebanlagen bzw. Xerotherm-Stand- orten (Elsaß, 1995).

Abb. 860: An den Gebirgsflüssen findet man gelegentlich noch Abschnitte mit natürlichem Fließregime und entsprechenden primären Biotoptypen von Pionierlebensräumen und Auenwäldern (Foto Naturschutzakademie, Laufen).

Abb. 861: Natürliches Fließgewässer im Teu- toburger Wald im NSG Hiddeser Bent – Do- noperteich (s. POTT 1982). Hier sieht man das typische Nebeneinander von Erosions- und Akkumulationsbereichen (Hasselbach, 1981).

861

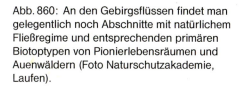

862

◁ Abb. 862: Die natürlichen Fichtenwälder der Nordalpenkette sind wichtige, repräsentative Biotoptypen für Deutschland. (Allgäu, 1982).

Abb. 863: Acidokline Pfeifengraswiesen auf Niedermoorstandort im Fehntjer Tief/ Ostfriesland (1995). Hier finden sich die bedeutendsten Feuchtwiesenvegetationskomplexe in Nordwestdeutschland.

Abb. 864: Nutzungsbedingtes Vegetationsmuster von hochstaudenreichen Naßwiesen am Talgrund und Ackerflächen auf den erhöhten Stellen in der Jungmoränenlandschaft Mecklenburgs (Müritz, 1995).

863

864

865

866

◁ Abb. 865: Wiesenbewässerung und unterschiedliche Schnittzeiten erzeugen ein charakteristisches Vegetations- und Landschaftsmuster in vielen Mittelgebirgstälern. Hier die berühmten Wiesen des Murgtales im Nordschwarzwald (Foto A. SCHWABE-BRAUN, 1983).

◁ Abb. 866. Im Verlandungskomplex einiger größerer Seen gibt es großflächige Röhrichte und Großseggenriede als überaus schützenswürdige Biotoptypen (Foto: Naturschutzakademie, Laufen).

Abb. 867: Silikat-oligotrophe Stillgewässer sind heute die am meisten gefährdeten aquatischen Ökosysteme (Erdfallsee, Heiliges Meer, 1995). Röhrichte und Seggen dringen als erste nach Eutrophierung in diese Gewässer ein und verändern schnell das hydrochemische Regime.

Abb. 868: Auch die dystrophen Stillgewässer sind hochgradig gefährdet. Hier eine Massenausbreitung von *Molinia caerulea* (Pfeifengras) nach Stickstoffdüngung durch das Grundwasser des Hümmling (1995).

867

868

Abb. 869: Fischotter sind auf intakte, saubere Gewässerlandschaften angewiesen. Der Lebensraum dieser Tiere ist stark bedroht! Besonders in Auenlandschaften ist der Fischotter jene Leitart, deren Vorhandensein als „Top-Indikator" für eine intakte Flußlandschaft gilt.

Abb. 870: Obwohl der Weißstorch sich als Kulturfolger ausgerichtet hat, ist sein Lebensraum heute durch Trockenlegung von Feucht- und Naßflächen stark bedroht.

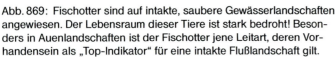

Konkrete Schutzgebietsausweisungen bestehen in der Regel schon; vielfach fehlt es aber noch an entsprechenden Zieldefinitionen für bestimmte Lebensräume hinsichtlich ihrer Entwicklung und hinsichtlich der Landnutzungspolitik (z.B. traditionelle Landnutzungsmethoden). Kooperationsbereitschaft zwischen Landnutzern und dem Naturschutz sind dabei eine erforderliche Grundvoraussetzung zur Erhaltung unseres Naturerbes in der Kulturlandschaft. **Eine Neuorientierung der Landnutzung in Deutschland ist somit dringend erforderlich!**

Besonders über die großflächigen Lebensräume, für die Deutschland eine besondere Verantwortung zu übernehmen hat (z.B. Küstenbereiche, Moore, Niedermoore, Feuchtgrünland, traditionelles Grünland, Wälder, alpine Lebensräume), existieren derzeit nur begrenzte Unterlagen zu Typenvielfalt und zur Verbreitung der jeweiligen Biotoptypen. Tabelle 10 gibt einen zusammenfassenden Überblick über alle in diesem Buch behandelten und beschriebenen Biotoptypen Deutschlands, für die besonders repräsentative konkrete Gebiete in das europaweite Programm und Netzwerk **Natura 2000** eingegeben werden müssen. Begründet wird dieses mit den oftmals hohen Anteil gebietstypischer Pflanzen und Tiere und der oftmals außergewöhnlich hohen Zahl seltener Arten, deren Lebensräume heute stark bedroht sind (vgl. Abb. 869 und 870).

Die Biotoptypen der Kulturlandschaften (extensive Hecken, Gebüsche, Äcker, Einzelstrukturen usw.) sind dabei noch nicht berücksichtigt. Das Gleiche gilt für die Biotoptypen in dörflichen und in innerstädtischen Regionen, die lokal und regional sehr bedeutsam sind, hier aber aus Platzgründen nicht mehr behandelt werden. Darstellungen dieser Lebensräume hinsichtlich des Natur- und Biotopschutzes gibt es u.a. bei FRANKE 1988, OTTE & LUDWIG 1990, WITTIG 1991, SUKOPP & WITTIG 1993, LIENENBECKER & RAABE 1993, OTTE 1994 sowie SEIFFERT et al. 1995. Der Schutz von Ökosystemen muß als qualitativer und quantitativer Umweltschutz, aber auch als Schutz bestimmter Flächen durchgeführt werden. Hier gilt es, effiziente Konzepte und Strategien zu entwickeln, wie es auch BLAB (1992), DIERSSEN (1994) und SCHUMACHER (1995) vorschlagen.

Es gibt erfreulicherweise noch viele gut erhaltene Lebensräume mit seltenen und schützenswerten Biotopkomplexen, die nach Maßgabe der **EU-Richtlinien zur Erhaltung der natürlichen Lebensräume sowie der wildlebenden Tiere und Pflanzen (= Flora-Fauna-Habitat (FFH)-Richtlinie)** auf großer Fläche der Bewahrung funktionierender Ökosysteme dienen und außerdem als Gebiete mit besonderer Bedeutung für das gemeinschaftliche Naturerbe unbedingt erhalten werden müssen. Eine aktive Mitarbeit an diesen Projekten ist heute eine vorrangige Aufgabe für uns alle!

Tab. 10. Die gefährdeten natürlichen Biotoptypen Deutschlands mit ihren Biotopkomplexen und den Biotop- und Habitat-strukturen sowie die Anzahl entsprechender Vegetationseinheiten bzw. Pflanzengesellschaften

■ von der Vernichtung bedrohte oder stark gefährdete Biotope

□ gefährdete Biotope

● ganz oder teilweise geschützt nach § 20c BNatSchG

○ nicht geschützt nach § 20c BNatSchG

FFH-Code Nr., CORINE Nr., ✳ europaweit prioritär nach Directive 92/43 EEC

Kapitel im Text	Biotoptypen	Schutzkategorien	EU-Status	Vegetation-,/Vegetationstypen und Anzahl der Pflanzengesellschaften (nach Pott 1995a), Unikate in Fettdruck
Stillgewässer				
2.1.1.1	oligotrophe kalkarme und kalkreiche Gewässer	■, ●, FFH: 2110, 3110, 3120, 3130, 3140, 3160, 3180, 7210 CORINE: 22.11, 22.12, 22.31–22.32, 22.34, 53.3	✳ überall prioritär	*Littorelletea uniflorae-* (13 Gesellschaften) und *Charetea fragilis*-Gesellschaften (22 Gesellschaften), **Deschampsietum rhenanae** am Bodensee, **Erdfallgewässer** (z.B. im Gebiet Heiliges Meer, Nordwestdeutschland), Alpenvorlands- und Alpenseen, Gewässer der Lausitz *Isoeto-Nanojuncetea*-Gesellschaften (14 Gesellschaften)
2.1.1.2	dystrophe Stillgewässer	■, ●, FFH: 2150, 3160 7110 CORINE: 22.13, 22.14, 5.1	teilweise prioritär	*Utricularietea intermedio-minoris*-Gesellschaften (6 Gesellschaften), alle Moorgewässer
2.1.1.3	mesotrophe und eutrophe Stillgewässer	■, ●, FFH: 2160, 3130, 3140, 3150 CORINE: 22.14	–	*Potamogetonetea*-Gesellschaften (42 Gesellschaften), *Lemnetea*-Gesellschaften (9 Gesellschaften)
Moore				
2.2.1.1	intakte ombrotrophe Hochmoore (Regenmoore)	■, ●, FFH: 6130, 7110, 7130 CORINE: 51.1, 52.1, 52.2	✳ überall prioritär	*Oxycocco-Sphagnetea*-Gesellschaften (6 Gesellschaften), Unikat **Sehestedter Außendeichsmoor, Torfkliffs** an Moorseen
2.2.1.2	Übergangs- und Heidemoore	□, ●, FFH; 4010, 6140, 7140 CORINE: 54.5	teilweise prioritär	*Scheuchzerio-Caricetea nigrae*-Gesellschaften (30 Gesellschaften); *Oxycocco-Ericion*-Gesellschaften, *Ericion tetralicis*-Gesellschaften (5 Gesellschaften), **Tinner Dose, Lengerer Moor** (u.a. in Norddeutschland), **vermoorte Eifelmaare, Harzmoore. Moore des Alpenvorlandes und anderer Mittelgebirge**
2.2.1.3	Niedermoore	■, ●; FFH: 7140, 7210, 7220, 7240 CORINE: 54.3, 54.5, 54.12	teilweise prioritär	*Caricion lasiocarpae*-Gesellschaften (4 Gesellschaften), *Caricetalia nigrae*-Gesellschaften (7 Gesellschaften), *Caricetalia davallianae*-Gesellschaften (10 Gesellschaften), **Equiseto-Typhetum minimae** (nur noch am Bodensee), Dünentalvermoorung im **Großen Dünental Ostende** auf Langeoog, **Überschwemmungsniedermoore** an der Ostsee, **Durchströmungsmoore**
Röhrichte				
2.3.1	Süßwasserröhrichte	□, ●, FFH: 3220, CORINE: –	–	*Phragmitetea australis*-Gesellschaften (11 Gesellschaften)
2.3.2	Brackwasserröhrichte	□, ●, FFH: 3220, CORINE: –	–	*Schoenoplecti triquetri-Bolboschoenetum maritimi* –Brackwasser- und Tideröhricht, **Bodden der Ostsee**, Ästuare an der Nordsee
2.3.3	Großseggenriede	□, ●, FFH: 7210, CORINE: –	–	*Magno-Caricion elatae*-Großseggenriede (18 Gesellschaften), **Caricetum oenensis**

397

Tab. 10 (Fortsetzung). Die gefährdeten natürlichen Biotoptypen Deutschlands mit ihren Biotopkomplexen sowie den Biotop- und Habitatstrukturen sowie die Anzahl entsprechender Vegetationseinheiten bzw. Pflanzengesellschaften

■ von der Vernichtung bedrohte oder stark gefährdete Biotope

□ gefährdete Biotope

● ganz oder teilweise geschützt nach § 20c BNatSchG

○ nicht geschützt nach § 20c BNatSchG

FFH-Code Nr., CORINE Nr., * europaweit prioritär nach Directive 92/43 EEC

Kapitel im Text	Biotoptypen	Schutzkategorien	EU-Status	Vegetation-,/Vegetationstypen und Anzahl der Pflanzengesellschaften (nach Pott 1995a), Unikate in Fettdruck
Höhlengewässer				
2.4.1.1	kalkarme und kalkreiche Höhlenseen	□, ○, FFH: 7220, 8310 (teilweise) CORINE: 54.12, 65 (teilweise)	–	diverse Algen und Moose
2.4.1.2	kalkarme und kalkreiche Höhlenbäche	□, ○, FFH: 7220 (teilweise) CORINE: 54.12 (teilweise)	–	diverse Algen und Moose
Quellen und Fließgewässer				
2.4.2.1	Sturzquellen (Rheokrenen)	■, ●, FFH: 7220; CORINE: 54.12	* überall prioritär	*Montio-Cardaminetea*-Gesellschaften (16 Gesellschaften), **Rheinfall v. Schaffhausen, Wutach**, andere Rheokrenen der Mittelgebirge und der Alpen
2.4.2.2	Sicker- und Sumpfquellen (Helokrenen)	□, ●, FFH: 7220; CORINE: 54.12	teilweise prioritär	s.o.
2.4.2.3	Tümpelquellen (Limnokrenen)	■, ●, FFH: –; CORINE: –	* überall prioritär	*Charetea*-Gesellschaften, *Potamogetonetea*-Gesellschaften (alle teilweise s.o.)
2.4.3.1	Flußober- und Mittelläufe (Rhitral)	■, ●, FFH: 3260; CORINE: 24.4	* überall prioritär	*Ranunculion fluitantis*-Gesellschaften (10 Gesellschaften, *Glycerio-Sparganion*-Gesellschaften (8 Gesellschaften)
2.4.3.2	Unterlaufabschnitte (Potamal)	□, ●, FFH: 3260, 3270 CORINE: 22.13, 24.52	* nicht überall prioritär	*Ranunculion fluitantis*-Gesellschaften (s.o.), *Bidentetea*-Gesellschaften (13 Gesellschaften), *Phalaridion arundinaceae*-Gesellschaften (2 Gesellschaften)
Küstenbiotope				
3.1	Dünenkomplexe	■, ●, FFH: 2110 ff, 2130, 2140, 2150, 2170 ff, 2180, 2320	* überall prioritär	*Ammophiletea arenariae*-Gesellschaften (2 Gesellschaften), **Violo-Corynephoretum**–Meerstrand-Silbergras-Gesellschaften, *Airetum praecocis* bzw. *Carici arenariae-Airetum, Tortulo-Phleetum arenariae*, **Agrostio-Poetum humilis, Hieracio-Empetretum**, *Salicion arenariae*-Gesellschaften (3 Gesellschaften), **Reffs** und **Riegen** im **Darß** (Ostsee)
3.2	Dünentäler	■, ●, FFH: 1150–1170, 2160, 2170, 2190–2195 CORINE: 16.23, 16.26, 23.21–23.23	* überall prioritär	*Samolo-Littorellion*-Gesellschaften (1 Gesellschaft: **Samolo-Littorelletum**, Küstenheiden in Dünentälern), **Empetro-Ericetum tetralicis**, Nord- und Ostseeinseln
3.3	Wattflächen und Salzwiesen	■, ●, FFH: 1110–1410, 1130 CORINE: 11.125–11.31, 12–12.56, 91.13	* überall prioritär	Pflanzengesellschaften der *Zosteretea marinae* (2 Gesellschaften), der *Ruppietea maritimae* (2 Gesellschaften), des *Charion canescentis*-Verbandes (3 Gesellschaften), des *Zannichellion pedicellatae*-Verbandes (5 Gesellschaften), **Felswatt auf Helgoland**, *Thero-Salicornietea* (6 Gesellschaften), **Farbstreifenwatt, Muschelbänke**

Tab. 10 (Fortsetzung). Die gefährdeten natürlichen Biotoptypen Deutschlands mit ihren Biotopkomplexen sowie den Biotop- und Habitatstrukturen sowie die Anzahl entsprechender Vegetationseinheiten bzw. Pflanzengesellschaften

■ von der Vernichtung bedrohte oder stark gefährdete Biotope

□ gefährdete Biotope

● ganz oder teilweise geschützt nach § 20c BNatSchG

○ nicht geschützt nach § 20c BNatSchG

FFH-Code Nr., CORINE Nr., * europaweit prioritär nach Directive 92/43 EEC

Kapitel im Text	Biotoptypen	Schutzkategorien	EU-Status	Vegetation-,/Vegetationstypen und Anzahl der Pflanzengesellschaften (nach POTT 1995a), Unikate in Fettdruck
3.4	Spülsäume, Strandwälle und Steilküsten	■, ●, FFH: 1170, 1210–1230 CORINE: 11.24, 11.25	* überall prioritär	*Saginetea maritimae*-Gesellschaften (2 Gesellschaften), *Cakiletea maritimae*-Gesellschaften (7 Gesellschaften), *Asteretea tripolii* (15 Gesellschaften); **Brassicetum oleraceae (nur Helgoland), Sandstein-Felsküste**
Grünland				
4.1	Feuchtgrünland (z.B. basikline Pfeifengraswiesen)	□, ●, FFH: 6410, 6430, 6440 CORINE: 37.23, 37.31	nicht überall prioritär	*Molinietalia caeruleae*-Gesellschaften (22 Gesellschaften), u.a. **Eriskircher Ried** am Bodensee, **Fehntjer Tief** in Ostfriesland, Elbe-Havel-Gebiet
4.2	Grünland, Flußtalwiesen	□, ○, FFH: 6510; CORINE: –	–	*Arrhenatherion*-Gesellschaften (davon *Dauco-Arrhenatheretum, Alchemillo-Arrhenateretum, Alopecuretum pratensis*), *Polygono-Trisetion*- Gesellschaften (davon *Geranio-Trisetetum, Centaureo-Meetum*)
4.3	Flutrasen und Hochstaudenfluren	□, ○, FFH: 6430 (teilweise) CORINE: 37.7–37.8	nicht überall prioritär	*Agropyro-Rumicion*-Gesellschaften (teilweise), *Filipendulion*-Gesellschaften (teilweise), *Senecion fluviatilis*-Gesellschaften (teilweise)
4.4	natürliche Salzstellen im Binnenland	■, ●, FFH: 1150, 1340, 1410 (nur primäre Vorkommen) CORINE: 15.4, 15.5	* nur primäre Vorkommen prioritär	*Puccinellio-Spergularion*-Gesellschaften (2 Gesellschaften)
Binnendünen, Block- und Geröllhalden				
5.1	oligotrophe Magerrasen	■, ●, FFH: 2330, 6120, 8110, 8220 CORINE: 61.1, 62.2	teilweise prioritär	*Galeopsietalia segetum* (1 Gesellschaft), *Corynephoretalia canescentis*-Gesellschaften (12 Gesellschaften), *Festuco-Sedetalia*-Gesellschaften (4 Gesellschaften), *Sedo Scleranthetalia*-Gesellschaften (11 Gesellschaften)
5.2	Lehm- und Lößwände	□, ●, FFH: –; CORINE: –	–	div. Moos- und Flechten-Gesellschaften
5.3	Geröll- und Felsvegetation	■, ●, FFH: 6110, 8150, 8160, 8220, 8230; CORINE: –	teilweise prioritär	*Petasition paradoxi*-Gesellschafen (5 Gesellschaften, *Epilobietalia fleischeri*-Gesellschaften (4 Gesellschaften)
5.4	Schwermetallrasen	□, ●, FFH: 6130; CORINE: 34.2, 36.44	nicht überall prioritär	*Violetea calaminariae*-Gesellschaften (4 Gesellschaften), davon ***Violetum calaminariae westfalicum* u. *Violetum calaminariae rhenanum*** sowie **Armerietum halleri** (als Unikate)
Zwergstrauch- und Wacholderheiden				
6.1, 6.2	Zwergstrauchheiden, Feuchtheiden, Wacholderheiden	□, ●, FFH: 2310, 4010, 4020, 4030, 4060, 5130 CORINE: 31.12, 31.88	teilweise prioritär	*Ericion tetralicis*-Gesellschaften (4 Gesellschaften), *Calluno-Ulicetalia*-Gesellschaften (17 Gesellschaften), *Dicrano-Juniperetum communis*
	submontane und montane Borstgrasrasen	FFH: 6230; CORINE: 35.11–36.31	* überall prioritär	*Nardetalia strictae*-Gesellschaften (13 Gesellschaften), *Rubo plicati-Sarothamnetum*, **Irndorfer Hardt** *(Salix starkeana)*, **Harzkuppe** *(Pulsatilla alba)*, weitere Vorkommen in den Mittelgebirgen

Tab. 10 (Fortsetzung). Die gefährdeten natürlichen Biotoptypen Deutschlands mit ihren Biotopkomplexen sowie den Biotop- und Habitatstrukturen sowie die Anzahl entsprechender Vegetationseinheiten bzw. Pflanzengesellschaften

● von der Vernichtung bedrohte oder stark gefährdete Biotope

□ gefährdete Biotope

● ganz oder teilweise geschützt nach § 20c BNatSchG

○ nicht geschützt nach § 20c BNatSchG

FFH-Code Nr., CORINE Nr., ✳ europaweit prioritär nach Directive 92/43 EEC

Kapitel im Text	Biotoptypen	Schutzkategorien	EU-Status	Vegetation-,/Vegetationstypen und Anzahl der Pflanzengesellschaften (nach POTT 1995a), Unikate in Fettdruck
Kalkmagerrasen				
7.1.1	Steppenrasen der *Festucetalia valesiacae*	■, ●, FFH: 5130, 6210 CORINE: 31.88. 34.12, 34.31–34.34	✳ überall prioritär	*Festucion valesiacae*-Gesellschaften (4 Gesellschaften), **Adonido vernalis-Brachypodietum pinnati, Kyffhäuser, Mainzer Sande, Garchinger Heide,** Odertal, Chorin usw.
7.1.2	Voll- und Halbtrockenrasen der *Brometalia erecti*	■, ● FFH: 5130, 6210 CORINE: 31.88, 23.12, 34.11–34.34	✳ überall prioritär	*Bromion erecti*-Gesellschaften (4 Gesellschaften), *Seslerio-Mesobromion*-Gesellschaften (2 Gesellschaften), *Koelerio-Phleion phleoidis*-Gesellschaften (2 Gesellschaften), *Xerobromion*-Gesellschaften (3 Gesellschaften), *Seslerio-Xerobromion*-Gesellschaften (2 Gesellschaften), **Isteiner Klotz, Badberg** (Kaiserstuhl)
7.1.3	inneralpine und präalpine Trockenrasen	■, ●, FFH: 5130, 6210, 8240 CORINE: 31.88, 23.12, 34.31–34.34, 62.3	✳ überall prioritär	*Elyno-Seslerietea albicantis*-Gesellschaften (5 Gesellschaften)
7.1.4	Ruderalisierte Trockenrasen	□, ●, FFH: 5130, 6210; CORINE: –	–	*Agropyretalia repentis*-Gesellschaften (8 Gesellschaften), **Lößhohlwege** (z.B. im Kaiserstuhl)
Xerothermvegetationskomplexe				
7.2.1	basiphile Sandtrockenrasen, Felsgrasfluren und Trockenrasen, Kalkfelsen	■, ●, FFH: 6120; CORINE: 34.1 ■, ●, FFH: 5110, 6110, 8160 CORINE: 31.82; 34.11, 61.313	✳ überall prioritär ✳ überall prioritär	*Stipetalia calamagrostis*-Gesellschaften (5 Gesellschaften) *Asplenietea trichomanis*-Gesellschaften (20 Gesellschaften)
7.2.2	Staudenfluren, Gebüsche und Trockenwälder	■, ●, FFH: 6130, 6110, 6120 CORINE: 31.88, 34.11, 34.12	✳ überall prioritär	*Trifolio-Geranietea sanguinei*-Gesellschaften (17 Gesellschaften), *Berberidion*-Gesellschaften (10 Gesellschaften), **Prunetum fruticosae (Altmühltal),** Wacholderbüsche auf der **Schmalen Heide** (Rügen), innerdeutsche Trockengebiete
7.2.3	Felsformationen	■, ●, FFH: 6110, 6210 CORINE: 34.11, 34.12	✳ überall prioritär	s. 7.2.1 und 10.1, 10.2
7.3	Kieferntrockenwälder	■, ●, FFH: 2180, 9430, 9530 CORINE: 42.4, 42.61	✳ überall prioritär	*Pulsatillo-Pinetea*-Gesellschaften (**Pyrolo-Pinetum, Diantho-Pinetum**), *Erico-Pinetea*-Gesellschaften (4 Gesellschaften), *Calamagrostio arundinaceae-Quercetum petraeae* (mit Kiefern)
Feuchtwälder, Auen und Bruchwälder				
8.1	Bruchwaldvegetationskomplexe, u.a. Spirkenwälder, Moorwälder	■, ●, FFH; 91E0, 91D0, 91D1–91D4, 7140, 9430 CORINE: 44.A1–44.A4, 42.4, 44.2, 44.3, 44.5	✳ überall prioritär	*Salicetalia auritae*-Gesellschaften (5 Gesellschaften), *Alnetea glutinosae*-Gesellschaften (3 Gesellschaften), *Betulion pubescentis*-Gesellschaften (5 Gesellschaften), **Spreewald**. Mittelgebirgs- und Alpenvorlandsmoore

Tab. 10 (Fortsetzung). Die gefährdeten natürlichen Biotoptypen Deutschlands mit ihren Biotopkomplexen sowie den Biotop- und Habitatstrukturen sowie die Anzahl entsprechender Vegetationseinheiten bzw. Pflanzengesellschaften

■ von der Vernichtung bedrohte oder stark gefährdete Biotope

□ gefährdete Biotope

● ganz oder teilweise geschützt nach § 20c BNatSchG

○ nicht geschützt nach § 20c BNatSchG

FFH-Code Nr., CORINE Nr., ✳ europaweit prioritär nach Directive 92/43 EEC

Kapitel im Text	Biotoptypen	Schutzkategorien	EU-Status	Vegetation-/Vegetationstypen und Anzahl der Pflanzengesellschaften (nach Pott 1995a), Unikate in Fettdruck
8.2	Auenwälder, Alluvialwälder an Flußufern	■, ●, FFH; 91E0, 91F0 CORINE: 44.2, 44.3, 44.4	✳ überall prioritär	*Salicetea purpureae*-Gesellschaften (4 Gesellschaften), *Alnion incanae*-Gesellschaften (6 Gesellschaften)
8.3	Feuchtwälder	□, ●, FFH: 91F0; CORINE: –	nicht überall prioritär	*Ulmenion minoris*-Gesellschaften (bes. ***Querco-Ulmetum minoris***), u.a. **Unteres Odertal, Mittlere Elbe**, Untere Elbe (**Heuckenlock**), **Taubergießen**, Donau bei Ingolstadt
natürliche mesophile Wälder				
9.1	Hang- und Schluchtwälder	■, ●, FFH: 9180; CORINE: 41.4	✳ überall prioritär	*Tilio-Acerion*-Gesellschaften (5 Gesellschaften)
9.2	Eschen-, Ahorn- und Eichen-Hainbuchen-Wälder	□, ●, FFH: 2180, 9140, 9160, 9170 CORINE: 41.24	nicht überall prioritär (nur *Tilio-Acerion*-Schluchtwälder)	*Carpinion betuli*-Gesellschaften (***Stellario holosteae-Carpinetum***, *Galio sylvatici-Carpinetum*, *Tilio-Carpinetum*, ***Carici albae-Tilietum***), **Hasbruch, Neuenburger Urwald, Bentheimer Wald** (alle in Nordwestdeutschland)
9.3.1	wärmeliebende Eichenmischwälder	□, ●, FFH: 2180, 9170; CORINE: –	nicht prioritär	*Hieracio glaucini-Quercetum petraeae*, ***Quercetalia pubescentis***-Gesellschaften (3 Gesellschaften)
9.3.2	bodensaure Eichenmischwälder	□, ●, FFH: 2180, 9120; CORINE: 41.12	nicht überall prioritär	*Quercetea robori-petraeae* (5 Gesellschaften, davon Unikat in Norddeutschland ***Betulo-Quercetum roboris*** mit drei Subassoziationen, ebenso natürlich die Vorkommen des ***Populo tremulae-Quercetum petraeae*** an der Küste)
9.4.1	anspruchsvolle Buchenwälder auf Kalk und Löß	□, ○, FFH: 2180, 9130; CORINE: –	nicht überall prioritär	*Galio odorati-Fagenion*-Gesellschaften (2 Gesellschaften), *Cephalanthero-Fagenion*-Gesellschaften (*Carici-Fagetum, Seslerio-Fagetum, Taxo-Fagetum* (bes. **Eibenwald von Paterzell**)
9.4.2	Silikatbuchenwälder, hochmontane Buchenwälder	□, ○, FFH: 2180, 9110, 9120, 9210, 9380 CORINE: 41.12, 41.181, 41.185–41.186	nicht überall prioritär	*Luzulo-Fagenion*-Gesellschaften (4 Gesellschaften), *Aceri-Fagenion*-Gesellschaften (***Aceri-Fagetum***), *Lonicero alpigenae-Fagenion*-Gesellschaften (5 Gesellschaften), *Galio-Abietenion*-Gesellschaften (2 Gesellschaften)
9.5	montane und subalpine Nadelmischwälder	□, ○, FFH: 9410; CORINE: –	nicht prioritär	*Vaccinio-Piceetea*-Gesellschaften (10 Gesellschaften)
alpine Vegetationstypen				
10.1	alpine Pionierrasen	■, ●, FFH: 6150, 6320, 7240, 8120 CORINE: 35.1, 36.31, 54.3, 61.2, 62.2	nicht überall prioritär	*Thlaspietea rotundifolii*-Gesellschaften (29 Gesellschaften), *Caricion atrofusco-saxatilis* (4 Gesellschaften), dazu *Carici rupestris-Kobresietea bellardii*-Gesellschaften (4 Gesellschaften)
10.1.1	silikatalpine Rasen	■, ●, FFH: 6150, 6320 CORINE: 35.1, 36.31	nicht überall prioritär	*Androsacetalia alpinae*-Gesellschaften (3 Gesellschaften), dazu *Caricetum curvulae*, ***Juncus trifidus***-Gesellschaft (Arber, Bayer. Wald)

Tab. 10 (Fortsetzung). Die gefährdeten natürlichen Biotoptypen Deutschlands mit ihren Biotopkomplexen sowie den Biotop- und Habitatstrukturen sowie die Anzahl entsprechender Vegetationseinheiten bzw. Pflanzengesellschaften

■ von der Vernichtung bedrohte oder stark gefährdete Biotope

□ gefährdete Biotope

● ganz oder teilweise geschützt nach §20c BNatSchG

○ nicht geschützt nach §20c BNatSchG

FFH-Code Nr., CORINE Nr., ✳ europaweit prioritär nach Directive 92/43 EEC

Kapitel im Text	Biotoptypen	Schutzkategorien	EU-Status	Vegetation-,/Vegetationstypen und Anzahl der Pflanzengesellschaften (nach POTT 1995a), Unikate in Fettdruck
10.1.2	kalkalpine Rasen	■, ●, FFH: 5130, 6120, 6170 CORINE: 34.31–34.34	✳ überall prioritär	*Drabetalia hoppeanae*-Gesellschaften (3 Gesellschaften), *Thlaspietalia rotundifolii*-Gesellschaften (4 Gesellschaften), *Elyno-Seslerietea albicantis*-Gesellschaften (davon *Caricetum firmae* u. *Seslerio-Caricetum sempervirentis*)
10.2	Schneeböden	□, ●, FFH: –; CORINE: –	nicht überall prioritär	*Arabidetalia coeruleae*-Gesellschaften (3 Gesellschaften), *Salicetea herbaceae*-Gesellschaften (5 Gesellschaften)
10.3	Krummholzgesellschaften	■, ●, FFH: 4060, 4070 CORINE: 31.5	✳ überall prioritär	*Betulo-Adenostyletea*-Gesellschaften (6 Gesellschaften), *Loiseleurio-Vaccinietea*-Gesellschaften (4 Gesellschaften), *Erico-Pinion mugi*-Gesellschaften (3 Gesellschaften), **Vaccinio uliginosi-Pinetum rotundatae**

12.2 Die Gefährdung der Biotoptypenkomplexe

Nach dem CORINE-Manual und den FFH-Biotoptypen lassen sich in Deutschland und in den angrenzenden Regionen auf dem Niveau der Basiseinheiten (das sind Gesellschaften, Assoziationen und Verbände im pflanzensoziologischen Sinne, reale abgrenzbare Naturobjekte, z.B. Höhlen, Felsen, Gewässer) etwa 750 verschiedene Lebensräume, von den natürlichen Habitaten bis hin zu Kulturlandschaftstypen, unterscheiden. Davon lassen sich 250 natürliche und halbnatürliche Lebensraumtypen von gemeinschaftlichem Interesse auflisten. Davon sind wiederum etwa 100 Lebensraumtypen prioritär (s. Tab. 10). Dazu kommen die schützenswerten Kulturbiotope, wie sie auszugsweise im Kapitel 11 aufgeführt und behandelt sind. Alle Strukturelemente in der freien Landschaft und die Biotope im Siedlungsbereich sind als wichtige landschaftstypische Habitattypen erhaltenswert, nicht zuletzt deshalb, weil sie einer Vielzahl besonders gefährdeter Tierarten als primäre oder sekundäre Habitate dienen (vgl. auch Tab. 1).

Die natürlichen und naturnahen bzw. halbnatürlichen Vegetationsformationen, wie sie in Tab. 2 aufgelistet sind, zeigen in vielen Fällen starke Rückgangstendenzen. Eine erste Bilanzierung des Umfangs der Gefährdung durch das Bundesamt für Naturschutz zeigt, daß in Deutschland rund 70% aller vorkommenden bzw. 90% der schutzwürdigen Biotoptypen als gefährdet eingestuft werden müssen. Rund 40% der naturnahen Biotopkomplextypen sind zudem von vollständiger Vernichtung bedroht. Alarmierend ist außerdem, daß gerade die kaum oder nicht regenerierbaren Biotop- und Biotopkomplextypen am stärksten gefährdet sind, während die meisten der aktuell nicht oder gering gefährdeten Biotoptypen über eine ungleich bessere Regenerationsfähigkeit verfügen (RATHS et al. 1995). Es werden zwar zahlreiche Biotopschutzprogramme durchgeführt, und es gibt deutliche Erfolge in der Schutzgebietsausweisung (§20 BNatSchG, Biosphärenreservate, Nationalparks, internationale Abkommen für grenzüberschreitenden Naturschutz, z.B. trilaterales Wattenmeerabkommen, Nationalpark Unteres Odertal sowie lokale und überregionale Naturschutzgebietsverordnungen), aber insgesamt läßt sich feststellen, daß viele der natürlichen und naturnahen Biotopkomplextypen derzeit de facto in den bestehenden Schutzgebieten nur unzureichend gesichert sind. Es gibt außerdem erhebliche regionale Unterschiede in der Gefährdungssituation. Die Ursachen und Verursacher der Gefährdung von Biotoptypen sind nach Angaben des Bundesamtes für Naturschutz:

Direkte Eingriffe in Populationen und Biozönosen sowie Aufgabe traditioneller Nutzungen

– Anwendung von Bioziden und Saatgutreinigung

– Mechanische Einwirkung auf Pflanzenbestände überwiegend als Nebeneffekt von Nutzungen (Verbiß, Schnitt, Tritt, Lagern, Befahren, Wassersport, Schiffsverkehr)

– Eingriffe in Pflanzenbestände durch Kahlschlag mit Vollumbruch; Roden, Zerschneiden und Auflichten von Wäldern, Feldgehölzen und Hecken; Brand; Entkrautung von Gewässern; mechanische Beseitigung von „Unkraut"

– Ausweitung des Maisanbaus

– Umwandlung von Acker, Grünland und Spontanvegetation in intensiv gepflegte Grünanlagen

- Umwandlung von Extensivgrünland und Heiden in Intensivgrünland durch Umbruch und Einsaat in Äcker; Nutzungsänderung von Mähwiese in Weide; Moorkultivierung
- Erstaufforstungen, insbesondere von Magerrasen, Brachflächen, Heiden, Waldwiesen und Waldlichtungen
- Umwandlung von naturnahen Wäldern in Forste (namentlich aus nicht bodenständigen Baumarten), Änderung der Bewirtschaftung
- Aufgabe der Nutzung von Extensivgrünland, Seggenriedern, Heiden, steinigen Äckern und Weinbergen, Hecken
- Aufgabe des Anbaus von Sonderkulturen (z.B. Lein) mit eigener Wildkrautflora
- Falsche Terminierung und nicht bestandesgerechte Durchführung von Pflegemaßnahmen
- Einführung, Einschleppung und Ausbringung konkurrenzstarker Exoten (z.B. Robinie, Späte Traubenkirsche, Kartoffelrose, Lupine, Japanknöterich, Knollensonnenblume) und nicht bodenständiger Arten (z.B. Grau-Erle, Fichte, Kiefer)
- Sammeln attraktiver Arten (ästhetische, gewerbliche/kommerzielle, medizinische und wissenschaftliche Gründe) sowie Schwund und Ausfall bezeichnender Sippen durch Krankheiten, Immissionen oder sonstige Gründe

Veränderung von Standorten
- Künstliche Aufschlickung und Eindeichung im Wattenmeer
- Entwässerung, Grundwasseranhebung und -absenkung, Änderung der Wasserstände bzw. des Wasserregimes bei Still- und Fließgewässern
- Anreicherung der Böden mit Nährstoffen (z.B. Düngung von Magerrasen und Wäldern und Überdüngung von Grünland, Äckern und Weinbergen)
- Eutrophierung des Grundwassers und offener Gewässer
- Verunreinigung der Atmosphäre und Böden durch feste, lässige, gasförmige, z.T. giftige Chemikalien und andere Abfallstoffe
- Verunreinigung offener Gewässer durch feste, lässige, gasförmige, z.T. giftige Chemikalien und andere Abfallstoffe
- Aufheizung von Fließgewässern

- Aufhören von Bodenverwundungen, Veränderung der Bodenstruktur (z.B. Bodenverdichtung)

Zerstörung von Standorten
- Gewässerbegradigung, -ausbau und Ufersicherung, Hangverbauung, Küstenschutz (Quellfassung, Kanalisierung mit Staustufen, künstliche Uferprofilgestaltung, künstliche Ufer- und Küstenbefestigung mit totem Material, Eindeichung)
- Schaffung künstlicher Gewässer (Fischteiche, Laich- und Brutgewässer, Stauseen, Rückhaltebecken, Entwässerungsgräben, Kanäle, Häfen)
- Beseitigung von Übergangsstandorten und anthropogenen Sonderstandorten (Weg- und Ackerraine, Gebüsch- und Waldsäume, Wege- und Terrassenböschungen, Steinriegel, Natur- und Ziegelsteinmauern) als Folge der Nutzungs- und Pflegeintensivierung
- Abbau und Abgrabung (Torf, Erden, Steine), Beseitigung natürlicher Sonderstandorte wie Felsen, Steilhänge u.a., z.B. in Verbindung mit Straßen(aus)bau, Flurbereinigung etc.
- Überschüttung, Auffüllung, Einebnung, Überbauung, Bodenversiegelung (z.B. Beseitigung natürlicher Sonderstandorte wie Altwässer, Tümpel, Naßstellen, Bodenwellen; Neuanlage, Erweiterung und Verdichtung von Wohn-, Gewerbe- und Industrieanlagen sowie von Autobahnen, Straßen, Wegen, Schnellbahnen und Flugplätzen)
- Verstädterung von dörflichen Siedlungen (Zunahme der Bebauungsdichte, Bodenversiegelung, Neugestaltung von Gärten, Hofplätzen und Friedhöfen, Anlegen von Parkplätzen), Restaurierung und Sanierung oder Abriß alter Bauwerke (Festungen, Burgen, Kirchen, Wohnhäuser)

Verursacher der Gefährdung von Biotoptypen (Sachgemäße Rekultivierungen genutzter Flächen ermöglichen aber auch eine Vielzahl sogenannter Sekundär-Habitate und Naturschutzgebiete aus zweiter Hand)
- Siedlung, Gewerbe und Industrie, Energiewirtschaft (durch Baumaßnahmen, Nutzung und Unterhaltung, Emissionen)

- Verkehr und Transport (durch Wege- und Wasserstraßenbau, Emissionen)
- Mineralische Rohstoffgewinnung, Tagebau (z.B. Steinbrüche, Kies-, Sand-, Tongruben, Braunkohle, Torfgewinnung)
- Abfall- und Abwasserbeseitigung
- Landwirtschaft (durch Flurbereinigung und Melioration, Nutzungsänderungen und -intensivierung, Überdüngung, Einsatz von Bioziden, Gülleausbringung, Dorfsanierung)
- Forstwirtschaft und Jagd
- Garten- und Landschaftsbau, Grünflächenpflege
- Wasserwirtschaft, Wasserbau und Küstenschutz, Teichwirtschaft und Fischerei
- Tourismus, Sport- und Erholungsbetrieb
- Militär (Bauten, Übungsplätze, Manöver)

Zu ähnlichen Einschätzungen kommen auch RATHS et al. (1995), die eine wichtige Auswertung der Gefährdungsursachen und -verursacher für die vier bedeutendsten, größeren und inhaltlich zusammengehörenden Landschaften mit entsprechenden Biotoptypen der Nord- und Ostsee, der Binnengewässer, Landlebensräume und der alpinen Lebensräume vorgenommen haben.

12.2.1 Biotoptypen der höchsten Schutzkategorien

Die nachfolgend aufgeführten Lebensraumtypen sind hinsichtlich ihrer natürlichen Vielfalt an Tier- und Pflanzenarten besonders gefährdet; der Verlust an Lebensraum ist wohl die wichtigste Ursache für diese Misere. Bislang sind zwar nur wenige Tiere und Pflanzen bis zum letzten Exemplar ausgerottet worden, aber Größe und Zahl gefährdeter Populationen nehmen mit rasender Geschwindigkeit kontinuierlich ab, und bei vielen Gruppen ist die Grenze zur Überlebensfähigkeit erreicht. Von den knapp 600 Wirbeltierarten Deutschlands sind jetzt über 50% akut gefährdet oder ausgestorben. Von den knapp 300 Brutvogelarten sind es beispielsweise derzeit etwa 45%, und von den einheimischen Reptilien und Amphibien werden etwa 80% als akut gefährdet eingestuft. Weniger gut bekannt ist die Situation bei den rund 40 000 wirbellosen Tieren. Selbst bei den knapp 3500 heimischen Blüten- und Farnpflanzen sind mehr als ein Drittel gefährdet; von den derzeit 1000 Moosarten müssen ebenfalls 15% als gefährdet angesehen werden.

Etwa 750 Biotoptypen, von den primären Gewässern, Mooren und Wäldern bis zu den Kulturlandschaften gibt es in Deutschland. Mehr als zwei Drittel sind davon nur noch auf kleine Restflächen beschränkt, so daß sie als gefährdet gelten. Ein Großteil der Typen ist von völliger Vernichtung bedroht. Betroffen davon werden in erster Linie die aquatischen Still- und Fließgewässer sowie die marinen und perimarinen Lebensräume an Nord- und Ostsee. Die Ursachen dafür sind im folgenden nach RATHS et al. (1995) auszugsweise angeführt. Die Zahlen in Klammern verweisen auf die Code-Nummern nach der Directive 92/43 EEC.

Biotoptypen der Meere und Küsten
(Code 01 bis 11)

Zu dieser Gruppe gehören alle Biotoptypen der Meeresgebiete und des unmittelbaren, salzwasserbeeinflußten Küstenbereichs. Für diese Lebensraumtypen sind unmittelbare Flächenverluste weitgehend auf den Küstenbereich beschränkt (Eindeichung, Landgewinnung, Hafenbau, Schaffung touristischer Infrastruktur usw.). Demgegenüber besteht eine erhebliche Gefährdung nahezu aller Biotoptypen durch qualitative Beeinträchtigungen. An erster Stelle stehen direkte und indirekte Verschmutzungen durch feste und flüssige Schadstoffe (z.B. Schwermetalle, toxische organische Substanzen, Erdöl usw.), die über die großen Ströme, aber auch direkt (Verklappung, Schiffahrt, Ölförderung usw.) eingetragen werden. Die Meeresgebiete unterliegen darüber hinaus erheblichen negativen Beeinträchtigungen durch die Entnahme von Tieren (Fischerei) und die damit verbundenen mechanischen Beeinträchtigungen, vor allem durch Grundschleppnetzfischerei.

Die Gefährdung von Meeres- und Küstenbiotoptypen wird in nicht unerheblichem Maße durch Verursacher hervorgerufen, die im Binnenland angesiedelt sind. Hierzu zählen Industrie und Gewerbe ebenso wie die kommunale Abwasserbeseitigung und die Landwirtschaft. Bedeut-

same direkte Gefährdungen gehen zusätzlich von der Fischerei, dem Küstenschutz, der Schiffahrt und nicht zuletzt vom Tourismus aus.

Biotoptypen der Binnengewässer
(Code 21 bis 24)

Diese Gruppe umfaßt alle Biotoptypen der Binnengewässer einschließlich ihrer unmittelbaren Uferbereiche. Für die Gefährdung der Binnengewässer sind sowohl direkte Flächen- und Bestandsverluste als auch qualitative Beeinträchtigungen verantwortlich. Am häufigsten sind Gewässerlebensräume von Eingriffen in den Wasserhaushalt (Grundwasserabsenkung, Laufveränderungen, Trinkwasserentnahme usw.) und von baulichen Veränderungen (Gewässerbegradigungen, Verrohrungen, Uferbefestigungen, Wehre und Staustufen usw.) betroffen. Weitere bedeutsame Gefährdungsursachen sind
- mechanische Beeinträchtigungen der Ufer selbst,
- Zerstörung der Ufer- und Unterwasservegetation (z.B. durch Gewässerunter-

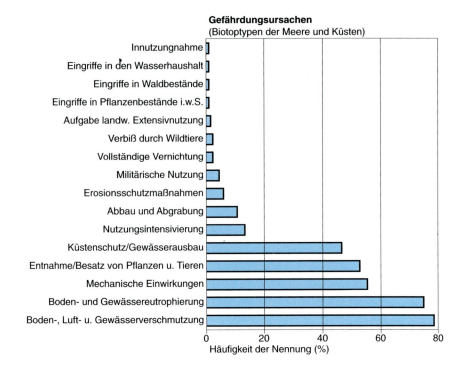

Gefährdungsursachen
(Biotoptypen der Meere und Küsten)

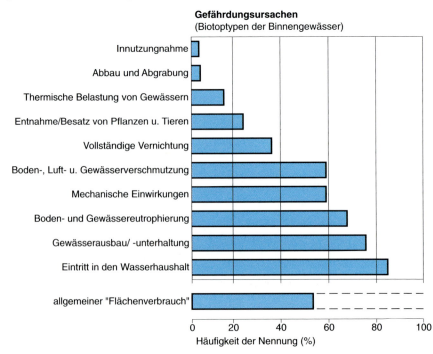

Gefährdungsursachen
(Biotoptypen der Binnengewässer)

Gefährdungsursachen
(terrestrische und semiterrestrische Biotoptypen)

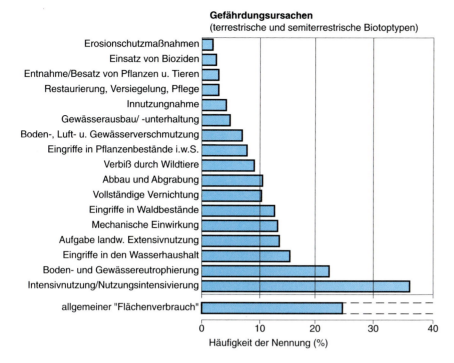

Häufigkeit der Nennung (%)

haltung, Boots- und Schiffsverkehr, Tritt usw.),

– Gewässereutrophierung (durch Abwässer, Austrag landwirtschaftlicher Nutzflächen usw.) und

– Gewässerverschmutzung durch Schadstoffe.

Als Hauptverursacher für die Gefährdung von Biotoptypen der Binnengewässer erwiesen sich entsprechend die Wasserwirtschaft und die Landwirtschaft. Bedeutende Verursacher sind außerdem Tourismus

und Erholung sowie Teichwirtschaft und Fischerei (einschließlich des Angelns). Zur Eutrophierung und Schadstoffbelastung tragen zudem die kommunalen und gewerblichen Abwassereinleitungen bei.

Terrestrische und semiterrestrische Biotoptypen des Binnenlandes
(Code 31 bis 54)

Hierunter fallen alle Landlebensräume (z.B. Grünländer, Heiden, Wälder) und die feuchten Übergangsbereiche zu den Gewässern (Röhrichte, Großseggenriede,

Moore usw.). Mit Abstand an erster Stelle der Gefährdungsursachen stehen hier die Auswirkungen der intensiven land- und forstwirtschaftlichen Nutzung. Weiterhin sind die Eutrophierung (Überdüngung natürlicherweise nährstoffarmer Biotoptypen wie Magerrasen, Heiden, Hochmoore), Eingriffe in den Wasserhaushalt (vor allem die Entwässerung von Feuchtstandorten aller Art) relevant. Da auf der anderen Seite viele dieser Biotoptypen in ihrer Entstehung und Erhaltung von einer extensiven Nutzung abhängig sind, stellt auch die Aufgabe landwirtschaftlicher Extensivnutzungen (z.B. in Feuchtgrünlandbereichen, Halbtrockenrasen und auf sonstigen ertragsschwachen Standorten) eine bedeutsame Gefährdungsursache dar. Darüber hinaus sind jeweils über 10% der Biotoptypen durch mechanische Beeinträchtigungen (Vertritt, Befahren usw.) oder durch „Eingriffe in Waldbestände" (Aufforstung mit nicht standortgerechten Arten, Entfernen von Totholz usw.) gefährdet (vgl. u. a. BLAB et al. 1993).

Bei den Verursachern stehen Land- und Forstwirtschaft an erster Stelle. Ein regional unterschiedlich großer Anteil der Gefährdung durch die Forstwirtschaft geht auf frühere Nutzungs- und Bewirtschaftungsrichtlinien zurück, deren Auswirkungen noch lange Zeit nachwirken werden. Durch verstärkte Wiederaufforstungsaktivitäten in bestimmten aus Naturschutzsicht wertvollen Offenlandbereichen ergeben sich zusätzliche Probleme.

Bedeutsam sind zudem die Auswirkungen von Tourismus und Flurbereinigung. Letztere ist vor allem für die systematische Ausräumung der Landschaft, für umfangreiche Meliorationen und vielfältige Eingriffe in den Wasserhaushalt verantwortlich. Einen schwerwiegenden Einfluß haben zudem die Wasserwirtschaft (vor allem durch die Entwässerung von Feuchtgebieten), Bergbau und Abgrabungen sowie alle Aktivitäten im Zusammenhang mit Siedlung und Verkehr.

Wie stark der Einfluß der oben genannten Verursacher selbst in Naturschutzgebieten ist, haben HAARMANN & PRETSCHER (1993) ermittelt. Danach unterlagen 80% der untersuchten Schutzgebiete einer oder mehreren Beeinträchtigungen, die hauptsächlich von Freizeit und Erholung, Jagd, Forst- und Landwirtschaft ausgingen.

Gefährdungsursachen
(terrestrische Biotoptypen der Alpen)

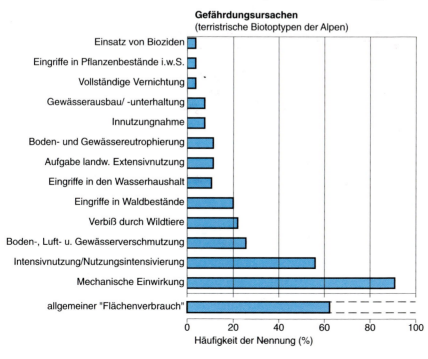

Häufigkeit der Nennung (%)

Terrestrische und semiterrestrische Biotoptypen mit Verbreitungsschwerpunkt in den Alpen
(Code 61 bis 70)
Diese Gruppe umfaßt ausschließlich Biotoptypen, deren Verbreitung auf die Alpen und wenige Bereiche der Hochlagen der Mittelgebirge beschränkt ist. Bei diesen Lebensraumtypen werden am häufigsten mechanische Beeinträchtigungen als Gefährdungsursache angegeben. Diese gehen vor allem von der intensiven touristischen Nutzung (Vertritt, Skifahren, Klettern usw.) dieser Bereiche aus (vgl. z.B. HECKMAIR 1988 und HENSELMANN 1991). An zweiter Stelle folgt die Intensivnutzung durch Land- und Forstwirtschaft. Unmittelbare Auswirkungen zeigen darüber hinaus die Luftverschmutzung (Stichwort: Waldsterben) und der Verbiß von Gehölzen durch Überbestände von Schalenwild (Übersicht bei BLAB et al. 1993).

Analog zu den Gefährdungsursachen ist das Ergebnis bei der Auswertung der Verursacher. Für fast alle gefährdeten Biotoptypen mit einem Schwerpunkt in den Alpen stellt vor allem der Winter-Tourismus eine Gefährdungsursache dar. Mit gewissem Abstand folgen Land- und Forstwirtschaft als weitere wichtige Verursacher.

12.2.2 Übersicht der Biotoptypen nach der Directive 92/43 EEC

Derzeit wird die Vegetation in Deutschland nach dem pflanzensoziologischen System in 48 Vegetationsklassen gegliedert (s. POTT 1995a). Dabei gibt es heute mehr als 1500 Syntaxa in etwa 750 verschiedenen Lebensraumtypen mit gut unterscheidbaren Vegetationstypen, die entweder ranglos als Pflanzengesellschaften oder als Assoziationen gefaßt werden. Etwa 250 Biotoptypen sind nach der Directive 92/43 EEC als gefährdet anzusehen, ca. 100 Typen sind – wie gesagt – prioritär als FFH-Habitate geschützt. Diese beherbergen rund 500 Pflanzengesellschaften, so daß zwei Drittel aller Pflanzengesellschaften als gefährdet angesehen werden müssen. Das geographische Spektrum deckt die Küste von Nord- und Ostsee, die Still- und Fließwasserlebensräume, die Moorlandschaften, die Trockenrasen, die Gebüschkomplexe sowie natürliche

Waldökosysteme vom Flachland bis ins Hochgebirge, von Bruchwald über den Auenwald bis zu Laub-, Misch- und Nadelwäldern ab. Ein Schlüssel für die Biotoptypen Deutschlands, geordnet nach charakteristischen Lebensräumen und versehen mit vegetationskundlichen Erkennungsdaten findet sich im Anhang dieses Buches. Die Klassifikation erfolgt dabei nach HAEUPLER & GARVE (1983), POTT (1995a) und HAEUPLER & MUER (1997).

Nach den neuen Anforderungen im europäischen Naturschutz, z.B. dem Schutzgebietssystem **Natura 2000** und der **Flora-Fauna-Habitat(FFH)-Richtlinie** der Europäischen Union vom 21. Mai 1992 erlangen regional schwerpunktmäßig vorkommende Biotoptypen eine höhere und angemessenere Bedeutung und einen speziellen Status für den Naturschutz (z.B. als besondere Schutzgebiete nach nationalem bzw. Länderrecht rechtsverbindlich ausgewiesene Flächen, **S**pecial **A**reas of **C**onservation, **SAC** nach FFH-Richtlinie, oder als Gebiete von gemeinschaftlicher Bedeutung, **S**ite of **C**ommunity **I**nterest, **SCI** nach FFH-Richtlinie). In Deutschland sind es die typischen mitteleuropäischen oder gar die singulär in Mitteleuropa vorkommenden Lebensräume, denen nach der FFH-Richtlinie im Gebiet der Europäischen Union eine besondere Bedeutung zukommt.

Es sind nach SSYMANK (1994, 1995) folgende Regionen mit ihren charakteristischen Lebensraumtypen:

- Wattenmeer,
- Boddenküste, Moränen und Kreidesteilküste der Ostsee,
- Flußtalsysteme (mit Vermoorungen) im Jungmoränengebiet,
- Glaziale Seenlandschaften in Norddeutschland mit den Grund- und Endmoränen sowie den Sandern,
- Moore des nordwestdeutschen Tieflandes und des Alpenvorlandes,
- Große Stromtäler mit ihren Zonationskomplexen von Auenwäldern und -wiesen, einschließlich angrenzender Trockenhänge und Binnendünensysteme (Ems, Elbe, Oder, u.a.),
- Mittelgebirgslandschaften in Deutschland und nördlich der Alpen, insbesondere die Durchbruchstäler

mit hoher Biodiversität (z.B. Wutach, Donau),
- Nördliche Kalkalpen,
- Buchenwälder (Verbreitungsschwerpunkt in Deutschland, besonders Kalkbuchenwälder),
- Großräumige Kulturlandschaften (z.B. Lüneburger Heide, Rhön, Kaiserstuhl, Voralpengebiet mit z.B. dem Großraum um das Murnauer Moos),
- Lebensräume von Tier- und Pflanzenarten mit ihrem Verbreitungsschwerpunkt in Deutschland (z.B. Elbebiber, Rotmilan).

Die natürlichen und naturnahen Lebensräume stimmen aber nur zu einem großen Teil mit den „Besonders zu schützenden Biotopen" nach § 20c BNatSchG überein. Für den Naturschutz bedeutsam ist die Erwähnung weit über § 20c BNatSchG hinausreichender Lebensraumtypen, einerseits im extensiven bzw. mageren Grünland, z.B. magere Flachland-Mähwiesen, Berg-Mähwiesen, andererseits bei den Wäldern. Hier sind in der Richtlinie allein 14 Waldtypen genannt, darunter vier prioritäre, die über die bisher im Naturschutz hauptsächlich berücksichtigten Wälder von Sonderstandorten hinausgehen: Moorwälder, Auenwälder, Schuttwälder und Wälder trockenwarmer Standorte. Dazu sind z.B. auch Buchenwälder der mittleren Standorte, sowohl über Silikatgesteinen (Hainsimsen-Buchenwald) als auch auf Kalksubstraten (Waldmeister-Buchenwald) genannt. Dies sind Waldtypen, die flächenmäßig noch verhältnismäßig große Anteile der gesamten Waldfläche Deutschlands einnehmen.

Deutschland kommt deshalb eine besondere Verantwortung in dem durch die FFH-Richtlinie gesteckten Rahmen für diese typisch mitteleuropäischen oder gar singulär in Mitteleuropa vorkommenden Ökosysteme zu (s. Tab. 11).

Die Anforderungen und die Kriterien für die Auswahl der schützenswerten Lebensraumtypen in Deutschland nach der FFH-Richtlinie zur Schaffung eines europaweiten kohärenten Netzes von Schutzgebieten, für den Flächenschutz und für Biotopverbundplanungen sind nach SSYMANK (1994,1995) wie folgt zusammengefaßt:

Tab. 11. Überblick über den Richtlinientext

Präambel

Artikel 1	Begriffsbestimmungen
Artikel 2	Ziele
Artikel 3	„NATURA" als „kohärentes europäisches ökologisches Netz" von Schutzgebieten

Lebensraumschutz, Ausweisverfahren

Artikel 4	Verfahren zur Schutzgebietsausweisung
Artikel 5	Konzertierungsverfahren bei strittigen Fällen
Artikel 6	Schutzmaßnahmen einschl. Managementpläne
Artikel 7	Einschluß und Anpassung der Vogelschutzrichtlinie
Artikel 8	Finanzielle Regelungen – Beteiligung der EG
Artikel 9	Regelmäßige Ergänzung des Schutzgebietssystems und ggf. Auflösung eines Schutzgebietes
Artikel 10	Förderung von Landschaftselementen
Artikel 11	Überwachungsgebot (Monitoring)

Artenschutz

Artikel 12, 13	strenger Artenschutz
Artikel 14	Maßnahmen zur Erhaltung einschl. der Regelung für wirtschaftlich genutzte Arten
Artikel 15	Verbot der Benutzung bestimmter Fang-/Tötungseinrichtungen
Artikel 16	Ausnahmeregelungen

Weitere Verpflichtungen (Artikel 17–24)

Artikel 17	Informationspflicht: öffentliche Durchführungsberichte alle 6 Jahre
Artikel 18	Forschungsförderung
Artikel 19	Verfahren zur Änderung der Anhänge
Artikel 20, 21	„Habitat"-Ausschuß der Kommission, beigeordnetes Fachgremium
Artikel 22	Wiederansiedlung einheimischer Arten u.a.
Artikel 23, 24	rechtliche Umsetzung/ Schlußbestimmungen

- Der Lebensraumschutz ist in seiner ganzen Komplexität, d.h. unter funktionalen und strukturellen Aspekten (Funktionsgefüge, Struktur), gefordert. Dabei sind sowohl natürliche und naturnahe Biotoptypen als auch halbnatürliche Biotoptypen zu berücksichtigen, die charakteristische Teile unserer Kulturlandschaften darstellen. Die allgemeine Zielsetzung der Richtlinie beinhaltet sowohl das statische konservierende Element des Naturschutzes als auch ein Entwicklungsgebot, welches ggf. auch die Wiederansiedlung einheimischer Arten vorsieht.
- Die Sicherungs- und Schutzverpflichtungen der FFH-Richtlinie sind sehr umfassend und auf das jeweilige Schutzobjekt bezogen. Noch vor der eigentlichen Unterschutzstellung treten Sicherungspflichten ein mit einem Verschlechterungsverbot.

Alle Maßnahmen und Pläne, die ein Gebiet nachhaltig beeinträchtigen können, unterliegen einer Umweltverträglichkeitsprüfung. Diese unterscheidet sich von bisherigen gesetzlichen Regelungen z.B. im UVP-Gesetz insofern, daß ihr auch alle Eingriffe oder Veränderungen außerhalb des Gebietes unterliegen, die eine Verschlechterung des „Erhaltungszustandes" der Lebensräume und Arten innerhalb des Gebietes erwarten lassen. Damit ist das Problem von Fernwirkungen theoretisch eingeschlossen. Außerdem findet eine Prüfung immer auf das Schutzobjekt bezogen statt und nicht auf eine bestimmte Form des Eingriffs.

Falls eine Unabwendbarkeit des Eingriffs durch überwiegendes öffentliches Interesse vorliegt, werden Ausgleichsmaßnahmen gefordert, wobei die Definition der Ausnahmen in überwiegend öffentlichem Interesse besonders für Gebiete mit prioritären Arten/Lebensräumen vorgegeben ist.

- Die Richtlinie verlangt europaweit die Berücksichtigung der regionalen Variabilität und legt sechs (seit Januar 1995 mit dem Beitritt von Schweden ist die „boreale" Region neu hinzugekommen) sogenannte „Biogeographische Regionen" als Bewertungsrahmen auf der Ebene der Europäischen Union fest (vgl. Abb. 871).
  Für Deutschland sind dies:
  – „atlantisch" im Sinne der FFH-Richtlinie: nordwestdeutsches Tiefland

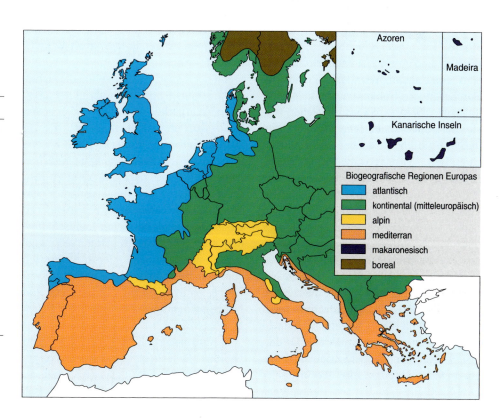

Abb. 871: Die biogeograhischen Regionen Europas (nach SSYMANK 1994).

- „kontinental" im Sinne der FFH-Richtlinie: (zentral- bzw. mitteleuropäisch) nordostdeutsches Tiefland, westlicher Teil, zentraleuropäische Mittelgebirge, östlicher Teil, süddeutsches Schichtstufenland (mit Oberrheinebene und Schwarzwald), Alpenvorland (i. w. S.)
- „alpin" im Sinne von Hochgebirgsregionen: Alpen (Hochgebirgsregion)
- Die Richtlinie verlangt eine Erfolgskontrolle im Naturschutzmanagement. Sie enthält ein Überwachungsgebot (Monitoring) und verlangt zweijährige Berichte zu Ausnahmeregelungen sowie umfassende öffentliche Durchführungsberichte alle 6 Jahre (s. Tab. 11). Dieses sind Zitate aus Veröffentlichungen der Bundesanstalt für Naturschutz in Bonn.

Für das nordwestdeutsche Bundesland Niedersachsen sind vorrangige FFH-Gebiete größtenteils schon unter Schutz gestellt oder als raumordnerische Vorrangsgebiete gesichert; sie haben jeweils eine Größe zwischen einem und einigen tausend Hektar. Dazu gehören bis jetzt u. a. Dollart, Unterelbe und Ems zwischen Rheine und Emden, Hohehahner Moor, Hasbruch und Neuenburger Urwald, Küstenheiden und Krattwälder bei Cuxhaven, Sehestedter Außendeichsmoor, Aßbütteler und Herrschaftliches Moor und andere Moore, Oste mit Nebenbächen, Untere Wümme und untere Hammeniederung mit dem Teufelsmoor, Wiestetal, Glindbusch, Borchelsmoore, Soestetal und Thülsfelder Talsperre, Heseper Moor, Engelener Wüste und Ahlder Pool, Ilmenau und Örtze mit Nebenbächen, Moore- und Heideflächen der zentralen Lüneburger Heide, Drömling, Meißendorfer Teiche, untere Leine und untere Oker, Pfeifengraswiesen im Lappwald, Bockmerholz, Gaim, Ith und Süntel, Holzberg bei Stadtallendorf, Moore und Wälder im Hochsolling, Harzmoore sowie Schwermetallrasen bei Lautenthal im Harz. In diesen Gebieten müssen Naturschutzbelange und andere Nutzungen miteinander in Einklang gebracht werden.

Dabei steht der Lebensraumschutz in seiner ganzen Komplexität im Vordergrund aller Bemühungen; dazu sollen flächenscharfe Abgrenzungen aller nach der FFH-Richtlinie geschützten Biotoptypen überall in den Bundesländern vorgenommen werden. Dieses geschieht im allgemeinen durch Biotopkartierungen, die in Deutschland von den Landesanstalten und Landesämtern für Naturschutz bzw. durch das Bundesamt für Naturschutz durchgeführt werden. Diese Institutionen erarbeiten Instrumentarien und Richtlinien für die naturschutzfachliche Umsetzung der EU-Richtlinien. Die Klassifikation der Biotoptypen erfolgt wie in der Tabelle 12 nach dem „Corine Biotopes Manual" (1991) wie in vielen Ländern Europas nach vegetationskundlich-pflanzensoziologischen Kriterien, wie z. B. in Spanien (s. ASENSI, 1993; RIVAS-MARTINEZ et al. 1993), in der Schweiz (s. DELARZE & GALLAND 1993, THEURILLAT et al. 1993) und Frankreich (s. RAMEAU 1994).

Es gibt auch schon eine Reihe von Gebieten, deren Ausweisung nach internationalen und nationalen Schutzkategorien bereits eine Bewertung voraussetzt und die die Kriterien der FFH-Richtlinie im Prinzip erfüllen. Das sind die Nationalparke, die Biosphärenreservate, die Feuchtgebiete internationaler Bedeutung und die Gebiete gesamtstaatlich repräsentativer Bedeutung, z. B. die Naturschutzgroßprojekte des Bundes (z. B. Scharhörn-Plate im Wattenmeer, Borgfelder Wümmewiesen, Fischerhuder Wümmeniederung, Lüneburger Heide, Bislicher Insel am Niederrhein, Rhön, Badberg im Kaiserstuhl, Wurzacher Ried, Wollmatinger Ried, s. auch BLAB et al. 1991, 1992).

Mit der deutschen Einheit hat die Naturparkbewegung neue Schubkraft erhalten: Neue Naturparke entstanden in den neuen Bundesländern. Heute zählen wir in Deutschland nach MERKEL (1995) 85 Naturparke – die in Entwicklung befindlichen eingerechnet, die insgesamt rund 20 Prozent der Fläche des Bundesgebietes umfassen. Diese Naturparke repräsentieren die ganze Vielfalt deutscher Landschaften, die aus rekultivierten Braunkohletagebauen entstanden sind oder in denen sich zum Teil über Jahrhunderte hinweg unverwechselbare regionale Strukturen und Nutzungstraditionen herausgebildet haben (s. Abb. 872).

Es sind Naherholungsgebiete, die einem enormen Besucherdruck aus nahegelegenen Ballungsräumen ausgesetzt sind, attraktive Fremdenverkehrsgebiete weitab von Großstädten, z. B. an der Küste oder an größeren Binnengewässern gelegen, dicht bewaldete Mittelgebirgsregionen und vielfach auch wirtschaftlich sehr strukturschwache Räume, die auf Fördermittel zur Verbesserung ihrer Wirtschaftsstruktur angewiesen sind. Wer Leitbilder für die Naturparke entwickeln oder deren Aufgabe beschreiben möchte, muß sich dieser Pluralität von Strukturen und Funktionen bewußt sein, wenn seine Definitionen praktische Bedeutung für die Naturparkarbeit gewinnnen sollen (MERKEL 1995).

Die Vorgaben des Bundesgesetzgebers sind knapp und klar, aber gleichwohl anspruchsvoll gefaßt, und sie lassen Raum für regionale Besonderheiten und die Berücksichtigung sich verändernder Rahmenbedingungen. Nach § 16 BNatSchG müssen vor allem folgende Voraussetzungen erfüllt sein, um ein Gebiet förmlich als Naturpark ausweisen zu können:

- die besondere Erholungseignung der Landschaft,
- das Überwiegen von Landschaftsschutz- und Naturschutzgebieten,
- Großräumigkeit und
- die Übereinstimmung mit Landesplanung und Raumordnung.

Aus dem vielzitierten Doppelauftrag an die Naturparke, der Erholungsvorsorge und dem Naturschutz gleichermaßen gerecht zu werden, wird damit ein breites „multifunktionales" Aufgabenspektrum, das die Naturparke auch zu Vorbildlandschaften für eine ökologisch verträgliche Entwicklung im Sinne des Nachhaltigkeitsprinzips werden läßt. Das Konzept der nachhaltigen Entwicklung will die Verbesserung der ökonomischen und sozialen Lebensbedingungen der Menschen mit der langfristigen Sicherung der natürlichen Lebensbedingungen in Einklang bringen. Das bedeutet, der nachhaltige Umwelt- und Naturschutz muß integraler Bestandteil jeder Entwicklung sein.

In den Naturparken sind also beste Voraussetzungen dafür gegeben, dieses Konzept umzusetzen. Dies ist auch für die Naturschutzpolitik von erheblicher Bedeutung.

Es gilt hier ganz besonders, die vielfältigen Nutzungsansprüche aufeinander abzustimmen.

Tab. 12. Schützenswerte Biotoptypen Deutschlands nach der Directive 92/43 EEC (nach FFH-Code und CORINE-Nummern)

A. Küsten- und Salzbiotope der Nord- und Ostsee

Salzwasserbiotope

CORINE	FFH	
11.25	1100	Salzwasserhabitate der Wattflächen (*Zosteretea marinae*)
–	1100	Sandbänke und Riffbogen der Nordsee und Ostsee (s. POTT 1995b)
11.34	1120	Schlick-, Sand-, Misch- und Felswatt mit Algengesellschaften
13.2	1130	Ästuare (*Ruppietea*-Gesellschaften), Flußwatt, Brackwasserwatt
14	1140	Sandige, brackige Wattbiotope, Sandwatt, Mischwatt, Farbstreifenwatt (z.B. *Zosteretetum noltii*)
21	1150	Lagunen (auf Föhr) auf Strandseen (s. POTT 1995b) mit *Ruppietea*- und *Zosteretea*-Gesellschaften
–	1170	Muschelbänke im Benthal der Nordsee und Ostee

Küsten und Strände

CORINE	FFH	
17.2	1210	Spülsäume und Sandstrände (*Cakiletea maritimae*-Gesellschaften)
17.3	1220	Strandwälle, Geröllstrände, Blockstrände (*Atriplicon littoralis*-Gesellschaften)
1821	1230	Aerohaline Fels- und Steilküstenvegetation der Nord- und Ostsee (*Beta maritima*-Gesellschaft, *Crithmo-Limonietalia, Brassicetum oleraceae,* nur Helgoland)

Watt- und Salzwiesen

CORINE	FFH	
15.11	1310	Annuelle Quellerfluren, Quellerwatt, Windwatt an der Ostsee (*Thero-Salicornietea*)
15.12	1320	Grasreiche Salzwiesen mit *Spartina* im Schlickwatt (*Spartinetum anglicae*)
15.13	1320	Salzwiesen im Supralitoral der Nord- und Ostsee (*Asteretea tripolii*)
–	1340	Naturnahe Salzrasen des Binnenlandes (*Puccinellio-Spergularion*-Gesellschaften)

Binnensalzstellen

CORINE	FFH	
15.18	1510	Salzrasen, kontinentale Salzsteppen, *Puccinellion maritimae-, Puccinellio-Spergularion*-Gesellschaften

B. Küsten- und Binnenlandsdünen

Küstendünen

CORINE	FFH	
16.211	2110	Primärdünen (*Agropyro-Honkenyion*-Gesellschaften)
16.212	2120	Sekundärdünen (*Ammophilion arenariae*)
16.222–16.29	2130, 2330 (2131–2137)	Tertiärdünen und Graudünen (*Koelerio-Corynephoretea,* bes. *Corynephorion-, Thero-Airion-* u. *Koelerion arenariae*-Gesellschaften)
16.24	2140, 2160, 2170, 2320	Dünenheiden (*Salicion arenariae*-Gesellschaften, *Ulicetalia minoris*-Gesellschaften)
16.23	2190–2195	Dünentäler (feucht und naß, Hygro- und Hydroserie im Komplex, s. POTT 1995b)

C. Süßwasserhabitate

Stillgewässer

CORINE	FFH	
22.11–22.31	3110	Verlandungsbereiche oligotropher Gewässer (*Littorelletea*-Gesellschaften)
22.11–22.34	3120	Ephemere und annuelle Teichbodenvegetation (*Isoeto-Nanojuncetea*-Gesellschaften)
–	3130	Mesotrophe Gewässer (*Nymphaeion*-Gesellschaften)
22.12–22.24	3140	Oligo- bis mesotrophe Stillgewässer (*Charetea fragilis, Potamogetonetea*-Gesellschaften)
22.13	3150, 3220	Natürliche Stillgewässer (*Potamogetonetea*-Gesellschaften, *Lemnetea*-Gesellschaften) mit Röhrichten der *Phragmitetea*
22.14	3160	Dystrophe Moorgewässer und Heideweiher (*Utricularietea*-Gesellschaften)
–	3180	Karstseen, wassergefüllte Dolinen (ephemere Gewässer)

Fließgewässer

CORINE	FFH	
24.223	3220	Röhrichte der *Phragmitetea,* Weichholzauen an Fließgewässern, Komplex mit *Salicion albae,- Salicion elaeagni, Alnion incanae*-Gesellschaften)
(22.13), 24.4	3260	Rheobionte Fließwasservegetation des Rhitral- und Potamalbereiches (*Ranunculion fluitantis*-Gesellschaften)
24.52	3270	Episodisch geflutete Flachufer mit *Bidentetea*-Gesellschaften (vor allem *Chenopodion rubri*-Gesellschaften)

Quellen

CORINE	FFH	
54.12	7220	Rheo- und Helokrenen (*Montio-Cardaminetea*-Gesellschaften, vor allem *Cratoneuron*-Gesellschaften)

Tab. 12. (Fortsetzung). Schützenswerte Biotoptypen Deutschlands nach der Directive 92/43 EEC (nach FFH-Code und CORINE-Nummern)

D. Zwergstrauch- und Ginsterheiden

CORINE	FFH	
31.11	4010	Atlantische Heiden (*Juncion squarrosi-, Ericion tetralicis*-Gesellschaften)
31.2	4030	Stechginsterheiden und *Calluna*-Heiden (*Genistion pilosae, Vaccinion myrtilli*)
31.4, 31.5	4060	Hochmontane, subalpine und alpine Heiden (*Loiseleurio-Vaccinion, Nardetalia strictae*-Gesellschaften p. pte.)
31.88	2310, 4010– 4060	Wacholderheiden auf Silikatstandorten

E. Gebüschkomplexe, Xerothermvegetationskomplexe

CORINE	FFH	
31.82	5110	Wärmeliebende natürliche Gebüschformationen der Xerothermvegetationskomplexe mit *Buxus sempervirens* etc. (*Berberidion*-Gesellschaften, *Prunion fruticosae*-Gesellschaften)
31.84	5120	Natürliche Besenginsterheiden und acidophytische Gebüschkomplexe (*Lonicero-Rubion silvatici*-Gesellschaften)
34.11, 34.12	5130, 6110, 6120	Xerothermvegetationskomplex mit *Geranion sanguinei*-Säumen, mit Gebüschen und Trockenwald
31.88	5130	Ginster- und Wacholderbüsche mit *Juniperus communis*

F. Natürliche und halbnatürliche Trockenrasen- und Gründlandformationen

CORINE	FFH	
34.31	5130, 6210	Inneralpine und präalpine Trockenrasen, Buntreitgrashalden mit *Calamagrostis varia*
34.11	2330, 6120	Kalk- und Silikatfelden (*Festuco-Sedetalia albi-, Alysso-Sedion albi-, Sedo-Scleranthetea*-Gesellschaften)
34.31– 34.34	5130, 6210, (6212, 6213)	Basiphytische Trockenrasen (*Festuco-Brometea*-Gesellschaften, bes. *Xerobromion*-Gesellschaften, *Festucion valesiacae*-Gesellschaften)
35.1	6230	Acidophytische Borstgrasrasen (*Nardetalia, Violion caninae*-Gesellschaften)
35.1– 36.45	6150– 6175	Subalpine und alpine Naturrasen (*Elyno-Seslerietea, Caricetea curvulae*)
–	6130	Submediterane Halbtrockenrasen (*Bromion-erecti*-Gesellschaften, *Seslerion albicantis*-Gesellschaften, *Cirsio-Brachypodion*-Gesellschaften)
36.4	6130	Schwermetallrasen (*Violetea calaminariae*-Gesellschaften)
3731	6410, 6510	Kalkoligotrophe Feuchtwiesen, Pfeifengras-Streuwiesen (*Molinietalia*-Gesellschaften), nährstoffreiche Feuchtwiesen (*Calthion*-Gesellschaften)

F. Fortsetzung

CORINE	FFH	
–	6440	Feucht- und Naßwiesen (*Calthion, Cnidion dubii*), Flutrasen (*Lolio-Potentillion*-Gesellschaften)
37.7, 37.8	6430– 6432	Hochstauden feuchter bis nasser Standorte (*Convolvuletalia sepium*-Gesellschaften, *Betulo-Adenostyletea*-Gesellschaften
38.2	6510– 6520	Glatthaferwiesen, Goldhaferwiesen, Alpenrispengraswiesen (*Arrhenatheretalia*-Gesellschaften

G. Hochmoore und Niedermoore

Naturnahe Hochmoore

CORINE	FFH	
–	7110	Intakte Hochmoore (*Sphagnetum medii, Erico-Sphagnetum),*
52.1–52.2	7130	Heidemoore, Zwergstrauch-, Pfeifengras-, Gebüsch- und Birken-reiche Hochmoorstadien (*Oxycocco-Sphagnetea*-Gesellschaften, *Betulion pubescentis*-Gesellschaften)
–	7120	Hochmoordegenerationsstadien (*Sphagnum cuspidatum*-reiche Vegetation)
54.5, 54.6	7140– 7150	Hochmoorschlenken, Moorkolke, (*Scheuchzerio-Caricetea nigrae*-Gesellschaften), Torfstiche (mit *Rhynchosporion*-Gesellschaften und *Narthecium*-reichen Vegetationstypen, sekundäre Vorkommen)

Waldfreie Niedermoore

CORINE	FFH	
53.3	7210	Großseggen- und Schneideriede (*Magnocaricion*-Gesellschaften, *Cladietum marisci*)
54.12	6220	Kleinseggensümpfe und Quellen, kalkreiche Standorte (*Montio-Cardaminetea*-Gesellschaften, *Caricetalia davallianae*-Gesellschaften p. pte)
54.2	7230	Kalkflachmoore (*Caricion davallianae*-Gesellschaften)

H. Natürliche Felsen, Block- und Geröllstandorte

CORINE	FFH	
62.1– 62.1A	6110, 8210	Natürliche Kalkfelsen (*Potentilletalia canescentis*-Gesellschaften)
62.2	8220, 8320	Natürliche Silikatfelsen und Serpentinfelsen (*Androsacetalia vandellii*-Gesellschaften, *Asplenion serpentini*-Gesellschaften)
–	8310	Natürliche Höhlen und Balmen
–	8150– 8160	Natürliche Schutthalden auf Kalk- und Silikatgestein

Tab. 12. (Fortsetzung). Schützenswerte Biotoptypen Deutschlands nach der Directive 92/43 EEC (nach FFH-Code und CORINE-Nummern)

I. Naturnahe Wälder			**Buchen- und Buchenmischwälder**		
CORINE	FFH		CORINE	FFH	
Feucht- und Naßwälder			41.12	2180,	*Quercetalia robori-petraeae*-Gesellschaf-
44.A1–	91D0,	Moorwälder im Randbereich von Hoch-		9120	ten, *Luzulo-Fagenion*-Gesellschaften
44.A4,	01D1,	mooren, Waldhochmoore (u.a. *Vaccinio*	–	2180,	*Fagetalia sylvaticae*-Gesellschaften (Si-
44.2, 44.3	91D4,	*uliginosi-Pinetum, Ledo-Pine-tum, Betu-*		9110–	likat-, Löß- und Kalkbuchenwälder)
	7140	*letum pubescentis, Betuletum cavpaticae,*		9140	
		Spirkenwälder mit *Pinus rotundata,*	–	9410	montane und subalpine Fichtenwälder
		Fichtenmoorwälder mit *Picea abies*)			
–	91E0	Erlen-Eschen-Auenwälder (mit *Alnus*	**Laubmischwälder trocken-warmer Standorte**		
		glutinosa, Alnus incana, Carici remo-	CORINE	FFH	
		tae-Fraxinetum), Weichholzauen des	–	2180	Kiefernmischwälder des *Dicrano-Pi-*
		Salicion albae			*nion,* Eichen-Trockenwälder des *Geni-*
44.2, 44.3	91F0	Hartholzauenwälder (vor allem *Querco-*			*sto germanicae-Quercion*
		Ulmetum, Pruno-Fraxinetum)	–	9150,	*Galio-Carpinetum, Carici-Fagetum,*
				9170	*Quercetalia pubes-centis*-Wälder
Block-, Schutt- und Hangwälder frischer Standorte					
CORINE	FFH		**Kiefern- und Trockenwälder**		
–	9180	*Tilio-Acerion*-Hangschuttwälder	CORINE	FFH	
41.24	9140,	Hainbuchenwälder des *Carpinion betuli*	42.4,	2180,	Schneeheide-Kiefernwälder der Alpen
	9160,	(teilweise Übergänge zu *Galio-Carpi-*	42.61	9430,	
	9170	*nion*-Gesellschaften)		9530	

Denn moderner Naturschutz darf sich nicht nur auf Naturschutzgebiete und damit auf kleinste Flächen (im Bundesgebiet etwa 2 %) beschränken. Naturschutz muß vielmehr auf der ganzen Fläche, abgestuft und angepaßt, stattfinden. Dieses neue Naturschutzverständnis entspricht auch dem Motto des Europäischen Naturschutzjahres 1995: „Naturschutz außerhalb von Naturschutzgebieten".

Der Bund hat seit 1976 keine Möglichkeit mehr, die Naturparke unmittelbar zu fördern (MERKEL 1995). Er wirkt allerdings über die Schaffung allgemeiner gesetzlicher Rahmenbedingungen auch auf die Entwicklung der Naturparke ein. Dies sind vor allem die Novelle des Bundesnaturschutzgesetzes, das Bodenschutzgesetz, die Fortsetzung des Programms „Förderung der Errichtung und Sicherung schutzwürdiger Teile von Natur und Landschaft mit gesamtstaatlich repräsentativer Bedeutung" und der deutsche Beitrag zum „Europäischen Netz besonderer Schutzgebiete" (**Natura 2000**), d.h. die Umsetzung der EG-Richtlinie zur Erhaltung der natürlichen Lebensräume sowie der wildlebenden Tiere und Pflanzen (**Fauna-Flora-Habitat-Richtlinie**). Alle genannten Maß-

nahmen sind auch für die Naturparke von Bedeutung.

Die Bestimmungen über die Naturparke im vorliegenden Konzept der Novelle des BNatSchG bleiben im wesentlichen unverändert. Der Absatz 2 des neuen § 30 (Naturparke) soll allerdings dahingehend ergänzt werden, daß Planung, Gliederung und Erschließung der Naturparke entsprechend ihrem Erholungszweck „unter Beachtung der Ziele und Grundsätze des Naturschutzes und der Landschaftspflege" erfolgen (MERKEL 1995).

Dabei ist vorgesehen, die „Biosphärenreservate" als neue rahmenrechtliche Schutzkategorie in das Bundesnaturschutzgesetz aufzunehmen. Diese Regelungen sollen sich inhaltlich an den Richtlinien der Organisation der Vereinten Nationen für Erziehung, Wissenschaft und Kultur (UNESCO) für die internationale Anerkennung von Biosphärenreservaten orientieren, die sich auf die Erhaltung und Entwicklung repräsentativer, historisch gewachsener Landschaften und der darin enthaltenen genetischen Vielfalt beziehen. Damit wäre ein wichtiger Beitrag zum Lebensraumschutz in Deutschland und in Europa geleistet. Das Hauptziel der FFH-

Richtlinie ist ja die Erhaltung der biologischen Vielfalt und die Erhaltung der natürlichen Lebensräume sowie der speziellen wildlebenden Tiere und Pflanzen in den verschiedenen biogeographischen Regionen Europas.

Es müssen künftig neue Konzepte entwickelt werden für umweltgerechte Nutzungen von ländlichen, urbanen und industriellen Räumen zur dauerhaften Erhaltung der Biodiversität in den Natur-, Kultur- und Industrielandschaften Deutschlands und Europas.

411

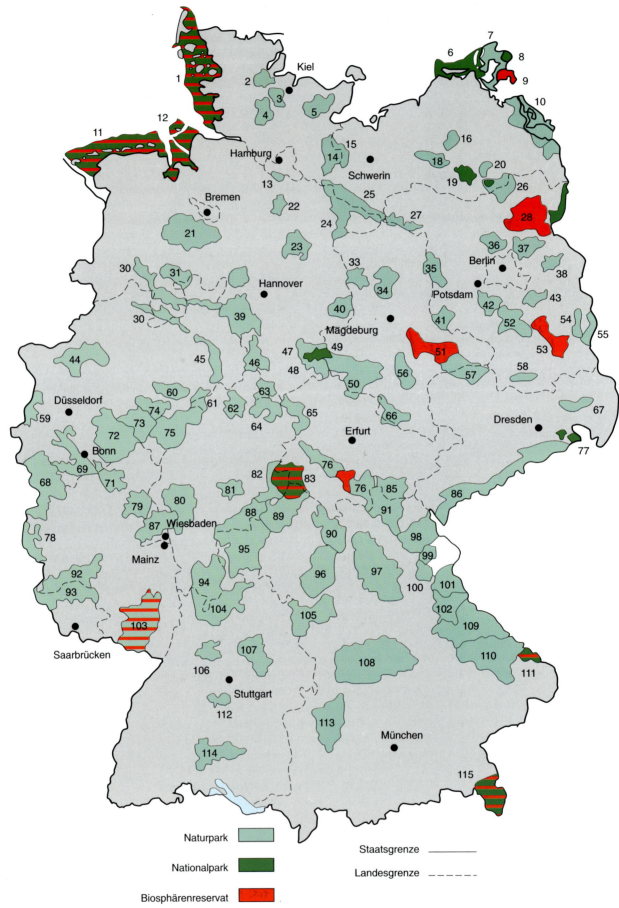

Abb. 872: Karte der Naturparke, Nationalparke und Biosphärenreservate in Deutschland 1995 (nach MERKEL 1995).

		Fläche (ha)			Fläche (ha)
1	Schleswig-Holstein Wattenmeer	285 000	58	Niederlausitzer Heidelandschaft	48 000
2	Hüttener Berge/Wittensee	23 072	59	Schwalm-Nette	43 500
3	Westensee	24 990	60	Arnsberger Wald	48 200
4	Aukrug	39 363	61	Diemelsee	33 421
5	Holsteinische Schweiz	58 100	62	Habichtswald	47 428
6	Vorpommersche Boddenlandschaft	80 500	63	Münden	37 370
7	Rügen	77 000	64	Meißner-Kaufunger Wald	42 058
8	Jasmund	3 000	65	Werratal-Eichsfeld	67 000
9	Südost Rügen	23 500	66	Saale-Unstrut-Triasland	78 534
10	Usedom	80 000	67	Oberlausitzer Heide und Teichlandschaft	21 843
11	Niedersächsisches Wattenmeer	240 000	68	Nordeifel	175 116
12	Hamburgisches Wattenmeer	11 700	69	Kottenforst-Ville	88 000
13	Harburger Berge	3 800	70	Siebengebirge	4 800
14	Lauenburgische Seen	44 400	71	Rhein-Westerwald	44 600
15	Schaalsee	16 200	72	Bergisches Land	191 000
16	Mecklenburgische Schweiz	(in Planung)	73	Ebbegebirge	77 736
17	Ückermünder Heide	(in Planung)	74	Homert	55 000
18	Nossentiner-Schwinzer Heide	32 000	75	Rothaargebirge	135 500
19	Müritz	31 300	76	Thüringer Wald	220 000
20	Tollensesee	(in Planung)	77	Sächsische Schweiz	9 300
21	Wildeshauser Geest	155 400	78	Südeifel	43 170
22	Lüneburger Heide	23 440	79	Nassau	59 000
23	Südheide	50 000	80	Hochtaunus	120 165
24	Elbufer-Drawehn	75 000	81	Hoher Vogelsberg	38 447
25	Elbetal	122 000	82	Hessische Rhön	70 000
26	Feldberg-Lychener Seenlandschaft	100 000	83	Rhön	132 600
27	Brandenburgische Elbtalaue	40 000	84	Vessertal-Thüringer Wald	15 750
28	Schorfheide-Chorin	125 891	85	Thüringer Schiefergebirge-Obere Saale	85 000
29	Untere Oder	22 364	86	Erzgebirge-Vogtland	149 000
30	Nördl. Teutoburger Wald/Wiehengebirge	122 000	87	Rhein-Taunus	80 788
31	Dümmer	47 210	88	Hessischer Spessart	73 000
32	Steinhuder Meer	31 000	89	Bayerische Rhön	124 500
33	Drömling	25 706	90	Haßberge	80 400
34	Colbitz-Letzlinger Heide	(in Planung)	91	Frankenwald	97 170
35	Westhavelland	(in Planung)	92	Saar-Hunsrück	91 807
36	Oberes Rhinluch	65 000	93	Saar-Hunsrück	102 000
37	Barnim	62 170	94	Bergstraße Odenwald	162 850
38	Märkische Schweiz	20 500	95	Bayerischer Spessart	171 000
39	Weserbergland/Schaumburg-Hameln	112 500	96	Steigerwald	128 000
40	Elm-Lappwald	47 000	97	Fränkische Schweiz –Veldensteiner Forst	234 600
41	Fläming	(in Planung)	98	Fichtelgebirge	102 000
42	Baruther Urstromtal	(in Planung)	99	Steinwald	23 330
43	Dahme Heideseengebiet	52 000	100	Hessenreuther u. Manteler Wald	27 000
44	Hohe Mark	104 087	101	Nördl. Oberpfälzer Wald	64 380
45	Eggegebirge und südlicher Teutoburger Wald	68 000	102	Oberpfälzer Wald	72 385
46	Solling-Vogler	53 000	103	Pfälzerwald	179 850
47	Harz	234 000	104	Neckartal-Odenwald	129 200
48	Harz	13 000	105	Frankenhöhe	110 450
49	Hochharz	5 900	106	Stromberg Heuchelberg	33 003
50	Kyffhäuser	11 400	107	Schwäbisch-Fränkischer Wald	90 400
51	Mittlere Elbe	43 000	108	Altmühltal	290 800
52	Niederlausitzer Landrücken	58 000	109	Oberer Bayerischer Wald	173 800
53	Spreewald	47 600	110	Bayerischer Wald	206 800
54	Schlaubetal-Gubener Heidegebiete	(in Planung)	111	Bayerischer Wald	13 000
55	Oder-Neiße	(in Planung)	112	Schönbuch	15 564
56	Unteres Saaletal	46 000	113	Augsburg-Westl. Wälder	117 500
57	Dübener Heide	44 000	114	Obere Donau	85 710
			115	Berchtesgaden	67 800

Schlüssel für die Biotoptypen (nach HAEUPLER & GARVE 1983, aus HAEUPLER & MUER in Vorbereitung), Syntaxonomische Entsprechung bei POTT 1995

H Salzwasser- und/oder tidebeeinflußte Lebensräume (weitgehend haline Biotope)

H 1 Meeresküsten

1 schlickige Flachküsten (Binnenküste)	....	
1 Unterwasserlebensräume[1]	*Zosterion marinae*	
1 ohne Höhere Pflanzen (Freiwasser, Pelagial, weiter zu untergliedern)	....	
2 Unterwasserrasen des Tiefwassers (nicht trockenfallend)	*Zosteretum marinae*	
3 Unterwasserrasen des Litoral (trockenfallend)	*Zosteretum noltii*	
2 Wattflächen	....	
1 Schlickwatt	....	
2 Mischwatt	....	
3 Sandwatt	....	
1 vegetationsfrei	....	
2 Quellerwatt	*Salicornion strictae*	
3 Schlickgras-Fluren	*Spartinion maritimae*	
4 Sommertrockene Halophyten-Pionierfluren	*Thero-Suaedion*	
5 Priele	....	
4 Salzwiesen	*Asteretea tripolii*	
1 Andelrasen	*Puccinellion maritimae*	
2 Strandnelkenrasen, Salzbinsen-weiden	*Armerion maritimae* p.p.	
3 kurzlebige Salzboden-Gesellschaften (auch H2)	*Puccinellio-Spergularion* p.p.	
4 Ephemere, wechselhaline Strand-Mastkrautfluren	*Saginion maritimae*	
2 sandige Flachküsten (Außenküste)	....	
1 Unterwasserlebensräume im Freiwasser, Pelagial (weiter zu untergliedern)	....	
2 Sandflächen	....	
1 Sandstrände (ohne Höhere Pflanzen)	....	
2 Spülsäume	*Atriplicion littoralis*	
3 Vordünen	*Agropyro-Honkenyion peploidis*	
4 Strandhaferdünen (Weißdünen) (Kontakte zu T2.1.1.4)	*Ammophilion arenariae*	
5 Graudünen[2]	*Koelerion arenariae*	
1 Rasen	→ T6.4	
2 Gebüsch	→ T2.2.1.4	
6 Braundünen	*Empetrion nigri*	
1 primäre Krähenbeerenheiden	→ T4.1	
2 sekundäre *Calluna*-Heiden	→ T4.2	

[1] viele Einheiten sind nach Nutzungsart und -intensität noch weiter zu untergliedern
[2] Ab hier sind die Küstendünen nicht mehr im Einfluß des Salzes, gehören also im Grunde nicht zu diesem Formationskomplex. Die Zuordnung geschieht hier nur grob nach Standortsmorphologie. Es wird auf die genaueren Einheiten verwiesen.

Schlüssel für die Biotoptypen (nach HAEUPLER & GARVE 1983, aus HAEUPLER & MUER in Vorbereitung), Syntaxonomische Entsprechung bei POTT 1995

7 Dünentäler	....	
1 trocken	→ T6.4	
2 feucht	→ u.a. S2	
3 Brackwasserformationen	....	
1 submers	....	
1 Armleuchteralgenrasen sauberen Brackwassers	*Charion canescentis*	
2 Untergetauchte Brackwasser-Meersalden-Gesellschaften (auch H2)	*Ruppion maritimae*	
3 Submerse Teichfaden-Gesellschaften	*Zannichellion pedicellatae*	
2 amphibisch		
1 Brackwasserröhrichte (→ H.2.5)	*Bolboschoenion maritimi*	
4 weiche Steilküsten (Kies, Lehm, Sand, Moränen, v.a. Ostsee) (vgl. T5.3)	....	
1 Steilhänge	....	
2 Hangfüße	....	
3 Geröll- und Blockstrände	u.a. *Crambe maritima*-Ges.	
5 Felsküsten (nur Helgoland)	*Crithmo-Armerion maritimae*-Ges.	

H2 Binnensalzstellen

1 natürliche Salzquellen	*Charion canescentis*	
2 künstliche Salzstellen	....	
2 Salinen (incl. Gradierwerke u.ä.)	....	
2 Kalihalden (→ T10)	....	
3 Zechenteiche, Bergehalden	....	
1 makrophytenfreie Flächen	....	
2 Quellerfluren	*Salicornion ramosissimae*	
3 kurzlebige Salzboden-Gesellschaften	*Puccinellio-Speruglarion* p.p.	
4 Strandnelkenrasen, Salzbinsen-weiden	*Armerion maritimae*	
5 Strandsimsenröhrichte (→ H1.3.4)	*Bolboschoenion maritimi*	

H3 Süßwasser-Tidebereiche (Kontkate zu L4)

1 Ästuare	*Phalaridion* p.p., *Salicion albae* p.p.	
2 Deltabildungen	....	
Freiwasser	....	
2 Süßwasserwatten (ohne Höhere Pflanzen)	....	
3 Röhrichte	*Phragmition australis* p.p.	
4 Hochstaudenfluren (→ L5.2.6) von diversen Endemiten u. Neophyten	*Senecionion fluviatilis*-Ges.	
5 Tideauenwald (vgl. L5.2)	*Salicion albae* p.p.	

Schlüssel für die Biotoptypen (nach Haeupler & Garve 1983, aus Haeupler & Muer in Vorbereitung), Syntaxonomische Entsprechung bei Pott 1995

L Binnengewässer (Limnische Biotope)

L1 Unterirdische Gewässer

1	Grundwasser	....
2	Höhlengewässer	....
	2 Fließgewässer	....
	1 Stillgewässer	....
3	Gewässer in künstlichen Höhlungen (vgl. T10)	....
	1 kalkarm	....
	2 kalkreich (Karst)	....

L2 Quellgewässer, Quellfluren

1	Tümpelquellen (Limnokrenen)	*Charetea* p.p.
2	Karstquelltöpfe	*Charetea* p.p.
3	Sicker- und Rieselquellen, Sumpfquellen (Helokrenen)	*Montio-Cardaminetea*-Ges.
	1 kalkarm (Weichwasser)	*Philonotidion seriatae*-Ges.
	1 montan	*Cardamino-Montion*
	2 alpin	*Philonotidion seriatae*
	2 kalkreich (Hartwasser)	*Cratoneurion commutati*
	3 Waldquellfluren (vgl. T7.3.7)	*Caricion remotae*-Ges. *Chrysosplenio oppositifolii-Alnetum glutinosae*
4	Sturz- oder Fließquellen (Rheokrenen)	*Montio-Cardaminetea*-Ges.
5	Quellbäche	*Montio-Cardaminetea*-Ges.
6	Thermalquellen	*div. Algen-Ges.*
7	gefaßte Quellen (→ T10)	....
	1 beschattet	....
	2 teilbeschattet	....
	3 unbeschattet	....
	1 temporär	....
	2 dauernd	....

L3 Stehende Gewässer (incl. Ufer- und Verlandungsbereiche ohne Gehölze, Kontakt zu H4, S2, T7.3, T7.4)

1	Seen	*Potamogetonetea*-Ges.
2	seeähnliche Altwasser von Flüssen	*Potamogetonetea*-Ges.
3	temporäre Kleingewässer (Tümpel)	*Potamogetonetea*-Ges.
4	Kleinstgewässer	*Potamogetonetea*-Ges.
	1 mit Wasser gefüllte Wagenspuren	....
	2 Pfützen	....
	3 Regentonnen	....
	4 Jauchepfützen	....
	5 vollgesogene Moospolster	....
5	Stauseen	*Potamogetonetea*-Ges.
6	kommerzielle Fischteiche	*Potamogetonetea*-Ges.
7	Zierteiche, Gartenteiche	*Potamogetonetea*-Ges.

Schlüssel für die Biotoptypen (nach Haeupler & Garve 1983, aus Haeupler & Muer in Vorbereitung), Syntaxonomische Entsprechung bei Pott 1995

8	Rieselfelder, Klärteiche (Zuckerfabriken u.ä.)	*Potamogetonetea*-Ges.
9	Kiesgruben-, Steinbruch- und Tagebauwässer in Sandgruben (infolge von Bodenabbau insgesamt)	*Potamogetonetea*-Ges.
1	makrophytenfreies Wasser	....
2	Unterwasserrasen	*Charetea fragilis*
	1 in sauren Gewässern u. Torfstichen	*Nitellion flexilis*
	2 in Grundwasseraustritten voralpiner Schotterflächen, tiefe, klare Seen	*Nitellion syncarpo-tenuissimae*
	3 im Hartwasser	*Charion asperae*
	4 ephemer in episodischen Kleingewässern	*Charion vulgaris*
3	freischwimmende Pflanzendecken	*Lemnetea minoris*
	1 in Sauberwasser	*Riccio-Lemnion trisulcae*
	2 in nährstoffreichem Wasser	*Lemnion gibbae*
	3 wärmeliebende Schwimmfarn-Gesellschaften	*Lemno minoris-Salvinion natantis*
	4 Krebsscheren und Froschbißdecken	*Hydrocharition morsus-ranae*
4	wurzelnde Laichkraut- und Schwimmblattbestände	*Potamogetonetea pectinati*
	1 ohne Schwimmblätter	*Potamogetonion pectinati* p.p.
	2 mit Schwimmblättern	*Nymphaeion albae* p.p.
	3 amphibische Wasserfeder- und Wasserhahnenfußbestände	*Ranunculion aquatilis*
5	Großröhrichte (vgl. S2.1) (Schilf, Rohrkolben)	*Phragmition australis*
6	subaquat.-amphibische Litoralges. oligo- bis mäßig nährstoffreiches Gewässer	*Littorelletea uniflorae*
	1 oligotrophe Heideseen auf reinen Quarzsanden	*Littorellion uniflorae*
	2 wechselnasse Flachgewässer über organischen Bodensubstraten	*Hydrocotylo-Baldellion*
	3 wechselnasse bis schwach brackige Dünentäler	*Samolo-Baldellion*
	4 dichte Teppiche basenreicher Wechselwasserzonen	*Eleocharition acicularis*
	5 endem. Bodensee-Strandschmielen-Bestände	*Deschampsion litoralis*
7	einjähriger Bewuchs trockengefallener Teichböden und Ackersenken (Kont. zu T9.1)	*Isoeto-Nanojuncetea bufonii*
	1 Teichböden	*Elatino-Eleocharition ovatae*
	2 Zwergpflanzengesellschaften wechselfeuchter Standorte	*Radiolion linoidis*

Schlüssel für die Biotoptypen (nach Haeupler & Garve 1983, aus Haeupler & Muer in Vorbereitung), Syntaxonomische Entsprechung bei Pott 1995

3	dto. auf Standorten mit erhöhter Bodensalzkonzentration	*Nanocyperion flavescentis*
1	kalkarm (Weichwasser)	*Potamogetonetea*-Ges.
2	kalkreich (Hartwasser)	*Potamogetonetea*-Ges.
1	dystroph	*Potamogetonetea*-Ges.
2	oligotroph	*Potamogetonetea*-Ges.
3	mesotroph	*Potamogetonetea*-Ges.
4	eutroph	*Potamogetonetea*-Ges.
5	polytroph	*Potamogetonetea*-Ges.
1	wechselnde Wasserstände	*Potamogetonetea*-Ges.
2	gleichbleibende Wasserstände	*Potamogetonetea*-Ges.
1	mit Flachufer	*Potamogetonetea*-Ges.
2	mit Steilufer	*Potamogetonetea*-Ges.
1	sonnig	*Potamogetonetea*-Ges.
2	beschattet	*Potamogetonetea*-Ges.

L4 Fließende Gewässer (incl. Uferbereiche ohne Gehölze, Kontakte zu H3, L3, L5, T7.3, 7.4)

1	Bäche, kleine Flüsse, stark fließend (meist sommerkalt) (Rhitral)	*Ranunculion fluitantis*
2	große Flüsse und Ströme, langsam fließend (meist sommerwarm) (Potamal)	*Potamogetonetea*- und *Nymphaeion*-Ges.
1	sandig-kiesige Fließgewässer-Abschnitte, Epipotamal (Barbenregion)	*Potamogetonetea*-Ges.
2	sandig-schlammige Fließgewässer-Abschnitte d. Ebene, Metapotamal (Brassenregion)	*Potamogetonetea*-Ges. und *Bidentetea*-Ges.
3	Mündungsbereich, Hypopotamal (Kaulbarsch-Flunderregion)	*Potamogetonetea*-Ges. und *Bidentea*-Ges.
3	Altläufe in Verbindung mit dem Fluß	*Potomogetonetea*-Ges. s.l.
4	kleine, langsam fließende Gräben	*Potamogetonetea*-Ges.
5	temporäre Fließgewässer	*Potamogetonetea*-Ges.
6	Wasserfälle	*Potamogetonetea*-Ges.
7	technisch ausgebaute Fließgewässer	*Potamogetonetea*-Ges.
8	Stauhaltungen in Flüssen	*Potamogetonetea*-Ges.
9	Kanäle und träge fließende Kunstgewässer	*Potamogetonetea*-Ges.
10	Beton und Steinrinnen	....
1	Freiwasser	....
2	submerse, fest verwurzelte Wasserpflanzenbestände	*Potamogetonetea pectinati*
1	ohne Schwimmblätter	*Potamogetonion pectinati* p.p.
2	mit Schwimmblättern	*Nymphaeion albae* p.p.
3	strömungsresistente Wasserhahnenfuß- und Wasserstern-Gesellschaften	*Ranunculion fluitantis*
3	Fließgewässerröhrichte	*Phalaridion arundinaceae*

Schlüssel für die Biotoptypen (nach Haeupler & Garve 1983, aus Haeupler & Muer in Vorbereitung), Syntaxonomische Entsprechung bei Pott 1995

4	Bach-Kleinröhrichte	*Glycerio-Sparganion*
5	Buhnen und Steinpackungen	....
6	Flußdünen, Ansandungen	*Bidentetea*-Ges.
7	Kiesbänke tieferer Lagen	*Potamogetonetea*-Ges.
8	Schwemmkegel von Flußmündungen	*Potamogetonetea*-Ges.
9	Schuttfächer von Gebirgsbächen	*Epilobion fleischeri*-Ges.
1	kalkarm (Weichwasser)	*Potamogetonetea*-Ges.
2	kalkreich (Hartwasser)	*Potamogetonetea*-Ges.
1	dystroph	....
2	oligotroph	....
3	mesotroph	....
4	eutroph	....
5	polytroph	....
1	mit Flachufer	....
2	mit Steilufer	....
1	nicht ausgebaut	....
2	schwach ausgebaut	....
3	stark ausgebaut	....
1	sonnig	....
2	beschattet	....

L5 Fluß- und Bachauen-Lebensräume

1	Gebirgsfluß- und Bachauen	*Epilobion fleischeri-, Alnion incanae*-Ges. h.a.
1	Flußgeröllfluren, alpine Schwemmuferfluren	*Epilobion fleischeri*
2	Auengebüsche (Weiden, Grünerlen u.a.)	*Salicion elaeagni*
3	Auenwälder (Weiden, Grauerlen)	*Alnetum incanae*
2	Fluß- und Bachauen tieferer Lagen	*Salicion albae*
1	Auengebüsche (Korb- und Mandelweiden u.a.)	*Salicetum triandro-viminalis*
2	Weichholz-Auenwälder (Silberweiden u.a.)	*Salicetum albo-fragilis*
3	Hartholz-Auenwälder (Ulmen-Eschen-Eichen-Auenwälder)	*Alnion incanae* p.p.
1	Eichen-Ulmen-Auenwälder der Flüsse	*Ulmenion minoris*
2	Bachauen, von Schwarzerle dominiert	*Alnenion glutinosae*
4	einjähriger Bewuchs trockenfallender Flußufer (vgl. T8.3)	*Bidentetea tripartitae*
1	stickstoffliebende Wasserpfeffer-Zweizahn-Uferfluren	*Bidention tripartitae*
2	stickstoffliebende Flußmelden-fluren	*Chenopodion rubri*
5	stickstoffliebende Uferhochstauden-fluren	*Senecionion fluviatilis*

Schlüssel für die Biotoptypen (nach HAEUPLER & GARVE 1983, aus HAEUPLER & MUER in Vorbereitung), Syntaxonomische Entsprechung bei POTT 1995

1	Pestwurzfluren	*Chaerophyllo-Petasitetum officinalis* (incl. *Phalarido-Petasitetum officinalis*)
2	Knollenkälberkropf-Auensäume	*Chaerophylletum bulbosi*
3	Hochstaudensäume in Ufer-Steinpackungen	*Convolvulo-Archangelicetum*
4	Mädesüß-Uferfluren	*Filipendulion*
5	Flußgreiskraut-Stromtal-Staudensäume	*Senecionetum fluviatilis*
6	Zaunwinden-Nesselseide-Schleier	*Cuscuta europaea-Convolvulus sepium-*Ges.
7	Neophytische Staudendickichte (→ H3.3)	*Senecion fluviatilis-*Ges.

S Semiterrestrische Lebensräume (Moore, Sümpfe, Bruchwälder)

S1 Hochmoore (bis Übergangsmoore) ohne Gehölze

1	Schlenken, Kolke	*Utricularietea intermedio-minoris, Scheuzerio-Caricetea-*Ges. (vor allem *Sphagno-Utricularion* u. *Rhynchosporion albae*)
2	Schwingrasen	*Caricion lasiocarpae*
3	Bultkomplexe	*Oxycocco-Sphagnetea*
1	torfmoosreich	*Oxycocco-Ericion tetralicis*
2	zwergstrauchreich, subkontinental, montan	*Sphagnion magellanici*
4	Torfstiche	*Utricularietea-*Ges., *Scheuchzerio-Caricetea-*Ges.
1	wasserreich	*Utricularietea intermedio-minoris, Scheuchzerio-Caricetea-*Ges.
2	weitgehend verlandet	*Potamogetonetea-*Ges.
5	abgetorfte Flächen	....
1	vorwiegend nackter Torf (incl. Torfhalden)	....
2	torfiges Brachland (Pfeifengrasstadien, Birkenstadien u.ä.)	*Molinia caerulea-*Ges., *Betula pubescens-*Ges.
3	bis zum Mineralgrund abgetorft	....

S2 Hochmoor-Randsümpfe, Zwischenmoore und Niedermoore ohne Gehölze

1	Großseggenriede (Kontakte zu L3, L4, T7.3)[3]	*(Magno)Caricion elatae*
1	mesotraphente Ausbildungen	*Caricetum rostratae*
2	nährstoffreiche Ausbildungen	*Caricetum gracilis*
2	Kleinseggenriede (Kontakte zu L2)	*Caricetalia nigrae-*Ges.
1	Braunseggensümpfe u.a. kalkarme Riede	*Caricion nigrae*
2	Davallseggen- u.a. Kalkniedermoore	*Caricion davallianae*
1	in Küstendünen	div. Ass.
2	im Alpenraum	div. Ass.
3	im Mittelgebirgsraum	div. Ass.
3	alpine Schwemmufer-Gesellschaften und Rieselfluren	*Caricion atrofusco-saxatilis*
3	Glockenheide-Feuchtheide-Formationen (→ T4.5)	*Ericion tetralicis*
4	oligotrophe Heideseen	*Littorellion uniflorae*

S3 Gehölzreiche Übergangsmoore und Bruchwälder

1	Randgehänge Waldhochmoore	*Betulion pubescentis-*Ges.
1	vorwiegend Laubholz (Birke)	........[4]
2	vorwiegend Nadelholz (Kiefer, Spirke, Fichte)	........[4]
2	arme Übergangsmoore, Moorgebüsche und .... Bruchwälder	
1	Weidengebüsche und Pionierwälder (incl. Gagelgebüsche)	*Salicion cineraeae*
2	Birken- und Kiefernbrüche auf Torf	*Betulion pubescentis*
3	Bergkiefern-Moorwälder	*Vaccinio uliginosi-Pinetum rotundatae*
4	Fichtenbrüche und Moorwälder	*Vaccinio myrtilli-Piceetum* und *Bazzario-Piceetum*
5	Erlenbrücher	*Alnion glutinosae*

T Terrestrische Lebensräume

T1 Wälder (Kontakte zu T8, bei starker Beeinflussung durch den Menschen zu T6, T9)

1	Laubwälder, laubholzbeherrschte Mischwälder	*Querco-Fagetea-*Ges., *Quercetea robori-petraeae*–Ges.
1	Buchen- und Buchenmischwälder	*Fagion sylvaticae*
1	Moderbuchen-Wälder (Hainsimsen-Buchenwälder)	*Luzulo-Fagenion*
2	Flattergras-Buchen-Wälder u.a. Buchenwälder mittlerer Trophie	*Maianthemo-Fagetum* p.p.
3	Mull-Buchenwälder auf Braunerden (nährstoffreich)	*Galio odorati-Fagenion*
4	Trockenhang-Kalk-Buchenwälder (auf Rendzinen)	*Cephalanthero-Fagenion*
5	montane Tannen-Buchen-Wälder	*Lonicero alpigenae-Fagenion*

[3] nach dominierenden Arten weiter zu gliedern
[4] z.T. in den folgenden Typen (S3.2) bzw. in S2

417

Schlüssel für die Biotoptypen (nach Haeupler & Garve 1983, aus Haeupler & Muer in Vorbereitung), Syntaxonomische Entsprechung bei Pott 1995

6 Hochlagen-Buchenwälder (mit Bergahorn)	*Aceri-Fagenion*	
2 Laubmischwälder außerhalb der Fluß-auen (→ L5) und Moore (→ S3)	....	
1 ahorn- und eschenreiche Mischwäl-der (Schlucht- und Schatthang-Wälder)	*Tilio platyphylli-Acerion pseudoplatani*	
2 Lindenmisch-Wälder (Schutthalden-wälder)	*Aceri platanoidis-Tilietum platyphylli*	
3 Eichen-Hainbuchen-Wälder	*Carpinion betuli*	
4 wärmeliebende Eichenmischwälder	*Quercetalia pubescentis*	
1 Flaumeichenwälder	*Quercion pubescentis*	
2 Steppeneichenwälder	*Potentillo albae-Quercion petraeae*	
5 bodensaure Eichenmischwälder	*Quercion roboris*	
1 Birken-Eichen-Wälder	*Betulo-Quercetum roboris*	
2 Buchen-Eichen-Wälder	*Periclymeno-Fagetum*	
3 windharte Pappel-Eichen-Wälder der Küsten	*Populo-tremulae-Quercetum petraeae*	
4 Felshang-Hainsimsen-Trauben-Eichen-Wälder	*Luzulo-Quercetum petraeae* u. *Hieracio glaucini-Quercetum petraeae*	
5 subkontinentale Kiefern-Eichen-Wälder	*Calamagrostio arundinaceae-Quercetum petraeae*, *Pulsatillo-Pinetea*-Ges.	
1 auf kalkarmen, sehr sauren Böden	*Pyrolo-Pinetum*	
2 auf mäßig bis schwach sauren Böden	*Diantho-Pinetum*	
3 auf kalkreichen Böden	*Erico-Pinetea*-Ges.	
1 feucht (frei von Überschwemmungen!), diese unter S4	....	
2 frisch	*Molinio-Pinetum*	
3 trocken	*Erico-Pinetum*, u.a.	
1 Schonungen	....	
2 Stangenholz	....	
3 Niederwälder	....	
1 aus Eichen	*Quercus*-Niederwald	
2 aus Eichen und Hain-buchen	*Quercus*- und *Corylus*-Niederwald	
3 aus Hasel	*Corylus*-Niederwald	
4 aus Buche	*Fagus*-Niederwald	
5 aus sonstigen Gehölzen	s.o. (Niederwälder)	
4 Mittelwälder	s. T1 (entsprechend modifiziert)	

5 Hudewälder (meist Reste)	s. T1 (entsprechend modifiziert)	
6 Hochwälder (Kahlschläge → T2)	s. T1 (entsprechend modifiziert)	
7 Feldgehölze, „Stühbüsche" u. „Kratts" (naturnahe Restbestände mit starken Randeffekten)	s. T1 (entsprechend modifiziert)	
8 Altholz (incl. Totholz)	s. T1 (entsprechend modifiziert)	
1 Bestände	....	
2 Einzelbäume	....	
3 Tot- und Moderholz	....	
2 Laubholzbestände nicht bodenständiger Arten (vgl. T9)	Anthropogene Gehöl-ze, Wälder urbanindu-strieller Standorte	
1 Hybridpappelbestände	*Populus*-Bestände	
2 Robinienwälder	*Robinia pseudoacacia*-Ges.	
3 Roteichenforste	*Quercus rubra*-Forste	
4 Bestände anderer Exoten	....	
3 Parks und waldähnliche Anlagen (Mischung autochtoner und exotischer Arten) (→ T9.6)	....	
4 Nadelwälder, nadelbaumbeherrschte Mischwälder (Kontakte zu S3)	....	
1 Kiefernwälder	....	
1 Moosreiche Sand-Kiefernwälder	*Dicrano-Pinetum sylvestris*	
2 Kiefer-Trockenwälder (Kiefer-Steppenwälder)	*Cytiso ruthenici-Pinion*	
3 Schneeheide-Kiefern-Wälder (auf Kalk)	*Erico-Pinion*	
2 Tannenmischwälder	*Galio-Abietenion*	
3 Fichtenwälder	....	
1 vermoorte Fichten-Wälder auf Mineralboden (→ S3.2)	*Piceion excelsae*	
2 Zwergstrauchreiche Tannen-Fichten-Wälder	*Abieto-Piceion*	
3 Blockschutthalden-Wälder (Kontakte zu T5.1)	*Betulo carpaticae Piceetum*	
4 Lärchen-Arven-Wälder (Kontakte zu T3.1.4)	*Rhododendro-Vaccinion*	
5 Nadelholzforsten	....	
1 Waldkiefernforsten	*Pinus sylvestris*-Forst	
2 Schwarzkieferaufforstungen	*Pinus nigra*-Forst	
3 Fichenforsten	*Picea abies*-Forst	
4 Lärchenforsten	*Larix*-Forst	
5 Douglasienforsten	*Pseudotsuga*-Forst	
6 andere Exoten	....	

Schlüssel für die Biotoptypen (nach HAEUPLER & GARVE 1983, aus HAEUPLER & MUER in Vorbereitung), Syntaxonomische Entsprechung bei POTT 1995

1	auf kalkarmen, sehr sauren Böden	....	
2	auf mäßig bis schwach sauren Böden	....	
3	auf kalkreichen Böden	....	
	1 feucht (frei von Überschwemmungen)	....	
	2 frisch	....	
	3 trocken	....	
	1 Schonungen	....	
	2 Stangenholz	....	
	3 Hochwälder	....	
	4 Altholz	....	
	1 Bestände	....	
	2 Einzelbäume	....	
	3 Tot- und Moderholz	....	

T2 Waldlichtungsfluren und Gebüsche (vgl. T9.6)

1	Waldmäntel	*Fanguletea-alni*-Ges., *Rhamno-Prunetea*-Ges.
2	Gebüsche	*Rhamno-Prunetea*-Ges.
3	Hecken	*Rhamno-Prunetea*-Ges.
	1 Niederhecken	*Rhamno-Prunetea*-Ges.
	2 Mittelhecken	*Rhamno-Prunetea*-Ges.
	3 Baumhecken	*Rhamno-Prunetea*-Ges.
	4 Wallhecken	*Rhamno-Prunetea*-Ges.
	5 rudimentäre Heckenreste	*Rhamno-Prunetea*-Ges.
	1 Langlebige Schlehengebüsche ohne Brombeeren	*Prunetalia spinosae*
	1 Wärmebedürftige Gebüsche auf Kalk	*Berberidion vulgaris*
	1 Schlehen-(Liguster-)Gebüsche	*Ligustro Prunetum*
	2 Felsmispel- und Felsbirnen-Gebüsche	*Cotoneastro-Amelanchieretum*
	3 Sanddorngebüsche des Alpenvorlandes	*Hippophao-Berberidetum*
	4 Wacholdergebüsche auf Sandheiden	*Dicrano-Juniperetum communis*
	5 Wacholdergebüsche auf Kalk	*Roso caninae-Juniperetum communis*
	2 kontinentale Zwergkirschengebüsche	*Prunion fruticosae*
	3 Hainbuchen-Schlehen-Gebüsche auf kalkreichen Böden	*Carpino-Prunion*
	4 Dünenweidengebüsche (mit Dünenrose) (Kontakte zu H1.2.4)	*Salicion arenariae*
	2 Kurzlebige subatlantische Brombeergebüsche[5]	*Pruno-Rubion radulae*
4	Lichtungsfluren, Schläge und Vorwälder	*Epilobietea*-Ges.

[5] vgl. auch T 4.2 und T 5.3

Schlüssel für die Biotoptypen (nach HAEUPLER & GARVE 1983, aus HAEUPLER & MUER in Vorbereitung), Syntaxonomische Entsprechung bei POTT 1995

1	auf sauren Böden	*Carici piluliferae-Epilobion*-Ges.
	1 Weidenröschen- und Fingerhut-Schläge	*Carici piluliferae-Epilobion angustifolii*
	2 Besenginster und brombeerreiche Pioniergesellschaften	*Lonicero-Rubion silvatici*
	3 Salweiden-Vorwaldgehölze (u.a. reine Himbeerschläge, Salweidengebüsche, Ebereschenvorwälder)	*Sambuco-Salicion capreae* p.p.
	2 auf basenreichen Böden	....
	1 Tollkirschenschläge	*Atropion belladonnae*
	2 Waldklettenschläge u. Holunder-Vorwaldgehölze	*Sambuco-Salicion capreae*
	3 Salweiden-Vorwaldgehölze (u.a. Fuchsgreiskraut-Gesellschaft, Salweidengebüsche)	*Sambuco-Salicion capreae* p.p.
5	Gebüsche aus Exoten	....
	1 Kartoffelrosengebüsche der Dünen	*Rosa rugosa-*Gesellschaft
	2 Bocksdorngebüsche	*Lycium barbarum-*Gesellschaft
	3 Gartenbrombeergebüsche	*Rubus armeniacus-*Gesellschaft
	4 Hybridweidengebüsche (vgl. T9.6.4, T10.4)	*Franguletea alni-*Gesellschaft
	5 Götterbaumgebüsche	*Ailanthus altissima-*Gesellschaft

T3 Hochstaudenfluren, Gebüsche und Rasen an und oberhalb der Waldgrenze (Kontakte zu T4, T5, T7.2.2)

1	Subalpine Hochstaudenfluren und Gebüsche	*Betulo-Adenostyletea-*Ges.
	1 Grünerlengebüsche	*Adenostylion alliariae*
	2 subalpine Lägerfluren	*Rumicion alpini*
	3 Legföhrenbestände (Krummholz)	*Pinus mugo-*Ges.
	4 Alpenrosengebüsche (Kontakte zu T1.4...4)	*Rhododendro ferruginei-Vaccinietum*
	5 Zwergwacholder-Bärentrauben-Heiden	*Arctostaphylo-Juniperetum nanae*
	6 Gebirgs-Hochgrasfluren	*Calamagrostion villosae*
2	arktisch alpine Windheiden und -rasen	*Loiseleurio-Vaccinietea*
	1 Krähenbeeren-Rauschbeeren-Heiden	*Vaccino uliginosi-Empetretum hermaphroditi*
	2 Alpenazaleen-Windheiden	*Loiseleurio-Cetrarietum*
	3 Nacktriedrasen	*Elynion myosuroides*
3	Schneeböden	*Saliceta herbaceae*

Schlüssel für die Biotoptypen (nach HAEUPLER & GARVE 1983, aus HAEUPLER & MUER in Vorbereitung), Syntaxonomische Entsprechung bei POTT 1995

1	Silikatschneebodenfluren	*Salicion herbaceae*
2	Kalkschneebodenfluren	*Arabidion caeruleae*
4	alpine Rasen	....
1	alpine Sauerbodenrasen	*Caricetalia curvulae*
2	alpine Kalkrasen	*Seslerietea albicantis*
1	trockenheitsertragende Polsterseggen- und Blaugras-Horstseggen-Rasen	*Seslerion albicantis*
2	auf oft durchrieselten, frischen Böden (Rostseggenrasen)	*Caricion ferrugineae*
3	alpine Milchkrautweiden und Ur-Fettweiden (→ T7.2.2)	*Poion alpineae*

T4 Zwergstrauchheiden außerhalb der Hochgebirge

1	primäre Krähenbeerenheiden (Kontakte zu T2.1.1.4) v.a. auf Braundünen	*Ulicetalia minoris* *Empetrion nigri*
2	Sandheiden (incl. anthropo-zoogener Besenheidebestände)[6]	*Genistion pilosae*
3	Bergheiden	*Vaccinio-Callunetum*
4	Besenginsterheiden	*Rubo plicati-Sarothamnetum*
5	Feuchtheiden (→ S2.3)	*Ericion tetralicis*
1	flächendeckend	*Ericion*-Ges.
2	rudimentär als Säume an Wegen	*Ericion*-Ges.
1	typisch	*Ericion*-Ges.
2	vergraste Altersstadien	*Avenella flexuosa*-Stadien
3	mit Anflug von Pioniergehölzen	*Betula pendula*-Stadien, etc.

T5 Gehölzfreie Fels- und Geröllfluren (Kontakte zu T3, T6)

1	Steinschutt- und Geröllfluren (vgl. L4.6)	*Thlaspietea rotundifolii*
1	auf Silikatgestein	*Androsacetalia alpinae*-Ges.
1	hochmontan-alpin	*Androsacion alpinae*
2	submontan-montan	*Galeopsion segetum*
3	gehölzfreie Blockhalden der Mittelgebirge (Kontakt zu T1.4.3.3)	....
4	alpine Felsgrus-(Hauswurz-)Fluren	*Sedo-Scleranthion biennis*
2	auf Kalkgestein	....
1	wärmeliebende Schuttfluren	*Stipion calamagrostis*
2	Schuttfluren der Hochgebirge	....
1	beweglicher Grobschutt	*Thlaspion rotundifolii*
2	Feinschutt- und Mergelhalden	*Petasition paradoxi*
3	Schwermetallrasen, Galmeifluren	*Violetalia calaminariae*
4	Lesesteinhaufen	....
5	Lawinenbahnen (Kontakte zu T3, T7)	....

[6] nach Standorten weiter zu gliedern, z.B. Dünen, Sandgebiete des Binnenlandes, Bergländer

Schlüssel für die Biotoptypen (nach HAEUPLER & GARVE 1983, aus HAEUPLER & MUER in Vorbereitung), Syntaxonomische Entsprechung bei POTT 1995

2	Felsfluren (Mauern → T10.1.2)	*Asplenietea trichomanis*
1	steile Felswände	*Asplenietea*-Ges.
1	nackter Fels, ohne jegliche Vegetation	*Asplenietea*-Ges.
2	Fels mit Flechtenüberzügen	*Asplenietea*-Ges.
1	Silikat	*Asplenietea*-Ges.
2	Kalk	*Asplenietea*-Ges.
1	Silikatfels-Flechten	*Rhizocarpetea geographici*
2	Karbonatfels-Flechten	*Protoblastenietea immersae*
3	Tintenstriche	....
4	Vogelfelsen	....
1	Kalk	*Caloplacion decipientis*
2	Urgestein	*Rhizoplacion chrysoleucae*
2	Felsspalten	*Asplenietea trichomanis*
1	Silikat	*Androsacetalia vandellii*
1	Silikatfugenfluren mit Nordischem Streifenfarn	*Androsacion vandellii*
2	schattige, luftfeuchte Silikatfluren des atlantischen Mittelgebirge	*Asarinion procumbentis*
3	Serpentinfugenfluren	*Asplenion serpentini*
4	Spalier- und Felsstrauchbestände	....
2	Kalk	*Potentilletalia caulescentis*
1	trockene Kalkfugenfluren (mit Mauerraute)	*Potentillion caulescentis*
2	feuchte Kalkfugenfluren (mit Blasenfarn)	*Cystopteridion fragilis*
3	Höhlen	u.a. *Leprarion chlorinae*
1	Halbhöhlen (Balmen)	*Sisymbrio austriaci-Asperuginetrum*
2	Höhle ohne Tageslichteinfluß	....
3	Stollen und Schächte	....
3	Weichgesteinswände (vgl. H1.4) → T10.6	....
1	Löß-Hohlwege bzw. -Wände	*Solorina asteriscus*-Flechten-Ges.
2	Molassefelsen (weiche Sandsteine)	....
3	Prallhänge von Fließgewässern	....
4	Erdrutsche	....
5	Firnflächen	....

T6 Magerrasen (Kontakte zu L5.2, T1, T5)

1	Felsrasen (Kontakte zu T5)	....
1	Silikat (→ T5.1.1)	*Koelerio-Corynephoretea*-Ges.

Schlüssel für die Biotoptypen (nach Haeupler & Garve **1983, aus** Haeupler & Muer **in Vorbereitung), Syntaxonomische Entsprechung bei** Pott **1995**

2	Kalk	*Festuco-Brometea-Ges.*
	1 wärmeliebende Kalkfelsgrusrasen	*Sedo albi-Veronicion dillenii*
	2 wärmeliebende Silikatfelsgrusrasen	*Alysso-Sedion*
	3 Felsbandrasen	*Seslerio-Festucion pallentis*
	1 Silikat, Massenkalk	*Diantho gratianopolitani-Festucetum pallentis*
	2 Kalk	*Teucrio botrys-Melicetum ciliatae*
2	Trocken- und Halbtrockenrasen (Kontakte zu T1.1... 1 u. 2)	*Festuco-Brometea*
	1 kalkarm, sauer	*Koelerio-Corynephoretea-Ges.*
	2 kalkreich	*Festuco-Brometea-Ges.*
	1 Horstgrashalden (Blaugras, Schwingel)	*Seslerio-Mesobromion*
	2 Submediterrane Trocken- und Halbtrockenrasen	*Brometalia erecti*
	1 Xerothermrasen	*Xerobromion*
	2 Bodensaure Trockenrasen	*Koelerio-Phleion phleoides*
	3 Trespen-Halbtrockenrasen (incl. Auen-Halbtrockenrasen, z.B. Oberrhein)	*Bromion erecti*
	4 Dealpine Blaugrashalden	*Seslerio-Mesobromion*
	3 subkontinentale Halbtrockenrasen	*Festucetalia valesiacae*
	1 Frühlingsadonis-Fliederzwenken-Rasen	*Cirsio-Brachypodion*
	2 Federgras-Steppenrasen	*Festucion valesiacae*
	4 Sand-Magerrasen	*Koelerio-Corynephoretea* p.p.
	1 offene Sande	Moos- und Flechten-Pionierstadien
	2 Küsten-Sandschillergras-Rasen (lokal auch Sandgebiete im Binnenland)	*Koelerion arenariae*
	3 Grasnelkenfluren	*Plantagini-Festucion ovinae*
	4 Silbergrasfluren offener Flugsande	*Corynephorion canescentis*
	5 Kleinschmielenrasen auf festgelegten Sanden	*Thero-Airion*
	6 Mauerpfefferfluren	*Alysso-Sedion* p.p.
	7 Blauschillergras-Sandsteppen	*Koelerion glaucae*
	8 Moosdecken des neophytischen *Campylopus introflexus*	*Campylopus introflexus-Ges.*
	5 Borstgrasrasen	*Nardetalia strictae*

Schlüssel für die Biotoptypen (nach Haeupler & Garve **1983, aus** Haeupler & Muer **in Vorbereitung), Syntaxonomische Entsprechung bei** Pott **1995**

	1 Borstgrastriften der Tieflagen auf trockenen Standorten	*Violion caninae*
	2 feuchte Borstgrasrasen	*Juncion squarrosi*
	3 Flügelginster-Weiden	div. *Genisto sagittalis-Ges.*
	4 Bärwurz-Magerrasen, montane und subalpine Borstgrasrasen	*Nardion strictae*

T7 Wiesen und Weiden

1	Fettwiesen (vgl. T3.3)	*Molinio-Arrhenatheretea-*Ges.
	1 Rotschwingelwiesen (→ T9.6)	*Festuco commutatae-Cynosuretum* u.a.
	2 Glatthafer-Talfettwiesen	*Arrhenatherion*
	3 Goldhafer-Bergfettwiesen	*Polygono-Trisetion*
2	Fettweiden	....
	1 Intensivfettweiden der Tieflagen (nach Bewirtschaftung weiter zu untergliedern)	*Cynosurion cristati* p.p.
	2 Alpenrispengrasfettweiden der Hochlagen (→ T3.3.5)	*Poion alpinae*
3	Feucht- und Naßwiesen (Kontakte zu L5, S2)	*Molinetalia caeruleae*
	1 bodensaure Pfeifengraswiesen	*Junco-Molinetum caeruleae*
	2 Kalk-Pfeifengraswiesen	*Molinion caeruleae* p.p.
	3 Brenndoldenwiesen östlicher Stromtäler	*Cnidion dubii*
	4 Wassergreiskrautwiesen	*Bromo-Senecionetum aquatici*
	5 Sumpfdotterblumenwiesen	*Calthion* p.p.
	6 Kohldistelwiesen	*Angelico-Cirsietum oleraci*
	7 Fadenbinsensümpfe	*Juncus filiformis-*Ges.
	8 Waldsimsenquellwiesen (→ L2)	*Scirpus sylvaticus-*Ges.
	9 Staudenreiche Naßwiesen mit Schlangenknöterich (Tieflagen, montan)	*Sanguisorba officinalis-Polygonum bistorta-*Ges.
4	Tritt- und Flutrasen	....
	1 Feuchtpionier- und Flutrasen (Kontakte zu L5)	*Agropyro-Rumicion*
	2 kurzlebige Tritt-Pionierrasen (Kontakte zu T10)	*Polygono arenastri-Poetea annuae*
	3 ausdauernde Wegerichtrittrasen (Kontakte zu T10)	*Lolio-Plantaginion*
5	Grünland-Übergangsbereiche (Kontakte zu L3–5, T8)	....
	1 Grünlandbrachen (Kontakte zu L5)	....
	2 halbruderale Quecken-Trockenfluren (Kontakte zu T8)	*Agropyretalia repentis*

Schlüssel für die Biotoptypen (nach HAEUPLER & GARVE 1983, aus HAEUPLER & MUER in Vorbereitung), Syntaxonomische Entsprechung bei POTT 1995

1 mesophile Bestände	*Convolvulo-Agropyrion repentis*
2 xerophile Bestände	*Artemisio absinthii-Agropyrion intermedii*
3 rudimentäre Glatthafer-Böschungsrasen (Kontakte zu T10.4), Straßenränder	*Tanaceto-Arrhenatheretum*, u.a.

T8 Krautfluren, Säume, Staudenhalden außerhalb der Auen (Kontakte zu T1)

1 Staudenfluren und Säume trockener Standorte (Kontakte zu T10)	*Trifolio-Geranietea sanguinei*
1 wärmebedürftige Blutstorchschnabelsäume	*Geranion sanguinei*
2 mesophile Säume	*Trifolion mediri*-Ges.
1 Säume kalkarmer Standorte (u.a. mit Salbeigamander)	*Melampyrion pratense*
2 Säume kalkreicher Standorte (u.a. mit Zickzackklee)	*Trifolion medii*
2 stickstoffbedürftige Krautfluren und Säume (Kontakte zu L3–5, T1, T5)	....
1 stickstoffbedürftige Säume und Krautfluren	*Glechometalia hederaceae*
1 frische Brennessel-Giersch-Säume (→ T8.2.2.7)	*Aegopodion podagrariae*
2 halbschattige Knoblauchsrauken-Kälberkropf- und Klettenkerbel-Säume	*Galio-Alliarion*
3 kurzlebige frische Waldverlichtungsfluren mit Springkraut	*Impatienti noli-tangere-Stachyion sylvaticae*
2 ausdauernde Krautfluren	*Artemisietea vulgaris*
1 Graukressefluren und Sand	*Berteroetum incanae*
2 Honigklee- und Natternkopf-Fluren	*Dauco-Melilotion*
3 Rainfarn-Beifuß-Gestrüpp	*Tanaceto-Artemisietum vulgaris*
4 Reseden-Fluren auf basenreichen, trockenen Substraten	*Resedo-Carduetum nutantis*
5 Eselsdistel- und Wolldistelfluren	*Onopordion acanthii*
6 Kletten- und Stinknesselfluren (v.a. im Siedlungsbereich)	*Arction lappae*
7 anthropogene Brennesselherden	....
3 kurzlebige Ruderalfluren	*Sisymbrienea*-Ges.
1 Raukenfluren i.w.S.	*Sisymbrion*-Ges.
1 warme Wegmalven-Gesellschaften	*Urtico urentis-Malvetum neglectae*
2 Kompaßlattichfluren	*Conyzo-Lactucetum serriolae*
3 Mäusegerstenfluren	*Hordeetum murini*
4 Raukenfluren	div. Ass.
5 Melden-Gänsefuß-Pionierfluren	div. Ass.
6 *Bromus tectorum-Conyza canadensis*-Pionierfluren	....

Schlüssel für die Biotoptypen (nach HAEUPLER & GARVE 1983, aus HAEUPLER & MUER in Vorbereitung), Syntaxonomische Entsprechung bei POTT 1995

2 Salzkrautfluren auf urban-industriellen Sonderstandorten	*Salsolion ruthenicae*
4 Huflattich-Pionierfluren (Kontakt zu T7.5)	*Poo-Tussilaginetum farfarae*

T9 Kulturpflanzenbestände (excl. Wiesen und Weiden, Forsten) Kontakte zu T10

1 Acker-Beikrautfluren (durch Fruchtfolge oft kurzlebig, sich durchdringend)	*Violenea arvensis*
1 kalkarme Lehmäcker (Kornblumenäcker)	*Sperguletalia arvensis*
1 (sub)atlantische Windhalmäcker	*Aperion spicae-venti*
1 Lämmersalatäcker	*Arnoseridenion minimae*
2 Ackerfrauenmantel- und Kamillen-Äcker	*Aphanenion arvensis*
2 sommerwarme Sandäcker des Tieflandes	*Digitario-Setarion*
3 kalkarme, frische Lehmäcker	*Polygono-Chenopodion polyspermi*
2 kalkreiche Lehmäcker (Mohnäcker)	*Papaveretalia rhoeadis*
1 nährstoffreiche Lehm- und Tonäcker	*Fumario-Euphorbion* div. Ass.
1 Hackfruchtäcker (Kontakte zu T9.2)	
2 Beikrautfluren oder Bingelkrautfluren	*Mercurialietum annuae*
3 Weinberge	u.a. *Geranio-Allietum vinealis*
2 Halmfrucht-Kalkäcker	*Caucalidion platycarpi*
3 Leinäcker (heute nur noch fragmentarisch)	*Lolio remotae-Linetalia*
4 Maisäcker	....
5 Ölfruchtäcker (Raps, Sonnenblumen u.a.)	....
6 Klee, Luzerne u.a. Zwischenfrüchte	....
7 Ackerbrachen (vgl. T9.2.2)	....
1 auf Kalk	....
2 auf Lehm	....
3 auf Sand	....
2 Gärten	....
1 in Nutzung	....
2 brachgefallen	....
1 Bauerngärten	....
2 Nutzgärten	....
3 Ziergärten (mit hohem Rasenanteil)	....
4 Reihenhaus-Siedlungsgärten	....
5 Botanische Gärten	....
6 gehölzreiche Parks (vgl. T1.3)	....
7 Erwerbsgärtnereien	....

Schlüssel für die Biotoptypen (nach HAEUPLER & GARVE 1983, aus HAEUPLER & MUER in Vorbereitung), Syntaxonomische Entsprechung bei POTT 1995

3 Fruchtplantagen ....
  1 in Nutzung ....
  2 im Brachezustand ....
    1 Obstbaumplantagen ....
     (incl. Streuobstwiesen)
    2 Obststrauchplantagen ....
      1 Weingärten ....
        1 silikatisch ....
        2 basisch ....
      3 andere Beerstrauchplantagen ....
4 Alleen, Einzelbäume und Gruppen ....
  1 Nadelholz ....
  2 Laubholz ....
  3 gemischt ....
  4 Kopfweidenbestände ....
5 öffentliche Grünflächen und Anlagen ....
  (vgl. T9.2 und waldähnliche Parks → T1.3)
  1 Scher- und Parkrasen   *Cynosurion cristati p.p.*
    1 dicht ....
    2 mit Moosen ....
    3 lückig, mit Platz für Einjährige ....
      1 oft gemäht ....
      2 wenig gemäht ....
  2 Zierpflanzen-Rabatten, Ziergesträuche ....
    1 nur Gehölze ....
    2 nur Stauden ....
    3 gemischt ....
  3 Friedhöfe ....
    1 Waldfriedhöfe ....
    2 alte Friedhöfe ....
    3 junge Friedhöfe ....
  4 Straßenböschungen mit ....
    Baumschulgehölzen
  5 Sportplätze ....

T10 Urban-Industrielle u.a. wirtschaftsbezogene Formationen (Kontakte zu T8, T9)

1 Siedlungsflächen, Industriegebiete[7] ....
  1 in Nutzung ....
  2 brachgefallen ....
    1 geschlossenen Bebauung ....
     (City, Stadtkern)
    2 Wohngebiete mit Zeilenbebauung ....
     (u.a. mit begrünten Höfen)
    3 offene Bebauung (Villenviertel, ...
     Stadtrand mit Gärten)
    4 industriell-gewerbliche Bebauung ....
    5 historische Wallanlagen im ....
     Stadtgebiet

[7] Hier einzugruppierende Lebensräume lassen sich u.U. auch in anderen Einheiten von L1–T9 einordnen.

Schlüssel für die Biotoptypen (nach HAEUPLER & GARVE 1983, aus HAEUPLER & MUER in Vorbereitung), Syntaxonomische Entsprechung bei POTT 1995

  6 Dorfkern ....
    1 alt, mit offenen Jaucherinnen ....
    2 mäßig gepflegt, mit einzelnen ....
     „verlassenen" Winkeln
    3 neu, „gepflegt" ....
2 Bauwerke ....
  1 in Nutzung ....
  2 brachgefallen ....
    1 Burganlagen ....
    2 unbefestigte Schloß- und ....
     Hofgebäude
    3 Kirchen, Kapellen ....
    4 in der Feldmark isolierte Ställe ....
    5 Betongebäude ....
    6 Gewächshäuser ....
    7 Brunnenschächte ....
    8 sonstige ....
      1 Dächer ....
        1 Kies ....
        2 Reet ....
      2 Mauern ....
        1 Kalkmörtelfugen mit Farnen *Asplenietum trichomano-rutae-murariae*
        2 Silikatgestein-Mauern *Asplenio-viridis-Cystopteridetum fragilis*
        3 Glaskraut-Zymbelkrautfluren *Centrantho-Parietarion*
        4 Trockenmauern ....
3 Verkehrswege ....
  1 in Nutzung ....
  2 brachgefallen ....
    1 Eisenbahngelände ....
      1 Schotterfläche zwischen bzw. ....
       neben den Gleisen
      2 Bahnhöfe, Verladerampen ....
      3 Dämme, Böschungen ....
    2 Hafengelände (sofern nicht bei L4.8) ....
      1 Spundwände ....
      2 Uferpackungen (→ L5.2.6.3) ....
      3 Deiche
    1 Fahrstraßen, -wege, Gehwege, Park- ....
     plätze (→ T2.5.4, T7.5.3, T9.6.4)
      1 unbefestigt ....
        1 sandig ....
        2 lehmig ....
        3 geschottert ....
        4 torfig ....
      2 teilweise versiegelt ....
       (Pflasterritzen)

Literaturverzeichnis

AABY, B. (1983): Forest development, soil genesis and human activity illustrated by pollen and hypha analysis of two neighbouring podzols in Draved Forest, Denmark. Danm. Geol. Untersog. II, **114**, 114 S., Kopenhagen.

ADAMS, S. N. (1975): Sheep and cattle grazing in forests, a review. Journal of applied ecology **12**, 143–152, London.

AGON (1982): Schafbeweidung als integraler Bestandteil der Pflege von Heiden und Feuchtreservaten. Selbstverlag, 64 S., Vreden.

ALETSEE, L. (1967): Begriffliche und floristische Grundlagen einer pflanzengeographischen Analyse der europäischen Regenwassermoorstandorte. Beitr. Biol. Pflanzen **43**, 117–283.

ANT, H. & A. STIPPROWEIT (1984): Dokumente zur Geschichte der Wallhecken des Münsterlandes. Natur u. Landschaftskde. **20**, 33–36, Hamm.

ARNDT, E. (1989): Beiträge zur Insektenfauna der DDR: Gattung *Carabus* LINNÉ (*Coleoptera*: *Carabidae*). Beitr. Ent. **39**, 63–103.

ASENSI, A. (1993): Conservation de los habitats naturales y de la fauna y flora silvestres. Listado de Habitats naturales contenidos en la directiva 92/43 CEE de Mayo de 1992 presentes en la Zona suroccidental de Espana. Colloq. phytosoc. **22**, 527–538, Bailleul.

ASSMANN, T. (1990a): Polyallelic genes in the carabid beetle *Carabus puntatoauratus* Germar from the Pyrenees. In: N. E. STORK (Hrsg.): The Role of Ground Beetles in Ecological and Environmental Studies, 319–324, Intercept, Hampshire.

ASSMANN, T. (1990b): Genetische Differenzierung bei den Laufkäfern *Carabus auronitens* GERMAR und *Carabus auronitens* FABRICIUS (Col. *Carabidae*). Verh. Westd. Entom Tag. 1989; 5–6.

ASSMANN, T. (1991): Die ripikole Carabidenfauna der Ems zwischen Lingen und dem Dollart. Osnabrücker naturwiss. Mitt. 17, 95–112.

ASSMANN, T. (1994): Epigäische Coleopteren als Indikatoren für historisch alte Wälder der Nordwestdeutschen Tiefebene. Ber. NNA **3**, 142–151, Schneverdingen.

ASSMANN, T., NOLTE, O. & H. REUTER (1993): Postglazial colonization of middle Europe by *Carbus auronitens* F. as revealed by population genetics (*Coleoptera*, *Carabidae*). In: K. DESENDER (Hrsg.): Carabid beetles: ecology and evolution, Kluwer Academic Press, Dordrecht (in Druck).

ASSMANN, T. & A. KRATOCHWIL (1995): Biozönotische Untersuchungen in Hudelandschaften Nordwestdeutschlands. Grundlagen und erste Ergebnisse. Osnabrücker Naturwiss. Mitteil. **20/21**, 275–337. Osnabrück.

BARKMAN, J. J. (1979): The investigation of vegetation texture and structure. In: WERGER, M.J.A. (ed.): The study of vegetation, 123–160, The Hague.

BARKMAN, J. J. (1985): Geographical variation of associations of juniper scrub in the Central european plain. Vegetatio **59**, 67–71, Dordrecht.

BARKMAN, J. J. (1990): Ecological differences between *Calluna*- and *Empetrum*-dominated dry heath communities in Drenthe, The Netherlands. Acta Bot. Neerl. **39**, 1, 75–92, Amsterdam.

BATHKE, M. (1994): Tagfalter-Biozönosen im Hudelandschaftsmosaik "Borkener Paradies", Emsland. Dipl.-Arb. Univ. Osnabrück, 78 S.

BAUMANN, N. (1985): Ökologie und Vegetation von Altwässern. Eine Einführung mit zwei Beispielen (Mur und Raab). In: GEPP, J. (ed.): Auengewässer als Ökozellen. Grüne Reihe Bundesministerium f. Gesundh. u. Umweltsch., Bd. **4**, Wien.

BECKER-PLATEN, J.D. (1995): Renaturierung von Abgrabungsflächen der Steine und Erden – Rohstoffe als Chance zur Schaffung von schützenswerten Biotopen. Ber. d. Reinh. Tüxen-Ges. **7**, 169–188, Hannover.

BEHRE, K.-E. (1979): Zur Rekonstruktion ehemaliger Pflanzengesellschaften an der deutschen Nordseeküste. In: WILMANNS, O. & TÜXEN, R. (Red.): Werden und Vergehen von Pflanzengesellschaften, Rinteln 1978, 181–214, Vaduz.

BEHRE, K. E. (1987): Meeresspiegelbewegungen und Siedlungsgeschichte in den Nordseemarschen. Vorträge der Oldenb. Landschaft **17**, 47 S., Oldenburg.

BEHRE, K. E. (1991): Die Entwicklung der Nordseeküstenlandschaft aus geobotanischer Sicht. Ber. d. Reinh. Tüxen-Ges. **3**, 45–58, Hannover.

BEHRE, K.-E. (1992): The history of rye cultivation in Europe. Veget. Hist. Archaeobotany **1**, 141–150.

BEHRE, K.-E. (Hrsg.) (1986): Anthropogenic indicators in pollen diagrams. 232 S., Balkema, Rotterdam, Boston.

BEHRE, K.-E., H. LORENZEN & U. WILLERDING (1978): Beiträge zur Paläo-Ethnobotanik von Europa. 204 S., Fischer Verlag, Stuttgart, New York.

BERGSTEDT (1994): Handbuch Angewandter Biotopschutz – Ökologische und rechtliche Grundlagen, 4. Ergänzungslieferung, Ecomed-Verlag, Landsberg.

BERNHARDT, K.-G. (1994): Das Interdisziplinäre Gesamtkonzept der Haseauenrevitalisierung – Ablauf und erste Ergebnisse. In: BERNHARDT, K.-G. (ed.): Revitalisierung einer Flußlandschaft. Initiativen zum Umweltschutz **1**, 47–59, Osnabrück.

BERNHARDT, K.-G. & P. HANDKE (1994): Bewertung von Fließgewässern zweiter und dritter Ordnung anhand der Vegetation als Grundlage für Revitalisierungsmaßnahmen. In: BERNHARDT, K.-G. (ed.):

Revitalisierung einer Flußlandschaft. Initiativen zum Umweltschutz **1**, 198–206, Osnabrück.

BEYER, H. (1968): Versuche zur Erhaltung von Heideflächen durch Heidschnucken im Naturschutzgebiet „Heiliges Meer". Natur und Heimat **28**, 145–149, Münster.

BLAB, J. (1992): Isolierte Schutzgebiete, vernetzte Systeme, flächendeckender Naturschutz? Stellenwert, Möglichkeiten und Probleme verschiedener Naturschutzstrategien. Natur u. Landschaft **67**, 9, 419–424, Stuttgart.

BLAB, J. (1993): Grundlagen des Biotopschutzes für Tiere. 4. Aufl., 479 S., Kilda-Verlag, Greven.

BLAB, J., FORST, R., KLÄR, C., NICLAS, G., SCHRÖDER, E., STEER, U., WEY, H. & G. WOITHE (1992): Naturschutzprojekte des Bundes. Natur u. Landschaft **67**, 7/8, 323–327, Stuttgart.

BLAB, J., NOWAK, E., TRAUTMANN, W. & H. SUKOPP (1984): Rote Listen der Gefährdeten Pflanzen und Tiere in der Bundesrepublik Deutschland. 4. Aufl., 270 S., Kilda-Verlag, Greven.

BLAB, J. & U. RIECKEN (1993): Grundlagen und Probleme einer Roten Liste der gefährdeten Biotoptypen Deutschlands. Schriftenr. f. Landschaftspflege u. Naturschutz **38**, 339 S., Bonn-Bad Godesberg.

BÖCKENHOFF-GREWING, J. J. (1929): Landwirtschaft im Kreise Hümmling (vorzeitliche Wirtschaftsweisen in Westdeutschland). 490 S., Jena.

BOHN, U. (1981): Vegetationskarte der Bundesrepublik Deutschland: Potentielle natürliche Vegetation, Blatt CC 5518 Fulda, Schriftenr. Vegetationskde. **15**, 330 S., Bonn.

BÖTTGER, K. (1990): Ufergehölze – Funktionen für den Bach und Konsequenzen ihrer Beseitigung – Ziele eines Fließgewässer-Schutzes. Natur u. Landschaft **65**, 2, 57–62, Köln.

BRAIDWOOD, R. J. & B. HOWE (1960): Prehistoric investigations in Iraqi Kurdistan. 118 S., Chicago.

BRAUN-BLANQUET, J. (1917): Die Föhrenregion der Zentralalpentäler insbesondere Graubünden, in ihrer Bedeutung für die Florengeschichte. Verh. der Schweiz. Nat. Ges. **98**, 2, Zürich.

BRAUN-BLANQUET, J. (1929): Pflanzensozio-

logische Beobachtungen in der Nordeifel. Sitzungsber. Naturhist. Ver. Rheinlande Westf. **86**, 1–8, Bonn.

BRAUN-BLANQUET, J. (1931): Zur Vegetation der oberrheinischen Kalkhügel. In: Pflanzensoziologisch-pflanzengeographische Studien in Südwestdeutschland. Beiträge zur Naturdenkmalpflege Bd. **14**, 3, 281–292, Neudamm u. Berlin.

BRAUN-BLANQUET, J. (1961): Die inneralpine Trockenvegetation. Geobotanica selecta Bd. **1**, 273 S., Fischer-Verlag, Stuttgart.

BROCKMANN-JEROSCH, J. (1907): Die Pflanzengesellschaften der Schweizer Alpen. 1. Die Flora des Puschlav und seine Pflanzengesellschaften, Leipzig.

BROGGI, M. F. & G. GRABHERR (1991): Biotope in Vorarlberg. Natur u. Landschaft in Vorarlberg **4**, 224 S., Vorarlberger Verlagsanstalt, Bregenz.

BRUNET, J. (1992): Impact of grazing on the field layer vegetation in a mixed oak forest in south Sweden. Svensk Bot. Tidskr. **86**, 347–353, Uppsala.

BUDDE, H. & W. BROCKHAUS (1954): Die Vegetation des Südwestfälischen Berglandes. Decheniana **102** B, 47–275, Bonn.

BURRICHTER, E. (1952): Wald- und Forstgeschichtliches aus dem Raum Iburg – dargestellt auf Grund pollenanalytischer und archivalischer Untersuchungen. Natur u. Heimat **12**, 2, 1–13, Münster.

BURRICHTER, E. (1973): Die potentielle natürliche Vegetation in der Westfälischen Bucht. Siedlung u. Landschaft in Westfalen **8**, 58 S., Geograph. Kommission für Westfalen, Münster.

BURRICHTER, E. (1976): Vegetationsräumliche und siedlungsgeschichtliche Beziehungen in der Westfälischen Bucht. Abh. Landesmus. f. Naturk. **38**, 1, 3–14, Münster.

BURRICHTER, E. (1977): Vegetationsbereicherung und Vegetationsverarmung unter dem Einfluß des prähistorischen und historischen Menschen. Natur u. Heimat **37**, 2, 46–51, Münster.

BURRICHTER, E. (1982): Torf-, pollen- und vegetationsgeschichtliche Befunde zum Reliktvorkommen der Waldkiefer (*Pinus sylvestris*) in der Westfälischen Bucht. Ber. Deutsch. Bot. Ges. **95**, 361–373, Stuttgart.

BURRICHTER, E. (1984): Baumformen als

Relikte ehemaliger Extensivwirtschaft in Nordwestdeutschland. Drosera **84**, 1, 1–18, Oldenburg.

BURRICHTER, E., J. HÜPPE & R. POTT (1993): Agrarwirtschaftlich bedingte Vegetationsbereicherung und -verarmung in historischer Sicht. Phytocoenologia **23**, 427–447, Stuttgart-Berlin.

BURRICHTER, E. & R. POTT (1983): Verbreitung und Geschichte der Schneitelwirtschaft mit ihren Zeugnissen in Nordwestdeutschland. Tuexenia **3**, 443–453, Göttingen.

BURRICHTER, E. & R. POTT (1987): Zur spät- und nacheiszeitlichen Entwicklungsgeschichte von Auenablagerungen im Ahse-Tal bei Soest (Hellwegbörde). In: KÖHLER, E. & R. WEIN (Hrsg.): Natur und Kulturräume. Münstersche Geogr. Arb. **27**, 129–135, Paderborn.

BURRICHTER, E., R. POTT & H. FURCH (1988): Die potentielle natürliche Vegetation. In: Geographisch-landeskundlicher Atlas von Westfalen II, Lief. 4, 42 S., Begleittext und Vegetationskarte im Doppelblatt. Hrsg: Geograph. Kommission für Westfalen, Münster.

BURRICHTER, E., R. POTT, T. RAUS & R. WITTIG (1980): Die Hudelandschaft „Borkener Paradies" im Emsland bei Meppen. Abh. Landesmuseum Naturkde. **42** H. 4, 69 S., Münster.

BURRICHTER, E. & R. WITTIG (1977): Der Flattergras-Buchenwald in Westfalen. Mitt. Flor.-soz. Arbeitsgem. N. F. **19/20**, 377–382, Todenmann.

BURSCHEL, P. & J. HUSS (1987): Grundriss des Waldbaus. Ein Leitfaden für Studium und Praxis. Pareys Studientexte **49**, 352 S., Hamburg u. Berlin.

BUSHARDT, M., HANSTEIN, B., LÜTTMANN, J. & P. WAHL (1990): Rote Liste der bestandsgefährdeten Biotoptypen von Rheinland-Pfalz. Ministerium f. Umwelt u. Gesundheit, Rheinland-Pfalz, Mainz.

CALLAUCH, R. (1981): Ackerunkraut-Gesellschaften auf biologisch und konventionell bewirtschafteten Äckern in der weiteren Umgebung von Göttingen. Tuexenia **1**, 25–37, Göttingen.

CARBIENER, R. (1969): Subalpine primäre Hochgrasprärien im hercynischen Gebirgsraum Europas, mit besonderer Berücksichtigung der Vogesen und des Massif Central. Mitt. Flor.-soz. Arbeitsgem. N. F. **14**, 322–345, Todenmann.

CARBIENER, R. (1974): Die linksrreinischen Naturräume und Waldungen der Schutzgebiete von Rheinau und Daubensand (Frankreich): eine pflanzensoziologische und landschaftsökologische Studie. In: Das Taubergießengebiet, Natur- und Landschaftsschutzgeb. Bad.-Württ. 7, 438–535, Ludwigsburg.

CASPERS, G. (1993): Vegetationsgeschichtliche Untersuchungen zur Flußauenentwicklung an der Mittelweser im Spätglazial und Holozän. Abh. Westf. Mus. Naturkde. 55, 1, 101 S., Münster.

COLEMAN, J. S. & F.-A. BAZZAZ (1992): Effects of CO_2 and temperature on growth and resource use of co-occuring C3 and C4 annuals. Ecology 73, 1244–1259.

Commission of European Union (1993): Manual for the interpretation of annex I, Priority habitat types of the directive 92/43 EEC. Habiats, DG XI, B 2, 58 S., Brüssel.

Commission of European Union (1994): Project of manual for the Interpretation of annex I of the directive 92/43 EEC, Non priority habitats. Report of the Dir. Gen. Enviroment, Comm. Europ. Union, Contract B 4–3040/94/000212/MAR/B 2, 47 S., Brüssel.

Corine Biotopes Manual (1991): Habitats of the European Community. EUR 12587/3. Office for Official Publications of the European Communities, Brüssel.

Corine Biotopes Manual (1991): A method to identify and describe consistently sites of major importance for nature conservation. EUR 12587, Vol. 3, Office for official publications of the European Communities, Luxembourg.

DACAL, C. R. & J. IZCO (1994): Pazos de Galicia – Jardines y Plantas. Xunta de Galicia, 370 S. Cambados.

DANIELS, F. J. A., BIERMANN, R. & Ch. BREDER (1993): Über Kryptogamen-Synusien in Vegetationskomplexen binnenländischer Heidelandschaften. Ber. d. Reinh. Tüxen-Ges. 5, 199–219, Hannover.

DARSCHNICK, S., ENGELBERG, K., RENNERICH, J., GROSSE, V., LOHHEIDE, P., STEUPERT, T. & G. WESSLING (1 992): Das Ems-Auen-Schutzkonzept – Von der Erarbeitung einer Bewertungsgrundlage bis zur Umsetzung in Maßnahmenkonzepte zur ökologischen Verbesserung eines Tieflandflusses und seiner Aue. In: FRIED-RICH, G. & LACOMBE, J. (eds.): Ökologische Bewertung von Fließgewässem. Limnologie aktuell Bd. 3,175–204.

DAWSON, F. H. & U. KERN-HANSEN (1978): Aquatic weed management in natural streams: the effect of shade by marginal vegetation. Verh. int. Verein. Limnol. 20, 1429–1434, Stuttgart.

DEIL, U. (1993): Geobotanische Beiträge zur Ethnogeographie und zur Kulturlandschaftsgeschichte. Die Erde 124, 271–290.

DELARZE, R. & P. GALLAND (1993): La typologie des milieux de Suisse. Experience acquise lors de son utilisation et developement futur. Colloq. phytosociol. 22, 15–30, Bailleul.

DENGLER, A. (1944): Waldbau. 3. Aufl., Berlin.

Der Rat der Europäischen Gemeinschaften (1992): Richtlinie 92/43 EWG des Rates vom 21. Mai 1992 zur Erhaltung der natürlichen Lebensräume sowie der wildlebenden Tiere und Pflanzen. Amtsblatt der Europäischen Gemeinschaften Nr. L 206/7 („FFH-Richtlinie").

DIEKMANN, F. (1960): Über Wallhecken in Oldenburg als Beitrag zum Wallheckenproblem in Nordwestdeutschland. Oldenb. Jb. 59, 2, 1–18.

DIERSCHKE, H. (1974): Saumgesellschaften im Vegetations- und Standortsgefälle an Waldrändern. Scripta Geobot. 6, 24 S., Göttingen.

DIERSCHKE, H. (1984): Natürlichkeitsgrade von Pflanzengesellschaften unter besonderer Berücksichtigung der Vegetation Mitteleuropas. Phytocoenologia 12, 173–184, Stuttgart, Braunschweig.

DIERSSEN, K. (1982): Die wichtigsten Pflanzengesellschaften der Moore NW-Europas. 382 S., Génève.

DIERSSEN, K. (1983): Rote Liste der Pflanzengesellschaften Schleswig-Holsteins. Schriftenr. Landesamt Natursch. u. Landschaftspflege Schleswig-Holstein 6, 157 S., Kiel.

DIERSSEN, K. (1994): Was ist Erfolg im Naturschutz. Schriftenreihe f. Landschaftspflege u. Naturschutz 40, 9–23, Bonn-Bad Godesberg.

DIERSSEN, B. & K. DIERSSEN (1984): Vegetation und Flora der Schwarzwaldmoore. Beih. Veröff. Naturschutz und Landschaftspflege Bad.-Württ. 39, 512 S., Karlsruhe.

DIETERICH, H., S. MÜLLER & G. SCHLENKER (1970): Urwald von morgen. Baumwaldgebiete der Landesforstverwaltung Baden-Württemberg. 174 S., Verlag E. Ulmer, Stuttgart.

DINTER, W. (1991): Die floristische Sonderstellung alter Wälder im Tiefland Nordrhein-Westfalens: das Beispiel des Hiesfelder Waldes. Geobot. Kolloq. 7, 83–84, Frankfurt.

DISTER, E. (1991): Situation der Flußauen in der Bundesrepublik Deutschland. Laufener Seminarbeitr. 4, 8–16, Laufen/Salzach.

DRACHENFELS, O. v. (1986): Überlegungen zu einer Liste der gefährdeten Ökosystemtypen in Niedersachsen. Schriftenr. f. Vegetationskde. 18, 67–73, Bonn-Bad Godesberg.

DRACHENFELS, O. v. (1992): Kartierschlüssel für Biotoptypen in Niedersachsen. Naturschutz u. Lanschaftspflege in Niedersachsen A 4, 168 S., Hannover.

DRACHENFELS, O. v., MEY, H. & P. MIOTK (1984): Naturschutzatlas Niedersachsen. Erfassung der für den Naturschutz wertvollen Bereiche. Naturschutz u. Landschaftspflege in Nieders. 13, 267 S., Hannover.

DREWES, C. & R. POTT (1993): Naturräumlich differenzierter Aufbau von Plaggenböden im nördlichen Teil des Landkreises Osnabrück. Telma 23, 21-37, Hannover.

DU RIETZ, E. (1954): Die Mineralbodenwasserzeigergrenze als Grundlage einer natürlichen Zweigliederung der nord- und mitteleuropäischen Moore. Vegetatio 5/6, 571–585, Den Haag.

DVWK (1990): Uferstreifen an Fließgewässern. DVWK-Schriften 90, Bonn.

EG-Commission (1991): CORINE-Project Biotopes: The design, compilation and use of an inventory of sites of major importance for nature conservation in the European Community, 135 S., Luxemburg.

EGGE, D. (1990): Nährstoffeinträge von landwirtschaftlich genutzten Flächen in Fließgewässer. Uni. Hannover Arbeitsmaterialien 16, 156 S., Hannover.

EGGERS, F., HOLLINGER-HOLST, S. & KAUSCH, H. (1991): Limnologische Bewertung der Renaturierung eines Tieflandbaches. Natur u. Landschaft 66, 589–593, Stuttgart.

EGIDI, R. (1985): Erhaltung des Haselhuhns aus forstlicher Sicht. Biotoperhaltende Maßnahmen und Niederwaldwirtschaft. LÖLF-Mitteilungen **10**, 43. Recklinghausen.

EIGNER, J. (1978): Ökologische Knickbewertung in Schleswig-Holstein. Die Heimat **85**, 10/11, 241–249, Kiel.

EIGNER, J. (1982): Bewertung von Knicks in Schleswig-Holstein. Ber. ANL **5**, 110–117, Laufen.

ELERIE, J. N. H., S. W. JAGER & Th. SPEK (1993): Landschapsgeschiedenis van de Strubben/Kuiphorstbos. Archaeologische en historisch-ecologische Studies van een Natuurgebied op de Hondsrung. 1. Aufl., 236 S., van Dijk Foosthuis Regio-Projekt-Groningen.

ELLENBERG, H. (1937): Über die bäuerliche Wohn- und Siedlungsweise in Nordwestdeutschland und in ihrer Beziehung zur Landschaft insbesondere zur Pflanzendecke. Mitt. flor. soz. Arbeitsgem. Nieders. **3**, 204–235, Hannover.

ELLENBERG, H. (1963): Vegetation Mitteleuropas mit den Alpen. 3. Aufl., 943 S., Verlag Eugen Ulmer, Stuttgart.

ELLENBERG, H. (1966): Leben und Kampf an den Baumgrenzen der Erde. Naturwiss. Rundschau **4**, 166–239, Heidelberg.

ELLENBERG, H. (1973): Versuch einer Klassifikation der Ökosysteme nach funktionalen Gesichtspunkten. In: ELLENBERG, H. (Hrsg.): Ökosystemforschung, 235–265, Springer-Verlag, Berlin, Heidelberg, New York.

ELLENBERG, H. (1986): Vegetation Mitteleuropas mit den Alpen in ökologischer Sicht. 4. Aufl., 989 S., Ulmer Verlag, Stuttgart.

EMANUELLSON, U. (1988): The relationship of different agricultural systems to the forest and woodlands of Europe. In: F. SALBITANO (Hrsg.): Human influence on forest ecosystems development in Europe, 169–178, EDF FERN-CNR, Pitagora Editrice, Bologna.

EMANUELLSON, U., BERGENDORFF, C., CARLSSON, B., LEWAN, N. & O. NORDELL (1985): Det skanska kulturlandskapet. Signum, Lund, 248 S., Lund.

ENGELHARDT, H. G. S. (1964): Die Hecke im nordwestlichen Südergebirge. Spieker **13**, 125–218, Münster.

ERNST, W. H. O. (1965): Ökologisch-soziologische Untersuchungen der Schwermetall-Pflanzengesellschaften Mitteleuropas unter Einschluß der Alpen. Abhandl. Landesmus. f. Naturk. **27**, 3–54, Münster.

ERNST, W. H. O. (1974): Schwermetallvegetation der Erde. 194 S., Fischer-Verlag, Stuttgart.

ERSCHBAMER, B. (1990): Substratabhängigkeit alpiner Rasengesellschaften, Flora **184**, 6, 389–403.

EU-RAT (1988): Recommendation No. R. 88,11 on Ancient Natural and Semi-Natural Woodlands. Amts-Blatt der Europäischen Union, 1988.

EWALD, K. C. (1994): Traditionelle Kulturlandschaften. Elemente – Entstehung – Zweck – Bedeutung. Der Bürger im Staat **44**, 1, 37–42. Stuttgart.

FALINSKI, J. B. (1986): Vegetation dynamics in temperate lowland primeval forests. Geobotany **8**, 537 S., Den Haag.

FELDMANN, R. (1981): Die Amphibien und Reptilien Westfalens. Abh. Landesmus. Naturkde. Münster **43**, 4, 1–161.

FISCHER, A. (1982): Mosaik und Syndynamik der Pflanzengesellschaften von Lößböschungen im Kaiserstuhl (Südbaden). Phytocoenologia **10**, 1/2, 73–256, Stuttgart, Braunschweig.

FOERSTER, E., W. LOHMEYER, E. PATZKE & F. RUNGE (1979): Rote Liste der in Nordrhein-Westfalen gefährdeten Arten von Farn- und Blütenpflanzen. Schriftenreihe Landesanst. Ökologie, Landschaftsentwicklung u. Forstplanung NW **4**, Recklinghausen.

FÖRSTER, M. (1968): Über xerotherme Eichenmischwälder des deutschen Mittelgebirgsraumes – Eine waldkundlich-vegetationskundliche und pflanzengeographische Studie. Diss. Forstl. Fak. Hann. Münden, 424 S., Göttingen.

FRANKE, W. (1988): Dörfer im Emsland. Erhaltenswere ländliche Siedlungsstrukturen in Niedersachsen. 2. Aufl., 124 S., Emsländischer Heimatbund, Sögel.

FREDE, A. (1990): Liste schutzbedürftiger und gefährdeter Ökosystemtypen für ein Biotopsicherungskonzept in Nordhessen. Naturschutz in Nordhessen **11**, 99–104, Gießen.

FREDE, A. (1991): Rote Listen für den Landkreis Waldeck-Frankenberg 5. Die schutzwürdigen und gefährdeten Lebensräume des Landkreises Waldeck-Frankenberg. Naturschutz in Waldeck-Frankenberg **3**, 27–45.

FRITZ, W. (1979): Ein Hallstattzeitlicher Festuco-Brometea-Rasen. Ber. Int. Symposium Werden u. Vergehen v. Pflanzenges. 165–180, Vaduz.

GALLUSER, W. & A. SCHWENKER (1992): Die Auen am Oberrhein. 1. Aufl., 192 S., Birkhäuser-Verlag, Basel.

GAMS, H. (1927): Von den Follatères zur Dent de Morcles. Vegetationsmonographie aus dem Wallis. Beitr. zur geobot. Landesaufn. der Schweiz **15**, 760 S.

GEHREN, V. R. (1951): Die Bedeutung der Hecke für die bäuerliche Gesellschaft im Landdrostereibezirk Hannover um 1830 nach dem Urteil der Zeitgenossen. Neues Archiv Niedersachsen **23**, 6, 555–574, Hannover.

GEPP, J. (1985): Die Auengewässer Österreichs. Bestandsanalyse einer minimierten Vielfalt. In: GEPP, J. (cd.): Auengewässer als Ökozellen. Grüne Reihe d. Bundesministeriums f. Gesundheit u. Umweltschutz, Bd. 4, 13–62, Wien.

GEPP, J. (1986): Trockenrasen in Österreich als schutzwürdige Refugien wärmeliebender Tierarten. In: Österreichischer Trockenrasen-Katalog – Grüne Reihe des Bundesministeriums für Gesundheit und Umweltschutz, Bd. **6**, 15–27, Wien.

GERKEN, B. (1983): Moore und Sümpfe. Bedrohte Reste der Urlandschaft. 107 S., Rombach-Verlag, Freiburg.

GIGON, A. (1971): Vergleich alpiner Rasen auf Silikat- und auf Karbonatboden. Veröff. Geobot. Inst. TH Stiftung Rübel Zürich 48, 159 S.

GIGON, A. (1983): Welches ist der wichtigste Standortfaktor für die floristischen Unterschiede zwischen benachbarten Rasen? Untersuchungen an alpinen Rasen auf Silikat, Karbonat und Serpentin. Verh. Ges. Ökol. **11**, 145–160.

GIGON, A. (1987): A hierarchic approach in causal Ecosystem Analysis. The Calcifuge-Calcicole Problem in Alpine Grasslands. Ecol. Studies **61**.

GILS, van H. A. M. J. & E. KEYSERS (1977): Staudengesellschaften mit *Geranium sanguineum* und *Trifolium medium* in der submontanen Stufe des Walliser Rhonetals (Schweiz). Folia Geobot. Phytotax. **13**, 351–369, Prag.

GIMINGHAM, C.H. (1972): Ecology of Heathlands. 266 S., London.

GIMINGHAM, C.H. (1978): *Calluna* and its associated species: Some aspects of co-existence in communities. Vegetatio **36**, 3, 179–186, Den Haag.

GLAHN, H. v. (1981): Über den Flattergras- oder Sauerklee-Buchenwald (*Oxali-Fagetum*) der niedersächsischen und holsteinischen Moränenlandschaften. Drosera **2**, 57–74, Oldenburg.

GLAVAC, V. & A. KRAUSE (1959): Über bodensaure Wald- und Gebüschgesellschaften trockenwarmer Standorte am Mittelrhein. Schriftenr. Vegetationskde. **4**, 85–102.

GÖCKE, B. (1994): Ems-Auen-Schutzkonzept. In: BERNHARDT, K.-G. (ed.): Revitalisierung einer Flußlandschaft. Initiativen zum Umweltschutz **1**: 265–276, Osnabrück.

GÖTTLICH, K.H. (1990): Moor- und Torfkunde. 3. Aufl., 529 S., Schweizerbart'sche Buchhandl., Stuttgart.

GOTTFRIED, M., PAULI, H. & GRABHERR, G. 1994. Die Alpen im „Treibhaus": Nachweise für das erwärmungsbedingte Höhersteigen der alpinen und nivalen Vegetation. Jahrb. Ver. Schutz Bergwelt **59**, 13–27.

GRABHERR, G. (1993): Heiden in den Alpen. Ber. d. Reinh. Tüxen-Ges. **5**, 167–172, Hannover.

GRABHERR, G., GOTTFRIED, M. & PAULI, H. (1994): Climate effects on mountain plants. Nature (London) **369** (No. 6480): 448 (9. July 1994).

GRABHERR, G. & A. POLATSCHEK (1986): Lebensräume und Lebensgemeinschaften in Vorarlberg. Ökosysteme, Vegetation, Flora mit Roten Listen. 263 S., Vorarlberger Verlagsanstalt, Dornbirn.

GRADMANN, R. (1898): Das Pflanzenleben der Schwäbischen Alb. 1. Band, 470 S., Stuttgart.

GRADMANN, R. (1901): Das mitteleuropäische Landschaftsbild nach seiner geschichtlichen Entwicklung. Geogr. Zeitschr. **7**, 361–377 & 435–447, Berlin.

GRADMANN, R. (1906): Beziehungen zwischen Pflanzengeographie und Siedlungsgeschichte. Geogr. Zeitschr. **12**, 305–325, Berlin.

GROENMAN VAN WAATERINGE, W. (1970/71): Hecken im westeuropäischen Frühneolithikum. Ber. v.d. Rijksdienst voor het Outheidkundig Bodemonderz. **20/21**, 295–299, Amsterdam.

HABER, W. & J. SALZWEDEL (1992): Umweltprobleme der Landwirtschaft, Sachbuch Ökologie. Hrsg.: Der Rat von Sachverständigen für Umweltfragen, 174 S., Wiesbaden.

HÄRDTLE, W. (1995): Vegetation und Standort der Laubwaldgesellschaften (*Querco-Fagetea*) im nördlichen Schleswig-Holstein. Mitt. d. Arbeitsgem. Geobotanik in Schleswig-Holstein und Hamburg **48**, 441 S., Kiel.

HAEUPLER, H. & E. GARVE (1983): Programm zur Erfassung von Pflanzenarten in Niedersachsen. Aufruf zu einer weiterführenden Erhebung artenbezogener Daten für den Naturschutz. Göttinger Floristische Rundbriefe **17**, 63–99. Göttingen.

HAEUPLER, H. & T. MUER (1997): Bildatlas der Farn- und Samenpflanzen Deutschlands. (in Vorbereitung). Verlag E. Ulmer, Stuttgart.

HAFFNER, W. (1969): Das Pflanzenkleid des Naheberglandes und des südlichen Hunsrück in ökologisch-geographischer Sicht. Decheniana Beih. **15**, 145 S., Bonn.

HAJOS, G. (Hrsg.) (1993): Historische Gärten in Österreich. 320 S.. Böhlau Verlag, Wien, Köln, Weimar.

HAMMER, K. (1988): Präadaption und die Domestikation von Kulturpflanzen und Unkräutern. Biol. Zentralbl. **107**, 631–636.

HANF, M. (1990): Farbatlas Feldflora. Wildkräuter und Unkräuter. 254 S., Ulmer Verlag, Stuttgart.

HARTKE, W. (1951): Die Heckenlandschaft – Der geographische Charakter eines Landeskulturproblems. Erdkunde **5**, 2, 132–152, Bonn.

HARTMANN, F.K. & G. JAHN (1967): Waldgesellschaften des mitteleuropäischen Gebirgsraumes nördlich der Alpen. 635 S., Stuttgart.

HAUCK, M. (1995): Beiträge zur Bestandssituation epiphytischer Flechten in Niedersachsen. Naturschutz in Niedersachsen **15**, 4, 55–70, Hannover.

HEGG, O., BEGUIN, C. & H. ZOLLER (1993): Atlas schutzwürdiger Vegetationstypen der Schweiz. Hrsg.: Bundesamt f. Umwelt, Wald u. Landschaft, 1. Aufl., 160 S., Bern.

HELBAEK, H. (1959): Domestication of food plants in the world. Science **130**, 365–372, Oxford.

HEMPEL, L. (1954): Flurzerstörung durch Bodenerosion in früheren Jahrhunderten. Zeitschrift für Agrargeschichte und Agrarsoziologie **2**, 114–122. Göttingen.

HENNEBO, D. (1987): Gärten des Mittelalters. Artemis Verlag, München u. Zürich.

HENNEBO, D. (1992): Gestaltungstendenzen in der deutschen Gartenkunst des 19. Jahrhunderts. Gartenkunst 4, 1, 1 ff.

HERMY, M. (1989): Former land use and its effects on the composition and diversity of woodland communities in the western part of Belgium. Stud. plant ecol. **18**, 104 S., Uppsala.

HERMY, M. & H. STIEPERAERE (1981): An indirect gradient analysis of the ecological relationship between ancient and recent riverine woodlands to the south of Breges (Flanders, Belgium). Vegetatio **44**, 43–49, Dordrecht, Boston, London.

HESMER, H. (1958): Wald und Forstwirtschaft in Nordrhein-Westfalen. 540 S., Hannover.

HESMER, H. & F.G. SCHROEDER (1963): Waldzusammensetzung und Waldbehandlung im Niedersächsischen Tiefland westlich der Weser und in der Münsterschen Bucht bis zum Ende des 18. Jahrhunderts. Decheniana, Beih. **11**, 304 S., Bonn.

HEYDEMANN, B. (1984): Die Bedeutung von Tier- und Pflanzenarten in Ökosystemen, ihre Gefährdung und ihr Schutz. Jb. Natursch. Landschaftspfl. **30**, 15–87.

HEYDEMANN, B. & J. MÜLLER-KARCH (1980): Biologischer Atlas Schleswig-Holstein. 1. Aufl., 263 S., Wacholtz-Verlag, Neumünster.

HOBOHM, C. (1994): Grundbegriffe der Ökologie im Spannungsfeld verschiedener Einflüsse. Zeitschr. f. Ökologie u. Naturschutz 3, 2, 113–119, Stuttgart.

HOCKMANN, P., MENKE, K., SCHLOMBERG, P. & F. WEBER (1992): Untersuchungen zum individuellen Verhalten (Orientierung und Aktivität) des Laufkäfers *Carabus nemoralis* im natürlichen Habitat. Abh. Westf. Mus. Naturk. **54**, 4, 65–98, Münster.

HOFFMANN, J. (1994): Spontan wachsende C4-Pflanzen in Deutschland und Schweden – eine Übersicht unter Berücksichtigung möglicher Klimaänderungen. Angewandte Botanik **68**, 65–70, Göttingen.

HOFMEISTER, H. & E. GARVE (1986): Lebensraum Acker. Pflanzen der Äcker und ihre Ökologie. 272 S., Parey-Verlag, Hamburg, Berlin.

HOHENSCHWERT, F. (1978): Ur- und frühgeschichtliche Befestigungen in Lippe. Veröff. Altertumskomm. Prov. Inst. westf. Landes- u. Volksforsch. Landschaftsverb. Westf.-Lippe **V**, 234 S., Münster, Lemgo.

HOLTMEIER, F. K. (1987): Der Baumwuchs als klimaökologischer Faktor an der oberen Waldgrenze. Münster. Geogr. Arb. **27**, 145–151, Münster

HOLTMEIER, F. K. (1989): Ökologie und Geographie der oberen Waldgrenze. Ber. Reinh.-Tüxen-Ges. **1**, 15–45, Hannover.

HOLZNER, W. (Hrsg.) (1989): Biotoptypen in Österreich. Umweltbundesamt, 233 S., Wien.

HOPF, M. (1982): Vor- und frühgeschichtliche Kulturpflanzen aus dem nördlichen Deutschland. Kataloge vor- und frühgeschichtlicher Denkmäler **22**, 108 S., 94 Tafeln.

HORVAT, J., GLAVAC, V. & H. ELLENBERG (1974): Vegetation Südosteuropas. 768 S., Stuttgart.

HÜGIN, G. (1991): Hausgärten zwischen Feldberg und Kaiserstuhl. Beih. Veröff. Natursch. u. Landschaftspfl. Bad.-Württ. **59**, 176 S., Karlsruhe.

HÜPPE, J. (1987a): Die Ackerunkrautgesellschaften in der Westfälischen Bucht. Abh. Westf. Mus. Naturk. **48**, 1, 119 S., Münster.

HÜPPE, J. (1987b): Zur Entwicklung der Ackerunkrautvegetation seit dem Neolithikum. Natur u. Landschaftskde. **23**, 25–33, Hamm.

HÜPPE, J. (1993): Entwicklung der Tieflands-Heidegesellschaften Mitteleuropas in geobotanisch-vegetationsgeschichtlicher Sicht. Ber. d. Reinh. Tüxen-Ges. **5**, 49–76, Hannover.

HÜPPE, J. (1995): Zum Einfluß von Wildkaninchen auf Wacholder (*Juniperus communis*) in Nordwestdeutschland. Zeitschr. für Ökologie u. Naturschutz 4, 1, 1–8, Jena.

HÜPPE, J. & H. HOFMEISTER (1990): Syntaxonomische Übersicht über die Ackerunkrautgesellschaften der Bundesrepublik Deutschland. Ber. Reinh. Tüxen-Ges. **2**, 61–81, Hannover.

HÜPPE, J., R. POTT & D. STÖRMER (1989): Landschaftsökologisch-vegetationsgeschichtliche Studien im Kiefernwuchsgebiet der Senne. Abh. Westf. Mus. Naturkde. **51**, 3, 1–77, Münster.

HUTTER, C. P., G. THIELCKE, C. P. HERRN & B. FAUST (1985): Naturschutz in der Gemeinde. Praktischer Ratgeber für Jedermann. 189 S., Pro Natur-Verlag. Stuttgart.

HUTTER, C. P., A. KAPFER & W. KONOLD (1993): Seen, Teiche, Tümpel und andere Stillgewässer. Biotop-Bestimmungs-Bücher, 153 S., Weitbrecht-Verlag, Stuttgart-Wien.

HUTTER, C. P., G. BRIEMLE & C. FINK (1993): Wiesen, Weiden und anderes Grünland. Biotop-Bestimmungs-Bücher, 152 S., Weitbrecht-Verlag, Stuttgart-Wien.

HUTTER, C. P., H. D. KNAPP & R. WOLF (1994): Dünen, Heiden, Felsen und andere Trockenbiotope. Biotop-Bestimmungs-Bücher, 141 S., Weitbrecht-Verlag, Stuttgart-Wien.

HUTTER, C. P., BLESSING, K. & U. KOZINA (1995): Wälder, Hecken und Gehölze. Biotop-Bestimmungsbücher, 157 S., Weitbrecht-Verlag, Stuttgart-Wien.

INGHE, O. & C. O. TAMM (1985): Survival and flowering of perennial herbs. IV. The Behavior of *Hepatica nobilis* and *Sanicula europaea* on permanent plots during 1943–1981. Oikos **45**, 400–420.

ISENBERG, E. (1979): Pollenanalytische Untersuchungen zur Vegetations- und Siedlungsgeschichte in der Grafschaft Bentheim. Abh. Landesmus. Naturk. Münster **41**, 2, 63 S., Münster.

JÄGER, H. (1961). Die Allmendteilung in Nordwestdeutschland in ihrer Bedeutung für die Genese der gegenwärtigen Landschaften. Geogr. Ann. **43**, 1–2, 143–149, Stockholm.

JAKUCS, P. (1970): Die Sproßkolonien und ihre Bedeutung in der dynamischen Vegetationsentwicklung (Polycormonsukzessionen). Acta Bot. Croat. **28**, 161–170, Zagreb.

JALAS, L. (1955): Hemerobe und hemerochore Pflanzenarten. Ein terminologischer Reformversuch. Acta Soc. Fauna Flora Fennica **72**, 1–15, Helsinki.

JANKUHN, H. (1969): Vor- und Frühgeschichte. Deutsche Agrargeschichte Bd. I. Vor- und Frühgeschichte vom Neolithikum bis zur Völkerwanderungszeit. 300 S., Stuttgart.

JAX, K. (1994): Mosaik-Zyklus und Patchdynamics: Synonyme oder verschiedene Konzepte. Zeitschr. f. Ökologie u. Natursch. 3, 2, 107–112, Stuttgart.

JEDICKE, E. (1990): Biotopverbund. Grundlagen und Maßnahmen einer neuen Naturschutzstrategie. 1. Aufl., 254 S., Ulmer Verlag, Stuttgart.

JEDICKE, E. (1994): Biotopverbund. Grundlagen und Maßnahmen einer neuen Naturschutzstrategie. 2. Aufl., 287 S., Ulmer Verlag, Stuttgart.

JEDICKE, L. & E. JEDICKE (1992): Farbatlas Landschaften und Biotope Deutschlands. 1. Aufl., 320 S., Ulmer Verlag, Stuttgart.

JESSEN, O. (1937): Heckenlandschaften im nordwestlichen Europa. Mitt. Geogr. Ges. Hamburg **45**, 7–58, Hamburg.

KAIRIES, E. (1993): Leitbilder für Fließgewässerrenaturierungen. Wasser u. Boden **8**, 622–625.

KAPFER, A. & W. KONOLD (1994): Streuwiesen-Relikte vergangener Landbewirtschaftung mit hohem ökologischen Wert. Der Bürger im Staat **44**, 1, 37–42, Stuttgart.

KAULE, G. (1974): Die Übergangs- und Hochmoore Süddeutschlands und der Vogesen. Diss. Bot. **27**, 345 S., Lehre.

KAULE, G. (1986): Arten- und Biotopschutz. 1. Aufl., 461 S., Ulmer Verlag, Stuttgart.

KISLEV, M. E., O. BAR-YOSEF & A. GOPHER (1986): Early Neolithic domesticated and wild barley from the Netiv Hagdud region in Jordan Valley. Israel J. Bot. **35**, 197–201.

KLAPP, E. (1971): Wiesen und Weiden. 4. Aufl., 519 S., Berlin – Hamburg.

KLINK, H. J. & S. SLOBODDA (1994): Vegetation. In: Physische Geographie Deutschlands, Hrsg.: LIEDTKE, H. & J. MARINEK. 1. Aufl., 157–196, Justus Perthes, Gotha.

KNAPP, H. D. (1992): Nationalpark Müritz – Heimat der Adler. In: SUCCOW, M. (Hrsg.): Unbekanntes Deutschland. 272 S., Tomus Verlag.

KNAPP, H. D. & L. JESCHKE (1991): Naturwaldreservate und Naturwaldforschung in den ostdeutschen Bundesländern.

Schriftenr. Vegetationskde. **21**, 21–54, Bonn-Bad Godesberg.

KNAUER, N. (1990): Einführung: Schutz von Gewässern durch Anlage und Pflege von Gewässerrandstreifen. Z. f. Kulturtechnik u. Landentwicklung **31**, 210–21 1, Berlin.

KNAUER, N. (1993): Ökologie und Landwirtschaft. Situation, Konflikte, Lösungen. 1. Aufl., 280 S., Ulmer-Verlag, Stuttgart.

KNAUER, N. & MANDER, Ü. (1989): Untersuchungen über die Filterwirkung verschiedener Saumbiotope an Gewässern in Schleswig-Holstein. 1. Mitteilung: Filterung von Stickstoff und Phosphor. Z. f. Kulturtechnik u. Landentwicklung 30, 365–376, Berlin.

KNAUER, N. & MANDER, Ü. (1990): Untersuchungen über die Filterwirkung verschiedener Saumbiotope an Gewässern in Schleswig-Holstein. 2. Mitteilung: Filterung von Schwermetallen. Z. Kulturtechnik u. Landentwicklung **31**, 52–57, Berlin.

KNÖRZER, K.-H. (1960): Die Salbeiwiesen am Niederrhein. Mitt. Flor.-soz. Arbeitsgem. N. F. **8**, 169–179, Todenmann.

KNÖRZER, K.-H. (1968): 6000jährige Geschichte der Getreidenahrung im Rheinland. Decheniana **119**, 113–124, Bonn.

KNÖRZER, K.-H. (1975): Entstehung und Entwicklung der Grünlandvegetation im Rheinland. Decheniana **127**, 195–214, Bonn.

KNÖRZER, K.-H. (1984): Pflanzensoziologische Untersuchung von subfossilen Pflanzenresten aus anthropogener Vegetation. In: R. KNAPP (Hrsg.): Sampling methods and taxon analysis in vegetation science, 249–258, The Hague.

KOCH, H. (1973): Im Land der hohen Hekken. Neue Landschaft **5**, 295–299, Köln.

KOOP, H. (1989): Forest Dynamics, SILVI-STAR: A comprehensive monitoring System. 1. Aufl., 229 S., Springer-Verlag.

KOOP, H. (1991): Untersuchungen der Waldstruktur und der Vegetation in den Kernflächen niederländischer Naturwaldreservate. Schriftenr. Vegetationskde. **21**, 67–76, Bonn-Bad Godesberg.

KÖPPLER, D. (1995): Vegetationskomplexe von Steppenheide-Physiotopen im Juragebirge. Diss. Bot. **249**, 228 S., Berlin-Stuttgart.

KÖRBER-GROHNE, U. (1990): Gramineen und Grünlandvegetation vom Neolithikum bis zum Mittelalter in Mitteleuropa. Bibliotheca Botanica **139**, 103 S., Stuttgart.

KÖRBER-GROHNE, U. et al. (1983): Flora und Fauna im Ostkastell von Welzheim. 149 S., Theiss-Verlag, Stuttgart.

KORPEL, S. (1995): Die Urwälder der West-Karpaten. 301 S., G. Fischer-Verlag, Stuttgart-Jena-New York.

KOWARIK, I. (1987): Kritische Anmerkungen zum theoretischen Konzept der potentiellen natürlichen Vegetation mit Anregungen zu einer zeitgemäßen Modifikation. Tuexenia **7**, 53–67, Göttingen.

KOWARIK, I. (1988): Zum menschlichen Einfluß auf Flora und Vegetation. Theoretische Konzepte und ein Quantifizierungsansatz am Beispiel von Berlin (West). Landschaftsentwicklung und Umweltforschung, Schriftenr. d. Fachb. Landschaftsentwickl. der TU Berlin Nr. **56**, 271 S., Berlin.

KOWARIK, I. (1995): Wälder und Forsten auf ursprünglichen und anthropogenen Standorten. Berichte der Reinhold Tüxen-Ges. **7**, 47–67, Hannover.

KRATOCHWIL, A. (1983): Zur Phänologie von Pflanzen und blütenbesuchenden Insekten (*Hymenoptera*, *Lepidoptera*, *Diptera*, *Coleoptera*) eines versaumten Halbtrockenrasens im Kaiserstuhl – Ein Beitrag zur Erhaltung brachliegender Wiesen als Lizenzbiotope gefährdeter Tierarten. Beih. Veröff. Naturschutz Landschaftspflege Bad.-Württ. **34**, 57–108.

KRATOCHWIL, A. (1984): Pflanzengesellschaften und Blütenbesuchergemeinschaften: biozönologische Untersuchungen in einem nicht mehr bewirtschafteten Halbtrockenrasen (*Mesobrometum*) im Kaiserstuhl (Südwestdeutschland). Phytocoenologia **11**, 4, 455–669, Stuttgart.

KRATOCHWIL, A. (1987): Zoologische Untersuchungen auf pflanzensoziologischen Raster-Methoden, Probleme und Beispiele biozönologischer Forschung. Tuexenia **7**, 13–53, Göttingen.

KRATOCHWIL, A. (1988): Tagung des Arbeitskreises „Biozönologie" in der Gesellschaft für Ökologie am 14. und 15. Mai 1988 in Freiburg i.Br. Einführung,

Verlauf und Resümee. Mitt. Bad. Landesv. Naturkde. u. Natursch. N. F. **14**, 3, 537–546.

KRATOCHWIL, A. (1989a): Grundsätzliche Überlegungen zur einer Roten Liste von Biotopen. Schriftenr. f. Landschaftspflege u. Naturschutz **29**, 136–150, Bonn-Bad Godesberg.

KRATOCHWIL, A. (1989b): Erfassung von Blütenbesucher-Gemeinschaften (Hymenoptera Apoidea, Lepidoptera, Diptera) verschiedener Rasengesellschaften im Naturschutzgebiet „Taubergießen" (Oberrheinebene). Verh. Ges. f. Ökologie, Beih. **17**, 701–711.

KRATOCHWIL, A. (1991): Zur Stellung der Biozönologie in der Biologie, ihre Teildisziplinen und ihre methodischen Ansätze. Verh. Ges. f. Ökologie, Beih. **2**, 9–44.

KRATOCHWIL, A. (1993): Forschungsbericht 1992/93, Fachgebiet Ökologie am Fachbereich Biologie/Chemie der Univ. Osnabrück. 5 S., Osnabrück.

KRATOCHWIL, A. & A. SCHWABE (1983):Lebensraum Trockenrasen. WWF-Report **2**, 3–12. Frankfurt.

KRATOCHWIL, A. & A. SCHWABE (1984): Trockenstandorte und ihre Lebensgemeinschaften in Mitteleuropa: ausgewählte Beispiele. In: Ökologie und ihre biologische Grundlagen, Fernlehrgang der Univ. Tübingen, 1–84, Tübingen.

KRAUSCH, H.D. (1969): Über die Bezeichnung „Heide" und ihre Verwendung in der Vegetationskunde. Mitt. flor. soz. Arbeitsgem. **14**, 435–457, Stolzenau.

KRAUSCH, H.D. (1994): Burger und Lübbenauer Spreewald. Werte der Deutschen Heimat Bd. **55**, 2. Aufl., 265 S., Verlag H. Böhlaus Nachf., Weimar.

KÜSTER, H. (1993): Die Entwicklung der montanen und subalpinen Heiden Mitteleuropas in vegetationsgeschichtlicher Sicht. Ber. d. Reinh. Tüxen-Ges. **5**, 77–90, Hannover.

KÜSTER, H. (1994): Vielfalt und Monotonie von Ackerstandorten und deren Auswirkungen auf die Unkrautflora. Eine Betrachtung aus der Sicht der historischen Geobotanik. Naturschutz und Landschaftspflege in Brandenburg, Sonderheft **1**, Naturschutz in der Agrarlandschaft 4–7, Potsdam.

KÜSTER, H. (1995): Geschichte der Landschaft in Mitteleuropa von der Eiszeit bis zur Gegenwart. 424 S., Verlag C. H. Beck, München.

LANG, G. (1 994): Quartäre Vegetationsgeschichte Europas. 462 S., Fischer Verlag, Jena.

LARCHER, W. (1977): Produktivität und Überlebensstrategien von Pflanzen und Pflanzenbeständen im Hochgebirge. Sitzungsber. Österr. Akad. Wiss., Math.-Nat., Biol. **186**, 374–386.

LARCHER, W. (1994): Ökophysiologie der Pflanzen. 5. Aufl., 394 S., Ulmer Verlag, Stuttgart.

LAUKÖTTER, G. (1994): Zurück zu den Quellen. Ökologie und Naturschutz hochsensibler Kleinbiotope. LÖBF-Mitteilungen **1**, 10–17, Recklinghausen.

LAZOWSKI, W. (1985): Altwässer in den Augebieten von March und Thaya mit einer Gegenüberstellung der Donau-Altwässer. In: GEPP, J. (ed.): Auengewässer als Ökozellen. Grüne Reihe d. Bundesministeriums f. Gesundheit u. Umweltschutz, Bd. 4, 159–222, Wien.

LEEUWEN, C. G. van (1966): Relation theoretical approach to pattern and process in vegetation. Wentia **15**, 25–46, Utrecht.

LEHMANN, H. & ZINTZ, H.-O. (1993): Modellierung diffuser Nährstoffeinträge und deren Rückhalt für ganze Flußeinzugsgebiete. Wasser u. Boden **8**, 629–632.

LEIBUNDGUT, H. (1993): Europäische Urwälder. 1. Aufl., 260 S., Haupt-Verlag, Bern, Stuttgart.

LEUSCHNER, C., M. RODE & T. HEINKEN (1993): Gibt es eine Nährstoffmangel-Grenze der Buche im nordwestdeutschen Flachland? – Flora **188**, 239–249, Jena.

LIEBERT, H. P. (1988): Umwelteinfluß auf Wachstum und Entwicklung von Wasserpflanzen. Bibliogr. Mitt. d. Univ. Jena **35**, 186 S., Jena.

LIENENBECKER, H. & U. RAABE (1993): Die Dorfflora Westfalens. Ilex-Bücher Natur **3**, 299 S., Bielefeld.

LOHMEYER, W. (1960): Zur Kenntnis der Erlenwälder in den nordwestlichen Randgebieten der Eifel. Mitt. Flor.-soz. Arbeitsgem. N. F. 8, 209–221, Todenmann.

LOHMEYER, W. (1967): Über den Stieleichen-Hainbuchenwald des Kern-Münsterlandes und einige seiner Gehölz-Kontaktgesellschaften. Schriftenr. Vegetationskde. 2, 161–180, Bad Godesberg.

LOHMEYER, W. (1986): Der Besenginster (*Sarothamnus scoparius*) als bodenständiges Strauchgehölz in einigen natürlichen Pflanzengesellschaften der Eifel. Abh. Westf. Mus. Naturk. **48**, 2/3, 157–174, Münster.

LOHMEYER, W. & A. KRAUSE (1975): Über die Auswirkungen des Gehölzbewuchses an kleinen Wasserläufen des Münsterlandes auf die Vegetation im Wasser und an den Böschungen im Hinblick auf die Unterhaltung der Gewässer. Schriftenreihe Veg.-kunde 9, 105 S., Bonn-Bad Godesberg.

LÖLF (1985): Bewertung des ökologischen Zustandes von Fließgewässern. Teil II: Grundlagen für das Bewertungsverfahren. Hrsg. Landesanstalt für Ökologie NRW, Recklinghausen, 65 S., Düsseldorf.

LUCKE, R. (1991): Streuobstanbau. In: Reichtum Natur-Bilder einer Kulturlandschaft, Breisgau-Hochschwarzwald, 107–123, Rombach Verlag, Freiburg.

LUDEMANN, Th. (1992): Im Zweribach. Vom nacheiszeitlichen Urwald zum „Urwald von Morgen" – Beitr. Veröff. Natursch. Landschaftspfl. Bad.-Württemb. **63**, 268 S., Karlsruhe.

LWA-NRW (Landesamt für Wasser und Abfall Nordrhein-Westfalen) (ed.) (1980): Wasserwirtschaft Nordrhein-Westfalen – Fließgewässer – Richtlinie für naturnahen Ausbau und Unterhaltung. 45 S., Düsseldorf.

MAHN, E.-G. (1965): Vegetationsaufbau und Standortsverhältnisse der kontinental beeinflußten Xerothermrasengesellschaften Mitteldeutschlands. Abh. Sächs. Akad. Wiss. Leipzig **49**, 1, 138 S., Dresden.

MANDER, Ü. (1989): Kompensationsstreifen entlang der Ufer und Gewässerschutz. Landesamt Wasserhaushalt u. Küsten (ed.), Reihe D, **10**, 61 S., Kiel.

MANGELSDORF, J. & K. SCHEURMANN (1980): Flußmorphologie – Ein Leitfaden für Naturwissenschaftler und Ingenieure. 246 S., München.

MANTEL, K. (1990): Wald und Forst in der Geschichte. 518 S., Alfeld, Hannover.

MANZ, E. (1993): Vegetation und standörtliche Differenzierung der Niederwälder im Nahe- und Moselraum. Pollichia **28**, 413 S., Bad Dürkheim.

MANZ, E. (1995): Linksrheinische Nieder-

wälder. Rheinische Landschaften **44**, 3–23, Köln.

MARQUARDT, G. (1950): Die Schleswig-Holsteinische Knicklandschaft. Schrift Geogr. Inst. Univ. Kiel **13**, 3, 1–90, Kiel.

MARTINY, R. (1926): Hof und Dorf im Altwestfalen. Das westfälische Streusiedlungsproblem. Forsch. z. dt. Landes- u. Volkskde. **24**, 5, 261–322, Stuttgart.

MATTES, H. (1978): Der Tannenhäher im Engadin. Studien zur Ökologie und Funktion im Arvenwald. Münster. Geogr. Arb. **2**, 1–87, Münster.

MATTES, H. (1982): Die Lebensgemeinschaften von Tannenhäher und Arve. Eidgen. Anst. f. d. forstl. Versuchswes. Ber. **241**, 3–74.

MATTES, H. (1988): Untersuchungen zur Ökologie und Biogeographie der Vogelgemeinschaften des Lärchen-Arvenwaldes im Engadin. Münster. Geogr. Arb. **30**, 1–130, Münster.

MAYER, H.K., ZUKRIGL, K., SCHREMPF, W. & G. SCHLAGER (1987): Urwaldreste, Naturwaldreste und schützenswerte Naturwälder in Österreich. Inst. f. Waldbau u. Bodenkultur, 971 S., Wien.

MEISEL, K. (1 977): Die Grünlandvegetation nordwestdeutscher Flußtäler und die Eignung der von ihr besiedelten Standorte für einige wesentliche Nutzungsansprüche. Schriftenr. Vegetationskde. **11**, 121 S., Bonn-Bad Godesberg.

MENSCHING, H. (1951): Die Entstehung der Auelehmdecken in Nordwestdeutschland. Proceedings of the third international congress of sedimentology: 193–210, Groningen-Wageningen, Netherlands.

MERKEL, A. (1995): Tendenzen in der Naturparkentwicklung Deutschlands. Naturschutz u. Naturparke 4, 159, 1–6, Bispingen.

MEUSEL, H. (1939): Die Vegetationsverhältnisse der Gipsberge am Kyffhäuser und im südlichen Harzvorland. Hercynia **2**, 372 S., Dresden.

MIOTK, P. (1979): Das Lößwandökosystem im Kaiserstuhl. Veröff. Naturschutz u. Landschaftspflege Baden-Württemb. **49/50**, 159–198, Karlsruhe.

MISSONNIER, M.J. (1976): Les Bocages. Histoire, Ecologie, Economie. 586 S., Rennes.

MONTEGUT, J. (1976): Le Bocage et les

commensales des cultures. Les Bocages. Coll. C.N.R.S., 229–237, Rennes.

MUCINA, L., GRABHERR, G., ELLMAUER, T. & B. WALLNÖFER (1993): Die Pflanzengesellschaften Österreichs. 3 Bände, Fischer-Verlag, Jena, Stuttgart, New York.

MÜLLER-WILLE, W. (1938): Der Niederwald im Rheinischen Schiefergebirge, eine wirtschaftsgeographische Studie. Westf. Forsch. **1**, 51–86, Münster.

NAUMANN, E. (1921): Einige Grundlagen der realen Limnologie. Acta Univ. Lund N. F. **2**, 17, Lund.

NAUMANN, E. (1925). Die Arbeitsmethoden der realen Limnologie. In: Abderhalden: Handbuch der biologischen Arbeitsmethoden Abt. 9, Teil 2, 1. Hälfte.

NAUMANN, G. (1970): Forstgeschichte der ehemaligen Grafschaft Sayn-Wittgenstein-Hohenstein bis 1900. Diss. Forst. Fak. Hann.-Münden, 251 S., Göttingen.

NEUHÄUSL, R. (1963): Vegetationskarte von Böhmen und Mähren. Ber. Geobot. Institut ETH, Stiftung Rübel **34**, 107–121, Zürich.

NEUSCHULZ, F. & WILKENS, H. (1991): Die Elbtalniederung – Konzept für einen Nationalpark. Natur u. Landschaft **66**, 481–485, Stuttgart.

NIEMANN, A. (1994): Bestandesgrößen, Habitatwahl und Habitatnutzung heimischer Meisen (*Paridae und Aegithalidae*) in emsländischen Hudelandschaften Wacholderhein „Wachendorf", Meppener Kuhweide. Dipl.-Arb. Univ. Osnabrück, 117 S.

NITSCHE, S. & L. NITSCHE (1994): Extensive Grünlandnutzung. 1. Aufl. 247 S., Neumann-Verlag, Radebeul.

O'CONNELL, M. (1986): Pollenanalytische Untersuchungen zur Vegetations- und Siedlungsgeschichte aus dem Lengener Moor, Friesland. Probleme der Küstenforschung **16**, 171–193, Hildesheim.

OBERDORFER, E. (1931): Die postglaziale Klima- und Vegetationsgeschichte des Schluchsees (Schwarzwald). Verh. Naturforsch. Ges. Freiburg/Br. **31**, 1–85, Freiburg.

OBERDORFER, E. (1957): Süddeutsche Pflanzengesellschaften. Pflanzensoziologie **10**, 564 S., Jena.

OBERDORFER, E. (1978): Süddeutsche Pflanzengesellschaften, Teil II. - 355 S., Fischer Verlag, Stuttgart.

OBERDORFER, E. (1990): Pflanzensoziologische Exkursionsflora. 6. Aufl., 1050 S., Ulmer Verlag, Stuttgart.

OBERDORFER, E. (1994): Pflanzensoziologische Exkursionsflora. 7. Aufl., 1050 S., Ulmer-Verlag, Stuttgart.

OBERDORFER, E., Th. MÜLLER & P. SEIBERT (1992): Süddeutsche Pflanzengesellschaften, Teil IV: Wälder und Gebüsche. 282 S., Jena, Stuttgart.

OTTE, A. (1994): Dorfökologie: Gebäude – Friedhöfe – Dorfränder sowie ein Vorschlag zur Kartierung dörflicher Lebensräume. Laufener Seminarbeiträge **1**, 136 S., Laufen.

OTTE, A. & T. LUDWIG (1990): Planungsindikator dörfliche Ruderalvegetation. Handbuch zur Bestimmung dörflicher Pflanzengesellschaften. Materialien zu Ländlichen Neuordnung **19**, 273 S., München.

OTTE, A., B. ZWINGEL, M. NAAB & J. PFADENHAUER (1988): Ergebnisse der Erfolgskontrolle zum Ackerrandstreifenprogramm aus den Regierungsbezirken Oberbayern und Schwaben (Jahre 1986, 1987). Schriftenr. Bayer. Landesamt f. Umweltschutz **84**, 161–195, München.

OVERBECK, F. (1975): Botanisch-geologische Moorkunde. 719 S., Neumünster.

PASSARGE, H. (1994): Bemerkenswerte Saumgesellschaften in Nordfranken. Ber. Bayer. Bot. Ges. **64**, 165–188, München.

PETERKEN, G.F. (1977): Habitat conservation priorities in British and European woodlands. Biol. Cons. **11**, 223–236.

PETERKEN, G.F. (1981): Woodland conservation and management. 1. Aufl., 328 S., Chapman & Hall, London.

PETERKEN, G.F. (1988): Use of history of individual woods in modern nature conservation. In: F. SALBITANO (Hrsg.): Human influence on forest ecosystems development in Europe, 201–214, EDF FERN-CNR, Pitagora Editrice, Bologna.

PETERKEN, G.F. & M. GAME (1981): Historical factors affecting the distribution of *Mercurialis perennis* in central Lincolnshire. J. Ecol **69**, 781–796.

PETERKEN, G.F. & M. GAME (1984): Historical factors affecting the number and distribution of vascular plant species in the woodlands of central Lincolnshire. J. Ecol. **72**, 155–182.

PETTER, H.G. (1954): Landespflegerische Bearbeitung der Gemarkung der Stadt Nieheim Kreis Höxter. Mskr. Dipl.-Arb. TH Hannover, 81 S., Hannover.

PFADENHAUER, J. (1993): Ökologische Grundlagen für Nutzung, Pflege und Entwicklung von Heidevegetation. Ber. d. Reinh. Tüxen-Ges. **5**, 221–236, Hannover.

PFADENHAUER, J. (1993): Vegetationsökologie – ein Skriptum. 1. Aufl., 301 S., IHW-Verlag, Eching.

PFADENHAUER, J., F. LÜTKE-TWENHÖVEN, B. QUINGER & S. TEWES (1985): Trittbelastung an Seen und Weihern im östlichen Landkreis Ravensburg. Beih. Veröff. Naturschutz u. Landschaftspflege Bad.-Württ. **45**, 80 S., Karlsruhe.

PFADENHAUER, J. & J. WIRTH (1988): Alte und neue Hecken im Vergleich am Beispiel des Tertiärhügellandes im Landkreis Freising. Ber. Akad. Naturschutz Laufen **12**, 59–69, Laufen.

PHILIPPI, G. (1969): Zur Gliederung der Pfeifengraswiesen im südlichen und mittleren Oberrheingebiet. Beitr. Naturk. Forsch. Südwestdeutschlands **19**, 138–187, Karlsruhe.

PHILIPPI, G. (1971): Sandfluren, Steppenrasen und Saumgesellschaften der Schwetzinger Hardt (nordbadische Rheinebene). Veröff. Landesstelle Natursch. u. Landschaftspflege Bad.-Württemb. **39**, 67–110, Karlsruhe.

PLACHTER, H. (1991): Naturschutz. 1. Aufl., 463 S., UTB, G. Fischer Verlag, Stuttgart.

PLACHTER, H. (1992): Der Beitrag von Arten- und Biotopschutzprogrammen zu einem zeitgemäßen Naturschutz. Schriftenr. Bayer. Landesamt Umweltschutz, Heft **100**, 15–22, München.

POLLARD, E. (1973): Hedges. Journ. of Ecol. **61**, 343–352, Huntingdon.

PORKORNY, M. & M. STRUDL (1986): Trokkenrasen als Lebensraum. In: Österreichischer Trockenrasen-Katalog – Grüne Reihe des Bundesministeriums für Gesundheit und Unweltschutz, Bd. **6**, 12–14, Wien.

POSCHOLD, P. (1994): Die Zukunft unserer Moore. Entstehung und Kulturgeschichte der Moore. Der Bürger im Staat **44**, 1, 56–64, Stuttgart.

POTT, R. (1980): Die Wasser- und Sumpfvegetation eutropher Gewässer in der Westfälischen Bucht – Pflanzensoziologische und hydrochemische Untersuchungen. Abh. Landesmus. f. Naturk. Münster/Westf. **42**, 2, 156 S., Münster.

POTT, R. (1981a): Ökologie und Indikatorwert von Wasserpflanzengesellschaften. Mitt. Landesanst. Ökologie, Landschaftsentwicklung u. Forstplanung NW **6**, 57–64, Recklinghausen.

POTT, R. (1981b): Der Einfluß der Niederwaldwirtschaft auf die Physiognomie und die floristisch-soziologische Struktur von Kalkbuchenwäldern. Tuexenia **1**, 233–242, Göttingen.

POTT, R. (1982): Das Naturschutzgebiet „Hiddeser Bent – Donoper Teich" in vegetationsgeschichtlicher und pflanzensoziologischer Sicht. Abh. Westf. Mus. Naturkde. **44**, 3, 108 S., Münster.

POTT, R. (1983): Die Vegetationsabfolgen unterschiedlicher Gewässertypen Nordwestdeutschlands und ihre Abhängigkeit vom Nährstoffgehalt des Wassers. Phytocoenologia **11**, 3, 307–340, Stuttgart.

POTT, R. (1984a): Pollenanalytische Untersuchungen zur Vegetations- und Siedlungsgeschichte im Gebiet der Borkenberge bei Haltern in Westfalen. Abh. Westf. Mus. Naturk. **46**, 2, 28 S., Münster.

POTT, R. (1984b): Die Vegetation der Fließgewässer Nordwestdeutschlands und deren Veränderung nach technischen Ausbau- und Pflegemaßnahmen. Schriftenr. Informat. z. Naturschutz u. Landschaftspflege Nordwestdeutschlands **4**, 81–108, Wardenburg.

POTT, R. (1985a): Vegetationsgeschichtliche und pflanzensoziologische Untersuchungen zur Niederwaldwirtschaft in Westfalen. Abh. Westf. Mus. Naturk. **47**, 4, 75 S., Münster.

POTT, R. (1985b): Zur Synökologie nordwestdeutscher Röhrichtgesellschaften. Verh. Ges. f. Ökol. **13**, 111–119, Göttingen.

POTT, R. (1986): Der pollenanalytische Nachweis extensiver Waldbewirtschaftungen in den Haubergen des Siegerlandes. In: K.-E. BEHRE (Hrsg.): Anthropogenic indicators in pollen diagrams, 125–134, Rotterdam, Boston.

POTT, R. (1988a): Impact of human influence by extensive woodland management and former land-use in North-Western-Europe. In: F. SALBITANO (Hrsg.): Human influence on forest ecosystems development in Europe, 263–278, ESF-FERN-CNR, Pitagora Editrice, Bologna.

POTT, R. (1988b): Entstehung von Vegetationstypen und Pflanzengesellschaften unter Einfluß des Menschen. Düsseld. Geobot. Kolloq. **5**, 27–54, Düsseldorf.

POTT, R. (1989a): Entwicklung von Hecken in der Kulturlandschaft Nordwestdeutschlands. Verhandl. d. Ges. f. Ökologie **17**, 663–670, Göttingen.

POTT, R. (1989b): Historische und aktuelle Formen der Bewirtschaftung von Hecken in Nordwestdeutschland. Forstwiss. Centralblatt **108**, 111–121, Hamburg, Berlin.

POTT, R. (1990): Grundzüge der Typologie, Genese und Ökologie von Fließgewässern Nordwestdeutschlands. Natur u. Landschaftskde. **26**, 25–62, Hamm.

POTT, R. (1991): Extensiv genutzte Wälder in Nordrhein-Westfalen und ihre Schutzwürdigkeit. Geobot. Kolloq. **7**, 59–82, Frankfurt.

POTT, R. (1992a): Die Pflanzengesellschaften Deutschlands. 1. Aufl., 427 S., Ulmer Verlag, Stuttgart.

POTT, R. (1992b): Fließgewässer und ihre Lebensraum in geobotanischer Sicht. Schriften d. Vereins f. Verbreitung naturwiss. Kenntnisse **130**, 43–88, Wien.

POTT, R. (1992c): Nacheiszeitliche Entwicklung des Buchenareals und der mitteleuropäischen Buchenwaldgesellschaften – Naturschutzzentrum NRW, NZ Seminarberichte **12**, 6–18, Recklinghausen.

POTT, R. (1992d): Man Ecosystem interactions with Beginning of Human civilisation. History and influence of human impact on the vegetation im Early neolithic landscape of NW-Germany. Annali di Botanica **50**, 97–118, Rom.

POTT, R. (1993): Farbatlas Waldlandschaften. Ausgewählte Waldtypen und Waldgesellschaften unter dem Einfluß des Menschen. 1. Aufl., 224 S., Ulmer-Verlag, Stuttgart.

POTT, R. (1994): Naturnahe Altwälder und deren Schutzwürdigkeit. Ber. d. Norddeutschen Naturschutzakademie **7**, 3, 115–133, Schneverdingen.

POTT, R. (1995a): Die Pflanzengesellschaften Deutschlands. 2. Aufl., 615 Seiten, Ulmer Verlag, Stuttgart.

POTT, R. (1995b): Farbatlas Nordseeküste und Nordseeinseln. 1. Aufl., 288 S., Ulmer-Verlag, Stuttgart.

POTT, R. & E. BURRICHTER (1983): Der Bentheimer Wald – Geschichte, Physiognomie und Vegetation eines ehemaligen Hude- und Schneitelwaldes. Forstwiss. Centralblatt **102**, 6, 350–361, Hamburg, Berlin.

POTT, R. & G. CASPERS (1989): Waldentwicklung im Südwestfälischen Bergland. Spieker **33**, 45–56, Münster.

POTT, R., & J. HÜPPE (1991): Die Hudelandschaften Nordwestdeutschlands. Abh. Westf. Mus. f. Naturk. **53**, 1/2, 314 S., Münster.

POTT, R., HÜPPE, J., REMY, D., BAUEROCHSE, A. & O. KATENHUSEN (1995): Paläoökologische Untersuchungen zu holozänen Waldgrenzschwankungen im oberen Fimbertal (Val Fenga, Silvretta, Ostschweiz). Phytocoenologia **25**, 3, 363–398, Berlin, Stuttgart.

POTT, R. & M. SPEIER (1993): Vegetationsgeschichtliche Untersuchungen zur Waldentwicklung und Landnutzung im Siegerland und Lahn-Dill-Gebiet. In: STEUER, H. & U. ZIMMERMANN (Hrsg.): Montanarchäologie in Europa. 531–550, Thorbecke-Verlag, Stuttgart.

POTT, R. & J. HÜPPE (1994): Weidetiere im Naturschutz. Bedeutung der Extensivbeweidung für die Pflege und Erhaltung nordwestdeutscher Hudelandschaften. LÖBF-Mitteilungen **3/4**, 10–16, Recklinghausen.

PREISING, E., H.-C. VAHLE, D. BRANDES, H. HOFMEISTER, J. TÜXEN & H.E. WEBER (1990): Die Pflanzengesellschaften Niedersachsens – Bestandesentwicklung, Gefährdung und Schutzprobleme. Naturschutz u. Landschaftspflege Nieders. **20**, 8, 47–161, Hannover.

PRUSA, E. (1985): Die böhmischen und mährischen Urwälder. Vegetace CSSR **15**, Verlag der Tschechoslowakischen Akademie der Wissenschaften 578 S., Prag.

PUST, J. (1990): Untersuchungen zur Systematik, Morphologie und Ökologie der in westfälischen Höhlen vorkommenden aquatischen Höhlentiere. Abhandl. a. d. Westf. Mus. f. Naturk. **52**, 4, 188 S., Münster.

RACKHAM, O. (1976): Trees and woodland in the British Landscape. 204 S., London.

RACKHAM, O. (1980): Ancient woodland. Its history, vegetation and uses in England. 1. Aufl., 402 S., Edward Arnold, London.

RADERSCHALL, R. (1993): Stoffausträge aus landwirtschaftlich genutzten Böden im Einzugsgebiet der Hunte – Ursachen und Sanierungsbedarf. Wasser u. Boden 8, 625–628.

RAMEAU, J. C. (1994): Types d'habitats forestiers, de landes, de fruticees, de lisieres remarquables sur le plan patrimonial, relevant de la Directive Habitats. Ecole national du genie rural, des eaux et des forêts, 503 S., Mskr.

RATHS, U., RIECKEN, U. & A. SSYMANK (1995): Gefährdung von Lebensraumtypen in Deutschland und ihre Ursachen – Auswertung der Roten Liste gefährdeter Biotoptypen. Natur u. Landschaft 70, 5, 203–212, Stuttgart.

REDEN, D. v. (1984): Die Hecke in der lippischen Landschaft. Heimatland Lippe 77, 4, 98–101, Detmold.

REIF, A. (1983): Nordbayerische Heckenlandschaften. Hoppea. Denkschr. Regensb. Bot. Ges. 41, Regensburg.

REINHOLD , F. (1939): Versuch einer Einteilung und Übersicht der natürlichen Fichtenwälder (*Piceion excelsae*) Sachsens. Forstl. Jahrb. 90, 229–271, Berlin.

REINHOLD , F. (1944): Ergebnisse vegetationskundlicher Untersuchungen im Erzgebirge, den angrenzenden Gebieten und im nordostsächsischen Heidegebiet. Forstwiss. Centralblatt und Tharandter Forstl. Blatt 3, 167–191, Dresden.

REISIGL, H. & R. KELLER (1987): Alpenpflanzen im Lebensraum. Alpine Rasen, Schutt- und Felsvegetation. 1. Aufl., 149 S., Stuttgart.

REMMERT, H. (ed.) (1991): The Mosaic-Cycle Concept of ecosystems. Ecological Studies 85, 168 S., Springer-Verlag, Berlin, Heidelberg, New York.

REMMERT, H. (1985): Was geschieht im Klimax-Stadium? Ökologisches Gleichgewicht aus desynchronen Zyklen. Naturwissenschaften 72, 505–512.

REMMERT, H. (1989): Ökologie. 4. Aufl., 374 S., Springer Verlag, Berlin – Heidelberg.

REMY, D. (1989): Untersuchungen von Zusammenhängen zwischen Gewässereutrophierung und Bodennutzung in Sandgebieten Nordwestdeutschlands. Ber. Geobot. Inst. Univ. Hannover 1, 75–87, Hannover.

REMY, D. (1993): Pflanzensoziologische und standortkundliche Untersuchungen an Fließgewässern Nordwestdeutschlands. Abh. Westf. Mus. f. Naturk. 55, 3, 118 S., Münster.

RICHTER, H. (1960): Hochraine, Steinrükken und Feldhecken im Erzgebirge. Wiss. Veröff. des Deutschen Inst. f. Landeskunde N. F. 17/18, 283–321.

RIECKEN, U. & J. BLAB (1993): Biotope der Tiere in Mitteleuropa. Naturschutz aktuell Nr. 7, 123 S., Kilda-Verlag, Greven.

RIECKEN, U., U. RIES & A. SSYMANK (1994): Rote Liste der gefährdeten Biotoptypen der Bundesrepublik Deutschland. Schriftenr. f. Landschaftspflege u. Naturschutz 41, 184 S., Bonn-Bad Godesberg.

RIECKERT, K. (1986): Der Einfluß von Gehölzen auf die Lichtverhältnisse und das Abflußverhalten in Fließgewässern. Mitt. Inst. Wasserwirtschaft, Hydrologie u. landwirtschaftlichen Wasserbau 61, 210 S., Hannover.

RIEDER, J. B. (1983): Dauergrünland. 192 S., München.

RIVAS-MARTINEZ, S., A. ASENSI, M. COSTA, F. FERNANDEZ-GONZALEZ, L. LLORENS, R. MASALLES, J. MOLERO-MESA, A. PENAS & P. L. PEREZ DE PAZ (1993): El Proyecto de Cartografia e inventariacion de los tipos de habitats de la directiva 92/43 EEC en Espana. Colloques phytosociologiques 22, 611–661, Bailleul.

RIVAS-MARTINEZ, S. (1976): Sinfitosociologia, una nueva metodologia para el studio del paisaje vegetal. Ber. Int. Symp. Vegetationskunde 1977, 267–272, Vaduz.

RIVAS-MARTINEZ, S. (1994): Dynamic zonal phytosociology as landscape science. Phytocoenologia 24, 23–25, Berlin, Stuttgart.

ROCHOW, M. v. (1951): Die Pflanzengesellschaften des Kaiserstuhls. Pflanzensoziologie 8, 140 S., Jena.

RÖSER, B. (1988): Saum- und Kleinbiotope – Ökologische Funktion, wirtschaftliche Bedeutung und Schutzwürdigkeit in Agrarlandschaften. 1. Aufl., 258 S., Ecomed-Verlag, Landsberg.

RÖSER, B. (1990): Grundlagen des Biotop- und Artenschutzes. 1. Aufl., 176 S., Ecomed-Verlag, Landsberg.

RÜHL, A. (1956): Über die linksrheinischen wärmeliebenden Trockenwälder. Allg.

Forst- u. Jagdzeitg. 127, 11/12, 221–227, Frankfurt.

RÜHL, A. (1960): Über die Waldvegetation der Kalkgebiete nordwestdeutscher Mittelgebirge. Decheniana Beih. 8, 50 S., Bonn.

RUNGE, M. (1994): Heath Succession. Scripta Geobotanica 21, 153 S., Goltze-Verlag, Göttingen.

RUNGE, M, LEUSCHNER, C. & M. RODE (1993): Ökosystemare Untersuchungen zur Heide-Wald-Sukzession. Ber. d. Reinh. Tüxen-Ges. 5, 135–148, Hannover.

SALBITANO, F. (Hrsg.) (1988): Human influence on forest ecosystems development in europe. ESF, Pitagora Editrice Bologna, 397 S., Bologna.

SAMBRAUS, H.-H. (1987): Atlas der Nutztierrassen. 256 S., 1. Aufl., Ulmer Verlag, Stuttgart.

SCHEFFER, B. & KUNTZE, H. (1991): Auswirkungen von Flächenextensivierung auf die Gewässer. Wasser u. Boden 3, 157–160.

SCHEFFER, F. & P. SCHACHTSCHABEL (1984): Lehrbuch der Bodenkunde. 442 S., G. Fischer Verlag, Stuttgart.

SCHERFOSE, V., K. BÜRGER, C. KLÄR, G. NICLAS, J. SAUERBORN, U. STEER & Z. ZVOLSKY (1994): Naturschutzgroßprojekte des Bundes. Natur u. Landschaft 69, 7/8, 291–299, Stuttgart.

SCHIEMANN, E. (1932): Entstehung der Kulturpflanzen. Handb. Vererbungswissensch. 3, Berlin.

SCHIEMANN, E. (1954): Die Geschichte der Kulturpflanzen im Wandel biologischer Methoden. Bot. Tidsskrift 51, 308–329, Kopenhagen.

SCHLÜTER, U. (1992): Renaturierung von Fließgewässem. Naturschutz u. Landschaftsplanung 6, 230–237.

SCHMITHÜSEN, J. (1934): Der Niederwald des Rheinischen Schiefergebirges. Beitr. z. Landeskde. d. Rheinlandes 2, 4, 25–40, Bonn.

SCHNEIDER, G. (1982): Pflanzensoziologische Untersuchungen der Hag-Gesellschaften in der montanen Egarten-Landschaft zwischen Isar und Inn. Ber. ANL 5, 135–155, Laufen.

SCHÖNFELDER, P. (1978): Vegetationsverhältnisse auf Gips im südwestlichen Harzvorland. Naturschutz u. Landschaftspfl. Nieders. 8, 110 S., Hannover.

SCHOTTMÜLLER, H. (1961): Der Löß als gestaltender Faktor in der Kulturlandschaft des Kraichgaus **130**, 96 S.

SCHREIBER, K.-F. (1962): Über die standortbedingte und geographische Variabilität der Glatthaferwiese in Südwest-Deutschland. Ber. Geobot. Inst. ETH, Stiftg. Rübel **33**, 65–128, Zürich.

SCHREIBER, K.-F. (1989): Landschaftsökologie und Bodenkunde – Herausforderungen durch Naturschutz und Landschaftspflege. Mitt. Deutsch. Bodenkundl. Ges. **59**, 1, 73–90, Oldenburg.

SCHREIBER, K.-F. (1994): Auenrevitalisierung in Mitteleuropa aus landschaftsökologischer Sicht. In: BERNHARDT, K.-G. (ed.): Revitalisierung einer Flußlandschaft. Initiativen zum Umweltschutz **1**, 6–39, Osnabrück.

SCHROEDER, F.G. (1970): Die Kupfer-Felsenbirne, *Amelanchier lamarckii* F.G. Schroeder (*Rosaceae*), in Westfalen und Nordwest-Niedersachsen. Decheniana **122**, 2, 269–276, Bonn.

SCHROEDER, P. (1988): Quantitative Aspekte zur Ernährungsbiologie passiver Filtrierer. Arch. Hydrobiol., Suppl. **77**, 183–270.

SCHULER, A. (1988): Forest area and forest utilization in the Swiss pre-alpine region. In: F. SALBITANO (Hrsg.): Human influence on forest ecosystems development in Europe, 121–128, ESF FERN-CNR, Pitagora Editrice, Bologna.

SCHULTE, G. & R. WOLFF-STRAUB (1986): Vorläufige Rote Liste der in Nordrhein-Westfalen gefährdeten Biotope. Schriftenr. d. Landesanst. f. Ökologie, Landschaftsentwicklung und Forstplanung NRW, Bd. **4**, 20–27, Recklinghausen.

SCHULTZE-MOTEL, J. (1969): Kulturpflanzenfunde der Becherkulturen. Veröff. Landesmus. Vorgeschichte Halle **24**, 169–172.

SCHULTZE-MOTEL, J. (1979): Die urgeschichtlichen Reste des Schlafmohns (*Papaver somniferum* L.) und die Entstehung der Art. Kulturpflanze **27**, 207–215.

SCHULTZE-MOTEL, J. (1980): Neolithische Kulturpflanzenreste von Eilsleben. Kr. Wanzleben. Z.f.Archäologie **14**,213–216.

SCHULZE, E.-D., REIF, A. & M. KÜPPERS (1984): Die pflanzenökologische Bedeutung und Bewertung von Hecken. Ber. ANL, Beih. **3**, 1, 5–9, Laufen.

SCHUMACHER, W. (1984): Gefährdete Akkerwildkräuter können auf ungespritzten Feldrändern erhalten werden. LÖLF-Mitt. **9**, 14–20, Recklinghausen.

SCHUMACHER, W. (1992): Flora und Fauna der Äcker und Weinberge. Stiftung zum Schutze gefährdeter Pflanzen, Heft **5**, 221 S., Bonn.

SCHUMACHER, W. (1995): Artenschutz in heutigen Agrarökosystemen. Schriftenr. Agrarspectrum, Dachverb. Agrarforschg. Bd. **24**, 75–84, Frankfurt.

SCHUMACHER, W. (1995): Offenhaltung der Kulturlandschaft? – LÖBF-Mitteilungen **4**, 95, 52–61, Recklinghausen.

SCHÜTZ, M. (1988): Genetisch-ökologische Untersuchungen an alpinen Pflanzenarten auf verschiedenen Gesteinsunterlagen: Keimungs- und Aussaatversuche. Veröff. Geobot. Inst. ETH Stiftung Rübel Zürich **99**, 153 pp.

SCHWABE, A. (1988): Erfassung von Kompartimentierungsmustern mit Hilfe von Vegetationskomplexen und ihre Bedeutung für zönologische Untersuchungen. Mitt. Bad. Landesver. Naturkde. Natursch., N.F. **14**, 3, 621–630.

SCHWABE, A. (1990): Stand und Perspektiven der Vegetationskomplex-Forschung. Ber. der Reinh. Tüxen-Ges. 41–56, Hannover.

SCHWABE, A. & A. KRATOCHWIL (1984): Vegetationskundliche und blütenökologische Untersuchungen in Salzrasen der Nordseeinsel Borkum. Tuexenia **4**, 125–152, Göttingen.

SCHWABE, A. & P. MANN (1990): Eine Methode zur Beschreibung und Typisierung von Vogelhabitaten, gezeigt am Beispiel der Zippammer (*Emberiza cia*). Ökol. Vögel (Ecol. Birds) **12**, 127–157.

SCHWABE, A., KÖPPLER, D. & A. KRATOCHWIL (1992): Vegetationskomplexe als Elemente einer landschaftökologisch-biozönologischen Gliederung am Beispiel von Fels- und Moränenökosystemen. Ber. der Reinh. Tüxen-Ges. **4**, 135–146. Hannover.

SCHWABE, A. & A. KRATOCHWIL (1987): Weidbuchen im Schwarzwald und ihre Entstehung durch Verbiß des Wälderviehs. Verbreitung, Geschichte und Möglichkeiten der Verjüngung. Beih. Veröff. Natursch. Landschaftspflege Bad.-Württemb. **49**, 120 S., Karlsruhe.

SCHWABE-BRAUN, A. (1983): Die Heustadel-Wiesen im nordbadischen Murgtal. Veröff. Natursch. Landschaftspflege Bad.-Württ. **55/56**, 167, Karlsruhe.

SCHWABE-BRAUN, A. & O. WILMANNS (1982): Waldrandstrukturen – Vorbilder für die Gestaltung von Hecken und Kleinstgehölzen. Ber. ANL **5**, 50–60, Laufen.

SCHWARTZE, P. (1992): Nordwestdeutsche Feuchtgrünlandgesellschaften unter kontrollierten Nutzungsbedingungen. Diss. Bot. **183**, 204 S., Berlin, Stuttgart.

SCHWICKERATH, M. (1933): Die Vegetation des Landkreises Aachen und ihre Stellung im nördlichen Westdeutschland. Aachener Beitr. z. Heimatkunde **13**, 135 S., Aachen.

SCHWICKERATH, M. (1958): Die wärmeliebenden Eichenwälder des Rheinstromgebietes und ihre Beziehungen zu verwandten Wäldern Österreichs. Schriftenr. Verh. Verbr. Naturwiss. Kenntn. **98**, 85–112, Wien.

SCHWOERBEL, J. (1980): Einführung in die Limnologie. 4. Aufl., 387 S., Stuttgart.

SCHWONTZEN, B. & K. HECKER (1985): Alte Waldnutzungsformen im Rheinland-Niederwald und Ramholzbuchen. Wald Wirtschaft **18**, 2432–2434, Düsseldorf.

SEBALD, O. (1980): Über einige interessante Ausbildungen der Vegetation der moosreichen Felsschutthalden im oberen Donautal (Schwäbische Alb). Veröff. Natursch. u. Landschaftspflege Bad.-Württemb. **51/52**, 451–477, Karlsruhe.

SEIBERT, P. (1955): Die Niederwaldgesellschaften des Südwestfälischen Berglandes. Allgem. Forst- und Jagdzeitg. **126**, 1–11, Frankfurt.

SEIBERT, P. (1966): Der Einfluß der Niederwaldwirtschaft auf die Vegetation. Ber. Int. Sympos. f. Vegetationskde. „Anthropogene Vegetation", 336–346, Den Haag.

SEIBERT, P. (1969a): Die Auswirkung des Donau-Hochwassers 1965 auf Ackerunkrautgesellschaften. Mitt. Flor.-soz. Arbeitsgem. N.F. **14**, 121–135, Todenmann-Göttingen.

SEIBERT, P. (1969b): Über das *Aceri-Fraxinetum* als vikariierende Gesellschaft des *Galio-Carpinetum* am Rande der bayerischen Alpen. Vegetatio **17**, 165–175, Den Haag.

SEIBERT, P. (1987): Der Eichen-Ulmen-Auwald (*Querco-Ulmetum* Issl. 24) in Süddeutschland. Natur u. Landsch. **62**, 347–352, Stuttgart.

SEIFERT, K. SCHWINEKÖPER, P. & W. KONOLD (1995): Analyse und Entwicklung in Kulturlandschaften. Das Beispiel Westallgäuer Hügelland. 456 S., Ecomed-Verlag, Landsberg.

SPEIER, M. (1994): Vegetationskundliche und paläoökologische Untersuchungen zur Rekonstruktion prähistorischer und historischer Landnutzungen im südlichen Rothaargebirge. Abh. Westf. Mus. Naturk. **56**, 3/4, 176 S., Münster.

SPEIER, M. (1996): Paläoökologische Aspekte der Entstehung von Grünland in Mitteleuropa. Ber. d. Reinh. Tüxen-Ges. **8** (im Druck), Hannover.

SPRANGER, E. & W. TÜRK (1993): Die Halbtrockenrasen (*Mesobromion erecti* Br.-Bl. et Moor 1938) der Muschelkalkstandorte NW-Oberfrankens im Rahmen ihrer Kontakt- und Folgegesellschaften. Tuexenia **13**, 204–245, Göttingen.

SSYMANK, A. (1994): Neue Anforderungen im europäischen Naturschutz. Das Schutzgebietssystem „Natura 2000" und die „FFH-Richtlinie" der EU. Natur u. Landschaft **69**, 9, 395–406, Stuttgart.

SSYMANK, A. (1995): Lebensraumschutz in der EU. LÖBF-Mitteilungen **4**, 95, 71–77, Recklinghausen.

STATZNER, B. (1986): Fließgewässerökologische Aspekte bei der naturnahen Umgestaltung heimischer Bäche. Inst. f. Wasserbau u. Kulturtechnik, Univ. Karlsruhe Mitt. **174**, 56–95.

STEIGER, P. (1994): Wälder der Schweiz. Von Lindengrün zu Lärchengold, Vielfalt der Waldbilder und Waldgesellschaften in der Schweiz. 1. Aufl., 359 S., OH-Verlag, Thun.

STERNSCHULTE, A. & M. SCHOLZ (1990): Obst in Westfalen. Westf. Volkskunde in Bildern **4**, 179 S., Landwirtschaftsverlag, Münster-Hiltrup.

STIEBELS, G. (1954): Zur Kulturgeographie des Wallhecken. Ein Beitrag zur Lösung des Heckenproblems auf Grundlage kulturgeographischer Untersuchungen im Landkreis Ostfriesland. Schr. Wirtschaftswiss. Ges. z. Studium Niedersachsens e. V., N. F. **51**, Leer.

STRASSER, H. (1994): Wie schwierig ist die Revitalisierung einer Flußlandschaft? – In: BERNHARDR, K.-G. (ed.): Revitalisierung einer Flußlandschaft. Initiativen

zum Umweltschutz **1**: 367–373, Osnabrück.

STREIF, H. (1990): Das ostfriesische Küstengebiet. Nordsee, Inseln, Watten und Marschen. Samml. Geol. Führer 57, 2. Aufl., 376 S., Bornträger Verlag, Berlin, Stuttgart.

SUCCOW, M. (1992): Unbekanntes Deutschland. 1. Aufl., 272 S., Tomus-Verlag, München.

SUCCOW, M. (1988): Landschaftsökologische Moorkunde. 1. Aufl., 340 S., Fischer Verlag, Jena.

SUCCOW, M. & L. JESCHKE (1990): Moore in der Landschaft. 2. Aufl., 268 S., Frankfurt/Main.

SUKOPP, H. (1972): Wandel von Flora und Vegetation in Mitteleuropa unter dem Einfluß des Menschen. Ber. Landwirtschaft Hamburg, Berlin **50**, 112–139.

SUKOPP, H. (1974): „Rote Liste" der in der Bundesrepublik Deutschland gefährdeten Arten von Farn- und Blütenpflanzen (1. Fass.). Natur u. Landschaft **49**, 315–322, Stuttgart.

SUKOPP, H., TRAUTMANN, W. & D. KORNECK (1978): Auswertung der Roten Liste gefährdeter Farn- und Blütenpflanzen in der Bundesrepublik Deutschland für den Arten- und Biotopschutz. Schriftenreihe Vegetationskunde **12**, 138 S., Bonn-Bad Godesberg.

SUKOPP, H. & R. WITTIG (1993): Stadtökologie. 1. Auf., 402 S., Fischer Verlag, Stuttgart.

SUKOPP, H., SCHNEIDER, Ch. & U. SUKOPP (1994): Biologisch-ökologische Grundlagen für den Schutz gefährdeter Segetalarten. Naturschutz und Landschaftspflege in Brandenburg, Sonderheft **1**, Naturschutz in der Agrarlandschaft 14–16, Potsdam.

TELLER, A. (1990): Directory of European research groups active in forest ecosystems research (FERN). European Science Foundation. 279 S., Strasbourg.

THEURILLAT, J.P. (1992): Abgrenzungen von Vegetationskomplexen bei komplizierten Reliefverhältnissen, gezeigt an Beispielen aus dem Aletschgebiet (Wallis, Schweiz). Ber. der Reinh. Tüxen-Ges. **4**, 147–166, Hannover.

THEURILLAT, J. P., AESCHMANN, D., KÜPFER, P. & R. SPICHIGER (1993): Habitats of regions naturelles des Alpes. Colloq. phytosociologuès **22**, 15–30, Bailleul.

THIENEMANN, A. (1913/14): Die Binnengewässer Mitteleuropas. Stuttgart.

Thüringer Ministerium für Landwirtschaft (1994): Besonders geschützte Biotope in Thüringen. 82 S., Erfurt.

TISCHLER, W. (1951): Die Hecke als Lebensraum für Pflanzen und Tiere, unter besonderer Berücksichtigung ihrer Schädlinge. Erdkunde **5**, 125–132, Bonn.

TRAUTMANN, W. (1966): Erläuterungen zur Karte der potentiellen natürlichen Vegetation der Bundesrepublik Deutschland 1:200.000, Blatt 85, Minden. Schriftenr. f. Vegetationskunde **1**, Bonn-Bad Godesberg.

TRAUTMANN, W. (1972): Erläuterungen zur Karte „Vegetation" (Potentielle natürliche Vegetation) Nordrhein-Westfalen. Hannover. Mit Karte der potentiellen natürlichen Vegetation 1:500000, Nordrhein-Westfalen, von TRAUTMANN, W., BURRICHTER, E. F.; NOIRFALISE, A. & VAN DER, WERF, F. (= Deutscher Planungsatlas, Band 1, Nordrhein-Westfalen).

TRAUTMANN, W. & W. LOHMEYER (1960): Gehölzgesellschaften in der Fluß-Aue der mittleren Ems. Mitt. Flor.-soz. Arbeitsgem. N. F. **8**, 227–247, Stolzenau/Weser.

TRIER, J. (1952): Holz-Etymologien aus dem Niederwald. Münster, Köln.

TRIER, J. (1963): Venus, Etymologien um das Futterlaub. Münstersche Forschungen **15**, 207 S., Köln.

TROLL, C. (1951): Heckenlandschaften im maritimen Grünlandgürtel und im Gäuland Mitteleuropas. Erdkunde **5**, 152–156, Bonn.

TÜXEN, R. (1939): Die Pflanzendecke Nordwestdeutschlands in ihren Beziehungen zu Klima, Gesteinen, Boden und Mensch. Deutsche Geogr. Blätter **42**, 1–8, Berlin.

TÜXEN, R. (1952): Hecken und Gebüsche. Mitt. Geogr. Ges. Hamburg **1**, 85–117, Hamburg.

TÜXEN, R. (1967): Die Lüneburger Heide. Werden und Vergehen einer Landschaft. Rotenburger Schr. **26**, 1–52.

URBANSKA, K. M. (1985): Some life history strategies and populations structure in asexually reproducing plants. Bot. Helv. **95**, 1, 81–97.

VAVILOW, N.J. (1928): Geographische Grenzen unserer Kulturpflanzen. Zeitschr. induktive Abstammungslehre Suppl. Bd. 1, Berlin.

VERBÜCHELN, G. (1987): Die Mähwiesen und Flutrasen der Westfälischen Bucht und des Nordsauerlandes. Abhandl. Westf. Mus. Naturk. **49**, 2, Münster.

VERBÜCHELN, G. (1993): Zur Bedeutung der Rheindämme als Refugialstandorten für gefährdete Pflanzenarten trockener Alluvial-Standorte. In: KALIS, A. J. & J. MEURERS-BALKE (Hrsg.): 7000 Jahre bäuerliche Landschaft: Entstehung, Erforschung, Erhaltung. Archaeo-Physica **13**, 221–225, Bonn.

VERBÜCHELN, G., HINTERLANG D., PARDEY A., POTT, R. & K. VAN DE WEYER (1995): Rote Liste der Pflanzengesellschaften Nordrhein-Westfalens. Schriftenreihe LÖBF, Band **5**, 318 S., Recklinghausen.

WAHL, P. (1994): Liste der Pflanzengesellschaften von Rheinland-Pfalz mit Zuordnung zu Biotoptypen. 4. Fassung, 135 S. Oppenheim.

WAGNER, H. (1965): Die natürliche Planzendecke Österreichs. Verlag d. Österr. Akad. d. Wiss. Bd. **6**, 1–63, Wien.

WALENTOWSKI, H., RAAB, B. & W. A. ZAHLHEIMER (1990): Vorläufige Liste der in Bayern nachgewiesenen oder zu erwartenden Pflanzengesellschaften. Ber. Bayer. Bot. Ges., Beih. **61**, 62 S., München.

WATKINS, C. (1988): The idea of ancient woodland in Britain from 1800. In: F. SALBITANO (Hrsg.): Human influence on forest ecosystems development in Europe, 237–246, ESF FERN-CNR, Pitagora Editrice, Bologna.

WEBER, H.-E. (1967): Über die Vegetation der Knicks in Schleswig-Holstein. Mitt. Arbeitsgem. f. Floristik i. Schleswig-Holstein u. Hamburg **15**, 196 S., Kiel.

WEBER, H.-E. (1982): Vegetationskundliche und standortskundliche Chrakterisierung der Hecken in Schleswig-Holstein. Ber. ANL **5**, 9–14, Laufen.

WEBER, H.-E. (1986): Waldumwandlung durch Beweidung in Niedersachsen. Natur u. Landschaft **9**, 330–333, Stuttgart.

WEBER, H.-E. (1987): Zur Kenntnis einiger bislang wenig dokumentierten Gebüschgesellschaften. Osnabrücker naturwiss. Mitt. **13**, 143–157, Osnabrück.

WEERTH, O. (1906): Über Knicke und Landwehren. Korr.blatt d. Gesamtver. z. dt. Geschichte 7–24, Berlin.

WELLER, F. (1994): Obstwiesen – Herkunft, Bedeutung, Möglichkeiten der Erhaltung von Streuobstwiesen. Der Bürger im Staat **44**, 1, 43–49, Stuttgart.

WENDELBERGER, G. (1954): Steppen, Trokkenrasen und Wälder des pannonischen Raumes. Angew. Pflanzensoziologie (Festschrift E. AICHINGER) **1**, 573–634, Wien.

WENDELBERGER, G. (1959): Die Waldsteppen des pannonischen Raumes. Veröff. Geobot. Inst. Rübel, **35**, 76–113, Zürich.

WENDELBERGER, G. (1962): Das Reliktvorkommen der Schwarzföhre (*Pinus nigra* Arnold) am Alpenostrand. Ber. Dtsch. Bot. Ges. **75**, 378–386.

WENDELBERGER, G. (1969): Steppen und Trockenrasen des pannonischen Raumes. Acta Botanica Croatica **28**, 387–390, Zagreb.

WENDELBERGER, G. & ZELINKA, E. (1952): Die Vegetation der Donauauen von Wallsee. Schriftenr. O.Ö. Landesbaudir. **11**, Wels.

WESTERMANN, K. & G. SCHARFF (1988): Auenrenaturierung und Hochwasserrückhaltung am südlichen Oberrhein. Naturschutzforum 1/2, 95–188, Stuttgart.

WESTHOFF, V. & A. J. den HELD (1969): Plantengemeenschappen in Nederland. 1. Aufl., 324 S. Zutphen.

WESTHOFF, V. & A. J. den HELD (1975): Plantengemeenschappen in Nederland. 2. Aufl., 324 S., Zutphen.

WESTHOFF, V., C. HOBOHM & J. H. J. SCHAMINEE (1993): Rote Liste der Pflanzengesellschaften des Naturraumes Wattenmeer unter Berücksichtigung der gefährdeten Vegetationseinheiten. Tuexenia **13**, 109–140, Göttingen.

WESTHUS, W., W. HEINRICH, S. KLOTZ, H. KORSCH, R. MARSTALLER, S. PFÜTZENREUTER & R. SAMIETZ (1993). Die Pflanzengesellschaften Thüringens. Gefährdung und Schutz. Naturschutzreport, Heft **6**, 1, 2, 349 S., Jena.

WILDERMUTH, H. (1978): Natur als Aufgabe – Leitfaden für die Naturschutzpraxis in der Gemeinde. Schweizerischer Bund für Naturschutz, 298 S., Basel.

WILLERDING, U. (1969): Ursprung und Entwicklung der Kulturpflanzen in vor- und frühgeschichtlicher Zeit. In: H. JANKUHN (Hrsg.): Vor- und Frühgeschichte vom Neolithikum bis zur Völkerwanderungszeit, 188–233, Stuttgart.

WILLERDING, U. (1977): Über Klima-Entwicklung und Vegetationsverhältnisse im Zeitraum der Eisenzeit bis Mittelalter. In: JANKUHN, H. et al. (Hrsg.): Das Dorf der Eisenzeit und des frühen Mittelalters. Akad. Wiss. Gött. Phil. Hist. Kl. **3**, 101, 357–405, Göttingen.

WILLERDING, U. (1979): Paläo-ethnobotanische Untersuchungen über die Entwicklung von Pflanzengesellschalten. In: WILMANNS, O. & R. TÜXEN (Red.): Werden und Vergehen von Pflanzengesellschaften, 61–110, Vaduz.

WILLERDING, U. (1986): Zur Geschichte der Unkräuter Mitteleuropas. Göttinger Schriften Ur- u. Frühgeschichte **22**, 382 S., Neumünster.

WILMANNS, O. (1989a): Der Kaiserstuhl. Gesteine und Pflanzenwelt. 3. Aufl., 244 S., Ulmer Verlag, Stuttgart.

WILMANNS, O. (1989b) Vergesellschaftung und Strategie – Typen von Pflanzen mitteleuropäischer Rebkulturen. Phytocoenologia **18**, 1, 83–118, Berlin-Stuttgart.

WILMANNS, O. (1990): Weinbergsvegetation am Steigerwald und ein Vergleich mit der im Kaiserstuhl. Tuexenia **10**, 123–136, Göttingen.

WILMANNS, O. (1993): Ökologische Pflanzensoziologie. 5. Aufl., 479 S., Heidelberg, Wiesbaden.

WILMANNS, O., A. SCHWABE-BRAUN & M. EMTER (1979): Struktur und Dynamik der Pflanzengesellschaften im Reutwaldgebiet des mittleren Schwarzwaldes. Doc. phytosoc. N.S. **IV**, 983–1024, Vaduz.

WINTERHOFF, W. (1965): Die Vegetation der Muschelkalkfelsen im hessischen Werrabergland. Veröff. Württemb. Landesstelle Naturschutz u. Landschaftspflege **33**, 146–197, Karlsruhe, Ludwigsburg.

WINTERHOFF, W. (1993): Die Pflanzenwelt des NSG Eriskircher Ried am Bodensee. Beih. Veröff. Natursch. u. Landschaftspflege Bad.-Württemb. **69**, 1–280, Karlsruhe.

WITSCHEL, M. (1980): Xerothermvegetation und dealpine Vegetationskomplexe in Südbaden. Beiheft Veröff. Natursch. u. Landschaftspflege Bad.-Württemberg **17**, 212 S., Karlsruhe.

WITSCHEL, M. (1989): Ökologie, Verbreitung und Vergesellschaftung von Amethyst-Schwingel (*Festuca amethystina*) und Horst-Segge (*Carex sempervirens*) in Baden-Württemberg 144, 177–209, Karlsruhe.

WITSCHEL, M. (1991): Die *Trinia glauca*-reichen Trockenrasen in Deutschland und ihre Entwicklung seit 1800. Ber. Bayer.Bot. Ges. 62, 189–219, München.

WITSCHEL, M. (1993): Zur Synsystematik der *Trinia glauca*-reichen Trockenrasen im südlichen Oberrheinraum. Carolinea 51, 27–40, Karlsruhe.

WITSCHEL, M. (1994): Die Arealgrenzen des *Xerobrometum* Br.-Bl. 1915 em. 1931 im Südwesten des Verbreitungsgebietes. Ber. der Reinh. Tüxen-Ges. 6, 1–147, Hannover.

WITTIG, R. (1976): Die Gebüsch- und Saumgesellschaften der Wallhecken in der Westfälischen Bucht. Abh. Westf. Mus. Naturk. 38, 3, 78 S., Münster.

WITTIG, R. (1979a): Verbreitung, Vergesellschaftung und Status der Späten Traubenkirsche (*Prunus serotina* Ehrh., *Rosaceae*) in der Westfälischen Bucht. Natur u. Heimat 39, 2, 48–52, Münster.

WITTIG, R. (1979b): Die Vernichtung der nordwestdeutschen Wallheckenlandschaft dargestellt an Beispielen aus der Westfälischen Bucht. Siedlung u. Landschaft i. Westf. 12, 57–61, Münster.

WITTIG, R. (1980): Die geschützten Moore und oligotrophen Gewässer in der Westfälischen Bucht. Schriftenr. LÖLF, NRW, Bd. 5, 228 S., Recklinghausen.

WITTIG, R. (1991a): Ökologie der Großstadtflora. 1. Aufl., 261 S., UTB – Fischer Verlag.

WITTIG, R. (1991b): Schutzwürdige Waldtypen in Nordrhein-Westfalen. Geobot. Kolloq. 7, 3–15, Frankfurt.

WITTIG, R. & W. DINTER (1991): Die Erlenbruch- (*Alnion glutinosae*) und Hartholz-Auenwälder (*Alno-Ulmion*) in Nordrhein-Westfalen. Geobot. Kolloq. 7, 17–38, Frankfurt.

WITTIG, R. & R. POTT (1981): Versuch einer Roten Liste der gefährdeten Höheren Wasserpflanzen in der Westfälischen Bucht auf der Basis von Rasterkartierungen. Natur u. Landschaftskunde Westf. 17, 2, 35–40, Hamm.

WOIKE, M. & ZIMMERMANN, P. (1988): Biotope pflegen mit Schafen. AID Nr. 1197, 31 S., Bonn.

WÖBSE, H. (1994): Schutz historischer Kulturlandschaften. Beiträge zur räumlichen Planung 37, 124 S., Schriftenreihe des FB Landschaftsarchitektur u. Umweltentwicklung der Universität Hannover.

WOLF, G. & U. BOHN (1991): Naturwaldreservate in der Bundesrepublik Deutschland und Vorschläge zu einer bundesweiten Grunddatenerfassung. Schriftenr. Vegetationskde. 21, 9–19, Bonn-Bad Godesberg.

WOLFF-STRAUB, R. (1989): Vergleich der Ackerwildkrautvegetation alternativ und konventionell bewirtschafteter Äkker. Schriftenr. LÖLF 11, 70–110, Recklinghausen.

WOLFF-STRAUB, R., J. BANK-SIGNON, W. DINTER, E. FOERSTER, H. KUTZELNIGG, H. LIENENBECKER, E. PATZKE, R. POTT, U. RAABE, F. RUNGE, E. SAVELSBERGH & W. SCHUMACHER (1986): Rote Liste der in Nordrhein-Westfalen gefährdeten Farn- und Blütenpflanzen (*Pteridophyta* et *Spermatophyta*). 2. Aufl., Schriftenr. d. Landesanst. f. Ökologie Bd. 4, 240 S., Recklinghausen.

WWF-Studie EG-Naturschutz (1994): WWF-Studie Naturschutz in der Europäischen Gemeinschaft, Handlungsbedarf für Österreich. 149 S. & Anhänge. Wien.

ZACHARIAS, D. (1993): Zum Pflanzenartenschutz in Wäldern Niedersachsens – Mitt. NNA 4, 5, 21–29, Schneverdingen.

ZACHARIAS, D. & D. BRANDES (1989): Floristical data analysis of 44 isolated woods in northwestern Germany. Stud. Plant. Ecol. 18, 278–280.

ZACHARIAS, D. & D. BRANDES (1990): Species area-relationship and frequency – Floristical data analysis of 44 isolated woods in northwestern Germany. Vegetatio 88, 21–29, Den Haag.

ZEIDLER, H. (1953): Waldgesellschaften des Frankenwaldes. Mitt. Flor.-soz. Arbeitsgem. N. F. 4, 88–109, Stolzenau.

ZEIST, W. VAN (1959): Studies on the postboreal vegetational history of south eastern Drenthe (Netherlands). Acta bot. Neerl. 8, 156–184, Den Haag.

ZEIST, W. VAN (1988): Some aspects of early Neolithic plant husbandry in the Near East. Anatolia 15, 49–67.

ZEIST, W. VAN & W.A. CASPARIE (1968): Wild-Einkorn, Wheat and Barley from Tell Mureybit in Northern Syria. Acta Bot. Neerl. 17, 44-53, Amsterdam.

ZEIST, W. VAN, K. WASYLIKOWA & K.-E. BEHRE (Hrsg.) (1991): Progress in old world palaeethnobotany. 350 S., Rotterdam-Brookfield.

ZIMMERMANN, F. (1992): Ziele, Methodik und Stand der Biotopkartierung in Brandenburg. Natursch. u. Landschaftspflege in Brandenburg 1, 9–12, Potsdam.

ZOLLER, H. (1954): Die Arten der *Bromus erectus*-Wiesen des Schweizer Juras. Veröff. Geobot. Inst. Rübel, 28, 284 S., Zürich.

ZOLLER, H. (1987): Zur Geschichte der Beziehungen zwischen Mensch und Natur. In: MIYAWAKI, A. et al. (eds.): Vegetation ecology and creation of New Enviroments, 27–33, Tokyo.

ZUCCHI, H. (1988): Fließgewässer: Ökologie, Bedrohung und Schutz. Heimatpflege in Westfalen 3, 1, 1–3, Münster.

ZUKRIGL, K. (1991): Ergebnisse der Naturwaldforschung für den Waldbau (Österreich). Schriftenr. Vegetationskde. 21, 233–247, Bonn-Bad Godesberg.

ZUKRIGL, K., G. ECKHARDT & J. NATHER (1963): Standortkundliche und waldbauliche Untersuchungen in Urwaldresten der niederösterreichischen Kalkalpen. Mitt. Forstl. Bundesversuchsanst. Mariabrunn 62, 244 S., Wien.

ZWÖLFER, H. & D.-H. STECHMANN (1989): Struktur und Funktion von Hecken in tierökologischer Sicht. Verh. d. Ges. f. Ökologie 17, 643–656, Göttingen.

Register

Alle wichtigen Fachbegriffe sind halbfett angegeben.